2012 高考总复习

机械工业出版社

3 年高考命题
2 年模拟训练
1 年冲刺母题

成功高考　　　　　历史

丛书主编　华小明　陈晓红　袁秋生　黄佘平　（按姓氏笔划排序）

丛书副主编　付文峰　胡永兵　胡　勇　何汉卿　罗富忍　刘保华　皮员根　熊福生
　　　　　　邹　敏　朱伙昌

本册主编　肖文龙　陈剑强　冯　涛

编　者　肖文龙　胡小平　赵宇琳　何菊香　陈剑强　毛　冰　饶均文　马广东
　　　　曾　光　武建元　梁明华　冯　涛　彭兰香　彭　燕　袁莉彬　邱昌文
　　　　张红果　张黎明　罗志辉　陈志辉　周会文　杨复元　熊福生　郭新德
　　　　冯　涛　洪　莲　马汉卿　项志芳　罗苗琴　黄晓岩

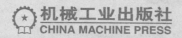

机械工业出版社
CHINA MACHINE PRESS

本书归纳总结了近三年的高考命题和近两年的模拟训练题。同时，本书精设"一年冲刺母题"栏目，"千题万题源于母题，母题衍生万千考题"，强调母题冲刺的精准度及其举一反三，以不变应万变，狠抓临门一脚，为近年来高考复习的精粹思路。本书能够较好地体现近年来的高考趋势，目标非常明确，别具特色，能够极大地方便学生学习和教师教学，成为广大师生得心应手的教辅工具。

图书在版编目(CIP)数据

321 成功高考. 历史　2012 版/冯涛等主编. —3 版. —北京：机械工业出版社，2011.4
ISBN 978 - 7 - 111 - 34145 - 1

Ⅰ.①3… Ⅱ.①冯… Ⅲ.①中学历史课 - 高中 - 升学参考资料
Ⅳ.①G634

中国版本图书馆 CIP 数据核字(2011)第 062166 号

机械工业出版社(北京市百万庄大街22 号　邮政编码100037)
策划编辑：石晓芬　　　　　责任编辑：石晓芬　王　虹
责任印制：杨　曦

北京蓝海印刷有限公司印刷

2011 年 5 月第 3 版第 1 次印刷
210mm×297mm · 23.75 印张 · 1200 千字
标准书号：ISBN 978 - 7 - 111 - 34145 - 1
定价：49.00 元

丛 书 序

高考试题汇编或高考试题加高考模拟试题汇编在图书市场上已有不少,但这套书的立意是全新的:它不但内容鲜活、形式新颖、定位高档、品位高雅,同时更着重于适用、好用,让老师用起来得心应手,学生用起来收益良多。为此,本套书在编写过程中力争做到以下几点:

一、精心策划

高考复习最忌讳的是:会做的题不断重复,不会做的题总是不会。为了使学生避免做大量的重复无用的题目,本丛书在选题上是精益求精的,题源来自凝结了众多命题专家的心血和智慧的高考试题、名校的模拟试题和冲刺母题。本丛书特别精设"一年冲刺母题"栏目,强调母题冲刺的精准度及其举一反三,以不变应万变,狠抓临门一脚,为近年来高考复习之精粹思路。所谓"千题万题源于母题,母题衍生万千考题",本套书的宗旨是:让学生通过做少量的题掌握一个个典型的题解。

二、适用好用

对于高考题及浩如烟海的模拟试题,本套书只选择极具针对性的题目,既针对基本知识、基本技能、基本方法的掌握,也针对能力的提高。本套书的编排体系是:理科与课时紧密联系,按课时编选题目;文科与单元搭配。

三、分类科学

高考的结果不但决定谁上大学,而且还决定谁上一流大学、谁上一般大学。因此题目必须有梯度,考分必须拉开档次。那么拉开分数档次的决定因素是什么?实践表明,中档题得分高低是最为关键的。于是,本套书除按最新的《考试说明》中规定的考试内容及先后顺序重新分类编排外,还对同一内容的试题作了整体的考虑,包括前后顺序、难易程度,使得整本书的题目保持在基础题、中档题、难题的比例与高考命题相当。

总而言之,希望本套书的努力会换来你们的成功!愿本套书能帮助千千万万的莘莘学子考上自己理想的大学!

黄军华
两枚国际数学奥赛金牌教练

目 录

第1部分　政治文明史

第1单元　古代中国的政治制度

考纲解读导航

 **考试内容**

一、教学重点

1. 西周的分封制与宗法制。

2. 秦朝中央集权制度的形成。

3. 中国古代政治制度的主要特点。

4. 明清加强君主专制的措施。

二、教学难点

1. 中国早期政治制度的特点。

2. 秦朝创立中央集权制度的作用和影响。

3. 从汉至元政治制度演变的过程及对重要历史概念的理解。

4. 内阁制与宰相制的区别；明清加强君主专制的影响。

 **能力要求**

一、知识目标

1. 识记理解王位世袭制、分封制、宗法制、专制主义中央集权制、郡县制、科举制、推恩令、三省六部制、行省制、内阁、军机处等基本概念。

2. 整体理解把握中央集权制度的发展过程。

二、能力目标

1. 理解分封制与宗法制的关系，能够分析分封制与周王朝盛衰的关系。

2. 分析、概括专制主义中央集权制度的结构、内部矛盾以及与封建社会发展阶段的关系。

3. 综合归纳明清君主专制的特点及与同时期西方主要国家政治制度的区别及其原因。

三年高考命题

1. (2009 年安徽文综)下列四图反映了安徽省在不同历史时期所属行政区划的沿革状况，按时间先后顺序排列，正确的是　　　　　　　　　( )

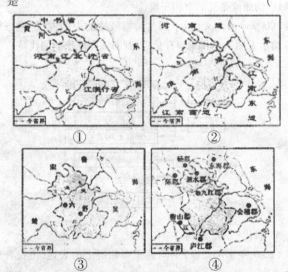

　　①　　　　　　　　②

　　③　　　　　　　　④

　　A. ③④②①　　　　　B. ②④③①

　　C. ④③①②　　　　　D. ①③②④

2. (2009 年北京文综)右图是北京广安门桥北的蓟城柱。《礼记》载："武王克殷反商，未及下车，而封黄帝之后于蓟。"与蓟城建立相关的制度是　　　　　　( )

　　A. 禅让制

　　B. 井田制

　　C. 分封制

　　D. 郡县制

3. (2009 年北京文综)北京孔庙(见右图)始建于元朝，院内碑林中现存 3 块元代进士题名碑。这些信息可以佐证元朝时期　　( )

　　A. 科举制度开始形成

　　B. 殿试成为科举定制

　　C. 科举开始采用八股文体

炎黄子孙称谓的由来

　　"炎黄"是传说中的我国古代两位部落首领炎帝和黄帝的简称。炎帝，姓姜，号烈山氏，神话里说他是牛头人身，其部落把牛作为神物崇拜。黄帝，姓姬，号轩辕，又号有熊氏，这个部落把熊作为神物崇拜。相传，这两个部落曾联合击败了蚩尤部落，杀死了部落首领蚩尤。此后，黄帝部落和炎帝部落又在今北京延庆县境内的板泉村一带进行过多次战斗，史称"炎黄板泉之战"。最后，黄帝战胜了炎帝，两个部落开始在黄河流域共同繁衍下来，他们相互融合，彼此取长补短，共同创造了我国古代的灿烂文化。在这个过程中，黄帝成了这个联盟的首领，势力扩大到整个中原，并与夷族、黎族等其他部族逐渐融合，形成华夏族的主干，即汉族的前身。黄帝被称为始祖。我们都是炎黄的后代，所以称"炎黄子孙"。

智趣素材

D. 统治者继承了中原文化

4. (2009年北京文综)下列各组史实中,能够体现中央政府尊重少数民族文化、"因俗而治"的是 ( )
①唐朝在东突厥故地设立都督府 ②明朝在西南实施"改土归流" ③明朝在西藏建立僧官制度 ④清康熙帝平定"三藩之乱"
A. ①③　　B. ②④　　C. ①③④　　D. ②③④

5. (2009年福建文综)中国象棋中"楚河汉界"的来历与历史上的"楚汉之争"(公元前206～202年)相关。这场战争发生于 ( )
A. 公元前2世纪早期　B. 公元前2世纪晚期
C. 公元前3世纪早期　D. 公元前3世纪晚期

6. (2009年广东历史单科)"封建社会"的概念是近代引入中国的。右图所示柳宗元的文章的主题可能是 ( )
A. 分封制度　B. 王位继承制度
C. 郡县制度　D. 三公九卿制度

7. (2009年广东历史单科)君主专制在从秦到清不断强化的过程中偶有特殊情况,能反映这一情况的是 ( )
A. 战国时期秦国以王为首,统一后秦王称皇帝
B. 汉武帝以身边近臣组成中朝执掌决策权,隋朝实行内史、门下、尚书三省制
C. 唐代决策、审议、执行权分离,宋代中央机构形成全面的权力牵制体系
D. 明初废除宰相,清初"军国政事"由议政王大臣会议决定

8. (2009年广东文科基础)下列王朝,不曾设置丞相的是 ( )
A. 清　　B. 明　　C. 汉　　D. 秦

9. (2009年海南历史单科)汉武帝倡导"独尊儒术",后来,汉宣帝反对专任儒生时说:"汉家自有制度,霸王道杂之,奈何纯任德教,用周政乎?"此处所谓"周政"主要是指周代的 ( )
A. 分封制度　B. 井田制度　C. 宗法制度　D. 礼乐制度

10. (2009年海南历史单科)"汉承秦制",亦有创设。以下属西汉创设的制度是 ( )
A. 什伍连坐
B. 郡县行政
C. 刺史监察
D. 皇权独尊

11. (2009年海南历史单科)分化削弱宰相的权力,是古代中国皇帝实现个人专制的一贯做法。宋代行使宰相权力的"中书门下"主要行使的是 ( )
A. 决策权　B. 行政权　C. 军政权　D. 财政权

12. (2009年江苏历史单科)"九鼎既成,迁于三国。夏后氏失之,殷人受之;殷人失之,周人受之。"周人所说的"九鼎"之

所以被广泛重视并在夏商周流传,主要因为它是 ( )
A. 反映民心民意的凭证　B. 国王祭祀的重要礼器
C. 青铜工艺水平高的标志　D. 王室统治权力的象征

13. (2009年江苏历史单科)唐代中枢机构中书省、尚书省和门下省的精细分工体现了 ( )
A. 施政观念上的民主追求　B. 剥夺相权的创新设计
C. 行政运作程序的有效制衡　D. 弱化君权的重要进步

14. (2009年辽宁文综)西周实行的宗法制在秦汉以后仍有重大影响,其主要表现是 ( )
A. 嫡长子继承制　　　B. 反复出现的分封制
C. 三纲五常的伦理观　D. 传统的宗族观念

15. (2009年辽宁文综)明朝"折中书省之政归六部"。六部所掌权力主要是 ( )
A. 决策　B. 行政　C. 监察　D. 司法

16. (2009年文综全国卷1)古人在分析姓氏起源时说:"氏于国,则齐鲁秦吴……氏于字,则孟孙叔孙;氏于居,则东门北郭。"由此推论,司马、司徒等姓氏应源自 ( )
A. 官名　B. 爵位　C. 谥号　D. 行业

17. (2009年文综全国卷1)"四面楚歌"典出楚汉战争。西汉初期,"楚歌"在社会上风行一时这主要是因为 ( )
A. 南方经济的影响　B. 统治集团的更替
C. 北方文化的衰落　D. 民族融合的结果

18. (2009年上海历史单科)在宋代的官员中,有三分之一以上来自平民家庭,这是因为当时推行的选官制度是 ( )
A. 军功爵制　B. 察举制　C. 九品中正制　D. 科举制

19. (2009年天津文综)下列史实符合西周确立的宗法制继承原则的是 ( )
A. 唐太宗通过玄武门之变继位
B. 宋太宗继承兄长宋太祖之位
C. 明太祖因太子亡指定嫡长孙继位
D. 清康熙帝死后皇四子继位

20. (2009年浙江文综)下图是一幅残缺的中国古代"地方机构示意图",请依据留存信息,判断该图反映的朝代是 ( )

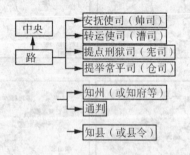

A. 唐代　B. 宋代　C. 元代　D. 明代

21. (2009年重庆文综)下列关于秦朝历史的表述,不符合史

实的是　　　　　　　　　　　　　（　　）

A. 郡县长官均由皇帝任免　　B. 太尉负责管理全国军事

C. 小篆以外出现了隶书　　　　D. 私学也可以教授律令

22.（2008年江苏历史单科）"齐人"、"鲁人"、"楚人"这种表述，逐渐让位于以行政区划为籍贯的表述，造成这一变化的制度因素是　　　　　　　　（　　）

A. 分封制　　B. 宗法制　　C. 郡县制　　D. 三省六部

23.（2008年山东文综）唐朝中央政府具有较高的行政效率，主要原因在于　　　　　　　　（　　）

A. 增设机构，独立施政　　B. 分工明确，相互协调

C. 一职多官，互相牵制　　D. 简化机构，总揽于上

24.（2010年广东卷）唐代和宋代都有谏官。唐代谏官由宰相荐举，主要评议皇帝得失；宋代谏官由皇帝选拔，主要评议宰相是非。这说明　　　　　　　　（　　）

A. 唐代君主的权力不受制约

B. 唐代以谏官削弱宰相的权力

C. 宋代谏官向宰相和皇帝负责

D. 宋代君主专制的程度高于唐代

25. 阅读材料并结合所学知识，回答下列问题。

材料一　唐代科举取士，以进士、明经两科为主，"大抵众科之目，进士尤为贵，其得人亦最为盛焉。"

唐代明经、进士两科的考试内容

	初　试	二　试	三　试
明经	选《礼记》或《左传》之一及《孝经》《论语》《尔雅》，每经帖十条	口答诸经大义十条	答时务第三道
进士	选《礼记》或《左传》之一及《尔雅》，每经帖十条	作诗、赋、文各一篇	作时务策第五道

——摘编自陈茂同《中国历代选官制度》等

材料二　在中世纪的英国，宫廷和政府之间没有明确界限，官员主要由国王遴选，并被视为国王的仆人。资产阶级革命爆发后，文官开始出现。光荣革命后，国王和权贵行使有封建特权色彩的官职恩赐权来任用官员。直至18世纪末，文官录用仍无常规可据，文官录用权主要由国王、宫廷权贵和各部长官直接行使，私人关系和个人感情成为获取官职的关键因素。

工业革命催生英国近代文官制度。1853年政府有关部门提出《关于建立常任英国文官制度的报告》，建议实行公开竞争考试录用制，并认为考试科目应有四类：古典文学；数学和自然科学；政治经济学、法学和近现代哲学；现代语言、近现代史和国际法。1855年文官改革令是以择优取士的方式取代官职恩赐制的重要起点。1870年枢密院

关于文官制改革的命令规定，多数重要文官职位必须按照文官制度委员会的要求，通过公开竞争考试，择优录用。该令的颁布成为英国近代文官制度建立的标志。

——摘编自阎照祥《英国政治制度史》

（1）在唐代明经、进士两科考试中，为何进士科"其得人亦最为盛焉"？

（2）指出唐代科举取士与中世纪英国官员选用的主要区别。

（3）如何理解"工业革命催生了英国近代文官制度"？

（4）指出唐代科举制与英国近代文官考试制度在推动社会进步方面的共同之处。

复习攻略

一、商周时期的政治制度

1. 分封制

（1）内容：西周时期周武王把王畿以外的广大地区和人民分别授予王族、功臣和先代贵族，让他们建立诸侯国，拱卫王室。

诸侯的义务：镇守疆土、随从作战、缴纳贡赋、朝觐述职等。

（2）作用：通过分封制，加强了周天子对地方的统治，扩大了统治区域。到西周后期，王权衰弱，分封制遭到破坏。

2. 宗法制

（1）目的：巩固分封制形成的统治秩序，解决贵族之间在权力、财产和土地继承上的矛盾。

（2）核心：嫡长子继承制。嫡长子是土地、财产和权力的主要继承者，有主祭祖先的特权。

（3）内容：以嫡长子继承制的方式确定大宗与小宗的关系，形成了"周天子—诸侯—卿大夫—士"的宗法等级。

（4）特点：以嫡长子继承制为核心，大、小宗具有相对性，是"家"和"国"统一。

（5）维护工具：礼乐制度。

（6）影响：保证了贵族在政治上的垄断和特权地位，有利于统治集团内部的稳定和团结。

二、秦朝中央集权制度的形成

1. "始皇帝"的来历

后来，这一象征着中华民族的"龙"的形象开始出现于各种图案之中，并逐渐形成文字。

"龙"成了中华民族始祖的图腾，中华民族也就和"龙"联系在一起。既然中华民族的始祖是上天"龙"的传身，那么，中华民族的子孙当然都是龙的传人了。

秦王嬴政以"德高三皇,功过五帝"自为"始皇帝",从而确立了皇帝制度,其核心是君权至上。

2. 秦朝的中央机构——三公九卿制

"三公"指丞相(负责政务)、御史大夫(执掌群臣奏章,下达皇帝诏令,并负责监察)和太尉(负责军事);"九卿"是"三"公以下的重要官员。

3. 郡县制

秦始皇采纳李斯的建议,把郡县制推广到全国。特点:郡县的长官都由皇帝任免。郡县制的确立,有利于中央集权的加强和国家的统一。

4. 中央集权制度的影响

积极影响:彻底打破了传统的贵族分封制,奠定了中国古代大一统王朝的基础。对此后两千多年的中国政治与社会产生了重要影响,有利于封建文化的发展,对祖国疆域的初步奠定、巩固国家统一,以及形成以华夏族为主体的中华民族,都起了重要作用。

消极影响:秦朝依靠皇帝的专制权威,加强对人民的压榨,使人民处境日趋恶劣,阶级矛盾迅速激化。秦王朝十几年后土崩瓦解;在一定程定上影响了中国政治、经济、文化等方面的自由发展。

三、从汉到元政治制度的演变

1. 西汉的政治制度

(1)汉初地方郡国并行制:郡县制与封国制并存,封国制对中央集权形成威胁。汉武帝颁布推恩令,加强中央集权,解决了诸侯国问题;设刺史,代表中央监察地方(包括诸侯和地方高官)。

(2)中央实行中外朝制:汉武帝让身边侍臣参与军国机要,形成中朝(内朝:尚书台),成为朝廷的决策机构;外朝(丞相为首的三公九卿机构)逐渐成为执行机构。

2. 唐朝三省六部制

(1)形成:隋朝在南北朝政治制度的基础上加以改革,逐步形成,唐朝时得以完善。

(2)职权与流程:中书省(负责决策、草拟诏令)→门下省(负责审批诏令)→尚书省(负责执行,下设六部,具体分工)。

(3)作用:三省最高长官都是宰相,分割、削弱了相权,加强了皇权;三省之间既相互牵制,又互为补充,分工明确,提高了办事效率;是封建中央集权制度严密完备的体现,此后历朝基本沿袭这一制度。

3. 宋初强化专制集权制度

(1)目的:直接目的是防止唐后期以来藩镇割据局面的出现。根本目的是稳定北宋政权。

(2)指导思想:重文轻武、守内虚外。

(3)具体措施:

中央分相权:设枢密院、参知政事、三司使分别分割宰相的军政权、行政权、财政权。

地方收权:派文臣出任州郡长官;设通判监督;设转运使把地方财赋送到中央。

影响:使地方失去割据的经济基础,结束了唐末以来藩镇割据的局面,加强了中央集权。但却造成了"冗官""冗兵""冗费",导致积贫积弱的局面。

4. 元朝的政治制度

(1)中央:设中书省为最高行政机关,行使宰相职权;设枢密院为最高军事管理机关;设御史台为最高监察机关;设宣政院统领宗教事务和管辖西藏地区。

(2)地方:实行行省制度。全国设立10个行省、两个单列的行政区(中书省直辖的"腹里"、宣政院管辖的西藏和四川、青海部分地区)。边远的少数民族地区设立宣慰司。

影响:便利了中央对地方的管理,加强了中央集权统治,巩固了多民族国家的统一;是中国古代行政制度的重大变革,是中国省制的开端。

四、选官、用官制度的变化

(1)汉朝主要实行察举制。

(2)魏晋南北朝时期,选用官吏采取九品中正制。

(3)隋朝时,隋文帝开始采用分科考试的方式选拔官员。隋炀帝时,政府开始设立进士科,科举制度形成。

(4)唐宋元各朝继承并完善了科举制。

五、明清君主专制的加强

1. 明朝废丞相、设内阁

(1)废除丞相:明太祖废除丞相,以六部分理全国政务,宰相制度从此被废除,君主专制发展到一个新阶段。

(2)内阁设立:明太祖设立殿阁大学士(仅备顾问兼协理奏章,不参与决策);明成祖时期内阁制正式形成。

(3)影响:内阁是为皇帝提供顾问的内侍机构,是君主专制强化的产物。

2. 清朝设军机处

(1)设立:雍正帝为适应西北军务需要而设置的军机房。

(2)发展:由一个暂设的军事机构,发展成为位居内阁等中央机构之上、辅助皇帝处理政务的最重要的常设中枢机构。

(3)权限:由皇帝挑选亲信的满汉官员充任军机大臣,完全听命于皇帝,跪受笔录,上传下达。

(4)影响:一定程度上提高了政府的行政效率;但造成皇权的高度膨胀,标志着君主专制制度发展到了顶峰。

智趣素材

我国皇帝之最

"皇"和"帝"两个字,都是古代君主的称号。

在中国历史上,从秦统一到清末的2133年中,连同地方割据政权和农民起义领袖建立年号称帝的在内,共有皇帝564人。第一个皇帝是秦朝的嬴政,最末一个皇帝是清朝的溥仪,其间在位时间最长的是清朝的康熙皇帝,在位61年。在位时间最短的是汉朝的刘贺,他只当了27天皇帝。即位年龄最大的皇帝是唐朝的武则天,她即位时已61岁,她也是中国历史上唯一的女皇帝。即位时年龄最小的是汉朝的殇帝,名刘隆,生下来一百多天就当皇帝了,他又是寿命最短的皇帝,死时不足一周岁。

知识结构梳理

1. 如何把握分封制和宗法制?

名称 项目	分 封 制	宗 法 制
主要目的	保证周王室强大,巩固统治阶级统治	确立和巩固父系家长在本宗族的地位,保证王权稳定
核心内容	封邦建国,广建诸侯;以藩屏周	划分宗族内的嫡庶系统
权利与义务	诸侯有设置官员、建立武装、征派赋役等权利,但也有为周天子镇守疆土、随从作战、交纳贡赋和朝觐述职的义务	诸子可获土地、庶民、奴隶等,但下级贵族臣服于上级贵族、全体贵族服从于天子的政治隶属关系
双方关系	周王是诸侯们的共同主子,诸侯是周王的臣属,服从周王的命令	嫡长子与分封下去的众子有双重关系,在亲缘上是兄弟关系,在政治上又是君臣关系
历史作用	周王确立了天下共主地位,统治效果得到加强,周朝势力范围扩大	有利于凝聚宗族,防止内部纷争,强化王权
共性(联系)	①两者互为表里。②都形成森严的等级制。③分封的诸侯或众子在封国内都享有世袭统治权。④都是中国早期政治制度的重要组成部分,带有浓厚的部族色彩。⑤都对中国社会产生了深远影响。(如宗法制对王位继承制、权力财产分配制、宗族制等都产生了影响)	

例1(2010年广东)在中国古代"家国一体"的社会中,忠孝观念源远流长,其源头是 ( )

A. 宗法制 B. 郡县制

C. 君主专制 D. 中央集权制

[解析] 本题考查西周的宗法制。材料中的"家国一体""忠孝观念"反映了宗法制在凝聚宗族、弘扬正气、形成家国观念等方面起着积极的作用。A正确。

2. 如何理解秦朝中央集权制度的内容?

该制度是秦朝在总结前代政治制度利弊得失的基础上创建的,因此它既有继承,又有创新。

(1)皇帝制度。这是秦的独创,是整个制度的核心,具体表现为皇权的至高无上性、绝对性、独断性和不可分割性。

(2)三公九卿制。这是中央行政制度,其特点是分工负责、互不相属、互相牵制,均对皇帝负责,由皇帝任免。

(3)郡县制。这是地方行政制度,既是对西周宗法分封制的否定,又是对战国时郡县制的继承、发展和完善,郡、县集中体现了地方政治、经济、军事、司法等权力,直属中央,其长官均由皇帝直接任免,从而保证了中央集权的实现。

(4)官吏的选拔考察制度。这实际上是选官和监察体度,从而保证了皇帝的旨意能畅通无阻。

(5)秦律制度。这是推行皇权专制和中央集权的政治体制的工具,皇权不受法律限制,且皇帝的谕旨本身就是"金科玉律"法律仅是皇帝的意志而已。

例2(2010年新课标全国卷)柳宗元在《封建论》中评价秦始皇废封建、行郡县时说:"其为制,公之大者也……公天下之端自秦始。"郡县制为"公天下"之端,主要体现在 ( )

A. 百姓不再是封君的属民

B. 更有利于皇帝集权

C. 制度法令的统一

D. 依据才干政绩任免官吏

[解析] 本题考查郡县制与分封制的区别。秦朝废分封制,实行郡县制打破了官员依靠血缘关系世袭的传统;郡县制下官员由皇帝依据才干政绩来任免,实现了"公天下",D正确。

3. 西周分封制与秦朝郡县制的比较

	西周分封制	秦朝郡县制
实行条件	与宗法制相连	在国家大一统的条件下实行
传承制度	世袭	官吏由皇帝任免调迁,不得世袭
官吏权力	拥有封地和相应的爵位	官吏只有俸禄,无封地
与中央的关系	诸侯国有很强的地方独立性	郡县是地方行政机构,地方绝对服从中央
官员职责范围	封地内有行政权,拥有对土地的管理权	封地内有行政权拥有对土地的管理权
历史作用	西周分封制有利于稳定当时的政治秩序,但也容易发展为割据势力	有利于中央集权的加强和国家的统一

例3(2010年安徽)柳宗元认为,秦末农民起义"咎在人怨,非郡邑之制失也";西汉七国之乱"有叛国而无叛郡","秦制之得,亦以明矣"。下列说法最符合材料原意的是( )

A. 郡县制与秦农民战争没有关系

B. 七国之乱因汉初分封而爆发

C. 郡县制有利于中央集权统治

D. 郡县制取代分封制是历史的必然

[解析] 本题考查郡县制的意义。柳宗元的观点可以表述如下:秦末农民战争(阶级矛盾激化)与郡县制无关,西汉七国之乱(统治阶级内部矛盾)与郡县制无关,可见郡县制有利于加强中央集权统治,故C符合题意;A、B不够全面,D与材料

在564个皇帝中,10岁以下的娃娃皇帝有29个。最早的娃娃皇帝是西汉的昭帝,即位时8岁,最后一个娃娃皇帝是中国末代皇帝溥仪,即位时3岁。

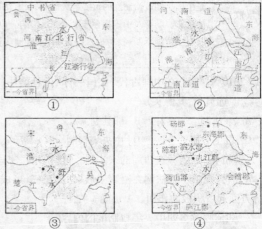

无关。

4. 汉至元朝的地方行政制度是怎样演变的?

(1)演变:汉初实行郡国并行制,东汉时形成州、郡、县三级制,魏晋南北朝时基本沿用,唐朝时增设道,从而形成道、州(府)、县三级制,北宋时鉴于唐朝藩镇割据的弊端设路,形成路、府(州)县三级制,元朝时为了加强中央集权,实行行省制。

(2)焦点问题:中央与地方的权力之争。

(3)趋势:在分权的基础上,中央对地方实行多层次、多渠道的管理,中央严格控制地方行政(控制地方官吏的任免、考核和监督),地方服从中央,最后听命于君主。

(4)影响:短期来看,可以缓解一些矛盾,维持社会的稳定和发展。但从长远来看:①造成地方对中央和君主的绝对依赖,难免人浮于事。②地方缺乏相应的自主权,难以实施有效的治理。

例4(2010年江苏)"元起朔方,固已崇尚释教(佛教),及得西域,世祖以其地广而险远……思有以因其俗而柔其人,乃郡县土番之地,设官分职,而领之于帝师。"这里的"官"隶属于   ( )

A.宣政院   B.中书省

C.理藩院   D.行中书省

[解析] 本题考查元朝对西藏的管辖,意在考查考生获取信息和调用知识分析问题的能力。根据材料中"元起朔方""崇尚释教(佛教),及得西域……思有以因其俗而柔其人""郡县土番之地"等信息及所学知识可知,元朝设宣政院统领宗教事务和管辖西藏地区,故选A;中书省为元朝中央最高行政机关,B错误;理藩院是清朝掌管少数民族事务的权力机关,C错误;行中书省是元朝的地方行政机关,D错误。

5. 三公九卿制与三省六部制的比较

	三公九卿制	三省六部制
应用时代	确立于秦,盛行于汉	确立于隋,盛行于唐
丞相职权地位	丞相协助皇帝处理全国政事,有相对独立的决策权、审议权和行政权	三省长官均为宰相,相权一分为三
作用地位	使专制主义中央集权制趋向巩固	使专制主义中央集权制趋向完善

例5(2009年高考江苏卷)唐代中枢机构中书省、尚书省和门下省的精细分工体现了   ( )

A.施政观念上的民主追求

B.剥夺相权的创新设计

C.行政运作程序的有效制衡

D.弱化君权的重要进步

[解析] 此题考查唐代的三省六部制。唐朝时期的中书省负责定旨出命,门下省掌封驳审议,中书、门下通过的诏敕,经皇帝裁定,交尚书省贯彻执行,三省职权有分工,也有合作,

相互牵制和监督,故C项正确。

6. 三大地方行政制度——分封制、郡县制、行省制的比较

比较点		分封制	郡县制	行省制
	盛行的时代	奴隶社会的行政制度,盛行于西周	几乎盛行于整个封建时代	确立并盛行于元朝
不同点	与中央政府的关系	诸侯国相对独立于中央政府,并且权力和地位可以世袭,以血缘为纽带	郡、县是中央政府下属的地方行政机构,郡守和县令由皇帝直接任命,不世袭	行省只是中央最高行政机关——中书省的派出机构,其行政长官直接对中书省负责
	作用和影响	分封制虽在一定时期内产生过一些积极作用,但从长远看则破坏了国家统一和社会安定	不仅在当时有效地加强了中央集权,维护了国家的统一,而且经过后世的调整和补充,其积极作用愈益明显	
相同点	都是中国古代重要的地方行政制度 根本目的都是为了巩固统治 结果都在一定时期内产生过积极作用			

例6(2009年安徽文综)下列四图反映了安徽省在不同历史时期所属行政区划的沿革状况,按时间先后顺序排列,正确的是   ( )

①   ②

③   ④

A.③④②①   B.②④③①

C.④③①②   D.①③②④

[解析] 本题主要考查古代中国的政治制度中的各朝代在地方上实行的行政管理制度。通过观察图,并结合所学的历史知识可知,①是元朝 ②是唐朝 ③是西周 ④是秦朝。

7. 宰相制与内阁制有何异同?明朝的内阁制与西方近代的内阁制有何不同?

(1)宰相制与内阁制的异同:

齐桓公是被活活饿死的

谁能料到春秋五霸中最先成为霸主的齐桓公最后竟是活活饿死的。

齐桓公于公元前686年与公子纠争夺君位取得胜利,做了齐国国君。他在管仲的辅佐下实行全面改革,并迅速成为五霸之首。

公元前645年,管仲病逝,临终前曾告诫齐桓公要疏远易牙、竖刁等小人,但齐桓公不听。

公元前643年,齐桓公患重病,易牙、竖刁认为机会到了,便假借齐桓公的命令,堵塞齐宫大门,并在大门前竖起一道高墙,不准任何人进入宫内。齐桓公病在床上,没有一个人过问。最后,这位称雄一世的霸主竟然被活活饿死在宫内。齐桓公的五个儿子为了争夺权位互相残杀,谁也不管父亲的死活。结果,齐桓公的尸体在寿宫中整整搁置了67天,尸体生了蛆也无人收殓,其下场实在可怜。

智趣素材

项目		宰相制	内阁制
相同(相似)		职责都是辅助皇帝处理全国政务	
不同	地位	法定,制度赋权	非法定,咨询机构
	职权	参与决策	无决策权
	对皇权作用	制约皇权	不能制约皇权

(2)明朝内阁制与西方近代内阁制的区别?

明朝的内阁是君主专制强化的产物,无决策权。它加强君主的绝对权力,保证君主对全国的统治,进一步巩固了皇权至高无上的地位。不可能对皇权起到制约作用。

西方近代的内阁是权力民主的象征,总揽国家的行政权力,并代表国家对议会负责的政体形式,是政治民主监督机制,有助于防止专制独裁。

例7 (2009年高考浙江卷)关于明代内阁,下列表述正确的是 ( )

A. 明太祖罢除丞相职务,设内阁制

B. 内阁成员的地位和权势有过提高

C. 内阁正式成为统率六部百司的机构

D. 司礼监最终取代了内阁

[解析] 设内阁制的是明成祖朱棣,A项错误。内阁设立之初以官位较低的官员入午门内的文渊阁当值,后来入阁官员的权势和地位逐渐提高,B项说法正确。内阁不能统率六部百司,C项错误。明代以司礼监的太监牵制内阁,取代之说不符合史实。

8. 为什么说清朝军机处的设置使君主专制制度发展到了顶峰?

(1)秦朝,以丞相为首的三公来主持国家的最高政务。

(2)汉朝,皇帝任用身边的侍从、秘书等工作人员形成了"中朝"的决策机构,来抗衡以丞相为首的三公九卿组成的"外朝"。

(3)隋唐时期,由三省长官还有同中书门下平章等多人来执行宰相职务,这样相权就分散在许多人手中。

(4)明朝,废宰相,设内阁。但是内阁大臣的权力大小完全取决于皇帝对他们的信任与支持。

(5)清朝,军机处的军机大臣们百分之百成了皇帝独裁的工具,军机大臣对皇帝的命令只有唯命是从。他们的作用只是上传下达,皇帝说什么他们就做什么,权力完全集中在皇帝手中,什么事情都由皇帝说了算。

例8 明代内阁和清代军机处的共同之处是 ( )

A. 统领六部,处理各种政务

B. 参与决策,并负责朝廷日常事务

C. 参与机要政务,但没有决策权

D. 负责各地的军政事务

[解析] 分析各选项,A错误,六部直接对皇帝负责;B错误,两者皆无决策权;D错误,明朝内阁不是法定的中央一级的行政机构或决策机构,而是为皇帝提供顾问的内侍机构;C正确。

9. 专制主义中央集权制度发展总趋势

(1)皇权加强,相权削弱。不断改革中央行政机构,强化皇权,分散削弱相权,强化皇帝对中央和地方官吏的控制和监视。

秦始皇确立皇权至上的专制制度,国家政治、经济、军事一切大权集中在皇帝手中,包括政事裁决和官吏任免;明清时期中国封建专制制度加强,包括明朝废除丞相、皇帝直接控制大臣、设立皇帝直接控制的厂卫特务机构、加强对官吏和人民的监视和镇压,清朝初期增设军机处,军国大事完全由皇帝裁决,军机大臣只能跪受笔录。

(2)中央权力加强,地方势力削弱。不断改革地方行政机构,分散或收回地方权力,加强中央对地方,特别是对边疆地区的严密管辖。

①中央:秦始皇在中央设丞相、御史大夫、太尉,分掌政事、监察、军事,地方设郡县制,中央集权制度确立;隋唐时期的三省六部制进一步完善了中央集权制度,尚书掌管行政,中书和门下掌管政令草拟和审批;到明清时期,废丞相、设内阁和六部,设军机处,中央机构的设立和职权完全服从于专制君权的需要。

②地方:秦始皇时期的郡守、县令由皇帝任命;西汉初郡国二制并行,景帝至武帝时,逐步削弱王国势力,诸侯王已被解除军政大权,只有衣食租税;汉武帝后期,设刺史;唐朝中期藩镇割据势力强大,经过五代十国,直至北宋初期解除朝中大将和地方节度使兵权后才解决;元朝在地方设立行省。对全国进行有效管辖,明朝在地方废行省,设三司,分掌行政、司法和军政,并直接隶属中央,都是中央对地方的控制加强的表现。

(3)对人们的思想控制日益加强,思想文化专制不断加强。

二年模拟训练

1. (2010年安徽高三联考)为适应新课程改革,历史老师在讲《中国古代的中央集权制度》时,让学生再现皇帝处理朝政的情景:①"三公"坐着对自己所管辖的事情提出自己的处理意见,皇帝只是听取情况汇报。②中书省按照皇帝的决定起草文件,交由门下省审核,通过后交给尚书省,尚书省再按事情所属部门交给六部办理。情景①②分别反映了哪

吴三桂之死

吴三桂得知康熙要撤三藩,气得暴跳如雷。他原以为他将明朝的江山献给了清廷,清朝总应恩待他,没想到竟是要削去他的藩位。于是他又打起反清复明的旗号,联络了一批反叛将领与清军对抗。而清廷以剿抚兼施的办法分化其他叛军。许多反叛将领归顺了朝廷,吴三桂逐渐孤立。到后来,他的女婿胡国柱也决定投降。有人将这一消息报给吴,当时是中秋节,吴三桂正赏月,忽听女婿也投降了,顿时大叫一声背过气去了,倒在地下。身边的姬妾侍从急忙抢救也没有抢救过来,吴三桂就这样死了。吴三桂死后,其部下以皇帝的礼仪安葬了他。后来,清军攻破成都,掘了他的坟,把他的尸体碾成粉末扬弃了。

智趣素材

个朝代的中央官制 （　）

A. 秦朝、唐朝　　B. 唐朝、明朝

C. 汉朝、宋朝　　D. 秦朝、汉朝

2. （2010 年安庆模拟）左传·召公七年："天有十日,人有十等。下所以事上,上所以共神也。故王臣公,公臣大夫,大夫臣士,士臣皂。"上述材料反映西周社会结构的基本特点是 （　）

A. 严格的等级关系

B. 嫡长子有继承特权

C. 通过垄断神权强化王权

D. 血缘纽带和政治关系紧密结合

3. （2010 年合肥模拟）《太史公自序》载："春秋之中,弑君三十六,亡国五十二,诸侯奔走不得保其社稷者,不可胜数。"从这段材料所获得的最全面、最准确的信息应是 （　）

A. 争霸战争使诸侯国数目减少

B. 诸侯国之间互相厮杀

C. 诸侯弃国逃跑,井田制瓦解

D. 分封制遭到破坏

4. （2010 年福建单科模拟）下列历史小论文题目存在史实错误的是 （　）

A.《浅谈秦始皇与专制主义中央集权制度的形成》

B.《试论西汉刺史对郡国的监察》

C.《三省六部制与中央集权制度的完善》

D.《简析清代皇权与相权的关系》

5. （2010 年厦门模拟）郡县制、刺史制和行省制的相似之处是 （　）

A. 最初都是地方行政区划制度

B. 其相应机构都直属于中央六部的管辖

C. 都为加强中央集权而设立

D. 都被其后的历代王朝所沿用

6. （2010 年广东惠州第三次质量调研）到清末为止,中国古代政治制度就政体而论,有哪两种主要形式 （　）

A. 分封制和中央集权制

B. 宗法制和中央集权制

C. 宗法制和王位世袭制

D. 分封制和王位世袭制

7. （2010 年深圳第一次调研）唐朝时刘晏长期掌管国家财政大权,为官廉洁,被称为"工于谋国而拙于谋身的一代良相"。据此判断,刘晏供职的部门应该是 （　）

A. 尚书省　　　　B. 中书省

C. 门下省　　　　D. 中书门下

8. （2010 年深圳第一次调研）监察地方官吏,北宋政府设置了 （　）

A. 刺史　　B. 通判　　C. 知州　　D. 三司使

9. （2010 年广东四校期末联考）下列史料能反映清朝统治者设立军机处的根本目的是 （　）

A. 选内阁中书之谨密者入直缮写

B. 军机大臣者……皆亲臣、重臣

C. 军机处……地近宫廷,便于宣召

D. 军机大臣……不能稍有赞画于其间

10. （2010 年浙江湖州调研）避讳是中国封建社会特有的现象,其中对当代帝王及本朝历代皇帝之名进行避讳是主要的一类。以下各项中属于这一现象的是 （　）

①东汉光武帝时将"秀才"改名为"茂才"

②唐太宗把中央六部之一的"民部"改为"户部"

③宋室南渡后,建都于杭州,后升为"临安府"

④朱元璋定国号为大明,以应天为"南京"

A.①②　　B.②③　　C.①③　　D.②④

11. （2010 年浙江湖州调研）一位士人经历一场剧变后,指出这是因为当时国家集权太甚,"万里之远,皆朝廷所制",地方无力,导致"外寇凭陵时而莫御,仇耻最甚时而莫报"的结果。这位士人可能经历下列哪一事件 （　）

A. 秦末农民战争　　　B. 唐中期安史之乱

C. 金灭北宋的靖康之变　D. 清末八国联军侵华

12. （2010 年吉林一中第二次月考）柳宗元被贬谪湖南永州时所创作《封建论》中说："周之失,在于制;秦之失,在于政,不在制。"文中的两个"制"分别是指 （　）

A. 分封制和郡县制

B. 宗法制和郡县制

C. 分封制和专制主义中央集权制

D. 宗法制和专制主义中央集权制

13. （2010 年山东省烟台市第一学期阶段测试）河南大学教授王立群指出"古来帝王,有秦始皇至清代宣统,正统偏安者共二百余人,真正懂得国家政体并善以此治国、王而不藩者,不过秦皇、汉武、宋太祖、清圣祖（康熙）四人而已。"其中的"国家政体"指 （　）

A. 王位世袭制　　　B. 中央集权制

C. 文官体制　　　　D. 监察体制

14. （2010 年浙江嘉兴学科基础测试）下图是秦朝政府的基本组织模式。这种组织模式的本质特征是 （　）

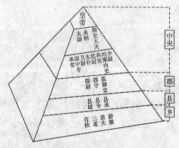

A. 建立中央集权制度

B. 皇权至高无上

C. 全面推行郡县制

D. 中央与地方相互分权

15. 浙江省在古代中国一度属于江浙行省管辖。"江浙行省"的行政设置最早出现在 （　　）

A. 唐朝　　　B. 南宋　　　C. 元朝　　　D. 明朝

16. (2010年济南模拟)20世纪90年代,陕西章台出土了一些封泥,上面有上郡、代郡、邯郸等郡名和蓝田等县名。这些文物最早出现于 （　　）

A. 春秋战国

B. 秦代

C. 汉代

D. 元代

17. 阅读下列材料:

材料一　(西周)天子适诸侯,曰巡狩;诸侯朝于天子。曰述职。……不朝,则贬其爵;再不朝,则削其地;三不朝,则六师移之。

——《孟子》

材料二　知封建(分封制)之弊变而为郡县,则知郡县之弊而将复变。然则将复变而为封建乎? 曰:不能。……封建之失,其专在下;郡县之失,其专在上。

——摘自顾炎武《天下郡国利病书》

材料三　明代思想家李贽在《史纲评要》卷四《后秦

纪》中曾经称李斯倡行郡县之议是"千古创论",又就"置郡县"之举赞誉道:"此等皆是应运豪杰、因时大臣。圣人复起,不能易也。"

请回答:

(1)据材料一和所学知识谈谈西周分封制下周王和诸侯之间是一种什么关系?

(2)材料二中顾炎武所说的"专在下"和"专在上"的含义分别是什么?

(3)对李斯倡行郡县之议是"千古创论",你是如何理解的?

一年冲刺母题

【母题】 阅读下列材料:

材料一　自秦始皇建立君主专制制度后,历代王朝都设置宰相作为皇帝的助手,参与国家大事的决策,处理全国事务。《新唐书》记载:"宰相之职,佐天子,总百官,治成事,其任重矣。"

材料二　明太祖认为:"自秦以下,人君天下者,皆不鉴秦设相之患,相从而命之,往往危及于国君者,其故在擅专威福。"

材料三　废丞相后与丞相地位近似官职的基本职权情况表:

	职位	基本职权
明中叶后	内阁首辅	拥有票拟权,但不是合法宰相,地位经常受到挑战
清朝雍正年间以后	军机大臣	承旨拟写传达皇帝旨意

请回答:

(1)在君权与相权关系的处理上,秦始皇、唐太宗、宋太祖分别采取了怎样的措施? 他们的共同点是什么?

(2)根据材料二,分析明太祖废除宰相制度的主要原因是

什么?

(3)当时也有人称内阁首辅和军机大臣为宰相,这种称呼是否有实质意义? 为什么?

【解析】 本题考查了历史上皇权与相权的关系。第(1)问,注意要求是"君权与相权关系",实际上要概括秦始皇、唐太宗、宋太祖在位时中央机构的设置与调整,然后总结其共性;第(2)问,注意材料信息"相从而命之,往往危及于国君者,其故在擅专威福"就容易回答了;第(3)问,可以从地位、产生方式、权限等方面比较宰相与内阁首辅、军机大臣的差异。

【答案】 (1)秦始皇不给丞相以兵权,让御史大夫牵制丞相;唐太宗规定三省长官都是宰相,相权一分为三;宋太祖以参知政事等官职分割相权。

共同点:相权受到限制和分割削弱,皇权加强。

(2)明太祖认为秦朝以来宰相的擅专威福往往危及君主的统治。

(3)内阁属于皇帝的顾问内侍机构,内阁首辅不是法定中央一级行政或决策机构的长官,其权限大小取决于皇帝;军机处是皇帝谕旨的传达机构,军机大臣完全听命于皇帝。内阁首辅和军机大臣不具有宰相的权力,不能对皇权形成制约,所以

为商灭夏做出贡献的女间谍

与夏朝同时期,有一个小国叫有施国,有施国有一位很有胆识的美女叫妺喜,她曾帮助商灭掉了夏,是我国有史以来第一位女间谍。

夏朝入侵有施国,有施国战败。作为战败国,有施国国王将国中最美的美人妺喜送给了夏桀,其真实目的是为了复仇。

妺喜美貌绝伦,来到夏朝后,很快获得了夏桀的宠幸,使好色的夏桀神魂颠倒,终日饮酒作乐。但有施国国力不强,尚无能力打败夏国。此时,强大起来的商国也派来一位间谍,名伊尹。伊尹是商国的一名厨师,有智有谋,很受汤的赏识,因此被派往夏朝从事间谍活动。伊尹到夏后,很快受到夏桀的信任。妺喜知道伊尹的真实意图后,与他配合行动,率领诸侯消灭了夏朝。

不是实质意义上的宰相。

【变题1】 阅读下列材料，回答问题。

材料 周亚夫，汉文、景之世名将。周勃次子，因兄胜之杀人被处死，故得嗣爵，封为条侯。公元前158年，匈奴大举侵扰上郡、云中，京城长安告警。周亚夫以河内太守被任为将军，驻屯细柳。因治军谨严有方，不久迁为中尉，负责京城治安。汉景帝刘启即位后，任亚夫为车骑将军。公元前154年，吴楚七国发动叛乱，周亚夫以太尉率军平叛。五年后，周亚夫迁为丞相，很受景帝器重。不久，因不同意废太子，又在王皇后王信和匈奴降王徐卢五人封侯等政事上与景帝旨意相左，加以梁孝王的挑拨和诬陷，受到景帝猜忌，公元前147年被免除丞相职务。公元前143年，周亚夫子私买工官尚方甲盾五百具，备作其父葬器，被人告发，事连周亚夫。廷尉召亚夫对质，并逼其供认谋反。周亚夫不服，绝食五日，呕血而死。

请回答：

(1) 依据材料，周亚夫被免除丞相职务的原因是什么？其根本原因又是什么？

(2) 周亚夫被封为条侯和后来被封为车骑将军，被封的原因有何不同？

(3) 上述前后的不同任职原因，说明古代中国选官制度的发展趋势。

【变题2】 制度创新是人类社会发展进步的一个重要体现。不同时期有不同的中枢权力体系及相应的地方控制网络。

阅读下列我国古代政治制度的三幅图：

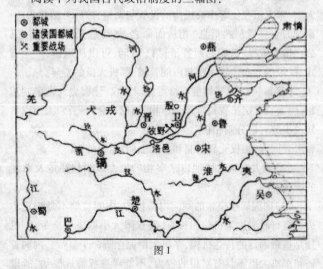

图1

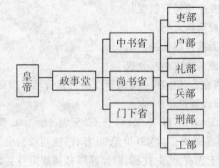

图2

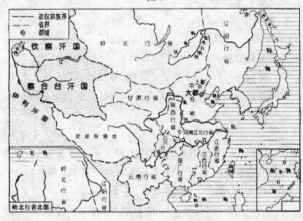

图3

请回答：

(1) 三幅图分别反映了我国哪个朝代的哪种制度？

(2) 上述三种制度对我国历史发展分别产生了什么影响？

(3) 图2、图3所体现的我国古代政治制度沿革历程中的两对基本矛盾是什么？

(4) 从先秦到隋唐，历代中央政府是如何通过选官制度来支撑这个专制帝国大厦的？

(5) 根据你所学知识，设想一下秦始皇、唐太宗、明太祖处理政务时哪一位权力最大？为什么？

秦始皇身世之谜

关于秦始皇嬴政的身世，几千年来，流传着诸多说法，其中，秦始皇是吕不韦的私生子的传说流传最广。

这一说法是指，卫国有一个富商吕不韦，他善于经营又野心勃勃。有一年，他在赵国都城邯郸活动，结识了秦国送往赵国的人质子楚。子楚是当时秦国太子安国君的儿子，吕不韦认为子楚可以利用，于是想方设法接近他、讨好他。吕不韦首先通过安国君的宠妃华阳夫人为子楚争取到皇太子的身份，接着又为他物色了一位绝色美女。这位美女本是吕不韦的爱妾，被送给子楚时已有孕在身，不久，这位美女就为子楚生了一个儿子，取名嬴政。安国君死后，子楚继承了皇位，子楚死后，嬴政即位。嬴政就是后来的秦始皇。

以上说法是否可靠，至今尚无定论，秦始皇的身世至今也还是个谜。

智趣素材

第2单元　近代中国反侵略、求民主的潮流

考纲解读导航

考试内容

1. 鸦片战争
(1)虎门销烟
(2)鸦片战争
(3)战火再燃

2. 太平天国运动
(1)从金田起义到定都天京
(2)《天朝田亩制度》和《资政新篇》
(3)从天京事变到天京陷落

3. 甲午中日战争和八国联军侵华战争
(1)甲午中日战争
(2)八国联军侵华及《辛丑条约》的签订

4. 辛亥革命
(1)武昌起义
(2)"中华民国"成立
(3)中国民主进程的丰碑

5. 新民主主义革命的崛起
(1)五四风雷
(2)中国共产党诞生
(3)国共合作与北伐战争

6. 国共的十年对峙
(1)南昌起义
(2)土地革命
(3)红军长征

7. 伟大的抗日战争
(1)侵华日军的罪行
(2)关内关外的抗日救亡运动
(3)全民族的抗日战争
(4)抗日战争的伟大胜利

8. 解放战争
(1)重庆谈判和政协会议
(2)内战爆发、战略反攻和三大战役
(3)新民主主义革命的伟大胜利

能力要求

(1)列举1840年至1900年间西方列强的侵华史实,概述中国军民反抗外来侵略斗争的事迹,体会中华民族英勇不屈的斗争精神。

(2)列举侵华日军的罪行,简述中国军民抗日斗争的主要史实,理解全民族团结抗战的重要性,探讨抗日战争胜利在中国反抗外来侵略斗争中的历史地位。

(3)了解太平天国运动的主要史实,认识农民起义在民主革命时期的作用与局限性。

(4)简述辛亥革命的主要过程,认识推翻君主专制制度、建立"中华民国"的历史意义。

(5)概述五四运动和中国共产党成立的史实,认识其对中国社会变革的影响。

(6)概述中国共产党领导的新民主主义革命的主要史实,认识新民主主义革命胜利的伟大意义。

三年高考命题

1. (2009年广东文科基础)马克思在评论鸦片战争时说,"在这场决斗中,陈腐世界的代表是激于道义,而最现代的社会的代表却是为了获得贱买贵卖的特权——这真是任何诗人想也不敢想的一种奇异的对联式悲歌。"据此,下列表述正确的是　　　　　　　　　　　　　(　　)
A."陈腐世界的代表"是指固守旧制度的清政府
B."贱买贵卖的特权"说明英国侵华与鸦片无关

C."对联式悲歌"是指中英两国在战争中两败俱伤
D."最现代的社会的代表"体现出人类的正义和道德
2. (2009年安徽文综)抗日战争期间,延安"吸引了一个美国军事观察团、一些美国国务院外交官和一个美国总统特使前来访问,另外还有大批外国记者前来采访"。其主要原因是　　　　　　　　　　　　(　　)
A. 中共领袖人物的个人魅力

智趣素材

B. 中共的抗日主张得到了普遍认同

C. 中共坚持抗战赢得了国际友人的广泛同情

D. 中共领导的抗日力量在抗战中的地位日显重要

3. (2009年北京文综)图中数字标明的地点,都是抗日战争期间著名战役的发生地,其中能为八路军战史提供实地资料的是 （   ）

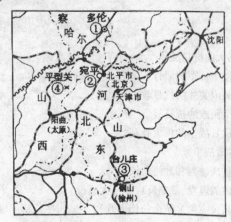

A. ①　　　B. ②　　　C. ③　　　D. ④

4. (2009年福建文综)抗日战争全面爆发后,八路军主力从集结地开赴华北战场协同友军作战,途中需要 （   ）

A. 东渡黄河　　　　　B. 北渡长江

C. 跨越陇海线　　　　D. 挺进大别山

5. (2009年广东理科基础)1937年,美国很有影响的《时代》杂志把蒋介石夫妇选为"1937年伉俪"。这一举动反映出美国 （   ）

A. 在冷战后需要中国加入西方阵营

B. 重视中国顽强抵抗日本侵略的行动

C. 非常认可国民政府的经济政策

D. 肯定蒋介石对北伐战争的贡献

6. (2009年广东历史单科)共产党领导的边区政府在工作报告中说,国民党肤施县党部在延安公开出版几种壁报,张贴通衢。共产党的印刷厂替国民党印刷传单,已是尽人皆知。这反映出当时 （   ）

A. 国民党已在军事上占领延安

B. 边区政府由国民党直接管辖

C. 正处于第二次国共合作时期

D. 共产党允许党员以个人身份加入国民党

7. (2009年海南历史单科)2009年2月,佳士得拍卖公司在巴黎拍卖圆明园十二生肖铜兽首中的兔首、鼠首。这两件中国文物被掠夺于 （   ）

A. 鸦片战争时期　　　B. 第二次鸦片战争时期

C. 甲午战争时期　　　D. 八国联军侵华时期

8. (2009年广东历史单科)下表是1925年部分省份国民党员构成表

地区	党员人数	学生	工人	农人
绥远	3200	8%	3%	80%
湖北	1877	63.1%	2.3%	8.9%
广东	15000	21.2%	20.1%	39.1%

此表表明,1925年的国民党 （   ）

A. 发展重心由北向南转移

B. 实行了土地革命政策

C. 是多阶层组成的革命联盟

D. 性质发生了根本变化

9. (2009年广东历史单科)"万里长征,辞却了五朝宫阙。暂驻足,衡山湘水,又成离别。绝徽移栽桢干质,九州遍洒黎元血……待驱除仇寇,复神京,还燕碣。"这首大学校歌出现的时期应是 （   ）

A. 1912～1919年　　　B. 1920～1926年

C. 1927～1936年　　　D. 1937～1945年

10. (2009年江苏历史单科)"如果基督教国家参与镇压这场运动将是很悲哀的,因为起义者们抱着一种争取进步的激情和作全面改革的意向,……目前显得较可取的唯一政策,……避免与内战双方发生任何政府层面的瓜葛。"这则材料反映出 （   ）

A. 太平天国运动初期英国采取中立政策

B. 义和团运动兴起后英国避免介入

C. 北伐战争时期英国奉行中立政策

D. 辛亥革命时期英国采用外交孤立政策

11. (2009年江苏历史单科)1937年7月7日,驻华北日军悍然发动卢沟桥事变,全面抗战爆发。日本在华北地区驻军始于 （   ）

A. 甲午中日战争之后　　B. 八国联军侵华战争之后

C. 辛亥革命失败之后　　D. 九一八事变之后

12. (2009年文综全国卷1)1858年,中英《天津条约》规定:"嗣后各式公文,无论京外,内叙大英国官民,自不得提书'夷'字。"这表明当时的中国 （   ）

A. 已经形成平等的外交观念

B. "天朝上国"规制受到冲击

C. 对西方列强产生崇拜心理

D. 受到西方文化的广泛影响

13. (2009年文综全国卷1)抗日战争期间某战役后,《新华日报》刊载一位中国将领的谈话:"我军……对于一城一寨之得失,初不以为重,主在引敌深入,使其兵力分散,而予敌主力以打击。"以下战役符合上述特征的是 （   ）

A. 淞沪会战　　　　　B. 百团大战

C. 台儿庄战役　　　　D. 平型关战役

14. (2009年山东基本能力测试)近代以来,在中国人民维护

国家主权的斗争中出现了许多震撼人心的爱国口号。如（　　）

①抗美援朝,保家卫国　②保卫华北,保卫黄河,保卫全中国　③愿人人战死而失台,决不愿拱手而让台　④还我山东,还我青岛。

这些口号出现的先后顺序是（　　）

A. ①②④③　　　　　　B. ①③②④

C. ②③④①　　　　　　D. ③④②①

15. (2009 年上海历史单科)20 世纪以来,中华民族经历了伟大的三个三十年的探索与实践。在九十年的历史进程中,中国人民在 1919、1949、1979 至 2009 年谱写的历史乐章的主题分别是（　　）

A. 民族觉醒、民族独立、民族崛起

B. 民族觉醒、民族振兴、民族独立

C. 民族觉醒、民族独立、民族振兴

D. 民族振兴、民族独立、民族觉醒

16. (2009 年天津文综)1919 年 5 月 5 日,天津《大公报》刊登"北京特约通讯",标题为《北京学界之大举动——昨日之游街大会/曹汝霖宅之焚烧/青岛问题之力争/章宗祥大受夷伤》。从上述标题中能获得的信息是（　　）

A. 京津两地工人罢工游行

B. 学生爱国浪潮遍及全国

C. 外争主权、内除国贼

D. 北洋政府逮捕大批学生

17. (2009 年重庆文综)道光三十年(1850 年),林则徐对关心国事的年轻人说:"终为中国患者,其俄罗斯乎! 吾老矣,君等当见之。"以下能证明林则徐预见的史实是（　　）

①侵吞中国 150 多万平方公里领土　②通过不平等条约割占辽东半岛　③统帅八国联军镇压了义和团运动④支持袁世凯篡夺了辛亥革命果实

A. ①②　　B. ①④　　C. ②③　　D. ③④

18. (2008 年天津文综)1895 年 4 月,俄国财政大臣表示,"假使日本占领南满(今东北南部),对我们将是威胁",为保护西伯利亚铁路的修筑,应"采取适当措施"。此措施是（　　）

A. 阻止签订《马关条约》

B. 联合德、法干涉还辽

C. 租占旅顺、大连

D. 修建满洲铁路

19. (2010 年广东卷)民众以为清室退位,即天下事大定,所谓'民国共和'则取得从来未有之名义已。至其实质如何,都非所问。这说明（　　）

A. 辛亥革命具有坚实的群众基础

B. 新文化运动具有历史必要性

C. 国民革命结束了君主专制制度

D. 君主立宪制得到民众的普遍支持

20. (2009 年广东历史单科)阅读材料,结合所学知识回答问题。

材料　中国的革命正是由这样两种梦想推动着:一是爱国主义者想看到一个新中国傲立于世界民族之林;二是提高处于社会底层的农民的地位,消除古代旧有的阶级的社会差别。

——据(美)费正清《观察中国》

(1)为实现"傲立于世界民族之林"这一梦想,中国近代各阶级做出了哪些努力?

(2)为提高农民地位,中国近、现代各阶级揣摩了哪些纲领和政策?

(3)1949 年以来,中国参加了哪些国际组织,见证了"新中国傲立于世界民族之林"?

一、整体感知

从 1840 年开始,西方列强对中国发动了一系列侵略战争,强迫清政府签订了一系列不平等条约,使中国逐步沦为半殖民地半封建国家。面对外来侵略,中国军民为维护国家主权展开了一次又一次的抗争,最终取得了反侵略斗争的胜利。

为完成反侵略反封建的民主革命任务,农民阶级发起了太平天国起义、义和团运动等。资产阶级维新派进行了维新变法运动,希望在中国确立君主立宪制,最终失败结局。资产阶级革命派从中得到启示,主张采用暴力方式推翻清政府,建立资产阶级民主共和国。他们通过辛亥革命结束了封建君主专制制度,但最终革命果实被袁世凯窃取,没有完成反帝反封建任务。无产阶级在五四运动中登上中国的政治舞台,并且不断发展壮大,中国共产党以马克思主义思想为指导,找到了"工农武装割据"的道路,并最终领导中国人民取得了新民主主义革命的伟大胜利。

二、各个击破

1. 半殖民地半封建社会的概念

"半殖民地"指丧失部分而不是全部的独立主权,也就是形式上有自己的政府和独立国家,实际上政治、经济等社会各

萧何月下追韩信

公元前 209 年,韩信投身项梁的西楚军。项梁战死后,韩信继随项羽,但未受项羽重用,只是充当一名执戟卫士。他多次向项羽献策,均不被采纳。于是他愤然逃出楚营,投奔汉王刘邦。以后项羽也认识到他和刘邦谁能得到韩信,谁就能得天下,派手下人去策反韩信,说刘邦所以没杀韩信是因为有项羽,但被韩信拒绝,对此韩信事前也很后悔。

刘邦初始也没把他当将才使用,只任命他为治粟都尉。韩信见刘邦不肯重用,决意离汉营而去,逃到寒溪时,本来可以过去,但因溪水大涨,无法过去,丞相萧何素知韩信之才,闻讯即刻骑马月夜苦追,将他劝回,由此留下了"萧何月下追韩信"的美谈。萧何向刘邦推荐韩信是大将之才,刘邦亲自与韩信讨论军国大事,确信韩信为稀世之才,遂筑高台,具礼,举行仪式,拜韩信为大将。

智趣素材

方面都受到殖民者的控制,是历史的沉沦。"半封建"是指既保存了封建主义又发展了资本主义,即形式上仍是封建统治和自然经济占主导,实际上资本主义经济、政治、文化因素不断增长,社会已开始近代化,是历史的进步。

半殖民地半封建社会是在外国资本主义侵略条件下,主权遭到破坏但又未完全丧失,经济上卷入世界资本主义市场,既保留封建经济因素,又产生资本主义因素的社会形态。不管政治上还是经济上都有半殖民地半封建的内容,不能理解为政治上半殖民地经济上半封建。

2. 近代列强侵华表现(1840~1945年)

(1)军事侵略:鸦片战争、第二次鸦片战争、中法战争、甲午中日战争、八国联军侵华战争、日本全面侵华战争。

(2)政治侵略:①中英《南京条约》(1842年)、中日《马关条约》(1895年)、《辛丑条约》(1901年)等不平等条约破坏了中国的领土、领海和司法等主权的完整,控制了中国的经济命脉,使中国逐步沦为半殖民地半封建社会。②在全面侵华战争期间,日本实行"以华制华"政策,扶植傀儡政权。

(3)经济侵略:倾销商品、掠夺原料、政治借款、勒索赔款、设厂筑路;日本在沦陷区进行野蛮的经济掠夺,推行"以战养战"政策。

(4)文化侵略:传播西方的基督教文化和资产阶级的价值观念;在全面侵华战争时期日本推行奴化教育,企图泯灭中国人民的反抗意识。

3. 分析甲午中日战争中国战败的原因及影响

(1)原因:①清政府腐败无能;②清政府的"避战保船",妥协退让政策导致被动挨打;③清军装备落后以及不少官兵临阵脱逃;④明治维新后,日本资本主义发展迅速。

(2)影响:①对中国:中国半殖民地化程度大大加深,中华民族危机空前严重。国内救亡运动高涨,维新变法运动和义和团运动兴起。②对日本,促进了日本国内资本主义的迅速发展,极大增强了日本的侵略力量。③对远东国际格局,日本国际地位上升,中国国际地位下降,列强在远东的争夺更加激烈。

4. 比较抗日战争时期的两个战场

(1)区别:

	正面战场	敌后战场
领导	国民党	中国共产党
抗战路线	片面抗战路线	全面抗战路线
战场范围	国统区	敌占区
作战方式	以阵地防御为主的阵地战	游击战
战略地位	在防御阶段是主战场	相持阶段到来后成为主战场

(2)联系:

①两个战场都是全民族抗战的重要组成部分,二者总目标都为了驱除日本帝国主义;②两个战场相互配合,为抗战做出了重大贡献。

5. 中国抗日战争的特点

(1)抗日战争是落后大国反对帝国主义强国入侵并取得最后胜利的民族解放战争。

(2)中国的抗日战争是亚洲大陆反法西斯战争的主战场,这个战争开辟最早、坚持时间最长、贡献最大。

(3)正面战场与敌后战场长期并存,是中国战场与其他反法西斯战场的一个明显区别。

(4)抗日战争具有双重性,它既是民族解放战争,也是世界反法西斯战争的一部分;既是日本侵华活动达到极盛和走向衰亡的过程,也是中华民族近百年来第一次取得反对帝国主义侵略的完全胜利。

6. 比较《天朝田亩制度》与《资政新篇》

(1)同:都是太平天国纲领性文件;都带有反封建的进步性;都没有真正实施。

(2)异:

①产生背景不同:分别在盛衰两个不同时期。

②经济主张不同:前者在维护小农经济的基础上废除私制,实行公有共享和绝对平均主义,实质上是一种农业社会主义空想;是与当时的社会发展潮流相违背的;后者保护私有财产,发展资本主义工商业,符合社会发展潮流。

③群众基础不同:前者反映了农民要求废除封建土地所有制的强烈愿望,极大地调动了农民的革命的积极性;后者与农民的要求不相符合,无法调动农民的革命积极性。

7.《中华民国临时约法》

(1)内容:①主权在民,否定君主专制。

②三权分立,防止专制独裁。

③参议院的权力,加强对袁世凯的监督。

④责任内阁,内阁总理由议会多数党产生,总理可以驳回总统的意见,总统颁布的命令由总理副署才能生效(限制袁世凯的权力)。

(2)目的:限制袁世凯的独裁,维护共和制度。

(3)性质:中国历史上第一部资产阶级民主宪法。

(4)意义:具有反封建专制的进步意义;确定资产阶级共和国的国体和政体,宣告了民主共和原则的正义性和"中华民国"的合法性;在中国,它第一次以宪法的形式提出主权在民的思想,给长久习惯于专制的民族一个极大的振奋;成为资产阶级革命派反对专制斗争的法律武器。

(5)结局:袁世凯掌权后,成为一纸空文,最终被废除。

8. 如何理解毛泽东的"工农武装割据"思想

(1)内容:在中国共产党的领导之下,把武装斗争、土地革命和根据地建设结合起来。

(2)三者关系:

①概括地讲:是密不可分、相互依赖、相互促进、缺一不可的有机整体。武装斗争是中国革命的主要形式,土地革命是中国革命的中心内容,根据地是中国革命的战略基地。

汉高祖醉斩白蛇

《史记·高祖本纪》记载:秦始皇末期,刘邦(汉高祖)做亭长时,往骊山押送劳工,但劳工大多在路上死亡,到了丰西泽中,他将劳工放走,结果只有十来个壮士愿意跟随刘邦。夜中,刘邦喝醉了酒,令一人前行,前行者回报道,前面有一条大蛇阻挡在路上。刘邦正在酒意朦胧之中,似乎什么也不怕,说:是壮士的跟我来,怕什么!由于勇往直前,刘邦挥剑将挡路的大白蛇斩为两段,路开通了,走了数里路,刘邦困了,倒头就睡着了。有一老妇人在蛇被杀死的地方哭,有人问哭的原因,老妇人说,有人将我儿子杀死了。有人又问,何以见得你儿子被杀?老妇人说,我的儿子,就是化为蛇的白帝子,因挡在路上被赤帝子所斩。后来有人将此事告诉刘邦,刘邦听后暗自高兴,颇为自负。

②具体地讲:A. 武装斗争是土地革命和根据地建设的支柱,是"工农武装割据"的中心环节。离开武装斗争,土地革命就不能有效地进行,根据地就不能存在和巩固。B. 不进行土地革命,就不能广泛发动群众,取得革命战争所必需的人力物力资源,武装斗争就会失败。不解决农民的土地问题,根据地就失去了群众基础,不能得到巩固和发展。C. 没有根据地,武装斗争会失去依托,就会变成黄巢、李自成式的流寇主义,不可能长期存在,土地革命的成果就得不到保障。

(3)评价:奠定了以农村包围城市道路的理论基础,是马克思主义普遍真理同中国革命具体实践相结合的光辉典范。

知识结构梳理

一、鸦片战争

(一)第一次鸦片战争(1840~1842年)

1. 背景:

(1)国际:英、法、美相继开展_____,为了开拓_____和掠夺_____,加紧对外侵略扩张。

(2)国内:中国自给自足的_____占统治地位,_____兼并严重,清政府政治腐败,财政困难,_____,实行_____政策。

(3)导火线:英国以林则徐虎门销烟为借口发动战争。

从18世纪中期起,英国向中国输入呢绒、棉纺织品和金属制品,从中国购买生丝、茶叶和药材。受_____的抵制,在两国的正常贸易中,中国处于_____地位。

为了扭转_____,英国违背_____,向中国走私_____。掠走中国大量_____,并严重摧残着中国人民的健康。

面对鸦片在中国的泛滥,两广总督_____等上书道光帝,请求禁烟。1839年6月,_____在_____海滩当众销毁大量鸦片。英国政府闻讯,决定借故对中国发动侵略战争。

2. 过程:

(1)爆发:1840年6月,英国舰队侵入_____挑衅,战争爆发。

(2)扩展:1841年初,强占_____,威逼广州。

(3)结束:1842年8月,英军侵入_____下关江面,清政府_____,战争结束。

3. 结果:清政府战败,签订《_____》《_____》《_____》《_____》《_____》等不平等条约。

4. 影响:

(1)中国的大门被迫打开,外患接踵而至,_____和_____不断遭到破坏。

(2)中国由一个_____的封建国家开始沦为_____国家。

(二)战火再燃——第二次鸦片战争(1856~1860年)

1. 原因:

(1)根本原因:进一步打开中国市场,扩大_____的要求。

(2)直接原因:列强向清政府提出的_____的要求,遭到拒绝。

2. 经过:

(1)1856年英军进攻_____,战争爆发。

(2)法国加入,_____攻陷广州,北上进逼_____。

(3)英法联军攻陷天津、北京,火烧_____,_____逃往热河。

3. 结果:

(1)1858年清政府被迫签订《_____》

(2)1860年清政府被迫签订《_____》

(3)美俄两国趁火打劫,强迫清政府签订不平等条约,特别是俄国强占中国北方_____。

4. 影响:

(1)中国丧失_____,主权受到更加严重的侵害。

(2)清政府开始被_____控制,中外反动势力_____。

(3)中国_____的程度加深了。

二、太平天国运动

(一)从金田起义到定都天京

1. 背景:

(1)鸦片战争后,_____走私更加猖獗,白银外流加速,_____。

(2)洋货大批涌入东南各省,_____纷纷破产。

(3)巨额战争_____,各级官吏乘机搜刮,加上连年不断的_____,人民苦不堪言。

(4)中国面临的民族矛盾和_____空前激化,农民暴动,此伏彼起。

2. 准备:洪秀全将西方的_____、中国儒家的_____和农民的_____相结合,创立"_____",宣传反清思想。

3. 过程:

(1)兴起:1851年初,洪秀全集合"_____"群众,在广西桂平县_____起义,建号_____,起义军称"_____",洪秀全称"_____"。

(2)发展:

永安建制:分封诸王,初步建立_____。

智趣素材

定都天京:太平军从永安北上,1853年攻克南京,改名____
____,定为国都,正式建立与清廷对峙的政权。

(3)全盛:从1853年起,进行_____、_____,太平天国进入全盛时期。

(二)《天朝田亩制度》和《资政新篇》

1.《天朝田亩制度》(_____年)

(1)中心:解决农民的_____问题。

(2)内容:土地制度是以户为单位,按_____和_____
__平分土地,产品分配方式是每户留足口粮,其余归_____。

(3)目的:建立"_____,_____"的理想社会。

(4)评价:

革命性:是太平天国的_____,突出反映了农民阶级要求_____的强烈愿望,是几千年来农民斗争的思想结晶。

空想性、落后性:体现绝对_____不符合国际和国内经济发展的规律和趋势,严重脱离实际,根本无法实施。

2.《资政新篇》(_____年)

(1)目的:_____、建设国家,振兴太平天国。

(2)内容:向西方学习,_____,官吏由_____;发展_____,奖励_____;开设_____,设立福利机构;中外自由通商,平等往来。

(3)评价:是先进的中国人首次提出在中国发展_____的方案;但由于缺乏相应的社会基础,迫于当时的战争形势,未能实行。

(三)从天京事变到天京陷落

1. 天京事变

原因:定都天京后,领导者进取心衰退,腐朽思想日益滋长,领导集团内部矛盾尖锐。

过程:1856年秋,_____杀掉杨秀清,继而被处死,接着_____遭洪秀全猜忌,率领精兵负气出走。

影响:清军乘机反扑,再次围困_____;严重削弱太平军的战斗力,是太平天国由盛转衰的转折点。

2. 重建领导核心

提拔青年将领_____和_____指挥军事。

让洪仁玕总理朝政,实行_____。

3. 后期防御:破江北大营——_____——破江南大营——东征受损——安庆保卫战。

4. 天京陷落:1864年,天京陷落,_____运动失败。

三、甲午中日战争和八国联军侵华

(一)甲午中日战争(1894~1895年)

1. 背景:

日本明治维新后,国力强盛,对中国的侵略蓄谋已久。

1894年,朝鲜爆发_____,清政府派兵协助镇压,日

也乘机出兵。

2. 经过:

1894年7月,日本舰队在朝鲜_____袭击清军运兵船,挑起战端,8月,清政府迎战。

清军在_____陆战失利,退回国内。

黄海大战中,李鸿章为避战保船,命令_____退守威海卫港,日本控制黄海制海权。

日军进攻中国辽东和_____半岛,占领_____、____
____等地,并在旅顺制造大屠杀。

1895年初,日攻占_____,北洋舰队全军覆没。

3. 结果:清政府签订《_____》(1895年)

(1)内容:

①割_____、_____及附属岛屿、_____给日本;

②赔偿日本军费二亿两白银;

③开放_____、_____、_____、_____为商埠;

④日本可以在中国通商口岸_____,产品运销中国内地免收内地税。

(2)危害:

①割地:使中国的_____和主权进一步遭受严重损失。

②赔款:加重了中国人民的负担。

③开埠:侵略势力深入中国_____。

④设厂:拓展了列强对华_____的途径,阻碍了中国_____的发展。

4. 影响:

(1)列强争相在中国划分"_____",掀起瓜分中国的狂潮。

(2)中国社会_____化的程度大大加深了。

(二)八国联军侵华

1. 背景:

(1)甲午战争后,列强掀起_____的狂潮。

(2)随着_____的加深,中国人民反抗帝国主义的侵略斗争日益高涨。

(3)义和团运动兴起,列强借口镇压义和团运动发动侵略战争。

2. 经过:

(1)1900年6月,八国联军从天津向_____进犯,遭到_____和_____的顽强阻击,被迫退回天津。

(2)1900年7月,占领天津,再次向北京进犯。

(3)1900年8月,八国联军攻陷_____,慈禧携光绪帝出逃,严令镇压_____,部署与侵略者"议和"。

3. 结果:清政府签订《_____》(1901年)

(1)内容:

①清政府赔偿白银4亿两,以_____和_____抵押;

②划定_____为"使馆界",界内不许中国人居住,各国派兵保护;

③拆除北京至大沽炮台,准许各国派兵驻守北京至_____铁路沿线的战略要地;

④惩办_____中参加反帝斗争的官员,严禁中国人成立或参加反帝性质的组织;

⑤改总理衙门为_____,位居六部之首。

(2)危害:

①赔款:加重了中国人民的负担,使中国_____受到列强控制。

②使馆界:实际上是"_____",成为列强策划侵略中国的大本营。

③拆毁炮台和准许驻兵:使清政府处于列强_____控制之下。

④改设外务部:列强通过_____加强对清政府的控制。

⑤惩办官员及严禁中国人反帝:清政府成为帝国主义统治中国的工具,沦为"洋人的朝廷"。

(3)影响:中国完全陷入半殖民地半封建社会。

四、辛亥革命

(一)武昌起义

1. 背景:

(1)经济:清政府的"_____"和"_____"的一些改革,客观上促进了_____的发展。

(2)阶级:资产阶级和_____的队伍不断壮大。

(3)思想:资产阶级革命时期的_____和_____民主思想的广泛传播,成为民主革命的思想武器。

(4)组织:1894年_____的成立和1905年_____的成立。

(5)军事:革命党人发动一系列武装起义,并深入_____新军,做好宣传组织工作。

(6)时机:清政府调湖北新军入川镇压保路运动,造成湖北防务空虚。

2. 爆发:_____年10月10日,武昌起义爆发,12日,占领武汉三镇。

(二)"中华民国"成立

1. 成立:1912年元旦,_____宣誓就职,宣告_____成立,定都_____,以五色旗为国旗。

2.《中华民国临时约法》

(1)颁布:1912年春,孙中山代表中华民国_____颁布《中华民国临时约法》。

(2)内容:中华民国主权属于_____;国内各族一律平等;国民享有自由、权利和义务;确立_____、_____三权分立的政治体制;实行_____,内阁总理

由议会的_____产生;总理可以驳回_____的意见。

(3)性质:是中国近代史上第一部_____性质的民主宪法。

(4)意义:从法律上宣告了君主专制制度的灭亡和资产阶级民主共和政体的确立,具有反对_____制度的进步意义。

(三)中国民主进程的丰碑

1. 袁凯篡夺革命果实

(1)原因:袁世凯为内阁_____,主持军政,拥有强大军事实力;列强支持_____对革命政权施压;_____和_____乘机向革命派进攻;资产阶级革命党人的妥协退让。

(2)过程:1912年2月12日清宣统帝退位,清灭亡;袁世凯通电赞成共和,孙中山辞职;袁世凯在北京就任_____,辛亥革命的胜利果实落入袁世凯手里。

2. 辛亥革命的历史功绩

(1)政治上:推翻了_____,结束了封建_____制度,建立了资产阶级共和国,使人民获得一些_____和_____的权利。

(2)思想上:使_____观念逐渐深入人心,冲击了陈规陋习,解放了思想。

(3)经济上:推翻洋人的朝廷,客观上打击了_____的侵略势力,为民族资本主义的发展创造了条件。

五、新民主主义革命的崛起

(一)五四风雷

1. 直接原因:1919年,英、美操纵下的_____,拒绝中国的正义要求。

2. 经过:

(1)第一阶段:①时间:5月4日到6月初;②运动中心:_____;③主力:_____;④口号:"_____,内除国贼""_____""拒绝在和约上签字"等。

(2)第二阶段:①时间:6月初到初步胜利;②运动中心:_____;③主力:_____。

3. 结果:在人民群众的压力下,_____释放被捕学生,罢免三个卖国贼;中国代表团拒绝在_____上签字,运动取得了初步胜利。

4. 意义:

(1)是一次彻底地不妥协地_____的革命运动。

(2)把_____传播到工人中去。

(3)是中国_____革命的开端。

(二)中国共产党诞生

1. 条件:

(1)中国民族资本主义进一步发展,工人阶级队伍壮大。

(2)_____的广泛传播并同中国工人运动日益结合。

(3)_____和_____酝酿。

智趣素材

(4)_____的帮助。

2. 标志:中共"一大"召开。

(1)时间:_____。

(2)地点:中国一大在上海召开,后转到_____南湖游船。

(3)内容:通过党纲,确定党的名称、奋斗目标,决定党的中心工作是组织_____,领导_____,成立党的中央机构_____,选举_____为书记。

3. 意义:自从有了中国共产党,中国革命的面貌焕然一新。

4. 中共"二大"(1922年)

(1)内容:最高纲领是实现共产主义;最低纲领即民主革命纲领是打倒军阀,推翻国际帝国主义的压迫,统一中国为真正的民主共和国。

(2)意义:提出中国近代以来第一个彻底的反帝反封建的民主革命纲领。

(三)国共合作与北伐战争

1. 第一次国共合作——革命统一战线

(1)原因:

①中国共产党深感要战胜强大的敌人,必须建立_____。

②中国共产党"三大"通过与_____合作的决定。

③孙中山认识到人民群众力量的伟大,同意以"党内合作"的方式与中共合作。

(2)建立:1924年,国民党"一大"在广州召开,同意共产党员以个人身份加入国民党,标志国共合作的实现和革命统一战线的建立。

(3)影响:推动国民革命运动的发展。

2. 北伐战争(1926)

(1)条件:国共实现了合作,革命统一战线建立;1925年_____在广州成立;国民革命军建立;_____根据地巩固和统一。

(2)北伐对象:_____、_____和_____。

(3)结果:歼灭了_____、_____部主力,革命势力发展到_____,1927年初,国民政府由_____迁往____,动摇了_____统治中国的根基。

3. 国民革命的失败

(1)标志:1927年,蒋介石和汪精卫分别制造_____政变和_____政变。

(2)原因:国民党右派背叛革命;陈独秀的_____错误;帝国主义的干扰破坏。

六、国共的十年对峙

(一)南昌起义——走俄国城市暴动之路

1. 背景:中国共产党从_____失败的教训中,认

识到掌握_____的重要性。

2. 经过

(1)时间:_____

(2)领导人:_____、_____等。

(3)结果:起义成功,南下损失惨重,分为两部,一部由_____、_____率领转战湘南,另一部进入海陆丰,与当地_____会合。

3. 影响

(1)打响了武装反抗_____反动派的第一枪。

(2)标志着中国共产党独立领导_____、创建和武装夺取政权的开始。

(二)土地革命——探索中国革命之路

1. 八七会议

(1)时间、地点:_____、_____。

(2)内容:清算陈独秀_____,确定开展_____和武装反抗国民党统治总方针,决定秋收时节发动武装起义。

(3)意义:给中国共产党指明前进的方向。

2. 秋收起义

(1)时间、人物:_____、_____。

(2)经过:起义军攻打中心城市_____受挫,毛泽东率工农革命军来到井冈山,创建了第一块农村革命根据地——_____。

(3)根据地建设:在根据地,毛泽东发动群众打土豪,分田地,废除封建剥削制度,开展_____;还领导根据地军民进行_____,努力发展生产。

3. "工农武装割据"思想

(1)内涵:_____、_____、_____。

(2)影响:到1930年夏,全国已建立_____根据地,星星之火成为燎原之势。

4. 建立红色政权——中华苏维埃共和国临时中央政府成立

(1)背景:_____、_____领导红军粉碎三次"围剿",根据地得到巩固和发展。

(2)建立:1931年冬,_____第一次全国代表大会在江西_____召开,制定了_____,选举_____为临时中央政府主席。

(三)红军长征

1. 背景:由于"左"倾错误,导致_____失利。

2. 经过

(1)开始:1934年10月,中央机关和红军离开_____,开始长征。

(2)转折——遵义会议。

①时间:_____。

②内容:纠正博古等的"左"倾_____错误,肯定

_____的正确军事主张,选举毛泽东为政治局常委,取消博古、李德的_____。

③意义:结束了"左"倾错误在中央的统治,事实上确立了以毛泽东为核心的党中央的正确领导,成为党历史上的转折点。

(3)胜利:①1935年10月_____会师;②1936年10月_____会师。

3. 意义

(1)粉碎了国民党军队的"围剿",使中国革命_____。

(2)播下了革命种子,铸就了伟大的_____。

(3)开始中国革命新局面。

七、伟大的抗日战争

(一)侵华日军的罪行

1. 侵华原因

(1)灭亡_____,称霸_____是日本帝国主义的既定国策。

(2)1927年日本在_____上确定了"_____"的武装侵略方针。

(3)力图转嫁世界性_____的影响。

(4)国民政府围剿_____,给日本帝国主义以可乘之机。

2. 侵华史实

(1)1931年,日本侵略军制造_____事变,不到半年,侵占我国_____。

(2)1932年1月,日本侵略军袭击中国_____,制造了_____事变。

(3)1935年,日本为侵占中国华北而蓄意制造了一连串事件,总称"_____"。

(4)1937年7月7日,日本炮轰宛平县城和卢沟桥,开始_____。7月底,北平、天津相继失守。

(5)1938年8月13日,日本进攻_____,史称"_____"。

(6)1937年12月,日军攻陷_____,制造了惨绝人寰的大屠杀,30多万同胞受害。

(7)1938年10月,攻占_____、_____,占领中国华北、华中和华南大片领土。

3. 侵华罪行

(1)违反国际公法,在中国研制_____和_____武器,惨无人道地用活人做试验,并实施_____和_____。

(2)制造了如_____、_____等大屠杀。

4. 殖民方式

(1)实行"_____"政策,利用汉奸,扶植傀儡政策。

(2)实行殖民统治,进行经济掠夺和推行_____。

(二)关内关外的抗日救亡运动

1. 背景

(1)九一八事变后,日本帝国主义武装侵略中国。

(2)南京国民政府实行_____。

2. 概况

(1)中共方面:

①九一八事变后,发表宣言,号召人民抗战;

②1935年发表"_____",号召_____,一致抗日;

③1935年12,召开_____,确定了建立抗日民族统一战线的方针。

(2)东北军民:

①组织_____,打击日伪军;

②1936年组成的_____成为东北抗日核心。

(3)国民党爱国将领:

①1932年_____后,蔡廷锴、蒋光鼐率十九路军抗日;

②1933年5月,冯玉祥、吉鸿昌组织_____,抗击日军,收复多伦。

(4)学生方面:1935年12月9日,北平学生为反对_____自治,掀起_____;并响应党的号召,南下宣传抗日。

(5)西安事变:

①爆发:1936年12月12日,_____和杨虎城发动兵谏,逼蒋抗日。

②结局:在_____的斡旋下,西安事变和平解决。

③意义:揭开了国共两党由内战到_____,由分裂对峙到_____的序幕。

(三)全民族的抗日战争

1. 抗日民族统一战线的形成

(1)背景:1937年7月7日,日军制造_____,开始_____侵华;8月13日,日军制造_____,威胁_____。

(2)过程:

①8月14日,国民政府发表《_____》;

②根据国共两党协议,把在西北的_____主力和_____游击队改编为_____和_____;

③9月,国民党中央社公布了中共中央提交的国共合作宣言,_____正式建立。

(3)影响:在抗日民族统一战线旗帜下,国共两党合作抗日,抗日战争发展成为全民族抗战,是抗日战争取得胜利的根本保证。

2. 抗日战争的防御阶段

(1)国民党抗战表现:组织了_____、_____、武汉会战、_____等重大战役,虽取得了_____、台儿庄等战役的胜利,粉碎了日军速战速决灭亡中国的计划,但无力阻止日军进攻,1938年10月_____、武汉失守,抗日战争进入_____。

(2)中共抗战表现:1937年秋制定了动员全民族一切力

量、争取抗战胜利的人民战争路线,即_____路线,此后,八路军、新四军深入敌后,开展_____,建立敌后抗日_____。

3. 抗日的相持及反攻阶段

(1)中共抗战:1940年下半年,_____指挥八路军进行_____,这是抗日战争中,中国军队主动出击日军的一次大规模战役;领导敌后抗日根据地军民,开展广泛的游击战争,成为抗日战争的中流砥柱。

(2)国民党抗战:除在中国境内作战外,我国军队还开辟国外战场,1942年为确保_____公路这条国际交通线,中国政府派远征军到缅甸,同日军作战。1945年,在_____军队的配合下,中国远征军击败侵缅日军。

(四)抗日战争的伟大胜利

1. 胜利:在中国人民和世界反法西斯力量的沉重打击下,1945年8月15日,_____宣布无条件投降。

2. 胜利意义

(1)是中国人民一百多年来第一次取得的反对_____侵略的完全胜利。

(2)增强了全国人民的民族自尊心和自信心。

(3)中国人民的抗战,对世界_____的胜利做出了重要贡献。

(4)中国的国际地位得到提高。

八、解放战争

(一)重庆谈判(1945年8～10月)和政协会议(1946年初)

1. 重庆谈判

(1)原因:抗日战争胜利后,蒋介石迫于国内外_____的压力,特别是_____尚未完成,采取"_____、__"的策略;为争取和平,_____等赴重庆谈判。

(2)结果:签署《_____》,规定和平建国,坚决避免内战,召开_____,保证人民权利等,但对人民军队和_____的合法地位问题未能达成协议。

2. 重庆政协会议:_____年初,政治协商会议在____召开,会议通过了有利于人民的_____。

(二)内战爆发、战略反攻和三大战役

1. 内战爆发:1946年6月,国民党军队大举进攻_____,全面内战爆发,人民解放军采取_____方式,集中优势兵,打歼灭战,粉碎国民党的_____进攻和_____进攻。

2. 土地改革:1947年,中国共产党制定颁布了《_____》,进行土地改革,极大地激发了农民的_____和_____积极性。

3. 战略反攻:1947年6月,_____、_____率_____解放军主力渡过黄河,挺进_____,揭开战略反攻的序幕。

4. 战略决战:从1948年9月至1949年1月,人民解放军进行了_____、淮海、_____三大战役,基本上消灭了国民党的主力。

(三)新民主主义革命的伟大胜利

1. 渡江战役

(1)背景:三大战役基本消灭国民党主力,蒋介石在1949年元旦发出"_____"声明;毛泽东号召人民将革命进行到底;国共_____谈判破裂。

(2)概况:1949年4月21日,人民解放军横渡长江,23日,解放军占领_____。

(3)结果:国民政府覆灭,人民解放军向全国进军,追歼国民党残余军队,新民主主义革命基本胜利。

2. 新民主主义义革命的胜利

(1)标志:新中国的成立。

(2)意义:

①中国人民真正成为国家主人

②结束了中国_____的历史,建立起独立自主的新中国,从根本上改变中国社会发展的方向。

③极大地改变了世界_____,具有世界意义。

④是马克思主义在中国的胜利,是_____的胜利。

二年模拟训练

1.(2010年哈尔滨高三复习检测)有美国史学家说,想象一下,哥伦比亚麦德林可卡因垄断集团成功发动一起对美国的军事袭击,迫使其允许可卡因合法化,还须支付巨额战争赔款——这幅场景当然荒谬绝伦,但类似的事件在19世纪的中国确曾发生过。"类似的事件"是指 ( )
A. 甲午中日战争　　　　B. 中法战争
C. 中英战争　　　　　　D. 中俄战争

2.(2010年济南模拟)下表为"1943年关内与东北地区重要工业品产量比较表",它反映出的实质是 ( )

品种	生产量(单位:千吨)		百分比	
	关内	东北	关内	东北
煤	25935	25398	50.5	49.5
生铁	239	1702	12.3	87.7
钢材	39	519	7	93
水泥	774	1503	34	66

A. 东北煤、铁等资源丰富
B. 东北成为中国最重要的工业基地

智趣素材

中国旅游标志——马踏飞燕

马踏飞燕为东汉时期的青铜器,1969年于甘肃省武威雷台东汉时期镇守张掖的军事长官张某及其妻合葬墓中出土,它充分体现了我国祖先高超的铸造技术。

奔马身高34.5厘米,身长45厘米,宽13厘米。形象矫健俊美,别具风姿。马昂首嘶鸣,躯干壮实而四肢修长,马蹄轻捷,三足腾空、飞驰向前,一足踏飞燕着地。一匹躯体庞大的马踏在一只正疾驰的小燕子背上,小燕子吃惊地回过头来观望,表现了骏马凌空飞腾、奔跑疾速的雄姿。其大胆的构思,浪漫的手法,给人以惊心动魄之感,令人叫绝。艺术家巧妙地用闪电般的刹那将一只凌云飞驰、骁勇矫健的天马表现得淋漓尽致,体现出汉代奋发向上、豪迈进取的精神。

C. 在国民政府大力扶持下,东北工业生产呈现良好态势

D. 因日本掠夺性开发,东北殖民地经济的特点日渐显露

3. (2010年北京西城区高三抽样测试)马克思说:"俄国不花一文钱,不出动一兵一卒,而能比任何一个参战国得到更多的好处。"这一史实发生在　　　　　　　　（　）

A. 鸦片战争时期　　　B. 第二次鸦片战争时期

C. 甲午中日战争时期　D. 八国联军侵华战争时期

4. (2010年济南模拟)"太平天国运动为中国的近代化减少了阻力。"这一说法的主要依据是　　　　　　（　）

A.《天朝田亩制度》具有革命性

B. 太平天国运动打击了清朝的封建统治

C.《资政新篇》要求发展资本主义

D. 拜上帝教吸收了西方文化

5. (2010年济南模拟)"南京大屠杀"是日本帝国主义最为典型的侵华罪恶之一。我们在研究"南京大屠杀"时,最有力的证据是　　　　　　　　　　　　（　）

A. 当年受害者的控诉材料

B. 历史专著中对"南京大屠杀"的描述

C. 侵华日军老兵的回忆录

D. 屠杀现场遗迹与当时摄制的新闻照片

6. (2010年合肥模拟)从下图中,你能获取的历史信息是　　　　　　　　　　　　　　　　（　）

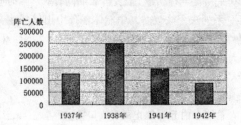

抗战时国民党军队阵亡人数(局部)

A. 正面战场始终是抗日战争的主战场

B. 国共合作是抗战胜利的根本保证

C. 国民党军队成为抗战的中流砥柱

D. 抗战前期国民党军队比较积极抗战

7. (2010年海淀期末)下表为《五口通商时期中国丝茶出口情况表》,以下各项对该表解释正确的是　　（　）

年份	茶(磅)	丝(包)
1843	17727750	1787
1849	82980500	16298
1854	109369000	54233
1858	103564400	85970

①丝、茶生产日益商品化

②自然经济逐步遭到破坏

③客观上促进中国商品经济的发展

④中国在对外贸易中逐渐取得优势

A.①②③　　B.①②④　　C.②③④　　D.①②③④

8. (2010年海淀期末)太平天国运动对中国社会产生的影响是　　　　　　　　　　　　　　　（　）

A. 废除了江南地区地主土地所有制

B. 促进江南民族工业的发展

C. 推迟了第二次鸦片战争的爆发

D. 加快清王朝的衰落和崩溃

9. (2010年海淀期末)以下对中日甲午战争的影响表述不正确的是　　　　　　　　　　　　（　）

A. 加强海防的努力宣告失败

B. 外商开始在华开办企业

C. 维新思潮演变为政治运动

D. 俄日加紧争夺中国东北

10. (2010年海淀期末)同盟会影响下发动的起义中,秋瑾参与的是　　　　　　　　　　　　（　）

A. 浙皖起义　　　　　B. 萍浏醴起义

C. 镇南关起义　　　　D. 黄花岗起义

11. (2010年海淀期末)孙中山说"国民党正在堕落中死亡,因此要救活它,就需要新血液。"为此孙中山采取的措施是　　　　　　　　　　　　　（　）

A. 发动护法运动　　　B. 与共产党合作

C. 建立黄埔军校　　　D. 发动北伐战争

12. (2010年海淀期末)五卅运动是国民大革命时期反帝爱国运动的高潮,对其成果表述不正确的是（　）

A. 帝国主义被迫答应上海工商学联合会提出的全部要求

B. 引发广泛国际影响得到国际进步力量的同情和支持

C. 为中国共产党领导大规模群众斗争积累了经验

D. 给帝国主义和封建军阀以前所未有的打击

13. (2010年石家庄二中阶段性测验)以下照片资料所反映的历史信息最能说明"太平天国是中国近代化进程中的插曲"这一观点的是　　　　　　（　）

A.　　　　B.　　　　C.　　　　D.

14. (2010年海淀期末)国民革命与近代前期的资产阶级民主革命相比,其新特点是　　　　　　（　）

①以国共合作为基础

②采用武装斗争的形式

③群众基础范围扩大

④与国际工人运动相结合

智趣素材

A. ①②③ B. ①②④ C. ②③④ D. ①③④

15. (2010 年海淀期末)在秋收起义中,毛泽东决定放弃夺取长沙,改向敌人统治力量薄弱的山区进军是在 ( )

A. 汉口 B. 三湾 C. 文家市 D. 井冈山

16. (2010 年北京市海淀区高三期末测试)陈独秀说,中共“一大”时“党的要求——无产阶级专政——悬在半空”,到中共“二大”时“就脚踏实地了……找到了中国实际的联系并决定了党要走的道路。”这是指中共“二大” ( )

A. 制定了党的最高纲领 B. 决定参加共产国际

C. 制定了党的最低纲领 D. 决定与国民党合作

17. (2010 年北京市海淀区高三期末测评)抗战时期,国民党将领陈诚提出“在抗战第一时间,国军……消耗适度人力,保存我军主力。以空间换时间,扩大战场,分散敌军兵力,以求达成提早阻止敌人前进的……目的”。为此,国民政府所组织的会战包括 ( )

①淞沪会战 ②徐州会战 ③太原会战 ④枣宜会战

A. ①③④ B. ②③④ C. ①②③ D. ①②④

18. (2010 年合肥一中联谊校教学质量测评)美国记者哈里森·索尔兹伯里在他《长征——前所未闻的故事》一书中说:“从红军 1934 年 10 月 16 日在华南渡过浅浅的于都河,直至毛泽东 1949 年 10 月 1 日在北京天安门城楼上宣布中华人民共和国成立”,“长征把中国这段历史紧紧地联系在一起。”下列能说明长征与这段历史联系的是 ( )

①长征精神对中国人民争取民主革命的最后胜利起到了巨大的鼓舞作用 ②长征途中召开的遵义会议,标志着中国共产党从幼稚走向成熟 ③长征实现了党工作重心的转移 ④长征撒下了革命火种,成为人民革命战争取得胜利的可靠保证

A. ①② B. ③④ C. ①②④ D. ①②③④

19. (2010 年海淀期末)毛泽东在《论反对日本帝国主义的策略》中说:“国民党营垒中,在民族危机到了严重关头的时候,是要发生破裂的。”毛泽东提出上述观点依据的史实有 ( )

①蔡廷锴等成立“中华共和国人民革命政府”

②冯玉祥等领导组织察哈尔民众抗日同盟军

③汪精卫集团叛国投敌建立南京伪国民政府

④张学良、杨虎城发动西安事变,逼蒋抗日

A. ①② B. ③④ C. ②③ D. ①④

20. (2010 年海淀期末)1936 年 9 月,中共中央向国民政府郑重声明“赞成建立全国统一的民主共和国,赞成召集由普选权选举出来的国会……拥护全国统一的国防政府”。对此理解正确的是 ( )

A. 国民政府邀请中共组建民主联合政府

B. 日本发动全面战争,国共合作正式确立

C. 希望联合国民党,共建抗日民族统一战线

D. 蒋介石已经放弃“攘外必先安内”的政策

21. (2010 年福建单科模拟)下图所示地图可以用来研究 ( )

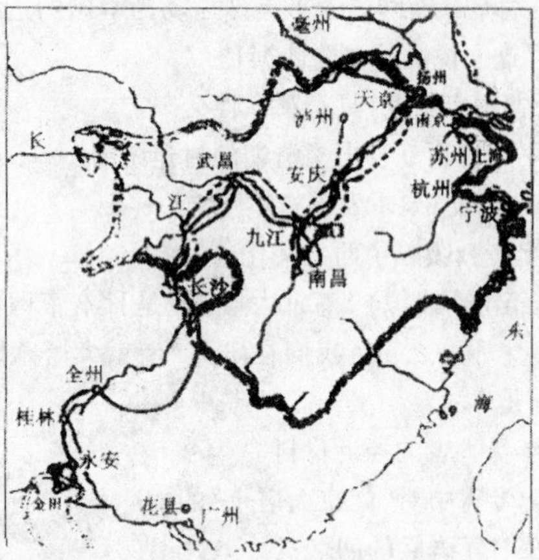

A. 鸦片战争 B. 太平天国运动

C. 国民大革命 D. 抗日战争

22. (2010 年福建单科模拟)辛亥革命期间,南 京临时政府颁布了一系列法令法规。其中能体现孙中山民族主义思想的是 ( )

A.《大总统令禁烟文》

B.《大总统令内务部晓示人民一律剪辫文》

C.《慎重农事令》

D.《大总统令内务部禁止买卖人口文》

23. (2010 年惠州模拟)1895 年,日本被迫将辽东半岛还给中国,是下列哪组矛盾的结果 ( )

A. 外国资本主义和中华民族的矛盾

B. 外国侵略者和清政府的矛盾

C. 帝国主义两大军事集团的矛盾

D. 外国侵略者争夺中国的矛盾

24. (2010 年深圳模拟)三民主义是辛亥革命的指导思想。对三民主义的评述,**不正确**的是 ( )

A. 民族主义反映了中国人民实现民族独立的愿望

B. 民权主义是要建立资产阶级共和国

C. 民生主义是要变地主土地所有为农民土地所有

D. 三民主义是西方政治思想与中国民主革命实践相结合的产物

智趣素材

聪明的松赞干布求婚使者

公元 640 年,松赞干布派宰相禄东赞作为使臣,带着 5000 两黄金和数百件珍宝,来长安为松赞干布求婚。唐太宗赞同汉藏两族联姻,允诺将文成公主嫁给松赞干布。

唐太宗听说禄东赞是位聪明有才的宰相,便在允婚之前,出了 5 个难题考验他。其中之一是,要使者把杂处在一起的 100 匹母马和 100 匹小马驹的母子关系准确地识别出来。禄东赞利用他丰富的畜牧知识,巧妙地把母马和马驹分别圈了起来,暂时断绝了马驹的草料和饮水。过了一天,他把母马和马驹同时放了出来,饥渴的马驹即奔向自己的母亲寻求乳汁。这样便轻易地分辨出这群马匹的母子关系了。

唐太宗非常高兴,不仅允许禄东赞迎娶文成公主入藏,还将琅琊公主的外孙女嫁给了他。

一年冲刺母题

【母题】 阅读下列材料:

材料一 强调党今后的任务是"要以我们的军队来发展土地革命"。实现这一斗争策略的具体方针是:第一要更加注意与资产阶级争领导权;第二要由下而上地注意争取群众;第三要在暴动中组织共产党人占多数的、工农独裁的临时革命政府。

　　　　　　　——瞿秋白"八七会议"上的报告

材料二 中共中央再次郑重向全国宣布:(1)孙中山先生的三民主义为中国今日之必需,本党愿为其彻底实现而斗争。(2)取消一切推翻国民党政权的暴动政策,及赤化运动,停止以暴力没收地主土地的政策。(3)取消现在的苏维埃政府,实行民权政治,以期全国政权之统一。(4)取消红军名义及番号,改编为革命军,受国民政府军事委员会之统辖,并待命出动,担任抗日前线之职责。

　　　　　　　——《中共中央为公布国共合作宣言》

材料三 我全民族面前的重大任务:巩固国内团结,保证国内和平,实现民主,改善民生,以便在和平民主团结的基础上,实现全国统一,建设独立自主与富强的新中国,并协同英美苏及一切盟邦巩固国际间的持久和平。我们必须坚持和平、民主、团结,为独立、自由、富强的新中国而奋斗!

　　　　　　　——1945年8月25日《对于目前时局的宣言》

材料四 中共方面……表示迅速将其所领导下散布在广东、浙江、苏南、皖南、皖中、湖南、湖北、河南(豫北不在内)各地之部队,由上述地区,逐次撤退,应整编的军队调到陇海路以北及苏北皖北的解放区集中。

　　　　　　　——《双十协定》

请回答:

(1)材料一体现出革命发展的倾向是什么? 这种倾向对中国革命的影响是什么?

(2)材料二所强调的中心任务是否脱离了中共"二大"的精神? 请说明你的理由。从材料一到材料二的变化,你能认识到中国共产党在政治上有何发展方向? 说明你的理由。

(3)据材料三归纳中国共产党提出"和平"、"民主"、"团结"三大口号的目的。材料四是如何体现材料三的精神?结合所学知识回答,中国共产党的做法产生了哪些积极的影响?

(4)通过以上材料,你得出的认识是什么?

【解析】 第(1)问第一层要抓住工农独裁政府等关键语句,找出对资产阶级的态度。二是将材料提供的信息与所学知识相印证,组织科学的答案;第二层要结合此后中国共产党所犯的错误回答。第(2)问第一层要仔细咀嚼材料二提出的中

心任务的性质,与中共"二大"的精神相对照作出判断。第二层要将两则材料放到当时的背景下思考,从党的政策变化的依据上入手进行分析。第(3)问第一层要仔细阅读材料回答,第二层要综合分析当时的政治局面和双方力量对比得出结论。第(4)问要紧紧围绕材料谈认识,还要注意和前三问的答案相结合。

【答案】 (1)倾向:与资产阶级争夺领导权,将资产阶级作为革命的对象。

影响:缩小了革命阵营,增加了革命的难度,埋下了"左"倾错误的祸根。

(2)没有脱离。

民族独立是新民主主义革命的任务之一,是当时最主要的任务。

发展方向:中国共产党从幼稚走向成熟。

中国共产党能依据国情和社会主要矛盾的变化调整政策,推动革命事业的深入发展。

(3)目的:实现中国的独立、自由、富强;巩固世界的持久和平。

体现:让出八个解放区,整编领导下的军队。

积极影响:显示了中国共产党争取和平民主的诚意和团结精神,赢得了全国人民的信任和拥护,取得了政治上的主动;避免了革命力量的过于分散,为将来的斗争奠定了基础。

(4)中国共产党始终以维护人民利益为己任,根据实际情况调整斗争策略,在斗争中走向成熟。

【变题1】 阅读下列材料,回答问题:

材料一 "对于许多未经过帝王之治的青年,辛亥革命的政治意义是常被低估的,这并不足怪,因为他们没有看到推翻几千年来因袭下来的专制政体是多么不易的一件事。"

(1)结合所学知识概述以孙中山为代表的资产阶级革命党人为推翻专制政体所进行的艰苦卓绝斗争的事例。

材料二 江泽民在十五大报告中指出:辛亥革命开创了完全意义上的近代民族民主革命……为中国革命的进步打开了闸门,使反动统治秩序再也无法稳定下来。

(2)结合所学知识分析为什么材料二说"辛亥革命开创了完全意义上的近代民族民主革命"?

材料三 皇帝,该算是至高无上、神圣不可侵犯的了。如今都可以被打倒,那么,还有什么陈腐的东西不可以怀疑,不可

智趣素材

以打破？思想的闸门一经打开，这股思想解放的洪流就奔腾向前,不可阻挡了。尽管辛亥革命后,一时看来政治形势还十分险恶,但人们又大胆地寻求新的救中国的路了,再加上十月革命炮声一响和中国工人阶级力量的发展,不久便迎来了五四运动,开始了中国历史的新纪元。从这个意义上可以说没有辛亥革命,就没有五四运动。

(3)依据材料三分析说明,为什么说"没有辛亥革命,就没有五四运动?"

材料四 胡绳在《中国共产党七十年》中指出:"'中华民国'的成立并没有给人们带来预期的民族独立和社会进步。"

(4)材料四与材料二的评价是否矛盾?你如何理解材料四对"中华民国"成立的评价?

【变题2】 阅读下列材料,结合所学知识回答问题:

材料一 太平天国革命不仅借助外来的思想武器,动员、鼓舞、组织了革命力量,而且在自己的政治纲领中,表现了空想社会主义思想因素。

——《中国近代政治思想》

材料二 我们革命的目的,是为中国谋幸福,因不愿少数满洲人专制,故要民族革命;不愿君主一人专政,故要政治革命;不愿少数定价专制,故要社会革命。

——《三民主义与中国前途》

材料三 边界红旗子始终不倒,不但表示了共产党的力量,而且表示了统治阶级的破产,在全国政治上有重大意义。

——《井冈山的斗争》

请回答:

(1)材料一所说的"政治纲领"名称叫什么?其在土地分配方面的基本主张是什么?

(2)材料二中孙中山所述"三个革命"中的核心是哪一个?

(3)分别概括三则材料所反映的近代中国三种政治力量

及其主要思想理论。依据材料三,结合其实践效果,略谈你的认识。

【变题3】 观察下列三幅图片:

图1 农村革命根据地示意图

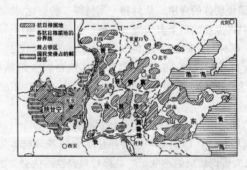

图2 抗日根据地示意图

智趣素材

江郎才尽

南北朝时,有一位名叫江淹的人,他是当时有名的文学家。江淹年轻的时候很有才气,会写文章也能作画。可是当他年老的时候,总是拿着笔,思考了半天,也写不出任何东西。因此,当时人们谣传说:有一天,江淹在凉亭里睡觉,做了一个梦。梦中有一个叫郭璞的人对他说:"我有一支笔放在你那里已经很多年了,现在应该是还给我的时候了。"江淹摸了摸怀里,果然掏出一支五色笔来,于是他就把笔还给郭璞。从此以后,江淹就再也写不出美妙的文章了。因此,人们都说江郎的才华已经用尽了。

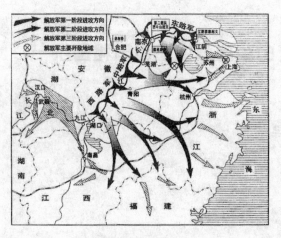

图3 渡江战役示意图

请回答：

(1)图1与图2在指导思想、斗争对象、地域分布有何不同？

(2)简要指出图3与图1、图2的联系。

(3)上述三幅图所反映的重大事件的最终结果如何？这说明了什么？

智趣素材

第3单元 现代中国的政治建设与祖国统一

考纲解读导航

考试内容

1. 新中国的民主政治建设
(1)人民政协的召开和新中国的成立
(2)政治协商制度的形成
(3)人民代表大会制度的创立
(4)民族区域自治制度的建立
2. 民主政治建设的曲折发展
(1)"文化大革命"对民主法制的践踏
(2)法律制度走向健全
(3)民主制度的重建与完善
3. 祖国统一大业
(1)"一国两制"构想的提出
(2)香港、澳门的回归
(3)海峡两岸关系的发展

能力要求

(1)概述中华人民共和国成立的史实,阐述人民代表大会制度、共产党领导的多党合作和政治协商制度、民族区域自治制度的建立和完善,认识我国民主政治的特色。

(2)了解"文化大革命"对民主法制的践踏,说明民主法制建设的必要性和艰巨性。

(3)列举中国共产党十一届三中全会以来我国民主与法制建设的主要成就,认识实行依法治国方略的重要意义。

(4)简述"一国两制"的理论和实践,认识实现祖国完全统一对中华民族复兴的重大历史意义。

三年高考命题

1. (2009年广东历史单科)《陕甘宁边区宪法原则》规定:"边区各少数民族,在居住集中地区得划定民族区,组织民族自治政权,在不与省宪抵触的原则下,得订立自治法规。"由此可知　　　　　　　　　　　　　　　　（　　）
   A. 陕甘宁边区是新中国成立后最早建立的民族自治区
   B. 共产党在新中国成立前已经有了民族自治的设想
   C. 新中国颁布的第一部具有宪法性质的法律是《陕甘宁边区宪法原则》
   D. 新中国的民族区域自治是根据《陕甘宁边区宪法原则》实行的

2. (2009年广东历史单科)我国某部宪法将国家性质表述为:"工人阶级领导的,以工农联盟为基础的人民民主国家。"这一表述说明当时　　　　　　　　（　　）
   A. 三大改造尚未完成
   B. 资产阶级已被消灭
   C. 人民公社体制已经建立
   D. 经济基础还十分薄弱

3. (2009年广东文科基础)《中华人民共和国义务教育法》颁布于　　　　　　　　　　　　　　　　　（　　）
   A. 20世纪70年代　　　B. 20世纪80年代

C. 20世纪90年代　　　　D. 21世纪初

4. (2009年上海历史单科)"几个小时前我还是皇家警察,但现在我已是一名堂堂正正的香港警察了。"该警察说这句话的背景是　　　　　　　　　　　　　　（　　）
   A. 邓小平提出"一国两制"
   B. 中英签署关于香港问题的《联合声明》
   C.《中华人民共和国香港特别行政区基本法》的颁布
   D. 中华人民共和国香港特别行政区成立

5. (2009年天津文综)1954年12月,毛泽东在一次党内外人士座谈会上指出,政协仍有存在的必要,但是我们不能把政协搞成国家权力机关。此话的主要背景是（　　）
   A. 第一个五年计划的颁布
   B. 社会主义改造完成
   C. 人民代表大会制度的确立
   D. 中共八大召开

6. (2009年广东文科基础)邓小平曾公开评价某次会议,"虽然过去我们已经进行了多年的社会主义建设,但是我们仍然有足够的理由说,这是一个新的历史发展阶段的开端。"这次会议是　　　　　　　　　　　　　　（　　）
   A. 中共八大　　　　　　　B. 中共十四大

智趣素材

《史记》书名的来历

在先秦两汉时代,许多书本来是没有书名的。《史记》也是如此。司马迁完成这部巨著后曾给当时的大学者东方朔看过,东方朔看后非常钦佩司马迁所取得的成就,就在书上加了"太史公"三字。"太史"是司马迁的官职,"公"是美称,这也仅仅表明是谁的著作而已。东汉班固写的《汉书·艺文志》在著录这部书时,也只写《太史公百三十篇》。那么,"史记"二字是从哪里来的呢? 是从"太史公记"这四个字里省略来的。原来与司马迁同代或后代的一些学者在引用这部著作时常嫌《太史公记三百篇》这个书名过繁复,经常省成"太史公记""太史公书"、"太史公传"这样的字样。久而久之,人们将"太史公记"省略成"史记"两字作书名,这大约是魏晋以后的事了。

C. 中共十二大　　　　D. 中共十一届三中全会

7. (2009 年浙江文综)电影《高考 1977》反映了恢复高考后的第一次考试。如果让你来设计这场考试的场景,可能出现的是　　　　　　　　　　　　　　(　　)
A. 背景音乐:反映粉碎"四人帮"的歌曲
B. 外景:考场门口悬挂着"改革开放送春风"的横幅
C. 内景:考场中张贴有"实施科教兴国"战略的标语
D. 特写:作文题目"评关于真理标准问题的大讨论"

8. (2009 年山东基本能力测试)改革开放以来我们取得一切成绩和进步的根本原因,归结起来就是:开辟了中国特色社会主义道路,形成了中国特色社会主义理论体系。这个理论体系就是包括_____,_____以及_____等重大战略思想在内的科学理论体系。将①"三个代表"重要思想 ②科学发展观 ③邓小平理论按照形成的先后顺序填入空格,正确的是　　　　　　　　　　(　　)
A. ①②③　B. ①③②　C. ②①③　D. ③①②

9. (2009 年山东基本能力测试)《义勇军进行曲》诞生于　　　　　　　　　　　　　　　　　　(　　)
A. 五四时期　　　　　B. 北伐战争时期
C. 抗日救亡时期　　　D. 解放战争时期

10. (2008 年广东历史单科)与《中国人民政治协商会议共同纲领》不同,1954 年《中华人民共和国宪法》(　　)
A. 确立了政治协商制度
B. 标志着社会主义改造的胜利完成
C. 提出了民族区域自治
D. 为社会主义建设提供了法律保证

11. (2008 年江苏历史单科)某学校组织了一次主题为"和睦大家庭"的民族关系图片展,展览内容按 20 世纪的不同年代分为若干板块,在 60 年代板块中可能展出的图片是　　　　　　　　　　　　　　　　(　　)
A.《共同纲领》封面
B. 新中国第一部宪法片断
C. 西藏自治区成立大会
D. 内蒙古自治区成立 30 周年庆典

12. (2008 年文综全国卷一 18)1949 年 10 月 1 日,中华人民共和国成立。当时一些报刊评论说"中国人民站起来了"。这句话的含义之一是　　　　　　　(　　)
A. 新民主主义革命已经完成
B. 国民党在大陆的势力被彻底清除
C. 人民掌握了国家权力
D. 人民代表大会制度确立

13. (2008 年广东历史单科)建国后各时期的教育方针具有不同的时代特点。属于"文化大革命"时期的教育方针是　　　　　　　　　　　　　　　　(　　)

A. "教育要面向现代化,面向世界,面向未来"
B. "紧密结合阶级斗争和路线斗争的实际组织教学"
C. "以培养工业建设人才和师资为重点,发展专门学院"
D. "肃清封建的、买办的、法西斯主义的思想,发展为人民服务的思想"

14. (2010 年北京卷)民族区域自治制度是新中国的重要政治制度。在我国五个民族自治区中,最早和最晚建立的是　　　　　　　　　　　　　　(　　)
A. 内蒙古自治区、西藏自治区
B. 内蒙古自治区、宁夏回族自治区
C. 新疆维吾尔自治区、宁夏回族自治区
D. 广西壮族自治区、西藏自治区

15. (2010 年江苏卷)1949 年,中央人民政府副主席 6 人中有 3 位民主党派和无党派人士,在 63 名中央人民政府委员中,民主党派和无党派人士为 30 人。对上述内容理解正确的是　　　　　　　　　　　　　(　　)
A. 该届中央人民政府由全国人民代表大会选举产生
B. 体现了中国共产党领导下的多党合作制
C. 从此确立了"长期共存、互相监督"的方针
D. 标志着新中国根本政治制度的确立

16. (2010 年天津卷)20 世纪 50 年代,毛泽东为探索社会主义建设道路所发表的主要著作有　　　　(　　)
①《论十大关系》②《论人民民主专政》③《新民主主义论》④《关于正确处理人民内部矛盾的问题》
A. .①②　　B.①④　　C.②③　　D.②④

17. (2009 年广东历史单科)阅读下列材料,结合所学知识回答问题。
　　材料一　这次卫星发射成功,是我国发展空间技术的一个良好开端,是无产阶级革命路线的伟大胜利,是"无产阶级文化大革命"的又一丰硕成果……中国人民这一伟大胜利,给正在坚持武装斗争的亚、非、拉各国人民和全世界革命人民以巨大的鼓舞,给反革命的美帝国主义和社会帝国主义以沉重的打击,粉碎了他们垄断空间技术的迷梦。
　　　　　　　　　　　　　　　　——据新华社电
　　材料二　"神舟六号"尚在太空遨游,很多"搭车"企业就已经开始计算收益。航天领域每投入 1 元钱,将会产生 7 元至 12 元的回报。航天,将为国民经济发展带来多大动力……中国将继续以科学发展观为统领,把经济社会发展转入到以人为本、全面协调可持续发展的轨道上。崇尚科学、爱好和平的中国,一定会和平利用太空资源、让太空真正为人类造福。
　　　　　　　　　　　　　　　　——据新华社电
　　(1)根据材料一,"垄断空间技术"的是哪两个国家?当时两国的地位反映了怎样的国际格局?

汉武帝与"金屋藏娇"
　　"金屋藏娇"的著名故事,最早见于《汉武故事》:"胶东王数岁,公主抱置膝上,问曰:'儿欲得妇否?'长主指左右长御百余人,皆云'不用'。指其女:'阿娇好否?'笑曰:'好!若得阿娇作妇,当作金屋贮之。'长主大悦,乃苦要上,遂成婚焉。"说胶东王刘彻几岁的时候,姑姑长公主刘嫖把他抱在膝上,问道:你想娶媳妇吗?又指着身边一百多名女官和宫女一一询问,刘彻都说不要。又指着自己的女儿说:娶阿娇好不好?刘彻说:好!如果真的能够娶阿娇作媳妇的话,我愿意造一座金房子让她住。
　　长公主于是反复央求汉景帝,终于说服了他,使得刘彻和阿娇得以成婚。
　　后来,因为汉武帝阿娇故事,"金屋"成为富贵和情爱的象征。

(2)材料一、二在阐述不同时期中国空间技术发展的意义时,侧重点有何不同? 结合历史背景分析为何有这样的差异?

复习攻略

一、整体感知

新中国成立以来,建立并不断完善人民代表大会制度、中国共产党领导的多党合作和政治协商制度、民族区域自治制度等取得举世瞩目的成就。"文化大革命"期间,国家的政治建设遭遇重大挫折。中共十一届三中全会后,中国逐步确立依法治国、建设社会主义法治国家的基本方略,国家政治建设步入健康发展的轨道。"一国两制"伟大构想的提出,为实现祖国的完全统一奠定了坚实的基础,并且首先在香港、澳门地区得到实践。

二、各个击破

1. 中华人民共和国最根本的政治制度

(1)人民代表大会制度。

(2)内容:中华人民共和国的一切权力属于人民,人民行使国家权力的机关是全国人民代表大会和地方各级人民代表大会;全国人民代表大会和地方各级人民代表大会都由民主选举产生,对人民负责,受人民监督;国家行政机关、审判机关、检察机关都由人民代表大会产生,对它负责,受它监督;全国人民代表大会是最高国家权力机关,地方各级人民代表大会是地方国家权力机关。

(3)优越性:能够保证国家权力掌握在人民手中,符合人民当家作主的宗旨,符合我国国情,直接体现了我国人民民主专政的国家性质。

2. 民族区域自治制度的原因

(1)中国是一个统一的多民族国家。

(2)形成了以汉族为主体的大杂居局面。

(3)新中国实行民族平等、民族团结、各民族共同繁荣的政策。

(4)各民族发展水平极不平衡。

(5)为保证祖国统一和民族团结。

3. 正确认识"文化大革命"及其历史教训

"文化大革命"是一场由领导者错误发动,被反革命集团利用,给党、国家和各民族人民带来深重灾难的内乱。它留下的历史教训是:

(1)必须建立和健全社会主义民主和法制。

(2)必须把依法治国作为党领导人民治理国家的基本方略。

(3)必须坚持集体领导和民主集中制的原则,禁止任何形式的个人崇拜和专断。

(4)决不能把社会主义社会中的阶级斗争问题扩大化和绝对化。

4. 十一届三中全会是建国以来党的历史上的伟大转折

(1)从指导思想看,十一届三中全会以中央全会的形式确认了实事求是的马克思主义思想路线,改变了长期以来的"左"倾思想路线。

(2)从党的工作重心看,以经济建设为中心代替了"以阶级斗争为纲"。

(3)从经济体制来看,高度集中的计划经济管理体制开始改变,向市场经济体制逐步过渡。

(4)从对外政策来看,以发展社会主义经济为目的的对外开放代替了闭关式的极"左"。

5. "一国两制"伟大构想的背景、内涵、内容及意义

(1)背景:

①改革开放以后,实行和平统一祖国的条件日益成熟。

②实现统一,是全国人民的共同愿望,是中华民族伟大复兴的必然要求。

③中国国际地位提高,美国承认一个中国原则,中美建交,中国赢得国际社会普遍承认。

④改革开放,中国综合国力增强,为我们的和平统一大业提供了条件。

(2)内涵:在一个中国的前提下,国家的主体坚持社会主义制度;香港、澳门、台湾作为特别行政区,保持原有的资本主义制度和生活方式长期不变。

(3)"一国两制"构想的基本内容:

①坚持一个中国的原则。"一国"是"两制"的前提。

②坚持在一个国家的前提下两种制度都不变的思想。

③在香港、澳门和台湾设立特别行政区并实行高度自治。

(4)意义:

①"一国两制"构想的提出和实践具有伟大的意义,能很好地解决历史遗留问题,是邓小平建设中国特色社会主义理论的重要组成部分,是完成祖国统一大业,实现中华民族伟大复兴的指导思想。

②"一国两制"也是一种和平共处,它是用和平共处原则解决一个国家内部问题的一个好办法。

③"一国两制"为促进世界的和平与稳定,处理国与国之间历史遗留问题和解决国际争端提供了一种新的思路。

智趣素材

孔府"富"字为什么少一点

山东曲阜孔府大门的对联是这样写的:

与国咸休安富尊荣公府第,

同天并老文章道德圣人家。

使人不解的是,为何"富"字上面少了一点。这就要从孔家说起:孔府占地200多亩,有厅、堂、楼、殿463间,奇花异草,花鸟虫鱼,雕梁画栋,可称得上是贵族府第。

6. 台湾问题与港澳问题的区别

(1)两者都属于国家统一问题,但两者的性质不同,台湾问题是内政问题,港澳问题是历史遗留下来的问题。

(2)驻军与否是两者的重要区别。港澳问题涉及外国侵略,中国必须恢复行使主权,因而人民解放军必须进驻香港、澳门,其对外也必须以中国特别行政区的身份出现。而台湾问题是中国内政问题,只要完成了领土的统一,在国际上台湾以中华人民共和国的一个地区的身份出现,它可以享有高度自治权,并可保留军队。

7. 海峡两岸关系发展的有利因素与不利因素

(1)有利因素:

①中国实行改革开放,国力增强。

②"一国两制"方针充分考虑到各方的利益。

③香港、澳门问题的顺利解决,为解决台湾问题提供了范例。

④祖国统一是海峡两岸人民的共同愿望,是民心所向,大势所趋。

⑤"一个中国"的原则得到联合国和世界绝大多数国家的承认。

⑥两岸经济文化交流日益频繁。

(2)不利因素:

①美国支持台湾、干涉中国内政以及对台军售是中国解决台湾问题的最大障碍。

②日本干涉。

③"台独"势力猖獗。

知识结构梳理

一、新中国的民主政治建设

(一)人民政协的召开和新中国的成立

1. 人民政协召开

(1)时间:1949 年 9 月在_____召开。

(2)内容:

①通过《_____》,具有_____的性质;

②选举产生了_____委员会;

③决定改北平为北京,作为新中国的_____;

④以_____为国旗;《_____》为代国歌;采用公元纪年。

2. 新中国成立:_____年 10 月 1 日,中华人民共和国诞生。

(二)政治协商制度

1. 确立:1949 年 9 月中国人民_____召开。

2. 职能:1949 ~ 1954 年代行_____职权,1954 年后作为统一战线组织继续存在,其主要职能是_____和____。

3. 发展:1956 年中国共产党提出与民主党派实行"_____，_____"的方针,并广泛吸收各民主党派和爱国人士参政议政,组成最广泛的_____。

(三)人民代表大会制度

1. 背景:共同纲领规定,人民行使国家政权的机关是各级_____和各级人民政府;新中国大规模经济建设的展开。

2. 确立:1954 年宪法

(1)内容:规定中华人民共和国全国人民代表大会是最高_____。

(2)原则:_____原则和_____原则。

(3)性质:新中国第一部_____类型的宪法。

3. 意义:_____是中国的根本政治制度,为民主政治建设奠定了基础。

(四)民族区域自治制度

1. 目的:实现_____、_____和各族人民共同繁荣。

2. 依据:《共同纲领》和_____。

3. 含义:在中央政府的统一领导下,各少数民族聚居的地方设立_____和自治机关,由当地民族当家作主,管理本民族地方性的内部事务,行使_____。

4. 意义:民族区域自治制度是我国一项_____,满足了少数民族自己当家作主的愿望,实现了_____;保证了祖国统一和_____。

二、民主政治建设的曲折发展

(一)"文化大革命"对民主法制的践踏

1. 表现:

(1)大批党和政府各级领导人、各界知名人士和学者惨遭迫害。

(2)国家的根本大法《_____》成为一纸空文。

(3)从中央到地方各级党政领导机关被夺权,各造反派之间为夺权发生武斗。

(4)中国的根本政治制度——_____遭到严重破坏。

(5)中国共产党领导的多党合作和_____遭到摧残。

2. 启示:加强社会主义民主法制建设。

(二)法律制度走向健全

1. 背景:"_____"结束,中共召开十一届三中全会,实行了伟大的历史转折。

智趣素材

2. 成果:

(1)十一届三中全会提出了"_____,有法必依,执法必严,_____"的法制建设方针;为_____平反,并在全国范围平反各种冤假错案;

(2)加紧全面的_____,通过修订的《_____》;

(3)1999 年,九届全国人大把依法治国写进宪法,制定依法治国的基本方略。

3. 意义:形成了以_____为核心的中国特色的法律体系,使民主政治建设趋于_____、法律化,为_____奠定了基础。

(三)民主制度的重建与完善

1. 重建和进一步完善社会主义民主政治制度

(1)在新的历史时期,重新召开各级_____和_____。

(2)1982 年通过了"长期共存,互相监督,_____,_____"的方针,使中共领导的多党合作和政治协商制度进一步完善。

2. 完善民族区域自治制度:1984 年颁布实施_____。

3. 加强和扩大基层民主,推进农村的民主制度建设:1998 年,九届人大常委员会通过《中华人民共和国村民委员会组织法》

三、祖国统一大业

(一)"一国两制"构想的提出

1. 背景:

(1)1949 年后,_____败退台湾,台湾与大陆处于隔绝的敌对状态,为早日解决台湾问题,实现_____。

(2)20 世纪 70 年代开始,中国国际地位提高,中美关系缓和。

(3)改革开放,中国综合国力增强

2. 酝酿:

(1)1979 年元旦,全国人大常委会发表《_____》,宣布采用_____统一祖国的方针。

(2)1981 年 9 月叶剑英发表《关于台湾回归祖国,实现和平统一的方针政策》的谈话,建议举行国共两党对等谈判,实行_____,阐明了统一后对台湾的基本政策。

3. 提出:

(1)提出:20 世纪 80 年代初,_____提出"一国两制"的伟大构想。

(2)通过:1984 年,全国人大六届二次会议的《_____》中阐述了这一构想,并获得大会的通过。

4. 含义:在中华人民共和国内,大陆实行_____制度,香港、澳门、台湾保留原有的_____制度。

5. 意义:邓小平从维护祖国和中华民族的根本利益出发,在尊重历史和现实的基础上提出的创造性战略构想,是完成祖国统一大业的基本方针。

(二)香港、澳门的回归

1. 香港回归

(1)条件:

①改革开放后,_____建设有了极大发展;

②"_____"伟大构想能为三方所接受。

(2)经过:

①1982 年,中英双方同意通过_____途径解决香港问题;

②1984 年中英签署关于香港问题的"_____";

③1997 年 7 月 1 日,中国正式对香港恢复行使主权。

(3)意义:

①香港回到祖国怀抱,中国人民雪洗了_____被侵占的百年国耻;

②香港问题的解决,为解决_____提供了成功的范例;

③为国际社会以和平方式解决国家之间的争端问题提供了范例。

2. 澳门回归:1987 年 4 月,中葡签署联合声明;1999 年 12 月 20 日,_____回归祖国。

(三)海峡两岸关系的发展

1. 缓和:

(1)1979 年元旦,中国人民解放军停止炮击_____,实现了两岸真正停火。

(2)1987 年,台湾当局允许台湾居民赴大陆探亲,并在_____等方面进行交流。

2. 发展:

(1)1990 年台湾成立_____,1991 年祖国大陆成立_____。

(2)1992 年两会达成"海峡两岸均坚持一个中国原则"的重要共识,即"_____"。

(3)两岸直接_____、通航、_____的限制逐渐放松。

(4)2005 年,中国国民党主席连战率"_____"访问团访问祖国大陆。

3. 展望:

(1)有利形势:两岸经济相互促进、互利互补的局面初步形成,两岸民间交流不断扩大,两岸经济合作关系不断加强。

(2)不利形势:台湾岛内的_____和某些外国_____破坏统一。

(3)解决原则:

①一个中国,和平统一,不放弃使用武力;

②寄希望于台湾当局,更寄希望于台湾人民。

紫禁城内为何无路灯

故宫是明、清两代的皇宫,旧称紫禁城,面积达 72 万多平方米,屋宇 9999 间半,是我国现存最完整的古建筑群。城内院院相套,大小相连,宛若迷宫,不熟路径者白日也常走错,更不用说夜晚了。然而在 300 多年里,偌大的紫禁城却不设一盏路灯。

明初建成的紫禁城,当时城内道路都有路灯,暮然晨熄,路路通明。1621 年,明熹宗继位,太监魏忠贤利用熹宗的昏庸懦弱,当上了司礼监秉笔太监并提督特务机关东厂,总揽了朝廷大权,一时势焰熏天。魏忠贤及其爪牙策划迫害忠良贤臣,经常深夜出入紫禁城,他们做贼心虚,怕被人看见,便以"慎重火烛"为借口,奏准废尽紫禁城内路灯。从此,明代一直未再设路灯。清代因袭明制,紫禁城内仍不设路灯。

二年模拟训练

1. (2010年广东四校模拟)进入社会主义初级阶段后,指导中国共产党与各民主党派进行合作的方针是　(　　)

A. "长期共存,互相监督"

B. "长期共存,肝胆相照"

C. "互相监督,荣辱与共"

D. "长期共存,互相监督,肝胆相照,荣辱与共"

2. (2010年广东四校模拟)2008年5月,马英九正式就任台湾地区领导人时强调:要在"九二共识"的基础上,尽早恢复两岸协商。"九二共识"是指海峡两岸均坚持　(　　)

A. "一国两制"的原则

B. "和平统一"的方针

C. "两岸三通"的原则

D. "一个中国"的原则

3. (2010年杭州质检)"多党合作制就好比一支交响乐队,各民主党派都是演奏师。大家公认谱曲的就是共产党,并且是吸收了交响乐队各位乐师的意见才把乐章谱好的。"这段话表明了　(　　)

①中国共产党和民主党派是亲密的友党关系

②在多党合作制中,中国共产党和各民主党派是领导与被领导、监督与被监督的关系

③各民主党派在思想上、政治上、组织上都服从中国共产党的领导

④中国共产党和各民主党派政治纲领虽然不同,却有着共同的利益和合作的政治基础

A. ①③　　B. ②③　　C. ①④　　D. ③④

4. (2010年浙江模拟)有学者认为,当代中国已"不再是单一的社会主义国家,而是包括了资本主义制度在内的混合型国家"。该学者提出这一观点的主要依据最可能是　(　　)

A. 香港特别行政区基本法的制定

B. 经济特区的设立

C. 多种经济所有制的发展

D. 外国资本的大量进入

5. (2011年岳阳模拟)"长期共存,互相监督,肝胆相照,荣辱与共"方针是针对下列哪对关系制定的　(　　)

A. 祖国大陆与台湾

B. 中国共产党与各民主党派

C. 中央政府与民族自治区

D. 全国人大和全国政协

6. (2010年湖南师大附中模拟)1950年8月26日,邓小平在同班禅额尔德尼·确吉坚赞的谈话中指出:"在西藏,要使生产发展起来,人民富裕起来,只有这件事办好了,才能巩

固民族团结。"邓小平的这段讲话在于强调　(　　)

A. 在少数民族聚居地区,应实行民族区域自治

B. 民族区域自治制度是中国的一项基本政治制度

C. 发展是解决中国民族问题的出发点

D. 鼓励少数民族当家作主

7. (2011年安徽百校联考)1954年《中国人民政治协商会议章程》规定:"三、协助国家机关,推动社会力量,实现国家关于社会主义工业化和社会主义改造的建设计划。四、密切联系群众,向有关国家机关反映群众的意见和提出建议。"由此可以看出　(　　)

A. 中国人民政治协商会议具有立法权

B. 政协成为各党派的联合执政机构

C. 与之前相比政协的职能发生了转变

D. 政协是人民行使国家权力的机关

8. (2011年苏锡常镇模拟)1979年10月,邓小平曾说:"对于我们党来说,更加需要听取来自各个方面包括民主党派的不同意见,需要接受各个方面的批评和监督,以利于集思广益,取长补短,克服缺点,减少错误。"下列对此理解不正确的是　(　　)

A. 坚持和加强中国共产党领导的多党合作和政治协商制度是新时期民主制度建设的重要内容

B. 这说明中国共产党领导的多党合作和政治协商制度实现了制度化和规范化

C. 我国的多党合作不同于资本主义国家的多党制,各民主党派是参政党

D. 这可以调动民主人士的参政议政热情,开辟群策群力、共建国家的新局面

9. (2011年温州八校联考)"比较"是历史学习、研究一种重要方法。穿越时空,我们不难发现我国历史上三大宪法或宪法性文件的巨大差异。下列选项中,对应正确的是　(　　)

宪法性文件	产生的背景	主要内容	历史地位或评价
《共同纲领》	①	确立了中国历史上一个新型国家的架构	具有临时宪法性质
1954年宪法	我国向社会主义过渡全面民展开	②	我国第一部社会主义类型的宪法

宪法性文件	产生的背景	主要内容	历史地位或评价
1982年宪法	改革开放,加强民主法制建设	规定了我国的根本制度和根本任务,确定了四项基本原则和改革开放的基本方针	③

（续）

A. ①人民解放战争胜利发展　②确立人民代表大会制度为根本政治制度　③社会主义法律框架体系形成

B. ①人民共和国成立后　②确立我国为新民主主义的国家性质　③社会主义法律框架体系形成

C. ①人民解放战争胜利发展　②确立人民代表大会制度为根本政治制度　③新时期治国安邦的总章程

D. ①三大战役取得胜利　②确立我国为新民主主义的国家性质　③新时期治国安邦的总章程

10. (2011 年福建四校联考)2010 年的"两会"期间,选举法的修改受到热议。1995 年,农民从拥有"1/8 投票权"发展到拥有"1/4 投票权",如今则进入与城市居民"同票同权"的新时代。新时期,表明中国农村基层民主获得突破性发展的是　　　　　　（　　）

A.《民族区域自治法》实施

B."依法治国"被写入宪法

C.《行政诉讼法》的颁布

D.《村民委员会组织法》实施

11. (2011 年黑龙江月考)浙江省永嘉县瓯北镇开洋村拦截邻村中村在后山上取水的水源,将水引入本村,导致中村枯水期断水。由此,两村发生旷日持久的水事纠纷。中村 110 名农民对县政府不认真处理这起水事纠纷的行为深感不满,以"不作为"为由将县政府告上法庭。这一事件的法律依据是　　　　　　　　　　（　　）

A.《中华人民共和国刑法》

B.《中华人民共和国刑事诉讼法》

C.《中华人民共和国民事诉讼法》

D.《中华人民共和国行政诉讼法》

12. (2011 年湖南师大附中模拟)有外国记者报道:"(中国)……有选举权的公民都集中在会场上,每一个人都可以投自己最信任的人一票,选出领导者,选举结果公布后,人们欢呼雀跃。燃放鞭炮,场面让人仿佛回到了古代雅典。"这个"场面"的出现是因为实施了　　　　　（　　）

A.《中华人民共和国宪法》

B.《中华人民共和国民族区域自治法》

C.《中华人民共和国村民委员会组织法》

D.《中国人民政治协商会议共同纲领》

13. (2011 年一轮复习)中国在对待台湾问题上一贯奉行决不妥协的政策。"决不妥协"是指　　　（　　）

①坚持"一个中国"原则决不动摇

②必须坚持用和平方式解决台湾问题

③凡是与中国建交的国家,必须与"台湾当局"断绝或不建立外交关系

④坚决反对"台独"分裂活动

A. ①②③④　B. ①③④　　C. ①②④　　D. ①③

14. (2011 年沈阳模拟)沈阳市光明社区居民李某在 2010 年本社区的居民换届选举中,以精彩的演说、务实的工作,赢得了社区居民的认可,当选光明社区的主任。该选举程序直接的法律依据是　　　　　　　　（　　）

A.《中华人民共和国村民委员会组织法》

B.《中华人民共和国宪法》

C.《中华人民共和国城市居民委员会组织法》

D.《中华人民共和国民族区域自治法》

15. (2011 年一轮复习)香港回归祖国纪念碑位于香港会议展览中心西北面广场,临海而立,与坐落在广场东北面的大型雕塑"永远盛开的紫荆花"相互辉映。纪念碑高 20 米、宽 1.6 米,由基石、柱身和柱头三部分组成。基石和柱身采用同一矿脉、石质坚实、色泽均匀稳定的深色麻石,柱头用紫铜锻制而成,表面经氧化处理,历久不衰,寓意香港回归后继续繁荣昌盛。香港回归后至今继续保持繁荣昌盛,主要得益于　　　　　　　（　　）

A. 中央政府对香港的大力支持

B. "一国两制"得到成功落实

C. 国际贸易环境对香港发展有利

D. 香港人的开拓精神得到充分彰扬

16. (2011 年一轮复习)2009 年 11 月 10 日,"台湾江苏周"暨"首届台苏经贸合作论坛"在台北揭幕。此次江苏代表团访台,签订了年度双向旅游十万人次的合作计划,更带来突破三十亿美元的对台采购。对此理解正确的是　　（　　）

①它为两岸交流提供了新的渠道

②"一国两制"得到台湾民众的大力拥护

③海峡两岸的经济联系日益密切

④合作共赢符合两岸人民的共同利益

A. ①②③　　B. ②③④　　C. ①③④　　D. ①②③④

17. (2011年湖南师大附中模拟)邓小平在《一个国家，两种制度》中指出："一个国家，两种制度"的构想是我们根据中国自己的情况提出来的，而现在已经成为国际上注意的问题了。对此理解最正确的是　　　　　　　　　(　　)
A. 国际社会想干扰中国收回香港
B. 国际社会一致认可"一国两制"
C. "一国两制"方案在联合国得以通过
D. "一国两制"对解决国际争端有借鉴作用

18. (2011年黑龙江月考)阅读下列材料，回答问题。

　　材料一　英国革命的最大成果，也是它在现代民主政治创制试验方面的最大成就，就是创造了一种全新的政体……美国革命的首创性在于……孟德斯鸠"以权力制约权力"的学说在政府体制的设计方面得到了较好的贯彻。
　　　　　　　　　　　——摘自《世界文明史》
　　(1)材料一中，英国"全新的政体"指的是什么？美国在"政府体制的设计方面"有何创新？

　　材料二　马克思认为，德意志帝国实质上是一个"以议会形式粉饰门面，混杂着封建残余、已经受到资产阶级影响、按官僚制度组织起来、并以警察来保卫的、军事专制制度的国家"。
　　(2)据材料概括德意志帝国君主立宪制的特点，并指出德、法两国政府与议会之间的关系有何不同？

　　材料三　对于许多未经过帝王之治的青年，辛亥革命的政治意义是常被过低估计的，这并不足怪，因为他们没看到推翻几千年因袭下来的专制政体是多么不易的一件事。
　　　　　　　　　　——摘自林伯渠《荏苒三十年》
　　(3)以孙中山为代表的资产阶级革命党人为推翻专制政体进行了艰苦的革命斗争，试举两例说明。请指出所取得的重大成果。

材料四

图1　在第一届全国人民代表大会第一次会议上周恩来作《政府工作报告》

图2　庆祝西藏自治区成立

图3　吉林梨树县四大家村的选举会场

　　(4)根据材料四并结合所学知识，概括新中国成立后，中国共产党为实现民主政治作出的努力。

　　(5)依据以上材料并结合所学知识，你对我国的政治体制改革有何建议？

中国古代为什么都有"文帝"、"武帝"
　　"文"和"武"都是帝王的谥号。谥号是皇帝死后，新继位的皇帝请大臣们根据死者生前的品德和行为，按照谥法规定给予的一种称号。谥号本来是有褒善贬恶的意思。按照谥法规定，谥号可分为表扬、批评和同情三大类。属于表扬的如："经纬天地曰文"。意思是，善于治理天下的可谥为"文"，像汉文帝、隋文帝都是以善于治理天下著称的，所以都被谥为"文"，称"文帝"。再如，"威强睿德曰武"。意思是说，声威强盛而又明智的可谥为"武"，像周武王、汉武帝、魏武帝都是以声威强盛著称的，所以他们的谥号都是"武"，称"武帝"。谥号并不能真正说明人的才德，它有很大的虚伪性。到了宋代以后，每个君主的谥号就只有褒扬而无贬恶。

一年冲刺母题

【母题】政治活动是社会活动的重要组成部分。阅读材料,回答下列问题:

材料一

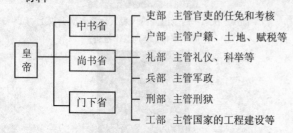

图1　唐朝政府机构示意图

图2　清朝军机处内景

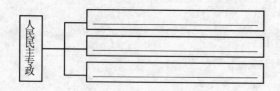

图3　新中国民主制度

材料二　全国人大、政协召开情况表

届次	时间	届次	时间
第三届全国人大	1965.2	第三届全国政协	1959.4
第四届全国人大	1975.1	第四届全国政协	1964.12
第五届全国人大	1978.2	第五届全国政协	1978.2
第六届全国人大	1983.6	第六届全国政协	1983.6
第七届全国人大	1988.3	第七届全国政协	1988.3
第八届全国人大	1993.3	第八届全国政协	1993.3

材料三　自改革开放以来,全国人大于1982年全面修改了宪法,以后又通过四个宪法修正案。全国人大及其常委会制定了200多件现行有效的法律。地方人大及其常委会制定了7500多件现行有效的地方性法规,民族自治地方的人民代表

大会制定了600多件自治条例和单行条例。

——《中国民主政治建设》

(1)由图1到图2反映了我国古代政治制度怎样的演变趋势?

(2)图3再现了新中国成立后建立的三大民主制度,请在图中空白处填上合适的内容。与图1、图2相比,图3反映的政治制度具有哪些重要特征?

(3)依据材料二、三,概括新时期民主法制建设的主要成就,据此指出我国民主政治发展的趋势。

【解析】　本题考查了中国政治制度的演变。第(1)问从图一、二中可看出是唐朝的三省六部至清代的军机处,表明是皇权与相权的关系演变,即可得到答案。第(2)问抓住新中国成立后的三大民主制度,识记课本知识即可,再具体回答各自的特征。第(3)问从第三、四两届全国人大召开和第四、五两届全国政协召开时间与其他相邻两届大会的召开时间间隔可得出民主制度的重建与完善;从各级人大制定的诸多法律中又可得出我国正在逐渐形成比较完备的法律体系这个成就,成就得出后,趋势就很容易得出。

【答案】　(1)皇权逐渐加强。

(2)①中共领导的多党合作的政治协商制度;②人民代表大会制度;③民族区域自治制度。

特征:代表无产阶级和广大人民的利益;人民掌握权力;实行民族团结、平等、共同繁荣的原则。

(3)民主政治制度的重建与完善;比较完备的法律体系逐步形成。

趋势:制度化、法律化。

【变题1】　历史反复证明,国共两党团结合作对于中华民族的振兴起了巨大的推动作用。如今,国共合作、和平统一在海峡两岸的呼声更趋高涨。阅读下列材料:

材料一　工人阶级尚未强大起来,自然不能发生一个强大的共产党——一个大群众的党,以应目前革命之需要,因此共产国际执行委员会决议中国共产党与中国国民党合作,共产党员应加入国民党。中国共产党中央执行委员会曾感此必要,遵行此决议,此次代表大会亦通过此决议。

我们加入国民党,但仍旧保存我们的组织……

引自《中国共产党第三次全国代表大会关于国共合作的决议》

材料二　中共中央再郑重向全国宣言

一、孙中山先生的三民主义为中国今日之必需;本党愿为其彻底的实现而奋斗。

二、取消一切推翻国民政权的暴动政策及赤化运动,停止以暴力没收地主土地的政策。

三、取消一切存在的苏维埃政府,实行民权政治,以期全国政权统一。

四、取消红军名义及番号,改编为国民革命军,受国民政府军事委员会之统辖,并待命出动,担任抗日前线之职责。

——引自《中国共产党为公布国共合作宣言》

材料三　要实现统一,就要有个适当的方式,所以我们建议举行两党平等会谈,实行第三次合作,而不是中央与地方的谈判。双方达成协议后,可以正式公布。但万万不可让外国插手,那只能意味着中国还未独立,后患无穷。

——邓小平《中国大陆和台湾和平统一的设想》

材料四　2005年4月29日,中国共产党总书记胡锦涛与中国国民党主席连战举行会谈。穿越60年历史,两党最高领导人的手紧紧地握在一起,胡锦涛总书记说:"从你们踏上内地的那一刻起,我们两党就共同迈出了历史性的一步。"

胡锦涛与连战会晤　　　胡锦涛与吴伯雄会谈

2008年5月28日中共中央总书记胡锦涛同中国国民党主席吴伯雄举行了会谈。胡锦涛强调,在国共两党和两岸同胞共同努力下,台湾局势发生了积极变化。两岸关系发展面临着难得的历史机遇。这一局面来之不易,值得倍加珍惜。

请回答:

(1)依据材料一和所学知识概述中共认识到国共两党合作的必要性是什么? 材料一中"仍旧保存我们的组织"其实质指什么? 两党第一次合作实现的标志性事件是什么? 第一次合作的政治基础是什么?

(2)结合材料二分析国共两党第二次合作的主要目的是什么? 材料二中"取消红军名义及番号,改编为国民革命军"是如何体现的? 第二次合作取得了什么成效?

(3)在材料三中邓小平认为解决台湾问题的关键是什么? 他提出实现统一的"适当方式"后来发展为什么政策?

(4)结合材料四,分析两党历史性的再度握手充分印证了国共两党当前共同的根本利益是什么?

【变题2】　港澳台问题是关乎国家统一的重大问题。阅读材料,回答下列问题。

材料一

春　愁

丘逢甲

春愁难遣强看山,

往事惊心泪欲潸。

四百万人同一哭,

去年今日割台湾。

智趣素材

材料二

乡 愁
余光中

小时候／乡愁是一枚小小的邮票／我在这头／母亲在那头／长大后／乡愁是一张窄窄的船票／我在这头／新娘在那头／后来呵／乡愁是一方矮矮的坟墓／我在外头／母亲呵在里头／而现在／乡愁是一湾浅浅的海峡／我在这头／大陆在那头

(1)材料一中作者的"愁"指的是什么？试分析其原因。这首诗反映了作者怎样的思想感情？

(2)材料二中作者的"愁"指的又是什么？试分析其历史原因。结合所学谈一谈，当前具备了哪些有利条件推动解决作者的"愁"？

智趣素材

上清宫的铜钟为何是9999斤

在我国江西龙虎山上清宫内，存放着一座历史遗存的铜钟，铜钟净重9999斤。这座铜钟于元朝所铸，高3米，圆周5米。自东汉中叶张道陵创立道教以来，张家历代长子长孙均为中国道教的天师，统辖全国道教。皇上管人间，天师管阴间，按道理两人应平起平坐，所铸铜钟也应是10000斤。那么，这座铜钟为什么不铸10000斤，而比皇上的铜钟要少1斤呢？原来，这是元朝皇帝耍的一条小计。他把自己的女儿许配给当时的张天师。从此，天师称皇上为老丈人，原来本应与皇帝平起平坐的张天师从辈分上便低了一级。为了体现这一点，皇上下诏，上清宫的铜钟不得铸10000斤，所以少了1斤。

第4单元　现代中国的对外关系

考纲解读导航

考试内容

1. 新中国初期的外交
(1)独立自主的和平外交方针
(2)和平共处五项原则的提出
(3)步入世界外交舞台
2. 开创外交新局面
(1)恢复在联合国的合法席位
(2)中美、中日关系正常化
(3)新时期外交建树

能力要求

(1)了解新中国建立初期的重大外交活动,理解和平共处五项原则在处理国际关系方面的意义。

(2)简述中国恢复在联合国合法席位的基本史实,概括我国在外交方面所取得的重大成就。

(3)了解中美关系正常化和中日建交的主要史实,探讨其对国际关系产生的重要影响。

(4)以改革开放以来我国在联合国和地区性国际组织中的重要外交活动为例,认识我国为现代化建设争取良好的国际环境、维护世界和平和促进共同发展所做出的努力。

三年高考命题

1. (2009年文综全国卷2)1951年,美、英等国在旧金山召开对日媾和会议,签订了对日和约。中国、朝鲜、越南被排斥在会议之外,参加过对日作战的印度和缅甸拒绝参加会议,苏联等国拒绝在合约上签字。该和约的签订违反了 (　　)
A.《联合国家宣言》　　　B.《开罗宣言》
C.《雅尔塔协定》　　　　D.《波茨坦公告》

2. (2009年福建文综)1971年7月,尼克松总统在堪萨斯城发表演讲,指出:"当我发表就职演说的时候,我提到一个需要谈判的时代,……我们在世界上许多地区正在进行谈判而不是对抗……"美国政府将这一外交思想付诸实施的行动包括 (　　)
①组建上海合作组织　　②结束1961年开始的越南战争
③签订《北大西洋公约》　④发表《中美上海联合公报》
A.①③　　B.②④　　C.①②④　　D.②③④

3. (2009年北京文综)2009年,人民海军在山东青岛举行建军六十周年阅兵。这里曾见证了第一次世界大战后作为战胜国的中国蒙受屈辱的历史,与此相关的国际文件是 (　　)
A.《辛丑条约》　　　　　B.《凡尔赛条约》
C.《开罗宣言》　　　　　D.《波茨坦公告》

4. (2009年广东文科基础)《中国人民政治协商会议共同纲领》规定:"对于国民党政府与外国政府所订立的各项条约

和协定,中华人民共和国中央人民政府应加以审查,按其内容,分别予以承认,或修改,或重订。"体现此规定精神的外交政策是 (　　)
A. 一边倒　　　　　　　B. 另起炉灶
C. 不结盟　　　　　　　D. 和平共处五项原则

5. (2009年江苏历史单科)1998年初,在联合国安理会上中国同意对伊拉克进行武器核查,但在讨论美国提出的动用武力解决核查危机的议案时,投了反对票。这表明中国在新时期 (　　)
①开展以联合国为中心的外交活动　②积极维护地区稳定和世界和平　③参与符合联合国宪章的维和行动　④奉行独立自主的和平外交政策
A.①④　　B.②④　　C.①②④　　D.①②③

6. (2009年山东文综)路透社评论某国际组织说,它"作为一种独立于美苏两国领导的军事条约组织之外的道德力量,强调最初在万隆会议上获得赞成的和平共处原则"。这一国际组织是 (　　)
A. 联合国　　　　　　　B. 不结盟运动
C. 世界贸易组织　　　　D. 欧洲联盟

7. (2009年四川文综)邓小平说:"中国在世界上的地位,是在中华人民共和国成立以后才大大提高的。"体现这一论断的

具体史实有 （　　）

①废除了英美攫取的治外法权　②促成了亚非会议取得积极成果　③取得了抗美援朝战争的胜利　④参加了1954年日内瓦国际会议

A.①②③　　B.①②④　　C.①③④　　D.②③④

8. (2009年四川文综)1973年3月15日,中央电视台首次播出外商广告"西铁城——星辰表"。这反映出 （　　）

A. 中国人走向世界的愿望

B. 国外普遍赞赏中国开放政策

C. 人民生活水平显著提高

D. 中国全面推行改革开放政策

9. (2008年广东历史单科)1974年,毛泽东提出了著名的三个世界理论:苏、美两个超级大国属于第一世界,美国以外的西方国家属于第二世界,亚非拉广大发展中国家属于第三世界。这表明当时的中国 （　　）

A. 开始重视亚非拉国家的作用

B. 无意与第一、第二世界搞好关系

C. 已经放弃和平共处五项原则

D. 强调国际政治的主题是反对霸权主义

10. (2008年广东文科基础)被称为"人类历史上有色人种的首届洲际大会"是 （　　）

A. 日内瓦会议　　　　B. 万隆会议

C. 第26届联合国大会　D. 上海APEC会议

11. (2008年江苏历史单科)1950年中苏两国签署《中苏友好同盟互助条约》,2001年中俄等六国签署《上海合作组织成立宣言》。这两次外交活动表明中国始终 （　　）

A. 坚定奉行友好结盟政策

B. 坚持独立自主的和平外交方针

C. 积极开展多边外交活动

D. 坚决打击国际恐怖主义势力

12. (2008年天津文综)修筑大京九铁路是中华民族的一个"世纪梦"。20世纪90年代,这个"梦",仅用了3年时间就变成现实。其主要原因是 （　　）

A. 国家财政已能提供充裕的资金

B. 改革开放后综合国力的迅速提高

C. 国家已具备自主设计施工的能力

D. 国家加快经济发展的迫切需要

13. (2008年上海文综)在周恩来诞辰110周年之际,为缅怀周总理光辉的一生,老师制作了一张学习卡片(见下表)。根据老师所列周总理的主要事迹:①亚非会议上提出"求同存异"的外交方针　②促成西安事变的和平解决　③担任黄埔军校政治部主任　④参加重庆谈判

同学们自上而下填写表格"主要事迹"一栏,正确的填写顺序是 （　　）

时　　间	主要事迹	评　　价
20世纪20年代		为国民革命培养了一批骨干力量
20世纪30年代		民族危亡的关键时期扭转了时局
20世纪40年代		争取实现国家的民主与和平
20世纪50年代		为新中国的外交事业做出了贡献

A.①②④③　B.③②④①　C.④③①②　D.③②①④

14. (2010年广东文综卷)下表是我国某时期的国际邮件资费表(部分),从中可推出的符合史实的结论是 （　　）

邮件种类	计费单位(每10克)	邮资(元)
航空	亚洲各国	0.32
	苏联及东欧民主国家	0.48
	西欧各国(捷克转)	0.48
	西欧各国(香港转)	0.80
	其他各洲	0.80

A. 香港已经回归,成为中国与西欧交往的重要桥梁

B. 改革开放前,中国没有与西方国家建立外交关系

C. 捷克已加入欧盟,成为中国往西欧各国邮件的中转地

D. 新中国外交史上,苏联及东欧民主国家曾有特殊地位

15. (2010年浙江文综卷)阅读下表并结合所学知识,可以得出符合这一时期中国外交状况的结论是 （　　）

1969～1978年与中国建交国家数据简表

年份	1969	1970	1971	1972	1973	1974	1975	1976	1977	1978
建交国家	49	54	69	87	88	95	103	107	110	112

①中国对外关系出现全新局面

②中国外交没有受到"文化大革命"干扰

③中美两国关系逐步缓和

④中美正式建立了外交关系

A.①③　　B.①④　　C.②③　　D.②④

16. (2010年上海历史卷)1949年后,中国积极主动地融入世界。将下列重大外交事件按时间先后排列,正确的是 （　　）

①重返联合国　②中美关系正常化　③参加万隆会议　④加入世界贸易组织

A.③①②④　B.③②①④　C.①②③④　D.②①③④

17. (2009年北京文综)

(1)中华人民共和国成立以来,形成了1949年、1972年和1992年三次与外国建交的高峰。如下图所示。

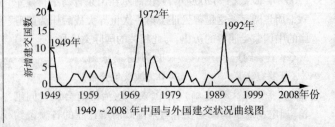

1949～2008年中国与外国建交状况曲线图

孙膑庞涓斗智

战国时魏国将军庞涓曾与孙武之后孙膑同师学习兵法,后来投魏王为将,受重用。因恐自己才不如孙膑,就不断陷害孙膑。后来在别人帮助下,孙膑暗中逃至齐国。

魏惠王十六年(公元前354年),庞涓率军围攻赵国都城邯郸。次年,齐国应赵国请求派军救赵。孙膑献上"围魏救赵"之计,围住魏国,诱使庞涓返程救援。在桂陵,齐军埋下伏兵,以逸待劳,一举击溃了长途奔劳的魏军,此为桂陵之战。

魏惠王二十八年,魏攻韩。次年齐国往救韩国。孙膑为田忌军师,献计围攻魏都大梁,并在大梁外抢占要道,击其空虚。田忌从计,庞涓果然撤军回救大梁。庞涓回军后,见齐军回撤,便发兵追击。孙膑在马陵道设下伏兵,俟庞军进入后万弩齐发。魏军惨败,庞涓自杀。

智趣素材

(1)从上图中任选一次,指出促成该次建交高峰的国内外因素。

1980 年以来中国对外开放空间的扩展,是探索建设中国特色社会主义道路的体现。如图所示。

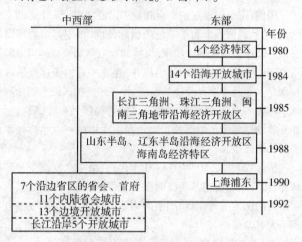

(2)据上图,概述中国对外开放空间扩展的过程。

复习攻略

一、整体感知

新中国成立之初,国际上正值美苏对峙局面形成,新中国站在社会主义阵营一方,奉行独立自主的和平外交政策,在 20 世纪 50 年代就取得了一系列外交成就。20 世纪 70 年代中国外交出现重大突破:中美邦交正常化、中日邦交正常化、中国恢复在联合国的合法席位等。改革开放后,中国政府根据国际形势以及自身现代化建设的需要,对外交政策做出了调整并取得巨大成就。

二、各个击破

1. 新中国外交的主要成就

(1)20 世纪 50 年代初期外交成就:

①新中国建立的第一年同苏联等 17 个国家建立了外交关系。

②1950 年初,《中苏友好同盟互助条约》签订。

③1953 年提出和平共处五项原则,积极推进与邻近和新兴的民族独立国家发展友好关系。

④1954 年,首次以世界五大国之一的身份参加日内瓦会议并发挥重要作用。

⑤1955 年出席万隆会议,加强了同亚非各国的关系。

(2)20 世纪 70 年代外交成就:

①1971 年,中华人民共和国在联合国的合法席位得到恢复。

②1972 年,中美在上海发表《中美联合公报》,两国关系开始走向正常化。1979 年 1 月,中美正式建交。

③1972 年,日本首相田中角荣访问中国,两国签署了建立外交关系的联合声明并建交。

(3)社会主义建设新时期外交成就:

①积极参加联合国及其专门机构和其他国际组织的活动,开展以联合国为中心的多边外交,对世界和平与发展做出了重大贡献。

②积极参与地区性国际组织的活动,2001 年 10 月在上海成功举办亚太经济合作组织第九次领导人非正式会议。

③积极发展与周边国家的睦邻友好关系,2001 年倡导建立上海合作组织,它的成立标志着一个以互信求安全、以互利求合作的新型区域合作组织的诞生。

2. 分析中美关系、中日邦交正常化的原因以及对国际关系的影响

(1)中美两国关系正常化的原因:20 世纪 70 年代中美双方的共同要求。

①美国方面:随着中国地位的提高,认识到中国在国际事务中的作用;20 世纪 70 年代美国经济增长缓慢,在美苏争霸中处于劣势。

②中国方面:改善中国国际地位和外交环境;牵制和对付苏联的威胁;对解决台湾问题、实现祖国统一有重要作用。

(2)中日关系改善的原因:中美关系正常化的推动;日本友好团体的促成;中日关系正常化符合两国人民共同利益。

(3)影响:

①有利于中、美、日人民的利益和亚太地区的和平与稳定。

②缓和了世界紧张的局势。

③为建立国际新秩序起到积极的作用。

3. 中国积极参与地区性国际组织的原因

(1)社会主义现代化建设的需要。十一届三中全会做出了将工作重心转移到经济建设上的决策,中国积极参与地区性国际组织有利于我国经济建设事业的开展。

(2)社会主义现代化建设事业需要安定的周边环境。中国参与地区性国际组织有利于发展与周边国家的睦邻友好关系,为社会主义经济的发展提供安定的环境。

(3)提高中国国际地位、扩大中国国际影响的需要。

4. 分析清政府与新中国外交政策的差异

(1)近代史上,列强通过侵华战争强迫清政府签订了一系列不平等条约,使国家主权受到严重破坏,所以清政府的外交

政策是对外妥协,出卖国家主权,是一种屈辱外交。

(2)新中国的成立结束了中国半殖民地半封建社会的历史。新中国实行独立自主的和平外交政策,积极维护国家主权和领土完整。

5. 新中国成立初期实行独立自主外交政策的原因

(1)新中国成立前,半殖民地半封建的旧中国没有独立自主的外交,在国际上没有地位,受尽帝国主义的凌辱。

(2)新中国成立后,以美国为首的帝国主义国家不承认新中国,对新中国采取孤立、封锁、包围和敌视的政策,妄图扼杀新政权。

(3)新中国成立时,社会主义已形成一个世界体系。欧洲、亚洲建立起许多人民民主国家,并和苏联一起形成社会主义阵营;亚、非、拉美人民的民族解放运动日益高涨,许多国家摆脱了帝国主义的殖民枷锁,赢得了民族独立。所有这些都为新中国奉行独立自主的外交政策创造了有利的国际环境。

(4)自遵义会议后,中国共产党政治上已日趋成熟,善于把马克思主义的普遍真理同中国革命的具体国情相结合,走自己独立自主的道路,能够独立自主地解决问题。

(5)新中国是中国共产党领导的独立自主的国家。新中国要改变半殖民地半封建的社会性质,彻底消除帝国主义在华残余势力,废除帝国主义在华一切特权,保障本国独立、自由和领土主权的完整,就必须实行独立自主的外交政策。

6. 和平共处五项原则

(1)内容及相互关系:和平共处五项原则即互相尊重主权和领土完整、互不侵犯、互不干涉内政、平等互利、和平共处。其中互相尊重主权和领土完整是必备条件和基础,它构成了核心部分;互不侵犯、互不干涉内政是贯彻五项原则的保证;平等互利是实现共处的条件;和平共处则是出发点和必然结果。

(2)由来:1953年12月31日周恩来总理在接见印度政府代表团时第一次提出了和平共处五项原则,得到了印方的赞同,并于1954年9月被正式写进了中印谈判公报中。同年6月,周恩来访问印度、缅甸时所发表的中印、中缅总理联合声明中,不仅承认和平共处五项原则是指导中印、中缅关系的原则,而且正式倡议将其作为国际关系的准则,1955年万隆会议所确立的十项原则,实际上是和平共处五项原则的引申和发展。和平共处五项原则最初是强调用于处理不同社会制度国家之间的关系。1956年匈牙利事件和波兹南事件发生后,中国政府又声明强调,社会主义国家关系应该建立在和平共处五项原则的基础上,从而扩大了它的应用范围。

(3)影响:和平共处五项原则自首倡至今,经过几十年的国际风云变幻的考验,表现出强大的生命力,成为当今公认的现代国际法和处理现代国际关系的共同准则,是处理国与国关系的最好方式,也是建立国际新秩序的基础。它的提出标志着新中国外交的成熟。

7. 新时期中国外交政策的调整

(1)调整的原因:

国内:①十一届三中全会确定了以经济建设为中心的基本国策,这就需要一个和平安定的国际环境,特别是周边环境的安宁。②中国是发展中国家,保持和发展与第三世界国家的关系,有利于在国际事务中团结战斗,建立平等的国际经济政治新秩序。③随着世界经济的发展、世界经济的区域集团化和全球一体化的形成,任何国家都不可能再搞闭关自守,只有走对外开放的道路才是中国的正确选择。④中国一直坚持独立自主的外交政策。

国际:20世纪80年代末90年代初,由于东欧剧变和苏联解体,世界格局由美苏两极向多极化发展,和平与发展成为当今世界的两大主题,制约战争的力量有可喜的发展,维护世界和平大有希望。

(2)调整的内容:①对战争与和平问题看法的改变:认为比较长时期内不会发生大规模的世界战争,改变了过去一直强调战争危险的观点,强调维护世界和平是有希望的。这种估计是新时期我国对外方针的一个出发点。②在社会主义建设新时期,独立自主的外交原则具体地表现为不结盟政策。③在和平共处五项原则的基础上,同任何国家发展友好合作关系。继续改善和发展同发达国家的关系,继续加强睦邻友好,继续增强与第三世界的团结和合作。④坚持实行对外开放的政策,对外开放是中国一项长期的基本国策,已载入1982年宪法。

8. 开展以联合国为中心的多边外交

(1)原因:①联合国是二战后期建立的战后国家合作组织,主要宗旨是维护国际和平与安全,发展各国间的平等友好关系。中国作为安全理事会五个常任理事国之一,应该发挥自己的作用。②随着世界局势的变化,地区冲突的加剧,联合国在缓解和解决地区冲突方面的作用不断加强,中国在维和领域做出了积极贡献,有利于中国国际地位的提高。

(2)主要表现:①谋求重大国际问题和地区热点问题的合理、公正地解决。②积极参与联合国的维和行动。③积极倡导和实行裁军。④作为发展中国家积极为建立国际政治经济新秩序而奋斗。

知识结构梳理

一、新中国初期的外交

(一)独立自主的和平外交方针

1. 历史背景

(1)国际:以苏联为首的_____和以_____为首的资

本主义阵营之间的对立和斗争,成为国际关系最突出的特点。

(2)国内:新中国诞生,中华人民共和国_____是中国唯一合法政府。

2. 基本方针

(1)"另起炉灶":不承认_____建立的一切旧的屈辱的外交关系,而是要在新的基础上同各国另行建立新的_____外交关系。这使得中国改变了_____的地位,在国际交往中独立自主。

(2)"打扫干净屋子再请客":清除_____在中国的残余势力,取缔帝国主义在华的一切特权,然后再考虑与西方国家建立外交关系的问题。这巩固新中国的_____和主权,为与世界建立_____的外交关系奠定基础。

(3)"一边倒":新中国在外交上坚定地站在_____阵营一边。这就新中国在保障人民革命胜利成果、捍卫和平以及维护独立与主权斗争中不至于处于孤立地位。

3. 外交成就

(1)_____第一个与新中国建立,并在建国第一年就同17国建立外交关系。

(2)1950年,中苏双方签订《_____》,对促进中国经济的恢复和发展,打破帝国主义孤立封锁中国的政策,具有重要意义。

(二)和平共处五项原则的提出

1. 目的:积极同邻近国家和新兴的_____发展友好关系。

2. 提出:

(1)1953年12月,周恩来在接见_____时,第一次提出和平共处五项原则。

(2)1954年,周恩来访问_____和_____,分别与两国总理发表联合声明,一致同意以和平共处五项原则作为指导中印、中缅关系的基本原则。

3. 内容:互相尊重主权和领土完整、互不侵犯、_____、平等互利,和平共处。

4. 意义:标志中国外交政策的成熟,成为解决国与国之间问题的_____。

(三)步入世界外交舞台

1. 日内瓦会议(1954年)

(1)目的:为和平解决_____和_____问题。

(2)成果:会议达成《关于恢复印度支那和平的日内瓦公约》

(3)意义:是新中国第一次以世界_____之一的地位参加的国际会议,并在会议上发挥了积极作用,提高了新中国的国际声誉。

2. 万隆会议(1955年)

(1)背景:亚非_____不断高涨。

(2)议题:讨论保卫和平、_____、发展_____等共同关心的问题。

(3)方针:周恩来提出"_____"的方针,促进会议取得圆满成功,加强了中国与亚非各国的联系。

(4)意义:是第一次没有_____参加的亚非国际会议;会议诞生了"万隆精神",即亚非人民团结一致,保卫世界和平,增进各国友谊的精神。

二、开创外交新局面

(一)恢复在联合国的合法席位

1. 原因:中国国际地位的提高;广大发展中国家的支持。

2. 标志:_____年10月,第26届_____大会通过_____、阿尔及利亚等23国的提案,恢复中华人民共和国在联合国的一切合法权利。

3. 意义:这是中国外交的重大胜利,中国作为安理会常任理事国之一,在国际事务中发挥着越来越重要的作用。

(二)中美、中日关系正常化

1. 中美关系正常化

(1)背景:20世纪70年代,世界局势发生重大变化,改善中美关系成为两国的共同要求。

(2)过程:

①1971年_____秘密访华;

②1972年_____访问中国,在上海签署《_____》,两国关系开始走向正常化;

③1979年中美_____。

2. 中日关系正常化

(1)原因:_____的改善直接促进中日建立。

(2)标志:_____年日本首相_____访问中国,中日两国签署建立外交关系的联合声明。

(三)新时期的外交建树

1. 背景

①1978年十一届三中全会后,全党全国的工作重点转移到_____上来,开始实行_____;

②邓小平准确判断国际形势,指出和平与发展是当今世界主题。

2. 目的:反对_____,维护_____,创造一个和平的国际环境。

3. 表现

①开展以_____为中心的多边外交;

②积极参与地区性国际组织的外交活动;

③积极发展与_____的睦邻友好关系,以建设和平的周边环境。

居安思危

有一次,宋、齐、晋、卫等12国联合围攻郑国。郑国忙向晋国求和,晋国表示同意,其余11国因为惧怕晋国,也就停止了进攻。

郑国为了答谢晋国,赠送给晋国许多兵车、乐器、乐师和歌女。晋悼公十分高兴,于是把歌女的一半分赠给他的功臣魏绛,并对他说:"你这几年中为我出谋划策,事情办得很顺利,真是太好了,现在让咱们一同来享受享受吧!"

然而,魏绛却不肯接受,劝晋悼公说:"现在您能团结和统率许多国家,这是您的能耐,也是大臣齐心合力的结果,我并没有什么功劳,怎能无功受禄呢?不过,我很愿意您在享受快乐的时候,能够想到国家以后的许多事情。《书》上说:'安居的时候,应该想到可能发生的危险。'能够这样做事才会先有准备,有准备才可避免失败和灾祸的到来。"

二年模拟训练

1. (2010年衢州质检)《中华人民共和国史》解释"打扫干净屋子再请客"时说"毛泽东指出,关于帝国主义对我国的承认问题,不但现在不应急于去解决,就是在全国胜利以后的一个相当时期内,也不应急于去解决。因为虽然我们愿意按照平等原则同一切国家建立外交关系,但帝国主义是绝不能很快地就以平等态度对待我们的",根据以上材料判断"打扫干净屋子再请客"的含义是　( )
①新中国要在新的基础上同各国建立外交关系
②不急于同帝国主义建交
③指与外国(主要指帝国主义)建立外交关系需要合适的时机和条件
④不愿意同帝国主义国家建交
A. ①②③④　B. ①②③　C. ②③④　D. ②③

2. (2010年宁波模拟) 读下列"历届联大讨论恢复中国在联合国的合法权利支持中国票数增长示意图",对这一增长结果解读错误的是　( )

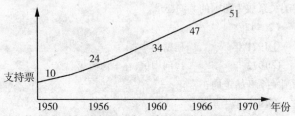

A. 恢复中国在联合国的合法席位是大势所趋
B. 中国正式成为多极化格局中的重要力量
C. 亚非拉国家逐渐成为国际事务中的重要力量
D. 中国逐渐打破帝国主义国家的外交孤立政策

3. (2010年温州适应性测试)20世纪90年代以来的中俄关系与20世纪50年代的中苏关系相比,其不同在于　( )
A. 缔结军事同盟　　B. 坚持独立自主
C. 结伴而不结盟　　D. 执行共同外交

4. (2010年衢州质检)1981年,美国宣布向社会主义国家——中国出售武器,这一事件在当时产生了很大影响。下列有关分析正确的有　( )
①有利于美国全球战略的调整
②有利于中美关系的改善
③有利于国际社会主义力量的发展
④有利于打击"台独"势力
A. ②③④　B. ①②③　C.①②④　D.①③④

5. (2010年潍坊模拟)毛泽东指出:"一边倒,是孙中山的四十年经验和共产党的二十八年经验教训教给我们的,深知欲达到胜利和巩固胜利,必须一边倒。"对"一边倒"外交政策

的认识,不正确的是　( )
A. 发展了与新兴民族独立国家的关系
B. 粉碎了西方国家对新中国的外交孤立
C. 维护了新中国的独立与主权
D. 缓解了新中国的经济困难

6. (2010年济宁模拟)1982年3月26日,中国外交部发表了一个只有三句话的声明:"我们注意到了3月24日苏联勃列日涅夫主席在塔什干发表的关于中苏关系的讲话。我们坚决拒绝讲话中对中国的攻击。在中苏两国关系和国际事务中,我们重视的是苏联的实际行动。"从中可以提炼的对于中苏关系发展的最重要的信息是　( )
A. 对抗了30多年的中苏关系,有可能发生变化
B. 中国外交的重点由意识形态转向国家利益方面
C. 中苏关系依然紧张,坚决拒绝苏联对华的攻击
D. 中国的外交政策,将进行重大的战略方向调整

7. (2010年广东模拟)2009年6月17日,俄罗斯总统梅德韦杰夫在俄罗斯首都莫斯科举行的俄中建交60周年庆祝大会上发表重要讲话,指出:"60年前,中华人民共和国成立后第二天,苏联最先承认新中国,并建立外交关系。今天,回顾这一事件以及后来建立的全面协作关系时,我们理解到了它们的伟大意义。"以下各项是对"这一事件"的分析,其中正确的是　( )
①中苏是在冷战的国际背景下建交的
②中苏建交标志着两国正式结为同盟
③体现了新中国"一边倒"的外交方针
④为建国初期中国经济的恢复创造了一个良好的外部环境
⑤对当时国际关系的发展产生了很大影响
A.①③④⑤　　　B.①②③⑤
C.①②③④　　　D.②③④⑤

8. (2010年 宁波模拟)2009年12月1日,美国造币和印钞局副局长加迪纳宣布发行虎年生肖"吉利钱"。"吉利钱"是美国造币和印钞局目前唯一针对特定族裔发行的货币产品。美国于2002年开始发行中国十二生肖"吉利钱",并延续至今。这表明　( )
①中国的国际影响力不断提高
②美国人对华裔和中华文化了解加深了
③华裔在美国的影响日益增大
④美国认同并推崇中华文化的价值观念

郑和七下西洋

郑和是明朝明成祖的亲信内监,别名三保,也被称为"三保太监"。

明成祖以郑和为使节,进行了一连串大规模的海上活动,借此炫耀大明帝国的国威。前后7次,延续28年,因主要活动区域旧称西洋,因此这些航海活动总称"郑和下西洋"。

郑和七下西洋,分别是公元1405年、1407年、1408年、1412年、1421年、1424年,航行时间一到两年不等。最后一次是1431年12月,郑和第七次下西洋,27000余人分乘61艘船只从南京起航出发,郑和在返航途中与世长辞,终年62岁。

郑和七下西洋,与东南亚国家建立了密切的政治、外交、贸易关系,与各国的文化交流也经久不衰。郑和七下西洋开始了中国与东南亚各国交流的黄金时代。

A. ①②③④　　B. ①②③　　C. ②③④　　D. ①②④

9. (2010年潍坊模拟)杜勒斯在1958年说，"如果给予中国共产党政权这样的承认，那对于远东各非共产党国家的政府的生存几乎是致命的打击。……那会使它们在远东威信和影响大大增加"。美国的这一对华政策破产的标志是（　　）
A. 中国参加日内瓦会议
B. 基辛格秘密访华
C. 中国恢复联合国合法席位
D. 《中美上海公报》的发表

10. (2010年南通模拟)美国前国务卿基辛格在回忆录中写道："(1971年)我的飞机刚刚起飞，电传打字机就传来消息：我们在联合国保持台湾席位的那场战斗打输了。周恩来后来告诉我，在我刚要离开之前，他已经知道了联大表决的结果，但他不愿意第一个告诉我，怕我难为情。"这段文字中"那场战斗"是指（　　）
A. 美国支持"台独"
B. 美国反对新中国和台湾同时参加联合国
C. 中国大陆和台湾实行"三通"威胁到美国利益
D. 美国反对新中国取代台湾在联合国的合法席位

11. (2010年龙岩模拟)20世纪80、90年代，我国同苏联、蒙古、越南、老挝、韩国等国实现了关系正常化，后又同俄罗斯、哈萨克斯坦、吉尔吉斯斯坦、塔吉克斯坦四国签订了边境地区加强军事方面相互信任的协定。这些外交举措的基本出发点是（　　）
A. 坚持对外开放政策
B. 实行不结盟政策
C. 反对霸权主义和强权政治
D. 争取和平的周边环境

12. (2010年唐山模拟)2009年11月，美国总统奥巴马首次访问中国，胡锦涛主席致辞中，提到了双方重申互相尊重主权和领土完整这一根本原则，双方均不支持任何势力破坏这一原则的任何活动。中国政府首次提出和平共处五项原则，并在1955年把和平共处五项原则中最初的"互相尊重领土主权"修改为"互相尊重主权和领土完整"，使之更具有科学性，此次修改的背景是（　　）
A. 中国政府同印度就两国在西藏地方的关系问题进行谈判时
B. 周恩来应邀访问印度和缅甸时
C. 中国代表团参加日内瓦国际会议时
D. 中国代表团参加亚非国际会议时

13. (2010年深圳模拟)在国际外交舞台上，新中国第一代领导集体以超凡的气度、过人的智慧，维护了国家主权，赢得了国际社会的尊重。具体体现在（　　）

①提出和平共处五项原则，成为解决国与国之间问题的基本准则
②倡导"求同存异"，促进了亚非国家的团结与合作
③"一国两制"的设想和实施，开创了国际先例
④"小球推动大球"的外交艺术，在国际社会传为佳话
A. ①②③　　B. ②③④　　C. ①③④　　D. ①②④

14. (2010年辽宁省锦州市高三质检)"一个好兄弟不如一个好邻居"、"与邻为善"。改革开放以来中国的外交中，最能体现这种思想的是（　　）
A. 中美历经曲折，最终建立外交关系
B. 参与发起创立亚太经合组织
C. 积极参加世界贸易组织
D. 发起成立上海合作组织

15. (2010年安徽省宿州市三模)2008年北京成功举办了奥运会，2010年上海举办世博会，广州也承办亚运会，对此认识不确切的是（　　）
A. 中国积极开展以联合国为中心的多边外交
B. 中国国际影响力越来越大
C. 中国开放程度进一步扩大
D. 中国综合国力显著增强

16. (2010年安徽省马鞍山市三模)1972年，作为中国问题观察家的费正清跟随美国总统尼克松访问中国。费正清当时谈到中美两国间的关系时说："从1950年到1971年，华盛顿送上月球的人比派往中国的还多。"造成这种现象的主要原因是（　　）
A. 新中国"一边倒"的外交政策
B. 苏联对中国的外交干涉
C. 美国对华敌视和遏制政策
D. 美中两国间没有任何共同利益可言

17. (2010年开封模拟)2009年1月1日，是中美正式建立外交关系30周年。30年来，中美关系经历了许多风风雨雨。阅读下列材料：

材料一　1938年7月16日，美国国务卿赫尔对日本加紧侵略中国发表声明说："我们一贯主张和平。我们主张在本国和国际上的自我克制。我们主张所有国家在推行政策时都不使用武力，不干涉其他国家的内政。"
　　　　——引自《抗日战争时期的中美关系》

材料二　1943年，美国罗斯福指出："对于中国我们有两个目标：第一是有效的联合作战；第二是承认和树立中国作为主要大国，在战时和战后与西方三大盟国俄、英、美并驾齐驱。"
　　　　——引自《抗日战争时期的中美关系》

材料三　1949年10月1日中华人民共和国成立，摆在美国面前一个很突出的问题就是要不要承认新成立的

中华人民共和国，要不要跟蒋介石政权切断关系。……1950 年 1 月毛泽东、周恩来访问苏联，缔结了《中苏友好同盟互助条约》，引发美国方面的反应。……1950 年 6 月 25 日朝鲜战争爆发，美国马上发表声明表示要干预朝鲜的内战。27 日杜鲁门发表声明中表示，台湾未来地位的确定要等到太平洋安全的恢复。杜鲁门这个声明被学术界普遍认为是美国政府提出"台湾地位未定论"的标志。

——陶文钊《美国需要中国吗》

材料四 值中美正式建交 30 周年到来之际，前美国总统卡特公布了自己的日记。1978 年 8 月 23 日的日记里，卡特记录了如下片段："目前存在的唯一障碍是如何在与中国和台湾的关系上取得平衡，既要与中国建交，又遵守我们对台湾人民的承诺。"

材料五 2010 年 1 月 29 日，美国政府无视中国方面多次严正交涉，一意孤行向国会通报了新的对台售武计划，美国新一轮对台军售，包括 60 架黑鹰直升机、爱国者三型导弹系统、2 艘鹗级猎雷舰、鱼叉反舰导弹、博胜指管系统，总额达 63.92 亿美元。中国对此表示强烈愤慨，并迅速宣布了 4 项反制措施，包括将对参与售台武器的美国公司实施制裁等。

——新华网

(1)材料一中美国对华政策的核心是什么？请根据材料说明原因。

(2)材料二中美国对华政策有何变化？试根据材料并结合所学知识概括原因。

(3)据材料三回答，从 1949 年到 20 世纪 50 年代初，影响中美关系的内外因素是什么？"台湾地位未定论"的实质是什么？

(4)根据材料四、五并结合所学知识，指出影响中美关系发展的主要因素有哪些？

一年冲刺母题

【母题】 阅读下列材料，结合所学知识回答问题。

材料一 2008 年 1 月 18 日，法国总统萨科齐在驻法外国使节新年招待会上发表讲话表示，冷战结束后一度形成的"单极世界"局面已经结束，未来 30 年至 40 年内世界将进入"相对大国时代"。

材料二 2007 年 10 月，胡锦涛在党的十七大的报告上提出："我们主张，各国人民携手努力，推动建设持久和平、共同繁荣的和谐世界。……中国将始终不渝走和平发展道路。"

2008 年 8 月 14 日，埃及作家马莱克说，"同一个世界，同一个梦想"的口号源自中国几千年的儒家思想，近年来中国提出"和谐发展"的理念，是对儒家思想的重新解读和实践运用。

——新华网

材料三 2009 年 4 月 2 日，国家主席胡锦涛在伦敦举行的二十国集团领导人第二次金融会上发表重要讲话。讲话中指出，当前最紧迫的任务是全力恢复世界经济增长，防止其陷入严重衰退。中国政府将努力保持人民币汇率基本稳定，尽最大努力向有关国家提供支持和帮助，推动国际金融体系改革，积极维护多边贸易体制稳定，为推动恢复世界经济增长做出应

有贡献。

(1)结合材料一及所学知识，你认为应该怎样准确解读"相对大国时代"。

(2)"和谐世界"是进入 21 世纪中国外交提出的新理念。据材料二归纳中国提出"和谐世界"理念的特点。

(3)胡锦涛主席的伦敦行，是"经济外交"的直接体现，在世界面前展示了大国的风范。结合材料三，你认为中国政府应该采取怎样的措施？

(4)在当今复杂多变的政治局势下，中国外交取得了巨大的成功。据以上材料归纳原因。

【解析】 本题考查了当今时代复杂多变的国际局势下中国的外交活动。第(1)问主要是体现当今时代政治多极化的趋势，结合主要国家力量的变化分析即可；第(2)问，难度稍大，要在深入分析两段材料的基础上进行归纳分析；第(3)问，课本上没有涉及，但这一问主要是结合材料进行的分析。

【答案】 (1)倡导世界多极化和国际关系的民主化；随着实力的下降，美国"一超独霸"的地位不再；欧盟和日本的发展；中国的崛起。

智趣素材

"唐人街"的由来

唐朝是中国历史上的一个强盛时代。国外的华侨往往被人称为"唐人"，华侨聚居的地方被称为"唐人街"。"唐人街"，按英文的字义是"中国城"的意思。

美国"唐人街"是当年开发美国西海岸的中国人——华工和华商创立和建设起来的。开始，他们在旧金山、纽约市等地的某些街道，开设中国式的小茶馆、小饭铺、豆腐坊等，逐渐形成了华人生活区（也称中国镇）。

如今，"唐人街"成了繁华的街道。那里有华侨学校、同乡会、俱乐部、影剧院等。每逢新春佳节，唐人街上要耍龙灯、舞狮子、放爆竹……保留着中国传统的辞旧迎新的风俗。

（2）特点：由外交政策发展为中国的"和平发展道路"；由政治理念扩展到各个领域。

（3）中国应继续坚持对外开放，继续保持经济平稳较快发展；保持人民汇率的基本稳定；向有关国家提供支持和帮助；推动国际金融体系改革；促进多边贸易体制的稳定。

（4）改革开放以来综合国力的不断上升；中国惯于利用有利的国际形势和时机；与世界人民共谋和平发展的正确的外交方针的政策；善于调整与世界大国的关系。

【变题1】　阅读下列材料,结合所学知识回答问题。

材料一　进入1950年代,新中国同苏联和东欧各社会主义国家进行了频繁的体育交流,充分体现了同社会主义国家建立和发展关系,在新中国对外体育交流活动中占据的首要地位。

——据李相如、宋雪莹《关于新中国体育外交的回顾与研究》

材料二　1975年4月,中国奥委会向国际奥委会提出申请,要求恢复其在奥林匹克运动中作为中国唯一合法代表的权利。1979年10月25日,中国正式恢复了国际奥委会的合法席位,设在台北的奥委会的名称为"中国台北奥委会"。

材料三　1981年,中国男排反败为胜、力克韩国队,北京的大学生喊出了"团结起来,振兴中华"的口号。1988年,在汉城奥运会上,浑身伤病的李宁（体操）,只得到最后一名。一些报道竟谩骂李宁为"体操亡子"。李宁还收到绳子,让他上吊。

据不完全统计,目前在海外执教的中国教练员和代表外国参赛的原中国运动员超过了1000人。其中最有名的是郎平。2008年8月15日,在北京奥运会上,郎平执教的美国女排战胜中国女排。新华时评认为"郎平依然为国争光"。

请回答：

（1）分析材料一中现象出现的原因与作用。

（2）联系20世纪70年代国内外形势,概述中国恢复在国际奥委会合法席位的有利与不利因素。其中的关键问题是什么？

（3）据材料三,并结合所学知识,概括中国人在体育情结方面所发生的变化,并分析产生这种变化的原因。

【变题2】　阅读下列材料：

材料一

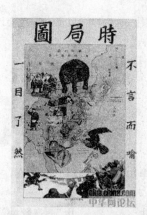

材料二

周恩来访问印度,与印度总理会谈

材料三

毛泽东主席将《楚辞集注》送给田中角荣

材料四

请回答：

（1）材料一中的《时局图》是兴中会会员谢缵泰所作的时事漫画,它把19世纪末中国面临的被帝国主义列强瓜分的严重危机,及时、深刻、形象地展示在人们的面前。有题词曰："沉沉酣睡我中华,哪知爱国即爱家！国民知醒宜今醒,莫待土分裂似瓜。"请结合背景材料分析谢缵泰作《时局图》内隐的含义。

（2）结合材料二回答,周恩来访问印度时代表我国政府提

腰斩李斯

自从陈胜、吴广起事后,各地义军此起彼伏。这时,秦二世听从郎中令赵高的建议,深居宫中,一切政事都由赵高决断。赵高与李斯有宿怨,赵高就趁机诬陷李斯想割地称王,又诬陷李斯之子三川郡守李由与义军私通。李斯想上书申辩,却被赵高扣下。赵高派人四处搜捕李斯的宗族,又对李斯严刑拷打。李斯不堪酷刑,被迫认罪,于秦二世二年（前208年）八月被腰斩于咸阳,并夷灭三族。李斯死后,秦二世任命赵高为丞相,事无大小,都由赵高决断。

出了什么外交原则？这一原则后来在哪次会议得到发展和完善？

(4)材料四是1997年中英香港政权交接仪式,请从外交的角度分析其意义。

(3)结合所学知识,如果我们要为材料三的图片加个标题,应该是 （ ）

A."另起炉灶" B."再次较量"
C."跨洋握手" D."冰释雪融"

(5)上述四幅图片反映了我国的国际地位发生了怎样的变化?

智趣素材

管仲辅佐齐桓公

鲁庄公九年(前685年)齐鲁乾时之战,鲁军失败后,齐大夫鲍叔率领军队,代表齐桓公前往鲁国,表达齐国的意愿。公子纠被杀以后,其辅佐管仲随鲍叔返齐。回国以后,鲍叔对齐桓公说,管仲是天下奇才,您若仅仅治理齐国,那么由高傒和我辅佐即可;您若要称霸天下,则非管仲不可。齐桓公不记射中带钩之仇,以亲自出城迎接之礼礼遇管仲,任命他为齐相,主持国政。管仲相齐后,一心辅佐齐桓公的霸业,对齐国很多方面都进行了大刀阔斧的改革。在国内政治经济形势得到稳定和改善的基础上,管仲积极促使齐桓公采取尊王攘夷、争取与国的方针,以建立霸权。管仲的这些政策为齐国称霸准备了物质条件。

第5单元　古代希腊罗马的政治制度

考纲解读导航

考试内容

1. 古代希腊民主政治
(1)希腊文明的摇篮
(2)雅典民主政治的确立
(3)雅典民主的"黄金时代"
2. 罗马法的起源与发展
(1)从习惯法到成文法
(2)罗马法的发展与完善
(3)维系统治、影响后世

能力要求

(1)了解希腊自然地理环境和希腊城邦制度对希腊文明的影响,认识西方民主政治产生的历史条件。

(2)知道雅典民主政治的主要内容,认识民主政治对人类文明发展的重要意义。

(3)了解罗马法的主要内容及其在维系罗马帝国统治中的作用,理解法律在人类社会生活中的价值。

三年高考命题

1. (2009年安徽文综)公元前453年,由三名贵族组成的罗马考察团前往希腊,经过近一年的考察,认为雅典的政治制度是"外观的民主,实质的独裁"。这种说法的主要理由是　　　　　(　　)
A. 雅典的民主制度是一种直接民主制
B. 广大妇女不能参加城邦的公民大会
C. 向雅典城邦纳税的外邦人无选举权
D. 城邦的实权掌握在少数奴隶主手中

2. (2009年福建文综)"我们全都是希腊人。我们的法律、我们的文学、我们的宗教,根源皆在希腊。"英国浪漫主义诗人雪莱这句话强调的是　　　　　　(　　)
A. 英国人是古代希腊人的后裔
B. 英国文化缺乏原创性
C. 希腊文明对西方文明影响深远
D. 近代西方法律、文学与宗教之间存在内在联系

3. (2009年广东历史单科)古希腊人将神塑造为生动逼真的人的形象,这在一定程度上体现了古希腊的　(　　)
A. 民主思想　　　　B. 无神论思想
C. 科学思想　　　　D. 人文主义思想

4. (2009年海南历史单科)在伯利克里时期的雅典,绝大多数公职任期一年,只能连任一次,且均为抽签选举产生,只有军事领导职务通过举手表决产生,一年一任,但可无限期连选连任。这是因为　　　　　　(　　)

A. 军人实际上控制着国家
B. 雅典军人享有崇高威望
C. 军事事务需要专人执掌
D. 军职比行政公职更重要

5. (2009年江苏历史单科)古代雅典民主制实行抽签选举、轮番而治,这一做法　　　　(　　)
①有利于全体雅典人参与国家管理　②提供了公民参与政治的均等机会　③确保了公民大会决策的公正无私
④忽视了参与政治者的能力与品德
A. ①④　　B. ②④　　C. ①②③　　D. ②③④

6. (2009年辽宁文综)罗马法规定:当事人若不向法庭提起诉讼,法庭即不予受理;一个人除非被判有罪,否则即是无罪之人;一个被控有罪的人,可在宣判前为自己辩护;法官审判应重证据等。这些规定后来成为现代法治的重要原则。下列各项中,符合上述规定的是　　　　(　　)
A. 法庭立案与否皆取决于案情
B. 被告在法庭审理过程中无罪
C. 被告必须为自己的行为辩护
D. 证据是法官判案的唯一依据

7. (2009年上海历史单科)在古希腊文中,"民主政治"(demokrafia)一词由"人民"(demos)和"统治"(kratos)复合而成。这说明,古代希腊的民主政治强调　(　　)
A. 公民的广泛参与和直接管理

B. 公民的私有财产神圣不可侵犯

C. 民事案件均由陪审法庭判决

D. 全体居民均享有民主权利

8. (2009 年上海历史单科)下列地图中表示草原文明的是 （　　）

A　　　　　　　　　B

C　　　　　　　　　D

9. (2009 年上海文综)继希腊人之后,罗马人登上了地中海的历史舞台,他们征服了希腊化的东西,建立起地跨欧、亚、非洲的大帝国。然而,古罗马学者贺拉斯说,被征服的希腊人最终俘虏了罗马人。贺拉斯所说的"俘虏"是指 （　　）

A. 商业征服　　　　B. 文化同化

C. 宗教皈依　　　　D. 财富侵蚀

10. (2009 年天津文综)希腊历史学家希罗多德说,克利斯提尼"领着人民参与政治"。克利斯提尼改革中符合这一评述的是 （　　）

①按财产多寡划分社会等级 ②用 10 个地域部落取代原来 4 个血缘部落 ③设立五百人会议 ④向公民发放"观剧津贴"

A. ①②　B. ②③　C. ③④　D. ①④

11. (2008 年广东历史单科)直接民主是古希腊时期雅典民主政治的主要特色之一……与这一特色形成有关的是

（　　）

A. 雅典是小国寡民的城邦

B. 雅典人擅长会议辩论

C. 斯巴达的民主传统

D. 苏格拉底的民主思想

12. (2008 年广东文科基础)在伯利克里时期,雅典的最高权力机构是 （　　）

A. 公民大会　　　　B. 陪审法庭

C. 500 人会议　　　D. 十将军委员会

13. (2008 年江苏历史单科)从《十二铜表法》开始,古罗马制定了严格的债务法规,并在以后的司法实践中不断完善,这表明罗马统治者 （　　）

①注重保护私有财产 ②重视维护平民利益 ③被迫改善奴隶处境 ④力图缓和贵族与平民矛盾

A. ①②③　B. ②③④　C. ①②④　D. ①③④

14. (2008 年宁夏文综)实行民主制的雅典国家被称作"男性公民的俱乐部",这意味着雅典国家的主人是 （　　）

A. 全体奴隶主

B. 除奴隶之外的全体成年男性

C. 除奴隶和外邦人之外的成年男性

D. 从事工商业的成年男性

15. "罗马法"在世界法律史上具有十分重要的地位,因为它

（　　）

A. 是近现代西方法律的先驱

B. 维护和巩固了罗马帝国的统治

C. 揭露和批判了私有制的罪恶

D. 给予自由民和奴隶以公民权

16. 在举行公民集会的那天,所有的男性公民纷纷涌向一个公共场所,在那里选举与罢免公职人员,并决定是否判处某个公民的死刑。这样的场所应是 （　　）

A. 罗马的元老院　　　B. 雅典的广场

C. 美国的国会山　　　D. 英国的法院

17. 下列有关古代雅典民主政治的说法,正确的是 （　　）

A. 开创了政党政治的先河

B. 城邦公民享有民主权利

C. 自由民和奴隶都享有公民权

D. 公民通过代议制方式行使权利

18. (2009 年广东历史单科)阅读下列材料,结合所学知识回答问题。

材料　当一个国家开始规定选举资格的时候,就可以预见总有一天要全部取消已做的规定,只是到来的时间有早有晚而已。 ——据(法)托克维尔《论美国的民主》

(1)古代雅典民主政治中哪些人不享有民主权利?

(2)近代以来,英美两国选举资格的规定有怎样的变化? 结合史实,从政治、经济和思想文化等方面分析这些变化的原因。

 智趣素材

嘉庆皇帝禅让继位　为何要杀重臣和珅?

嘉庆诛和珅原因是多方面的,有经济方面的,和珅是贪官;有军事方面,要振奋军心;有政治方面的,维护皇帝的皇权,这三个因素比较起来,军权和相权的矛盾可能更重要一些。公元 1799 年正月,太上皇乾隆病逝,此时的清王朝已经面临严重的统治危机,民生困顿,阶级矛盾愈加尖锐。乾隆留给嘉庆的已不再是什么盛世,而是一个矛盾丛集、问题成堆的正急剧走向没落的衰败之世。而嘉庆也因此成为了清朝历史上一位起到转折作用的帝王。因此上任伊始,嘉庆果断迅速地决定诛杀该千刀万剐的和珅。

（3）选举资格规定的变化，反映了近代民主政治演变有怎样的趋势。

一、整体感知

独特的自然地理环境孕育了古希腊文明，在政治上表现为城邦制度。雅典城邦以民主政治著名，其确立经过了梭伦改革和克利斯提尼改革，到伯利克里时代达到顶峰。其影响深远，但也有局限性。从公元前6世纪到公元7世纪，随着古罗马的对外扩张，罗马法从产生、发展到完善，形成了庞大的体系。它不仅起到了维系帝国统治的作用，而且对后世影响深远。

二、各个击破

1. 希腊的自然地理环境对希腊文明的影响

蔚蓝色的海洋不仅决定了希腊的气候属于温和宜人，适于户外运动的地中海气候，而且对希腊的经济、政治、文化也产生了深远甚至是决定性的影响。

（1）关山所阻隔的小块平原，有助于形成古希腊天然的政治单位——小国寡民的城邦。

（2）平原少，土地贫瘠，利于种植葡萄、橄榄，决定了希腊人只有通过商业贸易才能维持生存和发展。而对希腊来说，这种贸易只能是海外贸易，这就决定了古希腊民族从整体上看，绝不是一个东方式的农业民族，而是一个工商航海业居主导地位的民族。古希腊曲折的海岸，众多海湾良港，晴朗的天空，风平浪静的海洋，又为这种工商航海贸易提供了最为便利的条件。

（3）商业航海贸易须以平等交换为原则，商业贸易的发展要求自由的环境，以及顾及商业贸易者整体利益的政策，这一切都有助于古希腊人平等观念的形成和民主政治的建立。

（4）小国寡民的城邦一旦由于人口的增加而无法负荷时，希腊人就到海外去建立殖民地，加之频繁的航海贸易活动，希腊人练就了勇于开拓，善于求索的民族性格。

（5）繁荣的商品经济，健全的民主政治，加上开拓、求索的民族精神，希腊人创造了辉煌灿烂的文化，并使希腊成为西方文明的摇篮。而这一切，皆与希腊的自然地理环境有着密切的关系。

2. 希腊城邦的特点及影响

（1）特点：小国寡民，没有形成统一的中央集权帝国；各城邦既独立自主，又保持密切联系；城邦内部普遍实行共和政体，民主政治发展充分；在文化上保持认同，有共同的语言、风俗、信仰、文字等；商品经济发达；思想文化繁荣。

（2）影响：有利于希腊民主政治的发展；铸就了希腊人渴

求知识、乐于探究的民族性格；促成了希腊全面繁荣，使古代希腊在众多文化领域取得辉煌成就，创造出富含民主意识与科学精神的城邦文化，使希腊文化发展成为西方和世界文明宝库中的珍品。

3. 雅典民主政治形成条件

（1）地理因素：相对隔绝的谷地和海岛地形，面向海洋，易于形成相对隔绝的城邦政治。

（2）经济因素：形成以商品生产、海外贸易为主的多种经济形态并存的经济结构，形成的海洋文明培育了雅典人自由、进取、平等的民主精神。

（3）社会因素：形成一定数量的平民阶层，平民与贵族的斗争成为民主政治形成的直接原因。

（4）政治因素：奴隶制文明、城邦制度确立，贵族制取代君主制，是民主政治形成的政治条件。

（5）思想因素：海洋文明中形成的集体、平等、相对独立和自由意识。

（6）个人因素：希腊思想家、政治家的鼓动和改革。

4. 雅典民主政治的主要内容

（1）国家的一切权力属于全体公民，民主政治的主要机构是公民大会、五百人会议和陪审法庭。

（2）公民大会是国家的最高权力机关，内政、外交、战争、和平、重要官员任免等一切国家大事，都由公民大会讨论决定。

（3）国家最高常设行政机关是五百人会议，负责处理日常政务，召集公民大会。

（4）陪审法庭是国家最高司法机关和监察机关，对公民大会的决议拥有最终核准权。

（5）国家一切官职向各等级公民开放，国家官员由选举产生。各级公职人员实行"公职津贴制"。

5. 对雅典民主政治的评价

（1）积极作用：雅典民主政治充分发挥了雅典公民的积极性，对经济文化的繁荣和国家的强盛起了积极作用，开西方民主政治之先河。

（2）局限性：古代雅典民主政治维护的是奴隶主贵族的统治地位和利益，其实质是建立在奴隶制基础之上的，是奴隶主的民主，是极少数人的民主，广大的奴隶、外邦移民、妇女根本没有公民权和政治权利。抽签选举和轮流坐庄的参政方式，意味着素养不同的人享有同等的国家管理权，很容易导致国家权利的滥用和误用。

6. 结合罗马历史的发展认识罗马法的演变

（1）罗马法基本内容：罗马法分为广义和狭义两种。广义的罗马法指通行于罗马的整个地中海世界的法律制度。狭义的罗马法指罗马公民法。从形式上看，它可以分为成文法和习惯法；从整体结构上看，它包括公民法、万民法、自然法。

（2）罗马法的发展演变

孔子后裔在海外

孔子生于公元前551年。孔子身后，四代单传，自第八代起逐渐繁衍，迄今已历二千五百多年，子孙遍布全球。

孔子后裔现在约有100万人，故乡曲阜是最集中的地方，约有11万人。其余分布于大陆各地和海外。大陆以外，以我国台湾省、日本、韩国居多，欧洲和北美人数也不少，其中韩国的孔子后裔颇具代表性。韩国的孔子后裔是元朝时一位曲阜孔子的第56代孙随代表团访问高丽，因故未返而繁衍起来的。目前韩国的孔子后裔已历六百四十多年，传30代，人数达5万多人。

①从习惯法到成文法:平民反贵族斗争的结果。罗马共和国时期,贵族垄断政治经济大权,掌握着法律的解释权,损害平民利益。平民的斗争使罗马成文法《十二铜表法》问世。它虽然主要是维护贵族利益,但在一定程度上限制了贵族的特权,对平民是有利的。

②从公民法到万民法:对外扩张的必然结果。随着罗马版图的扩展,出现了新的社会问题:一是不同文化传统的民族之间出现新矛盾,特别是被征服者无法享受罗马公民权,不受公民法保护,引起社会动荡。二是国际交往扩大,促进了商品经济和贸易发展,经济活动中出现新的问题。罗马公民法已无法适应这些情况。

7. 评价罗马法

(1)进步性:稳定社会秩序,维护奴隶制度,保护统治阶级的政治和经济利益,巩固帝国的社会基础;顺应经济的发展变化,对公民平等权利予以理论上的承认,把罗马法律和政治制度推向帝国的每个角落,巩固了帝国的政治和经济基础;为后来资产阶级战胜封建势力、完成资产阶级革命提供了理论武器;奠定了近代欧洲法律体系的基础,是各国立法所遵循的范本。

(2)局限性:法律是统治阶级意志的体现。罗马法的制定主要是体现帝国统治者的利益,对于被统治者来说,只能承担义务,不可能实现真正意义上的法律面前人人平等。

知识结构梳理

一、古代希腊民主政治

(一)希腊文明的摇篮——希腊民主政治的条件

1. 独特的地理环境

(1)古希腊文明以海洋为依托,航海和_____的条件得天独厚。

(2)纵横的山岭和交错的河流,把希腊人分割在彼此相对独立的山谷和海岛。

(3)广泛的海外贸易及其经济文化交流活动,使古希腊形成宽松自由的社会环境。

2. 充满活力的城市国家

(1)公元前8世纪~前6世纪,希腊出现几百个小国,史称"_____"或"城市国家"。

(2)城邦的基本特征是_____和_____。

(3)城邦具有共同的血缘和地域的_____。

(4)城邦狭小,使公民能更直接地参与_____,更积极地追求_____,因而城邦是孕育古希腊民主政治的摇篮。

3. 希腊公民:珍视个人自由,不屈从于权威,善于从事政治和文化艺术活动,追求智慧和平等,以极大热情和自豪感投入到城邦政务中去。

(二)古希腊民主政治的发展历程

1. 奠基:梭伦改革(公元前6世纪初)

(1)背景:在雅典城邦中,_____实行专横统治,新兴_____阶层对此非常不满,普通民众更是苦不堪言,很多人沦为债务奴隶,_____尖锐。

(2)内容:

①颁布废除_____的《解负令》;

②按_____把公民划分四等级来分享权利;

③_____是最高权力机关,各级公民均可参加;

④建立_____和陪审法庭。

(3)影响:动摇了_____的政治特权,保障

了公民的民主权利,为雅典的_____奠定了基础。

2. 确立:_____(公元前6世纪末)

(1)内容:

①建立十个_____,以部落为单位举行选举;

②设立_____议事会,由各部_____;

③每部落选一名将军组成_____;

④继续扩大公民大会的权力,实行"陶片放逐法"。

(2)影响:基本上铲除了旧贵族的_____,公民参政权空想扩大,雅典民主政治确立起来。

3. 顶峰:伯利克里改革(公元前5世纪)

(1)内容:

①除十将军外,所有成年_____可以担任几乎一切官职,也都可以参加公民大会,商定城邦重大事务;

②_____的职能也进一步扩大;

③_____成为最高司法机关与监察机关;

④向担任公职和参加政治活动的公民发放工资,鼓励公民积极参政。

(2)影响:贵族政治权力被大大削弱,雅典_____发展到顶峰,被称为雅典民主政治的"_____"。

4. 衰亡

(1)时间:公元前4世纪后半期,希腊城邦被_____所灭。

(2)原因:过于泛滥的_____,成为政治腐败、社会动荡的隐患;狭隘的城邦体制,最终无法容纳_____和_____的迅速发展。

(三)雅典民主政治的得与失

1. 得

(1)雅典民主的理论与实践,为近现代西方_____奠定了初步的基础。

康熙皇帝的遗诏

公元1722提12月20日,大清帝国最著名的康熙皇帝玄烨因病在北京西郊的畅春园行宫内去世,在位61年,享年69岁。根据康熙皇帝的遗诏,他的第四个儿子雍亲王胤禛继承了帝位,是为雍正皇帝。中国第一历史档案馆目前保存着这件诏书,诏书中用满文和汉文合璧写道:"皇四子胤禛,人品贵重,深肖联躬,必能克承大统。着继联登极,继皇帝位。"由于取得了合法的地位,胤禛在这场激烈的宫廷权力之争中就取得了决定性的胜利。在他继位后,很快地采取坚决果断的措施,解决了自己的政敌,巩固了统治地位,从而开创了一个新的时代。

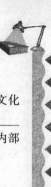

(2)雅典民主氛围创造的空间,使雅典在精神文化领域取得了辉煌的成就。

2. 失

(1)雅典民主仅限于占城邦人口小部分的_____,只是"成年男性公民当家作主"的政治制度。

(2)雅典民主是小国寡民的产物,过于泛滥的_____,成为政治腐败、社会动荡的隐患。

二、罗马法的起源与发展

(一)从习惯法到成文法——罗马法的起源

1. 习惯法

(1)概况:从罗马建城到罗马共和国建立之初,贵族垄断_____和_____大权,罗马人主要依靠祖辈传下来的_____来调整社会关系,法律与习惯之间没有明显界限。

(2)弊端:贵族担任的法官,常常随心所欲地解释法律,保护自己,损害_____。

2. 成文法

(1)原因:习惯法的弊端和平民的_____。

(2)标志:公元前5世纪中期,制定了《_____》,罗马成文法诞生。

(3)特点:内容相当广泛,条文比较明晰,是第一部成文法典。

(4)评价:审判、量刑皆有法可依,限制了_____对法律的随意解释,保护了平民利益;当然也保留了一些比较野蛮的习惯法。

(二)从公民法到万民法——罗马法的发展与完善

1. 发展

(1)公民法:在罗马共和国时期,用来调整_____之间的关系,适用范围主要限于罗马公民,在公民法下,罗马公民受到法律保护,并享受法律赋予的权利。

(2)万民法:

①原因:罗马对外征服地区的扩大,随着社会、经济、文化的发展,_____无法适应新的变化;为了巩固统治,_____对各行省上层人物大量授予公民权。从3世纪开始,帝国内部自由民间公民与非公民的区别消失。

②适用对象:罗马统治范围内的一切_____。

2. 完善

公元6世纪,罗马帝国皇帝_____组织法学家编纂了《_____》,标志着罗马法体系的最终完成。

(三)维系统治、影响后世——罗马法的作用

1. 维系统治

(1)罗马法为国家权力提供_____依据,稳定了社会秩序,保证了统治阶级的政治、经济利益。

(2)罗马法保护_____,提倡法律面前公民_____,有利于调整纠纷,缓解_____,稳固了帝国的统治。

(3)保护_____制度,维护奴隶主对奴隶的剥削和压迫。

2. 影响深远

(1)罗马法是欧洲第一部比较系统完备的_____,影响广泛而深远。

(2)罗马法对近代欧美国家的_____和_____产生了重要影响。

(3)近代时期,资产阶级根据_____中的思想,制定出保障自己利益的法律。

(4)资产阶级利用和发展了罗马法中的思想和制度,作为反对_____、推进资本主义发展的有力武器。

二年模拟训练

1. (2009年广东省韶关市二模)有一本书这样写道:他们(雅典人)每年至少召开四十次市民大会,讨论Polis的一切重要问题,通过法律决定战争与和平。其中"Polis"指的是　　　　　　　　　　　　　　　　(　　)
A. 公民　　B. 政治　　C. 城邦　　D. 民主

2. (2010年广东六校第二次联考)"在希腊,山岭纵横,河流交错,几乎没有一个大面积的整块。这种自然环境形成以'个体导向'为倾向的文化渊源,在某种程度上有利于民主制度的发展。"对此理解正确的是　　　　　　　(　　)
A. 强调了自然地理环境对文明的影响
B. 希腊的地理环境只能导致个人主义
C. 希腊的地理环境只能导致民主制度
D. 政治文明完全由自然地理环境左右

3. (2009年上海市虹口区高三调研)古希腊历史学家希罗多德曾记述一名希腊人对波斯王薛西斯讲:"希腊人虽然是自由的,但他们并不是任何事情上都是自由的,他们受着法律的统治,他们对法律的畏惧甚于你的臣民对你的畏惧。"这段材料主要阐明了　　　　　　　　　　　(　　)
A. 古希腊是民主政体的发源地
B. 波斯人非常赞赏希腊的制度
C. 波斯当时仍然实行君主专制
D. 古希腊民主建立在法制基础上

4. (2009年全国著名重点中学领航高考冲刺广东模拟卷六)某中学高中的历史选修班学生在课余探讨"柏拉图和亚里士多德同声赞誉梭伦是'优良的改革家'"时,众说纷纭。请判断下列说法中正确的是　　　　　　　　(　　)

智趣素材

A. 实行改革,将城邦引上民主化轨道

B. 确立了集体领导的任期制和选举制

C. 推翻王权,依贵族制取而代之

D. 确立"陶片放逐法",最终确立民主制

5. (2009 年江苏省南通市高三第一次调研)克利斯提尼改革中打破血缘关系,削弱氏族贵族势力的关键举措是 (   )

A. 按财产多少划分等级

B. 用 10 个地域部落取代原来的 4 个部落

C. 公民大会是城邦最高权力机构

D. 多数官职向各等级男性公民开放

6. (2009 年江苏省历史单科模拟)一位与伯利克里同时代的人曾自豪地说:"假如你未见过雅典,你是个笨蛋;假如你见到雅典而不狂喜,你是一头蠢驴;假如你自愿把雅典抛弃,你是一头骆驼。"下列现象在这一时期才开始出现的是

(   )

A. 某公民因财产富余而提高了等级

B. 某官员因渎职被陶片放逐法放逐

C. 某公民被抽签选入五百人议事会

D. 某公民因参加政治活动领到津贴

7. (2009 年山东省临沂市高三教学质检)在雅典民主政治的发展进程中,梭伦改革、克里斯提尼改革和伯利克里改革被视为三大里程碑式的事件,这三次改革的共同方向是

(   )

A. 逐步提升妇女的政治地位

B. 从治"公民"到治"万民"

C. 不断健全民主政治

D. 城邦政权向所有的人开放

8. (2009 年山东省潍坊市高三一模)公民大会是国家最高权力机关,一切雅典公民皆有权参加,五百人议事会的议员经抽签选举产生,名额依各居住区公民人数按比例分配。材料反映了雅典民主政治的特点有 (   )

①人民主权 ②轮番而治 ③比例代表制 ④少数人的民主

A. ①②③   B. ①③④   C. ②③④   D. ①②④

9. (2009 年广东省肇庆市高三期末评估)实行民主制的雅典国家被称作"男性公民的俱乐部",这意味雅典国家的主人是

(   )

A. 除妇女之外的全体雅典人

B. 除奴隶之外的全体成年男性

C. 除奴隶和外邦人之外的成年男性

D. 从事工商业的成年男性

10. (2009 年广东省高考预测三)美国考古学家曾在希腊发现刻有铁米·托克里(雅典政治家)名字的陶片 190 枚,根据

字迹辨认是 14 人刻写。由此可以看出"陶片放逐法"

(   )

A. 充分体现了公民的意志

B. 是审判民主敌人的妙方

C. 实际上被少数人所控制

D. 是一场民主闹剧

11. (2009 年沈阳市高三质检二)"光荣属于希腊,伟大属于罗马。"在地中海世界各领风骚、交相辉映的两大古代文明,为西方文明乃至世界文明留下了宝贵遗产。你认为下列关于古希腊、罗马文明的表述不正确的一项是 (   )

A. 贵族出身的平民领袖梭伦将雅典引向民主轨道

B. 雅典五百人议事会最重要的程序是对议案进行辩论

C. 从《十二铜表法》到《查士丁尼民法大全》,罗马法日渐完备

D. 古希腊、罗马文明给后世留下了宝贵的民主运作方式及法律遗产

12. (2009 年杭州高三第一次高考科目质检)"债权人可将无力偿还的债务人,交付法庭判决,直到将其戴上足枷、手铐、甚至杀死或卖之为奴。"——《十二铜表法》。从上述材料中能提取的正确历史信息是 (   )

A. 《十二铜表法》是专门解决债务问题的法律条文

B. 完全抛弃了原始、落后的古老习俗

C. 蕴含着私有财产神圣不可侵犯的思想

D. 无限制地放纵了贵族的专横

13. (2009 年山东省宁阳一中高考模拟)根据下图所示,其中关于罗马法的说法错误的是 (   )

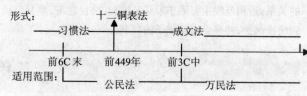

A. 《十二铜表法》既是成文法的开端,又可以看作是公民法的典型代表

B. 当公民法演变为万民法时,罗马的成文法已经比较完善,所以万民法基本上都是成文法

C. 从习惯法发展到成文法、从公民法发展到万民法,根本原因都是平民与贵族的长期斗争

D. 罗马的公民法存在注重形式、程序烦琐等明显的狭隘性,可能与其存在大量习惯法有很大关系

14. (2009 年 5 月福建泉州市质检)《十二铜表法》与《拿破仑法典》所反映的关系是 (   )

A. 前者是后者的源头

B. 两者之间毫无相关

C. 后者是前者的组成部分

迁海令

迁海令是清初为孤立与瓦解东南沿海以郑成功为首的抗清力量颁布的法令。当时,郑成功一部在东南沿海一带继续抗击清军。为了最后消灭其反抗力量,清廷以"坚壁清野"之法困之,发布"迁海令",强令江南、浙江、福建、广东沿海居民,分别内迁三十到五十里,商船民船一律不准入海。清廷派满大臣四人分赴各省监督执行,违者胁以严刑。迁海令的实行,使农业、渔业、手工业及海外贸易都遭受很大的摧残。人民生计断绝,流离失所。其间曾不断发生激烈的反迁海斗争。康熙四年,郑成功死,威胁减轻,迁海禁略见放松。二十二年统一台湾,郑氏政权灭亡,前后延续二十三年之久的迁海苛政亦告结束。清政府实行迁海令对郑成功等抗清力量的封锁并没有取得预期的效果,而对沿海各省的社会经济则造成极为严重的破坏。

D. 两者都体现共和制原则

15. (2009 年苏、锡、常、镇四市高三调查一)《民法大全》中记载:"拷问不得施加于 14 岁以下的未成年人。"下列对此规定理解不准确的是 (　　)
   A. 此规定注意规范审讯制度
   B. 此规定注意保护未成年人的利益
   C. 此规定注重保护奴隶制度
   D. 此规定包含的某些原则具有永恒价值

16. (2009 年广东省茂名市二模)马克思说:"罗马帝国到处都由罗马法官根据罗马法进行判决,从而使地方上的社会秩序都被宣布无效……"对这段话的准确理解是 (　　)
   A. 法官是罗马帝国的最高统治者
   B. 法官滥用权力,造成社会秩序混乱
   C. 罗马法官建立了罗马帝国
   D. 罗马法稳固了帝国的政治和经济

17. (2009 年山东省乳山市高三期末)德国著名法学家耶林格说"罗马三次征服世界,第一次以武力,第二次是以宗教,第三次是以法律,而第三次政府也许是其中最为和平,最为持久的征服"。下列对罗马法所产生影响的表述不正确的是 (　　)
   A. 罗马法使罗马人不仅得到天下更懂得以法律统治世界
   B. 罗马法在法律史上占有十分重要的地位
   C. 罗马法对维护罗马奴隶制度、稳定社会秩序起到了积极作用
   D. 罗马法进一步稳固了帝国的政治和经济基础

18. (2009 年华师附中高三综合测试三)阅读下列材料:
   材料一　雅典有几百万常驻外来移民,主要从事工商业和金融业,为雅典人提供税收(公民不纳税),但却没有政治权利,也没有占有土地的经济权利。
   材料二　罗马法律对待外来民族的人较为开明。它"准许半岛约四分之一的居民享有充分的公民权,其余的人享有拉丁公民权,即一种大而不充实的特权。所有的人都享有人身自由,由此造成的唯一不足仅仅在于不能控制外交事务,不能强制人们服兵役。"
   ——以上材料摘自邵龙宝《超越政治权威的罗马法》
   请回答:
   (1)材料一中,雅典民主制存在的不足是什么?造成的主要消极影响是什么?

   (2)与材料一相比较,罗马法最大的特点是什么?

(3)邵龙宝所谈的罗马法,在时间界定上,应该属于 (　　)
   A. 公元前 6 世纪　　　B. 公元前 5 世纪
   C. 公元前 1 世纪　　　D 公元 3 世纪后
   (4)据材料一、二,古希腊与古罗马的民主制的共同点是什么?其阶级本质是什么?

19. (2009 年广东高考预测)阅读下列材料:
   材料一　秦朝

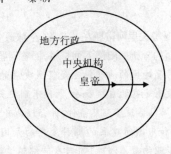

   封建社会时期:层层集权,中心辐射

   材料二　希腊

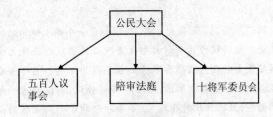

   请回答:
   (1)秦朝和古希腊分别是世界古代大河文明和海洋文明的代表,前者的政治制度是怎样构成的?后者的政治制度有什么样的独创?

   (2)核心特点分别是什么?

黑将军的宝藏
　　相传在西夏的时候,有个名叫黑水城的都城,居住着一位君主,英武绝伦,能征善战,号称黑将军。他是黑水城的最后一位君主,不甘心偏安一隅,出兵争霸。后战败,逃回黑水城。敌军包围黑水城,久攻不克,见城外额济纳河流经城中,使用沙袋堵塞上流水源,断绝城中用水。黑水城的守军于城中掘井,但挖至很深处仍滴水未见。黑将军决定率军出城作战。战前,黑将军将所存白金八十余车连同其他珍宝倾入井中,又亲手杀死妻小,以免落入敌手。随后,他率军出战,终因寡不敌众,战败身亡。敌军攻入城中,搜遍全城未见宝藏。此后,黑将军留下宝藏的故事吸引了不少人前往寻宝,但宝藏的下落至今仍是一个谜。

智趣素材

(3)造成这种特点的原因有哪些,最主要原因是什么?

(4)简单评述中国和希腊政治制度的不同作用与局限。

一年冲刺母题

【母题】 斯塔夫里阿诺斯在其名著《全球通史》中对古希腊社会作了全面的分析。阅读下列材料,回答问题。

材料一 希腊地区的地理特点是促成发展的一个基本因素。希腊地区没有丰富的自然资源,也找不到肥沃的大河流域和广阔的平原,而具备这些天然条件,并合理地开发和利用,是供养中东、印度和中国所建立的那种复杂的帝国组织所必需的。在希腊和小亚细亚沿海地区,只有连绵不绝的山脉,这不仅限制了农业生产率的提高,而且把陆地隔成小块。

(1)依据材料一,概括古希腊和中国的地理环境有什么差异?结合所学知识回答,这种差异对两国政治制度产生的不同影响。

材料二 伯利克里虽然出身贵族,却是一个热心诚挚的民主主义者。他将权力转移到由全体男性公民组成的公民大会手中。公民大会是处理雅典事务的最高权力机构。它一年召开40次例会,如果需要的话,还召开临时会议,不仅解决一般政策问题,而且还为政府在外交、军事和财政等一切领域的活动做出详细决定。伯利克里还规定大部分公职实行薪金制,使贫民有可能担任公职。另外,他还建立许多由陪审团作最后决定的民众法庭、陪审法官由抽签产生,所有公民都可担任。

(2)依据材料二,概括伯利克里为完善雅典民主制度采取的措施。

材料三 约公元前5世纪中叶,随着希腊社会情况日渐复杂,哲学家们将他们的注意中心从物质世界转移到有关人的各种问题上。就智者学派而言,尤其如此。其最杰出的代言人是普罗泰戈拉。他有一句名言:"人是万物的尺度",他的这句话的意思是,一切事物皆因人的需要而异,所以,世界上绝没有绝对真理可言。……但另一方面,又有许多希腊人,特别是那些保守派,对智者学派的相对主义很顾忌,担心它会危及社会秩序和道德。苏格拉底是保守派的主要代表。

(3)依据材料三,公元前5世纪希腊哲学家的关注点发生了怎样的变化?你如何评价"人是万物的尺度"这句名言?出于对智者学派的主张"会危及社会秩序和道德"的"担心",苏格拉底做了怎样的补充和纠正?

【解析】 本题提供了大量的原始材料,从地理环境、政治制度、思想等多角度考查古希腊的历史状况,注意材料信息的提取和课本知识的有机结合。第(1)问首先从材料中提炼两个不同的地理环境,然后点明其政治制度的不同;第(2)问直接从材料中提取有效信息并对这些信息整合、分析、归纳即可;第(3)问从材料中提取概括关注点的变化,结合所学知识回答对智者学派的评价,针对智者学派的思想局限,苏格拉底提出了知识即美德的主张。

【答案】 (1)希腊:山脉众多,把陆地隔成小块,海岸线长;中国:大河流域,广阔的平原。

希腊:形成众多独立的城邦,建立民主制度;中国:专制主义中央集权制度。

(2)公民大会是最高权力机构;实行薪金制,使贫民有可能担任公职;设立民众法庭,所有公民都可以担任法官。

(3)关注点:从关注物质世界到关注人自身。

评价:强调了人作为认识客观事物主体的意义,树立了人的尊严;为主观随意性和极端个人主义打开了方便之门。

补充和纠正:苏格拉底强调知识即美德。

【变题1】 不同的建筑风格,反映着不同的政治、经济、文化状况。阅读下列材料:

材料一 公元前4世纪,公民的权利以及规模意味着政治是在公开场合进行的。而雅典人通常在雅典卫城西面的普尼克斯山半圆形的山坡上集会。……在公元前5世纪的时候,普尼克斯山坡设计成一个半圆形的砖石建设,在半圆形的中心地带,矗立着一块立方体的岩石……它的开关确保了每一个参加者不仅能看到发言的人,也可以看到其他出席的人。

——(美)迪耶·萨迪奇、海伦·琼斯著《建筑与民主》

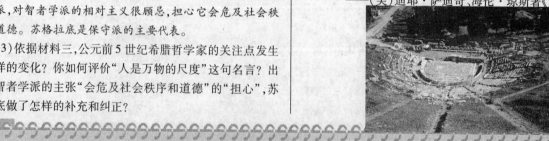

材料二　故宫位于北京市中心,旧称紫禁城,是明、清两代皇宫,无与伦比的古代建筑杰作,中国现存最大、最完整的古建筑群。故宫严格地按《周礼·考工记》中"前朝后市,左祖右社"的帝都营建原则建造。整个故宫,在建筑布置上,用形体变化、高低起伏的手法,组合成一个整体。在功能上符合封建社会等级制度。故宫前部宫殿,当时建筑造型要求宏伟壮丽,庭院明朗开阔,象征封建政权至高无上,太和殿坐落在紫禁城对角线的中心,故宫的设计者认为这样以显示皇帝的威严,震慑天下。

——《故宫百科知识》

请回答:

(1)两国不同的建筑风格体现了怎么不同的政治理念?不同的政治理念导致了两国怎样的政治制度?导致这种不同的原因各是什么?

(2)有人说,希腊的民主制度比中国的专制制度有巨大优越性,你怎样看待这种观点?

【变题2】　罗马法是古罗马人留给世界的政治文明财富。阅读下列材料,回答问题。

材料一　古代罗马人相信,法律的目的是保证"正直生活,不害他人,各得其所";人生而平等,都享有为任何人不能剥夺的一些基本权利……法是最高的理性……法是一种最高权力,是理智的人的精神和理性,是正义的和非正义的人的标准。

(1)据材料一归纳罗马法包含的基本原则。

材料二　《十二铜表法》的相关内容

第5表:死者的财产需按其遗嘱进行处理。

第3、第8表:债权人可将无力偿还的债务人,交付法庭判决,直到将其戴上足枷、手铐、甚至杀死或卖之为奴。

第8表:凡故意伤人肢体而又未能取得调节时,则伤人者需受到同样的伤害,不过,如有人打断自由的人骨头,他须偿还300盎司罚金;如被打断骨头的是奴隶,罚金可以减半。

第11表:禁止贵族与平民通婚。

(2)材料二的规定和材料一的原则有矛盾的地方吗?如果有,请具体指出。

材料三　罗马法具有资本主义发展初期所需的现成法律形式,是现代资本主义法制的先声。世界资本主义的发展与罗马法的复兴密不可分。自19世纪以来,欧洲大多数国家皆以罗马法为法制基础,制定本国的法律制度,如《法国民法典》、《德国民法典》等。现在许多国家的陪审团制度、律师制度和某些诉讼原则均直接源于罗马法。

——引自《历史·必修Ⅰ政治文明历程》(岳麓版)

(3)依据材料三,概括罗马法对后世资本主义发展的影响。

华佗治病

曹操所说的华佗,是我国历史上一位著名医学家,和曹操是同乡。华佗自小熟读经书,尤其精通医学。不管什么疑难杂症,到他手里,大都药到病除。当地官员和朝廷太尉听到华佗名声,征召他做官。华佗都推辞不去。

据说,有个太守生病,请了许多医生诊治都没治好。华佗诊治以后,认为这种病只有让病人发怒,才能治好。他故意向病人索取很贵的诊费,却拖拖拉拉不认真给他开方抓药,过了几天,竟不告而别,还留下一封信骂太守得了病是自作自受。

太守果然大怒,立刻派人追捕华佗。太守的儿子知道华佗用意,暗暗叮嘱家人不要去抓华佗。太守听说抓不到华佗,更加怒气冲天,一气之下,呕出几口黑血。不想这一呕,病反而好了。

第6单元　近代西方资本主义政治制度的确立与发展

考试内容

1. 英国君主立宪制的建立
(1)英国资产阶级革命
(2)议会权力的确立
(3)责任内阁的形成
2. 美国联邦政府的建立
(1)独立之初的严峻形势
(2)1787 年宪法的颁布
(3)两党制的形成与发展
3. 资本主义政治制度在欧洲大陆的扩展
(1)艰难的法兰西共和之路

(2)法国共和政体的确立
(3)德意志帝国的君主立宪制

能力要求

(1)了解《权利法案》制定和责任制内阁形成的史实,理解英国资产阶级君主立宪制的特点。
(2)说出美国 1787 年宪法的主要内容和联邦制的权力结构,比较美国总统制与英国君主立宪制的异同。
(3)知道法兰西第三共和国宪法和《德意志帝国宪法》的主要内容,比较德意志帝国君主立宪制与法国共和制的异同。
(4)分析资产阶级代议制在西方政治发展中的作用。

三年高考命题

1. (2009 年海南历史单科)1920 年 9 月,《新潮》杂志载文说:"军国主义打破,旧式的政治组织破产,于是感觉最钝的中国人,至此也觉得……于是乎谈政议法的声浪稍衰,而社会改造的声浪大盛。"促使当时社会思潮出现这一变化的主要国际因素是　　　　　　　　( )
A. 世界经济危机爆发
B. 协约国战胜同盟国
C. 凡尔赛—华盛顿体系确立
D. 第一次世界大战暴露了西方文明的弊端

2. (2009 年北京文综)著名学者汉斯·科恩认为,普鲁士 19 世纪 60、70 年代的胜利,为"1918 年和 1945 年的失败打下基础",以下各项可以作为科恩论断的依据的是　　( )
A. 德国继承了普鲁士的旧制度
B. 德国结束了四分五裂的局面
C. 俾斯麦宰相实行铁血政策
D. 德国推行海外殖民扩张政策

3. (2009 年广东理科基础)历史学家汤因比认为,英国是近代代议制民主的先驱。这是英国"光荣革命"后产生了对后世影响巨大的　　　　　　　　　　　( )
A. 第一部成文宪法　　B. 多党制的议会
C. 总统制　　　　　　D. 君主立宪政体

4. (2009 年广东文科基础)对美国人设计政府结构影响最大的思想家是　　　　　　　　　　( )
A. 康德　　B. 伏尔泰　　C. 卢梭　　D. 孟德斯鸠

5. (2009 年海南历史单科)对英王查理一世的审判与处死是英国革命中的重大事件。布拉德肖法官曾在法庭上向查理一世宣示:"在国王和他的人民之间存在一个契约协定……这就好像一条纽带,纽带的一头是君主对国民应尽的保护义务,另一头是国民对君主应尽的义务。先生,一旦这条纽带被切断,那么只能说,别了,君主统治!"上述材料表明,布拉德肖比法国启蒙思想家更早提出了　　　　　　　　　　( )
A. 君主立宪的观点　　B. 革命权利的学说
C. 社会契约的理念　　D. 天赋人权的思想

6. (2009 年辽宁文综)1871 年《德意志帝国宪法》第二十条规定:"帝国议会由秘密投票的普遍和直接选举产生。"此规定表明帝国议会　　　　　　　　　( )
A. 代表人民监督政府
B. 是帝国的最高权力机构
C. 依照直接民主原则产生
D. 其产生方式具有民主特征

7. (2009 年文综全国卷 2)美国历史学家平森认为,德国在短短的 30 年间,"从一个'诗人和思想家'的民族转变为以工

曹植七步成诗
　　曹植自幼聪慧,勤勉好学。其父曹操不但赏识他的才华,而且认为他"可定大事",想立他为嗣。这就使他哥哥曹丕对他十分猜忌,兄弟之间产生了冲突。以后曹操终于改变主意,立曹丕为嗣。曹丕嗣魏王不久,就篡汉当上皇帝,这就是魏文帝。文帝虽然封曹植为陈王,但旧恨不减。相传有一天文帝对曹植说:"你既然才华出众,那么就用走七步的时间作一首诗。做不出来,我就要杀你。"曹植应声赋诗,诗为:"煮豆持作羹,漉菽以为汁;萁在釜下燃,豆在釜中泣;本是同根生,相煎何太急?"文帝听了,十分惭愧。后人使用"七步成诗"一语,来称赞人的文思敏捷,"煮豆燃萁"也作为成语,比喻骨肉自相残害。

智趣素材

艺技术、金融和工业组织以及用物质进步为公共生活的显著特征的民族"。促成这一巨变的主要原因是　　（　　）
A. 垄断组织大量出现
B. 从殖民地攫取巨额利润
C. 从法国获得割地赔款
D. 德意志统一的完成

8. (2009 年文综全国卷 2)美国历史学家弗格森在《美国革命史(1763—1790)》中写道:"1776 年革命派认为自由是保护个人权利,反对政府暴政的侵犯。1787 年联邦派所要保持的自由,按他们的理解,则是反对群众暴政的侵犯。"根据他的看法,创立美国联邦政府　　（　　）
A. 背离了革命的原则
B. 强化了全国性政府的权力
C. 忽视了对个人自由的保护
D. 维护了商人和农场主的利益

9. (2009 年上海历史单科)近代以来许多国家实行了三权分立的政治体制,"三权"是指　　（　　）
A. 立法权、行政权、监察权
B. 立法权、行政权、司法权
C. 行政权、司法权、考试权
D. 监察权、考试权、行政权

10. (2009 年天津文综)1787 年宪法使独立后的美国从邦联发展成为联邦制共和政体,其重要作用是　　（　　）
①结束了松散状态,维护了国家统一　②满足了人民群众对权益的要求　③确立了美国的责任内阁制　④促进了美国资本主义的发展
A. ①④　B. ①②　C. ②③　D. ③④

11. (2009 年重庆文综)色当战役的重大影响是　　（　　）
①促成了法国与撒丁王国结盟　②导致了法兰西第二帝国垮台　③推动了普鲁士与奥地利联合　④增加了德国工业发展的资源
A. ①③　B. ①④　C. ②③　D. ②④

12. (2009 年广东历史单科)1830 年 7 月 27～29 日,法国议会将路易·菲利浦推上最高权力宝座,史称"光荣三日"。"光荣"的含义源自英国"光荣革命",据此可以推断"光荣三日"　　（　　）
A. 推翻了拿破仑帝国
B. 在法国建立共和国
C. 没有发生大规模流血冲突
D. 第一次建立了君主立宪制

13. (2009 年海南历史单科)英国革命和法国大革命"不仅反映了它们本身发生的地区即英法两国的要求,而且在更大得多的程度上反映了当时整个世界的要求"。这表明,英法资产阶级革命的成功标志着　　（　　）

A. 工业生产方式确立
B. 工业资产阶级胜利
C. 新社会制度的胜利
D. 君主制度的衰亡

14. (2008 年广东文科基础)下列宪法中,首次规定司法权与行政权、立法权分离的是　　（　　）
A. 英国《权利法案》　B. 德意志帝国宪法
C. 美国 1787 年宪法　D. 法兰西第三共和国宪法

15. (2008 年江苏历史单科)近代以来,英、德两国通过不同方式,先后确立了君主立宪制。以下关于两国政治制度相同点的叙述,正确的是　　（　　）
A. 君主为国家最高元首
B. 内阁首脑对君主负责
C. 议会是国家权力中心
D. 带有鲜明的专制色彩

16. (2008 年上海文综)伊拉克战争给美、伊人民都带来了深重灾难。不久前,美国著名的"反战母亲"强烈要求美国众议院议长启动法律程序弹劾总统。学生小明对此很感兴趣,想进一步了解西方三权分立模式的理论渊源,为此,你建议他阅读　　（　　）
A.《论法的精神》　B.《人权宣言》
C.《权利法案》　D.《独立宣言》

17. 1689 年《权利法案》和 1871 年《德意志帝国宪法》的共同之处在于　　（　　）
A. 确立责任内阁制
B. 为君主立宪制的确立奠定基础
C. 规定首相对议会负责
D. 确立君主至高无上的地位

18. 一般认为,英国在 16、17 世纪时的社会和政治制度、人民精神面貌以及价值标准已经发展到适合于工业化的程度。其中的政治制度是指　　（　　）
A. 斯图亚特王朝前期实行的政治制度
B. "光荣革命"前夕实行的政治制度
C. 由《权利法案》所确立的政治制度
D. 议会选举改革之后完善的政治制度

19. (2009 年北京文综)文艺复兴和启蒙运动为近代欧洲的发展奠定了思想基础,对二者的共同点表述正确的是（　　）
A. 反对宗教神学,强调三权分立
B. 反对封建制度,倡导人民主权
C. 反对蒙昧迷信,推崇人的理性
D. 反对君主专制,主张君主立宪

20. (2009 年江苏历史单科)阅读下列材料:
材料一　1762 年,约翰·威尔克斯开始发行《苏格兰人》报,其中第 45 期刊出一篇文章,激烈谴责政府的对外

政策,并对乔治三世本人进行攻击,……这使乔治三世大为光火,就授意政府将其逮捕。威尔克斯本是议员,享有特权不受逮捕,但乔治三世指使下院通过决议,剥夺他的议员资格。……各阶层人们开始支持威尔克斯,"威尔克斯与自由"成了当时流行的口号。

——钱乘旦、陈晓律《英国文化模式溯源》

材料二 1781年英军在约克敦的投降造成巨大的冲击波,国内舆论纷纷指责政府,指责乔治的个人干预造成了北美的巨大失策。……

1782年,诺思(首相)顶不住美国革命胜利的冲击波而宣布辞职,乔治三世的个人统治实际上寿终正寝。……一个企图恢复个人权力的国王在议会已取得主导地位的时代想抗拒历史发展的潮流,终于造成国家的伤害、个人的悲剧。

——钱乘旦、许洁明《英国通史》

材料三 正是美国的爱国者感染了英国的激进分子提出了更为民主的选举权口号,激励他们为提高英国普通被统治者的政治影响而奋斗。他们还向英国的改革分子展示了组织政治运动的方式以及如何在不引起太多内乱的前提下达到改革的目标。

——(英)迪金森《美国革命对英国的影响》

请回答:

(1)根据材料一、二,指出英国政坛出现危机的具体原因及其政治根源。

(2)根据材料三,英国激进分子所面临的政治使命是什么?由此,19世纪30年代前期兴起的政治运动是什么?这一运动有何积极影响?

复习攻略

一、整体感知

欧美主要资本主义国家通过资产阶级革命或改革,推翻旧的封建政权或殖民统治,建立起资产阶级代议制度,并逐步发展完善。英国1689年《权利法案》奠定了其君主立宪政体的基础;美国1787年宪法规定其实行联邦制共和制;法国通过1875年第三共和国宪法确立共和政体;德国通过1871年《德意志帝国宪法》确立君主立宪制。资产阶级代议制巩固了资产阶级革命成果,推动了世界民主化进程。

二、各个击破

1. 英国君主立宪制的特点及其作用

(1)特点:

①君主地位:国王是国家元首,但仅扮演仪式性角色。

②核心:责任内阁制,内阁对议会负责。

③最高行政首长:首相掌握行政和立法创议权,是国家政治生活的最高决策者和领导者。

④政治基础:代议制民主。

(2)作用:

①为英国资本主义的发展提供了强有力的政治保障。

②稳定了英国社会的秩序。

③使英国走上资产阶级政治民主化的道路。

④为世界上很多国家提供了一种民主政权建设模式。

2. 英国君主立宪制的确立和完善

(1)确立:1689年颁布的《权利法案》确立了议会主权,国王的权力受到议会的限制,标志着英国建立了君主立宪政体。

(2)完善:

①责任内阁制的形成:"光荣革命"后,国王逐渐退出内阁,成为"统而不治"的国家元首,内阁承担实际行政职责。1721年罗伯特·沃波尔成为英国历史上首任内阁首相,主持内阁会议,逐步形成了内阁对议会负责的制度,即内阁全体成员对政府事务集体负责,并与首相在政治上共进退。

②两党制的形成:随着责任内阁制的发展,两党制逐渐形成,首相和内阁必须从大选中获胜的多数党中选出。

③议会选举权的扩大:1832年议会改革,使工业资产阶级获得选举权;19世纪后期又进行了两次议会改革,成年男子获得了普选权。

3. 1787年宪法制定的背景、主要内容、作用及影响

(1)背景:独立初期的美国,只是一个邦联制国家,各州作为独立主权之邦建立起松散的联盟,保留了许多重要权力,国家没有元首,中央最高权力机构邦联国会的权力极其有限,面对一些重大问题,常常力不从心。

(2)内容:

①联邦制原则:宪法规定了一个强有力的联邦政府(中央政府),包括一个统管所有地区、指挥全部军事力量的最高行政长官,即总统;一个全国性的议会,掌管统一的联邦财政;一个权力在各州司法体系之上的联邦司法体系。同时规定各州保留有较大的自主权。

②分权制衡原则:立法、行政、司法三权分立,互相制约。

③民主原则:总统和议会议员都由民选产生。

(3)作用及影响:

①联邦政府实行三权分立的原则,可以有效防止专制独裁,保障民主制度。

②强有力的中央政府,使美国能够保持统一和稳定,成为美国社会经济迅速发展的重要政治前提。

③地方自治与中央政权形成和谐统一的关系,维护国家主权的同时,有利于地方积极性的调动和创造性的发挥。这些都对后来的资本主义国家起到了示范作用。

乐不思蜀

刘备的儿子刘禅,是个愚笨无能的人。蜀国被魏国灭了后,刘禅因此投降被俘。他投降后,被安排到魏国的京城许昌居住,并且封为安乐公。有一次,魏国的大将军司马昭请他喝酒,当筵席进行得酒酣耳热时,司马昭说:"安乐公,您离开蜀地已经很久了,因此我今天特别安排了一场富有蜀国地方色彩的舞蹈,让您回味回味啊!"这场舞蹈跳得刘禅身旁的部属们非常难过,更加想念他们的家乡。然而唯独安乐公刘禅依然谈笑自若,丝毫没有难过的表情。司马昭问道:"你还想不想回西蜀的家乡呢?"刘禅答道:"这里有歌有舞,又有美酒好喝,我怎么会舍得回西蜀国呢!"正因为如此,刘禅的昏庸无能在历史上出了名。

4. 评价美国 1787 年宪法

(1)积极意义：

①世界上第一部比较完整的资产阶级成文宪法,奠定了美国政治制度法律基础。

②西欧的启蒙思想政治学说与美国实际的结合,在整个政治制度史中堪称典范,对以后资本主义国家制度的建立起到示范作用。

③联邦制赋予政府强有力的权力,利于国家的巩固;联邦政府实行三权分立原则,权力之间制约平衡,防止专制独裁,保障了资产阶级民主制度。

④地方自治权与中央政权形成较为和谐统一的关系,维护国家主权的同时,有利于地方的积极性的调动和创造性的发挥。

⑤体现和维护了独立战争的重大成果,使政府建立在民主原则的基础上,带来美国的长期稳定。

(2)局限性：

①宪法没有规定废除奴隶制度,这是它反民主的表现。宪法不仅没有否定奴隶制度,而且在分配众议院各州代表名额时,黑人人口按 3/5 的人口折算,这就更加降低了奴隶的地位。

②宪法没有提到保证人权问题。相反,宪法明文规定了保留奴隶和种族歧视的条款,将黑人、印第安人、妇女和穷人排除在人权保护之外。

5. 英国的君主立宪制与德意志帝国的君主立宪制

(1)相同点：

①形式上,都有君主、首相、议会、宪法,司法权都由议会行使。

②国家元首都是君主,实行世袭制,并终身任期。

③都是资本主义发展的产物,都是以法律形式确立的君主立宪制的政体。

(2)不同点：

①国家元首的地位不同:英国的元首国王,只是国家的象征,处于"统而不治"的地位,并不掌握实权。而德意志帝国的元首是皇帝,集行政、立法、司法、军事等大权于一身,拥有实权。

②政府首脑的产生方式和地位不同:英国政府的首脑是首相,由议会中取得多数席位的政党领袖担任,其权力很大,握有行政权和立法权,是国家政治生活中的最高决策者和领导者,首相组织内阁,内阁对首相负责。而德意志帝国政府的首脑虽是首相,但由皇帝任命,对皇帝负责,听命于皇帝。

③议会的地位不同:英国议会的权力高于国王,是国家政治活动的中心,掌握国家大权,限制王权,首相和内阁对议会负责。而德意志帝国的议会置于皇帝的权力之下,仅有立法权,但任何法案必须经皇帝批准才能生效,对政府及皇帝没有监督权,首相只对皇帝负责而不对议会负责。

6. 美国的共和制与法国的共和制

(1)相同点：

①国家元首都是总统,都由选举产生,都有一定任期,总统既是国家元首,又是政府首脑,还是军队最高统帅,掌握国家实权。

②政府首脑都是总统,政府都由总统任命。

③都是资本主义发展的产物,都是以法律形式确立的民主共和制的政体,都实行三权分立的原则。

(2)不同点：

①国家元首的产生方式和权力不同:美国的国家元首总统由选民间接选举产生。总统有权提名并经议会同意后任命政府高级官员,直接领导政府,是国家权力的中心,既是国家元首,又是政府首脑,还是军队的总司令,在战时可以行使独裁大权。而法国的国家元首总统由参议院和众议院组成的国民议会多数票选出。总统既是国家元首,也是军队最高统帅。他有权任命部长和一切军政要员,缔结并批准条约,有特赦权,在参议院的赞同下有权解散众议院。众议院可以提出并通过法案,但受到总统和参议院的控制。

②国家权力的中心不同:美国在总统,而法国在议会。

③政府与议会的关系不同:美国政府与议会是分权制约关系。总统不对议会负责而是对全体国民负责。议会只有在总统违反宪法时,才能对总统提出弹劾。议会不能因政策问题,投不信任票,使总统和政府辞职,而总统也无权解散议会,但总统可以对议会通过的法案实行否决权。政府只对总统负责。而法国政府首脑总统则要向议会负责。当议会通过对政府不信任案时,政府就得辞职或呈请国家元首解散议会,重新选举。

7. 资产阶级代议制在西方政治发展中的作用

(1)概念:由公民选举产生的代表民意的机关来行使国家权力的制度。它是一种间接民主的形式,通常以议会作为代表民意的机关。代议制是资产阶级取得革命胜利、夺取政权之后正式确立起来的。

(2)基本特征：

①实行普选制。由通过普选产生的议员组成议会,形式上代表民意行使国家权力。

②实现人权自由的原则。议会议决事项均由议员共同讨论并经多数通过。

③政党政治比较突出。它将竞争机制引进了政治生活。

④议会享有立法权、财政权和行政监督权。现代国家大都实行代议制。

(3)作用:代议制度调节、缓和了矛盾。各党、各派、各团体的意见,通过议会的讨论、协商,形成共同的意见,避免了使用暴力解决分歧的情况发生,用和平方式调节了社会矛盾,稳定了主要资本主义国家的统治秩序,保持了经济持续发展。

闻鸡起舞

　　晋代的祖逖是个胸怀坦荡、具有远大抱负的人。他与刘琨感情深厚,不仅常常同床而卧,同被而眠,而且还有着共同的远大理想:建功立业,复兴晋国,成为国家的栋梁之才。

　　一次,半夜里祖逖在睡梦中听到公鸡的鸣叫声,他一脚把刘琨踢醒,对他说:"别人都认为半夜听见鸡叫不吉利,我偏不这样想,咱们干脆以后听见鸡叫就起床练剑如何?"刘琨欣然同意。于是他们每天鸡叫后就起床练剑,剑光飞舞,剑声铿锵。春去冬来,寒来暑往,从不间断。功夫不负有心人,经过长期的刻苦学习和训练,他们终于成为能文能武的全才,既能写得一手好文章,又能带兵打胜仗。祖逖被封为镇西将军,实现了他报效国家的愿望;刘琨做了都督,兼管并、冀、幽三州的军事,也充分发挥了他的文才武略。

智趣素材

知识结构梳理

一、英国君主立宪制的建立

(一)君主立宪制确立的条件

1. 经济基础:17 世纪以来英国_____得到发展,出现了新兴_____和按照资本主义方式从事经济活动的_____。

2. 政治前提:英国资产阶级革命的成功

(1)背景:英国的_____有了较大发展;资产阶级和新贵族的形成和壮大;斯图亚特王朝的专制统治,阻碍资本主义的发展。

(2)过程:

①1640 年英国资产阶级革命爆发,此后,英国成为共和国;

②查理二世复辟,他和他的继任者_____反攻倒算,引起资产阶级和新贵族的不满;

③1688 年,资产阶级和新贵族联合发动"_____",英国资产阶级革命结束。

(二)君主立宪形成过程

1. 确立——1689 年《_____》的颁布:议会权力的确立

(1)内容:以明确的法律条文,限制_____的权利,保证议会的_____、_____等权力。

(2)意义:

①封建时代的_____遭到否定,君主权力由法律赋予,受到法律的严格制约;

②议会的权力日益超过国王的权力,国王开始逐渐处于"_____"的地位,英国的_____确立起来。

2. 发展——代议制的确立

(1)含义:议会由_____产生的议员组成,代表选民行使_____。

(2)作用:资产阶级通过议会对国家实行_____,以防止_____。

3. 完善

(1)议会改革:_____年,议会进行了选举改革,_____获得了更多的议席,加强了在议会中的作用。

(2)责任内阁制的形成:

①时间:1721 年,_____经常主持内阁会议,责任内阁制开始逐渐形成。

②特点:内阁的首脑是首相,内阁成员_____,必须在_____上保持一致,要与_____共进退;内阁名义上对____负责,实际上对_____负责;首相的地位非常重要,他有权提名内阁成员,决定国家的重要政策,掌握国家的_____,而且能通过议会掌握_____。

③影响:为了获得议会多数席位,英国资产阶级政党展开了激烈竞争,资产阶级_____制度逐形成和发展起来。

(三)英国君主立宪制的特点和作用

1. 特点

(1)是_____、_____和_____三者融为一体的混合物。

(2)保留君主,但君主处于"统而不治"的地位,但作为国家元首,是_____的象征,也起着维系英联邦的纽带作用。

(3)议会掌权,以_____为核心,真正掌握国家实权的是_____。

2. 意义

(1)国内意义:

①资产阶级掌握政权,有利于_____经济的发展;

②使各派的斗争处在一个有序的状态中,稳定了社会环境;

③使英国走上了资产阶级政治民主化的道路,代表了历史发展的方向。

(2)国际意义:英国是世界上第一个君主立宪制国家,这种模式的建立与实践对世界上其他国家的宪政建设起了榜样示范作用。

二、美国联邦政府的建立

(一)独立之初的严峻形势

1. 美国的建立:_____年美国诞生,1783 年英国承认美国独立。

2. 邦联体制的确立

(1)独立后的美国是 13 个州组成的_____,即所谓的邦联;

(2)邦联国家无权_____,也不掌握_____。

3. 邦联体制的危机

(1)各州权力很大,有权_____、_____和发行货币,财政政策更是各行其是。

(2)各州之间互设关卡,造成_____流通不畅。

(3)各地经常发生骚乱,社会动荡加剧。

(4)没有制定统一的_____,美国在与欧洲各国的贸易中处于不利地位,经济发展受到严重影响。

4. 美国迫切要求

(1)建立强有力的_____,才能建设一个统一而强大的国家,促进美国的繁荣发展。

(2)华盛顿等美国资产阶级领导人深受_____的影响,希望建立一个统一而强大的_____国家。

(二)1787 年宪法的颁布

1. 颁布:各州代表在_____召开制宪会议,通过了一部联邦宪法,即《_____》。

2. 内容

(1)规定美国是一个_____国家,联邦权力高于各州权力,同时各州可以在不违背宪法的前提下有一定的自治权。

(2)把国家权力分为_____、_____和_____三部分,分别由国会、总统和最高法院掌握,三者独立平等、_____、_____,体现了_____原则。

3. 性质:是第一部比较完整的_____成文宪法。

4. 评价

(1)强调加强国家权力,突出"_____"原则,体现了一定的民主精神。

(2)允许_____的存在,不承认妇女、黑人和_____具有和白人男子平等的权利。

5. 联邦政府的建立:1789 年_____当选为第一任总统,不久,第一届国会也选举产生,美国的政体_____开始确立起来。

(三)两党制的形成和发展

1. 形成

(1)19 世纪 20 年代末至 30 年代初是美国两党制形成的重要时期。

(2)19 世纪 50 年代中期,_____与_____对峙格局最终形成。

2. 作用

(1)不仅控制了国会,也左右着_____和_____。

(2)两党对垒,交替执政,成为美国共和政体的一大特色,使其政策更能适应社会和民众的需要。

3. 本质:都是资产阶级政党。

三、资本主义政治制度在欧洲大陆的扩展

(一)法兰西共和制的确立

1. 艰难的共和之路

(1)1789 年法国爆发了_____,沉重打击了_____。

(2)1792 年,法国废除_____,建立共和国,但此后七十多年间,政权在_____和君主制之间反复易手。

(3)1804 年,_____称帝,改共和国为帝国。

(4)1848 年巴黎再次爆发革命,成立了法兰西_____。

(5)1852 年路易·波拿巴称帝,建立法兰西_____。

(6)1870 年普法战争,法国战败,法国再次建立共和国,这就是_____。

2. 法国共和政体的确立

(1)标志:1875 年,国民公会通过了_____,从法律上正式确立了共和政体。

(2)宪法内容:

①立法权属于_____,议会由_____和_____组成,有权选举总统。

②行政权归总统掌握,总统是_____和_____,有权任命内阁和解散众议院。

3. 意义:资产阶级共和政体的确立和巩固,为法国资本主义的进一步发展奠定了基础。

(二)德意志帝国的君主立宪制

1. 德意志的统一

(1)原因:德意志的分裂状态严重阻碍_____的发展。

(2)过程:19 世纪六七十年代,在_____的领导下,普鲁士通过_____战争,完成了德国的统一大业。

2. 君主立宪制的确立

(1)标志:_____颁布,确立了德国君主立宪政体。

(2)宪法内容:

①_____掌握国家大权,是_____和_____。

②宰相主持_____工作,由皇帝任命并对其负责。

③_____是立法机构,由_____和_____组成。

④规定德意志帝国是一个_____国家。

(3)评价:国家统一和君主立宪政体的确立,推动德国的资本主义迅速发展,很快跻身于资本主义强国之列;继承了普鲁士的_____传统,造成了德国资产阶级_____的保守和不彻底。

二年模拟训练

1. (2009 年厦门市质检)有学者认为:"(光荣革命)不是一次微不足道的政变,也不是一次以建立'平衡宪法'为归宿的政治妥协,而是议会与国王权力关系史上的决定性转折点。"这里"转折点"指的是 (　　)

A. 通过《权利法案》结束了国王的权力

B. 国家权力的重心由国王转移至议会

C. 议会与国王在国家权力上实现了平衡

D. 英国君主立宪制确立

2. (2009 年淮安市高三第四次调研)"革命前是国王的议会,革命后是议会的国王"。与此相关的政体是 (　　)

A. 议会制君主立宪制　　　　B. 总统制共和制

C. 封建君主专制　　　　　　D. 议会制共和制

3. (2009 年淮北市一模)当前金融危机愈演愈烈,英国政府提出一系列救市法案,如果这些法案在下院不能通过,布朗首

我国历史上的第一座监狱

我国历史上第一座监狱的遗址在今河南省汤阴县城北 4 千米处。相传,这里就是商纣王囚禁周文王的地方,古时称"羑里"。

据说,商纣王将周文王囚禁在这里达 7 年之久,并对他施以惨无人道的迫害和凌辱。纣王曾将周文王的长子伯邑考杀害,并将其尸体做成人肉饼强令周文王吃下去。但这一切都没有消灭周文王的意志,反而使他更加坚定和成熟。他在这座监狱里写成了深奥神奇的《周易》一书。后人为纪念他,在这里修建了文王庙。文王庙的现有建筑为清朝嘉庆年间重修的。

智趣素材

相可以　　　　　　　　　　　　　（　　）
①强迫投反对票的议员退出议会　②率全体内阁成员辞职
③呈请女王解散下院提前大选　④呈请女王做出最终裁决
A.①②③④　　B.①②③　　C.②③④　　D.②③

4.(2009 年杭州市七校联考)第二次世界大战期间,英国首相
丘吉尔对美国总统罗斯福说:"总统先生,人们关心的是你
在何种程度上不经国会批准而采取行动,而你不必为内阁
所困扰。而另一方面,我从不为议会所困扰,但我事事都得
与我的内阁商量并获得内阁的支持。"这说明英国的责任内
阁制　　　　　　　　　　　　　　　　　　　（　　）
A. 首相对内阁负责而不必对国会负责
B. 内阁成员对政府事务集体负责,并与首相在政治上共进退
C. 内阁拥有行政与立法大权,对首相进行限制与制约
D. 首相和内阁成员中的多数可能来自不同的政党,因而相
互牵制

5.(2009 年徐州/淮安/宿迁/连云港第三次调研)1832 年英国
议会进行了选举改革,其背景是　　　　　　　　（　　）
A. 资产阶级和新贵族力量削弱
B. 代议制下王权需要继续削弱
C. 工业资产阶级要求获得更多权力
D. 工人阶级登上政治舞台

6.(2009 年福建省第二次质检)独立战争后的美国被人们形
象地比喻为"头脑听从四肢的怪物"。为了改变这种状况,
1787 年宪法规定美国　　　　　　　　　　　　（　　）
A. 采取联邦制　　　　　　B. 建立中央集权制度
C. 实行两党制　　　　　　D. 确立三权分立体制

7.(2009 年临沂市高三教学质检)易中天在《艰难的一跃》中
说,这部宪法的出现究竟是人性与自由的胜利,还是利益力
量左右的结果? 这是一个需要回答、却又不必认真计较答
案的问题。因为在很多人看来,这部宪法也许是政治家充
满智慧而体面的"合谋",也许是人性中自私自利的彻底释
放,也许是以上诸种情况的结合。这一文件是　　（　　）

A.《权利法案》　　　　　B.《邦联条例》
C.《1787 年宪法》　　　　D.《德意志帝国宪法》

8.(2009 年镇江二模)美国 1787 年《联邦宪法》确立了一套
"地域和体制的双向平衡机制",是孟德斯鸠"以权力制约权
力"学说第一次在政府体制的设计方面得到较好的贯彻。
这种机制不包括　　　　　　　　　　　　　　（　　）
A. 各州和联邦政府之间的分权制衡
B. 联邦政府的立法、行政、司法三部门间分权制衡
C. 国会参众两院对立法权的分权制衡
D. 白人、黑人在国家权力分配中的分权制衡

9.(2009 年广东广雅中学、金山中学、执信中学三校联考)

"《百科全书》的读者群并不是由资本家构成的,而是 1789
年中瓦解得最快的各个部门。他们来自于高等法院和大法
官裁判所,来自波旁王朝的官僚机构、军队和教会。一种进
步的意识形态竟然渗透了社会结构中最为陈旧和锈蚀的部
分,这看起来似乎有些荒谬,但大革命正是从悖论中开始
的。"这段话表明,作者认为法国大革命爆发的原因是(　　)
A. 人民攻占巴士底狱　　　B. 特权阶级的自我崩溃
C. 资产阶级要求革命　　　D. 国王召开了三级会议

10.(2009 年上海市黄浦区高三期终测评)法国经过 80 多年的
反复斗争,才最终确立共和政体。把这一结果用国家根本
大法的形式固定下来的是　　　　　　　　　　（　　）
A. 第二共和国宪法　　　　B. 第三共和国宪法
C. 第四共和国宪法　　　　D. 第五共和国宪法

11.(2009 年上海浦东新区高三质检)法兰西第三共和国曾被
戏谑为"一票共和"时,有人预言它必将步第一、第二共和
国的后尘,会很快夭折。这是因为法兰西第三共和国成立
之初面临着　　　　　　　　　　　　　　　　（　　）
A. 新兴德国势力的威胁　　B. 复辟帝制势力的威胁
C. 人民怀恋拿破仑时代　　D. 共和国声誉遭到破坏

12.(2009 年山东省潍坊市高三一模)近代英、法、美资产阶级
革命后确立了代议制民主政治。代议制的核心是 (　　)
A. 实行民主共和政体　　　B. 三权分立和权力制衡
C. 维护资产阶级统治　　　D. 议会掌握国家权力

13.(2009 年淄博市二模)英国《权利法案》、美国《1787 年宪
法》和法国《1875 年宪法》的共同之处是　　　　（　　）
①理论基础是法国的启蒙思想　②有助于代议制的确立
③是资产阶级革命成果的法律总结　④是资产阶级专政
的立法保障
A.①②③④　　B.①②③　　C.①③④　　D.②③④

14.(2009 年山东省潍坊市高三一模)按照美国 1787 年宪法、
法国 1875 年宪法规定,表中①②③④处应填写的内容依
次是　　　　　　　　　　　　　　　　　　　（　　）

项目	美国总统	法国总统
产生方式	选民间接选	①
任期	四年	②
职权	③	行政权、创议法律权
与议会关系	④	与内阁共同对议会负责

A. 普选方式、四年、行政权、对议会负责
B. 国民议会间接选出、七年、行政权、不对议会负责
C. 国民议会间接选出、四年、立法与行政权、对议会负责
D. 普选方式、七年、立法与行政权、不对议会负责

15.(2009 年 4 月南通市第二次调研)马克思认为德意志帝国
实质上是一个"以议会形式粉饰门面,混杂着封建残余,已
经受到资产阶级影响……的国家"。这里的"门面"是指
　　　　　　　　　　　　　　　　　　　　　　（　　）

麦里城,是中国历史上有文字义记载的最早的监狱。有人说,这里曾是灾难的象征,也是智慧的熔炉。现在,这
里已成为一处名扬中外的旅游胜地。

A. 由皇帝任命帝国宰相　　　B. 皇帝权力至高无上
C. 军国主义浓厚　　　　　　D. 议会拥有立法权

16．《德意志帝国宪法》规定：
"联邦议会与帝国议会的召集、开会、延会、闭会之权属于皇帝。"
"联邦议会的主席职位及其事务的领导权属于由皇帝任命的帝国宰相。"
"建议并公布帝国法律及监督其执行之权属于皇帝。"
材料反映出德国的政治制度的主要特点是　（　　）
A. 德国立法权控制行政权
B. 德国的皇帝凌驾于议会之上
C. 皇帝兼任联邦议会的主席
D. 皇帝无权中止法律的执行

17．(2009 年山东潍坊市高三质检)法国《1875 年宪法》和1871 年《德意志帝国宪法》使两国走上了代议制道路。下列关于两部宪法共同点的表述，正确的有　（　　）
①国家元首有权任命内阁(政府)成员　②内阁(政府)要对国家元首负责　③国家元首都有解散或部分解散议会的权力　④议会完全行使立法权
A.①②　　　B.②③　　　C.①③　　　D.②④

18．(2009 年沈阳市高三质检二)近代以来，欧美各国或通过资产阶级革命、或通过王朝战争确立了资产阶级代议制。学习了《政治文明历程》中的《近代西方资本主义政体的建立》后，你认为下列说法正确的是　（　　）
A. 英国首相不经选举产生，由议会少数党领袖担任
B. 美国总统由选举产生，权力不受任何机构的制约
C. 法国总统由参众两院组成的国民议会依多数票选出
D. 德国首相主持帝国政府，对议会负责不对皇帝负责

19．(2009 年浙江省高考押题卷)"议会"，英文 Parliament，来自法文的 Parlement，是"讨论"的意思。几乎是摸着石头过河，先行步入民主化之路的英国人是靠一系列的事件形成的习俗、惯例或"先例"，艰难而渐进地走上宪政之路的。

材料一

年代	事　件
1215 年	约翰王签署《大宪章》，确立了"王在法下"的原则
1258 年	亨利三世被迫接受"贵族请愿书"即"牛津条例"，承认了议会独立于国王并定期开会的法定存在
1295 年	爱德华一世为筹集军费召集了"模范议会"并使之成为惯例
1327 年	议会通过了《斥国王书》，全体议员一致同意废黜爱德华二世，立其长子为国王，从而开创了议会弹劾国王的先例
1343 年	在议会内部逐渐区分上、下两院，即贵族院和平民院

材料二　"光荣革命"后的国王仍掌控行政大权，议会成为完全主宰尚需时日。1690 年 3～4 月，英国议会《财政法案》将"国王靠自己生活"转变为"国王靠议会生活"；1701 年颁布的《王位继承法》旨在通过规定王位继承问题，实现议会对王权的控制。1714 年，乔治一世即位，因不通英语，逐渐不出席内阁会议。1721 年，下院多数党辉格党领袖、内阁首席大臣兼财政大臣沃波尔取代国王成为内阁首脑。1742 年，沃波尔因失去议会的支持而辞职，他这一行为开创了内阁得不到议会信任时必须辞职的先例。1784 年小皮特首相遭到议会下院反对时，提请国王解散下院，提前大选，获胜后仍继续任职。他的做法也成为惯例。这样，随着议会、内阁的职能和制度进一步完善，责任内阁制最后形成。经过一个多世纪的变革，国王的行政权力被剥夺净尽，成为"统而不治"的"虚君"，议会君主制逐步形成。

材料三　工业革命后，英国许多地区和城镇衰落，人口锐减，变成"衰败市镇"，但仍保持一律选派两名议会代表的传统权利，而新兴工业城市却无权选派代表。18 世纪 60 年代起，英国工业资产阶级掀起了争取选举权为目的的激进运动，以争取国会选举改革；工人阶级也掀起争取普选权的斗争。

1831 年辉格党(自由党的前身)内阁提出改革法案，主张取消衰败选区……空出席位分配给新兴工业城市和人口较多的郡，降低选民资格。经过反复激烈斗争，终于在 1832 年通过，英国选民增加了 22 万人。19 世纪中叶，英国工人阶级和资产阶级再次掀起争取国会选举改革的斗争，……这次改革使选民人数由 l35.9 万人扩大到 245.5 万人。1884 年自由党格莱斯顿内阁使……选民人数从 255 万增加到 450 万。

1885 年议会又通过重新分配议席法案，该法案的实施使英国议会选举接近于比例代表制原则。
　　　　　　　　　　——摘自《英国政治制度史》

回答：
(1)根据材料一概括 13 世纪初到 14 世纪中期英国社会政治的基本特点。

(2)1649 年英王查理一世被议会宣判死刑，推上断头台；1660 年流亡海外的查理一世的儿子被同意回国，登上王位，称查理二世。结合所学分别指出造成查理一世和查理二世不同命运的背景。并据此判断，英国议会处理与国王关系的出发点是什么？

(3)根据材料二简要说明光荣革命以后英国国王、议会、内阁权力关系演变的基本趋向。

(4)结合所学知识,说明责任内阁制对中国近代民主革命的影响。

(5)根据材料三概括19世纪英国议会改革的主要内容及原因。

20.(2009年盐城市高三第二次调研)阅读下列材料:

材料一 伯利克里说"就人的价值而言,无论任何人以何种方式显露出优于他人担任一些荣耀的公职,那不是因为他们属于特殊的阶级,而是由于他们个人才能"。

——《希腊伯罗奔尼撒战争史》

材料二 苏格拉底说:"没有人愿意用抽签的方法去雇用一位舵手和建筑师、吹笛手或其他行业的人,而这类事若出错的话,危害还在管理国家事务上出错轻多。"

——《古代民主与共和制度》

材料三 总的来说,美国的民主之所以能够做到"原则民主"与"程序民主"并重,主要就是因为它产生于对英法政治文化民主性精华的综合。这种综合并不容易:它是人们通过许许多多的"妥协"来完成的,而任何成功的妥协,都既需要足够的气度,也需要高超的技巧。

——《世界文明史》

请回答:

(1)结合所学知识,回答材料一中"荣耀的公职"包括哪些?你如何理解"那不是因为他们属于特殊的阶级,而是由于他们个人才能"?

(2)材料二中苏格拉底批评了雅典民主政治生活中的什么做法?这表明苏格拉底已认识到了雅典民主制的什么局限性?

(3)结合所学知识,谈谈你对美国民主"产生于对英法政治文化民主性精华的综合"这一论断的理解。

(4)结合1787年宪法的内容,说明美国的民主政治是妥协的产物。

(5)雅典是古典民主的代表,美国是现代民主的代表。结合所学知识,扼要指出现代民主与古典民主的显著不同。

一年冲刺母题

【母题】 阅读下列《大国崛起》解说词中的部分材料:

德国慕尼黑应用政治中心常务副主任约瑟夫·亚宁:我们可以说文化因素很重要,比如说国民教育水平很好,这非常重要。

正如一位学者所说:"凡不曾培养出真正受到良好教育公民的国家不能称其为泱泱大国。"

教育是政治的一面镜子。

德国在统一前后,广泛深入地推行教育家赫尔马特的思想:学生必须绝对服从老师的教育管理,就像中世纪的奴仆一样驯服。与此相反,美国著名教育家杜威的理念是:学生是"太阳",是学校教育的中心,老师要围着学生转。

请回答:

(1)德国学生像"奴仆",美国的学生是"太阳",反映了各自政治制度的特征是什么?(2)从政治因素上分析两国的教育为什么会出现如此显著的差异?

【解析】 本题以德美两国的教育为题切入,其实质是考查两国的政治制度。第(1)问,要注意结合对"教育是政治的一面镜子"的认识以及对"奴仆""太阳"的理解来分析;第(2)问,即可从历史传统、资本主义发展程度、民众的思想意识等几个方面分析。

【答案】 (1)德国:带有专制色彩;美国:自由民主。

(2)因为美国的资产阶级民主政治发展比较充分和成熟,深受启蒙思想影响,制定了1787年美国联邦宪法,确立了以"三权分立"为核心的民主共和政体,确保了政局的长期稳定;而德国的近代化过程不够彻底,没有触动原有的统治阶级,保留了大量封建残余,德意志帝国宪法中君主是实,立宪是虚,具有专制主义色彩,加强对民众的控制与防范。

【变题1】 阅读下列材料:

材料一 1721年,沃尔波尔成为英国历史上第一任内阁首相,英国的内阁制形成。雍正十年(1732)年设置军机处,君

智趣素材

杯酒释兵权

杯酒释兵权说的是宋代第一个皇帝赵匡胤自从陈桥兵变,一举夺得政权之后,却担心从此之后他的部下也效仿之,想解除手下一些大将的兵权。于是在961年,安排酒宴,召集禁军将领石守信、王审琦等饮酒,叫他们多积金帛田宅以遗子孙,歌儿舞女以终天年,从此解除了他们的兵权。在969年,又召集节度使王彦超待宴饮,解除了他们的藩镇兵权。宋太祖的做法后来一直为其后辈沿用,主要是为了防止兵变,但这样一来,兵不知将,将不知兵,能调动军队的不能直接带兵,能直接带兵的又不能调动军队,虽然成功地防止了军队的政变,但却削弱了部队的作战能力。以至宋朝在与辽、金、西夏的战争中,连连败北。

权得到极大加强,专制主义极权政治进入新阶段。

材料二　康熙皇帝说:"今天下大小事务,皆朕一人亲理,无可旁贷……"乾隆皇帝也说:"本朝家法,自皇祖皇考以来,一切用人听言大权,从无旁落……。"

——摘自《东华录》(清)

材料三　英国诺丁汉大学教授郑永年:所谓的一个国家外部的崛起,实际上是它内部力量的一个外延,在一个内部,自己的国家制度还没有健全的情况下,就很难成为一个大国,即使成为一个大国,也不是可持续的。

环顾当时的世界,法国正处在君主专制的鼎盛时期……大清王朝268年的江山才刚刚坐了44年,但是英国,这个地处边缘的小国,却在历史性的转变中抢占了先机,已经率先到达现代的入口处,即将一步步稳健地走向世界的中心。在下两个世界里,它将傲视全球。

——中央电视台纪录片《大国崛起》之走向现代(英国)解说词

请回答:

(1)在同一历史时期,中英两国的政治体制有什么不同?

(2)英国抢占了政治文明先机,一度傲视全球,主要有哪些表现?

【变题2】　在东西方不同的制度下,国家大事的通过与否、决策机构参与程度各国不尽相同,反映了东西方政治决策系统的差异性。结合所学知识,回答下列问题。

(1)决定对外战争是国家政治生活的主要内容之一。结合所学知识,根据提示,完成下列问题。

①中国隋朝时对高丽用兵,决策者(或决策机构)是_____

理由是_____

②公元前420年的雅典,决策者(或决策机构)是_____

理由是_____

③1840年,英国发动了鸦片战争,决策者(或决策机构)是

_____

理由是_____

④1914年,德国对英法宣战,决策者(或决策机构)是_____

理由是_____

⑤1941年,美国对日宣战,决策者(或决策机构)是_____

理由是_____

(2)第二次世界大战期间,英国首相丘吉尔对美国总统罗斯福说:"总统先生,人们关心的是你在何种程度上不经国会批准而能采取行动,而你不必为内阁所困扰。而另一方面,我从不为议会所困扰,但我事事都与我的内阁商量并获得内阁的支持。"丘吉尔的话反映了美国政体的哪些特征?并指出英国政体有别于美国政体的主要表现。

不孝陷地死

元朝至正年间,杭州杨镇有一个恶人,平时不孝敬母亲,还凌虐妻子,但对他三岁的儿子却非常疼爱。一天,妻子抱孩子时,不小心把儿子的头摔破了,于是痛哭不止。婆婆说:"你不要害怕,就说是我给摔的,我先到女儿家躲一下,等他气消了再回来。"晚上,他回家后,见儿子头被摔破,揪着妻子就要杀,又听说是自己的母亲干的。次日,拿着刀去找母亲算账。途中,把刀藏在石头下,来到妹妹家,好言骗母亲回家。回去的路上经过藏刀处,大骂母亲,并到石头后面取刀要杀母。不料,刀不见了,只见一条巨蟒从石后而出。他害怕忙往后退,双脚却陷入地里。须臾,没过膝盖,七窍流血,口称有罪。母亲无法将他从土中抱出来,跑回家叫他的妻子,挖地相救,但随挖随陷,三日而死。

第7单元 从科学社会主义理论到社会主义制度的建立

考纲解读导航

考试内容

1. 马克思主义的诞生
(1)空想社会主义与工人的觉醒
(2)《共产党宣言》的问世
(3)巴黎公社
2. 俄国十月革命的胜利
(1)革命前的沙皇俄国
(2)"十月革命一声炮响"
(3)伟大的开端

能力要求

(1)简述《共产党宣言》的主要内容,认识马克思主义产生的重大意义。

(2)了解巴黎公社革命的主要史实,认识其在建立无产阶级政权上的经验教训。

(3)概述俄国十月革命胜利的史实,认识世界上第一个社会主义国家建立的历史意义。

三年高考命题

1. (2009年上海历史单科)"乌托邦远在地平线上……无论我如何迈进,永远够不着它。那么,乌托邦为什么存在呢?它存在的作用"在于引导人们 (　　)
   A. 进行阶级斗争　　　　B. 追求社会公平
   C. 反对专制统治　　　　D. 展开国际合作

2. (2009年广东文科基础)马克思指出:"资产阶级不仅锻造了置自身于死地的武器,它还产生了将要运用这一武器的人——现代的工人,即无产者。"这里的武器是指 (　　)
   A. 暴力革命　　　　　　B. 代议制民主
   C. 先进的生产力　　　　D. 科学社会主义

3. (2009年广东历史单科)1929年5月4日,国民党上海特别市执行委员会宣传部编辑的《五四特刊》认为,五四运动输入的西洋思想"不是陈腐便是过火"。"过火"的思想指的是 (　　)
   A. 马克思主义　　　　　B. 自由恋爱观
   C. 实业救国论　　　　　D. 民主和科学思想

4. (2009年浙江文综)中国知识分子看到改造中国的新路径,提出"到民间去"的号召,并开始深入到工人中间进行启蒙宣传,是在 (　　)
   A. 戊戌维新时期　　　　B. 辛亥革命时期
   C. 五四运动时期　　　　D. 国民革命时期

5. (2008年北京文综)俄国十月社会主义革命进程中出现过两个政权并存的特殊局面,标志这一局面结束的事件是 (　　)
   A. 二月革命的发生　　　B.《四月提纲》的提出
   C. 七月事件的发生　　　D. 十月革命的胜利

6. (2008年广东历史单科)马克思、恩格斯说:"由于阶级对立的发展是同工业的发展步调一致的,所以这些发明家也不可能看到无产阶级解放的物质条件,于是他们就去探求某些社会科学、社会规律,以便创造这些条件……""发明家"是指 (　　)
   A. 科学社会主义者　　　B. 空想社会主义者
   C. 巴黎公社领导人　　　D. 第一国际领导人

7. (2008年广东文科基础)十月革命的首创性体现为 (　　)
   A. 使社会主义从空想变为科学
   B. 建立了第一个无产阶级革命政权
   C. 第一次在发达的资本主义国家实践暴力革命理论
   D. 第一次在落后的资本主义国家成功发动社会主义革命

8. (2008年广东文科基础)陈独秀在《青年杂志》创刊号上宣称"批评时政,非其旨也。"这预示着新文化运动 (　　)
   A. 纯粹是一场学术文化运动
   B. 将思想革命作为救国的根本
   C. 旨在推翻当时的共和政体
   D. 以陈独秀的右倾思想为指导

9. (2008年上海春季)1932年7月8日,刘长春从上海出发,

在长达二十多天的航程中,他与船友不可能聊的历史事件是 （　）

A. 孙中山领导的辛亥革命

B. 联合国的成立

C. 列宁领导的十月革命

D. 中日甲午战争

10. (2010年新课标全国卷)某博物馆收藏的一份传单写道:"彼得格勒城市及郊区的所有工人、水兵、赤卫队和铁路组织的会议……决定,派我们中间的优秀分子加入'为饥饿的彼得格勒到农村征粮'的队伍。"这一传单出现的历史背景应是 （　）

A. 政府的战争政策造成粮荒

B. 新生的苏维埃政权面临困境

C. 农业集体化运动出现失误

D. 德国法西斯大举入侵苏联

11. (2010年福建卷)《法国政治制度史》写道:"1871年的巴黎公社是劳动群众通过其政治代表当家作主的新政治制度的萌芽"。对此解读准确的应包括 （　）

①"巴黎公社"是民族矛盾和阶级矛盾激化的产物

②"劳动群众"建立了世界上最早的社会主义政权

③"政治代表"是指公社委员

④"新政治制度"是指无产阶级专政的制度

A. ①④　B. ②③　C. ①②③　D. ①③④

12. (2010年安徽省合肥市教学质量检测)《全球通史》中写道:"列宁几乎是孤身一人号召立即进行第二次革命。然而时间证明他是正确的,因为战争持续得越久,公众的不满情绪就越大,他的要求也越得人心。那些在四月份似乎是稀奇古怪的口号,半年后听起来就完全合理了。"这里所说的"第二次革命"的性质是 （　）

A. 资产阶级民主革命　B. 社会主义革命

C. 无产阶级革命　　　D. 农民革命

13. (2010年安徽省皖南八校高三第三次联考)朱自清在《论标语与口号》中说:"标语口号用在战斗当中,有现实性的必要的。"与标语"打倒战争! 打倒沙皇专制政府! 临时革命政府万岁!"相关的"战斗"是 （　）

A. 巴黎公社　B. 二月革命

C. 十月革命　D. 苏联解体

一、整体感知

在解放人类的阳光大道上,国际工人运动经历了从空想到科学,由理论到实践,由一国实践到多国实践的过程。1848年马克思主义诞生,它使工人运动有了科学理论的指导,促进了国际工人运动的发展。1864年第一国际成立,真正使全世界

无产者联合起来了。1871年法国巴黎公社运动虽然失败了,但它是无产阶级专政的一次伟大尝试。俄国十月革命胜利,建立了世界上第一个社会主义国家,开创了人类历史新纪元。

二、各个击破

1. 国际共产主义运动的规律

(1)由空想到科学:圣西门、傅立叶、欧文等空想社会主义者对未来社会提出了一些天才的设想。19世纪三四十年代,无产阶级作为一支独立的力量登上了政治舞台,为科学理论的创立提供了必要的条件。马克思、恩格斯在长期的革命实践和理论研究中,创立了科学理论,1848年《共产党宣言》的发表,标志着马克思主义的诞生。从此,无产阶级斗争有了科学理论的指导,社会主义由空想变成了科学。

(2)由理论到实践:随着马克思主义的诞生和传播,社会主义运动迅速蓬勃发展起来。1871年法国爆发了巴黎公社武装起义,建立了无产阶级的第一个政权。社会主义由理论发展到实践。

(3)由理想变现实:《共产党宣言》揭示了无产阶级的历史使命:用暴力推翻资产阶级而建立自己的统治,进而建设社会主义、共产主义社会。1917年列宁领导十月革命取得胜利,建立了人类历史上第一个无产阶级专政的社会主义国家,社会主义由理想变成了现实。

(4)由一国胜利到多国胜利:二战后,东欧出现了阿尔巴尼亚、南斯拉夫、罗马尼亚等八个社会主义国家,亚洲也出现了中国、朝鲜、越南、蒙古四个社会主义国家,形成了地跨欧亚的社会主义阵营,社会主义由一国胜利发展到多国胜利。

(5)由一种模式发展到多种模式:社会主义制度诞生后,相当长的时间内主要是苏联模式,各国也纷纷效仿。但由于苏联模式的弊端以及与各国国情的不符,其他国家力图通过改革突破这一模式,主要出现了南斯拉夫、中国两种模式。实践证明苏联模式、南斯拉夫模式是失败的,中国特色的社会主义模式取得了巨大的成就。

2. 马克思主义诞生的历史条件

(1)经济前提:工业革命推动资本主义迅速发展,而资本主义经济危机周期性发生,使阶级矛盾日益尖锐。

(2)阶级基础:19世纪三四十年代,欧洲发生了三次大规模的工人运动。独立工人运动的兴起及斗争实践表明无产阶级迫切需要科学理论的指导。

(3)理论基础:德意志的古典哲学、英国的古典政治经济学和法国的空想社会主义是马克思主义的三个直接来源。

(4)实践基础:马克思、恩格斯深入工人群众,总结工人运动经验,致力于理论研究,广泛汲取人类优秀思想成果。

3. 19世纪初至19世纪六七十年代与19世纪末20世纪初国际工人运动的特点及原因

(1)19世纪初至19世纪六七十年代国际工人运动的特

西湖醋鱼(一)

西湖醋鱼为杭州西湖最负盛名之菜肴,据载,西湖醋鱼一菜来源于"叔嫂传珍"。

相传在南宋时,有宋氏兄弟两人,颇有学问,但不愿为官,因而隐居江湖,靠打鱼为生。当地有一恶霸,见宋嫂年轻貌美,欲霸占宋嫂,便害死了宋兄。为了报仇,叔嫂一起到衙门喊冤告状,哪知告状不成,反遭毒打。

点:①以暴力斗争为主要形式;②以政治斗争为主要目标,如巴黎公社就是无产阶级专政的一次伟大尝试;③工人阶级的斗争从自发到自觉。

(2)19世纪末20世纪初国际工人运动的特点:①各国工人阶级政党纷纷建立,使工人阶级有组织的斗争明显增加;②以合法性的议会斗争为主要形式;③以经济斗争为主要目标,如美国芝加哥工人为争取八小时工作日而举行的全国大罢工。

(3)变化的原因:19世纪末20世纪初在第二次工业革命影响下,资本主义国家经济飞速发展,工人阶级经济状况明显改善,同时由于广泛的民主改革和议会改革,使工人阶级政治地位不断提高。

4.巴黎公社的历史地位、失败的原因及历史经验

(1)历史地位:巴黎公社是19世纪30年代以来国际工人运动的最高峰,也是这一阶段国际工人运动的一个总结,它借鉴和继承了18世纪末法国大革命的经验,根据当时工人阶级和劳动群众的利益和愿望,作了可贵的尝试。

①巴黎公社体现了以往工人运动的全部特点,具有自发性、暴力性、政治性三大特点,是以前工人运动的总结。

②巴黎公社革命具有重要的创新精神,这就是打破旧的国家机器,建立无产阶级专政,这是马克思主义国家学说的核心内容。因此,巴黎公社在社会主义运动史和马克思主义发展史上占有重要的地位。

(2)失败的原因:

①从客观上看,巴黎公社遭到法国和普鲁士的联合绞杀,反动势力过于强大。

②从主观上看,是公社领导人的某些失误造成的,说明法国工人阶级还不够成熟,如:未建立工农联盟,没有统一的领导,没有乘胜追击残敌等。

③从根本原因上看,当时法国资本主义还处在上升时期,还代表着历史发展的主流。这次革命的发生,并不是由于生产关系阻碍生产力的发展,上层建筑阻碍了经济基础演变的结果,只不过是在特殊条件下的一个城市的起义,而且公社中的大多数人根本不是社会主义者,也不可能是社会主义者。

(3)历史经验:巴黎公社是推翻资产阶级统治,建立无产阶级专政的第一次尝试,为后来的无产阶级革命运动提供了极其宝贵的历史经验。

①巴黎公社就是工人阶级夺取政权,马克思在总结它的经验时指出:"工人阶级不能简单地掌握现成的国家机器,并运用它来达到自己的目的。"所以,工人阶级"掌握政权的第一个条件是改造传统的国家工作机器,把它作为阶级统治的工具加以摧毁。"这是巴黎公社最主要的经验。

②巴黎公社还提供了在打碎旧的国家机器后,用真正民主的无产阶级新型国家来取代它的初步经验。这就是无产阶级专政。如果说巴黎公社在镇压资产阶级及其反动政府方面做

得不够坚决,留下了沉痛的教训;那么它在实行无产阶级的真正民主方面所进行的大胆实验,却留下了十分宝贵的经验。

③公社实行的有利于工人阶级的措施和具有明显社会主义倾向的法令,也为利用国家政权排除资本主义,组织社会主义生产,使劳动者在经济上获得解放,提供了有益的经验。

5.俄国社会主义革命爆发的根本原因、特点及胜利的原因

(1)根本原因:当时在俄国存在的各种社会矛盾,既包括阶级矛盾、民族矛盾,也包括因俄国在第一次世界大战中连连战败而激化了的各种社会矛盾。随着社会危机的不断加深,不仅下层群众要求改变现状,就连俄国的资产阶级也想通过推翻沙皇制度,发展资本主义。这使得发生一场政治变革的条件日益成熟。俄国革命爆发的根本原因,在于俄国旧有的生产关系已经完全不适应生产力发展的要求,特别是沙皇制度已经成为生产力发展的重要障碍。

(2)特点:

①十月革命走的是通过中心城市武装起义夺取全国政权革命道路。

②它打破了马克思主义的传统观念,冲破了帝国主义的包围,在经济相对落后的资本主义国家单独取得了胜利,这是对马克思主义的发展。

③十月革命经历了资产阶级民主革命和社会主义革命两个紧密相连、急剧发展的不同性质的阶段。

④由设想和平夺权到暴力革命形式夺权。

(3)胜利原因:

客观原因:①19世纪末20世纪初的俄国,成为帝国主义各种矛盾表现得最集中、最尖锐的国家。②第一次世界大战加速了革命形势的发展,为俄国革命创造了有利的国际环境。③利用二月革命推翻沙皇专制制度后的革命时机,俄国反动军队集中前线后方薄弱。

主观原因:①事业的正义性,得到人民的支持,广大的贫苦农民成为革命的同盟军。②以列宁为首的布尔什维克党的正确领导。③及时通过政治、经济、外交措施来巩固政权。④各国无产阶级的支援。⑤革命军队的英勇作战。

6.俄国十月革命和中国新民主主义道路的异同和原因

(1)相同点:都是暴力革命的形式。

(2)不同点:①俄国是中心城市武装起义的道路。革命首先在彼得格勒取得胜利,然后扩展到全国。②中国新民主主义革命道路是工农武装割据,农村包围城市的道路。

(3)原因:①俄国在19世纪末20世纪初已从资本主义过渡到帝国主义,而中国在新民主主义革命时期是一个半殖民地半封建社会。②二月革命后,由于两个政权并存使俄国大城市中的反动势力受到削弱,而中国反动势力的力量主要集中在城市。

西湖醋鱼(二)

回家后,嫂嫂只好让弟弟远逃他乡。叔嫂分手时,宋嫂特用糖、醋烧鲩鱼一碗,对兄弟说:"这菜有酸有甜,望你有出头之日,勿忘今日辛酸"。后来,宋弟外出,抗金卫国,立了功劳,回到杭州,惩办了恶棍,但一直查找不到嫂嫂的下落。一次外出赴宴,席间得知此菜,经询问方知嫂嫂隐姓埋名在这里当厨工,由此始得团聚。于是,"叔嫂传珍"这道美菜,也同传说一样在民间流传开来。

知识结构梳理

一、马克思主义的诞生

（一）马克思主义的诞生

1. 条件

（1）社会条件:随着资本主义的发展,资本主义的各种弊端暴露。

①资本主义社会的不平等促使社会矛盾日益激化。

②1825 年开始的周期性资本主义_____,加剧了工人贫困和社会动荡。

（2）阶级条件:19 世纪三四十年代,_____、_____和_____爆发工人运动,表明广大工人已经觉醒,并迫切需要_____的指导。

（3）思想条件:德意志的_____、英国的古典_____和法国的_____成为理论来源。

（4）实践条件:马克思、恩格斯深入工人群众,总结工人运动经验。

2. 标志:《_____》的发表。

（1）时间:_____年。

（2）内容:

①阐述了马克思主义的基本原理,阐明了_____的客观规律,资本主义必将被_____所取代。

②明确指出_____在阶级社会中推动历史发展的重要作用,揭示无产阶级的历史使命是用_____推翻资产阶级的统治,建立_____政权。

③号召全世界无产者联合起来,同_____进行斗争。

（3）意义:标志着马克思主义的诞生,无产阶级的斗争有了_____的指导,社会主义运动更加蓬勃发展。

（二)巴黎公社——建立无产阶级政权的尝试

1. 背景

（1）民族矛盾:_____战争,法国惨败,普军直逼巴黎城下,法兰西第二帝国垮台。

（2）阶级矛盾:资产阶级临时政府对外屈膝投降,对内准备以_____解散巴黎人的武装——_____。

（3）直接原因:1871 年 3 月 18 日,政府军企图夺取巴黎城内_____高地等处的国民自卫军的大炮。

2. 成立:_____3 月 28 日,巴黎公社成立。

3. 革命措施

（1）政权建设:

①民主选举产生的_____是最高权力机构,拥有立法权和_____。

②废除旧军队、旧警察,代之以_____。

③取消资产阶级的法庭,建立自己的司法机构。

④公职人员由民主选举产生,人民有权_____和_____。

⑤任何一个公职人员的薪金不得超过一个_____的工资。

（2）社会经济:

①没收_____资本家的工厂,交给_____管理。

②实行_____小时工作日。

4. 结果

（1）失败:临时政府疯狂反扑,制造"五月流血周",巴黎公社失败。

（2）败因:

①根本原因:资本主义发展还处于上升阶段,生产力发展水平还未达到完成社会主义革命的程度。

②重要原因:巴黎公社没有接管_____,也没有同外省的革命者取得联系,更未能发动_____;同时也缺乏统一的革命政党领导。

5. 意义

（1）巴黎公社是无产阶级_____的第一次伟大尝试。

（2）丰富了_____的学说,为国际社会主义运动提供了宝贵的经验和教训。

二、俄国十月革命的胜利

（一）革命前的沙皇俄国

1. 革命前俄国的社会状况

（1）19 世纪 60 年代沙皇政府实行_____,促进了俄国资本主义的发展。

（2）俄国经济发展缓慢,远远落后于其他资本主义国家,劳动人民_____。

（3）20 世纪初,俄国进入_____发展阶段,已具有帝国主义的基本特征,各种社会矛盾十分尖锐。

2. 俄国革命的历史条件

（1）主观条件:

①俄国无产阶级及其政党(即布尔什维克党)的成熟;

②广大贫苦农民成为革命的同盟军。

（2）客观条件:一战激化了矛盾,俄国成为_____链条上最薄弱的环节。

3. 二月革命

（1）时间:1917 年 3 月(俄历二月)

（2）性质:资产阶级民主革命

（3）结果:

①推翻了统治俄国长达三百多年的_____(即沙皇的专制统治)。

智趣素材

②形成了_____和资产阶级_____并存的局面。

(二)"十月革命一声炮响"

1. 列宁发表《四月提纲》(1917.4)

(1)内容:

①革命的任务:将俄国革命从_____转变到_____的任务。

②革命的口号:明确提出"不给临时政府以任何支持"和"_____"的口号。

③革命的方式:争取以_____取得政权。

(2)意义:《四月提纲》给布尔什维克党提出了从资产阶级民主革命过渡到社会主义革命的任务,指明了革命发展的道路。

2. 七月流血事件

(1)起因:

①资产阶级_____继续进行帝国主义战争,引起人民强烈不满。

②直接原因是_____在前线的惨败。

(2)经过:游行→镇压→结束

(3)影响:_____并存的局面结束,擦亮人民眼睛,丢掉和平幻想,转向暴力革命。

3. 十月革命的胜利

(1)经过:

①开始:1917年11月6日列宁为首的_____领导的武装起义首先在彼得格勒发生。

②发展:1917年11月6日占领彼得格勒的主要_____和_____。

③高潮:1917年11月6日彼得格勒武装起义胜利,接着,莫斯科等城市武装起义成功。

(2)结果:

①推翻了资产阶级临时政府,全部政权转归苏维埃;

②俄国最终退出了帝国主义战争。

(三)伟大的开端

1. 巩固政权:全俄工人士兵代表苏维埃第二次代表大会的召开

(1)时间:1917年11月7日

(2)内容:

①通过《告工人、士兵和农民书》:推翻资产阶级临时政府,全部政权转归_____。

②通过《_____》:缔结_____停战协定,实现不割地不赔款的和平,苏俄退出。

③通过《_____》:没收_____土地,实现土地_____,将土地分配给劳动者使用。

④选举产生第一届工兵苏维埃政府——_____,_____为主席。

(3)意义:这次代表大会表明_____在俄国正式建立,世界上第一个无产阶级专政的国家诞生。

2. 十月革命的历史意义

(1)性质:由_____领导、以建立体现_____和平等的社会制度为目的的人类历史上第一次取得胜利的_____革命。

(2)对俄国历史的影响:成功地将社会主义理论变为现实,为俄国的社会发展开辟了一条新的道路,为把俄国改造成为社会主义工业强国和实现国家现代化创造了重要前提。

(3)对国际共运的影响:结束了巴黎公社失败后国际社会主义运动的低潮期,开创了国际社会主义运动的新局面。

(4)对世界历史进程的影响:成功地在_____世界体系上打开了一个缺口,沉重地打击了帝国主义的统治,鼓舞了国际无产阶级和_____人民的解放斗争,推动了中国等亚洲国家的民族独立运动。

二年模拟训练

1. (2011年温州八校联考)马克思在一部著作的序言中指出:"这部著作是我1859年发表的《政治经济学批判》的续篇。"又说:"我要在本书研究的,是资本主义生产方式以及和它相适应的生产关系和交换关系。"下列对这一著作的重大价值论述正确的是,它　　　　(　　)

A. 发展了黑格尔的辩证法

B. 阐明了唯物主义史观

C. 揭示出了资本家对工人剥削的秘密

D. 提出了无产阶级专政的思想

2. (2011年岳阳模拟)恩格斯说:"我们决不想把新的科学成就写成厚厚的书,只向学术界吐露。正相反,我们两人已经

深入到运动中去。"下列对这句话的理解,正确的是(　　)

A. 不想创立科学理论

B. 只想创立科学理论

C. 用科学理论去武装无产阶级

D. 创立科学理论,赢得学术界认同

3. (2011年盐城摸底)"欧洲无产阶级的科学是由两位学者和战士创造的,他们的关系超过了古人关于人类友谊的一切最动人的传说。"这里的"科学"指的是　　　　(　　)

A. 空想社会主义学说　　　B. 法国的启蒙思想

C. 科学社会主义学说　　　D. 德国的古典哲学

4. (2011年淮北月考)马克思在《法兰西内战》中说:"公社的

伟大社会措施就是它本身的存在和工作。"它所采取的各项具体措施,只能显示出走向属于人民、由人民掌权的政府趋势。巴黎公社所采取的各项措施中最能体现这一观点的是
（　　）
A. 建立国民自卫军
B. 监督铁路运输和军需生产
C. 没收逃亡资本家的工厂
D. 公职人员由民主选举产生

5. (2011 年海南模拟)苏联解体后也在对自身的历史进行着反思,于是有人认为,应该废除了 11 月 7 日的节日。可是每年 11 月 7 日,仍然有数十万人自发地走上街头,纪念俄国历史上这难忘的一天:"11 月 7 日过去、现在、将来都是人民的节日!"这是今天的俄罗斯人对哪一件历史事件的积极评价?
（　　）
A. 十月革命
B. 推翻沙皇专制统治
C. 巴黎公社的成立
D. 苏联的解体

6. (2011 年沈阳模拟)当时,巴黎公社委员佛兰克尔说:"3月 18 日的革命完全是由无产阶级完成的,如果我们丝毫不为这个阶级谋福利,那我认为公社本身的存在就毫无意义。"为了为无产阶级谋福利,巴黎公社采取的具体措施有
（　　）
①打碎旧的国家机器,建立无产阶级自己的政权
②公社公职人员由人民选举产生,受人民监督
③规定了公职人员的工资不得超过一个熟练工人的工资
④为后来的无产阶级革命和政权建设提供了宝贵的经验教训
A. ①②③④　　　　B. ②③④
C. ①②③　　　　D. ①②④

7. (2011 年岳阳模拟)科学社会主义之所以"科学",主要在于它
（　　）
A. 揭示了资本主义社会的基本矛盾
B. 揭示了剩余价值规律
C. 揭示了社会发展的客观规律
D. 揭示了资本主义制度的腐朽性

8. (2011 年安徽百校联考)英国著名思想家卡尔·波普尔认为:"马克思试图用所谓'阶级境况的逻辑'来解释工业体系的制度运行,尽管有一定的夸张成分,也忽视了这种境况的某些重要方面,在我看来……至少他对工业体系的那个阶级所作的社会学分析,是令人钦佩的。"这表明
（　　）
A. 西方学者对马克思主义学说持肯定态度
B. 马克思主义学说是工业社会产生的结果
C. 实事求是的态度是马克思主义学说的核心

D. 马克思主义学说在与时俱进中不断完善

9. (2011 年黑龙江月考)某课题组在研究"社会主义运动"课题的过程中,整理了下列相关信息。你认为不正确的是
（　　）
A.《共产党宣言》肯定了资本主义在人类历史上的积极作用
B.《共产党宣言》的发表标志着马克思主义的诞生
C. 巴黎公社是新型的工人阶级政权
D. 巴黎公社是人类历史上第一次胜利的社会主义革命

10. (2011 年广东模拟)马克思把 1870 年 9 月起义称为是愚蠢的举动,但 1871 年 4 月又说:"我英勇的巴黎工人,具有何等的灵活性,何等的自我牺牲精神。"马克思的这两段评价
（　　）
A. 互相矛盾
B. 自我否定、自我修正
C. 看问题的角度和方法一样
D. 看问题的角度和方法不一样

11. (2011 年无锡模拟)下列关于国际共产主义运动的说法,正确的是
（　　）
A.《共产党宣言》用剩余价值学说,论证资产阶级的灭亡和无产阶级的胜利同样不可避免
B. 马克思和恩格斯合著的《资本论》最后发出了"全世界无产者,联合起来"的伟大号召
C. 巴黎公社失败的一个重要原因是没有以马克思主义为指导,但它的实践极大地丰富了马克思主义
D. 十月革命的胜利推翻了统治俄国 300 多年的罗曼诺夫王朝,建立了无产阶级专政

12. (2011 年湖南师大附中模拟)下图是 1953 年 2 月 14 日我国发行的一套标题为《伟大的苏联十月革命 35 周年纪念》邮票,但很快就收回,你认为主要原因可能是
（　　）

A. 受到苏联政府的强烈抗议
B. 斯大林去世,中苏关系破裂
C. 印刷质量太差
D. 十月革命时不能称苏联

13. (2011 年济宁模拟)1917 年七月流血事件后,俄国布尔什维克党决定改变策略,并通过了武装起义的决议。这表明
（　　）
A. 暴力夺权是社会主义革命的唯一选择
B. 布尔什维克党已是成熟的无产阶级政党
C. 七月事件改变了俄国历史发展总趋势
D. 俄国资产阶级民主革命的任务已经完成

14.(2011年吉安模拟)孙中山曾称赞某国:"今竟一旦将牢不可破之专制国,一举而倾覆之,成立一新共和国,与中国作佳邻焉。"孙中山称赞的某国应当是 ( )

A.日本　　B.美国　　C.俄国　　D.德国

15.(2010年杭州四中高三月考)

材料一 理论指导、史料研习、社会调查和问题讨论都是学习历史的重要方法。

完成下列问题:

(1)《共产党宣言》发表的意义是什么?

材料二 "十月革命是马克思主义者对其理论的一次实践性试验。"

"一切从前用来巩固等级制和财产方面的不平等的特权都被废除。年轻的苏维埃共和国的企业中确立了工人监督。俄国农民拥有土地的世世代代的梦想实现了。"

"1913年俄国农业总产值占国民收入的34.8%,工业和运输业仅占国民收入的19.3%,到1937年苏联工业总产值已达955亿卢布,已占国民收入的80%以上。苏联仅用几十年时间走完了西方国家上百年才走完的工业化进程。"

(2)依据材料二归纳概括十月革命的历史意义。

(3)结合下图讨论两国革命道路的不同。

攻打冬宫　　　　　　井冈山会师

(4)调查题目:戈尔巴乔夫改革
调查理由:

16.(2011年济宁模拟)阅读下列材料:

材料一 英国的史学大师艾瑞克·霍布斯邦说:"无论什么时候,不管是在什么地方,只要有麻烦,就有《共产党宣言》。……今天的世界依然是麻烦不断的世界,因此,世人仍然需要《共产党宣言》"。马克思在《共产党宣言》中指出:"在商业危机期间,总是不仅有很大一部分制成的产品被毁灭掉,而且有很大一部分已经造成的生产力被毁灭掉。在危机期间,发生一种在过去一切时代看来都好像是荒唐现象的社会瘟疫,即生产过剩的瘟疫"。

材料二 《永远的马克思》(2008年10月28日《人民日报》):"随着华尔街金融危机的蔓延,自由资本主义受到广泛的社会质疑。在德国,马克思的《资本论》成为今年圣诞节的最佳礼物,销量比2005年增加两倍。据说,德国现任财长施泰因布吕克现在正在阅读《资本论》,这位在金融危机中焦头烂额、寝食不安的财长,现在成了马克思的'粉丝'"。马克思在《资本论》中指出:"只要提高工人工资,就提高了社会购买力,就可以消除经济危机的危险。这是完全不正确的:因为危机是资本运动不可避免的结果。"某种社会理性对于整个的计划的作用是不存在的。

材料三 次级信贷危机也称次级债危机,是指银行针对信用记录较差的客户发放的房贷而引起的危机。正常情况下,这样的客户很难从银行贷款。前几年,美国楼市火热的时候,很多按揭公司或银行为扩张业务,介入次级房贷业务。一般发放次级房贷,银行能收取更高的利率。最近,由于美国楼市往下走、利率不断升高,次级房贷借款人不能按时还款,次级房贷大比例的转化为坏账,就形成了美国次级房贷危机。……从而引发金融危机……最后导致了资本主义历史上最为严重的经济危机。

——《百度知道·商业理财》

(1)《共产党宣言》为什么能成为解决世界麻烦的重要武器?

(2)从材料三中找出当前经济危机的原因,20世纪"三十年代大危机"发生的原因与之相比有哪些相似之处?

（3）施泰因布吕克能从《资本论》中找到解决当前经济危机的办法吗？请简要说明理由。

17.（2011 年福州模拟）阅读下列材料：

材料一 4 月 16 日，列宁及几位助手乘坐在密闭的车厢里，穿过德国，回到了彼得格勒……列宁即刻发表了他那著名的《四月提纲》，提出了立即实现和平、将土地分给农民和全部政权归苏维埃的要求……这在当时似乎是十分荒谬和不负责任的。

——《全球通史》

材料二 列宁几乎是孤身一人号召立刻进行第二次革命。然而，时间证明他是正确的，因为战争继续得越久，公众的不满情绪就越大，他的要求也就越得人心。那些在 4 月份似乎是稀奇古怪的口号，半年之后听起来就完全合理了。

——《全球通史》

请回答：

（1）依据材料，概括指出列宁在《四月提纲》中提出了哪些主张？

（2）依据材料一，结合历史背景，说明列宁的主张为什么在当时被认为是"似乎是十分荒谬的"。

（3）依据材料二，说明列宁的主张为什么"半年之后听起来就完全合理了。"

一年冲刺母题

【母题】 阅读下列材料，回答问题：

材料一 巴黎公社采取了一系列革命措施。在政权建设方面，废除旧军队、旧警察，取消资产阶级的法庭和议会，代之以国民自卫军，并建立了工人阶级自己的治安、司法和立法机构；还规定公职人员由民主选举产生，人民有权监督和罢免。在社会经济方面，没收逃亡资本家的工厂，交给工人合作社管理，监督铁路运输和军需生产；规定公职人员的薪金不得超过工人的最高工资即年薪 6000 法郎，等等。但是，公社没有接管法兰西银行，也没有同外省的革命者取得联系，更没有发动广大农民，造成后来财政拮据，孤军奋战。

——《世界近代现代史·上册》

材料二 公社的伟大社会措施就是它本身的存在和工作。它所采取的各项措施，只能显示出走向属于人民、由人民掌权的政府的趋势。

——马克思《法兰西内战》

材料三 苏维埃政府后，摧毁旧的国家机器，废除旧的等级制度，宣布国内各民族人民的权利平等，废除教会的一切特权。苏维埃政权接管银行、铁路，对企业开始实行工人监督，后来将大企业收归国有；没收地主、皇室和寺院的土地，分配给农民耕种。

——《世界近代现代史·下册》

（1）结合材料一、三，分析巴黎公社革命与苏维埃革命措施的相同点。

（2）结合材料二，分析巴黎公社与苏维埃之间的关系。

（3）苏维埃政府的革命措施与巴黎公社的革命措施相比较有哪些主要的进步性？

【解析】 本题考查了巴黎公社运动和十月革命。第（1）问比较两则材料即可得出措施的相同点。第（2）问两者之间实际上就是继承与发展的关系。第（3）问从材料一中"但是"后面的语句，再结合十月革命的措施可得出答案。

【答案】 （1）相同点：①都打碎了旧的资产阶级国家机器，建立新的无产阶级国家机器。②剥夺了资本家的资本，体现了无产阶级专政的特点。

（2）关系：①巴黎公社是建立无产阶级专政的第一次伟大尝试，体现了无产阶级专政的历史趋势，其经验教训对苏维埃政府是十分可贵的。②苏维埃政府是人类历史上第一个工农苏维埃政府，把巴黎公社的理想加以充实、完善，变成了现实。

（3）进步性：①将银行收归国有，无产阶级掌握了国家的经济命脉。②废除封建土地所有制，团结了农民阶级，形成了工农联盟，有利于政权巩固。

【变题 1】 "里程碑"是我们经常用到的一个词语。《现代汉语词典》中对里程碑的定义是：①设在道路旁边用于记载里数的标志。②比喻在历史发展过程中可以作为标志的大事。

(1)请根据所学知识,写出下表所列历史事件被称为"里程碑"的理由。

历史事件	历史地位	理　由
《共产党宣言》	国际工人运动发展史上的里程碑	
巴黎公社成立	国际工人运动发展史上的又一里程碑	
十月革命	社会主义运动史上的里程碑	

(2)假如你现在是巴黎公社的领导者,你认为该怎样做才能使这次革命走向成功?(答出三条即可)

(3)假如你想更多地了解俄国十月革命的有关史实,你该怎样做?

【变题2】阅读下列材料:

材料一　无产阶级将利用自己的政治统治,一步一步地夺取资产阶级的全部资本,把一切生产工具集中在国家即组织成为统治阶级的无产阶级手里,并且尽可能地增加生产力的总量。

——马克思、恩格斯《共产党宣言》

材料二　公社的伟大社会措施就是它本身的存在和工作,它所采取的各项措施,只能显示出走向属于人民、由人民掌权的政府的趋势。

——马克思《法兰西内战》

材料三　十月革命向全世界投下了巨大的阴影,把灾难播散到了全世界去。先后有中国等15个国家跟着苏联,走上了这条通往毁灭之路。

——《挥不去的历史阴影——略谈俄国十月革命真相》

材料四　从现在起,党的工作重心必须由乡村转移到城市,……中国必须由农业国转变为工业国、由新民主主义社会过渡到社会主义社会……

——毛泽东在七届二中全会上的报告

请回答:

(1)材料一中马克思、恩格斯认为无产阶级掌握政权的最终目标应该是什么?为实现这一目标,你知道20世纪30年代的苏联和50年代的中国采取过什么共同措施吗?

(2)根据材料二,你认为巴黎公社是一个什么性质的政权?结合所学知识说明巴黎公社是怎样体现"由人民掌权"的?

(3)结合所学知识驳斥材料三的观点。

(4)根据材料四,试从政治和经济方面扼要说明新中国成立后是怎样"由新民主主义社会过渡到社会主义社会"的?

智趣素材

从"金"到"清":皇太极为何要更改国号

这其中至少有五种诠释。第一,有人从音韵学上来解释,清和金在满语里音相近,所以用清。第二,有人从历史上来解释,说中国这么多朝代没有一个用清的,怕重复,所以用清。第三,也有人从阴阳五行上来解释,明朝的明,左面是个日字,日是火,清左面是三点水,水克火,所以清要灭明,他用清。第四,有人从萨满文化去解释,清就是青,不带三点水那个"青"和带三点水的"清"是一个音啊,青天是通天啊,吉祥。第五,有人从民族方面解释,说他原来用后金,他要进兵中原,中原一提出这个"金"就想起南宋了。一提起金人,就想起岳飞了。皇太极进兵中原要减少阻力,就不用这个"金"字,改用清字。仁者见仁,智者见智。

第8单元　当今世界政治格局的多极化趋势

考纲解读导航

考试内容

1. 两极世界的形成
(1)两极对峙格局的形成
(2)"冷战"阴影下的国际关系
2. 世界多极化趋势的出现
(1)走向联合的欧洲
(2)日本谋求政治大国地位
(3)不结盟运动的兴起
3. 世纪之交的世界格局
(1)东欧剧变和苏联解体

(2)和平与动荡并存
(3)多极化趋势的加强

能力要求

(1)了解美苏两极对峙格局的形成,认识美苏"冷战"对第二次世界大战后国际关系发展的影响。

(2)简述欧洲共同体的形成、日本成为世界经济大国和中国的振兴以及不结盟运动的兴起,了解世界多极化趋势在曲折中发展。

(3)了解苏联解体后两极格局瓦解和多极化趋势加强的史实,认识多极化趋势对世界历史发展的影响。

三年高考命题

1. (2009年安徽文综)1961年,第一次不结盟国家和政府首脑会议通过的宣言指出:"现有的军事集团正在发展成为越来越强大的军事、经济和政治集团,根据逻辑和它们的相互关系的性质看来,必然不时引起国际关系恶化。"这句话中"它们的相互关系的性质"是指　　　　(　　)
A. 互相妥协　B. 互相竞争　C. 互相合作　D. 互相对峙

2. (2009年安徽文综)右图是20世纪60年代后期在越南发表的反映当时战争的漫画,能直接体现作者意图的标题是　　　　(　　)
A. "怎么会这样?"
B. "糟糕的战争!"
C. "美国侵略者的命运"
D. "法国侵略者的下场"

3. (2009年海南历史单科)历史学家马克·布诺赫在《为历史学辩护》中说:"各时代的统一性是如此紧密,古今之间的关系是双向的,对现实的曲解必定源于对历史的无知;而对现实一无所知的人,要了解历史也必定是徒劳无功的。"布诺赫在此强调的是　　　(　　)
A. 鉴往知来　　　　B. 以古讽今
C. 厚今薄古　　　　D. 贯通古今

4. (2009年江苏历史单科)1961年,赫鲁晓夫在同美国记者苏兹贝格谈话时说道:"如果苏联和美国之间的分歧克服了,如果它们之间建立了和平合作的关系,这在很大程度上会有助于加强世界和平。"这段话实质上反映了　　(　　)
A. 美苏军事角逐势均力敌
B. 美苏开始由对抗走向对话
C. 苏联试图同美国合作主宰世界
D. 苏联积极谋求世界和平稳定

5. (2009年文综全国卷1)拉尔夫·达伦道夫在1998年写道,20世纪"在相当大程度上为各种分裂所主宰,导致热战冷战不断,但20世纪同时也是一体化的起源";全球化开始"主导人们的生活、想象和恐惧",人们不得不"从全球的角度去思考,以回应这一日益全球化的现实"。达伦道夫在这里强调的是:20世纪　　(　　)
A. 全球剧变令人忧虑　　B. 国家之间对抗激烈
C. 世界联系日益密切　　D. 民族矛盾逐渐缓和

6. (2009年上海历史单科)世界上第一个由民族国家走向超国家共同体的是　　　(　　)
A. 欧盟　　　　　　B. 石油输出国组织
C. 东盟　　　　　　D. 北美自由贸易区

7. (2008年北京文综)第二次世界大战结束以来,西欧国家之间维持了60多年的和平局面,其主要原因有　　(　　)

①经济一体化发展　②政治联合加强　③法德实现和平
④民族矛盾消除

　A.①②③　　B.②③④　　C.①②④　　D.①③④

8.(2008 年广东历史单科)1960 年,法国总统戴高乐听到法国首先成功试验原子弹的消息后高呼:"法国万岁! 从今天早上起,她更加强大了,更加骄傲了……"能够和这一情景联系起来的是　　　　　　　　　　　　　　　　　(　　)

　A. 世界政治的多级格局最终形成
　B. 西欧国家的复兴和两极格局的削弱
　C. 欧共体形成和经济全球化加强
　D. 西欧国家的衰落和美国霸权的稳固

9.(2008 年广东理科基础)1949 年,美国发起成立北大西洋公约组织,其目的是　　　　　　　　　　　　(　　)

　A. 拉拢东欧国家
　B. 压制殖民地独立运动
　C. 军事上遏制苏联
　D. 与华沙条约组织对抗

10.(2008 年山东文综)如果撰写一篇关于 20 世纪 70 年代国际关系论文,下列选项正确的是　　　　　　(　　)

　A. 论国际关系的多极化趋势
　B. 由亚洲到欧洲——冷战重心的转移
　C. 由紧张到缓和——中苏关系新走向
　D. 论欧盟崛起与美国霸主地位的动摇

11.(2008 年天津文综)在纽约,一群青年人狂喊:"与其让俄国人的原子弹来轰击,不如自己毁灭算了!"在莫斯科,几名女大学生躲在宿舍内相拥哭嚓,等待末日的到来。在哈瓦那,天空中的每一个黑影、声响都令市民心惊肉跳。上述情景反映的历史事件是　　　　　　　　(　　)

　A.1961 年柏林危机　　B. 苏伊士运河战争
　C.1964 年越南战争　　D. 古巴导弹危机

12.(2010 年广东卷)1959 年,美国国家展览会在莫斯科举办。对于榨汁机和洗碗机等展品,赫鲁晓夫表示工人阶级决不会购买这些无用的小器具,当场引起了美国副总统尼克松的反对。这反映了当时　　　　　　　　　(　　)

　A. 美苏冷战的重点从军事领域转向经济领域
　B. 美国霸主地位动摇,急需打开苏联市场
　C. 苏联轻工业发达,不需要进口这些器具
　D. 经济文化交流没有改变两国意识形态的对立

12.(2010 年福建卷)《华盛顿邮报》在某一时期陆续刊登了几篇新闻评论,其标题分别是:"莫斯科:是巨大的机会吗?"、"西方的援助应当使苏联实行改造而非改革"、"大学对俄国如何走向资本主义观点不一"。由此推断,该时期是　　　　　　　　　　　　　　(　　)

　A. 赫鲁晓夫执政时期

　B. 勃列日涅夫执政时期
　C. 戈尔巴乔夫执政时期
　D. 普京执政时期

14.(2010 年福建卷)1961 年,为寻求稳定和平的发展道路,不结盟运动兴起。这一运动　　　　　　　　(　　)

　A. 标志着区域合作进入新阶段
　B. 推动国际政治力量向多极化方向转化
　C. 动摇了美苏的霸权地位
　D. 促进了世界政治、经济一体化

15.(2009 年北京文综)**材料**　"(我们)决心以根本利益的融合代替各民族间古老的对抗,用创建一个经济共同体的方式,为在长期以来被血腥的冲突分割的各民族之间建立一个广泛而自主的共同体打下根基,并为建设能够指出未来各民族共同命运的具体机构奠定基础。"

　　　　　　　　——摘自《欧洲煤钢联营条约－前言》

(1)概述上述材料的核心思想。

(2)简述欧洲一体化对国际政治、经济格局的重大影响。

**复习攻略**

一、整体感知

二战后形成了美苏两极格局,美苏两国在政治、经济、军事等方面展开了全方位的争霸。20 世纪六七十年代开始,随着欧共体成立、日本崛起、第三世界国家壮大、中国国际地位的提高,两极格局受到冲击,逐渐表现出多极化趋势。20 世纪 80 年代末 90 年代初,东欧剧变,苏联解体两极格局结束。目前,新的政治格局尚未形成,"一超多强"成为过渡时期国际关系的基本框架,世界正朝着多极化方向曲折发展。

二、各个击破

1. 马歇尔计划与杜鲁门主义的联系和区别及马歇尔计划对美国和西欧各起的作用

(1)马歇尔计划是杜鲁门主义的延续和扩大,两者互相联系,目标基本一致,但手段各具特色。杜鲁门主义表现为公开

的、赤裸裸的反共反苏,而马歇尔计划则采用隐蔽的经济手段来稳定资本主义制度,控制西欧,联合西欧各国共同反共反苏。

(2)对美国的作用:在经济上美国控制了西欧市场,使西欧各国及他们在海外的殖民地成为美国的商品投资市场;在政治上美国加强了对西欧各国的控制。

(3)对西欧的作用:在经济上帮助西欧各国渡过了困难时期;在政治上防止了欧洲革命的爆发,巩固了西欧资本主义国家的统治秩序。

2. 美苏两极格局的影响

(1)积极作用:

①有利于缓解世界紧张局势,在半个世纪里避免了新的世界大战的爆发。雅尔塔体系消除了德日两个法西斯战争策源地,有资格打世界大战的美苏两国又长期势均力敌,使双方均不敢贸然行事。这种建立在大国均势基础之上的国际秩序,虽然不能消除冲突的根源,但却使大国行事时有一定的约束。

②相对稳定的国际环境为世界经济的发展和科技革命的进行创造了有利的国际环境,在一定程度上促进了经济的多极化格局的出现和经济的全球化发展,并进一步影响了世界格局的多极化趋势。

(2)消极作用:

①打上了浓厚的大国强权政治色彩,无视弱小国家利益,导致战后超级大国的霸权主义。

②擅划国界,分裂国家的做法,种下了不稳定的祸根,导致日后世界的纷争和不安宁。

③战后两大集团日益演变成美苏两个超级大国的工具,为谋求霸权,两强展开长期的军备竞赛和地区争夺,导致世界局势长期紧张动荡。

④两极对峙的格局下,国际经济秩序长期得不到改善,给广大发展中国家的经济发展带来不利影响。

3. 西欧建立欧洲共同体的原因

(1)具备客观条件:

①谋求统一是欧洲政治家长期的愿望。

②欧洲的国家有共同的地域,语言上有相通性,而且有共同的文化传统和价值观,这为统一提供了客观可能性的条件。

③经历第二次世界大战后,欧洲丧失了几个世纪以来在世界经济和政治中所占的主导地位。支持欧洲统一的舆论重新兴起,为欧洲一体化的实现创造了良好的思想条件。

(2)现实原因:

①两极格局的政治环境的推动。

②欧洲和苏联格格不入,而且威胁日渐严重,同时又受到美国的经济渗透和政治控制,为了摆脱这种不利局面,寻求发展安全,各国必须走向联合,加强合作。

(3)经济发展的需求(经济原因也是根本原因)。西欧各国普遍较小,为了适应第三次科技革命的需要,各国须扩大市场,打破阻碍经济发展的桎梏,才能进一步促进欧洲经济发展。同时只有加强联合,才能增强地区综合经济实力,迅速扭转在与日本、美国竞争中所处的不利地位。

4. 世界多极化趋势的出现

(1)随着西欧由经济联合走向政治联合,其实力越来越大,在各个领域与美国和日本展开竞争。在外交上逐渐做到了"用一个声音说话",执行独立自主的外交政策,不再唯美国马首是瞻。

(2)战后日本抓住机遇,经济高速发展,20世纪80年代中期成为在经济上唯一能与美国抗衡的国家,经济上形成了美、日、西欧三足鼎立的局面。日本以自己强大的经济实力为基础,展开"经援外交",谋求政治大国地位,其国际影响力越来越大。

(3)以1955年亚非会议为标志兴起的不结盟运动,使得第三世界国家联合起来,共同反对美苏的霸权主义,冲击两极格局。

(4)中华人民共和国建立后通过几个"五年计划"的实施和1978年开始的改革开放,中国开始振兴。同时作为最大的发展中国家和安理会常任理事国,在世界政治舞台上的地位日渐重要。

(5)美国和苏联因军备竞赛和对外侵略战争的拖累,实力走向相对衰落。

5. 两极格局瓦解的原因、表现与影响

(1)原因:从根本上看,两极格局瓦解源于世界经济格局的多极化;其直接原因是东欧剧变和苏联解体;具体原因有西欧联合自强、日本崛起、中国振兴、不结盟运动兴起等冲击了两极格局,而美苏争霸消耗了苏联的国力也是重要原因。

(2)表现:东欧剧变,苏联解体,经济互助委员会、华沙条约组织的解散。

(3)影响:两极格局瓦解意味着雅尔塔体制的崩溃和冷战局面的结束,推动了世界格局多极化趋势的发展。

知识结构梳理

一、两极世界的形成

(一)两极对峙格局的形成

1. 历史背景

(1)二战后期建立的_____体系,奠定了战后世界两极格局的框架。

(2)二战极大地改变了世界主要国家政治力量的对比,美国成为资本主义世界的霸主。

(3)苏联实力不断增强,社会主义国家的影响日益增大,引起西方国家、特别是_____的敌视。

(4)美苏两国在_____和_____上的矛盾日益加剧,苏联成为美国称霸世界的最大障碍。

2. 美苏"冷战"——两极斗争的主要方式

(1)"冷战"的含义:二战后,以美国为首的西方资本主义国家,对苏联等_____国家采取的除_____之外的一切敌对行动。

(2)冷战打响:

①序幕:1946 年丘吉尔在美国的"铁幕"演说,成为"冷战"的最初信号。

②开始:1947 年 3 月"_____"的提出,美苏"冷战"从此开始。

(3)"冷战"措施:

①政治上:美国提出遏制_____的"杜鲁门主义";苏联成立"共产党和工人党情报局"。

②经济上:美国提出欧洲经济援助计划即"_____";苏联成立_____。

③军事上:美国等国建立以美国为首的军事政治组织,即"_____",苏联联合东欧 7 国组成"_____"标志以美苏两极格局形成。

(二)"冷战"阴影下的国际关系

1. 导致一些国家分裂

(1)德国分裂:随着"冷战"的开始,德国成为美苏"冷战"的焦点,美苏双方未能就德国统一问题达成协议,在美国和苏联的支持下德国西部和东部先后成立_____和德意志民主共和国。

(2)朝鲜分裂:1945 年日本投降后,美苏分区占领朝鲜半岛的南部和北部,后来,在南部和北部分别建立了_____和朝鲜民主主义人民共和国。

2. 导致国际局势紧张:全面"冷战"和局部热战

(1)朝鲜战争和越南战争

(2)古巴_____危机

(3)柏林危机和"柏林墙"的修筑

3. 美苏两国未发生大规模的_____,从而避免了新的世界大战的爆发。

二、世界多极化趋势的出现

(一)走向联合的欧洲

1. 欧共体形成的背景

(1)思想源流:欧洲统一思想源远流长和欧洲有共同的文化基础。

(2)政治安全:二战使西欧丧失了世界_____的优势地位,在两极格局竞争中为了自身生存与发展需要联合自

强。

(3)经济发展:在经济的_____和_____过程中,西欧国家间的联系日益密切,逐渐走上了联合的道路。

(4)联合关键:_____和_____两个国家化解宿仇、实现和解。

2. 欧共体形成的过程

(1)1951 年,欧洲六国签署《巴黎条约》,成立欧洲_____。

(2)1958 年,组成欧洲_____和欧洲_____。

(3)1967 年,以上三个机构合并,统称为_____。

3. 欧共体形成的影响

(1)西欧国家联合成为一个政治集团,在国际舞台上发挥独特的作用。如法国于 1964 年冲破美国设置的反华阵线与_____建交;1966 年法国正式退出北约"_____"机构。

(2)随着经济实力的增强,西欧国家推行_____的外交政策,对外尽量"用一个声音说话",进一步加强了政治上的联合。

(二)日本谋求政治大国地位

1. 日本经济迅速恢复和发展

(1)原因:

①战后进行_____,消除生产关系中的封建落后因素。

②美国的扶持如减免_____、提供资金和物质、_____和越南战争时美国的特需订货等。

③国民经济非军事化。

④制定合乎国情的经济发展战略,如加强政府投资、重视教育、提出"_____""出口第一"口号等。

(2)表现:20 世纪 80 年代成为仅次于美国的_____大经济强国。

2. 日本开始谋求政治大国的地位

(1)原因:经济的发展和实力的增强

(2)表现:20 世纪 80 年代,日本提出成为_____的目标。

(三)不结盟运动的兴起——发展中国家的呼声

1. 不结盟运动的兴起和发展

(1)原因:

①二战后,_____高涨,许多国家从殖民统治下相继获得独立。

②新独立的广大亚非国家为了摆脱_____和维护自身的独立,主张团结起来,互相支持,推动不结盟运动的兴起。

(2)标志:1961 年在南斯拉夫首都贝尔格莱德召开的第一次不结盟国家和首脑会议

智趣素材

刘伯温求雨

朱元璋当吴王的时候,江南发生了一场旱灾。刘伯温掌管天文,朱元璋问他为什么发生大旱,怎样才能求上天下雨。刘伯温掐指一算,说:"天一直不下雨,因为牢狱里关押的人有冤枉。"

朱元璋于是派刘伯温去查牢监里关的犯人。一查,果然有不少冤案。刘伯温向朱元璋奏明后,平反了冤案,把错抓的人放了。

果然不出几天,乌云密布,接着就下了一场透雨。刘伯温趁朱元璋高兴的时候,又劝他制定法律,依法办事,防止错杀无辜的人。

求雨和平反本来是毫不相干的两码事。刘伯温也不可能有求雨的法术。不过他懂得天文,可能观测到气象要发生变化,就借这个机会劝谏朱元璋平反冤案。

(3)特点:奉行_____、_____政策。

(4)任务:反对美苏两个超级大国的_____。

(5)行动纲领:建立国际_____。

(6)影响:

①推动民族解放运动深入发展,加速了帝国主义_____的崩溃。

②标志广大_____所构成的政治力量登上了国际政治舞台,在一定程度上冲击着_____。

2. 中国的崛起

(1)中国的经济迅速发展,国际地位不断提高,成为____舞台上的重要力量。

(2)中国重视与不结盟运动的关系,在_____中与不结盟运动保持着良好的合作。

三、世纪之交的世界格局

(一)东欧剧变和苏联解体——两极格局的瓦解

1. 东欧剧变

(1)原因:受_____和国内经济困难的影响。

(2)实质:东欧各国的执政党丧失政权,_____发生根本性变化。

(3)史实:

①1989 年,_____成为第一个发生剧变的东欧国家。

②1991 年 10 月,_____并入联邦德国,实现了两德的统一。

2. 苏联解体

(1)过程:

①戈尔巴乔夫改革:1985 年,戈尔巴乔夫上台,把注意力集中在_____上,但困难重重,无法打开局面,进而转向_____。戈尔巴乔夫以"人道的民主的社会主义"取代_____,提倡所谓"_____"和"_____",使苏联改革走进了误区。

②1990 年苏共中央全会决定放弃党在国家中的领导地位,实行_____。

③八一九事件加速了苏联的解体。

④1991 年底俄罗斯等 11 国苏联加盟共和国领导人宣布成立_____,苏联解体。

(2)影响:苏联解体,标志_____随之瓦解。

(二)和平与动荡并存

1. 两极格局解体后的世界形势

世界总的趋势是_____,但天下并不太平,明显出现与_____、_____与_____、_____并存的局面。

2. 世界局势紧张与动荡的原因及表现

(1)一些国家和地区之间的民族、种族、宗教和领土矛盾不断爆发。如巴以冲突、南亚地区争端等。

(2)美国推行_____插手别国事务和地区争端,如科索沃战争、伊拉克战争等。

(3)国际_____的泛滥,如美国的"9·11"事件。

(三)多极化趋势的加强

1. 原因:_____的多极化

2. 表现

(1)美国:美国成为唯一的超级大国,极力构建以自己为主导的_____,独霸世界。

(2)欧盟:

①1992 年,欧共体签订《_____》,成立欧洲政治及经济货币联盟。

②1993 年,_____正式成立,实力不断增强,国际地位不断提高。

(3)日本:极力争取联合国安理会_____席位。

(4)俄罗斯联邦:取代了苏联在_____的地位,并拥有可以与美国匹敌的军事力量。

(5)中国:作为最大的_____,致力于推动建立公正合理的_____新秩序,反对_____,维护_____。

二年模拟训练

1. (2010 年衢州质检)"1947 年 4 月法国雷诺汽车厂工人掀起罢工浪潮,随即波及全国。英国、意大利、比利时等国工人运动也此起彼伏。"针对这种情况 　　　(　　)

A. 英国丘吉尔发表了铁幕演说

B. 美国政府制定了马歇尔计划

C. 美国政府提出了杜鲁门主义

D. 法国联合欧洲六国成立了欧洲煤钢联营

2. (2010 年台州调查)德法两国在欧洲一体化进程中所起的作用最为明显。而历史上拿破仑、希特勒两人曾以武力谋求欧洲统一,但都以失败告终。失败的共同原因有 (　　)

①战争消耗,引起国内人民不满

②被侵略地区人民不断反抗

③给欧洲带来动荡,阻碍历史进程

④战线太长,树敌众多

A.①②③④　　B.①②④　　C.①②　　D.③④

3. (2010 年衢州质检)下图漫画《求援》,讲的是 2009 年 9 月 23 日,美国总统奥巴马在第 64 届联合国大会上发表演说,请求各国一起承担责任解决全球性问题。据此,下述说法不正确的是 (　　)

智趣素材

帮帮我！

A. 试图建立"单极世界"的美国已经明显力不从心
B. 全球性问题都是美国造成的,必须由美国来承担
C. 充分表明世界格局正朝着多极化的方向不断发展
D. 联合国可以在解决全球性问题方面发挥积极作用

4. (2010 年福建模拟)下列素材中,不能直接用于探究"冷战局面形成"这一课题的是　　　　　( )
A. 丘吉尔"铁幕"演说录音
B. "马歇尔计划"援助状况报告
C. "华约"成员国分布示意图
D. "欧洲原子能共同体条约"文本

5. (2010 年浙江联考)苏联解体后世界两极格局瓦解和多极化趋势加强,关于多极化趋势加强给世界带来的影响的说法中,错误的是　　　　　( )
A. 有利于国际关系的民主化
B. 有利于充分发挥联合国的作用
C. 有利于建立公正合理的世界政治经济新秩序
D. 多极化趋势加强后,世界出现天下太平的大好形势

6. (2010 年泰兴市模拟)第二次世界大战结束后,美国占领日本,采取削弱日本的政策。1948 年,美国改行扶植日本的政策,力图将日本建成冷战的前哨阵地。这一政策转变　　　　　( )
A. 成为日本长期推行仇视中国政策的开端
B. 促使美国承认美日平等伙伴关系
C. 提高了日本在美国全球战略中的地位
D. 标志着冷战在亚洲全面展开

7. (2010 年杭州模拟)二战后,美国推行"遏制共产主义"的"冷战"政策,表现有　　　　　( )
①向西欧提供经济援助
②支持联邦德国的崛起
③以联合国的名义直接出兵朝鲜
④成立军事政治集团——北约组织
A. ①②③　　B. ②③④　　C. ①②④　　D. ①②③④

8. (2010 年浦东新区质检)1950 年上半年,松下电器的产品销售额为 9.8 亿日元,到下半年则大幅度增至 17.2 亿日元,几乎是原来的两倍。松下公司成倍盈利的主要原因是　　　　　( )

A. 东京申办奥运成功
B. 朝鲜战争爆发
C. 美国开始信息革命
D. 冷战正式开始

9. (2010 年广州模拟)冷战期间,既体现了美苏对抗的紧张与激烈,又体现了他们成功运用自我控制机制,在战争边缘上寻求妥协的事件是　　　　　( )
①北约和华约的建立 ②越南战争 ③古巴导弹危机 ④柏林危机
A. ①②　　B. ③④　　C. ①③④　　D. ①②③④

10. (2010 年韶关模拟)在不结盟运动兴起时,美国前国务卿杜勒斯攻击"不结盟"是"一种不道德的近视的概念。"苏联也预言这个运动"像走钢丝一样长不了"这些现象说明　　　　　( )
A. 不结盟运动是一个与美苏相抗衡的军事政治集团
B. 不结盟运动的兴起标志着世界多极化格局的形成
C. 不结盟运动兴起后日益成为国际舞台上不可忽视的一支政治力量
D. 不结盟运动的兴起是美苏"冷战"加速瓦解的根本原因

11. (2010 年哈尔滨模拟)"考虑到美国是在等待许多年后才给俄国政权以承认的,我们不应急急忙忙地去承认人民中国。"说出这句话的美国总统应当是　　　　　( )
A. 威尔逊　　B. 罗斯福　　C. 杜鲁门　　D. 尼克松

12. (2010 年湖南师大附中模拟)2009 年 8 月,鸠山由纪夫当选为新任日本首相后,美国总统奥巴马发表声明"期待和日本新首相就广泛的全球、地区和双边问题展开紧密合作"。而据美国解密外交文件显示,1972 年夏天,美国人在得知日本首相田中角荣即将访华促成日中邦交正常化的计划后,使用了对日本人的蔑称"小日本"一词,破口大骂日本是"最坏的叛徒"。这最能说明　　　　　( )
A. 日本的做法违背了联合国宪章的原则
B. 日本在政治上从属于美国
C. 美日在国际关系上既合作又存在矛盾斗争
D. 日本与中国建交导致美日关系恶化

13. (2010 年安徽联考)东欧剧变,苏联解体,两极格局崩溃,欧盟成立,俄罗斯走出低谷,"东方巨龙"腾飞,不结盟运动不断发展壮大……结合以上史实,我们可以判断当今世界政治格局的基本特征是　　　　　( )
A. 大国力量保持均衡
B. 群雄逐鹿
C. 多极化趋势加强
D. 军事政治集团不断涌现

14. (2010 年福州模拟)结合材料,回答下列问题。
材料一　他(美国驻莫斯科大使馆参赞乔治·凯南)在

1946年初就写道:"想和俄国人共同统治德国,只能是痴心妄想。同样痴心妄想的,是认为俄国人会和我们一起在一个美好的日子里礼貌地撒出,然后在这个真空中产生一个健康又和平,稳定又友善的德国出来。我们没有其他选择,只能在我们的德国部分建立一种独立的形式,让它具备足够的满足,足够的安全和足够的优势,不受制于来自东方的威胁……宁肯要一个分裂的德国,至少让其西部成为对付极权主义势力的缓冲器,也不要一个势力范围直达北海的统一的德国。"

材料二　苏联对美国的评价是,美国企图把德国和欧洲拉进资本主义阵营,成为它的卫星国。在反对希特勒德国的战争中形成的"不自然的联盟"业已烟消云散,东西方的冲突从此开始。……作为对立物,斯大林创立了"两大阵营理论":一方面是自由的社会主义国家,另一方面是资本主义、帝国主义国家。社会主义朝着一个公平社会的和平发展和它的壮大,旨在制止美帝国主义的侵略政策。

　　　　　　　　　　　　　——《一口气读完世界历史》

(1)阅读上述引自《一口气读完世界历史》的材料,结合史实说明材料一对美国外交政策产生的具体影响。根据材料二说明苏联采取与美国对峙政策的主要原因。你认为哪一则材料的可信度更高?说明你的理由。

(2)阅读下列图片材料,分别简述图1和图2反映的主要历史现象。作为历史材料,图1类型的材料与图2在历史研究中有哪些不同?

图1　柏林墙遗址　　　图2　国际格局变化结构图

(3)综合上述材料,简述二战后国际格局演变的主要线索,并指出其中最具客观性的三种材料类型。

一年冲刺母题

【母题】　阅读下列材料:

材料一　我也希望向全世界说明,美国在这个新的极权主义的挑战面前所持的立场。我相信,这是美国外交政策的转折点,它现在宣布,不论什么地方,不论直接或间接侵略威胁了和平,都与美国的安全有关。

　　　　　　　　　　　　　　　　——《杜鲁门回忆录》

材料二　我们的任务是唤起合理经济的再生,促使政治社会的结构容纳自由制度存在(美国国务卿马歇尔)。1949年4月,为实行集体"防御",美、加及欧洲十国成立军事组织。

　　　　　　　　　——《试论冷战的爆发与两极格局的形成》

材料三　有学者指出:"两极格局具有相对的稳定性,但是它又因为国际力量的对比不断变化而受到撼动,并且受到逐步扩大起来的其他力量中心的挑战。"

材料四　邓小平在1989年曾说过:"可能一个'冷战'结束了,另外两个'冷战'又已开始,一个是针对整个南方、第三世界的,另一个是针对社会主义的,这说明,西方国家正在打一场没有硝烟的战争。"

　　　　　　　　　　　　　　　　——《中国还是能说不》

请回答:

(1)材料一中的"新的极权主义"指什么?"美国外交政策

的转折点"又指什么?从材料可看出美国确立了怎样的外交目标?

(2)据材料二,指出在杜鲁门主义的影响下,美国又实施了哪些相关的措施?根据所学知识回答苏联为此采取了哪些对抗性措施?结果如何?

(3)据材料三及所学知识,根据20世纪六七十年代"撼动"和"挑战"两极格局的力量有哪些?这对当时政治格局的演变产生了怎样的影响?

(4)材料四表明邓小平对"冷战"结束后的世界形势存在着怎样的担忧?

【解析】　本题考查了二战以后的国际关系格局的变化。第(1)问关键是把材料理解为杜鲁门主义。第(2)问是美苏冷战的表现。第(3)问是多极化趋势。第(4)问从材料中"可能一个'冷战'结束了,另外两个'冷战'又已开始"中可得出邓小平的担忧。

【答案】　(1)指苏联及社会主义国家。

开始实行对苏"冷战"政策。

谋求世界霸权。

(2)实行马歇尔计划,成立北约组织。

组建华约组织,成立了经济互助委员会。

历史故事成语及人物　(一)

杀妻求将(吴起)	惊弓之鸟(更赢)	一字千金(吕不韦)	指鹿为马(赵高)
焚书坑儒(秦始皇)	图穷匕见(荆轲)	一饭千金(韩信)	四面楚歌(项羽)
手不释卷(刘秀)	金屋藏娇(刘彻)	暗渡陈仓(韩信)	十面埋伏(项羽)

智趣素材

两极格局形成。

(3)欧洲的联合、日本的崛起、中国的发展、不结盟运动的兴起。

出现多极化趋势。

(4)霸权主义和强权政治的存在,对社会主义和发展中国家依然构成威胁,不利于世界的和平与发展。

【变题1】 阅读下列材料:

材料一 俄罗斯前总理普里马科夫日前在此间表示,当今世界正朝多极化方向发展,由一国指挥世界的做法是不可接受的。他说,当今世界的两极体系不复存在时,人类应当走向一个以几个中心为依托的多极世界,目前的世界正在朝着这个方向发展。但是,最近又出现了走向单极世界的倾向——有一个大国企图指挥世界,这是不能接受的。

材料二 在谈到地区冲突时,普里马科夫认为,这种冲突现已同国际恐怖主义错综复杂地交织在一起,使冲突的解决变得更加困难,从而使世界面临新的危险。他说,车臣问题不是一个孤立的现象,当地的恐怖分子和分离主义者得到外部的支持。

——材料一、二均摘自新华社索菲亚 2000 年 4 月 24 日电

材料三 在 20 世纪的最后 10 年中,世界事务发生了结构性的变化。一个非欧亚大陆国家破天荒第一次不仅是作为欧亚大陆大国关系的主要仲裁者,而且也是作为世界上首屈一指的大国出现了。苏联的失败和崩溃是一个西半球大国美国迅速上升为唯一的而且的确是第一个真正的全球性大国的进程中的最后一步。

——布热津斯基《大棋局》

请回答:

(1)分析材料一,"最近又出现了走向单极世界的倾向",具体指什么? 结合所学知识回答世界的两极体系是怎样形成的?

(2)概括材料二中所说的"世界面临新的威胁"。对待这一问题我国是怎样做的?

(3)"在 20 世纪的最后 10 年中,世界事务发生了结构性的变化",其结构性的变化有哪些?

(4)综合上述材料,你认为在处理国际事务中应把握怎样的原则?

【变题2】 阅读下列材料:

材料一 美国外交政策的主要目标之一,就是要造成一种局势,促使我们和其他国家都能塑造出一种免于威胁的生活方式。在对德国和日本作战中,这是一个基本问题。我们的胜利乃是战胜那些想把其意志和生活方式强加到别国头上的国家。

——杜鲁门总统 1947 年 3 月 12 日致国会的咨文

材料二 当我发表就职演说的时候,我提到一个需要谈判的时代,而不是对抗的时代。我一直在进行谈判,我们在谈判中取得一些进展。重要的事情上,我们在世界上许多地区正在进行谈判而不是正在进行对抗,在这些地区,对抗可能导致爆炸性的局面……现在,当我们环顾我们所处的世界时,我们发现美国已经不再处于十分突出的地位或者完全支配的地位了。

——1971 年 7 月 6 日《尼克松在堪萨斯城的讲话》

材料三 俄罗斯总统叶利钦 1998 年 2 月 8 日在访问意大利前接受记者采访时说:"我知道,要摒弃旧的思维模式不是一件简单的事,其中的惰性是很强的。然后个别国家(注:美国)总是试图把一个单极世界的模式,也就是自己独一无二的领导作用强加给这个世界,这是不现实的,甚至可能是很危险的。"

请回答:

(1)材料一中,杜鲁门所说的"把其意志和生活方式强加在别国头上的国家"在二战后指哪一国家? 美国对其采取了什么政策?

(2)根据材料二并结合所学知识回答,尼克松为什么认为需要谈判而不是对抗?

(3)根据材料三指出 20 世纪 90 年代美国对外政策的目的,简要分析其原因。

(4)上述三则材料所反映的美国对外政策对中美关系产生了怎样的影响? 请简要说明。

第2部分　经济文明史

第1单元　古代中国经济的基本结构与特点

考纲解读导航

考试内容

1. 发达的古代农业
(1)早期农业生产的出现
(2)精耕细作的传统农业
(3)男耕女织的小农经济
2. 古代手工业的进步
(1)素称发达的官营手工业
(2)艰难经营的民间手工业
(3)中国古代手工业享誉世界
3. 古代商业的发展
(1)重农抑商的古代商业
(2)市的变迁和城市的发展
(3)官府控制的对外贸易

4. 古代的经济政策
(1)土地制度的演变
(2)"重农抑商"
(3)"海禁"与"闭关锁国"

能力要求

(1)知道古代中国农业的主要耕作方式和土地制度,了解古代中国农业经济的基本特点。
(2)列举古代中国手工业发展的基本史实,认识古代中国手工业发展的特征。
(3)概述古代中国商业发展的概貌,了解古代中国商业发展的特点。
(4)了解"重农抑商""海禁"等政策及其影响,分析中国资本主义萌芽发展缓慢的原因。

三年高考命题

1. (2009年福建文综)古代有"闽人以海为田"之说,这种说法突出反映了福建人　　　　　　(　　)
  A. 临海而居的居住方式　　B. 围海造田的生产方式
  C. 靠海谋生的生存方式　　D. 四海为家的生活方式

2. (2009年广东历史单科)康熙皇帝任命曹雪芹的祖父曹寅主持江宁织造局的生产。根据当时的制度,该局生产　　　　　　　　　　(　　)
  A. 全部投放市场,收入归皇室
  B. 部分用于纳税,部分投放市场
  C. 全部供皇室使用,不投放市场
  D. 部分供皇室使用,部分投放市场

3. (2009年广东历史单科)中国古代,朝廷有时将不在户口册且因此不纳税的人称为"盗贼"。这反映当时朝廷　(　　)
  A. 要求民众纳税
  B. 只要求部分民众纳税
  C. 不要求民众纳税
  D. 只要求部分"盗贼"纳税

4. (2009年广东文科基础)南宋时国家的商业税收超过了农业税收,原因是　　　　　　　　　(　　)
  A. 农业生产萎缩,农业水平低下
  B. 商人兼并土地,积极从事农业生产
  C. 政府放松了对商人经营行为的限制
  D. 宋代实行海禁政策,国内商业发展迅速

5. (2009年海南历史单科)明代中期以后,私营手工业在许多行业取代以前占主导地位的官营手工业。这主要是因为　　　　　　　　　　(　　)
  A. 官营作坊产品有限
  B. 私营作坊工人增加
  C. 资本主义的萌芽
  D. 商业经济的发展

6. (2009年江苏历史单科)沈括《梦溪笔谈》载:"世间锻铁所谓钢铁者,用柔铁屈盘之,乃以生铁陷其间,泥封炼之,锻令相入,谓之团钢。"这项技术最早出现于　　(　　)
  A. 春秋时期　B. 西汉　　C. 南北朝　　D. 北宋

"太平天国"名称的由来

洪秀全是利用宗教形式宣传发动农民起义的。他深知身处苦难之中的农民对太平社会的强烈企盼,便把创立的国号定为"太平天国"。"太平"是农民追求的"天下太平",也是基督教《圣经》中宣传的"千载太平"。"天国"本来就是一个理想国度,而其中的"天"又是有中国传统的"顺天"之意和基督教"天父上帝"的教义。"国"字既是国度之意,又表现了洪秀全代表上帝、做人间天王、居于天下之中的意思。太平天国时的"国",中间是个王,而不是玉。由此而知,洪秀全选用"太平天国"这一国号是很有用心的,他将基督教义和农民起义的追求紧密地结合,有强烈的感召力。

7. (2009年辽宁文综)北魏首创均田制,隋至唐初一直沿用。均田制下农业生产经营的主要形式是 （ ）
A. 众人集体生产　　B. 田庄规模生产
C. 个体农户耕作　　D. 官府募民耕作

8. (2009年辽宁文综)据《东京梦华录》等记载,宋代都城多见"当街列床凳,堆垛冰雪"出售凉食和专向客商出租铺席宅舍等现象。这反映了 （ ）
A. 生活习俗改变　　B. 经商方式不受限制
C. 官府鼓励经商　　D. 城市商业功能增强

9. (2009年文综全国卷1)下表是 汉至宋南北方户数变化表 (单位:万户)

时间\区域	西汉元始二年	晋太康元年	唐天宝元年	宋元丰三年
北方	965	149	493	459
南方	111	65	257	830

(据钱穆《国史大纲》)
影响汉代至宋代南方户数变化的主要因素是 （ ）
A. 朝代时间长短　　B. 王朝力量强弱
C. 疆域面积大小　　D. 经济格局变化

10. (2009年文综全国卷2)隋唐时期商业经济较之前代有很大的发展,但仍有许多阻碍其进一步发展的因素,其中有 （ ）
A. 废除五铢钱　　B. 市坊分区
C. 实行两税法　　D. 草市兴起

11. (2009年山东文综)16世纪晚期,山东某地开始出现"地多烟草、木棉,转卖四方,五谷之利不及其半"的情况,这说明当时该地 （ ）
①农业经济衰退　②农业结构发生变化　③商品经济发展　④农产品加工业兴起
A. ①②　　B. ②③　　C. ③④　　D. ①③

12. (2009年四川文综)下列两图是甘肃嘉峪关、酒泉一带魏晋古墓中发现的以庖厨为题材的彩绘墓砖。这两幅图

A. 反映了魏晋时期当地民族构成情况
B. 证实了魏晋时期男女劳动分工状况
C. 展现了魏晋时期当地动物养殖状况
D. 有助于了解魏晋时期饮食生活状况

13. (2009年四川文综)中央和地方关系是国家政治生活中的重要问题。下列措施中属于通过经济手段防止地方割据的是 （ ）
A. 颁布附益之法　　B. 设置转运使
C. 推行募兵制度　　D. 实施行省制度

14. (2009年四川文综)明末文人袁宏道说,江南地区出版业繁荣,不少书籍"原板未行,翻刻踵布"。与这一现象直接相关的因素是当时 （ ）
①商品经济繁荣　②市民文学兴盛　③印刷工艺提高　④专制政治强化
A. ①②③　　B. ①②④　　C. ①③④　　D. ②③④

15. (2009年浙江文综)中国古代生产和科技在不断进步中,中外交流也十分频繁。下列说法中错误的是 （ ）
A. 耕作技术大体经历了从"刀耕火种"到耦犁、一牛挽犁的发展过程
B. 纺织原料使用的先后顺序是麻和葛、家蚕丝、棉花
C. 指南针在明清时期经由海路传入阿拉伯
D. 印刷术经由波斯传入西方

16. (2009年浙江文综)某学生分析下表,得出了四项结论,其中正确的是 （ ）

北宋赋税结构变化表

项目\时间	农业税(万贯)	非农业税(万贯)	农业税:非农业税
至道末年(997年)	2408.1	1567.3	60:40
天禧末年(1021年)	2641.2	3874.0	40:60
熙宁十年(1077年)	2021.3	5117.2	28:72

①农业税的消长反映农业生产削弱的趋势　②非农业税的增长反映工商业的发展　③政府财政收入越来越倚仗于非农业税　④重农抑商政策已不再实施
A. ①②　　B. ①④　　C. ②③　　D. ③④

17. (2009年重庆文综)隋唐时期,淮水以北新增的有利于农田灌溉的水利工程是 （ ）
A. 郑国渠　B. 芍陂　C. 通济渠　D. 邗沟

18. (2008年广东文科基础)下列有关汉代长安市的说法,正确的是 （ ）
①与居住区隔开　②有专门官员管理　③又叫草市　④开市闭市有严格时间规定
A. ①②③　　B. ①③④　　C. ①②④　　D. ②③④

19. (2010年浙江文综卷)农耕技术的发明与改进,推动了农业经济的发展。比较下面两图,其中左图所示的耕作技术始见于 （ ）
A. 战国　B. 秦　C. 西汉　D. 东汉

智趣素材

太平军中的外国人(一)
　　太平天国运动爆发之后,许多有正义感的外国人,对太平天国反封建、反殖民统治的正义斗争给予同情和支持,不少人参加到太平天国斗争的行列里来,当了太平军的外籍战士。据记载,先后有二百多名外国人参加了太平军,其中来自非洲的有五六十人,来自欧美的有名有姓、有事迹可考的13人。来自欧美留下姓名的13人,其中英国5人,法国2人,美国4人,意大利1人,希腊1人。外籍战士中,影响最大的是伶俐。他原是英国海军的下级军官,有感于太平天国的义举,对太平军深感敬佩,于是,放弃了英国的军职,投身太平军,在忠王李秀成部下供职。他的未婚妻玛丽和他的几个朋友也随他一起参加了太平军。

20. (2009年江苏历史单科)历史学家李洵认为:"明代江南地区的'士大夫'是十六世纪以来中国历史上有特点的社会势力。他们凭借着江南地区发达的经济文化有利条件,通过各种途径获取政治上的功名,然后扩展经济实力,引领当时的社会风潮,在江南社会中扮演着极其重要的角色。"阅读下列材料:

　　材料一　士大夫家多以纺绩求利。其俗勤啬好殖,以故富庶。……如华亭相(徐阶)在位,多蓄织妇,岁计所积,与市为贾。

　　　　　　　　　　　　——(明)于慎行《谷山笔麈》卷四

　　材料二　江南役重甲天下,……祖父以役累中落。……一启中举,尽免其役,家业复振。……(植棉)与市为贾,骤富焉,市人多效之。

　　　　　　　　　　　　　　——《徐光启文集》卷十一

　　材料三　(松江)嘉、隆以来,豪门贵室,导奢导淫,博带儒冠,长奸长傲,日有奇闻迭出,岁多新事百端。……伦教荡然,纲常已矣。

　　　　　　　　　　　　——(明)范濂《云间据目抄》卷二

　　材料四　前明吾乡(苏州)富家甚多,席费千钱不为丰,长夜流酒而不知醉。……有邹望,亦有田三十万亩,僮仆三千人,……而好讼致穷。

　　　　　　　　　　　　——(清)钱泳《登楼杂记》

请回答:

(1)根据材料一、二,概括江南士大夫致富的主要途径。

(2)根据材料三、四,回答士大夫的活动引起了江南社会风气的哪些变化?

(3)有学者认为,明代江南士大夫既是资本主义萌芽的促进者,又是其阻碍者。请依据以上材料并结合所学知识阐释该学者的观点。

复习攻略

一、整体感知

在古代中国,农业是最基本的经济形式。小农户个体经营为主的农业经营方式是古代中国农业经济的基本特点。农业耕作方式和生产工具的改进以及水利事业的兴修都能促进农业经济发展;沉重的赋税与力役以及土地兼并则阻碍了农业经济发展。中国传统社会长期存在自给自足的手工业经济。古代中国的手工业在纺织业、冶金业、陶瓷业等方面都取得了辉煌的成就。在农业、手工业发展的基础上,古代中国的商业也得到发展,古代"市"的成熟与商业都会的繁盛就是体现。

在中国封建社会时期,统治者长期实行"重农抑商"政策,明清时期统治者实行"海禁"政策,两政策严重阻碍了资本主义萌芽的发展。

二、各个击破

1. 中国古代农业发展的主要特征

(1)中国农业经历了"刀耕火种"的原始阶段。

(2)中国古代传统的农业耕作方式是小农户个体经营。长期以来耕作技术没有革命性的进步。

(3)赋税力役沉重,压抑了农民的生产积极性,进而阻碍农业生产的发展。

(4)土地高度集中,地主与农民的阶级矛盾激化,民众暴动不断发生。

(5)历朝历代的水利兴修防御了自然灾害,推动了经济不断向前发展。

2. 促进和阻碍古代中国农业进步的因素

(1)促进因素:统治者重视和政策上的支持;生产工具革新与耕作技术进步;社会稳定;水利事业发展;人民的辛勤劳动。

(2)阻碍因素:沉重的赋税给人民以经济负担;繁重的徭役影响生产时间;自然灾害的侵袭;社会不安定、战乱;土地兼并。

3. 中国古代手工业发展的基本特征

(1)手工业部门不断增加,劳动分工越来越细,生产技术不断进步,生产规模不断扩大。

(2)官营手工业、私营手工业、家庭手工业三种经营形态并存。

(3)古代手工业生产长期领先于世界,产品远销亚非欧许多国家,广受赞誉。

(4)明朝中后期,在纺织业中出现工场手工业,资本主义萌芽产生。

(5)经济重心南移与手工业生产布局成相应变化。

4. 中国古代"市"的演变规律

智趣素材

（1）市的空间范围逐渐扩大。南北朝时乡村出现"草市"，唐代"草市"作用已十分显著，并逐渐演进为地方商业中心，宋代城市商业活动打破坊市界限，形成繁荣的商业街。

（2）"市"内商业活动突破时间上的限制，出现夜市。

（3）宋代商业活动不再受政府直接监管，城市的经济功能增强，呈现前所未有的繁荣。

（4）明清时期出现大量专门的工商业市镇，都市中的商业区相当繁华。

5. 重农抑商政策

（1）原因：古代生产力不发达，农业是各国统治的主要经济基础；商业不稳定性和商人流动性大等特点不利于中央集权的加强；中国两千多年占统治地位的自然经济是决定因素。

（2）表现：①统治者反复强调农业为本业，商业为末业。②在土地问题上，采取抑制兼并的政策，防止农民大量破产，稳固农业生产基础。③强化户籍管理，限制人口流动。④从多方面限制商人和商业活动：限制商人的政治权利，堵仕途之路，不许其后代做官；利用税收制度惩罚商人；对重要行业采取官营，不许商人染指；从日常生活方面对商人进行限制，对其穿衣、建房、乘车都有歧视性规定等。

（3）评价：①积极性，在封建社会初期，它促进农业以及社会经济的发展；维护社会安定，巩固新兴地主的政权。②消极性，在封建社会晚期，它压抑了社会经济活力，阻碍工商业发展；造成资本主义萌芽发展缓慢。

6. "海禁"政策

（1）含义：明清王朝禁止中国人赴海外经商和限制外国商人到中国贸易的政策。

（2）原因：自然经济的产物；防范外人入侵和国人反抗；统治者盲目自大的观念。

（3）影响：扼杀了对外贸易推动经济进步的可能性；使得中国社会在19世纪以极端保守和封闭的面貌走向近代化的世界；阻碍商品经济和资本主义萌芽发展。

知识结构梳理

一、发达的古代农业

（一）早期农业生产的出现

1. 农业起源：_____创制了原始工具，教导民众耕作和种植农作物。

2. 生产工具

（1）原始社会：石刀、_____和石犁。

（2）商周时期：出现了_____农具，木制的耒耜和石锄、石犁仍是重要的工具。

3. 耕作方法

（1）原始社会：原始农业的主要耕作方法是_____。

（2）商周时期：已经懂得开沟排水，除草培土，用杂草沤制_____，治虫灭害，土地利用率大提高。

4. 农作物品种

（1）中国是世界上最早培植_____和_____的国家。

（2）西周时期，农作物种类更加丰富，后世的主要农作物多已具备。

5. 影响及地位

（1）农业生产的发展使人们的生活从频繁迁徙开始走向_____。

（2）中国农业独立发展，自成体系，奠定了中国古代_____的基础。

（3）农耕作为最基本的经济形式，支撑着中国古代的社会生产和生活，奠定中国古代的重大发明的基础。

（二）精耕细作的传统农业

1. 生产工具

（1）春秋战国时期：_____和_____开始使用并逐步推广。

（2）西汉时：

①赵过推广_____，后来又出现犁壁。

②发明了播种工具_____，是近代条播机的雏形。

（3）隋唐：江东地区出现了_____，一直为后世沿用。

2. 耕作方法

（1）春秋战国：已经使用_____法。

（2）西汉：

①西汉后期，二牛一人耕作方法逐渐取代二牛三人耕作方法。

②赵过总结劳动人民的生产经验，推行_____法。

③汉朝以后，_____成为我国传统农业的主要耕作方式。

（3）魏晋南北朝：北方旱地耕耙耱技术形成，南方水田也采用耕耙技术，至今沿用。

3. 耕作制度：两汉以_____为主，宋朝以后，江南逐渐形成了稳定的一年两熟制，有些地方形成一年三熟制。

4. 水利灌溉

（1）工程：战国时期的_____和郑国渠；汉朝的漕渠、白渠和龙首渠。

（2）工具：曹魏时改制的_____用于灌溉，唐朝时创制了_____，宋朝出现利用水力的_____，明清时出现风力水车。

(三)男耕女织的小农经济

1. 形成条件

(1)春秋战国时期,_____的出现和_____的逐渐推广,提高了社会生产力。

(2)封建土地所有制的确立。

2. 特点

(1)以_____为生产、生活的基本单位。

(2)男耕女织,农业和家庭手工业相结合。

(3)生产是为了满足自家的基本生活需要和交纳赋税,是一种_____的自然经济。

3. 评价

(1)农民拥有一定的土地、农具或耕畜等_____,具有生产积极性。

(2)农民在自己有限的土地上,努力提高耕作技术,为我国农业的_____作出了重要贡献。

(3)小农经济规模小、条件简陋,抗自然灾害能力差。

(4)封建剥削沉重,小农经济十分脆弱。

二、古代手工业的进步

(一)经营状态

1. 官营手工业

(1)历史悠久:

①夏、商、西周时期,_____垄断青铜铸造业。

②春秋战国时期官营手工业继续发展。

③西汉武帝后,将煮盐、冶铁、铸钱等有利可图的行业收归_____。

(2)特点:

①政府直接经营,进行集中的_____生产。

②凭借_____,征调优秀工匠,使用上等原料,生产不计_____,产品大多精美。

③素称发达,长期保持世界领先地位。

④产品主要供官府和皇室使用。

2. 民间手工业

(1)种类:

①家庭手工业:是农户的_____,产品主要用来_____和家庭消费,剩余一部分作为商品出卖。

②民营手工业:主要生产供_____消费的产品。

(2)发展历程:

①春秋战国和秦汉不断发展。

②魏晋南北朝曾遭受_____。

③隋唐时期得以恢复和发展。

④两宋以后,民间手工业在曲折中继续艰难发展。

⑤明中叶以后,纺织、制瓷、矿冶等行业中,民营手工业甚至超过_____,占据主导地位,并出现_____萌芽。

(二)主要表现

1. 冶金业

(1)原始社会晚期,中国人已经掌握了_____技术。

(2)商周时代,_____进入繁荣时期。

(3)_____晚期,中国已有铁器。

(4)两汉出现高炉炼铁和炒钢技术,东汉杜诗发明_____冶铁工具。

(5)南北朝出现_____。

2. 制瓷业

(1)_____已烧制原始瓷器。

(2)东汉烧制出成熟的_____,北朝烧出成熟的_____。

(3)唐朝,已形成_____两大制瓷系统。

(4)宋朝时,中国制瓷技术大放异彩,出现了五大名窑。

(5)明清时种类丰富,青花瓷、彩瓷、_____争妍斗奇。

3. 丝织业

(1)中国是世界上最早_____织绸国家,距今四五千年,我国养蚕并有了丝织品。

(2)商朝时已有了织机,西周时能生产_____织物。

(3)西汉政府设在_____的东西织室有数千工人,中国丝绸经过"_____"远销亚欧,中国获得了"_____"誉称。

(4)唐朝丝织技术高,吸收了_____的织法和图案风格。

(5)宋朝,丝织品品种繁多,织锦吸收了_____中的写实风格。

(6)明清在苏杭等地由官府设_____生产的丝织品,技艺超过前代。

三、古代商业的发展

(一)古代商业的发展概况

1. 先秦时期:商业产生发展

(1)原因:

①农业和手工业不断发展,分工不断扩大。

②商周时鼓励商业的发展

③春秋战国时_____的局面被打破,商人的社会地位提高。

(2)表现:

①商朝:商朝人善于经商,后世将从事商业活动的人称为"_____"。

②春秋战国:各地出现了许多_____和拥有雄厚资产的_____。

2. 秦汉时期:艰难地发展

(1)原因:

①秦统一中国后,统一货币、度量衡。

②西汉开通了陆上和海上两条_____。

③统治者多推行_____政策。

(2)表现:
①商人经商受到时间、地点的限制。
②西汉都城长安城东、西有"_____"九处,官府设市令对市场进行严格管理。
③中外贸易也逐渐发展起来。
3. 隋唐时期
(1)原因:
①国家重新统一。
②隋唐_____、_____的发展。
③隋朝时开凿了_____,有利于商品流通。
④政府实行开明的对外政策。
(2)表现:
①城市商业发达,出现长安、洛阳、扬州、成都等大都市,夜市繁荣。
②农村_____贸易也发展起来,逐渐演进为相对集中的地方商业中心。
③出现了为商业服务的_____、_____和邸店。
4. 宋元时期:商业繁荣
(1)原因:
①政府逐渐放松对商品交易的限制,重视边境贸易和海外贸易。
②两宋时水陆交通便利,特别是海上丝绸之路畅通。
③元朝疏通运河,开辟了海运。
(2)表现:
①两宋时期,商品种类增加,出现了世界上最早的纸币"_____",_____收入成为政府的重要财源。
②宋朝时,_____和_____的界限被打破,城郊和乡村"_____"更加普遍,经营时间和地点的限制被打破。
③元朝时,_____成为国际性的商业大都会。
5. 明清时期:城镇商业依然繁荣
(1)大量棉花等_____进入市场成为商品。
(2)区域间长途贩运贸易发展较快,货币的作用越来越大。
(3)出现以_____和_____为代表的地域性商人群体,叫做"_____"。
(4)出现汉口镇、_____、_____、朱仙镇四大商业名镇。

(二)官府控制下的对外贸易
1. 正常的对外贸易
(1)西汉:开通陆上和海上两条_____,促进中外贸易发展。
(2)唐朝:政府在广州设_____,专管对外贸易。
(3)两宋:积极发展海外贸易,海外贸易税收甚至成为

_____国库重要财源。
(4)元朝:先在南方主要港口设七个市舶使,后合并为泉州、庆元(今宁波)、广州三处;制定_____;_____是当时世界上第一大港。
(5)清朝:统治者实行海禁和"_____"政策,中国对外贸易渐趋萎缩。
2. 朝贡贸易
(1)含义:通过_____与_____完成交易,也就是通过两国官方使节的往返,以礼物赠答进行交换的贸易方式。
(2)特点:"厚往薄来""赔偿其价"。
(3)目的:不在于获取最大的_____,而是政治上要_____,加强与海外各国的联系,经济上求购各种异域珍宝特产,以满足统治者对奢侈品的需求。

四、古代的经济政策
(一)土地制度的演变
1. 原始社会:土地属于_____所有
原始社会,由于生产力水平的极端低下,土地属于氏族公社所有,以血缘为纽带的氏族公社成员共同占有土地等生产资料,共同劳动,平均分配劳动产品。
2. 奴隶社会:土地国有制——井田制
(1)含义:
①通过分封诸侯世代享用,不得转让与买卖,同时要向国君_____。
②_____与_____在贵族的土地上集体劳作,遭受奴役和压迫。
③耕地规整成方块状,形同井字,被称为"井田"。
④井田制的实质是奴隶社会的土地国有制,实质上也是一种土地私有制。
(2)瓦解:
①原因:根本原因是_____的发展;周王室衰微,_____频繁,土地转让关系发生变化;井田上的_____减少,井田制遭到破坏。
②标志:鲁国实行"_____",承认土地私有制的合法性。
3. 封建社会:封建土地私有制
(1)形成:商鞅变法废除_____,以法律形式确立了_____私有制。
(2)影响:在封建土地所有制下,地主依靠_____,大量兼并土地,造成社会的两极分化。
(3)抑制土地兼并
①目的:维护小农经济,巩固统治。
②措施:北魏至隋唐的"_____",制定官民占有土地的最高限额,限制土地买卖;明朝实行"鱼鳞图册",即丈量全国土地,按照_____和_____的多寡收取赋税。

智趣素材

清末中国妇女的废缠足运动
"百日维新"期间,一直宣传不缠足的康有为给光绪皇帝上了《请禁妇女裹足折》。光绪皇帝同意此议,令各督抚等推行。政策尚未得及施行,慈禧就发动了"戊戌政变",包括禁缠足在内的新法尽废,正在兴起的不缠足运动面临天折的危险。但是,"天足会"是外国人所办,慈禧不敢取缔,对其种种活动也无可奈何,所以天足会一直坚持活动,其影响越来越大,使不缠足运动得以延续。庚子剧变之后,逃亡途中的慈禧太后不得已宣布要实行新政。不缠足运动再度兴起,并迅速吹向相对闭塞保守的北方。孙中山就任临时大总统后,发布命令通饬全国劝禁缠足。不缠足运动更加轰轰烈烈地在全国展开。

③结果:起到鼓励农民垦荒的作用,但不能真正阻止_____。

(二)重农抑商

1. 原因:社会上出现日益严重的商业与农业争夺_____,影响_____甚至危及封建政权统治等问题。

2. 目的:维护封建国家政权的经济基础,确保_____和_____,巩固封建统治。

3. 演变

(1)战国时期_____首倡"重农抑商"政策:

①农业生产粮食布帛,是本业;脱离农业生产的工商业,为末业。

②国家鼓励男耕女织的农业生产,限制_____的发展。

③制止弃农经商,未经允许从商者罚做_____。

(2)西汉汉武帝大规模推行"重农抑商"政策:

①措施:货币官铸、盐铁酒专卖、官营贩运、物价管理、向工商业者加重征税等。

②作用:一定程度上抑制了_____的势力,促进西汉国力的强盛。

(3)明清继续采取"重农抑商"政策:

①_____和_____沿袭"重本轻末"治国理财思想。

②实行专卖制度,垄断盐、茶等重要商品的经营;

③对民营商业不断_____,破坏工商业的正常经营。

(三)"海禁"和"闭关锁国"

1. 明代的"海禁"

(1)原因:

①明朝初年,东南沿海_____日益猖獗。

②明太祖担心流亡海上的敌对势力勾结倭寇,_____。

(2)内容:人民不得擅自出海与_____,对外贸易只能在_____主持下进行。

2. 清初厉行"海禁"

(1)原因:为了对付东南沿海的_____。

(2)内容:

①禁止官民_____。

②将沿海居民内迁数十里。

3. 清代的"闭关锁国"政策

(1)原因:

①根本原因:自给自足的封建自然经济;

②客观原因:西方殖民者向东方殖民扩张;

③直接原因:对付东南沿海人民的抗清斗争。

(2)内容:严格限制对外贸易,但并不是禁绝海外贸易。

(3)后果:

①闭关锁国政策妨碍了_____的开拓,抑制了资本的_____,从而阻碍了资本主义萌芽的发展。

②闭关锁国政策隔绝了中国与外界的联系,使中国落后于_____。

③"闭关锁国"政策在一定程度上也保护了国家的安全。

二年模拟训练

1. (2010年湖州模拟)西周时"一人跖(踏)来而耕,不过十亩",而战国时"一夫挟五口,治田百亩,岁收亩一石半,为粟百五十石。"发生这一变化的原因包括 ( )

①铁农具、牛耕的推广 ②水利工程技术的进步 ③社会秩序的稳定 ④田庄经济的发展

A.①② B.①③ C.②④ D.③④

2. (2010年湖州模拟)唐诗有云"九秋风露越窑开,夺得千峰翠色来。"但后人一直认为秘色瓷开始产于五代,直到1987年,陕西扶风法门寺出土了精美的秘色瓷,最终印证了唐代就开始制作秘色瓷。以上材料说明获取史料的有效途径有 ( )

①文学记载侧面反映 ②考古挖掘 ③史书记载 ④民间传说

A.①② B.①②③ C.②③④ D.①②③④

3. (2010年温州适应性测试)棉花种植及棉纺织技术推广到闽、粤等地区是在 ( )

A. 汉代 B. 唐代 C. 宋代 D. 明代

4. (2010年嘉兴教学测试)明清数百年来,杭州人将十座城门的名字及其特色编成了杭曲大调:百官门外鱼担儿,坝子门外丝篮儿,正阳门外跑马儿,螺蛳门外盐担儿,草桥门外菜担儿,侯潮门外酒坛儿,……(注:篮儿即竹篮,杭州方言喜在词后加"儿"字)从中反映出明清时期 ( )

A. 杭州开始成为商业大都会

B. 杭州出现了资本主义萌芽

C. 官府对杭城进行了区域功能划分

D. 杭城市民的经济文化生活较为丰富

5. (2010年石家庄二中阶段性测验)白居易《朱陈村》:"……机梭声札札,牛驴走纭纭,女汲涧中水,男采山上薪,县远官事少,山深人俗淳。有财不行商,有丁不入军。家家守村业,头白不出门。……"这些诗句能反映出我国古代经济发展特点的是 ( )

①以家庭为生产、生活单位 ②农业和家庭手工业相结合(或男耕女织) ③自给自足 ④政府不征收赋税

A.①③④ B.②③④ C.①②④ D.①②③

6. (2010年安庆模拟)农耕文明催生了较为完善的土地制度。"这是按人口分配土地的制度,但仅分配国家掌握的土地,

智趣素材

不触动地主的原有土地。"对这段材料描述的土地制度理解不正确的是 ( )

① 土地兼并是其产生的原因之一

② 反映了土地制度日益完善

③ 不能反映出封建统治的阶级基础

④ 这是一种土地国有制度

A. ① B. ②③ C. ③ D. ④

7. (2010 年安庆模拟)19 世纪中叶以后,中国逐渐被卷入资本主义世界体系。从生产力发展的角度看,对中国产生的影响是 ( )

A. 清政府统治土崩瓦解

B. 自然经济解体

C. 农民和手工业者大量破产

D. 近代工业在中国出现

8. (2010 年安庆模拟)明朝"嘉庆末,隆庆间……末富居多,本富居少"。康乾时期,苏州账房"散放经丝,给予机户,按绸匹计工资……小机户无资本,往往持账房为生"。以上材料不能说明的问题是 ( )

A. 资本主义萌芽出现

B. 商品经济发达

C. 明清时期,政府经济政策导致"本""末"倒置

D. 商人打入生产领域成为包买商

9. (2010 年惠州模拟)明万历年间,我国东南地区"佃农所获,朝登垄亩,夕贸市廛"这一现象所产生的积极作用是( )

A. 佃农完全获得了生产自主权

B. 佃农与地主的依附关系完全消失

C. 佃农获得实际利益,积极性提高

D. 佃农获得产品的完全支配权

10. (2010 年杭州模拟)下列文学体裁的繁盛,与商品经济的繁荣、城市经济的活跃和市民阶层的扩大密切相关的是 ( )

① 汉赋 ② 唐诗 ③ 宋词 ④ 元曲 ⑤ 明清小说

A. ①②③④⑤ B. ②③④

C. ③④⑤ D. ①②④

11. (2010 年广东四省模拟)公元前 594 年,鲁国规定:不论"公田""私田",一律按田亩实数交税。这一税制改革 ( )

A. 促成了重农抑商政策的形成

B. 确立了贵族土地私有制

C. 减少了新兴地主的租税收入

D. 实质上否定了井田制度

12. (2010 年广州高考模拟)标志着我国精耕细作传统农业在唐代发展到一个新水平的是 ( )

A. 曲辕犁
B. 楼车

C. 二牛一人耕作法
D. 铁犁冠

13. (2010 年福建单科模拟)古代中国社会"凡民曰四,一日士,二日农,三日工,四日商"。明清之际,江南等地出现了"士商相混"的现象。这说明 ( )

A. 礼教束缚解除,传统观念转变

B. 启蒙思想产生,平等观念深入人心

C. 商品经济发展,等级观念淡化

D. 商人地位提高,传统社会结构解体

14. (2010 年厦门模拟)"除文化上的成就外,宋朝时期值得注意的是,发生了一场名副其实的商业革命。"这场"商业革命"的内容不可能包括 ( )

A. 城市商业打破了时间和地点的限制

B. 乡村地区不能设市的规定被废除

C. 商业活动不再受官府直接监管

D. 以地域为基础的商帮及会馆兴起

15. (2010 年河北省唐山市高三摸底)阅读下列材料,回答问题。

材料一 《长安志》卷七:"(唐代长安)万年(县)领(朱雀门)街东五十四坊及东市,长安(县)领(朱雀门)街西五十四坊及西市"。

《唐会要》:"凡市,以日中击鼓三百声而众以会,日入前七刻击钲三百声而众以散。"……

《唐六典》:"京都诸市令,掌百族交易之事,丞为之贰。"

材料二 张泽咸《唐代工商业》:江淮以南,东晋南朝时已出现了草市,唐代草市为数众多。例如青弋江有"村边草市",茶山下有"水口草市"。在钟山附近,"野市鱼盐隘,江村竹苇深"。淮阴附近,"鱼盐桥上市,灯火雨中船"。……(唐代)楚州"千灯夜市喧",苏州"夜市卖菱藕",广州"蜑声喧夜市"。

请回答:

(1)何谓"市"? 根据材料一,概括唐代"市"的基本特点。

智趣素材

小站之名的来历

　　1870 年李鸿章到天津后,感到天津作为京畿之地,又地处海口,加强防务非常必要。于是调陕西的淮军盛字军到青县的马厂驻防,在津南地区的新城修筑炮台,炮台筑毕,为方便马厂与新城炮台之间的联系与往来,又修筑了一条公路。公路沿途每 5 公里设一小站,10 公里设一大站,共设了 15 个驿站。周盛传将其盛字军除马队外,其余各营移师至津南新城附近的潘永安坟地小站以北,在这里安营扎寨,先设立了"亲军营",随后以"亲军营"为中心,按矩形方阵修筑了 18 个营盘,形成军事要地。潘永安坟地的小站因此也声名鹊起。现在小站已成为天津津南地区三大名镇之一。

(2)材料二中"草市""夜市"的出现有何意义？

16.(2010年江苏省扬州市第一次教学调查)阅读下列材料，回答问题。

材料一　在我国(早期)封建城市形成的过程中……真正起关键作用的是统治阶级的政治、军事需要。春秋时筑城的原因不外乎以下三种：第一。大小诸侯国国都都是政治中心，都需筑城……第二，各国纷争中需要在战略要地筑城……第三，统治者为达到某种政治目的而在一些地方筑城……封建社会的城市商业是在这些旧城的基础上发展繁荣起来的。

材料二　南京(今河南商丘附近)去汴河五里，河坝(畔)，谓之河市，五代(国即北宋)初，官府罕至，舟车所聚，四方商贾孔道(交通要道)也。其盛非宋州可比。

——引自(北宋)王巩《闻见近录》

材料三

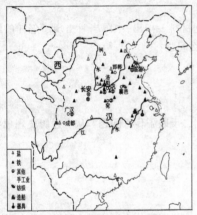

西汉工商业城市分布图

唐朝工商业城市分布图

材料四　隋唐时期，政治上的统一和大运河的开通，密切了南、北方的经济往来。扬州等城市成为闻名中外的大都会。西域以及阿拉伯、波斯商人来往经商频繁，陆上和海上丝绸之路都呈现出空前繁荣的景象。

材料五　唐朝王建有诗曰："夜市千灯照碧云，高楼红袖客纷纷。"(《夜看扬州市》)唐代李绅有诗曰："夜桥灯火连星汉，水郭帆樯近斗牛。"(《宿扬州》)

材料六　明清时期，江南地区出现了一些城市，如棉纺业发达的松江、陶瓷业发达的景德镇、冶铁业发达的佛山、长江的商品转运码头汉口等地。……丝织巨镇盛泽镇，本是青草滩上一荒村，"明初居民止五六十家，嘉靖间倍之，以绫绸为业，始称为市"。因"丝绸之刑日扩"到乾隆时，"居民百倍于昔，绫绸之聚亦且十倍……盖其繁阜喧盛，实为邑中诸镇之第一。"

——岳麓版高中新课程《历史》必修

请回答：

(1)根据材料一和材料二，分析中国封建社会城市(集镇)形成原因。

(2)根据材料二和材料三，分析我国古代工商业城市分布区域发生的变化。

(3)唐朝后期，扬州有"天下之盛，扬为首"的说法。结合材料四、五，概括指出扬州繁华的表现。

(4)材料六指出明清时期城市发展的主要原因。

(5)结合材料和所学知识，概括指出明清时期城市经济发展的新特点。

一年冲刺母题

【母题】 阅读下列材料,回答问题。

材料一 方里而井,井九百亩,其中为公田。八家皆私百亩,同养公田,公事毕,然后敢治私事。

——《孟子·滕文公下》

(1)这是儒家的井田思想。根据所学知识归纳"公田"和"私田"的含义。

材料二 初置张掖、酒泉郡,而上郡、朔方、西海、河西开官田,斥塞卒六十万人戍田之。

——《史记·平准书》

(2)材料二规定的土地制度是什么?其性质是什么?它起到了什么作用?

材料三 宋朝开历史之先河,采取"田制不立"、"不抑兼并"的土地政策。

——《宋史·食货志》

(3)有人说,宋代的这一规定顺应了时代发展的要求,你认为"时代发展的要求"是什么?

材料四 顺治六年(1649年)诏令:"凡各处逃亡民人,不论原籍别籍,必须广加招徕,编入保甲,俾之安居乐业,察本地无主荒田,州县官给以印信执照,开垦耕种,永准为业。俟耕至六年以后,有司官亲察成熟亩数,抚按勘实,奏请奉旨,方准征收钱粮。"

(4)根据材料四,归纳该诏令的内容。你认为该诏令能真正解决农民的土地问题吗?

(5)结合上述材料归纳中国古代土地制度演变的基本规律。

【解析】 本题考查了古代土地制度的演变。第(1)问主要考查了井田制,注意对"公田""私田"概念的理解;第(2)问考查了屯田制这个土地国有制形式,要注意这种形式从本质上仍然是土地私有;第(3)问体现了商品经济发展下土地的逐渐私有化;第(4)问考查清代的土地政策,要注意从本质上理解其政策的含义;第(5)问一定要结合第一个材料去分析归纳。

【答案】 (1)公田:贵族占有,奴隶耕作,收获全部归贵族。

私田:分授劳动者,只有土地的使用权,没有所有权。

(2)屯田制。性质:土地国有制。作用:促进边疆开发,经济恢复发展。

(3)商品经济的发展对私有制的要求。

(4)内容:一是广招流民,开荒种地,恢复农业;二是官府承认垦荒者土地私有,发给印信执照;三是垦荒者前五年免税。

(5)土地从公有到私有;土地制度的演变与经济的发展、统治者的统治直接相关;土地兼并长期存在。

【变题1】 2008年10月20日,国家发改委发布一揽子强农惠农政策,在借鉴历史教训和总结改革开放三十年经验的基础上,将强化我国农业生产的商品化、规模化、专业化、区域化生产作为强农惠农的根本来抓。阅读下列材料:

材料一 自元代以来,松江逐渐发展成全国棉纺织业中心。"买不尽松江布,收不尽魏塘纱。""数年来,肃定一邑,所出布匹,足当吾松(松江)十分之一矣。"

材料二 康熙四十八年,康熙说:"本朝自统一区宇以来,已六十七八年矣。百姓俱安享太平,生育日以繁庶。户口虽增,而土田并无所增。分一人之田供数家之用,共谋生焉能给足?"乾隆四十六年,黄河"河滩地亩,说皆耕种麦苗,并多居民村落……筑围打坝,填塞日多"。

材料三 汉唐……魄力究竟雄大,人民具有不至于为异族奴隶的自信心,或者竟毫未想到。凡取处来事物的时候,就如将被俘虏来一样,自由驱使,毫不介性。一到衰敝陵夷之际,神经可能衰弱过敏了,每遇外国东西便觉得彼来俘我一样,推拒惶恐,逃避退缩。

——引自《鲁迅全集·坟·看镜有感》

请回答:

(1)根据材料一指出,中国当时出现了怎样的经济现象?这说明了什么问题?

(2)材料二反映了什么问题?从上述历史现象中,你能得到什么认识?

(3)材料三说明了什么?这对中国经济带来怎样的影响?

(4)就以上现象开展研究性学习,请你拟定一个合适的研究题目。

【变题2】 阅读下列材料:

徽州少年林光伦,以日记的形式,记载了清朝道光二十五年(1845年)林家成员的生产、生活等活动。以下材料是根据林光伦所写的日记编制而成。

材料一 林父与林光伦一年生产、生活时间分配表(单位:天)

人物	生产劳作	其他活动	外出活动	休闲	统计
林父	113	96	28.5	117.5	355
	31.8%	27.07%	8.03%	33.1%	100%
林光伦	308	22	5	20	355
	86.7%	6.2%	1.47%	5.63%	100%

说明:①林父的"其他活动"主要包括"打杂"、"做风水地"两项。②林光伦的"生产劳作"以牧牛为主,占264.5天。

材料二 林父一年"外出活动"分类统计表(单位:天)

项目	走亲戚	往双岭	往重山挖(背)苗竹	往齐春挑茶	往思口买杂货	往清华买货	往富村买货	江村打油	往林村买小猪	卖茶
天数	12.5	1	3	1	4	2.5	2	1	1	0.5

材料三 林家"生产劳作"时间分类统计表

专项	粮食生产	蔬菜生产	经济作物(茶)	其他	统计
劳动时间(天)	62	11	16	24	113
百分比(%)	55	9	14	22	100

说明:粮食包括禾(稻)、麦、粟、番薯四类,凡与之有关的劳动视为粮食生产活动。蔬菜、白豆、油菜种植等列入蔬菜生产。

请回答:

(1)根据林家的生产、生活和经济状况,判断出林父的身份并说明理由。

(2)根据上述材料,概述林光伦的生活状况。

(3)在当时,林光伦的人生之路可能面临三种选择:其一,从事农耕;其二,经商致富;其三,科举致仕。请你就上述三种人生选择,结合林家状况和时代特点,分析其有利因素和不利因素。

第2单元 近代中国经济结构的变动与资本主义的曲折发展

考纲解读导航

考试内容

1. 近代中国经济结构的变动
(1)自然经济的逐渐解体
(2)洋务运动
(3)中国民族资本主义的产生
2. 中国民族资本主义的曲折发展
(1)民族资本主义的初步发展
(2)短暂的春天
(3)曲折的发展

能力要求

(1)简述鸦片战争后中国经济结构的变动和近代民族工业兴起的史实,认识近代中国资本主义产生的历史背景。

(2)了解民国时期民族工业曲折发展的主要史实,探讨影响中国资本主义发展的主要因素。

(3)探讨在半殖民地半封建社会条件下,资本主义在中国近代历史发展进程中的地位和作用。

三年高考命题

1. (2009年北京文综)下列各组史实中,能够体现中央政府尊重少数民族文化、"因俗而治"的是 ( )
①唐朝在东突厥故地设立都督府 ②明朝在西南实施"改土归流" ③明朝在西藏建立僧官制度 ④清康熙帝平定"三藩之乱"
A. ①③　　B. ②④　　C. ①③④　　D. ②③④

2. (2009年北京文综)1862年,京师同文馆设立。该馆先后开设外语、化学、物理、各国史略、航海测算、富国策、万国公法等课程。据此判断,同文馆 ( )
A. 标志着西学东渐进程开始
B. 致力于"变科举""改官制"
C. 为洋务运动培养新式人才
D. 旨在宣传"德先生""赛先生"

3. (2009年福建文综)1873~1910年,我国农产品出口总值呈不断上升的趋势。促成这种趋势的因素不包括 ( )
A. 列强对华经济掠夺加强
B. 农产品商品化程度提高
C. 自然经济进一步发展
D. 世界市场最终形成

4. (2009年广东历史单科)近代民族工商业的发展,福建省具有代表性。1875~1895、1896~1911、1912~1913、1914~1918四个时段福建民族工矿企业年均注册数,与选项有对

应关系。其中1896~1911年应是 ( )
A. 4.6个　B. 3个　　C. 2.5个　　D. 0.55个

5. (2009年广东文科基础)某年,清政府明令各省督抚放宽民间设置工厂的限制。促成这一政策出台的是 ( )
A.《南京条约》　　　B.《北京条约》
C.《马关条约》　　　D.《辛丑条约》

6. (2009年海南历史单科)1942年国民政府统治区重工业状况表

年份	占工厂总数比例	占工业资本总额比例	占工人总数比例
1937年	16%	4.4%	7.3%
1942年	58%	78%	49%

表中所示各种比例发生变化的主要原因是 ( )
A. 抗日战争的影响　　B. 抗日根据地扩大
C. 国际援助的增多　　D. 民营工业的发展

7. (2009年江苏历史单科)有学者认为中国近代社会风俗的阶段性发展特点是:洋务早期,风气初开;清朝末年,天下移风;民国初年,飘转豹变。这一特点也可以用来描述近代中国 ( )
A. 民族资本主义的发展
B. 大众传媒的变迁
C. 思想领域的变化

智趣素材

张学良不回大陆的几大原因

张学良因为长久禁在蒋家后宫,难免对政治隔阂,因此一旦出山,就有诸多混乱且不适应。台湾的政治他不懂,台湾的政治也不要他,他只有远离是非之地,到海外去独善其身了。另外张学良常说,他是远离政治漩涡的"闲云野鹤","采菊东篱"的老翁,没有特权的普通人,两岸的形势越缓和,他回家的条件就越成熟。张学良回来的最佳机遇是在1991年。他当时身体健朗,思维敏锐,精神矍铄,坐车、乘飞机都毫无问题,而且从美国直飞北京相当方便。错过那时,他的身体日渐衰弱,赵四病上加病,夫妇双方只能靠轮椅行动,即便再想回来,身体状况也不允许了。

D. 民主政治的发展

8. (2009 年山东文综)右图是 20 世纪重庆商务总会的一副楹联,它体现了近代工商业者的（　　）

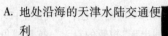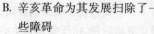

古人忠愤　异代略同　慨热清规划
商情　要与前人分一席
天下兴亡　匹夫有责　望大家保全
时局　莫教美利让四方

　　A. 重义轻利思想
　　B. 维新图强思想
　　C. 实业救国思想
　　D. 中庸自保思想

9. (2009 年天津文综)下图所示的民族企业创建后,仅用三年时间,代理商即遍布全国大中城市,产品远销东南亚。其迅速发展的背景是（　　）

　　A. 地处沿海的天津水陆交通便利
　　B. 辛亥革命为其发展扫除了一些障碍
　　C. 第一次世界大战为其发展提供了客观条件

创建于1932年的天津某企业

　　D. 南京国民政府推出了有利于发展经济的政策

10. (2008 年广东历史单科)有学者认为,外国商品输入造成中国自然经济逐步瓦解……可以作为该观点直接证据的是（　　）

　　A. 19 世纪末镇江海关报告称"从前如江北内地各州县,均用洋布,近则用土布者渐多"
　　B. 20 世纪初有人指出"商市展扩所及,建筑盛则农田少,耕者织妇弃其本业而趋工场,必然之势也。"
　　C. 1853 年的《顺德县志》载:"女布(指土布)遍于县市,自外洋以风火水牛运机成布,舶至贱售,女工几停其半……"
　　D. 1850 年,美国驻厦门领事说:"这里对棉织品的需要,和在广州上海一样,长期受到限制……"

11. (2008 年广东文科基础)"嗣后所有公共机关日用消耗各品,除特种无国货可代用者外,务请专购国货以示提倡。"该文告发布的时间最可能是在（　　）

　　A. 戊戌变法时期　　B. 辛亥革命时期
　　C. 民国初年　　　　D. 新中国成立初期

12. (2008 年江苏历史单科)张之洞说:"臣愚以为华民所需外洋之物,必应悉行仿造,虽不尽断来源,亦可渐开风气。"这表明他主张（　　）

　　A. 仿效西方政治制度　　B. 兴办近代军事工业
　　C. 创办近代民用工业　　D. 学习西方自然科学

13. (2008 年宁夏文综)据记载,1888 年清朝政府在北京西苑修建了一条铁路,慈禧太后因火车司机坐在自己前面开车,弃用了从德国引进的蒸汽机车而改用太监牵拉。这说明（　　）

　　A. 顽固势力拒绝引进西方科技
　　B. 封建等级制度阻碍社会发展
　　C. 清朝天朝大国思想根深蒂固
　　D. 封建迷信阻碍近代科技传播

14. 1870～1910 年中国一些进口货物占总进口值的百分比。

项目 年份	棉　布	金属和矿物	机　械
1870	28.0	5.8	
1880	24.9	5.5	
1890	20.2	5.7	0.3
1900	21.5	4.7	0.7
1910	14.7	4.3	1.5

表中反映出（　　）

　　A. 中国对工业产品需求量减少
　　B. 西方列强对华资本输出扩大
　　C. 近代中国工矿企业发展壮大
　　D. 中国的传统手工业衰败没落

15. (2008 年天津文综)中国读书人历来"耻于言商,耻于言利",而清末"状元实业家"张謇却放弃仕途,投身于近代工商业。这里反映出的观念意识是（　　）

　　A. 实业救国　　　B. 工商皆本
　　C. 重利轻义　　　D. 重商轻农

16. (2008 年文综全国卷一)洋务运动时期,有一类企业是"由官总其大纲,察其利病,而听该商董等自立条议,悦服众商"。采用这种经营管理方式的企业是（　　）

　　A. 江南制造总局　　B. 轮船招商局
　　C. 发昌机器厂　　　D. 耶松船厂

17. (2008 年文综全国卷二)太平天国运动对中国近代化产生了一定影响,这主要表现在,它（　　）

　　A. 否定了封建土地所有制
　　B. 动摇了清朝的统治基础
　　C. 打击了外国侵略势力
　　D. 实施了发展资本主义的方案

18. (2010 年全国卷 1)下表反映的是 1885～1892 年田赋、厘金、关税占清政府年收入百分比。

项目 年份	总额(千两)	田赋(%)	厘金(%)	关税(%)
1885	78276	38.6	17.9	18.8
1887	85787	36.4	19.6	24.3
1889	86187	35.5	17.4	25.7
1891	95394	33.4	17.1	25.1
1892	88816	35.2	17.2	26.0

该表反映了这一时期（　　）

A. 政府强化了对关税的控制

B. 连年战争使农村经济日趋凋敝

C. 民族工商业发展陷入停滞

D. 财政收入越来越倚重商品流通

19. (2009年安徽文综)阅读材料,回答下列问题。

材料一 (宋高宗)谕大臣……又曰:"广南市舶,利入甚厚,提举官宜得人而久任。庶蕃商(指海外商人)肯来,动得百十万缗(货币单位),皆宽民力也。"

国朝(清朝)设关之初,番舶入市者仅二十余柁(艘),……舶长曰大班,次日二班,得居停十三行,余悉守舶,仍明代怀远驿旁建屋居番人制也。

——摘自翦伯赞、郑天挺主编《中国通史参考资料》古代部分

材料二

上海开埠后,"洋布大行,价才当梭布(土布)三分之一。吾村专以纺织为业,近闻已无纱可纺。松、太布市,消减大半"。

从19世纪40年代开始,中国丝、茶的出口额迅速增长。茶的出口由1843年的1300多万斤增加到1855年的8400万斤;丝的出口从1843年的1000多包增加到1855年的56000多包。由于丝、茶等农产品的大量出口,一些地区的农民放弃粮食生产转而种桑植茶。

——摘编自李侃等《中国近代史》

材料三

(单位:亿美元)

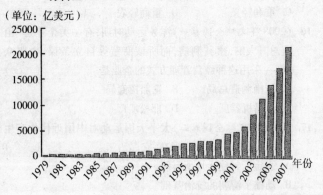

——摘自金勇进主编《数字中国》

(1)依据材料一指出南宋和清朝前期外贸机构的名称,并结合所学知识概述南宋外贸的具体作用和清前期外贸政策的直接后果。

(2)针对材料二所反映的现象,结合所学知识分析其原因及对中国经济结构的影响。

(3)分析材料三所示中国新时期外贸状况形成的主要原因。结合上述材料和所学知识,概括中国新时期外贸的发展与古代、近代各有何不同。

 复习攻略

一、整体感知

中国民族资本主义经济在19世纪六七十年代产生;19世纪末得以初步发展;一战期间出现"短暂的春天";抗日战争爆发前夕,国民政府制定和实施了一些促进经济发展的政策,民族工业又有了短暂发展;国民党统治后期,由于官僚资本的压制,使民族工业遭到巨大打击。中国民族资本主义自产生开始就受到封建主义与外国资本主义的排挤与限制,对外国资本主义和本国封建势力既具有依赖性又具有反抗性,决定了中国民族资产阶级的妥协性和革命性的特点。

二、各个击破

1. 中国近代民族资本主义产生的条件

(1)外国资本主义的侵略加速了自然经济的解体,从而为资本主义产生提供市场和劳动力条件。

(2)外商企业的刺激(技术、设备、先进的生产方式、利润等)。

(3)洋务运动的诱导。

2. 中国近代民族工业首先在沿海地区出现的原因

(1)沿海地区最早遭受列强侵略,自然经济瓦解早。

(2)商品经济发达、工业基础好。

(3)洋务企业与外商企业主要分布在沿海地区。

(4)沿海地区交通便利。

3. 中国民族资本主义工业的特点

(1)先天不足:缺少资本原始积累。资金少、规模小、技术力量薄弱。

(2)后天畸形:①行业分布不均:绝大部分是轻工业,重工业发展缓慢;②地区分布不均:主要集中在东南沿海,内地很少。

(3)发展艰难:受外国资本主义和本国封建势力的排挤和限制,对外国资本主义和本国封建势力既具有依赖性又具有反抗性,决定了中国民族资产阶级的妥协性和革命性的特点。

4. 中国民族工业一战期间出现"短暂春天"的原因

(1)辛亥革命为民族工业发展扫清一些障碍。

智趣素材

巴金与《随想录》

"文革"后的巴金,用劫后余生来形容应不为过。那10年,在他看来真是一场噩梦,在这场梦中,他失去妻子、朋友。内心的伤痛是如此难以愈合,以致在夜里他会听到死去的妻子悲切的哀哭声,他会在睡梦里见到冤死的故友,他的悲伤都一笔笔地写进了《随想录》及随后的文集中。从1978年到1986年间,巴金写了150篇随笔式的短文,这些文章最初发表在《香港大公报》的"随想录"专栏上,后由我国香港三联书店结集出版。五卷本的《随想录》如果只是一个侥幸从灾难中生存下来的老人的喃喃自语,那么今天的巴金也就不会是如此光彩夺目。

（2）"中华民国"建立提高了民族资产阶级的政治地位。

（3）南京临时政府颁布了一系列发展实业的法令。

（4）一战期间，欧洲列强暂时放松对华经济侵略。

（5）人民群众抵制日货提倡国货运动促进民族资本主义发展。

（6）实业救国思潮的推动以及实业家们自强不息的爱国精神。

5．如何看待民族工业在中国近代史上的地位

（1）从经济领域看，民族资本主义工业是一种代表历史潮流和趋势的新经济因素，它有利于中国社会的进步，推动了中国近代化的进程和社会经济的发展。

（2）从政治领域看，民族资本主义经济的产生与发展，使

资产阶级和无产阶级队伍不断发展壮大，为资产阶级民主革命的开展提供了物质基础和社会基础，也为中国革命由旧民主主义革命向新民主主义革命的转变创造了条件。

（3）从思想领域看，民族资本主义的产生和发展，为西方资本主义思想文化的传播提供了社会基础，资产阶级为了壮大自己的力量和推翻封建主义，开展了一系列思想文化运动（如维新思想和资产阶级革命思想的传播、新文化运动等），从而冲击和动摇了封建正统思想的统治地位，解放了人民的思想。

（4）从发展趋势看，民族资本主义工业企业资金少、规模小、技术力量薄弱，没有形成完整的工业体系，地区分布不尽合理，在一定程度上依赖于外国资本主义和本国封建势力，难以独立发展。

知识结构梳理

一、近代中国经济结构的变动

（一）自然经济的逐渐解体

1．含义

自然经济就是自给自足的一种经济形态，其生产的目的不是为市场交换需要，而是为了生产者个人或经济单位的需要的一种经济形式，_____是其鲜明的写照。

2．原因

_____的入侵是中国自然经济解体的主要原因。

（1）外国商品的大量涌入，对自然经济造成猛烈冲击。

（2）列强大量收购中国_____，促进中国商品经济的发展和瓦解的中国自然经济。

3．表现

（1）家庭纺织业中，"纺"与"_____"的分离，"织"与"_____"的分离，造成大批农民和手工业者破产。

（2）中国农产品日趋_____。

4．影响

（1）客观上促进了中国_____的发展。

（2）为民族_____的产生提供了条件。

（3）自然经济是封建社会的根本经济基础，它的解体冲击了_____。

（二）洋务运动（19 世纪 60～90 年代）

1．背景

_____后，清政府面临_____的窘境。

2．概况

（1）代表人物

①中央：恭亲王奕䜣

②地方：_____、_____、左宗棠、张之洞。

（2）主张及目的：洋务派主张在不改变_____的前提下，利用西方的_____，维护清朝的统治。

3．内容

（1）以"自强"为旗号，采用西方先进的生产技术，创办了一批近代_____。

①曾国藩创办的_____。

②李鸿章创办的_____。

③左宗棠创办的福州船政局。

④崇厚创办的天津机器制造总局。

（2）以"_____"旗号，创办了一批近代民用工业。

①目的：解决_____资金、燃料、运输等方面的困难

②代表：李鸿章创办的_____和开平煤矿；_____创办的汉阳铁厂和湖北织布局。

（3）筹划海防：初步建成_____、南洋、_____三支海军，中国出现了近代海军。

（4）发展近代教育。

①目的：适应洋务运动的需要，培养洋务人才。

②成就：创办了_____等一批新式学堂；选派留学生出国深造，开_____的先河。

4．结果——破产

（1）标志：_____的惨败。

（2）原因

①没有彻底变革腐朽的封建统治（根本原因）。

②洋务派缺乏健全有力的领导核心。

③顽固派的破坏。

④西方列强的阻挠。

5．评价

（1）历史作用：开辟并推动了中国近代化的进程。

①客观上刺激了中国_____的发展。

②对外国资本主义的侵略起到了一定的抵制作用。

③对_____的瓦解起到了一定的推动作用。

(2)局限性:根本目的是维护腐朽的_____,它的失败说明地主阶级无法领导中国走向富强。

(三)中国民族资本主义的产生(19世纪六七十年代)

1.原因

(1)_____丰厚利润的刺激。

(2)_____引进西方先进生产技术的诱导。

(3)列强入侵中国,自然经济开始解体;

2.概况

(1)来源:_____、_____和商人。

(2)地区:_____地区。

(3)代表:上海的_____、_____的继昌隆缫丝厂和天津的贻来牟机器磨坊。

3.特点

(1)资金少、规模小,技术力量薄弱。

(2)行业、区域分布不平衡。

4.影响:一定程度上抑制了列强的经济侵略,推动了中国近代化的进程。

二、中国民族资本主义的曲折发展

(一)民族资本主义的初步发展

1.原因

(1)甲午中日战争以后,列强争相向中国_____,进一步瓦解_____。

(2)清政府为_____,解决财政危机,放宽对_____的限制。

2.表现

(1)商办企业_____的增加和_____的扩大。

(2)兴办的近代企业由沿海向_____扩展。

3.影响:随着民族资本主义的初步发展,民族资产阶级作为新的_____,开始登上历史舞台。

(二)短暂的春天

1.原因

(1)辛亥革命的推动

①推翻了_____统治,建立_____,为民族资本主义的发展扫除了一些障碍。

②临时政府的成立提高了民族资产阶级的政治地位,激发其投资_____的热情。

③临时政府鼓励_____的政策推动了民族资本主义的发展;

④发展资本主义工商业的各种_____纷纷涌现和海外华侨竞相投资。

(2)群众性反帝爱国运动的推动,特别是_____、提倡国货运动。

(3)欧洲列强忙于一战,暂时放松了对中国的_____。

(4)"_____"思潮的兴起。

2.表现

(1)新建和扩建厂矿企业增多。

(2)投资总额增加。

(3)_____和_____发展最快,化工、皮革、卷烟等行业也有发展。

3.结局

一战后_____卷土重来,民族工业迅速萧条。

4.影响

民族资本主义的短暂春天,使无产阶级的力量壮大,为我国由旧民主主义革命向新民主主义革命的转变奠定了阶级基础。

(三)曲折的发展

1.较快发展

(1)时间:国民政府统治前十年(1927～1936年)。

(2)表现:

①工业部门增多:传统发达的棉纺织业和面粉业,还有新兴工业部门如化学工业、橡胶工业都有较大发展。

②产品出口国外:制成的碱出口_____和_____。

③国民生产总值增长:1935～1936年增长速度创历史最高纪录。

(3)原因:国家基本实现统一和国民政府开展"_____"。

2.日益萎缩

(1)时间:抗日战争时期(1937～1945年)

(2)原因:

①在沦陷区日军的_____和_____。

②在国统区国民政府实行_____,强化对经济的全面控制。

③官僚资本垄断_____,压制民族工业牟取暴利。

3.陷入绝境

(1)时间:解放战争时期(1946～1949年)

(2)原因:

①美国经济侵略的加剧。美国与国民政府签订《_____》攫取了大量的在华政治、经济特权,美国商品大量涌入中国市场,排挤国货。

②官僚资本进行_____,残酷挤压民族工业。

③国民政府不断增加_____,滥发纸币,导致_____,原料昂贵而产品滞销。

(3)表现:人民生活困苦不堪,民族工业纷纷倒闭,陷入困境。

智趣素材

美利坚合众国的诞生

1776年1月,资产阶级启蒙运动思想家托马斯·潘恩发表了他的名著《常识》,号召殖民地人民向英国宣布独立。不出一个月,这本激动人心的小册子就传遍了13个殖民地,人们到处都在阅读、传诵着。独立战争的领导人约翰·亚当斯看到这种情况后高兴地说:"独立像一股洪流,每天从四面八方向我们滔滔涌来。"在人民要求独立的呼声越来越高的情况下,大陆会议终于在7月4日通过了由著名革命家、思想家和科学家杰斐逊、富兰克林等人起草的《独立宣言》,宣告了一个新国家——美利坚合众国的诞生。

二年模拟训练

1. (2010 年合肥模拟)下列城市中,是古代的对外贸易港口, 是近代了解西方的窗口,同时还是现代改革开放的前沿的是　　　　　　　　　　　　　　　　　　　　(　　)
   A. 天津　　B. 南京　　C. 广州　　D. 上海

2. (2010 年合肥模拟)新文化运动时期,新派诗人刘大白在《卖布谣》中写道:"土布粗,洋布细,洋布便宜,财主欢喜。土布没有要,饿倒哥哥嫂嫂"。该诗反映了　　(　　)
   ①中国自然经济逐渐瓦解
   ②作者提倡使用国货
   ③民族资本主义此时发展艰难
   ④作者反对机器生产
   A①②　　B.③④　　C.①②③　　D.①②③④

3. (2010 年福建单科模拟)近代以来,许多人士投资近代企业。从下表中无法获取的信息是　　　　　　(　　)

   1840～1894 年间投资民族企业的人数比例表

投资者	所占比例(%)
官僚、地主	30.86
一般商人	18.52
手工作坊主	7.41
华侨商人	7.41

   A. 部分官僚、地主转化为民族资本家
   B. 民族资本来源多样化
   C. 投资者主要来自国内
   D. 民族工业发展迅速

4. (2010 年厦门模拟)中国某一时期的刊物频繁的出现"曙光"、"新社会"、"进步青年"、"救国"、"自由"、"平民教育"等词汇。这些刊物最可能出现于　　　　　(　　)
   A. 维新运动时期
   B. 新文化运动时期
   C. 新中国成立初期
   D. 改革开放时期

5. (2010 年惠州模拟)有人说洋务运动是"有心栽花花不开, 无心插柳柳成荫。"这里的"柳"是指　　　　(　　)
   A. 增强封建统治的力量
   B. 出现新的经济因素和阶级力量
   C. 抑制外国经济实力的增长
   D. 引进了先进的近代科学技术

6. (2010 年惠州模拟)一战期间,中国民族工业获得迅速发展,但美国历史学家费正清却把这一发展称之为"没有前途的经济奇迹"。他判断的主要依据是　　　　(　　)

7. A. 中国的社会环境没有得到根本改变
   B. 中国民族工业结构不合理
   C. 中国正处于军阀割据的混战状态
   D. 中国民族资产阶级具有软弱性

7. (2010 年东北四市第一次联考)"知有兵事而不知有民政, 知有外交而不知有内治,知有朝廷而不知有国民……以为吾中国之政教丰富无一不优于他国,所不及者惟枪耳、炮耳、船耳、机器耳。"这是梁启超对近代某一历史事件的批判,这一事件是　　　　　　　　　　　(　　)
   A. 洋务运动　　　　　　B. 辛亥革命
   C. 太平天国运动　　　　D. 义和团运动

8. (2010 年南昌市一模)著名史学家陈旭麓在《中国近代社会的新陈代谢》中提出"洋务运动,就其主观动机而言,他们未必有真心打破旧轨,但他们的主张却历史的包含着逸出旧轨的趋向。"这里"包含着逸出旧轨的趋向"指的是　(　　)
   A. 在一定程度上抵制了西方资本主义的经济侵略
   B. 有利于西学的传播
   C. 瓦解了自然经济,促进了民族资本主义的产生
   D. 引进了西方先进的科学科技

9. (2010 年广东四校联考)在鸦片战争后的半个多世纪里,中国社会发生了巨变。下列情形有可能出现在该时期的有　　　　　　　　　　　　　　　　(　　)
   ①福建厦门某茶农向英国出口茶叶,订单数量急剧增加
   ②上海某地主从国外引进机器设备,创办了纺织工厂
   ③外国在华创办工厂的数量不断增多,并逐渐合法化
   ④清政府曾经允许政府和民间私人创办近代民族企业
   A.①②③④　　B.①②③　　C.①③④　　D.②③④

10. (2010 年浙江质量检验)甲午年状元张謇被中日甲午战争的败局震惊,毅然挂冠从商。此举表明他　(　　)
    ①把救亡图存作为时代的使命
    ②视创办实业为救国之要途
    ③用实际行动来批判科举制度
    ④认为经济是政治改革的基础
    A.①②　　B.①③　　C.②③　　D.③④

11. (2010 年浙江金华模拟)观察下图,这是清朝"光绪十七年"发行的"开平矿务局股份票"。下列对其体现的信息叙述,正确的是　　　　　　　　　　　　　　(　　)

"华侨"名称的由来(一)

中国人移居国外的历史非常久远。唐宋之前,移居于国外的华人,并无固定的称呼;唐宋以后,多被居住国称为"唐人"。后来,他们也自称"唐人"。明清时期,仍多称"唐人"、"唐山人"(这里的"唐山"是华侨对祖国一种习惯称呼,并非河北省的唐山),也有的称为"华人"、"中华人"等。清末以后,又有"华民"、"华工"等称谓。

"华"与"侨",就其单词的含义来说是明确的。"华"的词义之一,是中国的古称,"侨"是客居、寄居之意。我国古代很早就把寄居他乡的人,称为"侨人"或"侨土"。随着移居国外人数的增加,"华""侨"二字被联系在一起,用来称呼在国外客居或寄居的华人。

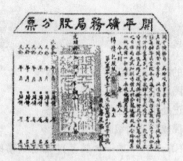

A. 中国最早的股票, 开风气之先

B. 当时中国已经成为市场经济国家

C. 当时中国经济近代化的一种表现

D. 中国金融证券业发达, 大量企业上市

12. (2010 年南京模拟) 黄河清在《"洋"族词的兴衰》中说: "'洋人'、'洋务'、'洋布'、'洋行'、'洋楼'、'洋炉'等 '洋'族词日益增多, 在 19 世纪中期至 20 世纪上半期, 是 它的鼎盛时期……有 400 多个。""洋"族词在这一时期达 到鼎盛的原因有 ( )

①列强侵略的加剧　　②西方文化的渗透

③崇洋风气日盛　　④政府的大力倡导

A. ①②　　B. ①②③　　C. ③④　　D. ①②③④

13. (2010 年苏州模拟) 苏、锡、常、镇地区以往很少种桑养蚕, 1865 年之后则"日渐加多, 渐可与浙相埒(同等)"。这反 映了当时的上述地区 ( )

①部分农产品商品化

②自然经济基础受到削弱

③民族资本主义迅速发展

④农业经济作物生产扩大

A. ①②③　　B. ①②④　　C. ①③④　　D. ②③④

14. (2010 年山东模拟) "今天(甲午战争后), 随便走进哪一家 农户, 人们都可以看到, 曾经是不可缺少的纺车, 都蒙上了 尘土, 被人遗忘了……一捆捆机器轧的孟买棉纱似乎使人 注意到手纺车已经不合时宜了。"这种现象反映的实质问 题是 ( )

A. 自然经济的逐渐解体

B. 孟买棉纱的质地优良

C. 手摇纺车的效率低下

D. 民族工业的举步维艰

15. 材料一　毛泽东在回顾近代民族工业发展史时说过: "重工业不能忘了张之洞, 轻工业不能忘了张謇, 化学工业 不能忘了侯德榜, 运输航运业不能忘了卢作孚。"

(1)列举张之洞创办的重工业和张謇创办的轻工业。

材料二　卢作孚是重庆人, 目睹川江上外国轮船横行 霸道, 他发愤走实业救国的道路, 创办了民生实业有限股 份公司。1925 年, 民生公司以一艘 70.6 吨的小火轮起家, 以爱国救国为号召, 以精良的管理和高效的营运, 仅 10 年 时间就使外轮不得不退出川江航线。这是近代中国罕有 的民族企业通过竞争取胜的范例。抗战时期, 民生公司几 乎凭借一己之力完成了"中国实业史上的敦刻尔克撤退", 将大量工业设备和军工物资抢运入川, 构成抗战时期中国 的工业命脉。

(2)为什么说"运输航运业不能忘了卢作孚"?

(3)结合以上材料, 谈谈我们在建设社会主义现代化 的过程中该怎么做。

16. 阅读材料, 回答问题:

材料一　清朝皇帝雍正在上谕中说: "朕观四民之业, 士之外, 农为最贵, 凡士工商贾, 皆赖食于农, 以故农为天 下之本务, 而工贾皆其末也……市肆中多一工作之人, 则 田亩中少一耕稼之人。"

(1)雍正皇帝如何看待农业与工商业的关系?

材料二　史学家布罗代尔在其名著《15 至 18 世纪的 物质文明、经济和资本主义》中认为: "英国农村很早就与 岛国的民族市场结为一体了。英国农村被纳入市场网络 之中, 直到 19 世纪初为止, 它成功养活城市与工业居民点 ……英国农村形成国内市场的主体, 而国内市场是正在起 步的英国工业首先与天然的销售产所。这一发展中的农 业是炼铁工业的最佳主顾。"

(2)据材料, 分析英国工业革命与农业发展的关系。

"华侨"名称的由来(二)

1878 年, 清驻美使臣陈兰彬, 在奏章中就把我国寓居国外的人称为"侨民"。从此, "侨民"便成了一种专称。 1883 年郑观应在给李鸿章的奏章中, 使用了"华侨"一词。1898 年, 日本横滨的华商建立了一所学校, 取名"华侨学 校", "华侨"一词正式出现。1904 年, 清政府外务部又在一份奏请在海外设置领事馆的折子里提到: 在海外设领, "经 费支出无多, 华侨受益甚大"。自此以后, "华侨"一词便普遍成为寄居海外的中国人的一种专称了。

材料三　1935年,中南银行催申新公司归还银行借款,申新总公司致电中南银行说:"实感农村经济窘迫,百般兜售,奈终少受主……刻拟将该布仍退装上海,以期早日了却此手续。"

(3)据材料,分析阻碍近代中国民族资本主义发展的一个重要因素。

(4)综合以上材料,你认为农业与工商业应该是一种什么关系?

一年冲刺母题

【母题】　阅读下列材料:

材料一　清政府正式派官员和商人携物出洋赴宴,始自1876年美国费城举办的国际博览会。……大清国的展品"物件悉遵华式,专为手工制造,无一借助机器"。经评判,中国赛品"以丝、茶、瓷器、绸货、雕花瓷器、景泰器,在各国中推为第一"。

——《清末商品赛会活动评述》

材料二　19世纪70年代前后,中国洋务派开始在通商口岸创办了一些军工企业,如:1861年,中国第一个官办的军用企业——安庆内军械所成立;1865年江南制造总局的成立;差不多同时,一些民用企业和民族企业也相继成立。

材料三　中国洋务派从鸦片战争中以朦胧的非系统的形态,萌动着对域外文明的新知,洋务运动在创办军用工业和民用工业的同时,积极的派遣留学生和创办新式学堂,1862年创立北京同文馆、1865年在上海创办的机器学堂、1866年在福州创办船政学堂,均开有关教育之先河。

洋务派是域外城市文明的感知者,同时也扮演着清王朝的掘墓人。故有论者讥讽洋务派实质上是"种豆得瓜"。

请回答:

(1)材料一为我们研究19世纪70年代的中国经济提供了哪些重要信息?

(2)材料二中"近代企业"的含义是什么?并结合所学知识分析这些带有近代性质的企业为什么最早在通商口岸出现?

(3)根据材料二、三,结合所学知识分析为什么说洋务派是"种豆得瓜"?

(4)某历史学习兴趣小组为研究洋务运动确立了一个"守旧与创新"的主题,如何理解这一主题的含义?

【解析】　本题考查洋务运动的背景和影响。第(1)问从材料中可以看出中国传统手工业发达,近代工业落后的现实,这是洋务运动的动力之一;第(2)问,近代企业即大机器生产,之所以最早出现在通商口岸一带是因为与这一带最早遭受西方侵略、工业文明最早传入有关;第(3)问实际考查洋务运动的客观效果;第(4)问从近代化的角度评价洋务运动。

【答案】　(1)手工业居世界领先地位;近代工业落后。

(2)含义:使用机器生产。

原因:通商口岸外国势力最早入侵;自然经济解体比较早;交通便利。

(3)创办近代工业,刺激了中国民族资本主义的产生发展,促进了资产阶级力量的壮大,为推翻清朝奠定了物质基础和阶级基础;开办新式学堂,培养了新式人才,冲击了旧思想、旧观念,为新思想、新观念的传播创造了条件。

(4)理解:守旧是指洋务运动目的是为了维护封建统治;创新是指洋务运动的措施在客观上推动了中国近代化的进程。

【变题1】　阅读下列材料:

广东南洋兄弟烟草公司是近代广东所产生的著名民族企业,其创办人简照南于1870年出生在南海县。简照南年轻时到香港跟随叔父从事瓷器业,有一天,他对叔父说:"如今各国商人均争夺中国市场,我们所经营的瓷器贩销,不足以制胜,我想自树一帜,与各国争一高低。"于是,简照南开设了"顺泰"轮船公司,往来于日本、南洋及欧美各地。因为中国公民在国际上没有地位,不能领取公海航行执照,简照南便加入了日本国籍,向日本政府注册。1906年,简照南又决定进军烟草业,在香港设立了"广东南洋烟草公司"。

20世纪初的中国烟草市场完全被英美的烟草公司垄断。简照南潜心研究制烟工艺一年,生产出"白鹤"牌香烟。然而,"白鹤"牌一经推出,英美烟草公司就以"白鹤"牌的包装与其生产的"玫瑰"牌相似为由状告南洋公司,港英政府遂收缴了价值2000元的"白鹤"牌香烟,在香港巡理府前焚毁。简照南被迫改出"双喜"牌香烟,并很快成为畅销产品。英美烟草公司不甘心,利用黑社会威吓烟贩,不准他们销售南洋公司的香烟,南洋公司因此陷入困境,不得不宣布破产拍卖,而价值9万元的机器原料居然没有人敢承买。简照南只好重操旧业,一边经营土洋杂货,一边推销香烟。

1912年后,南洋公司慢慢走出了困境,1912年获利4万余元,1913年获利10万元,1914年获利16万元。此后,英美烟草公司提出以100万元的价格收购南洋烟草公司,被简照南断然拒绝。此后,英美公司又提出与南洋公司的合并方案,也遭到了简照南的拒绝。

1919年春,"五四"运动爆发,抵制日货的呼声铺天盖地,英美公司抓住简照南早年加入日本国籍的事情大做文章,诬告南洋为日资企业。简照南积极反击,除了拿出南洋是华资企业的铁证外,还揭露英美烟草公司欲吞并南洋的真相。1919年5月28日,简照南东渡日本,办理了脱离日籍的手续,得到了社会的广泛支持。此后,南洋连续4年盈利400余万元,处于"国烟地位之首席",英美公司再也难以撼动南洋了。

——《岭南经济史》

结合上述材料和你所学的历史知识回答下列问题:

(1)20世纪初,简照南创办烟草公司的有利历史条件是什么?

(2)概述1912年南洋公司逐渐走出困境的主要原因。

(3)列出南洋公司在发展过程中所遭受的挫折,并分析产生这些挫折的根源。

【变题2】阅读下列材料:

材料一 ……(明)神宗时,吕坤在奏疏中说:"洮兰之间小民,织造贩货以糊口,……弃业桑农者数百万人,提花染色,日夜无休。"……杭州人张瀚的祖先,成化末年有织机一张,从事纺织,所织布精良,"每一下机,人争鬻之",因此获利甚多。后来织机发展到二十余张,"家业大饶",成为雇佣"机工"的"机户"了。

材料二

鸦片战争后频繁来上海的外国商船

材料三

1863年上海洪盛机器碾米厂

请回答:

(1)依据材料一指出明清时期出现的新的经济现象是什么?结合所学知识分析其产生的主要经济因素。

(2)材料二反映了什么历史现象?它与材料三之间有什么内在联系?

(3)材料三说明中国近代社会经济结构发生了怎样的变化?这一变化对中国政治产生了什么影响?

(4)上述史实反映了中国社会呈现出怎样的发展趋势?

第3单元　中国特色社会主义建设道路

考纲解读导航

考试内容

1. 经济建设的发展和曲折
   (1)社会主义建设的起步
   (2)探索与失误
   (3)国民经济的劫难
2. 从计划经济到市场经济
   (1)伟大的历史转折
   (2)经济体制改革
   (3)社会主义市场经济体制的建立
3. 对外开放格局的初步形成
   (1)经济特区的创办
   (2)沿海经济开放区的开辟
   (3)浦东的开发与开放

能力要求

(1)概述20世纪50年代至70年代我国探索社会主义建设道路的实践,总结其经验教训。

(2)了解中共十一届三中全会有关改革开放决策的内容,认识其对我国开创社会主义现代化建设新局面的历史意义。

(3)讲述家庭联产承包责任制和国有企业改革的主要内容,认识改革与社会发展的关系。

(4)概述我国创办经济特区、兴办经济技术开发区、开辟沿海经济开放区和开发开放上海浦东的史实,分析我国对外开放格局初步形成的特点。

(5)了解我国建立社会主义市场经济体制的过程,认识其对我国社会主义现代化建设的意义。

三年高考命题

1. (2009年福建文综)下列几组词汇,最能准确反映"过渡时期"这一特殊年代的是　　　　　(　)
   A. 工业化　抗美援朝　三大改造
   B. 一边倒　人民公社　另起炉灶
   C. 大跃进　两弹一星　和平共处
   D. 合作化　求同存异　三个面向缓和

2. (2009年福建文综)1984年3月24日,福建省55位厂长经理在《福建日报》上发出"请给我们'松绑'"的呼吁。随后,《人民日报》转载了这封呼吁信,将"松绑"风吹向全国。这里的"松绑"主要是指　　　　　　(　)
   A. 允许企业实行公私合营
   B. 承认企业所有权和经营权完全分离
   C. 扩大企业经营自主权
   D. 确立社会主义市场经济体制

3. (2009年广东理科基础)"奇唱歌来怪唱歌,养个肥猪千斤还要多。脑壳谷箩大,宰了一个当三个。三尺锅子煮不下,六尺锅子煮半个。"这首歌谣体现哪个时期的特色　(　)
   A. 大跃进时期
   B. 农业合作化时期

   C. 文化大革命时期
   D. 改革开放时期

4. (2009年广东历史单科)1959年某部门根据历年全国工业生产统计数据制订了下表。从下表推出的符合史实的结论是　　　　　　　(　)

年代	1953	1954	1955	1956	1957	1958
增长率(%)	30.2	16.2	5.6	28.2	11.4	66

   A. 工业生产取得巨大成就
   B. 工业生产基础比较雄厚
   C. 中国已从落后的农业国变成先进的工业国
   D. 工业生产的最高增长率是最低增长率的近12倍

5. (2009年广东文科基础)1960年底,毛泽东大力提倡调查研究,并于次年亲自深入农村调查。其目的是　　(　)
   A. 推动"双百"方针的实行
   B. 了解农业合作化运动的实际成就
   C. 决定是否在农村推行人民公社体制
   D. 纠正大跃进和人民公社化运动中的错误倾向

6. (2009年广东文科基础)邓小平曾公开评价某次会议,"虽然过去我们已经进行了多年的社会主义建设,但是我们仍然有足够的理由说,这是一个新的历史发展阶段的开端。"这次会议是 （ ）

A. 中共八大
B. 中共十四大
C. 中共十二大
D. 中共十一届三中全会

7. (2009 年江苏历史单科)在江苏省常熟白茆乡,时人传唱着一首山歌:"小农经济独木桥,合作社是康庄道,人民公社办起来,天堂哪有人间好!"此首山歌 （ ）

A. 最早传唱于上个世纪 60 年代
B. 富有地域特色
C. 表明集体化完全是农民自觉、自发的行为
D. 反映了农村生产资料所有制的变化

8. (2009 年江苏历史单科)分析下面中美贸易统计图可知,导致中美贸易变化的主要因素有 （ ）

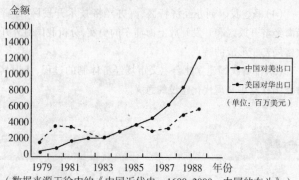

(数据来源于徐中约《中国近代史:1600~2000,中国的奋斗》)

①中国加入世界贸易组织,对美贸易额持续增长
②中国实施改革开放战略,经济迅速发展
③中美正式建交,促进了两国间贸易的发展
④中国加入亚太经合组织,区域经济合作得以加强

A. ①④　B. ②③　C. ①②③　D. ②③④

9. (2009 年文综全国卷 2)1978、1979 年我国工业总产值中各种经济成分比重表(%)

类别 年份	国有及国有控股工业	集体工业	城乡个体工业	其他经济类型工业
1978	77.6	22.4		
1997	25.5	38.1	17.9	18.5

此表反映了我国国民经济总产值中各类经济成分的变化。这一变化的主要原因是 （ ）

A. 工业结构不断调整
B. 企业管理体制的改革
C. 市场经济逐步形成
D. 经济体制改革的深化

10. (2009 年山东基本能力测试)新中国成立以来,我国社会主义建设取得了举世瞩目的伟大成绩。下列属于改革开放后所取得的是 （ ）

①"两弹一星"　②青藏铁路　③大庆油田　④三峡水利工程 （ ）

A. ①②　B. ②③　C. ②④　D. ③④

11. (2009 年山东文综)下表反映了我国某一时期农业、轻工业和重工业在工农业总产值中所占比重的变化情况。该时期是 （ ）

年份	农业(%)	工业	
		轻工业(%)	重工业(%)
第一年	26.6	32.1	41.3
第二年	27.2	34.3	38.5
第三年	28.8	36.7	34.5

A. 1949～1951 年　B. 1953～1955 年
C. 1958～1960 年　D. 1979～1981 年

12. (2009 年上海历史单科)下图反映了 20 世纪 50 年代中国 （ ）

A. 社会主义市场经济的形成
B. 手工业的社会主义改造
C. 农业的社会主义改造
D. 工商业的社会主义改造

13. (2009 年浙江文综)电影《高考 1977》反映了恢复高考后的第一次考试。如果让你来设计这场考试的场景,可能出现的是 （ ）

A. 背景音乐:反映粉碎"四人帮"的歌曲
B. 外景:考场门口悬挂着"改革开放送春风"的横幅
C. 内景:考场中张贴有实施"科教兴国"战略的标语
D. 特写:作文题目"评关于真理标准问题的大讨论"

14. (2008 年宁夏文综)1960 年,中共中央开始纠正大跃进和人民公社化运动中出现的一些错误。这主要是因为 （ ）

詹天佑不掠人之美

智趣素材

火车自动挂钩是美国人伊利·汉尔顿·詹内发明创造的。詹内发明的火车自动挂钩与现今火车使用的自动挂钩基本一样。我国早期铁路材料目录把它简译为"詹氏车钩"。由于詹天佑是我国早期最著名的铁路工程师,所以,有些人误以为火车自动挂钩是詹天佑发明的。据说,詹天佑生前曾听说过这种误传,他诚恳地对周围的人说:"请同事们帮助我解释解释,没有这件事。"后来,詹天佑编著《新编华英工学字汇》,书中收录"詹氏车钩"这个词条,在音译时,詹天佑有意不用"詹"字,改用"郑"字,译为"郑氏车钩"。这一字之差见精神,它表现出詹天佑严肃、诚实、不掠人之美的高尚品德。

A. 人民公社化运动的弊病充分暴露

B. 国民经济出现了严重困难

C. 确定了"调整、巩固、充实、提高"的方针

D. 反"右倾"斗争深入开展

15. (2008年宁夏文综)1980年,珠海是一个普通的小县城。20世纪90年代,珠海发展成为环境优美的现代化城市,并获得联合国"国际改善人居环境最佳范例奖"。珠海快速发展的主要原因是　　　　　　　　　　(　　)

A. 毗邻港澳　　　　　B. 政策扶持

C. 科技领先　　　　　D. 资源丰富

16. (2008年北京文综)《北京晚报》1958年创刊,后来一度停刊,1980年复刊。下列各组口号与上述"创刊""复刊"时间相符的是　　　　　　　　　　　(　　)

A. "调整、巩固、充实、提高""和平统一"

B. "反贪污、反浪费""改革开放"

C. "多快好省地建设社会主义""拨乱反正"

D. "向雷锋同志学习""实现四个现代化"

17. (2008年广东历史单科)农村家庭联产承包责任制(　　)

A. 克服了分配中的平均主义

B. 成为农业生产责任制的唯一形式

C. 实现了农村土地的私有化

D. 取代了人民公社的政权组织形式

18. (2010年上海历史卷)20世纪50年代初,中国面临的困难是"能造桌子椅子,能造茶碗茶壶,能种粮食,还能磨成面粉,还能造纸,但是,一辆汽车、一架飞机、一辆坦克、一辆拖拉机都不能造。"这表明　　　　　　(　　)

A. 推行了土地改革

B. 组织了人民公社

C. 实施了"一五"计划

D. 发动了"大跃进"

19. 阅读材料回答问题。

材料一 从一九五三年以来,我国市场上出现了若干种日用消费品供不应求的现象。一九五三年上半年,在小麦遭受冻灾的地区,粮食的供求状况很紧张,下半年,食油、肉类在许多地方也供不应求,不少城镇中都要排队购买。适应当时的需要,中央人民政府在一九五三年十二月,对粮食实行了计划收购(即统购)和计划供应(即统销);然后对食用植物油也实行了计划收购和计划供应。从一九五四年九月十五日起,又对棉花实行计划收购,对棉布实行计划收购和计划供应。对粮食、油料、棉花、棉布的计划收购和计划供应无疑是一种重大的措施,它关系到全国人民生活中最重要的吃饭和穿衣的问题,也关系到我国城乡经济生活的许多方面。计划收购和计划供应对我们国家目前的情况来说,是很必要的。只有采用这种办法,才能保证我国人民日益增长的需要,才能制止投机活动,保证市场物价的稳定,才能使发展国民经济的第一个五年计划得以顺利地进行。

　　——陈云《关于计划收购和计划供应》(1954年9月23日)

材料二 理顺物价,改革才能加快步伐。物价问题是历史遗留下来的。过去,物价都由国家规定,例如粮食,还有各种副食品,收购价格长期定得很低,这些年提高了几次,还是比较低,而城市销售价格又不能高了,购销价格倒挂,由国家补贴。这种违反价值规律的做法,一方面使农民生产积极性调动不起来,另一方面使国家背了一个很大的包袱,每年用于物价补贴的开支达几百亿元。这样,国家财政收入真正投入经济建设的就不多了,用来发展教育、科学、文化事业的就更少了。所以,不解决物价问题就不能放下包袱,轻装前进。最近我们决定放开肉、蛋、菜、糖四种副食品价格,先走一步。

　　——邓小平《理顺物价,加速改革》(1988年5月19日)

材料三 1978年中共十一届三中全会后,国家大幅度提高农副产品收购价格,缩小农副产品的统购范围和降低征购指标,开放城乡农副产品集贸市场。到1982年,全国农副产品中油料产量超过1100万吨,比1978年增加659.9万吨;肉类产量超过1300万吨,比1978年增加494.5万吨;农村集市从无到有,发展到41184个。1983年,国家正式取消实行了20多年的布票,肉票、油票也陆续取消。1985年1月,中共中央一号文件《关于进一步活跃农村经济的十项政策》规定,国家对粮食、棉花等农产品实行合同定购和市场收购。农村粮食供给制随之取消。1993年2月,国务院发布《关于加速粮食流通体制改革的通知》,推动建立国家宏观调控下的自由市场购销体制,各地相继取消了城镇口粮定量供应制度。至此,长期以来实行的票证制度退出历史舞台。

　　——摘自董辅礽主编《中华人民共和国经济史》

(1)根据材料一并结合所学知识,概括指出我国制定"统购统销"政策的历史背景。

(2)根据材料三并结合所学知识,分析1978年后"统购统销"变化的特点及原因。

(3)根据材料一、二、三并结合所学知识,分析"统购统销"的历史作用。

沈阳故宫曾"地热"取暖

　　沈阳故宫"年龄"比北京故宫"小"219岁,占地面积为北京故宫的1/12,但它自有其独特的魅力。现在沈阳新建住宅时兴地热取暖,早在300多年前,这种取暖方式就为沈阳故宫所采用。80年前,沈阳故宫博物院的前身——东三省博物馆,在沈阳故宫的基址上正式创建,这是东北地区第一个具有现代意义的公立博物馆。在300多年前,"地热"取暖方式就为沈阳故宫所采用。皇太极夫妇居住的清宁宫,为典型的满族建筑风格。北、西、南三面均有火炕,当年皇太极曾坐在炕上召见亲宗国戚。考虑到房子的冬季保温问题,聪明的工匠把锅灶的烟道设计在地面下,用来烘热地面,增加室温且环保卫生。

智趣素材

复习攻略

一、整体感知

在新中国成立初期,中共在巩固了政权、恢复发展了经济的背景下,于1953年制定了过渡时期总路线,决定发展社会生产力与改革生产关系同时进行。第一个五年计划的执行,成为新中国工业化建设的开端。1956年底三大改造的完成,标志着社会主义制度在中国的基本确立。在1956年到1966年全面建设社会主义的十年探索时期,中共领导人民既取得重大成就,也出现了失误。接下来的十年是"文化大革命"时期,它是"左倾"错误的顶峰,给中国的经济建设造成极其严重的破坏。1978年底十一届三中全会的召开,标志着中国社会主义建设进入新时期,中国的改革开放由此开始。1992年邓小平南方谈话与中共十四大回答了社会主义建设的一系列重大问题,标志着改革开放步入一个新阶段。

二、各个击破

1. 第一个五年计划时期工业取得巨大成就的原因

(1)优先发展重工业的方针。

(2)党派大批优秀干部领导参加工业建设。

(3)工人积极性高涨。

(4)广大农村和各行各业的支持。

(5)科技人员的努力。

(6)苏联的援助。

2. 1956~1976年社会主义建设探索时期的"左"倾错误

(1)表现:1958年社会主义建设总路线;大跃进、人民公社化、文化大革命。

(2)原因:在社会主义建设中急于求成,片面强调经济建设的速度;错误地认为阶级斗争仍是中国社会的主要矛盾。

(3)危害:国民经济比例严重失调;生态环境遭到破坏;农民生产积极性受挫,影响农业生产;使中国社会生产力遭到极大破坏,拉大了与发达国家之间的差距。

3. 1956~1966年十年探索时期给我们的经验教训

(1)搞经济建设必须从国情出发,正确分析国内的主要矛盾。

(2)搞经济建设必须尊重客观规律,不可超越生产力发展水平,盲目调整生产关系和生产组织形式,片面追求高速度。

(3)生产关系调整必须与生产力发展水平相适应。

(4)发扬民主,加强党的建设,反对个人崇拜和专断。

4. 十一届三中全会的内容与意义

(1)主要内容:

①彻底否定"两个凡是"的方针,重新确立解放思想、实事求是的思想路线。

②停止使用"以阶级斗争为纲"的口号,做出把党和国家的工作重心转移到社会主义现代化建设上来的决策。

③做出实行改革开放的伟大决策。

(2)意义:中共十一届三中全会是建国以来党的历史上具有深远意义的转折。它完成了党的思想路线、政治路线和组织路线的拨乱反正,是改革开放的开端。从此,中国历史进入社会主义现代化建设的新时期。新时期党的基本路线的思想开始形成,形成了以邓小平为核心的党的第二代领导集体。

5. 比较中共八大与十一届三中全会的执行过程与结果的不同及其原因

(1)两次会议的决策都是正确的,但决策的执行过程与结果却截然不同。八大的决策在很大程度上从理论上被修改,"左"倾错误随之迅猛发展;十一届三中全会的决策得到全面贯彻、执行,并继续发展形成党在社会主义初级阶段的基本路线。

(2)原因:

①中共八大后,社会主义建设处于初期,经验不足;十一届三中全会后,经过了几十年的正反两方面的经验教训,使人民有了明辨是非的能力。

②中共八大后,个人崇拜,教条主义严重,民主法制不健全,使阶级斗争为纲的理论能够推行;十一届三中全会后,冲破了左的束缚,重新确立了实事求是的思想路线,停止了阶级斗争为纲,坚持以经济建设为中心,社会主义民主法制更加完善。

③中共八大后,社会主义建设急于求成,忽视客观规律,超越生产力发展水平;十一届三中全会后,改革开放逐步深入,不断改革生产关系不适应生产力发展的环节,经济建设遵循客观规律,稳步前进。

6. 分析建国后农村生产关系的调整

(1)土地改革(1950~1952年):

①原因:解放战争基本取得了胜利,新解放区没有土改,封建土地制度严重阻碍了生产力发展。

②核心内容:废除封建土地私有制,实行农民土地所有制。

③意义:解放了农村生产力,为农业生产的发展开辟了道路。

(2)农业合作化(1953~1956年):

①原因:分散的小农经济难以满足国民经济发展的需要。

②核心内容:把土地等主要的生产资料由私有制变为公有制,实行集体经营。

③意义:进一步解放了生产力。

(3)人民公社化(1958年开始):

①原因:党的一些领导人主观地认为农业合作化的规模越大,公有制的程度越高,就越能促进生产力的发展,因此全面追求公有化的程度。

②核心内容:提高公有化程度和扩大规模,实行"一大二公"。

③影响:挫伤生产者积极性。

智趣素材

谋杀宋教仁之关系者

据当时报纸揭露:刺宋主使者为袁世凯,同谋者为国务总理赵秉钧,联络者为内务部秘书洪述祖,指挥者为上海大流氓、袁的长江侦察科长应桂馨,直接行凶者为流氓兵痞武士英。袁惯于杀人灭口,4月24日,武士英突然暴死狱中。次年2月17日赵秉钧在天津督署中毒,七窍流血而死。应桂馨入狱后,被上海一批流氓劫出,二次革命被镇压后,他到北京向袁讨赏,1914年1月1日,在京津铁路头等客车中被军政执法处侦探长郝占一杀死。上述三人之死,都与袁世凯有关。只有洪述祖长期避居青岛租界,1917年化名到上海,被宋教仁的长子宋振吕、秘书刘白发现,押送上海法院,后转解北京,以主使杀人罪于1919年4月5日被处绞刑。

（4）家庭联产承包责任制（1978年）：

①原因：党中央正确总结了合作化和人民公社化的教训，作出了实行农村经济体制改革的决定。

②核心内容：坚持土地公有制的前提下，改革经营管理方式，实行分户经营，自负盈亏等。

③意义：极大地调动了农民的生产积极性，推动了农业生产的发展。

7. 找出新时期的对外开放与旧中国的"开放"的不同点

（1）背景不同：旧中国的"开放"是在西方列强为了打开中国市场发动侵略战争的情况下出现的；现阶段的开放则是在世界各国联系日益密切、经济全球化逐步加强的情况下出现的。

（2）性质不同：旧中国的"开放"是西方列强对中国的侵略与掠夺；现阶段的开放则是中国与世界各国进行经济技术交流。

（3）开放后中外双方的地位不同：旧中国的"开放"是列强强迫中国开放市场，双方是不平等的；而现阶段的开放，双方是平等交往、共同发展。

（4）结果不同：旧中国的"开放"不利于中国民族工业的发展，并使中国的经济成为资本主义经济的附庸；当前的开放则有利于发展中国的社会经济，使中国走向繁荣富强。

知识结构梳理

一、经济建设的发展和曲折

（一）社会主义建设的起步

1. 国民经济的恢复（1949～1952年）

（1）背景：国民经济全面崩溃

①原因：_____的长期掠夺、_____的大肆搜刮和_____的严重破坏。

②表现：交通堵塞、_____和_____困苦。

（2）恢复：在党和政府的领导下，经过3年努力，_____超过历史最高水平，完成了国民经济的恢复工作。

（3）意义：为国家开展_____创造了条件。

2. "一五"计划建设（1953～1957年）

（1）特点：优先发展_____。

（2）成就：先后建成_____公司、长春第一_____厂、沈阳机床厂和飞机制造厂并投产四大重点企业。

（3）意义：我国开始改变_____面貌，为社会主义_____奠定了初步基础。

3. 三大改造

（1）对象：对_____、_____、资本主义_____进行社会主义改造。

（2）基本途径和方式：

①广大农民参加农业_____，走_____道路。

②手工业者加入手工业生产合作社。

③资本主义工商业掀起全行业_____高潮。

（3）意义：到1956年底，我国基本完成了三大改造，生产资料_____变为社会主义公有制，_____经济体系在中国基本建立起来，标志我国进入社会主义初级阶段。

（二）探索与失误

1. 中共八大（1956年）

（1）背景：社会主义基本制度在我国的建立。

（2）内容：

①提出当前国内的主要矛盾：人民对于建立先进_____的要求，同落后的_____的现实之间的矛盾；人民对于_____迅速发展的需要，同当前经济文化不能满足人民需要的状况之间的矛盾。

②规定党和人民的主要任务：集中力量把我国尽快地从落后的农业国变为先进的工业国。

（3）意义：

①大会对中国社会_____和_____的分析是正确的。

②是对我国建设社会主义道路的一次_____。

③但在后来的实践中，没有能够坚持贯彻八大的正确路线。

2. 中共八大二次会议提出的总路线——社会主义建设总路线

（1）时间：_____年。

（2）内容：鼓足干劲，力争上游，_____地建设社会主义。

（3）对总路线的全面评价：

①主观愿望上讲，它反映了党和人民迫切要求改变我国经济落后面貌的强烈愿望，无可厚非。

②从科学的角度讲，多快好省同时实现几乎是不可能的，它夸大了人的主观能动性，严重忽视了经济发展的客观规律。

③从客观效果上讲，催生了"左"倾经济思想和盲动的经济行为，直接导致了"大跃进"和人民公社化运动。

3. "大跃进"和人民公社化运动

（1）指导思想：社会主义建设总路线

（2）"大跃进"：片面要求高速度_____、_____。

①工业：制定出赶超英国的高指标。

②农业：对粮食产量的估计过高，出现"人有多大胆，地有多大产"等主观臆断的口号。

（3）人民公社化运动：

①人民公社一切财产由公社统一核算，_____。

②许多地方大办_____，吃饭不要钱。

重庆大轰炸

　　面对重庆这个重要的抗日中心，日本将其视为眼中钉、肉中刺。因此，日本军部将重庆确定为进攻的首要目标。由于重庆具有得天独厚的地理优势，既有长江天险，又有群山环抱，还有浓雾蔽城，易守难攻，所以，日军最后决定以大规模的"战略轰炸"，"消灭敌最高统帅和最高政治机关"并"直接空袭市民"，企图造成中国军民"上下震撼、极度恐怖"而崩溃求和。从1938年2月18日至1943年8月23日，日军对重庆实施"航空战略轰炸"，为期5年半，史称"重庆大轰炸"。这次大轰炸是世界战争史上持续时间最长的战略轰炸计划，也成为重庆3000年历史上最为悲壮、惨烈的重大事件。

(4)后果:违背了经济发展的_____和超越了历史发展阶段,导致国民经济出现混乱,是造成1959~1961年我国出现严重的_____的主要原因。

4. 八字方针

(1)背景:_____和_____运动造成国民经济比例严重失调,生产力遭到严重破坏。

(2)内容:_____、_____、充实、提高。

(3)意义:从1962年起,经济逐步得到恢复和发展;1965年,国民经济_____基本完成,并在一些领域取得重大成就。

(三)国民经济的劫难

1. 原因

(1)"文革"动乱由思想文化领域、政治领域扩展到_____。

(2)许多行之有效的政策、规章制度被废除,大批工人、干部停产"_____"。

2. 表现:国民经济受到严重影响,两年里损失的_____超过一千亿元。

3. 调整:

(1)1971年,周恩来着手恢复调整国民经济。到_____年,国民经济出现复苏局面。

(2)1975年,_____明确提出全面整顿的思想,国民经济呈现迅速回升状态。

二、从计划经济到市场经济

(一)伟大的历史转折

1. 背景

(1)1976年粉碎"_____"后的两年时间里,_____仍处于停滞状态,人民生活没有得到改善。

(2)1978年开展关于_____问题的大讨论,邓小平提出要准确理解毛泽东思想,解放了人们的思想。

(3)邓小平在中央工作会议上作《_____》的报告,确立了十一届三中全会的指导思想。

2. 内容:

(1)思想上:重新确立了_____、_____的马克思主义思想路线。

(2)政治上:抛弃了"_____"的"左"倾错误方针。

(3)经济上:做出了把党和国家的工作重点转移到_____建设上来的战略决策,确定_____为党和国家中心工作。

3. 意义:是新中国历史上的重大转折,成为实行_____和开辟中国特色社会主义道路的起点。

(二)经济体制改革

1. 内容:改革_____中不适应_____发展的一系列环节。

2. 目的:解放和发展_____。

3. 农村经济体制改革

(1)过程:

①初步实行:1978年,_____、_____一些农村,开始实行包产到组、包产到户的农业_____。

②全面推行:在全国普遍实行以_____经营为主要形式的责任制。

③配套改革:1983年,中央决定撤销人民公社,建立_____;撤销生产大队,建立村民委员会,以促进农村经济的发展。

(2)影响:

①农村经济体制改革使农民有了生产和分配的_____,克服了_____,调动了农民的生产积极性。

②农业生产获得了前所未有的发展,粮食产量连年大幅度提高,使中国的农业和农村面貌发生了巨变。

③农村经济体制改革的成功,促进了_____的改革。

4. 城市经济体制改革

(1)全面展开:_____年以后。

(2)中心环节:增强_____,把企业搞活。

(3)内容:

①管理体制改革:实行简政放权。

②所有制改革:变单一的公有制经济为以_____经济为主体、_____经济共同发展。

③分配体制改革:实行以_____为主、多种分配方式并存的分配制度。

(4)意义:调动了各方面的积极性,企业有了竞争机制,增强了竞争力,经济得到快速发展,效益显著提高。

(三)社会主义市场经济体制的建立

1. 背景:中国的_____面临着复杂的国内外形势,改革进入关键时期。

(1)国内:改革遇到重重阻力。

(2)国际上:_____,_____,世界社会主义运动遭遇挫折。

2. 过程

(1)提出:1992年初,_____提出要搞好社会主义的市场经济。

(2)目标确立:1992年10月,中共_____提出我国_____的目标是建立社会主义市场经济体制。

(3)理论完善

①1993年,中共十四届三中全会确立了社会主义市场经济体制的基本框架。

②1997年,中共十五大进一步完善了_____理论。

(4)基本建立:到21世纪初,社会主义商品市场体系基本建立。

3. 意义

智趣素材

中国航空第一人

冯如生于一个贫农家庭,12岁随父漂洋过海到美国谋生。1903年,当得知莱特兄弟发明了飞机后,冯如决心要依靠中国人的力量来制造飞机,并得到了当地华侨的赞助。1909年9月21日,他驾驶自己设计制造的飞机,首次飞行取得成功,这也是中国人首次驾驶自制飞机飞上蓝天。1911年2月,冯如带着助手及两架自制飞机回到国内,准备报效祖国。1912年8月25日,他在广州燕塘驾驶自己制造的飞机在中国领土上进行第一次飞行,由于操作系统失灵,飞机飞至百余米时失速下坠,冯如负重伤,经抢救无效,不幸牺牲,成为中国第一位驾机失事的飞行员。冯如死后被追授为陆军少将,遗体安葬在黄花岗,并立碑纪念,被尊为"中国首创飞行大家"。

(1)市场经济建立并逐步完善,使我国成为世界上_____速度最快的国家,创造了世界经济增长史上的新奇迹。

(2)人民生活从总体上达到了小康水平,并朝着全面建设_____的新目标迈进。

三、对外开放格局的初步形成

(一)经济特区的创办

1. 创办

(1)1980 年,_____、_____、汕头、厦门成为我国第一批经济特区。

(2)1988 年,中国设立海南省,划出_____设置海南经济特区。

2. 特殊政策

(1)特区建设以吸收和利用_____为主。

(2)实行以_____为主导的多元化经济所有制形式。

(3)经济活动以_____为主,对外商投资给予优惠和方便。

3. 影响

(1)特区在发展_____经济方面,成为全国排头兵。

(2)对沿海地区实行外向型经济战略,具有探索和示范作用。

(3)特区的改革,为全国提供了宝贵经验。

(二)沿海经济开放区的开辟

1. 开放沿海港口城市

(1)开放:1984 年,国家决定开放天津、上海、广州等 14 个沿海港口城市。

(2)目的:加快_____、_____的步伐。

2. 开辟沿海经济开放区

(1)开放:1985 年以后,_____、_____、闽东南地区和环渤海地区相继开辟为沿海_____。

(2)结果:到 1992 年,沿海经济开放区已从南到北连成一

片,形成了沿海经济开放地带。

(3)意义:

①沿海经济开放区的设立,进一步深化了_____。

②外向型经济发展战略,对促进本地区经济的迅速发展,带动内地开发,都有深远影响。

3. 建立经济技术开发区

(1)建立:中国政府在沿海和其他地区的_____中,划出一定区域建立经济技术开发区。

(2)特点

①以引进外资,生产_____产品或_____产品为主。

②通常汇集了优秀人才和先进技术,具有_____的特点。

③是学习先进管理经验、提高管理水平的重要场所,也是了解_____的重要窗口。

(三)浦东的开发和开放

1. 目的

以浦东开发开放为龙头,进一步开放_____城市,尽快把上海建设成为国际_____、_____、_____中心之一,带动_____和整个长江流域经济的新飞跃。

2. 地位

1990 年,浦东开发成为 20 世纪 90 年代初_____的重大战略步骤。

3. 意义

浦东新区已成为上海新兴_____和_____基地,成为上海新的经济增长点,也成为中国 20 世纪 90 年代_____的重点和标志。

4. 对外开放格局的初步形成

我国已形成_____、_____、沿海开放区、沿江开放港口城市、沿边开放城镇、内地省会开放城市的开放体系。这个体系的形成,标志我国_____、_____、_____的对外开放格局的初步形成。

二年模拟训练

1.(2010 年广东四校模拟)不同的流行语反映出社会的变化。下列流行语按时间先后的排序,最有可能的是　　(　　)

①拿起笔来做刀枪,集中火力打黑帮,文化革命齐造反,革命路上当闯将

②共产主义是天堂,人民公社是金桥

③俯卧撑、躲猫猫

④抗美援朝,保家卫国

A. ①②④③　　　　　　B. ④②①③

C. ④①③②　　　　　　D. ④①②③

2.(2010 年东莞模拟)"双城县的希勤村,以村为单位,采取领

导和群众自愿相结合的方法,进行了全面规划……适当地配备了骨干力量,调整和密切了社和社、社和组的关系,从而有计划地全面地推进了农业合作化运动"。这种情况出现在　　　　　　　　　　　　　　　　　　(　　)

A. 土改时期　　　　　B. 过渡时期

C. 大跃进时期　　　　D. "文革"时期

3.(2010 年温州适应性测试)某学生分析下表,得出了四项结论,其中正确的是　　　　　　　　　　　　(　　)

类别 年份	粮食产量	棉花产量	油料产量	糖料产量
1957	19505	164.0	419.6	1189.3
1958	20000	196.9	477.0	1563.1
1959	17000	170.9	410.4	1214.7
1960	14350	106.3	194.1	985.5
1961	14750	80.0	181.4	506.5

1957 年～1961 年全国主要农产品产量（单位：万吨）

A. 1957 年到 1961 年我国主要农产品产量在持续下降

B. "文革"的"左"倾错误波及到农业生产领域

C. 1958 年到 1960 年农产品产量变化的主要原因是"大跃进"和人民公社化运动

D. 中央对国民经济实施"八字方针"政策后农村经济迅速恢复和发展

4. (2010 年温州适应性测试)下图反映了我国某时期工业建设的成就,该时期是（　　）

A. 1946～1949 年　　　　B. 1949～1952 年

C. 1953～1957 年　　　　D. 1978～1999 年

5. (2010 年湖州模拟)2009 年 9 月,中共十七届四中全会通过的《决议》指出"我们党成立 88 年、执政 60 年、领导改革开放 30 年来继续实现的三次历史性转变,……是根本改变中华民族命运、深刻影响人类历史进程的伟大变革。"下列对三次历史性转变表述不正确的是（　　）

A. 领导辛亥革命,结束了中国 2000 多年的封建君主专制制度

B. 完成了新民主主义革命的任务,实现了民族独立和人民解放

C. 进行了社会主义改造,建立了社会主义制度

D. 实行改革开放,初步建立了社会主义经济体制

6. (2010 年宁波"十校"联考)2009 年 9 月 19 日,"辉煌六十年——中华人民共和国成立 60 周年成就展"在北京展览馆隆重开幕。下列事物的出现按时序排列正确的是（　　）

①全国各省市的粮票、油票、布票

②浙江某人民公社缝纫厂

③籼型杂交水稻

④凤阳县农民分田到户的契约

A. ①②③④　　　　　　B.①③②④

C. ②③①④　　　　　　D. ③①④②

7. (2010 年南京模拟)改革开放后,我国的经济发展成绩显著,有学者曾经形象的把东部地区经济发展的优势比作"满弓待发之箭"。其中"弓、箭、弦"是指（　　）

①14 个沿海开放城市如弓

②长江中下游如箭

③京九铁路如弦

④京广铁路如弦

⑤小浪底工程如箭

A. ①②③　　B.①②④　　C.①④⑤　　D.①③⑤

8. (2010 年安庆模拟)十一届三中全会后推行的家庭联产承包责任制（　　）

A. 是对土地所有制的重大变革

B. 是我国经济体制改革的主要目标

C. 与农村生产力状况相适应

D. 和建国初期土地改革内容基本相同

9. (2010 年广东省高三六校第二次联考)从 1985 年到 1987 年,我国指令性计划的工业品由 120 种减少到 60 种,计划管理的商品由 188 种减少到 23 种,计划供应出口商品由 70 种减少到 36 种。这种情况说明了（　　）

A. 民营企业的恢复与发展

B. 企业自主权得到扩大

C. 我国建立了社会主义市场经济体制

D. 我国国民经济发展迅速

10. (2010 年安庆模拟)1992 年,中共十四大确立了社会主义市场经济体制的改革目标,对其认识正确的是（　　）

A. 2002 年,我国初步建立了社会主义市场经济体制

B. 是党的第二代领导集体为中国特色社会主义建设所做出的贡献

C. 中心内容是改变资源配置方式

D. 和资本主义的市场经济截然不同

11. (2010 年北京模拟)1958 年 5 月,毛泽东发表讲话说："我们……是先生教出来的学生,应当高明些,后来者居上嘛!我看我们的共产主义,可能比苏联提前到来。"为了"后来者居上",毛泽东发动了（　　）

A. 社会主义改造运动

B. "大跃进"和人民公社化运动

C. 开展"反右倾"斗争

D. 在全国发动了"文化大革命"

12. (2010 年福建模拟)邓小平在南方谈话中指出,"改革开放胆子要大一些,敢于试验,不能像小脚女人一样。看准了

的,就大胆地试,大胆地闯……没有一点闯的精神,没有一点'冒'的精神,没有一股气呀,劲呀,就走不出一条好路……"这一时期"好路"的"路标"是　　　(　)

A. 加入亚太经合组织

B. 建立多种形式的经济责任制

C. 建立社会主义市场经济体制

D. 建立多层次的对外开放格局

13. (2010年湖南雅礼中学第四次月考)1953年,我国通过农业合作化的道路对农业进行社会主义改造。1978年以后,在农村实行以家庭联产承包为主要形式的责任制。下列对这两项政策的评述,最准确的是　　(　)

A. 这是性质完全相反的两种经济政策

B. 后者是对前者的发展

C. 后者是对前者的全盘否定

D. 都是为了调整农村生产关系,发展农业生产

14. (2010年南京模拟)阅读材料,回答问题。

材料一　《中国土特产品出口统计表》

时　间	茶　叶	生　丝
鸦片战争前	5 000(年平均值)	5000(年平均值)
1846 年	7010	13220
1850 年	8919	23040
1854 年	14122	62896

材料二　清政府正式派官员和商人携物出洋赴宴,始自1876年美国费城举办的国际博览会。……大清国的展品"物件悉遵华式,专为手工制造,无一借助机器"。经评判,中国赛品"以丝、茶、瓷器、绸货、雕花瓷器、景泰器,在各国中推为第一。"

——《清末商品赛会活动评述》

材料三　1905年,清政府奏准《出洋赛会章程》……指明凡有国际博览会,商部即咨行各省督抚,晓示商人,劝谕参加。商部在博览会会场设立事务所,经理华商与会有关事务,向华商提供各种帮助。……1910年6月,南洋劝业会在南京正式开幕……共设农业、医药、教育、工艺、武备、机械、美术等9个展览馆和一个劝业所。另设暨南馆1所,陈列南洋各埠华侨之出口;参考馆3所,主要展出外国产品。

——《近代中国经济政策演变史稿》

材料四　新华社记者摩纳哥电:国际展览局132次大会……投票产生了2010年世界博览会举办城市,中国上海获得了举办权

请回答:

(1)材料一反映了中国近代农业经济发展的什么现象? 这种现象出现的原因是什么?

(2)材料二为我们研究19世纪70年代的中国经济提供了哪些重要信息?

(3)根据材料二、三指出,19世纪末20世纪初清政府的政策与鸦片战争前有什么不同?

(4)你认为中国上海获得2010年世博会举办权的主要原因是什么?

(5)综合上述材料谈谈你对中国近现代经济与世界市场的关系的认识。

五卅惨案

1860年,太平军进攻上海,英法领事公开声明,帮助清军保护上海,指挥义勇队袭击太平军。1900年,唐才常组织自立军策划会党起义。起义前夕,英国侵略者勾结清政府,查抄了起义指挥机关。1911年10月,资产阶级革命党在俄租界内制造炸弹,不慎爆炸。俄国巡捕乘机搜查起义指挥部,大肆捕杀革命党人。1925年5月,上海日本纱厂资本家枪杀共产党员、工人顾正红。上海爱国学生2000多人,在公共租界游行示威,英国巡捕逮走许多爱国学生。随后,上万群众聚集在南京路英国巡捕房前,要求释放学生,高呼"打倒帝国主义"。英国巡捕向群众开枪,当场打死打伤数十人,制造了震惊中外的"五卅惨案"。

一年冲刺母题

【母题】 阅读下列材料:

材料一 八大的路线是正确的。但是……没有能够在实践中坚持下去。八大以后,我们取得了社会主义建设的许多成就,同时也遭到了严重挫折。

——《邓小平文选》

材料二 三十年的沧桑巨变,三十年的光辉历程,铸就了一个民族近百年的梦想,谱写了许多可歌可泣的历史画卷。从1978年到2005年,中国的国内生产总值从1473亿美元增长到22257亿美元,……农村贫困人口由2.5亿人口减少到2300多万人。1978年以前,中国外汇储备从未超过10亿美元,2006年末已突破1万亿美元。

请回答:

(1)材料一中提到八大路线"没有能够在实践中坚持下去",社会主义建设遭到"严重挫折"。请指出我国20世纪50年代经济工作遭到"严重挫折"的具体表现及原因。

(2)"三十年的沧桑巨变,三十年的光辉历程",你认为我们取得一切成就和进步的根本原因是什么?

(3)英国卫报学者曾提出一种观点:"21世纪始于中国的1978年",请结合所学知识阐释这一观点。

【解析】 本题考查了我国经济路线的演变。第(1)问识记课文知识即可。第(2)问从"三十年的沧桑巨变,三十年的光辉历程"中知道指的是改革开放。第(3)问具体指出十一届三中全会内容。

【答案】 (1)具体表现:掀起了"大跃进"运动,造成国民经济比例严重失调;发动了农村人民公社化运动,影响农民建设社会主义的积极性。

原因:中共八大二次会议的社会主义建设总路线,忽视了客观的经济发展规律。

(2)根本原因:把马克思主义与中国具体国情相结合,开辟了一条有中国特色的社会主义道路,改革开放,形成了有中国特色的社会主义理论体系。

(3)①1978年十一届三中全会的召开成为中国伟大的历史性转折。②会议确立了对内改革的方针,揭开了中国经济改革的序幕。③确立了对外开放的方针,中国逐步融入世界,2001年加入WTO。④进入21世纪中国成为拉动世界经济增长、影响世界经济格局变化、推动全球化进程的重要力量。

【变题】 从1978年到2008年,中国改革开放整整历经30年。中国改革开放30年所取得的辉煌成就奏响了中华民族伟大复兴的序曲。阅读下列相关资料,回答问题:

材料一 社会主义基本制度确立以后,还要从根本上改变束缚生产力发展的经济体制,建立起充满生机和活力的社会主义经济体制,促进生产力的发展。这是改革,所以改革也是解放生产力。

——1992年春天邓小平南方谈话

材料二 近代以来世界历史上先后出现了西方资本主义工业化模式和苏联社会主义工业化模式。"经济全球化的大潮已经席卷世界……中国也融入其中,在世界各国的产品进入中国市场的同时,物美价廉的中国产品也通过和平、合法的方式走向全世界,在改善中国人民生活的同时,也造福了世界人民。"

——查雯《中国要走自己的发展之路》

(1)"在改革也是解放生产力"的过程中,邓小平是怎样引导中国的经济体制改革逐步深入的?

"国中之国"——变相殖民地——租界的设立

"租界",是帝国主义列强凭借武力的威逼和欺诈的手段,在我国重要商业城市里强占一定的区域,作为他们居住和管理的地方。在租界里,侵略者建立了完全不受中国行政系统管辖和法律制度约束的统治制度,即帝国主义的殖民制度。所以,人们称租界为"国中之国"。租界这个畸形怪物的出现,是中国社会半殖民地化的一个重要标志。租界的历史,就是帝国主义侵略中国的血腥的罪恶史。

(2)西方和苏联两种工业化模式各是如何解决工业化过程中所需的资金、原料等问题的?

(4)有专家指出,过去30年改革开放的过程,也是解放思想的过程。30年改革的每一步都是以解放思想为先导,没有解放思想就没有今天。过去30年间,中国思想界形成了哪些伟大成果?

(3)当时中国走上了一条新型工业化道路。与西方和苏联两种工业化相比,当时中国工业化的国际环境怎样? 中国人民和政府采取了怎样的应对措施?

我国历史上的三个"红四军"

　　在我军历史上,除毛泽东朱德创建的红四军外,还有两个"红四军":

　　一是1928年6月贺龙在湘鄂西成立的"红四军",此乃红二方面军的前身;另一个是1931年1月由许继慎为军长的红一军与蔡申熙领导的红十五军合编成的"红四军",军长旷继勋(后由徐向前接任),此为红四方面军的基础。

　　后来三个"红四军"逐步发展成了红军三大方面军。对此,应该说,这三个"红四军"功不可没。

智趣素材

第4单元 中国近现代社会生活的变迁

考纲解读导航

考试内容

1. 物质生活与习俗的变迁
(1)动荡中变化的近代社会生活
(2)新中国社会生活新风尚
2. 交通工具和通信工具的进步
(1)铁路与公路
(2)水运与航空
(3)通信工具的变迁
3. 大众传媒的变迁
(1)报刊业走向繁荣

(2)影视事业的发展
(3)互联网的兴起

能力要求

(1)了解近代以来人们物质生活和社会习俗变化的史实,探讨影响其变化的因素。

(2)了解中国近代以来交通、通信工具的进步,认识其对人们社会生活的影响。

(3)以我国近现代报刊、影视和互联网的逐渐普及为例,说明大众传播媒体的发展给人们生活方式带来的巨大变化。

三年高考命题

1. (2009 年山东文综)在《红楼梦》第九十回中,贾母说:"自然先给宝玉娶了亲,然后给林丫头说人家。再没有先是外人,后是自己人的……"。这反映出贾母 (　　)
A. 具有男尊女卑的思想
B. 固守传统的家庭等级观念
C. 具有浓厚的宗法观念
D. 遵循长幼有序的婚姻礼俗

2. (2009 年安徽文综)下列图片反映了清末民初社会生活的变化,其中具有反清革命色彩的是 (　　)

A　　　　　B

C　　　　　D

3. (2009 年福建文综)下图是一份报纸的号外,从中可获取的准确信息是 (　　)

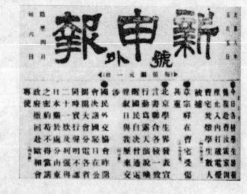

A. 开国人创办政论性报刊之先河

"红军"的称号是什么时候提出和使用的?

红军是中国近代史上土地革命时期中国共产党领导的人民军队的统一称号。但是红军的称号是什么时候提出和使用的呢? 1927 年 11 月 13 日,共产党人潘忠汝等领导湖北黄安、麻城两县农民举行起义。14 日清晨,农民自卫军解放了黄安县城,反动政权被摧毁。人们在黄安县衙大门贴上一副新对联:"痛恨绿林兵,假称青天白日,黑沉沉埋赤子;克复黄安城,试看碧云紫气,苍生济济拥红军。"这样,工农群众第一次喊出了"红军"的称号。1927 年 12 月 11 日,共产党人张太雷、苏兆征、叶挺、叶剑英、聂荣臻等领导工人、农民和革命士兵在广州举行起义,起义军打出"工农红军"的旗帜。

B. 使用白话文报道新闻

C. 抨击国民政府失败的外交政策

D. 表明工人阶级已登上政治舞台

4. (2009 年广东理科基础)"又是庚申元旦节,过年过得真贯冲。见面齐声道恭喜,脱帽都行一鞠躬……祝罢再把新年贺,两手深深打一恭。"长沙市民曾有的这些习俗,最早可能出现于　　　　　　　　　(　　)

A. 唐宋时期　　B. 明朝后期

C. 民国初年　　D. 新中国时期

5. (2009 年广东历史单科)下列歌谣中,不能反映民国初年社会风尚的是　　　　　　　　(　　)

A. 结婚证书当堂读,请个前辈来证婚

B. 文明洋伞小包裹,长筒洋袜短脚裤

C. 辫线斜拖三尺短,之乎者也说荒唐

D. 改良的头,改良的花,改良的姑娘大脚丫

6. (2009 年上海历史单科)随着汽车、火车、轮船在近代中国的出现,"乘客不分男女座,可怜坐下挤非常"这样的竹枝词也开始流行起来,这反映了　　　　　(　　)

A. 新式交通工具的出现冲击了传统的伦理道德

B. 新式交通工具并没有改善人们的出行状况

C. 人们对新式交通工具的赞同与认可

D. 人们从没有停止过对交通工具改进的追求

7. (2009 年上海历史单科)郑观应主张:"欲富华民,必兴商务,欲兴商务,必开会场。欲筹赛会之区,必自上海始。上海为中西总汇,江海要冲……"。在郑观应看来,上海首办"赛会"(世博会)的有利条件是　　　(　　)

A. 思想文化开放,是改良思想的实践地

B. 商贸较为发达,日益成为国际大都市

C. 物产丰富多样,是民族工业的发源地

D. 生活水准较高,有比较大的观众群体

8. (2009 年上海文综)服饰体现了社会风尚,并打下了深刻的时代烙印。中国废除服饰分贵贱的冠服制度(见右图),并实现服饰制度根本转变的历史事件是　(　　)

A. 洋务运动　　B. 辛亥革命

C. 五四运动　　D. 抗日战争

9. (2009 年四川文综)1973 年 3 月 15 日,中央电视台首次播出外商广告"西铁城——星辰表"。这反映出　(　　)

A. 中国人走向世界的愿望

B. 国外普遍赞赏中国开放政策

C. 人民生活水平显著提高

D. 中国全面推行改革开放政策

10. (2008 年北京文综 18)观察下图并阅读简介,结合所学知识,指出下列对箭楼的描述,正确且完整的一组是 (　　)

图片介绍:北京正阳门箭楼始建于明代,1900 年毁于战火。1906 年重建,1915 年增加栏杆及西洋花饰。民国时曾为国货陈列所。1949 年解放军入城经此。1990 年大修后开放。

①恢复了明清时期的原貌

②见证了北京屈辱与新生的历史

③帝制时代结束后曾为文化场所

④现在建筑主体建于清末

A. ①②③④　B. ②③④　C. ①③④　D. ②③

11. (2008 年江苏历史单科)1869 年,《教会新报》的一篇文章写道:"外国生产皆归男医接生,虽经此例,似不成规矩。……男归男医,女归女医,岂不至善也!"材料反映出当时的中国　　　　　　　(　　)

A. 虽已开放,但人们思想还比较保守

B. 西方男女平等观念逐渐深入人心

C. 旧的风俗习惯受到西方民主思潮的冲击

D. 人们难以接受西方医学知识

12. (2008 年江苏历史单科)至 20 世纪初,"外货风行,土布渐归淘汰",洋布战胜土布,最根本的武器是　(　　)

A. 洋布外观漂亮

B. 洋布广告充斥

C. 洋布引领时尚

D. 洋布价格低廉

13. (2008 年宁夏文综)民国时期,民间多因循传统,视农历正月初一为"元旦",1949 年以后则以公历 1 月 1 日为"元旦"。这一变化表明　　　　(　　)

A. 民国时期传统节日得到完整保留

B. 1949 年以后传统节日彻底改变

C. 近代西方节日在中国得到普及

D. 西方节日融入了中国文化元素

14. (2008 年天津文综)1900 年以后在天津老城南门外(南市一带)出现了租界与天津地方当局均不实施管理并一度畸形繁荣的地区,俗称"三不管"。这本质上反映出近代天津

中英《南京条约》赔款用的是什么货币单位?

　　为什么中英《南京条约》赔款用的货币单位是西班牙银元,而不是中国的银两呢?因为自 16 世纪起,西方商人每年都从中国购买大量茶叶、丝绸、瓷器等,而他们带来的呢绒、布匹、金属餐具销路不旺,很难打开中国的市场。在双方贸易中,中国处于出超地位。西方商人每年都要用大量银元支付贸易逆差。这样,大量外国银元流入中国。晚清时期,中国币制落后,银两成色不一,形制多样。而外国银元制作精巧,大小及成色基本一致,便于计算和交易,所以,人们喜欢用它。再加上西班牙银元 19 世纪中期在中国沿海地区和长江流域广泛流通。这就是中英《南京条约》赔款用西班牙银元,而不用中国银两的原因。

智趣素材

城市的 （　　）
A. 封建落后性
B. 治安管理的不合理性
C. 半殖民地半封建性
D. 建设的散乱随意性

15. (2008 年文综全国卷一)在 1878 年的日本,儿童玩拍球游戏时,用 10 种最值得采用的新事物的名称来代替数字,它们分别是汽灯、蒸汽机、马车、照相机、电报、避雷针、报纸、学校、信箱和轮船。这主要反映了日本 （　　）
A. 殖产兴业的经济政策
B. 富国强兵的奋斗目标
C. 全盘西化的生活方式
D. 文明开化的文化政策

16. (2010 年广东深圳文综)19 世纪 60 年代,上海等地逐渐形成了以汉字注音为特点的洋泾浜英语,如“清晨相见谷地猫迎,好度由途叙阔情”等。下表是洋泾浜英语示例:

英语	sandwich	beer	telephone	engine	dollars	commission
洋泾浜英语	三明治	啤酒	德律风	引擎	大拉斯	康密兴
词意	夹肉面包	麦制酒	电话	发动机	外币	佣金

据此,这一时期上海社会生活发生的变化有 （　　）
①英语开始在当地流行 ②生活方式受到西方的影响 ③引进了西方工业革命成果 ④对西方的认识发生了变化
A. ①②③　　B. ①②④　　C. ②③④　　D. ①②③④

17. (2010 年安徽宣城文综)20 世纪初,实业家张謇要了解全国各地商业信息,可采用的最快捷的方式是 （　　）
A. 乘坐飞机赴各地了解
B. 乘坐火车赴各地了解
C. 通过电话了解
D. 通过无线电报输送讯息

18. (2009 年江苏历史单科)近代以来,人们的婚姻观念逐渐改变。阅读下列材料:
材料一 父母之命这句话固然视为天经地义不可改易的,但是我们现在做父母的应该要晓得,这几千年来的礼教风俗到了今天决计行不通!……做父母的应该要明白些现在世界的大势!闭关自守,做不到了;农业经济组织下的状态,保不住了。
——陆秋心《婚姻问题的三个时期》
(《新妇女》1920 年 4 月 15 日)
材料二 我在小姊妹的帮忙下,加入了家庭妇联。我看见姊妹们加紧生产,努力学习文化,便愈感到自己的落后,我要好好地向姊妹们学习,我也加入了学习班。新婚姻法颁布以后,小姊妹张丽娟告诉我,说可以到家庭妇联

申请向朱家离婚,婆婆没有理由阻拦我,于是我离婚了,我自由了。
——《一个童养媳的新生》(1950 年 9 月 1 日《解放日报》)
材料三 婚姻不是件私事;……在任何地方一个男子或女子要得到一个配偶,没有不经过一番社会规定的手续。
——费孝通《生育制度》

请回答:
(1)根据材料一、二,人们的婚姻态度发生了怎样的变化?

(2)根据材料一并结合所学知识,说明作为婚俗背景的经济基础和家庭关系,从传统到近代发生了怎样的变化?材料二中“我”的婚姻态度发生变化的社会条件是什么?

(3)根据材料一、三,不同学者在婚姻自由度问题上的视角分别是什么?我们应如何全面认识这一问题?

 **复习攻略**

一、整体感知
鸦片战争后,西方资本主义政治、经济、文化势力进入中国,引起中国社会的剧烈变动,中国传统服饰、饮食、住宅及风俗开始了深刻的变化。中西合璧是近代初期生活变迁的典型特征。交通与通信工具的进步,给人们生活带来很大方便。报刊、电影、电视、互联网等媒介便利了大众的生活,拉近了世界各地的距离。

二、各个击破
1. 近代以来影响中国人民社会生活变化的因素
(1)列强的侵略,西方生活方式和习俗(文化影响)的传入及影响。
(2)与外国人联系密切的买办、富商、洋行职员、留学生等的仿效,开风气之先。
(3)进步人士的鼓吹与提倡,如维新派人士倡导的不缠足

智趣素材
地方官任期与回避的规定
古代任用地方官时有籍贯的限制。这种制度始于汉武帝中叶以后,虽无明文规定,但地方长官要明显地回避本籍。东汉时,对地方长官的籍贯限制更严,京畿也不例外,一律不用本籍人,官员的婚姻之家甚至亲属在同一地区或同一机构供事者,较低级的人员也应回避、改任。这主要是为了防止地方官互相勾结庇护、结成集团,以加强中央对地方的控制。这种长官不得在本籍任官的回避制度为以后各代所沿用。

运动,在婚姻家庭关系上主张平等、自由等。

(4)政府的政策以及不同时期科技的发展水平的影响。如民国政府推行移风易俗的法令、政策。

2. 中国近现代物质生活和习俗变迁的特点

(1)西方影响明显。

(2)带有明显半封建半殖民地社会色彩。

(3)发展不均衡,从空间看,近代社会生活城市变化较农村显著,沿海地区变化较内地显著。

(4)变化过程中既有新旧文化冲突,又有东西文化碰撞,近代化特征越来越明显。(呈现出既追新慕异、去土存洋、又新旧并存、中西合璧的特征。新中国成立后由于意识形态的支配,又重新趋于独立化。改革开放后,由于观念的转变,与世界联系愈加紧密,逐渐融入国际潮流。)

3. 中国近代交通运输业发展的特点

(1)中国近代交通工具大都是从外国传入的,交通运输事业在很大程度上受到外国的控制。

(2)铁路、水运、航空都有一定的发展,中国交通运输业开始近代化。

(3)交通工具地域发展不平衡,城市比乡村发展快。

(4)各种层次的交通工具同时并存。

(5)起步晚,发展慢,落后于同时代的西方国家。

4. 中国近代电信事业兴起的原因及作用

(1)原因:外国资本主义的入侵和国外新技术的传入;国内民族资本主义工商业的发展;军事、政治的需要。

(2)作用:加速了信息传播,有利于航运、防汛等;推动民族资本主义的发展;有利于加强国防建设,提高军情传递的及时性与军队的机动性;加强了中国与世界各国的联系,促进了对外贸易的发展。

5. 近代中国大众报业发展的原因及作用

(1)原因:19世纪品种单一的官方报纸与落后的办报方式越来越不能满足时代的要求;中国近代资本主义经济的萌芽与发展,为大众报业提供了物质条件;社会形势的急剧变化,特别是鸦片战争后,人们对动荡社会信息的需求,促进了各种报刊的不断涌现;西方人办报潮流的推动。

(2)作用:传递信息,传播知识,娱乐大众,满足人们对各种社会信息的需求,丰富人们的生活,提高大众的素质;唤醒民众,关注社会,制造舆论,推动革命;针砭时弊,实行舆论监督,促进社会进步。

6. 互联网的影响

(1)政府职能部门网络化。

(2)构筑新型家庭经济生活。

(3)改变人们工作、学习、生活与交往方式。

(4)催生中国经济生活新观念、新模式。

知识结构梳理

一、物质生活与习俗变迁

(一)动荡中变化的近代社会生活

1. 变化原因:

(1)鸦片战争打破清政府"闭关锁国"政策,_____渗透到国民生活中。

(2)西方物质文明和_____的影响。

(3)辛亥革命的影响和民国政府颁布一些改革社会习俗的措施。

(4)近代工商业发展的影响和先进的中国人主动吸收西方文明。

2. 表现:衣、食、住、风俗

(1)衣:

①通商口岸的"_____"、"_____"渐渐进入城市百姓生活。

②辛亥革命后,结合中西样式的_____受到新派人士的青睐。

③20世纪二三十年代,中国服装五花八门——西服、粗布大衫、旗袍、学生装、欧式裙子。

(2)食:鸦片战争后在通商口岸出现_____、面包房、咖

啡店,有钱人吃西餐成为一种时尚。

(3)住:受外国人在中国通商口岸设立的使、领馆区建筑式样的影响,_____和中西合璧豪宅的出现。

(4)社会习俗:

①人身解放——"_____""废止缠足"、改革传统的婚姻制度,倡导婚姻自由。

②婚丧礼仪——由铺张繁琐愚昧改为_____。

③社交礼仪——西式握手、鞠躬取代等级界限鲜明的_____,"先生"、"同志"取代了尊卑贵贱森严的"老爷""大人"。

④增添了_____、元旦等新节日。

(二)新中国社会生活新风尚

1. 新中国成立后社会生活的变化

(1)原因:

①_____是建国后发生变化的重要原因。

②勤俭节约、无私奉献成为_____的主流。

(2)表现:人民生活水平差距不大,但总体比较低。

①人们衣着朴素,食物比较简单,_____总体比较拥挤,家具陈设_____、饭桌、椅子等必需用品。

②许多生活必需品都_____供应,定量供应(计划经济

智趣素材

的特征)。

③1950 年颁布的《中华人民共和国婚姻法》,改革封建婚姻制度,提倡婚姻自主。

④朴实而又带有革命色彩的衣着,20 世纪 50 年代,女孩子喜欢穿布拉基,男孩子以列宁装、中山装为主流;"文革"时期以着_____、_____为荣,绿色成为流行色。

2. 改革开放后社会生活的变化

(1)原因:

①_____后,社会主义现代化建设蓬勃发展。

②党和政府把_____作为经济建设的奋斗目标。

(2)表现:

①服饰:颜色由灰蓝色调为主变为_____,从单一款式走向_____。

②饮食:经济体制改革后,粮食产量增高,基本解决了_____,取消实行了几十年的票证;政府还倡导"_____",饮食多样化。

③住房:人民的住房条件得到很大改善,20 世纪 90 年代以后国家启动"_____"。

④社会风俗:_____成为人们日常生活的一部分;休闲方式多样化,体现了生活质量的提高;_____、_____、_____等社会风尚,正在逐步形成。

二、交通工具和通信工具的进步

(一)铁路与公路

1. 古代传统交通运输工具

(1)特征:因地而异、路途遥远、行程缓慢。

(2)表现:

①南方多水路,_____是主要运输工具。

②北方多旱路,人们以乘坐_____为主。

③平民百姓外出,多为_____。

2. 近现代铁路交通运输业

(1)近代铁路交通的起步:

①19 世纪 70 年代,外国商人擅自修筑从吴淞口到上海的_____——近代中国第一条正式营运的铁路。

②19 世纪 80 年代,_____修筑_____到胥各庄铁路(即唐胥铁路)——中国铁路诞生的标志。

③辛亥革命前夕,中国已建成多条铁路,奠定中国近代铁路网的_____。

(2)新中国成立后铁路交通的发展:

①新中国成立后,先后建成_____、_____等铁路,加强了内地与西北、西南地区的联系。

②"九五"期末,京九铁路全线通车,中国的铁路营运总里程已跃居_____,世界第四位。

③2006 年 7 月 1 日_____彻底竣工并通车。

(3)机车制造有进展:

①近代中国:使用从_____的蒸汽机车。

②新中国成立后:国产"_____"型蒸汽机车开始取代进口机车;1958 年中国试制成功第一台_____和第一台电力"韶山"号机车。

③改革开放以来:20 世纪 90 年代末,高速列车开始在_____铁路运营;2003 年,世界上第一条磁悬浮列车在_____投入商业营运;1997 年以来全国铁路几次大提速,大大提高了运行的效率。

3. 公路交通的发展:

(1)近代:公路交通发展受限制

①原因:_____、_____、汽车和油料依赖进口等。

②表现:20 世纪初在上海等大城市开始出现_____,成为权贵、富绅的代步工具;民国时期陆续修建一些公路。

(2)新中国成立后:公路运输发展快

①建立汽车制造厂。

②建立起比较密集的公路网。

③黄河、_____等江河上架设了一座座公路大桥:如武汉长江大桥、南京长江大桥等。

④偏远山区也通了汽车:如新藏公路、青藏公路、川藏公路、滇缅公路等。

(二)水运与航空

1. 水运

(1)近代:起步

①原因:列强的侵略;_____的开展。

②表现:鸦片战争后,西方列强纷纷在中国设立_____,控制中国水上运输;19 世纪 70 年代初期,洋务派创办_____,打破列强在中国的垄断局面。

③作用:推动了中国水上交通业的近代化进程。

(2)新中国成立后:

①发展:国家_____。

②萎缩:20 世纪 90 年代后,_____、_____和民航快速发展的冲击。

③改制:由轮船运输转向高档_____。

2. 航空

(1)近代:拉开序幕

①1909 年,旅美华侨_____制成中国第一架飞机,标志着中国_____的开始。

②1920 年,中国首条空中航线——_____至_____航线开通,中国民航拉开序幕。

③到 1949 年,中国民航共有国内外航线 52 条,航线总长度近八万千米。

(2)新中国成立后:

①成立初期:乘飞机有限制,民航发展有限。

②改革开放后:逐步放宽并最终取消了一些限制,航线和

航班不断增加,并开通旅游航线和直通航线;中国已成为世界民航大国。

(三)通信工具的变迁

1. 近代电讯业的变迁

(1)电报:

①19 世纪 70 年代,丹麦电报公司在_____建立电报机房。

②福建巡抚丁日昌在_____架设中国第一条有线电报,主要用于军事。

③20 世纪初,上海崇明装置无线电台,设立_____,供官商通报。

(2)电话:

①1877 年,_____架设电话线,开通第一部电话。

②19 世纪 80 年代,外国开始在上海设立电话公司。

③20 世纪初,_____在南京开办第一个电话局,开通第一部市内电话。

2. 新中国成立后电讯事业的发展

(1)国家不断增加对电讯事业的投资,逐渐形成全国电讯网络。

(2)2003 年末,拥有的固定电话和移动电话数量跃居世界_____。

(3)近年来,人们还通过_____发送电子邮件。

3. 通信事业变迁与发展的影响

(1)使_____变得快捷和简便。

(2)深刻地改变着人们的_____和_____。

三、大众传媒的变迁

(一)报刊业走向繁荣

1. 发展历程

(1)出现

①19 世纪期期前后,_____开始在华办报。

②19 世纪 70 年代起,中国人开始自己办报刊。

(2)发展

①在近代,报刊成为_____、_____和新知识分子宣传改良、革命和新文化的武器。

②20 世纪前期,中国共产党先后创办《共产党》《红色中华》《_____》《解放日报》等政论性报刊,为夺取革命胜利发挥了重要作用。

③新中国成立后,《_____》《红旗》等党报党刊成为宣传党的路线、政策和方针的主要舆论工具,还出现了《_____》《文汇报》等介绍学术文化、社会生活方面的各种报刊。

(3)繁荣:改革开放后,除党报党刊外,各种_____、娱乐性报刊如雨后春笋般创办起来,我国报刊业走向繁荣。

2. 报刊的作用及影响

(1)传播西方文明,促进中国近代的思想解放。

(2)近代报刊发挥了制造舆论、唤醒民众的重大作用。

(3)对夺取近代革命的胜利发挥了重大作用。

(4)报刊具有报道新闻、传递信息、通达民情、传播知识、开启民智、立言议政和实行舆论监督的功能,从总的趋势来看,它对中国社会的发展起着巨大的推动作用。

(二)影视事业的发展

1. 电影

(1)发展历程

①19 世纪末,西方出现了电影。

②1905 年,中国人自己摄制的电影《_____》首映成功,中国电影事业开始起步。

③20 世纪 20 年代以后,中国的电影迅速发展并很快走向成熟。

④第一部有声电影:1931 年第一部有声电影——《_____》

⑤中国第一部获得国际荣誉的影片:蔡楚生导演的《_____》于 1935 年在莫斯科国际电影节上获“荣誉奖”

⑥《风云儿女》的主题歌——《义勇军进行曲》,现在已经成为中华人民共和国的国歌

⑦建国初期:把反映工农生活和_____的题材搬上了银幕。

⑧改革开放:再次走向辉煌,数量和质量都远远超过了以前

(2)发展趋势:无声到有声,黑白到彩色,进口到国产。

(3)影响:丰富了日常生活,影响着人们的思想与感情

2. 广播事业

(1)发展历程:

①1923 年,英美报商在上海开播广播台,主要服务于在华外国人和归国华侨。

②1926 年,中国政府自办的第一座广播台“哈尔滨广播无线电台”开播。

③_____年,近代中国第一座全国性的电台“中央广播电台”在南京开播。

(2)特点:携带方便,覆盖面广

3. 电视

(1)发展历程:

①诞生:1958 年,_____开始试播,标志中国电视业的诞生。

②普及:改革开放后,电视逐渐普及。

(2)电视普及的原因:

①改革开放后_____的提高。

②_____的进步,是电视迅速普及的一个重要原因。

③_____丰富多彩,专业性、知识性、娱乐性并存。

④具有可视性、多角度、覆盖面广的优势。

（3）电视的作用：丰富了日常生活,增加了信息量,开阔了视野,对社会的发展起着更大的推动作用

（三）互联网的兴起

1. 兴起：_____诞生于20世纪60年代末,90年代以后风靡全球。1994年,中国正式接入互联网。这几年,中国上网用户急剧增加。

2. 功能：互联网具有迅速传播信息的功能,被称为"____ ____"。网络媒介可以集文字、图像、声音于一体,还能模拟____效果,具有很强的表现力和感染力。

3. 特点：互联网可以_____,双向传授,传者与受者之间可以通过电子邮件、聊天室等方式及时沟通,人们还可以上网参与讨论,随时发表自己的意见。

4. 影响：

（1）积极：

①互联网使人们的生活更加_____与_____。

②互联网改变了人们的_____,也改变着人们的生产、学习、娱乐方式、思维方式;

③互联网与日常生活的关系日益密切。

（2）消极：

①不法分子传播影响青少年成长的不良信息。

②利用网络进行犯罪。

③青少年沉迷于网络游戏。

二年模拟训练

1. (福建省四地六校联考2011届高三第一次月考)旗袍源于满族女装。20世纪20年代初有人撰文,"近来女界旗袍盛行……惟旗袍之名,若有宗社党(清朝妻族组成的秘密团体)之臭味……故我以为袍可者,惟不可以旗名。无以,其改称为暖袍乎!"对此理解正确的 (   )

①具有狭隘的民族主义色彩

②体现了民主共和的思想

③说明当时文明开化之风盛行

④新旧思想观念激烈碰撞

A.①②③   B.①③   C.①③④   D.②④

2. (2010年安庆模拟)下列图片反映了中国礼仪方式的变化,对其认识不正确的是 (   )

A.跪拜礼是中国封建社会常用礼仪,不能体现平等思想

B.进入近代,跪拜礼仪逐渐被握手、脱帽等新式礼仪所取代

C.从跪拜到握手反映了人们思想观念的变化和社会的进步

D.辛亥革命后握手礼仪开始出现

3. (2010年合肥模拟)1872年,有人做诗云："见闻历历备于此,读之可惊复可喜。费去文十买一纸,博古通今从此始。"诗中所提的"纸"是 (   )

A.传单   B.信件   C.报纸   D.书籍

4. (2010年福建单科模拟)1938年1月11日,中国共产党在武汉创办了《新华日报》。当日,人们从该报了解到的新闻可能有 (   )

A.南京大屠杀   B.中共七大召开

C.西安事变和平解决   D.淮海战役战况

5. (2010年南昌高三一模)《申报·自由女子之新婚谈》载："梳一东洋头,披件西式衣……宣读婚约,互换约指,才一鞠躬,即携手而归,无俟相催请跪拜起立之烦。"以下不属于民国时期婚姻习俗发生变化的原因的是 (   )

A. 近代工业文明的发展

B. 近代教育的发展促进人们思想观念发生改变

C. 近代西方思想的传播

D. 中国封建制度的结束,社会的进步

6. (2010年深圳模拟)长江航道是沟通中国东、西部的黄金水道。下列有关近代长江航运的评述,不正确的是 (   )

A.1842年外国军舰开进到了南京江面

B.1872年中国轮船公司开始经营长江航运

C.1895年外国商船可以开进到重庆

D.19世纪末20世纪初中国轮船航运公司在轮船数量和运载量上超过外国轮船公司,成为长江航运的主力

7. (杭州市第一次教学质量检测)2010年世博会在中国上海举办,上海这个深受近代西方文明影响的城市再次成为世人瞩目的焦点。如果上海世博会举办以"民国初年的上海"为主题的展览,以下情景不可能列入展览内容的是 (   )

A. 看电视剧   B. 到徐园观看电影

C. 穿中山装   D. 品尝西餐

8. (2010年江西九江六校联考)鲁迅说,近代中国"简直是将几十世纪缩在一世:自松油灯片以至电灯,自独轮车以至飞机,自标枪以至机关枪,……都摩肩挨背的存在。"上述现象反映的实质问题是 (   )

A. 传统风俗习惯根深蒂固

B. 传统社会向近代社会转变

C. 新旧风俗杂陈

D. 西方文化对中国影响广泛

9. (杭州市第一次教学质量检测)下图《同(治)光(绪)十三绝》

是京剧艺术大师梅兰芳的家传之宝。此图主要体现了
（　　）

A. 京剧是在徽戏、汉戏的基础上发展而来的
B. 京剧角色的行当划分比较严格
C. 京剧在同光年间曾中断
D. 京剧被誉为"近代百戏之祖"

10.（2010年汕头模拟）20世纪初，中国偏远乡村出现了"穿洋装谒孔子"的现象。对此理解准确的是（　　）
A. 中西文化交融碰撞的结果
B. 启蒙思想对中国传统文化产生重大影响
C. 儒家思想正统地位濒临崩溃
D. 民主共和观念深入人心

11.（2010年浙江三校模拟）中国近代著名教育家蔡元培曾写下了一张征婚启事，贴在书房的墙壁上。他的择偶条件为：（一）女子须不缠足者；（二）须识字者；（三）男子不娶妾；（四）男死后，女可再嫁；（五）夫妇如不相和，可离婚。该征婚启事反映的历史信息有（　　）
①婚姻自主的要求
②女子教育的开始普及
③删繁就简的婚俗
④封建思想的痕迹
A. ①②　　B. ①④　　C. ①②④　　D. ②③④

12.（2010年西南师大附中第二次月考）下面是1895～1898年间创办的中文报刊统计表，由此可知（　　）

年份	当年创刊总数	中国人自办报刊	
		总数	所占百分比
1895年	7	3	42.9%
1896年	11	7	63.6%
1898年	47	39	83%

①中国人自办的报刊日益成为中国报业的主体
②这是适应宣传维新变法、挽救民族危亡的需要
③这与民族资本主义经济发展、资产阶级队伍壮大有关
④当时文化事业得到发展
A. ①②③④　　B. ①②③　　C. ①②④　　D. ①③④

13.（2010年江苏省宜兴中学期中测试）阅读下列材料，结合所学知识回答问题。

材料一　在20世纪二三十年代的上海，有四家由澳大利亚归国华侨兴办的百货公司：先施、永安、新新、大新，它们不仅给当时的上海人带去了最时髦的购物方式，还初步形成了中国最早的百货业。在那个提倡"实业救国"的年代，这四大百货公司成为华人资本的一个典范，孙中山先生就对百货业特别有兴趣，他本人还购买过"先施"公司的股票。而四大百货的成功并不是一夜成就的神话。

材料二　（这些百货公司）男职员全部都穿"中山装"，女职员全部都穿蓝色的旗袍，全公司的职员都穿黑袜黑鞋，（早上）公司没开门，全部职员都进来了，限定一个门进来。所有的职员，每个人都有一个胸牌，号码是"1"字开头，那你就是在第一层（上班），是"2"字打头，那就是在二层（上班），所以那些管理员一进去就看的号码，就知道你是在哪层（上班）。

材料三　四大公司对中国近代商业的创新还有很多。比如，1917年的上海，女子就业人员非常稀少。但是，先施公司却率先雇佣女店员。永安公司不仅紧随其后，还把出众的女店员，比如把销售康克令金笔的小姐当作明星一样来宣扬和炒作。还经常在商场内组织职工进行大型时装表演，并首创企业生活类杂志《永安月刊》来引导消费。另外，发行礼券、代客送货、商品操作表演、美容表演、邀请电影明星演唱、赠送奖学金等一系列促销手段，都是这一时期具有永安特色的销售方式，并收到了很好的效果。

材料四　顾客至上、职员统一管理、广泛吸纳人才、培养后备力量、为员工谋福利、树立企业的社会形象，这些是现今全世界通行的管理措施，而在半个多世纪前的上海四大百货公司已经广泛实施了，它们就是四大百货公司屹立商场屡试不败的法宝。

——以上材料均摘编自《上海四大百货传奇：实业救国时代的归侨梦想》

（1）根据材料一并结合所学知识，指出上海四大百货公司在20世纪二三十年代能够成功崛起的主要原因。

(2)根据材料二、三、四,概括上海四大百货公司兴盛的主要原因。

(3)上海四大百货公司的发展是中国近代工商业发展的缩影,但总体来看,近代中国的商业发展是明显不平衡的,结合所学知识分析其主要原因。

一年冲刺母题

【母题】 阅读下列材料:

材料一 欲伸民权,必广民智,欲启民智,必先革除恶风陋习对人民的禁锢。……早在百日维新期间康有为上书《请禁妇女裹足折》和《请断发易服改元折》,认为女子裹足,不能劳动;辫发长垂,不利于机器生产;宽衣博带,长裙雅步,不便于万国竞争的时代,请求放足、断发、易服以便"与欧美同俗",又说:"非易其衣服不能易人心,成风俗,新政亦不能行"。这就把变衣冠作为学习西方文明和推行新政的一项重要内容,具有启发民智的意义。

材料二 清朝(左图)和民国时期(右图)的妇女绣花鞋

材料三 20多年前,"毛式中山装"一统中国服装市场(见图1)。如今,我们的服装不拘泥于一种风格一种潮流,而能在令人眼花缭乱的服饰上,演绎出许多文化的味道来。(见图2)

图1　　　　　　　　图2

请回答:

(1)依据材料一,提炼康有为的主张,并分析其目的。

(2)依据材料一、二和所学知识,概括说明哪些运动为中国近代习俗的演变开辟了道路?

(3)结合材料三分析由"毛式中山装"到多姿多彩服饰的变化原因。

(4)通过上述材料,谈谈你对社会习俗发生变化的认识。

【解析】 本题考查了中国近代以来生活习俗的变化。第(1)问从材料中很容易得出。第(2)问结合当时的时代背景中的政治内容。第(3)问原因可从经济和政治、思想方面考虑。第(4)问言之有理即可,但应紧扣材料主题。

【答案】 (1)主张:放足、断发、易服。

目的:革除陋习以开放民智、兴民权,为变法提供条件。

(2)戊戌变动、辛亥革命。

(3)改革开放,生产力发展,(经济发展)物质生活提高;思想解放,审美水平提高(文化水平提高)。

(4)社会习俗的变化与经济发展是分不开的;与时代要求(政治状况)是相一致的,有什么样的社会状况必然有与之相适应的文化(习俗);政治革命为社会习俗发生变化扫除了障碍。

【变题1】 阅读下列材料:

材料一 19世纪以来,外报传入中国后,一些知识分子积极投身报界,引进"西学",自办报刊。中国人自己办的报刊,在国内始于19世纪70年代。具有代表性的有艾小梅创办的汉口《昭文新报》、王韬主编的香港《循环日报》、容闳等创办的上海《汇报》、上海官商合办的《新报》以及广州的《述报》、《文报》等。这些报刊对国外先进科学技术和文化,广收博览,学习吸收洋为中用,以求自身发展。其版式、体例和印刷技术,都仿效外国报纸。

材料二 维新变法迎来了中国国人办报的一次高潮,据不完全统计,在1895～1898年间,全国新出版的中国报刊约120种,其中80%左右为中国人自办。同时资产阶级改良派的领袖人物开始了办报活动。在北京创办的《中外纪闻》,在上海创办的《强学报》、《时务报》、《国闻报》,在澳门创办《知新报》,湖南维新派创办《湘学新报》、《湘学报》和《湘报》,等等,宣传变法图存。这些活动推动了维新运动的发展,促进了变法的实现。

——以上材料均摘自姚福中《中国编辑史》

请回答:

(1)根据材料一,指出中国近代报刊的创办者及其基本内容,并说明19世纪70年代出现国人自办报刊的原因。

(2)材料二所述报刊的核心内容是什么? 这些报刊的创办有什么特点?

(3)国人自办的近代报刊在当时有什么意义?

【变题2】 阅读下列材料,回答问题:

材料一 1880年刘铭传奏请修建铁路,刘锡鸿等众多官员纷纷反对,理由是修建铁路"不可行者八,无利者八,有害者九"。如每造铁路"山川之神不安,即旱涝之灾易召";火车飞行,"路稍不平,则或激轮而全车皆碎";仿西洋造火车,借英、法等国金钱,无由归还,"诸强邻递相凌逼,几至亡国"。清政府认为"铁路断不宜开"的观点不无道理,遂搁置修路倡议。

材料二 19世纪末,列强竞相在中国投资修筑铁路,如中东铁路、胶济铁路、广九铁路等。同时,列强激烈争夺庐汉、粤汉、津镇铁路的修筑权。

材料三 一些闭塞地区的经济因铁路而活跃,一些古老的城镇因铁路而面目一新……铁路在畅通经济、带动繁荣的同时还意味着信息的流通、知识的传播,意味着建立"铁路交通日常急需的各种生产过程",所有这一切,无疑都有助于打破中国传统社会"自给自足的惰性",推动现代化进程。

材料四 新中国成立后,人民政府对旧铁路进行改造,重新修建了许多新铁路,形成了全新的铁路网运格局。如社会主义建设时期新建的宝成、鹰厦、兰新铁路、成昆铁路、湘黔铁路;改革开放以来修筑的大秦铁路、青藏铁路等。

(1)根据材料一和材料二,归纳近代中国铁路发展缓慢的原因。

(2)结合材料三,谈谈新式交通的出现对中国社会生活的影响。

(3)根据上述材料,比较新旧中国铁路发展史上的变化,从中你得到了什么启示?

吴兆麟

吴兆麟(1882—1942),字畏三,湖北鄂城人。16岁投武昌新军工程营当兵,先后考入工程营随营学堂、工程专门学校学习。1905年(光绪三十一年)加入革命团体日知会,翌年再考入参谋学堂,毕业后任第八镇工程营左队队官。辛亥武昌起义之夜,正当值楚望台军械库,起义士兵推为临时总指挥,即部署指挥起义部队进攻湖广督署,占领武昌。湖北军政府成立,任参谋部部长,参加阳夏保卫战。南北议和时,出任民军战时总司令,筹划北伐。1912年1月南京临时政府成立后,任大元帅府参谋总长。后调北京,授陆军中将,成为湖北将军团首要,并任首义同志会理事会主席。不久退出政治,1938年日军侵占武汉,诱以高位,不为所动。病逝后,重庆国民政府追赠陆军上将。

智趣素材

第5单元 资本主义世界市场的形成与发展

考纲解读导航

考试内容

1. 开辟新航路
(1) 东方的诱惑
(2) 新航路的开辟
(3) 走向会合的世界
2. 殖民扩张与世界市场的拓展
(1) "海上马车夫"
(2) "日不落帝国"
(3) 世界市场的拓展
3. 第一次工业革命
(1) 从珍妮机到蒸汽机
(2) 从工场到工厂
(3) 世界市场的基本形成

4. 第二次工业革命
(1) 人类迈入"电气时代"
(2) 垄断组织的出现
(3) 世界市场的发展

能力要求

(1) 概述迪亚士、哥伦布开辟新航路的史实,认识地理大发现对世界市场形成的意义。

(2) 列举荷兰、英国野蛮抢夺殖民地和建立海外商品市场的史实,认识殖民扩张与掠夺是资本主义列强建立世界市场的主要途径。

(3) 了解两次工业革命的基本史实,探讨其对资本主义世界市场发展的影响。

三年高考命题

1. (2009年北京文综)随着工业革命的推进,19世纪上半期英国出现的新社会问题是 ( )
A. 清教徒受到迫害
B. 童工现象开始出现
C. 广大农民丧失土地
D. 产业工人相对贫困

2. (2009年广东历史单科)1494年,西班牙和葡萄牙在教皇仲裁下,划定了一条如下图所示的分界线。这意味着 ( )

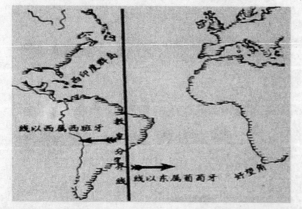

A. 两国当时的航海成果得到承认
B. 大西洋是两国争夺的焦点
C. 其他国家被永远排除在殖民争夺之外
D. 开辟新航路的主要目的是传播基督教

3. (2009年广东历史单科)某论文把巴拿马运河开通、印度向英国出口棉花、华工赴美参与修建铁路、法国向俄国输出资本等作为重要证据。该论文的主题最可能是 ( )
A. 资本主义世界市场的形成
B. 美国经济的崛起
C. 英国"世界工厂"地位的确立
D. 工业革命在欧洲扩散

4. (2009年广东文科基础)从交通运输的角度看,代表第一次工业革命的成果是 ( )
A. 蒸汽机车 B. 内燃机车 C. 电力机车 D. 汽车

5. (2009年江苏历史单科)新航路开辟前,人类文明尚未超出地域的发展,不同区域文明之间的交流少、相互影响小。造成这一状况的主要原因是 ( )
A. 人类对世界尚缺乏整体的了解
B. 不同文明的交往存在观念差异

C. 人类技术水平难以克服地理障碍

D. 缺少富有冒险精神的伟大航海家

6.（2009年山东文综）某历史著作中主要有"火车的发明"、"大清帝国的衰落"、"全世界无产者联合起来"、"逐渐缩小的世界"等章节。此著作研究的主题最有可能是（　　）

A. 工业文明下的世界

B. 晚清政府的徘徊与挣扎

C. 社会主义从理想到现实

D. 东西方的隔绝与冲突

7.（2009年上海历史单科）在不久前举行的第五届美洲国家首脑会议上，委内瑞拉总统查韦斯送给美国总统奥巴马一本书——《拉丁美洲:被切开的血管》。该书名喻指拉丁美洲曾经（　　）

A. 出现几何形国家边界

B. 爆发民族独立战争

C. 形成畸形单一作物制

D. 遭受西方殖民侵略

8.（2009年上海历史单科）19世纪中叶,欧美国家出现了一次移民浪潮,1846～1875年间就有900多万人离开欧洲,其中大部分到了美国。这是因为（　　）

A. 南方种植园主的需要

B. 法西斯的种族灭绝

C. 帝国主义的侵略扩张

D. 美国政府鼓励移民

9.（2009年上海历史单科）1815年,法国与英国争夺欧洲和世界霸权地位的失败,标志着伦敦对巴黎的胜利,标志着伦敦将成为世界的经济中心,而巴黎则不再可能。也许是从1789年大革命的爆发到1815年拿破仑战争的结束这26年的动荡折腾了法国,此后,法国就再也未能重现其往日作为"超级"大国的辉煌,她已经沦为二流强国。这段文字的主旨是（　　）

A. 说明法国往日曾经非常辉煌

B. 分析法国在19世纪初落后于英国的原因

C. 介绍从1789到1815年法国经历了26年的动荡

D. 陈述19世纪初英、法两国势力的此消彼长

10.（2009年四川文综）历史学家罗荣渠指出:"英国发展的领先地位是17、18两个世纪中逐步形成的。"促成英国这一"领先地位"的因素不包括（　　）

A. 海外市场的形成

B. 垄断组织的出现

C. 圈地运动的推进

D. 民主制度的确立

11.（2009年重庆文综）下列关于19世纪末20世纪初世界资本主义发展出现新变化的表述,不正确的是（　　）

A. 资本主义国际垄断集团形成

B. 资本主义世界殖民体系最终形成

C. 资本主义世界体系初步确立

D. 资本主义生产社会化的趋势加强

12.（2008年北京文综）"价格革命"给16世纪的欧洲带来的变化有（　　）
①金银价值下降,物价猛涨　②新兴工商业资产阶级获取暴利　③封建主势力加强　④劳动人民日益贫困

A.①②③　　B.②③④　　C.①②④　　D.①③④

13.（2008年广东历史单科）18世纪,西方人所谓的"乌木"买卖成为英国工业革命重要的资本积累方式……"乌木"是（　　）

A. 在亚洲掠夺的檀香木

B. 对非洲黑人的蔑称

C. 在殖民地掠夺的煤炭

D. 对美洲棉花的反称

14.（2008年江苏历史单科）美国历史学家斯塔夫里阿诺斯指出:"1500年至1763年的这些岁月是全球开始统一的时期,是从1500年以前的地区孤立主义到19世纪欧洲的世界霸权的过渡时期。"不能佐证这一观点的是（　　）

A. 新航路的开辟

B. 欧洲国家的对外扩张

C. 工业革命密切了国际交流

D. 英国确立了殖民霸权

15.（2010年全国卷1）英国人麦考利1830年说:"如今我们国家比1790年还穷吗? 我们坚决相信,尽管统治者有种种管理不当之处,但英国一直变得越来越富。有时略有停顿,有时暂时倒退,但总的趋势是不容置疑的。"这一说法的主要历史背景是（　　）

A. 国际局势平稳发展

B. 资本主义世界市场形成

C. 工业革命成效显著

D. 西方殖民主义体系确立

16.（2009年文综全国卷1）根据材料并结合所学知识,回答下列问题。

　　材料一　随着新航路的开辟,世界历史加快了从分散走到整体的进程。洲际贸易是近代世界不同地区之间经济与文化联系的主要内容之一。三角贸易兴起于16世纪,在17～18世纪成为最重要的洲际贸易,因涉及欧洲、非洲和美洲三地,且其主要商路连接成三角形,故称"三角贸易"。满载着枪支、纺织品、铁器和奢侈品等货物的商船,从利物浦等欧洲港口"出程";到达欧洲后,用上述商品交换被掠来的非洲黑人,然后经大西洋西航美洲,此为"中程";商船到达美洲后,以这些黑人换取咖啡、烟草、棉花等

智趣素材

物品,再运回欧洲,此乃"归程"。一次三角贸易的航程,大约需时半年,可做三笔生意,获得数倍的利润,利物浦等城市因此兴盛起来。

——据艾里克·威廉斯《资本主义与奴隶制度》等

材料二　三角贸易示意图

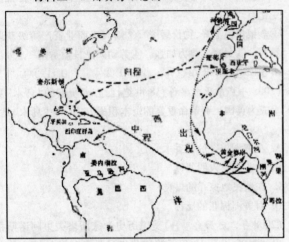

材料三　美洲金银产地的发现,土著居民的被剿灭、被奴役和被埋葬于矿井,对东印度开始进行的征服和掠夺,非洲变成商业性地猎获黑人的场所:这一切标志着资本主义生产时代的曙光。

资本来世间,从头到脚每个毛孔都滴着血和肮脏的东西。

——马克思《资本论》

英国资产阶级将被迫在印度实行的一切,既不会使人民群众得到解放,也不会根本改善他们的社会状况,因为这两者不仅仅决定于生产力的发展,而且还决定于生产力是否归人民所有。但是,有一点他们是一定能够做到的,这就是为这两者创造物质前提。

——马克思《不列颠在印度统治的未来结果》

我们党领导人民全面建设小康社会、进行改革开放和社会主义现代化建设的根本目的,是要通过发展生产力,不断提高人民物质文化生活水平,促进人的全面发展。

——胡锦涛《在纪念党的十一届三中全会召开30周年大会上的讲话》

(1)根据材料一、二并结合所学知识,指出欧洲人在三角贸易中充当的角色,并说明三角贸易兴起的历史背景。

(2)结合所学知识,分析三角贸易的历史影响。

(3)经过几个世纪的演变,国际贸易发展到一个新的历史阶段,成为推动经济全球化的重要力量。现代贸易与历史上的三角贸易相比有何区别?

(4)结合材料,分析早期资本主义扩张的二重性,并说明我国为什么要大力发展生产力和不断提高人民生活水平。

 复习攻略

一、整体感知

资本主义世界市场的形成是一个漫长而复杂的过程。15世纪末,新航路的开辟使世界各地开始联系成为一个整体,西班牙、葡萄牙、荷兰、英国等国家开始殖民扩张,资本主义世界市场开始形成。1765年,从英国开始了第一次工业革命,蒸汽机的出现把人类带入蒸汽时代,社会生产力迅速发展,西欧国家对外的殖民扩张推进了工业文明的扩展,世界各地联系更加紧密,到19世纪中期,资本主义世界市场初步形成。第二次工业革命使人类进入电气时代,在19世纪末20世纪初,列强瓜分了世界,最终形成以欧洲资本主义国家支配的资本主义世界市场。

二、各个击破

1. 新航路开辟的原因及条件

(1)原因:

经济根源:商品经济的发展和资本主义生产关系的萌芽;

社会根源:《马可·波罗游记》引起欧洲的寻金热;

直接原因:奥斯曼帝国控制东西方之间的商路造成的商业危机;

思想根源:14、15世纪欧洲兴起了文艺复兴运动,提倡人本思想,鼓励人们冒险勇于开拓;

宗教根源:葡萄牙、西班牙王室热衷于向外传播天主教;

(2)条件:

主观条件:葡萄牙、西班牙封建王室的支持;

客观条件:

①生产力的发展,为新航路的开辟提供了物质条件。

②科学技术的进步(造船和航海技术)。

③地理知识的进步(开始相信地圆学说)。

2. 新航路开辟的影响

(1)引起商业革命。由于新航路的开辟,欧洲贸易范围空前扩大,西欧与世界各地区各民族之间的联系加强了,世界市场开始形成。欧洲贸易中心由地中海转移到大西洋沿岸,意大利的商业地位逐渐被西班牙、葡萄牙、英国和荷兰所代替。

(2)引起了"价格革命"。新航路开辟后,西班牙等国从殖民地掠回大量金银,西欧贵金属增加了3倍多,引起金银价格下跌,物价高涨,货币购买力降低。自16世纪30年代至16世纪末,西班牙的物价上涨4倍多,英、法等国上涨2～2.5倍。资产阶级一面付出贬值的货币工资,一面以高价出售商品,牟取暴利。封建地主收取的定额货币地租,也受到价格革命的影响。价格革命是原始积累的因素之一,它帮助了西欧资本主义的成长。

(3)随着新航路的开辟,葡萄牙和西班牙最早开始了殖民扩张、掠夺。

(4)证明了地圆学说的正确性。

(5)打破了世界各地相对隔绝的状态,为世界市场的形成创造了条件。

(6)导致亚非拉殖民地的贫困与落后。

(7)导致贩卖黑奴的兴起,致使非洲失去了至少一亿的精壮人口。

(8)为人口的迁徙提供了方便,促成了新民族的产生。如18世纪,美利坚民族的产生。

3. 英国在18世纪成为世界殖民霸主的原因

(1)英国资产阶级革命的胜利,为资本主义经济发展扫清了障碍。

(2)英国首先进行工业革命,生产力的发展处于世界领先水平。

(3)18世纪英国成为最强大的殖民国家,从殖民地获得大量的财富,拥有最广阔的商品和原料市场。

(4)英国拥有有利的地理位置,地处大西洋航路中心。

4. 早期殖民扩张特点和影响

(1)特点:早期殖民扩张发生在资本原始积累时期,即工业革命之前。主要国家有西、葡、荷、英、法五国。早期的殖民扩张以掠夺财富为主要目的,以海外贸易、海盗式掠夺、欺诈性贸易、贩卖黑奴为主要方式,并伴随着种族奴役政策,是一种公开的、野蛮的强盗行径。

(2)影响:

①早期殖民掠夺给殖民地带来的只有贫穷和灾难,并没有带去先进的生产方式;亚、非、拉地区成为殖民地、半殖民地,东方日益从属于西方。

②西班牙、葡萄牙殖民者掠夺的财富用于购买意大利、法国、荷兰、英国的商品,结果西班牙、葡萄牙衰落下去,而在荷兰、英国、法国等国转化为资本,加速了资本原始积累,促进了欧洲的崛起,使资本主义生产关系发展起来;同时,殖民国家的争夺商业和霸权的斗争也激烈起来。

5. 工业革命首先发生于英国的原因

(1)政治前提:资产阶级革命确立起资产阶级的统治。

(2)资金:殖民扩张、海外贸易、贩卖黑奴、圈地运动。

(3)劳动力:圈地运动。

(4)技术:工场手工业发展,积累了丰富的知识技术。

(5)原料:海外殖民掠夺。

(6)市场:圈地运动促进国内市场扩大;殖民扩张使海外市场扩大。工场手工业无法满足国内外不断扩大的市场需求,因此,一场生产领域的大变革呼之欲出。

6. 工业革命的影响

(1)对生产力的影响:工业革命促进了社会生产力的迅速发展,使商品经济最终取代了自然经济,手工工场过渡到大机器生产的工厂,这是生产力的巨大飞跃。

(2)对资产阶级的影响:工业革命极大提高了劳动生产率,为巩固资产阶级革命成果奠定了雄厚的物质基础,使资产阶级专政建筑在社会化的大机器生产和物质财富空前丰富的基础上,使资本主义方式扩展至世界各地,保证了资本主义完全战胜封建主义。

(3)对阶级结构的影响:工业革命使得使用机器生产和现代大工业(工厂制度)逐步代替了工场手工业,资本主义雇佣劳动制度普遍建立起来,引起了社会阶级关系的深刻变化,工业资产阶级和工业无产阶级最终形成。

(4)对全球交通和市场的影响:欧美国家为了促进商品交流,大规模从事交通运输建设,为了扩大海外殖民掠夺和市场,致力于远洋运输网的开拓,逐渐形成了全球性的交通网络,世界市场初步形成。

(5)对亚非拉国家的影响:工业革命加速了弱小国家沦为殖民地和附属国的过程,同时,欧美列强对亚非拉进行殖民掠夺的时候,也不可避免地把欧美先进的工业技术带到这些地区,使这些国家缓慢地走上了工业化的道路,改变了他们的历史命运,将其卷入了工业文明的潮流之中。

7. 第二次工业革命的特点

(1)科学与生产技术紧密结合。

(2)几乎同时发生在几个先进的资本主义国家。

(3)有些国家两次工业革命交叉进行。

(4)以发电机出现为主要标志,人类进入电气时代。

(5)主要集中在重工业领域。

8. 资本主义世界体系

智趣素材

（1）含义:世界范围内资本主义国家和其他非资本主义国家通过它们之间的相互经济联系而形成的统一的经济整体。它既包含资产阶级征服世界的过程,又包含资产阶级按自己意愿改造世界的过程。它包括资本主义世界政治体系、经济体系和殖民体系。

（2）表现:

①资本主义制度在世界范围内确立,发生在19世纪六七十年代。

②资本主义的殖民体系的形成。第一次工业革命后至20世纪初,亚洲除日本外,大部分地区沦为资本主义国家的殖民地和半殖民地,非洲基本上沦为殖民地,拉美除原有的殖民地外,独立的国家实际上成了英美等国的附庸国。这样帝国主义国家已经奴役和控制了世界上绝大部分土地和人口,世界殖民体系最终形成。

③资本主义世界经济体系。即亚非拉美被侵占的国家成为资本主义商品销售市场和原料产地,资本的输出场所和掠夺性的贸易,瓦解破坏了当地自然经济,把当地经济都纳入资本主义轨道,卷入资本主义世界市场,资本主义世界经济体系形成。

（3）形成过程:

①开始形成:新航路的开辟,加强了世界各地的联系,也引起了殖民侵略的扩大。15～18世纪,早期的殖民侵略使世界市场开始形成并不断扩大。英国在17～18世纪先后战胜荷兰和法国,取得了世界殖民大国的地位,拥有了广阔的海外市场。

②初步形成:随着海外市场的不断扩大,工场手工业生产已不能满足市场的需要。18世纪60年代,英国首先发生了工业革命,工业革命先后扩展到美、法、德等许多国家。工业革命导致了社会生产力的提高,促使资本主义工业国到世界各地抢占商品市场和原料产地,把许多殖民地国家和半殖民地国家和地区卷入资本主义世界体系,使之成为经济附庸,世界市场体系初步形成。

③最终形成:19世纪70年代后,随着资本主义制度已牢牢地取得世界统治地位,资本主义在经济、政治和征服世界方面取得了巨大的成就。资本主义世界市场再度急剧扩大,迫使生产领域进一步实行相应的变革,第二次工业革命开展,造成社会生产力进一步提高,各国争先恐后地争夺殖民地,划分势力范围,以便为本国经济发展获得更多的市场,世界差不多被瓜分完毕,世界市场最终形成。

知识结构梳理

一、开辟新航路

（一）东方的诱惑

1. 原因:

（1）西欧商品经济发展,出现了_____萌芽,人们对黄金、白银的渴望日趋强烈。

（2）《_____》的流传,诱使人们到东方"寻金"。

（3）_____控制了东西方之间的商路,西欧同东方的贸易更加困难。

（4）教会鼓励人们去遥远的东方传播_____。

（5）人文主义,鼓励人们敢于冒险。

2. 条件:

（1）主观条件:_____、_____王室支持海外探险活动,希望获得海外财富。

（2）客观条件:

①_____和_____的进步:指南针的应用、多桅帆船、船上装有火炮。

②地理知识:人们开始相信地圆学说,绘制地图的技术也已很先进。

（二）新航路的开辟

1. 葡萄牙(往东)

（1）1487年,葡萄牙航海家_____沿着非洲西海岸航行,到达非洲最南端——好望角。

（2）葡萄牙航海家达·伽马绕过_____到达_____。

2. 西班牙(往西)

（1）1492年,意大利人哥伦布在西班牙支持下,横渡_____,到达美洲。

（2）1519～1522年,葡萄牙人麦哲伦及其船队在西班牙的支持下,绕过了美洲南端的海峡,横渡太平洋,完成了_____。

（三）走向会合的世界——新航路开辟的影响

1. 世界:让世界会合

（1）结束了世界各地相对的_____,各地的文明开始会合交融,日益连成一个整体。

（2）以西欧为中心的_____的雏形开始出现。

2. 西欧:

（1）引起"_____":贸易规模不断扩大,商品种类日益增多,商业经营方式也发生变化,贸易中心也由原来的_____区域转到_____沿岸。

（2）引起"价格革命":黄金、白银大量流向欧洲,造成物价上涨,_____地位下降,资产阶级实力上升,加速西欧_____的解体,促进资本主义的发展。

3. 亚非拉:殖民侵略造成了殖民地人民的极端贫困和落后。

4. 思想:证明了地圆学说的正确性,冲击了天主教神学思

智趣素材

司马昭之心——路人皆知

武大郎打虎——没长下那拳头

关公面前耍大刀——自不量力

姜太公钓鱼——愿者上钩

想。

二、殖民扩张与世界市场的拓展

（一）"海上马车夫"

1. 兴起的条件

（1）地理条件：濒临_____，优越的地理位置。

（2）经济条件：

①许多荷兰人外出从事_____，来往于世界各地，赚取了许多钱财。

②造船业、对外贸易和商业资本发达。

（3）政治条件：_____年，摆脱_____殖民统治赢得独立，独立后资本主义经济迅速发展。

2. 荷兰兴起的表现

（1）欧洲最富庶的地区：海上贸易发达，为荷兰人带来了丰厚的利润。

（2）第一个标准的_____国家。

（3）拥有的商船数超过欧洲其他国家的总和，被称为"_____"。

3. 殖民扩张

（1）机构：成立了_____等垄断性的贸易公司。

（2）表现：

①亚洲：在_____沿海建立殖民据点，夺取_____和_____；侵入印尼雅加达等地，建立东方殖民总部；一度占领中国_____。

②非洲：从葡萄牙手中夺取_____殖民地。

③美洲：建立_____殖民地。

（3）结果：荷兰成为_____世纪世界范围的殖民帝国。

（二）"日不落帝国"

1. 兴起的条件

（1）地理优势：新航路开辟后，英国位于_____沿岸，具有得天独厚的地理位置。

（2）制度保障：英国爆发了革命，_____开始掌握政权，促进了资本主义的发展。

（3）物质基础：以手工业为代表的资本主义工商业日益繁荣。

（4）武力保障：英国大力发展_____。

2. 形成过程

（1）1588年，英国海军击溃了_____的"无敌舰队"，开始确立海上霸权。

（2）成立垄断性的贸易公司，积极进行殖民扩张，在_____和_____建立殖民据点。

（3）英国颁布《_____》，遭到荷兰的强烈反对，英荷爆发三次殖民战争，英国打败荷兰。

（4）英法经过长期的殖民战争，英国最终打败法国，扩大了殖民势力，侵占了更多的土地。

3. 结果：18世纪中期，英国在亚洲、非洲、美洲和大洋洲都建立了殖民地，逐步建立起自诩为"_____"殖民帝国，世界_____最终确立。

（三）世界市场的拓展

1. 早期的殖民国家：新航路开辟的同时，_____和_____最早开始进行殖民掠夺。此后，_____、_____、_____等西欧国家纷纷加入这一行列。

2. 殖民扩张方式

（1）抢劫和掠夺财富。

（2）实行种族灭绝，屠杀印第安人。

（3）贩卖_____。

3. 影响：

（1）大量财富流入西欧，为西欧资本主义发展提供了_____。

（2）给遭受_____的地区和人民造成了极大的破坏和灾难。

（3）世界市场进一步得到_____。

三、第一次工业革命

（一）从珍妮机到蒸汽机

1. 工业革命的前提与条件

（1）政治前提：_____的进一步发展，社会稳定。

（2）劳力条件：_____为资本主义发展提供了大量劳动力。

（3）市场条件：_____和圈地运动扩大了_____和国内市场。

（4）技术条件：蓬勃发展的_____为资本主义的发展积累了丰富的生产技术。

（5）资本条件：海外贸易、殖民掠夺为资本主义的发展积聚了丰厚的资本。

2. 珍妮机的发明

（1）发明者：_____。

（2）影响：引发了_____生产领域一系列的发明创造，各生产领域纷纷出现了发明和使用机器的高潮，_____取代手工劳动，工业革命出现了革命性的变化，第一次工业革命开始。

3. 蒸汽机的改良与广泛使用——工业革命的关键

（1）改良者：瓦特

（2）影响：蒸汽机的出现，使工业革命进入一个崭新的发展阶段，人们因此把第一次工业革命时期称为"_____"。

（二）从工场到工厂

1. 工业革命引起生产组织形式变化——工厂的出现：传统的手工工场无法适应机器生产的需要，_____成为工业生产的主要组织形式，发挥着日益重要的作用。

2. 工业革命引起社会经济结构变化——工业取代农业占

智趣素材

主导,城市化进程加快

(1)_____在国民经济中的比重相对减少,_____发挥了日益重要的作用。

(2)形成了许多工业城市,工业革命加快了_____进程。

3. 工业革命引起社会关系变化——形成两大对立的工业_____和_____。

4. 工业革命推动资产阶级调整内外政策——自由主义与殖民扩张

(1)资产阶级希望进一步摆脱封建束缚,要求_____、_____和自由贸易。

(2)加快了_____和殖民掠夺的步伐。

(三)世界市场的基本形成

1. 原因条件

(1)_____的展开使世界贸易的范围和规模迅速扩大

(2)蒸汽机车和轮船的出现大大改变了_____条件,世界各地间的联系更为便捷。

(3)工业革命,资本主义各国具有强大经济和军事实力。

2. 途径

(1)政治:凭借经济和军事实力建立_____和___。

(2)经济:推销_____,收购原料。

3. 结果

(1)19世纪中后期,一个以欧美资本主义国家为主导的_____基本形成。

(2)最发达的资本主义国家英国已经成为_____,也是世界贸易中心。

4. 深远影响

(1)随着世界市场的逐渐形成,以英国为代表的欧美资本主义国家攫取巨大利益。

(2)客观上也传播了先进的思想和_____,开始___的面貌。

四、第二次工业革命

(一)人类迈入“电气时代”

1. 第二次工业革命出现的原因和条件

(1)政治前提:19世纪下半叶,_____在欧美主要国家确立下来。

(2)经济基础:第一次工业革命的完成,欧美国家实现了初步的工业化。

(3)科学技术:19世纪中后期,_____重大突破起了直接的推动作用。

(4)市场条件:_____的初步形成,为新的工业革命准备了市场条件。

(5)资本条件:大量积累的资本为新工业部门的创建和崛起提供了资金。

2. 第二次工业革命主要成就

(1)电力的广泛使用

①重要发明:_____、_____的问世和电灯、电车、电话、电影放映机等电器产品的纷纷涌现;集中供电的发电厂,输电技术也日益完善。

②作用:电力广泛应用,推动了电力工业和电器制造业等一系列新兴工业的迅速发展,改变了人类的生产和生活,人类由此进入“_____”。

(2)内燃机的创制和使用

①重要发明:煤气和汽油为燃料的内燃机相继问世;以柴油为燃料的内燃机也研制成功。

②作用:内燃机的发明提高了工业部门的生产力,推动了_____领域的革新;也推动了石油开采业的发展和石油化学工业的产生。

(3)化学工业的发展——丰富了人类的生活。

(4)电讯事业的发展

①发明:19世纪70年代,美国人贝尔发明_____;90年代,意大利人马可尼试验无线电报成功。

②作用:为世界各地的政治、经济和文化联系创造了条件。

(5)推动钢铁工业等传统工业的进步

①表现:钢产量大幅提高,钢作为_____和_____等方面的新材料风行全球。

②影响:钢铁工业的发展使重工业在工业中的比重直线上升。

3. 第二次工业革命的影响:生产力大大提高,进入“电气时代”。

(1)诞生了_____、_____和_____等一批新兴工业。

(2)推动了纺织、_____及造船等传统工业部门的巨大进步。

(3)促成_____的巨大变化,重化工业成为工业生产的主要成分。

(4)促进资产阶级调整生产组织形式,产生垄断组织。

(5)资本主义国家加紧对外侵略扩张,掀起瓜分世界的狂潮,资本主义世界体系形成。

(二)垄断组织的出现

1. 原因:_____后,生产和资本高度集中。

2. 目的:为了适应资本主义大生产的要求,提高_____,追求更多的利润。

3. 实质:资本主义生产关系的局部调整。

4. 影响:

(1)经济上,垄断组织的出现,适应了生产力发展的需要,促进了生产力的发展,一定程度上克服了资本主义生产的无政府状态。

(2)政治上,控制垄断组织的大资本家为了攫取更多的利润,越来越多地干预国家的经济、政治生活,资本主义国家逐渐成为垄断组织利益的代表。

(3)对外关系上,垄断组织跨出国界,形成国际垄断集团,要求从经济上瓜分世界,促使各资本主义国家加紧了对外侵略扩张的步伐。

(三)世界市场的发展

1. 形成的条件:

(1)第二次工业革命促进了_____巨大增长,世界各地_____更加密切。

(2)第二次工业革命出现的新型_____和_____,进一步加强了世界各地之间商业信息的交流与传播。

(3)在第二次工业革命的推动下,世界市场进一步发展,_____日益明显。

2. 形成的标志:19世纪末20世纪初,世界基本被资本主义列强瓜分完毕,以欧美资本主义列强为主导的资本主义_____最终建立起来。

3. 影响:

(1)资本主义世界市场的形成和发展,促进了近代资本主义经济的发展。

(2)亚非拉国家经济上饱受列强的剥削和掠夺,是这类国家经济畸形、长期贫困落后、灾难深重的总根源。

(3)资本主义的入侵在客观上冲击了这些国家或地区落后的社会经济体制,传播了新兴的生产方式和思想观念,在一定程度上推动了殖民地半殖民地国家近代化的进程。

(4)加强了世界各国社会经济的相互联系,促使世界经济体系的形成。

二年模拟训练

1. (2010年皖南八校第二次联考)2009年10月,中国散货轮"德新海"号在印度洋塞舌尔群岛遭遇索马里海盗袭击,有人研究发现这一地区在15世纪末也曾出现过一个著名的"海盗",他是 ( )

A.迪亚士　　　　B.达·伽马
C.哥伦布　　　　D.麦哲伦

2. (2010年北京市东城区第二次综合考试)新航路开辟后,人类历史发生了重大转折,从全球史观的角度看,这一"转折"主要是指 ( )

A.欧洲贸易中心转到大西洋沿岸
B.世界开始从分散走向整体
C.农业文明已经转向工业文明
D.欧洲经济发展开始超过亚洲

3. (2010年北京市西城区综合能力测试)荷兰诗人冯德尔曾写道:"我们阿姆斯特丹人扬帆远航……利润指引我们跨海越洋。为了爱才之心,我们走遍世界上所有的海港。"上述情形最可能出现在 ( )

A.15世纪　　B.16世　　C.17世纪　　D.19世纪

4. (2010年天津市和平区第二次模拟考试)"英国是最先发生工业革命的国家……再不需要把黑人当作商品从非洲运走,而要把他们当作劳动力留在非洲来生产原料,并为资本主义国家准备市场。"材料认为黑人奴隶贸易停止的主要原因是 ( )

A.非洲黑人奴隶的反抗和斗争
B.英国对非洲殖民政策的调整
C.国际社会主义运动的推动
D.资本主义进一步发展的要求

5. (2010年安庆第二学期重点中学联考)19世纪初的一则名人讣告是这样评价该名人所研制的成果的:"它武装了人类,使虚弱无力的双手变得力大无穷,健全了人类的大脑以处理一切难题。它为机械动力在未来创造奇迹打下了坚实的基础,将有助并报偿后代的劳动。"这里的"它"是指该名人研制的 ( )

A. 蒸汽机　　B. 发电机　　C. 电动机　　D. 计算机

6. (2010年浙江宁波十校联考)下面是英国各行业就业人数占总就业人数的比例,你能从图中得出的最直接的信息是 ( )

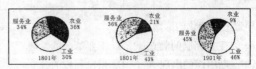

A. 改变了英国的经济地理状况和人口结构,促进了新兴城市的产生,加快了城市化进程
B. 农业就业人数比例不断下降,工业和服务业就业人数比例不断提高
C. 工业革命和圈地运动的开展
D. 外来移民的涌入,英国人口的职业结构发生了巨大的变化

7. (2010年淄博重点高中阶段考试)19世纪初期,当蒸汽机车轰鸣奔驰的时候,衣冠楚楚的绅士、淑女与衣衫褴褛的下层人民同挤一列火车,还得到处给别人让路。保守人士惊呼,铁路会带来某种"平等化的危险"。民主人士拍手称快:"我看到火车真高兴,我想封建制度是永远一去不返了。"这段材料主要反映了先进科技 ( )

智趣素材

国际友人在延安

20世纪三四十年代,延安在10年左右的时间里,先后有美、英、苏、德、加、波、印、朝、日、新西兰等10多个国家、100余位国际友人到延安及陕甘宁边区访问或工作。他们中有记者、学者、作家、医生、技术人员、军事顾问和社会活动家等。就对中国抗战的贡献和国际文化交流,以及其个人命运浮沉来说,最富传奇的是来自西方国家的新闻记者和作家。最令人崇敬的是以身殉职的援华医生。规格最高、能量最大、对历史格局形成最有影响的是美军观察组及美国政府要员。

A. 极大地冲击了社会关系

B. 扩大了社会交往的范围

C. 改变了落后的社会制度

D. 造成了社会秩序的混乱

8. (2010 年深圳模拟)美国石油开采量从 1860 年的 50 万桶上升到 1910 年的 2 亿桶以上,反映了当时美国　　　　(　　)

①新能源的开发成为重要产业

②重工业地位上升

③内燃机广泛应用

④成为最大石油输出国

A. ①②③　　　　　B. ②③④

C. ①③④　　　　　D. ①②④

9. 16 世纪初,意大利的威尼斯商人到东地中海组织货源,但发现已经没有什么香料了,而葡萄牙首都里斯本却成为东方商品的仓库。葡萄牙在印度购买一公担胡椒不到 3 杜卡特,在里斯本却以 40 杜卡特出售,下列对此表述正确的是

(　　)

①葡萄牙人已经找到通往东方的航路　②欧洲的商路和贸易中心从地中海转移到大西洋沿岸　③促进了西、葡两国资本主义的发展　④西、葡的封建主获取了暴利

A. ①②④　　B. ①②③　　C. ①③④　　D. ②③④

10. (2010 年黄冈高三期末考试)查尔斯·P·金德尔伯格在《世界经济霸权 1500~1990》一书中记录的英国 1760~1825 年申请专利数的变化如下:

年份	1761年	1766年	1769年	1783年	1792年	1802年	1824年	1825年
专利数(件)	12	32	36	64	87	107	180	250

导致上述变化的原因是　　　　　　　　(　　)

A. 君主立宪制的确立　　B. 工业革命的发展

C. 垄断组织的出现　　　D. 殖民霸权的确立

11. (2010 年山东省胶州市高三模拟)某同学在搜集有关"世界市场的形成与发展"的材料时,利用网络查找到一些有关"世界市场对西欧社会产生的重要影响"的观点。其中表述最准确的是　　　　　　　　(　　)

A. 为西欧商人带来了丰厚的利润

B. 给西欧各国人民带来了深重的灾难

C. 为西欧资本主义发展提供了资本的原始积累

D. 提供了丰厚的资本和广阔的海外市场,促进了资本主义的发展

12. (2010 年安庆模拟)工业革命使工厂制度出现,在工厂中,由于成套的机器设备的使用,工人的任务被降到简单操作的水平,妇女、儿童可以很快的掌握,于是他们作为廉价劳动力被工厂大量雇佣,这种现象的出现说明　　(　　)

①生产力的发展

②资本家为追求剩余价值对劳动者进行剥削

③成年男性劳动力缺乏

④机器生产的优越性在于代替了人手大部分的复杂劳动

A. ①②　　B. ①②③　　C. ①②④　　D. ②③④

13. (2010 年苏北四市第二次调研考试)阅读下列材料:

材料一　1851 年英国举办首次世界博览会时,维多利亚女王就通过外交途径邀请中国在内的世界各国参展,但清政府并无兴趣,而在上海英商洋行任买办的徐荣村得知此事,立刻行动,将自己经营的"荣记湖丝"打包装船,紧急运往伦敦参展,并荣获优质奖牌。

——戴鞍钢《世博会与晚清江浙经济》

材料二　英国经济学家史丹莱·杰温斯描述英国 19 世纪中期成为"世界工厂"时写道:北美和俄罗斯的平原是我们的粮田;芝加哥和敖得萨是我们的粮仓;加拿大和波罗的海沿岸是我们的林木生产者;在澳大利亚和新西兰放牧着我们的羊群;在阿根廷和北美的西部大草原放牧着我们的牛群;秘鲁运给我们白银,黄金则从南美和澳大利亚流到伦敦。印度人和中国人替我们种植茶叶,在东西印度扩大了我们的咖啡园、甘蔗和香料园;西班牙和法国是我们的葡萄园,地中海沿岸各国是我们的菜园主。我们的棉田,长期以来都是分布在美国南方,现在差不多扩展到地球上各个热带地区去了。

——周一良、吴于廑《世界通史资料选辑》

材料三　我要求你们问问你们的父母,请他们描述一下他们记事里的国家是什么模样;他们会告诉你们那时的贫穷程度已超出了他们的想象;住的是茅屋,土地贫瘠……连人畜糊口都不能保证。

将这幅图画与我们国家现在的模样比较一下:工人的工资翻了一番;住的是舒适的新房;土地、道路和其他环境都有了令人满意的快速提高。这种令人愉悦的改变源于何时?缘于何故?你们首先得和我一样承认这样一个不争的事实:工业是这一大好变化的源头。人不分贵贱,通过大家长期持续的辛勤奋斗,我国的面貌焕然一新;建筑物、土地、道路,甚至居民的行为举止(个别不雅的例外),这一切都引起了以前未听说过我国的国家的注意和惊美。

——(美)托马斯·K·麦格劳《现代资本主义-三次工业革命中的成功者》

材料四　随着工业革命的起步,以乡村为中心的传统农业社会逐渐解体,传统价值也开始被打破。无情的市场竞争和无穷的欲望,打破了悠闲和"社会照顾个人"的传统观念。到 17、18 世纪之交,经济繁荣所滋长的享乐主义,使无论国教或者清教都无法维持社会的伦理秩序,甚至宗教信仰本身也被怀疑。工人的处境最糟:工业革命中心曼

彻斯特浓烟滚滚,污水横流,方圆几英里草木不生。纺织厂女工每天干活12～16小时,平均寿命17岁。……工人居住在肮脏的棚户区和墙上流着水的地下室里,热病蔓延,贫困和缺乏教育使他们变得自暴自弃,愚昧粗野,酗酒成了唯一的精神安慰。在不到100万人口的伦敦,有小偷1万,妓女5万,白天乞丐成群,晚上则明火执仗地抢劫。

——黄正华《世界现代化进程十五讲》

请回答:

(1)据材料一并结合所学知识,推测英国在这次博览会上有可能极力展示的产品主要有哪些?(至少举两例)若清政府也派团参展,提供的展品除丝织品外,还可能有哪些?(至少举两例)说明当时中英两国在政治制度和经济结构上的巨大差异。

(2)据材料二,指出当时国际经济分工的特点,说明英国取得优势地位的原因。

(3)对于工业化有人认为是福,有人认为是祸,据材料三、四并结合所学知识谈谈你对工业化(工业革命影响)的认识?

14.(2010年湖南雅礼中学第四次月考)新航路的开辟,开启了经济全球化进程。阅读下列材料:

材料一 哥伦布发现美洲以及接踵而来的葡萄牙人、英国人、法国人等,通过对新土地的殖民和占有,与土著居民的接触、交往和融合,给欧洲人送去了新世界的文明,还使新旧大陆的物产得以交换和传播……没有美洲贡献的大

量金银与物质财富,没有北美的自由移民垦殖区,西方资本主义的发展将会缓慢得多。……东西两半球的不同文化圈的汇合,开启了人类从传统农耕文明向现代工业文明转变过程。

——黄邦和《通向现代世界的500年》

材料二 有人这样描述20世纪初世界经济联系的状况:伦敦的居民可以在1911年的某天,一边喝下午茶,一边打电话订购世界上任何产品,并放心地等着这些东西送到自家门口;同时,他也可以把自己的财富投资到地球任何角落的自然资源开发和新的冒险事业中;如果他愿意,他可以利用廉价和舒适的交通工具,立即动身去任何国家,在任何地方都能找到舒适的旅馆;他随身携带的金币可以在世界各个地方兑换当地货币而通行无阻。

材料三 20世纪90年代以来,经济全球化迅速发展。针对经济全球化问题,美国前总统克林顿曾说:"如果由于害怕全球化的破坏而希望挡回全球化的力量,我认为是不可取的。"古巴领导人卡斯特罗则认为"由于不公正的国际经济秩序,经济全球化并没有使广大发展中国家从中受益,反而造成……富国愈富,穷国愈穷"。

请回答:

(1)依据材料一,归纳新航路开辟的影响。

(2)根据材料二,指出20世纪初各国经济联系日益密切表现在哪些方面?结合所学知识分析其原因。

(3)依据材料三,分别归纳克林顿与卡斯特罗对经济全球化的认识。对此,你有何看法?

一年冲刺母题

【母题】 16世纪以来世界各国之间的经济贸易往来不断扩大并日益频繁。阅读下列材料并回答问题。

材料一 美洲和东印度航路的发现扩大了交往,从而使工场手工业和整个生产的发展有了巨大的高涨,从那里输入的新

产品,特别是投入流通的大量金银(它们根本改变了阶级之间的相互关系,沉重地打击了封建土地所有制和劳动者),冒险的远征,殖民地的开拓,首先是当时市场已经可能扩大为而且规模愈来愈大地扩大为世界市场——所有这一切产生了历史

发展的一个新阶段。

——《马克思恩格斯选集》

(1)依据材料一概括"美洲和东印度航路的发现"的重大影响。

材料二 19 世纪中叶,世界各个地区都已卷入到资本主义的商品关系之中……英国成为"世界工厂"及它在世界贸易中所占的垄断地位,意味着已经形成了以英国为中心的世界市场。

——吴于廑、齐世荣《世界史·近代史(下卷)》

(2)根据材料二和所学知识,回答"19 世纪中叶,已经形成了以英国为中心的世界市场"的主要影响。

材料三 在 19 世纪 50 年代至 60 年代,卷入世界市场的大多是农业占主导地位的国家,它们共同围绕着一个巨大的工业中心——英国。英国消费它们的原料,同时供给它们必须的工业品。1900 年,各主要资本主义国家在世界贸易中所占的比重为:英国 19%,美国 12%,法国 9%。从 1870 年至 1913 年,原料和工业制成品的贸易额都增加了两倍多,这说明发达国家和初级产品生产国家之间的国际分工以及世界各国之间的相互依赖程度都加强了。

(3)依据材料三,指出 19 世纪末 20 世纪初世界贸易发展的基本特点。

【解析】 首先结合题干把握本题的命题立意,即"16 世纪以来世界各国之间的经济贸易往来不断扩大并日益频繁"。回答第(1)问抓住"规模愈来愈大地扩大为世界市场"、"根本改变了阶级之间的相互关系"、"殖民地的开拓"、"历史发展的一个新阶段"等关键词进行概括;回答第(2)问抓住"世界各个地区都已卷入到资本主义的商品关系之中"这个关键词句,从亚非拉和英国两个主要角度进行概括;回答第(3)问要注意 19 世纪五六十年代与 20 世纪初两个时间段的对比,由此得出 20 世纪初世界市场的特点。

【答案】 (1)影响:交往扩大,使欧洲市场扩大为世界市场;加速了欧洲封建制度的解体和资本主义的发展;引起殖民扩张;推动了历史的进步。

(2)主要影响:亚非拉地区沦为殖民地和半殖民地;英国成为"世界工厂",世界各地的经济联系进一步加强。

(3)基本特点:英国失去"世界工厂"的垄断地位,多中心的贸易新格局形成;国际分工加强;世界各国之间的相互依赖程度加强,以欧美工业国为主导的世界市场最终形成。

【变题 1】 阅读下列材料,回答问题。

材料一 每年 10 月的第二个星期一是"哥伦布日",美国大多数州都要举行活动,纪念哥伦布于 1492 年首次登上美洲大陆。图为 10 月 9 日,在美国首都华盛顿哥伦布广场举行的"哥伦布日"纪念活动上,一个写着"意大利之子"的花环摆放在哥伦布塑像旁。

材料二 委内瑞拉总统查韦斯的部分言论:

拉丁美洲人不要庆祝"哥伦布日","哥伦布是人类历史上最大的侵略与种族灭绝的先锋。""我们委内瑞拉人,我们拉丁美洲人,没有理由向哥伦布致敬。"

10 月 12 日的"哥伦布日"应该被视为"印第安抵抗日"。

材料三 英国布里斯托尔大学考古学家马克·霍顿说:"这是场灾难,但他(哥伦布)只是历史进程中的一部分,欧洲必然接触更广阔的世界。"

材料四 我们史学界有几种不同的看法:

哥伦布是将美洲纳入近代人类文明社会大家庭的先驱,是对人类社会的交往作出特殊贡献的历史人物;哥伦布是殖民主义强盗,给印第安人带来了灾难;更多的人倾向于用"进步和正义"两条标准进行评价,认为哥伦布航行美洲具有建立在非正义行为的基础上的客观的历史进步性。

(1)结合材料一和材料二分析,为什么美国和其他拉美国家对待"哥伦布日"出现截然不同的观点?

(2)结合材料三,你认为马克·霍顿的话体现了历史研究中的什么观点?

(3)结合材料四,你认为该如何评价哥伦布?

海外侨胞捐助抗战

从财力、物力上捐助祖国抗日,是华侨抗日救国运动的核心内容,也是海外侨胞对抗战胜利做出的重大贡献。战时华侨主要从捐款、购债、侨汇等方面直接捐助祖国政府。捐款除逐月义捐外还有航空捐、救灾捐、寒衣捐等种类繁多的特别捐。战时华侨购买了大量祖国公债,后来,由于国民政府战后无力偿还公债本息,决定以万分之一到十万分之一的兑换率实行一次性"偿清",华侨认购的巨额公债等于无偿捐献。当女侨胞叶莲英将拍卖自己的金银首饰所得 3 万元捐献祖国,并表示"只要祖国战胜,我饿死无妨"时,谁听了能不为之动容!

【变题2】 阅读下列材料：

材料一

材料二

图1

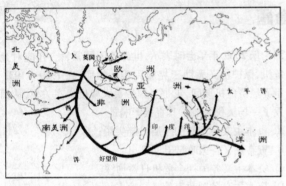

图2

材料三 "松、太利在梭布,较稻田倍之……近日洋布大行,价才当梭布三分之一。吾村专以纺织为业,近闻已无纱可纺。松、太布市削减大半。""佛山1854年后……纺业停顿。""茶叶卖于收购商贩,运到通商口岸转卖于洋商。"

请回答：

(1)材料一反映了15、16世纪什么重大事件? 其最大的意义是什么?

(2)从材料二图2中可以获知哪些重要信息? 图1和图2之间存在怎样的因果关系?

(3)材料三反映了中国传统经营结构发生了什么变化?与材料二中图2反映的情况有何关系?

新疆地方实力派抗日民族统一战线的历史性贡献

抗日战争时期,中国共产党与新疆地方实力派建立抗日民族统一战线,并应新疆地方当局邀请,先后由"新兵营"、延安和途经新疆的中共干部中选调100多名干部参加新疆地方政府及其他方面的工作。在中共党人、爱国民主进步人士的积极参与、大力推动和广泛宣传影响下,新疆各族民众、各族各界爱国人士积极投身到抗日救亡运动中,团结一心,同仇敌忾,维护和发展新疆抗日民族统一战线,用力所能及的各种方式支援全国抗战,保障西北国际交通线的畅通,推进新疆建设,在1937年至1942年这段时间,新疆作为中国抗日战争的西北大后方,一度发挥着重要的作用,为伟大的抗日战争做出了历史性的重大贡献。

第6单元 世界资本主义经济政策的调整

考试内容

1. 空前严重的资本主义世界经济危机
(1)世界经济大危机
(2)杯水车薪——胡佛政府反危机的措施
(3)病入膏肓的经济——危机对美国的影响
2. 罗斯福新政策
(1)临危受命
(2)实施"新政"
(3)摆脱危机困境
3. 战后资本主义的新变化
(1)国家垄断资本主义的发展
(2)建立"福利国家"
(3)第三产业的兴起和"新经济"的出现

能力要求

(1)了解1929～1933年资本主义世界经济危机爆发的原因、特点和影响,认识罗斯福新政的历史背景。

(2)列举罗斯福新政的主要内容,认识罗斯福新政的特点,探讨其在资本主义自我调节机制形成中的作用。

(3)以第二次世界大战后美国等国家为例,分析当代资本主义的新变化。

三年高考命题

1.(2009年广东历史单科)罗斯福担任总统之前,美国出版的一本书提议政府增加开支,甚至不惜造成财政赤字,以便舒缓经济衰退。罗斯福读后批注:"哪有此等好事——天下没有不劳而获的东西。"这表明 ( )
A. 罗斯福始终是信奉新政理念的政治家
B. 罗斯福上台之前美国尚未出现经济衰退
C. 罗斯福新政的理念在罗斯福担任总统前已经萌生
D. 罗斯福在美国率先提出了政府干预经济的主张

2.(2009年江苏历史单科)罗斯福新政时期,美国政府大力兴办公共工程,其客观作用包括 ( )
①扩大生产资料市场 ②增加就业机会
③刺激消费需求 ④抑制物价上涨
A.②③ B.①②③ C.①②④ D.①③④

3.(2009年四川文综)1930年,美国通过法案提高进口关税。这一行动引起连锁反应,各国纷纷调高关税。这反映了经济危机爆发后,西方国家 ( )
A. 一致提高关税,共渡难关
B. 设置关税壁垒,转嫁危机
C. 整顿金融体系,扩大内需
D. 实行国家干预,限制出口

4.(2009年重庆文综)美国前总统乔治·布什在出席博鳌亚洲论坛2009年年会时表示,世界各国要紧密合作应对金融危机,保护主义无助于克服困难。然而,在1929～1933年世界经济危机期间,正是美国带头大幅度提高关税,从而引发了一场关税大战。其直接影响是 ( )
A. 资本主义各国间的矛盾日趋尖锐
B. 资本主义各国政坛丑闻频出
C. 资本主义各国社会危机日益加深
D. 资本主义各国政府信誉扫地

5.(2009年上海文综)2009年2月,美国总统奥巴马针对日益严重的国内经济危机,签署了经济刺激计划。在70多年前,美国曾施行了类似的政策,史称 ( )
A. 马歇尔计划 B. 布什计划
C. 里根计划 D. 罗斯福新政

6.(2008年山东文综)某西方大国曾采取以下措施处理经济问题:把40%的国有企业出售给私人,削减住房、医疗、失业等各种福利开支,减少税收,提高利率。这是为了( )
A. 促进工业革命后经济的发展
B. 克服20世纪30年代的经济危机
C. 解决二战后初期的经济困难
D. 缓解20世纪70年代的经济滞胀

7.(2008年文综全国卷一)1932年,英国外交大臣奥斯汀·张伯伦在评论国际形势时说:"世界近两年正在倒退。各国相互之间不是更加接近,不是在增进友好的程度,不是在向稳定的和平迈进,而是又采取危及世界和平的猜疑、恐惧和威胁的态度。"与上述评论相关的历史背景是　　　(　　)

A. 美国经济危机波及世界

B. 意大利入侵埃塞俄比亚

C. 纳粹党在德国上台执政

D. 日本发生"二二六"兵变

8.(2010 年上海历史卷)1945 年英国工党上台执政后,大力推行社会福利等政策,目的是为了　　　(　　)

A. 强化自由放任主义

B. 加强政府对经济的干涉

C. 减轻政府财政负担

D. 改变资本主义性质

9.(2010 年安徽卷)下表改编自英国学者艾瑞克·霍布斯邦《帝国的年代 1875～1914》一书,

1917 年欧美主要国家平均关税率

国家	百分比	国家	百分比
英国	0	俄罗斯	38
德国	13	意大利	18
法国	20	美国(1913)	30

对其解读最准确的是　　　(　　)

A. 英国仍然坚持自由贸易政策

B. 美俄等国自此放弃了自由贸易政策

C. 欧美国家争夺世界市场矛盾加剧

D. 经济发展水平决定了关税税率

10.(2010 年天津卷)1933 年罗斯福实行新政后,美国商品获得了更大的海外市场,国内商品价格也有一定提高,债务人特别是农民的债务负担减轻了将近一半。对这些变化起直接作用的新政措施是　　　(　　)

A. 整顿财政金融

B. 调整农业结构

C. 复兴工业生产

D. 实行社会救济

11.(2010 年江苏卷)1933 年,美国成立农业调查署,购买并屠宰了大量牲畜。这一措施的主要目的是　　　(　　)

A. 增加肉类储备应急救济

B. 减少农业津贴开支

C. 提高并稳定农副产品价格

D. 缓和农场主间的竞争

12.(2010 年全国卷 2)1951 年,欧洲六国签订建立煤钢共同体的条约,规定其最高机构为共同体的总体利益而行使职责,不接受任何政府或组织发出的指示,其委员实行招聘

制,由各国政府协商一致后任命。这表明,该共同体是　　　(　　)

A. 政府之间的合作 B. 独立于政府的能源组织

C. 企业之间的联合 D. 独立于政府的经济组织

13.(2009 年广东历史单科)阅读材料,结合所学知识回答问题。

材料部分:发达国家的社会福利及经济发展情况

	2001 年社会福利开支占 GDP 比重(%)	1995～2005 年 GDP 年均增长速度(%)
美国	14.7	3.3
英国	21.8	2.8
挪威	23.9	2.8
德国	24.3	1.4
芬兰	24.8	3.5
法国	28.5	2.1
瑞典	29.5	2.7
23 个发达国家的平均值	22.0	2.6

注:1995～2005 年上述各国每年的社会福利开支占 GDP 比重与2001 年的数据相当。

——据刘玉安《福利国家与社会和谐:北欧模式探源》

(1)经济学家克鲁格曼有下列看法:①如果是穷人,"当一个法国人绝对好于当一个美国人";②如果是富人,"做法国人就有其不利之处了"。请忽略其他因素,利用材料,分析①的合理性;结合福利开支主要来自税收这一事实,分析②的合理性。

(2)有人认为,高福利会制约经济发展,低福利较有利于经济发展。请分析说明材料中的数据是否支持这一观点?(假定除福利水平高低之外,各国经济发展面临的条件相同)

(3)福利制度产生以来,反对与支持的立场始终并存。请分别为两种立场各找两个理由,并加以论证。(从经济发展、社会公平和个人自由等等角度论证皆可)

复习攻略

一、整体感知

由资本主义制度的基本矛盾引发的 1929～1933 年世界经济大危机把美国总统胡佛的自由放任政策击得粉碎,迫使美国政府进行改革。1933 年,罗斯福上台实施新政,使美国摆脱了危机,稳定了政局,恢复发展了经济,并开创了国家干预经济的新模式。二战后,资本主义各国基本都实行国家垄断资本主义。美国发展的程度最高,西欧各国及日本各具特色,但都强化国家对经济的干预。

二、各个击破

1. 世界经济大危机的原因、特点、影响

(1)原因:

根本原因:资本主义制度的基本矛盾(即生产的社会化与资本主义私人占有制之间的矛盾)。

主要原因:生产与销售的矛盾激化;

具体原因:盲目生产、无序竞争、自由放任主义盛行、财富分配严重不均,以及胡佛政府的不干预等因素。

(2)特点:来势凶猛;持续时间长;波及范围广;破坏性大。

(3)影响:

①经济:破坏社会生产力,浪费社会资源,使资本主义世界经济秩序陷入混乱;

②政治:激化资本主义社会的各种矛盾(阶级矛盾,法西斯运动等),使资本主义制度面临严峻的挑战;

③世界格局:结束资本主义世界 20 年代相对稳定的局面;各资本主义国家间的矛盾以及资本主义国家与殖民地半殖民地国家间的矛盾激化,使世界局势紧张;国际关系严重恶化,推动欧亚两个战争策源地形成;加速二战爆发,打破凡尔赛——华盛顿体系。

2. 罗斯福新政影响

(1)使美国渡过经济大危机,减轻了危机对美国经济的危害程度,加速社会生产力的恢复。基本结束了金融恐慌;恢复了工业生产;提高了国民生产总值和国民收入;失业人数减少。

(2)在很大程度上缓和了美国的社会矛盾,在一定程度上避免了美国走上法西斯道路,维护了美国的民主制度。

(3)在很多方面改变了美国人的生活,尤其是联邦政府的影响以前所未有的程度渗透到美国的日常生活中。

(4)开创了国家干预经济的新模式:国家垄断资本主义。

(5)但它不可能改变美国资本主义制度的本质,也就不能从根本上消除资本主义经济危机。

3. 二战后资本主义发展的新变化

(1)国家加强对经济的干预,国家垄断资本主义发达。

(2)资本主义国家结合自己的国情逐渐形成各具特色的经济发展模式(英国混合市场经济,法国计划指导型经济,联邦德国社会市场经济,日本政府主导型经济)。

(3)西方国家福利制度得到发展,社会福利政策普遍实行。

(4)第三产业蓬勃发展,高科技产业部门发展迅速,成为国民经济的重要支柱,"新经济"时代出现。

4. 二战后资本主义国家经济发展的共同原因

(1)政府加强对经济的宏观调控。

(2)进行政治改革,缓和社会矛盾。

(3)利用第三次科技革命成果。

(4)美国对西欧、日本的扶持。

(5)处于相对和平发展的环境中。

5. 美国在二战后经济发展的历程

(1)20 世纪 50 年代到 60 年代,美国经济进入高速发展的"黄金时代"。其原因有:

①第三次科技革命的影响;

②国家垄断资本主义发展;

③美国在二战后大力拓展世界市场。

(2)20 世纪 70 年代,美国经济进入"滞胀"阶段,即生产停滞与通货膨胀并存的局面。其主要原因有:

①1973 年经济危机的打击;

②凯恩斯主义失灵。

(3)20 世纪 80 年代,美国经济开始复苏,并持续增长。其主要原因是里根调整政策:

①通过削减政府开支和紧缩货币来抑制通货膨胀;

②通过减税和加大国防开支来医治生产停滞。

(4)20 世纪 90 年代,美国经济迎来了新一轮的经济扩张,进入一个"新经济"时代。其原因主要是克林顿调整政策:

①宏观调控,微观自主;

②扶持高新技术产业。

知识结构梳理

一、空前严重的资本主义世界经济危机

(一)世界性经济大危机

1. 原因

(1)根源:资本主义制度_____依然存在。

(2)具体:供需矛盾的尖锐。

①资本家攫取高额利润,_____相对贫困——造成生产

智趣素材

怀疑、轻信到决裂

孙中山先生对袁世凯的认识是经过从怀疑、防备到放松警惕,从一度支持袁世凯到彻底认清袁世凯并高举反袁大旗这样一个曲折的认识过程。按时间顺序大致可分为三个时期:①从南北和议至 1912 年 8 月下旬,这段时期孙中山是怀疑袁世凯的,是防备着袁的。②1912 年 8 月下旬至 1913 年 3 月 25 日得悉"宋案"发生前,孙中山对袁世凯放松了警惕,产生了好感,甚至深信不疑。③1913 年 3 月 25 日后,孙中山彻底认清了袁世凯的真实面目,从而举起了反袁的大旗。

相对过剩。

②分期付款和_____,刺激了市场虚假繁荣——资本家盲目扩大生产。

③_____投机大大增强金融市场不稳定性。

(3)直接原因:生产和销售的矛盾尖锐即广大劳动人民相对贫困,消费能力低于生产能力。

2. 爆发(标志):1929 年 10 月,美国纽约_____崩溃。

3. 过程

(1)行业:从_____开始迅速波及各行各业。

(2)地域:从美国首先爆发危机迅速扩展世界各地,演变成_____经济危机。

4. 表现

(1)迅速冲垮了美国的_____,银行纷纷倒闭,企业破产,市场萧条,生产锐减。

(2)各国工业生产水平大幅度下降,世界贸易额锐减。

(3)各国失业人数急剧增长,_____水平骤降。

(4)_____价格下跌,农业遭受灭顶之灾,农民大量破产。

(5)特点:持续时间长、范围广、来势猛、破坏性大。

5. 影响

(1)各国垄断资产阶级为了维持产品价格,纷纷限制生产,销毁商品,充分暴露资本主义腐朽性以及破坏社会生产力和浪费社会资源。

(2)激化资本主义社会的各种矛盾,加剧社会危机和世界紧张局势。

①阶级矛盾:工人罢工和农民运动不断。

②民族矛盾:资本主义国家为走出经济困境,加紧对_____、半殖民地的掠夺。

③资本主义各国间的矛盾:各国为了摆脱危机,打起关税战、倾销战、市场战和货币战。

④德国_____和日本_____势力趁机扩大影响。

(3)破坏了原有资本主义体系:原有的世界货币体系四分五裂,资本主义世界经济秩序陷入混乱,资本主义制度面临严峻的考验。

(二)杯水车薪

1. 前期政策及结果

(1)政策:

①奉行_____政策,反对政府干预经济。

②要求工商界和劳工组织自愿联合起来维持生产和投资,稳定工资和物价。

③大幅度提高关税。

(2)结果:加剧世界性经济危机,使美国经济更加恶化。

2. 后期措施及结果;

(1)政策:

①成立_____,进行救济。

②签署紧急救济与工程建设法,扩大公共工程项目。

(2)结果:胡佛政府依然实行削减政府开支,反对联邦政府进行救济,故难以缓解经济危机,人民生活水平急剧下降,胡佛政府被人民抛弃。

(三)病入膏肓的经济——经济大危机对美国的影响

1. 经济

(1)引起金融和信用危机。

(2)工农业生产遭到巨大损失和倒退。

(3)对外贸易额急剧下降。

(4)失业剧增,贫富悬殊加剧。

2. 政治

(1)全国范围内的罢工、抗议示威、骚乱暴动此起彼伏,整个社会一片混乱。

(2)美国资本主义制度被推到崩溃的边缘。

二、罗斯福新政

(一)临危受命

1. 1929 ~ 1933 年资本主义_____给美国造成巨大危害。

2. _____政府反危机措施的失败,把美国人民推向深渊,经济危机和社会危机不断恶化。

3. 美国民众希望有一个强有力的政府。

4. _____就任总统。

(二)实施"新政"

1. 目的:

(1)直接目的:结束经济混乱状态,尽快摆脱困境,实现_____。

(2)根本目的:维护_____制度,巩固资产阶级统治。

2. 阶段:

(1)第一阶段(1933 年到 1935 年初):采取应急措施,结束混乱状态,稳定人心。

(2)第二阶段(1935 年到_____年):巩固和发展已取得的成就。

3. 内容:

(1)整顿财政金融体系,克服金融危机:

①令_____暂时休业整顿,逐步恢复银行信用。

②放弃金本位制,实行_____贬值,刺激出口。

③扩大_____的权力。

④管制证券业。

(2)恢复工业生产:政府加强对工业的计划指导,通过《_____》,规定生产规模、价格水平等,防止盲目竞争引起生产过剩。

(3)恢复农业生产:

①成立_____,用行政手段调控市场。
②规定国家向_____的农户提供补贴,调整农产品结构。
(4)社会福利方面:
①建立_____,发放紧急救济金。
②建立社会保障体系。
③推行"_____",兴办公共工程。
(5)保护劳工权利:
①通过《_____》,使工人有权组织自己的工会。
②成立全国劳工关系委员会,保障工人的基本权利,提高了工人的政治地位。
4. 特点:
(1)国家加强对_____的干预。
(2)罗斯福新政的措施基本上以立法形式出现。
5. 实质:资本主义进行_____局部调整。
(三)摆脱危机困境
1. 进步性:
(1)_____逐渐走出低谷,社会生产力得到了恢复。
①1939年工业生产达到创纪录水平,农业生产保持稳定,农民收入有所提高。
②1940年,美国_____基本恢复到危机爆发前的水平。
③二战期间,美国彻底摆脱危机,重新走向繁荣。
(2)在一定程度上缓和了美国的社会矛盾。
①政府提供的_____保障,改善公众生活状况,缓解了社会危机。
②遏制了美国_____,避免了走上法西斯道路。
(3)开创了国家_____的新模式,形成了国家垄断资本主义。
(4)对以后资本主义世界的经济发展具有深远影响。
2. 局限性:没有从根本上解决资本主义基本矛盾,不能完全消除_____。

三、战后资本主义的新变化
(一)国家垄断资本主义的发展
1. 原因
(1)二战后西欧各国面临严峻的战后重建任务。
(2)_____开创了国家干预经济发展的新模式。
(3)西方资本主义国家普遍接受_____经济理论的指导。
2. 表现:西方国家普通奉行_____的经济政策,实行国家对经济的宏观调控。
3. 影响
(1)20世纪50~70年代取得一定成功,出现了经济发展的"_____"。
(2)70年代初,国家垄断资本主义作用减小,西方主要资本主义国家出现"滞胀"现象,各国进行调整,适当减少国家对

经济的干预,出现一种国有制和私有制并存的"混合经济"。
(二)建立"福利国家"
1. 目的:缩小_____,减少因贫困引发的社会问题。
2. 实质:是国家运用_____和社会服务开支,来保障_____和家庭的最低收入,保障其_____,并保证所有公民能享受到较好的社会服务。
3. 发展过程:
(1)逐步建立起包括医疗保健服务等在内的_____制度。
(2)20世纪六七十年代,"福利国家"发展日渐完备。
4. 影响:
(1)使穷人受惠不少,对_____起到了一定的积极作用。
(2)导致国家_____加重。
(三)第三产业的兴起和"新经济"的出现
1. 第三产业的兴起
(1)原因:
①_____的进步和_____的提高。
②公众_____的提高和_____的多样化。
(2)概况:
①发达国家第三产业迅速发展,成为_____中增长最快的部门。
②第三产业的产值在国民经济中的所占比重、就业人数在总劳动力中所占比重都迅速上升。
(3)影响:
①促进了经济_____的提高。
②拓展了经济活动领域,增加了_____,扩大了市场,改善了资源配置。
③在一定程度上缓和了经济的周期性波动,使经济发展产生了质的变化。
2. "新经济"的出现
(1)原因:
①美国应用先进的_____,革新生产技术,发展_____,使一大批新兴产业应运而生。
②_____和信息技术革命的推动。
(2)概况:从20世纪90年代初开始,美国经济实现了长达10年的持续增长。
(3)概念:美国的"新经济"是一种以_____为基础,以_____为主导的新的经济增长模式。
3. 战后的西欧和日本
(1)英国的混合市场经济。
(2)法国的计划指导型经济。
(3)联邦德国的社会市场经济。
(4)日本的政府主导型经济。

智趣素材

新四军战士勉励妻子抗日
　　这封信写于1939年,当时新四军战士胡孟晋从前线回乡和妻子张惠团聚,临别时给妻子留下了这封精心撰写、语重心长的信,信中对妻子作为革命伴侣的思想进步寄予了很大的期望。胡孟晋在信中勉励自己的妻子要做抗日的先锋。"畸形发展的中国,教育不普及,人民的知识简单,而妇女尤甚,只要家而不顾国。大难当头,应踊跃赴前线杀敌,而妇女们阻碍其夫或其子之伟志。希望你将无知识的妇女组织起来,宣传和教育她们,使伊等知道'皮之不存,毛何附焉'?'国之不存家何在'?使她们不致含泪终日,倚门遥望前线上的夫、子早日归来呢!"

二年模拟训练

1.（2010 年安徽高三联考）2008 年 9 月中旬以来，随着美国证券巨头雷曼兄弟宣布破产，汽车制造业面临倒闭，全球股市惨跌，次贷风暴变成了席卷全球的超级金融风暴。美国国会立即通过 7000 亿美元的救市方案，以努力帮助陷入困境中的金融企业。这不禁使人们联想到面对 1929 年经济大危机，美国实行的罗斯福新政。罗斯福新政与以往的资本主义改革相比，最突出的不同点是　　　（　　）

A. 调整农村产业结构

B. 彻底否认自由放任经济政策

C. 完善社会保障体系

D. 国家政权对经济的全面干预

2.（2010 年安庆模拟）20 世纪 30 年代的经济危机给资本主义国家提供了一个机遇，其含义是　　（　　）

A. 各国乘机加强了中央集权，稳定资本主义

B. 顺利实现了向垄断阶段的过渡

C. 更多地运用科学技术

D. 迫使政府形成新的运行机制

3.（2010 年太原市高三基础知识测试）有的学者认为：危机并不一定绝对是一件不好的事情，"危机"这个词本身就包含着"危害"和"机会"两层含义。80 年前爆发的资本主义世界经济危机，从对资本主义发展而言，其机会主要是指
（　　）

A. 获得了调整生产关系、使经济重获活力的机会

B. 使资本主义国家获得了对外侵略扩张的有利时机

C. 使资本主义政客提供了积极活动的有利政治时机

D. 使濒临倒闭的企业获得更新换代的有利机会

4.（2010 年安庆模拟）罗斯福新政和斯大林经济体制的共同之处是　　　　　　　　　　（　　）

A. 国家干预经济

B. 利用市场发展经济

C. 完全推行指令性计划经济

D. 计划和市场相结合

5.（2010 年福建单科模拟）俄国（苏联）1913～1926 年工业生产情况表

项目 \ 年份		1913 年	1921 年	1923 年	1925 年	1926 年
工业总产量指数		100	19.5	39.1	75.51	108.1
工业产量比重	生产资料生产	40.7%	43.7%	48.1%	43.4%	43.9%
	消费资料生产	59.3%	56.3%	51.9%	56.6%	56.1%

下列对表中信息的解读不正确的是　　（　　）

A. 轻重工业发展相对均衡

B. 1926 年的工业生产超过 1913 年水平

C. 实现了社会主义工业化

D. 新经济政策的实施取得了显著成效

6.（2010 年湖南雅礼中学第四次月考）1931 年，经济学家凯恩斯曾把上街购物的家庭主妇称作爱国者。他说："现在我们所需要的，不是勒紧裤腰带过日子，而是一种发展扩张、积极活跃的精神状态，要多干一些实事，多买一些东西，多制造一些商品。"从经济学上看，凯恩斯的"消费爱国论"
（　　）

A. 没有看到"过剩危机"是资本主义基本矛盾的必然结果

B. 表明消费是生产的动力

C. 没有看到消费归根结底取决于生产的品种

D. 提倡超前消费，反对勤俭节约

7.（2010 年广东四校联考）对下面世界资本主义工业生产发展图理解正确的是　　　　（　　）

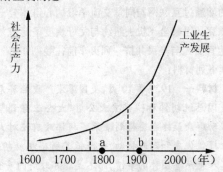

①a 处对应的历史时期，英国主要使用的工业能源是煤

②a 处对应的历史时期，资本主义世界市场最终形成了

③b 处对应的历史时期，电力作为新能源得到了广泛的运用

④b 处对应的历史时期，电话、电报等通讯工具发展迅速

A.①②③　　B.③④　　C.②④　　D.①②③④

8.（2010 年杭州市第一次教学质量检测）在历史学习中，我们经常会碰到"历史现象"与"历史结论"的区别问题。"历史结论"是在对历史现象的理性认识和基本判断基础上形成的结论。下列属于"历史结论"的是　　（　　）

A. 在 1932 年的总统选举中，胡佛在四面楚歌中下台

B. 罗斯福新政开创了国家干预经济的新模式，对资本主义发展产生了深远影响

C. 克林顿上台后实施了"宏观调控、微观自主"的经济政策

D. 为实现工业化，苏联人民以饱满的热情投身于国家建设当中

9. 20世纪30年代前期,主要资本主义国家克服经济危机采取的相同做法是　　　　　　　　　　(　　)
   A. 实行国民经济军事化
   B. 国家加强对经济的干预
   C. 放弃关税壁垒
   D. 推行自由放任的政策

10. (2010年杭州第一次教学质量检测)"世界上没有免费的午餐"这句名言出自美国著名经济学家米尔顿·费里德曼之口,他从20世纪50年代后期开始,创立了"货币主义"理论,大力主张"自由市场经济",公开与凯恩斯主义唱反调。1976年,他获得诺贝尔经济学奖。下列关于该理论产生背景的叙述,不正确的是　　　　　　　　　(　　)
   A. 资本主义国家开始实行国家干预经济的尝试
   B. 当时资本主义经济开始出现滞胀现象
   C. 美国经济受到来自西欧、日本的挑战
   D. 一些国家减少政府干预经济取得了一定成果

11. (2010年福建单科模拟)法国大革命和英国工业革命深刻地影响了当时的西方文明。以下生活情景能够支持这一论点的是　　　　　　　　　　　　　(　　)
   A. 汤姆与工友们聚集在打麦场观看好莱坞大片
   B. 约翰通过互联网与同学交流学习的心得体会
   C. 杰克从巴黎坐飞机去纽约与父母欢度圣诞节
   D. 达官贵人与平民共挤一列火车前往曼彻斯特

12. 阅读下列材料:
    材料一　1929年10月,美国爆发严重经济危机后,当时美国总统胡佛称:"只要大公司、大企业得到繁荣,千百万劳动群众最终也会得到繁荣。"胡佛政府还对大公司、大企业提供优惠和财政援助,并降低其所得税。胡佛声称救济工人是慈善团体的事情,而不是联邦政府的责任。

    材料二　1933年,罗斯福就任美国总统后,为克服严重的经济危机,实行新政,前总统胡佛攻击新政是"敲富人竹杠"、"社会主义异端",一些报纸也骂罗斯福吃"烤百万富翁",称《社会保障法》是抄自《共产党宣言》。

    材料三　罗斯福说:"从来在美国没有另外一个人比我对资本主义制度的私人企业、私有财产和私人利润有着更坚强的信仰,当这个私人利润和自由企业的制度面临到毁灭边缘的时候,是这个政府(指罗斯福政府——引者)挽救了它。"

    请回答:
    (1)胡佛信奉的是怎样的经济理论?

    (2)罗斯福新政受到什么经济理论影响最大?

    (3)胡佛及其追随者这样攻击罗斯福新政,说明了新政的什么特点?罗斯福的解释又说明了什么?

13. (2010年烟台高三第一学期期末)阅读下列材料,并结合所学知识回答问题。

    材料一　在对工业文明的一片批判声中,一批思想家也走上前台,发出了另一种声音,他们坚决为现有的工业制度和社会体制辩护呐喊,这批思想家主要有英国经济学家亚当·斯密、大卫·李嘉图……

    在斯密看来,市场的自由竞争实现了社会生产要素和资源的有效配置,引导着人们实现着个人利益,也增进着国家的财富,这是现行社会经济运行的内在机制,是个人财富与国民财富增长的动力。就生产形式而言,自由竞争并不会带来生产的无序化。相反,在市场的自由调节下,社会在均衡的生产,实现自然的和谐与有序。斯密坚定地认为,每一个人,在他不违反正义的法律时,都应听其完全自由,让他采用自己的方法,追求自己的利益,以其劳动力资本与任何其他人或其他阶级相竞争了,只有这样,才能调动每个人的积极性,才能激活起"经济人"天生具有的一种创造欲望和创新能力。

    ——王斯德主编《世界通史》

    材料二　凯恩斯在《就业、利息和货币通论》(1935～1936年)及其他著作中认为:投资对利率变动与未来收益的预期反应灵敏,是决定经济活动水平的动态因素。这就表明政府采取谨慎而适当的行动是能够恢复经济、实现充分就业的。改变税收政策和公共支出,政府就能直接影响商品和劳务的需求量;通过金融倾向政策以控制利率,政府就间接影响投资的水平。

    ——摘自《简明不列颠百科全书·凯恩斯经济学》

    材料三　新的形势已经向传统的经济学派如凯恩斯主义等提出了严峻的挑战。一批新的经济学理论和流派应运而生。现代货币学派、供给学派、新凯恩斯学派和现代制度主义是纷繁复杂的诸多经济流派中最具代表性和最具影响力的派别。

    所谓供给学派,是和凯恩斯的合理需求理论相对立的,是强调经济结构中供给方面的重要性,并从中寻求对策的理论。

    ——摘自吴于廑、齐世荣主编《世界史－现代史编》

    (1)根据材料一和所学知识,归纳亚当·斯密经济思想及基本主张。

"经国、纬国、安国、定国"是孙中山给起的名字

　　蒋经国、蒋纬国是蒋介石的儿子已为大家所熟知,戴安国是戴季陶的儿子,金定国是金诵盘的儿子。蒋、戴、金都曾是孙中山看重的部下,北伐之初,北洋军阀势力方盛,孙中山希望他的部下精诚团结,推翻军阀统治,共同完成革命大业。有一次,戴季陶见孙中山情绪很好,就提出让孙中山为他们的孩子重新起名,孙中山高兴地答应了。几天之后,孙中山说:"我们这一辈人,举义打天下,是为了建立共和国,那么,孩子们应该是国字辈啦,建立共和制的目的,是求得天下大同,我看,四个孩子的名,就叫'经纬安定'好了。"于是,蒋介石、戴季陶、金诵盘三人的四个孩子,按年龄排列,分别叫蒋经国、蒋纬国、戴安国、金定国了。

（2）根据材料二和所学知识，凯恩斯的经济思想与亚当·斯密相比有什么不同？分析凯恩斯经济思想的实质及这种经济思想给资本主义国家带来的影响。

（3）20世纪70年代，凯恩斯主义为什么会受到严峻的挑战？根据材料三概括供给学派的经济思想与凯恩斯主义的不同之处。

一年冲刺母题

【母题】　随着社会经济的发展，主要资本主义国家的经济政策也随之发生了一系列的重大变化。阅读材料，回答下列问题。

材料一　下面是胡佛在大萧条期间的言论：

政策的唯一职能是创造便于私营企业有利发展的条件。实际上并没有人在挨饿。比如，那些失业游民现在比他们一向吃得还好。纽约有一位流浪者在一天之内吃了10餐。问题出在心理上，并不是美国经济有什么毛病；只要喜剧员多向人们说笑话，就可以解决问题。

（1）材料一中胡佛是怎样看待政府的职责和作用的？这种思想在当时有何影响？

材料二　有人这样形容罗斯福新政前后企业与政府关系的变化：新政之前，企业主是老板，政府是"守夜人"；新政以后，企业主是老板，政府是"守夜人"兼二老板。

（2）罗斯福上台后，政府在经济发展中的作用发生了什么变化？结合罗斯福新政的措施加以说明。

材料三　以下是反映二战后资本主义国家经济的图片：

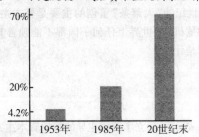

美国股票持有者增长图

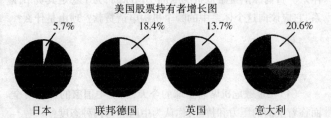

社会保险支出占国民生产总值的比重（1971年）

（3）两幅图片分别反映了二战后资本主义国家经济发生了哪些新变化？你怎样认识这些变化？

【解析】　第（1）问，要联系教材中的内容，了解一下胡佛的经济思想是自由主义，这在当时的情况下显然是使危机更加恶化。第（2）问，罗斯福新政的主要特点就是加强政府对经济的干预，干预的表现主要体现在整顿财政金融体系；加强对工业的计划指导；调整农业政策；推行社会救济和"以工代赈"。第（3）问，从材料来看，新变化是股票呈现分散化（资本社会化）趋势和福利国家的出现。

【答案】　（1）思想：政策的唯一职能是创造便于私营企业发展的条件。影响：不能解决危机，反而使危机更加恶化。

（2）变化：政府开始干预经济，政府是"守夜人"兼二老板。

说明：整顿财政金融体系；加强对工业的计划指导；调整农业政策；推行社会救济和"以工代赈"。

（3）新变化：股票呈现分散化（资本社会化）趋势和福利国家的出现。

评价：这种变化一定程度上适应了生产力的发展需要，缓和了社会矛盾，使20世纪50～70年代经济发展出现了一个"黄金时代"，避免了发生像1929～1933年世界经济危机那样大的经济波动；但没有改变社会基本矛盾，"黄金时代"结束后，发达国家出现了经济的"滞胀"现象。

【变题1】阅读下列材料：

材料一　美国遭受经济危机的打击最重，工业生产持续下降。1932年全国工业生产比危机前的1929年下降了46.3%，经济被抛回到1913年的水平。危机遍及各工业部门，重工业部门生产下降的幅度尤为惊人，钢铁工业下降了近80%，汽车工业下降了95%。危机期间，13万家以上企业倒闭，成千上万的工人被赶出工厂，流浪街头，失业人数在1933年将近1300万，大约为劳动人口的1/4。持续几年的危机使失业工人受尽饥寒之苦，据当时记载，在许多城市的周围，无家可归者用木板、旧铁皮、油布甚至牛皮纸搭起了栖身之所。

——吴于廑、齐世荣《世界史·现代史编》

材料二

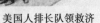

美国人排长队领救济

胡佛村

请回答：

(1)材料一和材料二反映的问题是否相同？反映了什么问题？

(2)结合材料二中图片及所学知识分析,美国工人的这些状况必然引发什么问题？当时的胡佛政府是如何解决的？效果如何？

(3)就当时的情况,你认为应该采取怎样的措施合适？

【变题2】阅读下列材料：

材料一

黑色星期四的华尔街　　等待领取救济食品的人群

因股票交易破产而被迫廉价出售的汽车

材料二　世界各地所有的人都在认真地思考并坦率地议论着西方的社会制度也许会失败和不再起作用的可能性。

——阿诺德·汤因比

请回答：

(1)材料一反映了美国历史上的什么事件？造成该事件的根本原因是什么？根据材料一中的信息归纳出这一历史事件对美国的影响。

(2)哪一著名的实践对材料二中的"思考"和"议论"作了成功的回答？

(3)这一著名实践的本质特征是什么？对战后资本主义自我调节有何重要启示？

【变题3】　源于美国的次贷危机在2008年演变为全球性的金融危机。贝尔斯登、"两房"、雷曼兄弟、AIG这些曾经风光无限的华尔街巨人接二连三倒下。美联储前主席格林斯潘将此次金融危机看作是1929～1933年"大萧条"以来华尔街遭遇的最严重危机,百年一遇。这场金融危机,暴露出现行的世界金融体系出现了许多问题。

请回答：

(1)造成美国历史上1929～1933年"大萧条"的主要原因有哪些？为了克服经济危机,罗斯福总统实行新政,使美国的经济制度发生了怎样的重大变化？

(2)20世纪的"大萧条"重创的主要是资本主义世界,而当前的金融危机"使世界上任何一国都不能独善其身",你认为主要原因是什么？

(3)"二战"后,建立了美国主导的战后资本主义世界经济体系。目前深陷金融危机的欧洲小国冰岛,为了稳定其货币体系,它应该向这个体系中的哪个机构申请贷款？理由是什么？

(4)在金融危机席卷全球的今天,发展中国家的经济安全面临着空前的压力和挑战,你认为中国应持何种态度？

智趣素材

陆皓东设计"中华民国"党旗

陆皓东(1867—1895)与中山先生(1866—1925)同为香山县翠亨村人,是中山先生少年时期的玩伴。后来陆皓东在上海电报学堂学习,毕业后转至芜湖电报局服务,至1890年始回到乡里,开始与孙中山、陈少白、郑士良、尤列、杨鹤龄、程奎光及周昭岳等人往来,秘密集会讨论时局。1894年11月24日,中国近代第一个革命团体"兴中会"在檀香山组成,第二年总部在香港中环士丹顿街成立,开始发动袭取广州,作为革命基地之计划。他们对外以"乾亨行"为名号,同时以陆皓东所创制的"青天白日旗"为革命军旗。最后起义计划因泄露而告失败,陆皓东等人殉难,中山先生则被迫亡命海外。

第 7 单元　苏联的社会主义建设

考纲解读导航

考试内容

1. 从"战时共产主义"到"斯大林模式"
(1)"战时共产主义"政策
(2)新经济政策
(3)"斯大林模式"
2. 二战后苏联的经济改革
(1)赫鲁晓夫改革
(2)勃列日涅夫改革
(3)戈尔巴乔夫改革

能力要求

(1)了解苏联国内战争后苏维埃政权面临的形势,认识战时共产主义政策向新经济政策转变的必要性。

(2)列举"斯大林模式"的主要表现,认识其在实践中的经验教训。

(3)概述从赫鲁晓夫改革到戈尔巴乔夫改革的基本历程,认识社会主义改革的复杂性、艰巨性和曲折性。

三年高考命题

1. (2009 年广东理科基础)美国学者在《俄罗斯史》中写道:"许多人认为,五年计划不过是斯大林的个人幻想,但在相对落后的国家要实现工业化,五年计划或许并不是唯一的、也不是最好的办法,但它却是一条有效的捷径。"对这句话的正确理解是　　　　　　　　　　　　　(　　)
A. 计划经济体制的产生与斯大林没有任何直接关系
B. 计划经济的做法对于落后国家来说有一定的合理性
C. 计划经济是所有落后国家实现工业化的最佳途径
D. 计划经济的做法对苏联工业化没有发挥过积极作用

2. (2009 年广东历史单科)列宁曾讲过:"我们用强攻办法,即用最简单、迅速、直接的办法实行社会主义的生产和分配原则的尝试已告失败。"这里的"尝试"是指　(　　)
A. 十月革命　　　B. 斯大林模式
C. 新经济政策　　D. 战时共产主义政策

3. (2009 年广东文科基础)美国学者在《俄罗斯史》中写道"勃列日涅夫政府基本上只是试图作表面的改革,而不考虑从根本上进行改革。"对这句话理解正确的是　　(　　)
A. 勃列日涅夫开创了改革的先河
B. 勃列日涅夫把改革限制在政治方面
C. 勃列日涅夫不打算触动斯大林模式
D. 勃列日涅夫首次建立市场经济体制

4. (2009 年江苏历史单科)丘吉尔曾说过:"斯大林是一个世上无出其右的最大的独裁者,他接过俄国时,俄国只有木

犁,而当他撒手人寰时,俄国已拥有核武器。"苏联之所以能取得如丘吉尔所说的这一重大成就,主要是因为　　(　　)
A. 充分调动了农民和工人的生产积极性
B. 适时纠正了经济政策中存在的弊端
C. 合理地吸收了西方国家的经济建设经验
D. 开创并实行了高度集中的计划经济体制

5. (2009 年山东文综)20 世纪 30 年代初,苏联领导人曾在一次演讲时强调:"已经是布尔什维克自己成为专家的时候了……技术决定一切。"这主要是着眼于　　(　　)
A. 推行战时共产主义政策
B. 实施新经济政策
C. 发展农业集体经济
D. 进行工业化建设

6. 地名变更往往同当时的政治背景相关,苏联历史上曾经发生下列地名变更:　　　　　　　　　　　(　　)
①彼得格勒→列宁格勒　②沙皇村→儿童村　③勃列日涅夫→卡马河畔切尔西　④斯大林格勒→伏尔加格勒
A. ②①④③　B. ②③④①　C. ①④②③　D. ①②③④

7. (2008 年四川文综 22)苏维埃政权颁布的法令规定:"必须实行国家的粮食垄断,即绝对禁止任何人的粮食贸易……绝对禁止任何人保存和隐藏粮食。"这一措施实行于(　　)
A. 1917 年十月革命时期
B. 苏维埃俄国内战时期

国父名称的缘由

　　清末我国正饱受封建腐化、列强踩蹭之苦,孙中山先生号召革命同志,高举"民族、民权、民生"旗帜,经历十次之起义,终于推翻清政府,建立亚洲第一个民主共和国。民国成立初期,孙中山致力于维护民国命脉,不幸于民国十四年与世长辞。公祭时,豫军总司令樊锺秀特致送巨型素花横额,当中大书"国父"二字,他的唁电挽幛,均称"国父",这是中山先生在公开场合被尊称为"国父"之始。民国二十九年四月一日,国民政府表彰其倡导国民革命,创立"中华民国",更新政体,永奠邦基,谋世界之大同,求国际之平等,光被四表,功高万世之伟大事迹,通令全国,尊称孙中山先生为"中华民国"国父。

智趣素材

C. 苏俄新经济政策时期

D. 苏联农业集体化时期

8.（2009 年海南历史单科）根据材料与所学知识回答问题。

材料一　我们必须考虑积累的界限问题，投资的最大界限问题。在我们这里弦绷得太紧了。把它绷得太紧，使商品荒更加尖锐化，已经不行了……不从供求平衡角度作详尽的分析，

这自然不是"表面的"缺点，不是"形式上的"疏忽，而是一个深刻的内在的错误……

为了使国家工业化得到实现……不仅应当保证表现对建筑材料等等的需求的相应的货币，而且应当保证这种建筑材料相应的供应……（无论如何）也不能用"未来的砖头"建造"现实的"工厂。

——摘编自布哈林《一个经济学家的札记》（1928 年 9 月）

材料二　如果撇开内部和外部的环境抽象地来讲，我们当然可以用比较缓慢的速度进行工作。但是问题在于：第一、不能撇开内部和外部环境；第二、如果从我们周围的环境出发，那就不能不承认，正是这个环境促使我们迅速发展我国的工业……我们是在一个技术非常落后的国家内取得了政权的……假如我们的工业和技术像德国那样发达，假如我国工业在整个国民经济中的比重像德国那样大，那么高速度发展工业的问题在我们这里就不会像现在这样迫切了……假如我们不是唯一的无产阶级专政的国家，而是无产阶级专政的国家之一，假如不仅在我国，而且在其他比较先进的国家……也建立了无产阶级专政。那么高速度发展工业的问题就不会这样迫切了。

——摘自斯大林《论国家工业化和联共（布）党内的右倾》（1928 年 11 月）

材料三　重工业是我国建设的重点。越需优先发展生产资料的生产，这是已经定了的。但是绝不可以因此忽视生活资料尤其是粮食的生产。如果没有足够的粮食和其他生活必需品，首先不能养活工人，还谈什么发展重工业？所以，重工业和轻工业、农业的关系必须处理好。

——摘自毛泽东《论十大关系》（1956 年）

（1）根据材料一、二，概括指出斯大林强调高速度发展工业的原因并说明斯大林与布哈林在工业化问题上侧重点的不同。

（2）根据材料三并结合所学知识，指出我国社会主义工业化的历史经验。

一、整体感知

俄国十月革命取得胜利，建立了世界上第一个社会主义国家。列宁领导时期的苏俄先后实行了战时共产主义政策与新经济政策，恢复发展经济，巩固政权。斯大林时期，苏联逐渐形成高度集中的政治经济体制。针对这一体制的弊端，赫鲁晓夫、勃列日涅夫先后进行了改革，但效果不大。戈尔巴乔夫上台后的改革偏离社会主义方向，导致苏联社会更加混乱，最终苏联在多种因素作用下于 1991 年解体。这说明了社会主义建设和改革的复杂性、艰巨性和曲折性。

二、各个击破

1. 比较战时共产主义政策与新经济政策

（1）不同：

①背景：战时共产主义政策是 1918～1920 年苏俄在战争逼迫的特定环境下即当时国内外反革命势力向革命政权发动战争的情况下采取的。后者是为了解决因战时共产主义政策造成的经济困难和政治危机而采取的措施。

②目的：前者为集中人力物力赢得战争，巩固政权，直接向社会主义过渡；后者为克服经济、政治危机，探索社会主义道路。

③内容：农业：前者实行余粮收集制，即几乎是无代价地征收农民余粮；后者采取固定的粮食税取代余粮收集制，税额少于收集额，纳税后的粮食归农民自己支配。工业：前者大中小工业收归国有；后者大企业仍归国有，中小企业允许私营，部分地恢复私人小企业，实行国家资本主义，采取租让制和租借制的形式。商品流通：前者取消一切商品贸易；后者开放市场、允许自由贸易。分配制度：前者强制劳动，实行平均主义的实物配给制；后者实行按劳分配。

④意义：战时共产主义政策虽然在当时情况下发挥了积极作用，集中了一切人力、物力，巩固了新生的政权；从长远来看，战时共产主义政策不适应生产力发展，影响经济发展，引起工农群众不满，引起经济危机和政治危机；事实证明，在当时的条件下企图借此直接进入社会主义，这条道路是行不通的。战时共产主义政策不是向社会主义过渡的正确途径；新经济政策调动了广大人民的生产积极性，使国民经济得到恢复和发展，苏俄经济走出了困境，为实现工业化打下了坚实的基础，人民的物质文化生活初步好转，工农联盟得到巩固。实践证明，在落后的小农经济占优势的俄国，新经济政策是向社会主义过渡的正确途径。

生活就像地底下的暗流，在黑暗中，在漫漫无期的长夜的寂静中穿行，时而向东，时而向西，时而一泻直下，时而又像飞机钻出浓云进入晴空，奔向太阳和光明，等到这时，你才会感到原来的力气并没有白费！

卡维林

智趣素材

(2)相同点:侧重点上,农业问题都是其重点;从目的上看,都是为了应对当时严峻的形势而采取的巩固政权的措施;从结果看,在当时都起过巩固苏维埃政权的积极作用。

2. 斯大林模式

(1)形成的原因:

①社会经济结构:小生产经济曾一度占优势,经济相对落后。

②思想文化因素:缺乏民主传统,封建专制思想残余浓厚;农民的小农意识是其温床。

③帝国主义包围下的险恶环境及战争的危机感。

④斯大林个人方面的因素:对党内斗争的错误处理方法;理论认识上的失误;思想方法上的绝对化等。

(2)特点:

①经济方面的特点:是一个以国家为核心的高度集中的行政命令、计划管理体制,它限制了商品货币关系的发展,否定了价值规律和市场机制的作用,用行政命令甚至粗暴的手段管理经济,把一切经济生活置于指令性计划之下,并片面发展重工业,过多剥夺农民和限制居民生活,实行高积累。

②政治方面的特点:权力高度集中于党中央的最高领导机构,党政不分,共产党管理一切,直接发布命令;管理一切国家事务,民主法制不健全,领导的终身制,基本不受群众的监督,最后形成个人权力的高度集中。

③思想文化方面的特点:用行政手段管理思想问题和学术问题。

(3)影响:

①积极方面:它是一种社会主义实践形式的初步尝试,它的形成既是一种历史选择,也是社会制度及体制的一种质的进步;是社会主义在苏联特定历史条件下发展的产物,有着历史的合理性;对反法西斯战争的胜利以及战后经济的迅速恢复和增强起到了巨大积极作用;为经济文化落后国家实现现代化提供了重要经验。

②消极方面:高度集中的经济体制不符合经济发展规律,生产资料得不到合理的配置,经济结构畸形;以党代政和严重破坏法制的做法使苏维埃徒具其形;思想文化上的专制主义和

个人崇拜盛行,导致社会意识的贫困和教条主义的盛行,学术创造受到严重压制和摧残;造成社会政治气氛和人与人之间关系的失常,是东欧剧变、苏联解体的根源。

3. 比较赫鲁晓夫改革与勃列日涅夫改革

同:

(1)都是为了解决斯大林体制弊端。

(2)都在农业,工业方面进行调整。

(3)改革过程脱离了苏联实际。

(4)因为未改变原有体制,只是对斯大林体制进行修修补补,结果都失败了。

异:

(1)赫鲁晓夫改革侧重农业,勃列日涅夫改革侧重重工业。

(2)在对斯大林的问题上,赫鲁晓夫对斯大林进行了激烈的批判和清算,为在斯大林暴政下屈死的冤魂进行了平反,勃列日涅夫重新"评价斯大林",用电影、小说把斯大林美化为苏联人民的大救星。

(3)在国际政策上,赫鲁晓夫采取"和平"共处,同美国对话,勃列日涅夫加强"冷战"。支持"越南战争",挑起"阿富汗战争"。

(4)在国内政策上,赫鲁晓夫抓农业,消费品生产,提高人民生活水平,勃列日涅夫重军事工业,轻消费品生产。苏联共产党内特权思想泛滥,官员贪污成风。

4. 苏联解体的原因

(1)根本原因:高度集中的政治经济体制的弊端和政策上的失误长期得不到纠正,积累了很多社会问题;

(2)直接原因:戈尔巴乔夫背离社会主义方向的政治体制改革;

(3)外部原因:西方资本主义国家的"和平演变"战略。

5. 苏联解体对我国社会主义现代化建设事业有何启示

(1)应从本国实际出发,建设符合本国国情的社会主义。

(2)改革不可能一帆风顺的,社会主义制度需要在发展中自我完善。

(3)生产关系的调整要适应生产力发展水平。

知识结构梳理

一、从"战时共产主义"到"斯大林模式"

(一)"战时共产主义"政策

1. 背景:_____势力企图颠覆新生的苏维埃政权。

2. 目的:集中全国_____、_____战胜敌人,巩固苏维埃政权。

3. 内容

(1)农业:实行_____。

(2)工业:大中小企业全部实行_____。

(3)商业:取消_____,实行粮食和日用工业品的配给制。

(4)劳动:实行普遍_____。

4. 评价

(1)积极:

①是在战争逼迫的特定环境下采取的非常措施,适应了战

智趣素材

中国历史上的七首国歌(一)

1896年,我国清朝政府派遣北洋大臣、直隶总督李鸿章作为外交特使赴西欧和俄罗斯作礼节性访问,在欢迎仪式上要演奏来宾的国歌,腐败无能的清政府当时根本不知道国歌的意义和作用,哪有什么国歌。于是临时找了一首适合清政府口味的七绝诗加以改编,配以古曲,作为国歌临时使用。歌词为:"金殿当头紫阁重,仙人掌上玉芙蓉,太平天子朝天日,五色云车驾六龙。"

因为李鸿章最早使用此曲,后改称《李中堂乐》。这就是旧中国最早的一首国歌。

时需要。

②集中全国的物力、财力,粉碎敌人三次大规模武装进攻,取得了_____的胜利。

(2)消极:

①严重损害了_____的利益,不利于生产的发展,违背经济发展的客观规律。

②国内战争结束后,苏俄继续执行"战时共产主义"政策,引发了严重的_____和政治危机。

(二)新经济政策

1. 背景:国内战争结束后,苏俄继续执行"_____"政策,引发了严重的经济和政治危机。

(1)经济危机:生产下降、物品奇缺、饥饿死亡。

(2)政治危机:农民不满、工人罢工、水兵叛乱。

2. 实施

(1)标志:1921年,俄共(布)十大的召开,通过《_____》。

(2)内容:

①农业:以_____代替余粮收集制,税后余粮归自己支配。

②工业:解除大部分小企业和一部分中型企业的国有化,允许_____开办小企业,对于国家暂无力经营的矿产、森林、油田等,政府以_____的方式让外国资本家经营。

③商业:允许自由贸易,恢复_____和_____。

④分配:废除平均主义的实物配给,实行按劳分配。

3. 作用和评价

(1)作用:

①经济:调动广大人民_____,促进了经济的迅速恢复。

②政治:巩固工农联盟,捍卫苏维埃政权。

(2)评价

①是列宁根据俄国国情,找到的一条适合俄国向社会主义过渡的正确道路。

②是对传统社会主义理论的重点突破

(三)"斯大林模式"

1. 背景

(1)苏联建立:1922年底,由_____、_____、白俄罗斯和南高加索联邦组成的苏维埃社会主义共和国联盟正式成立。

(2)1924年初列宁逝世,_____的领导地位逐步确立。

(3)国家经济政策发生变化,新经济政策被逐渐取消。

2. 过程

(1)优先发展_____的方针。

①目的:为了迅速增强经济实力和_____。

②措施:_____和_____为重工业的发展提供资金;经济体制方面实行单一的公有制和高度集中的计划经济。

③结果:实现了工业化,建立相对独立于资本主义世界市场之外的经济体系。

(2)农业集体化

①目的:为了加强对_____的管理,摆脱粮食供应困难。

②措施:把分散的农民组织到_____里。

③结果:1937年超过90%的农户加入集体农庄,基本完成农业集体化。

3. 特点

(1)生产资料所有制:实行单一的_____,包括全民所有制和集体所有制,取消一切非社会主义经济成分。

(2)管理体制:以_____的指令性计划管理取代市场调节,开创了一种完全不同于西方资本主义经济体制的、全新的计划经济体制。

4. 成就

(1)开辟了一种不同于市场经济的_____体制和新型的工业化模式。

(2)在这一模式下,苏联在较短时间里实现经济的快速发展,实现了_____。到1937年,苏联的工业产量已居欧洲第一位、世界第二位。

(3)苏联经济实力的迅速增长,为后来_____的胜利奠定了物质基础。

5. 弊端

(1)片面发展重工业,使_____和农业长期处于落后状态,人民生活水平提高缓慢。

(2)对_____的剥夺太重,挫伤了农民的生产积极性。

(3)长期执行指令计划,压制了_____和_____的积极性,阻碍了苏联经济的持续发展。

(4)高度集中的计划经济体制后来日益僵化,成为_____的一个重要原因。

二、二战后苏联的经济改革

(一)赫鲁晓夫改革

1. 背景

(1)斯大林模式的弊端日益显露,特别是_____的消极影响越来越明显。

(2)1953年斯大林逝世,_____上台并逐步稳固自己的地位。

2. 措施

(1)农业方面:

①取消农产品_____,实行收购制,提高收购价,增加农民收入。

②鼓励发展家庭副业,扩大_____和国营农场的_____。

③大规模开垦荒地,提倡种植_____,提高粮食产量。

(2)工业方面:

①废除＿＿＿＿＿＿＿＿,将部分中央企业的管理权下放地方,给企业部分权利。

②一定程度承认企业和个人的＿＿＿＿＿＿＿,调动生产者积极性。

(3)政治方面:对斯大林个人崇拜的批判。

3. 评价:

(1)一定程度上冲击了＿＿＿＿＿＿＿,打开了苏联社会主义改革的闸门。

(2)对斯大林模式的弊端缺乏科学认识,无法从根本上打破斯大林模式的框架。

(二)勃列日涅夫改革

1. 背景:＿＿＿＿＿＿＿上台,对赫鲁晓夫时期的政策进行调整。

2. 重点:＿＿＿＿＿方面。

3. 措施

(1)恢复部门管理体制,加强对经济的＿＿＿＿＿。

(2)在坚持集中计划管理的前提下,扩大＿＿＿＿＿的经营自主权。

(3)运用＿＿＿＿＿,刺激企业改进经营管理。

4. 影响:

(1)改革对高度集中的经济管理体制产生了一定的冲击作用,使苏联国民经济在一定程度上获得发展,＿＿＿＿＿达到

了与美国相匹敌的水平。

(2)改革没有改变优先发展重工业的基本政策,＿＿＿＿＿又导致经济负担不断增长。

(3)20世纪70年代后,苏联经济的增长率逐年下降,经济发展进入停滞时期。

(三)戈尔巴乔夫改革

1. 背景:20世纪80年代中期,苏联出现了社会动荡、＿＿＿＿＿＿＿和人民生活水平下降的危机局面。

2. 目的:为了缓解经济困难,维持苏联的＿＿＿＿＿大国地位。

3. 内容:

(1)经济改革:

①措施:用经济管理方法代替原来的＿＿＿＿＿,承认市场对经济的调节作用。

②结果:经济改革缺少宏观决策和相应的配套措施,改革困难重重,戈尔巴乔夫将改革重点转到＿＿＿＿＿。

(2)政治改革:

①内容:提出用"人道的、民主的社会主义"思想,代替"科学社会主义";推出"民主化"和"公开性",纵容自由化思想;推行政治多元化,实行多党制。

②结果:改革逐渐背离了社会主义方向,使整个社会处于失控状态,最终导致苏联解体。

二年模拟训练

1. (2010年东莞模拟)美国经济学家萨缪尔森说:"各种经济形态大致上分成三个类型:市场经济、指令经济(计划经济)和两者的混合形态——混合经济。当今世界上没有任何一种经济体完全属于两种极端之一。世界各国大多实行混合经济制度。"下列历史事件中最早将市场和计划两者"混合"的是 (　　)

A. 英国的工业革命

B. 苏俄的战时共产主义政策

C. 美国的罗斯福新政

D. 苏俄的新经济政策

2. (2010年枣庄模拟)1919年8月至1920年8月,苏俄全国征购到二亿二千万普特的粮食,比前一年翻了一番,1925年一年里,苏俄政权共采购到四亿三千三百万普特粮食。这说明 (　　)

A. 战时共产主义政策为经济建设募集的粮食不断增长

B. 新经济政策的实施为前线军事战争募集到足够粮食

C. 战时共产主义政策和新经济政策实施都巩固了政权

D. 战时共产主义政策和新经济政策都有利于农村发展

3. (2010年龙岩模拟)下面是苏联(俄)农业发展统计表(部

分),由此可以得出的结论是 (　　)

年代 项目	1921年	1923年	1925年
粮食作物耕种面积(万公顷)	6620	7860	8730
粮食作物产量(亿普特)	22.13	34.55	44.24

A. 农业集体化推动了苏联(俄)农业的发展

B. 苏联(俄)农业发展超过了工业

C. 新经济政策促进了苏联(俄)农业发展

D. 战时共产主义政策适应了经济发展

4. (2010年浙江模拟)2010年5月24日,历史学家霍布斯鲍姆在法国《解放报》上撰文指出:"金融危机让人们重现发现社会主义……重回列宁时代或许可以找到挽救自由主义的办法。"下列列宁时代所采取的措施中对克服今天的金融危机仍有启示作用的是 (　　)

A. 取消一切商品贸易,实施配给制

B. 国家统一地价,实行计划经济体制

C. 大中企业收归国有,小企业实行国家监督

D. 国家掌握经济命脉,允许中小企业合理发展

5. (2010年深圳模拟)20世纪20年代,有作家说:"他们在各

个角落织补着支离破碎的工业网，重新组织俄国的商业，促使俄国大地开始复苏。"这主要体现了 （ ）

A. 十月革命胜利的作用

B. 战时共产主义的作用

C. 新经济政策的作用

D. 斯大林体制的作用

6. (2010 年广东联考)有学者认为："赫鲁晓夫宛如一个政治万花筒：顶上阴谋家的帽子刚脱，头上便戴上了改革家的桂冠；策略家的徽章未送进门庭，蛮干家的门牌就已挂出。"反映赫鲁晓夫是"蛮干家"的是 （ ）

A. 在苏共"二十大"上揭露斯大林的错误

B. 在工业企业中实行物质利益原则

C. 开展强行推广大面积种植玉米的运动

D. 废弃工业领域的部门管理体制

7. (2010 年合肥一中联谊校教学质量测评)苏联执政的某领导人认为，放松中央控制会推动生产发展。他陆续把 1.5 万个中央直属企业下放到加盟共和国管理，同时扩大了加盟共和国的管理权限。这位领导人是 （ ）

A. 斯大林　　　　　　B. 赫鲁晓夫

C. 勃列日涅夫　　　　D. 戈尔巴乔夫

8. (2010 年嘉兴基础测试)前苏联总统戈尔巴乔夫在 1991 年 12 月 25 日辞职演讲中说道："我们什么都多：土地、石油和天然气、其他自然资源；智慧和才能也都不错。我们的生活却比发达国家差得多，越来越落在他们的后面……"导致这种现象的决定性原因是 （ ）

A. 经济基础极为薄弱

B. 西方国家长期的经济封锁

C. 东欧剧变的直接冲击

D. 高度集中的政治经济体制弊端

9. (2010 年南京模拟)亚·尼·雅科夫列夫在《一杯苦酒——俄罗斯的布尔什维主义和改革运动》中说："20 世纪 30 年代以来生铁、煤炭、钢、石油总是优于饮食、住房、医院、学校和服务行业。工业化加上类似封建的管理所付出的代价是灾难性的。人力物力损失极其惨重，对人的漠不关心到了无以复加的地步。"材料揭示了斯大林模式 （ ）

A. 有利于工业化迅速完成

B. 违背了人文主义精神

C. 采取了高度集中的管理体制

D. 有利于苏联经济的持续发展

10. (2010 年南通模拟)下图反映了苏俄(联)粮食产量的变化，影响曲线上升的主要因素是 （ ）

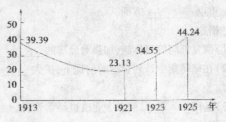

A. 实行余粮收集制

B. 征收固定的粮食税

C. 开展农业集体化运动

D. 取消农产品的义务交售制

11. (2010 年山东模拟)1919 年俄国 1 普特(重量单位)粮食的价格：国家零售价为 30 卢布，黑市价格为 200 卢布，但农民必须以 6 卢布的价格卖给国家。这种现象出现的原因是 （ ）

A. 俄国发生了严重的自然灾害

B. 苏俄实行战时共产主义政策

C. 苏俄实行新经济政策

D. 斯大林集权专制

12. (2010 年东北师大附中第三次摸底)

"现代化"是一个中性概念，但它有没有姓"资"姓"社"的问题呢？有的。那不是说现代化本身只姓"资"，不会姓"社"；而是说现代化的执行方式可以姓"资"，也可以姓"社"，甚至出现更复杂的属性……吴于廑先生有这样一段话：十月革命以后，"历史上就出现一个与资本主义工业世界相对立的、以实现生产资料公有、消灭阶级剥削为特征的……社会主义工业世界"，20 世纪的历史，是这两个工业世界内部变化和相互竞争的历史。

——钱乘旦

结合所学知识回答问题：

(1)十月革命后，苏俄(苏联)是怎样建立社会主义工业国的？与资本主义工业化相比,其工业化有什么显著特点？

(2)20 世纪二三十年代,列宁、罗斯福是如何执行现代化方式的?

(3)概述 20 世纪 50 年代以来,以苏联和美国为代表的两个工业世界内部变化。

一年冲刺母题

【母题】 十月革命后,苏联(俄)进行了社会主义建设道路的一系列探索。阅读材料,回答问题。

材料一 1921 年,列宁说:"目前已很清楚,我们用冲动的办法……实行社会主义生产和分配的原则尝试已经挫败了。……政治形势向我们表明,在许多经济问题上,必须退回到国家资本主义上去……"

材料二 我国学术界对"斯大林体制"的历史功过的争议,可以概括为以下两种主要观点:一是"功大于过"说,实践证明它对生产力发展起了巨大的积极作用;二是"过大于功"说,它不应当是社会主义发展的必然结果。

材料三 为克服斯大林时期的一些弊端,赫鲁晓夫进行了改革。赫鲁晓夫在 1957 年提出三四年内苏联的人均肉类、牛奶、黄油产量赶上美国的目标,为此不顾苏联的气候条件,要求各地都扩种玉米,以增加饲料。结果很多地方因气候条件恶劣造成玉米歉收,其他粮食作物也由于播种面积减少而减产。1963 年苏联粮食产量比 1962 年减少 3270 万吨。1964 年苏联被迫增加了粮食的进口。

请回答:

(1)材料一中列宁"退回到国家资本主义"的措施是什么?与"用冲动办法"相比,这一举措有什么特点?有何意义?

(2)你同意材料二中的哪一观点?说明你的理由。

(3)材料三表明赫鲁晓夫经济改革的重点在哪一生产行业?根据材料简要分析赫鲁晓夫改革失败的原因。

(4)综合以上问题,你能得出哪些启示?

【解析】 本题考查了苏联(俄)经济政策的演变以及赫鲁晓夫对高度集中的斯大林体制进行的改革,注意把握其失败的原因。第(1)问注意把握"必须退回到国家资本主义上去"这一关键句,它具有新经济政策的明显特征,然后再逐次回答特点、意义;第(2)问是观点题,坚持一个观点回答即可,论据要充分;第(3)问从推广种植玉米,便可知改革的重点在农业方面,原因可以结合所学知识回答;第(4)问是开放性试题,言之有理即可。

【答案】 (1)措施:实施新经济政策。

特点:利用市场和商品货币关系来恢复经济。

意义:促进了经济的迅速恢复发展,巩固了工农联盟和苏维埃政权;找到了一条苏俄向社会主义过渡的正确道路,是对马克思主义理论的重大发展。

(2)答案一:"功大于过"说。在这种体制下,国家能够按照计划调配和使用全部人力、物力、财力资源,使苏联的社会主义建设取得了突出成就,形成了门类齐全的工业体系,基本上实现了以重工业为中心的国家工业化。

答案二:"过大于功"说。它超越了苏联生产力的水平,导致了国民经济发展比例严重失调,人民生活水平提高缓慢,农民的利益受到伤害,压抑地方和企业的积极性等问题,阻碍了苏联经济的进一步发展,是后来苏联解体的历史根源。

(3)重点:农业方面。

原因:没有从根本上改变高度集中的管理体制;不尊重客观规律,缺乏实事求是的作风。

(4)启示:实事求是;要根据国情适时调整经济政策;生产关系的调整要与生产力发展水平相适应等。

【变题 1】 20 世纪 50～80 年代苏联领导人赫鲁晓夫、勃列日涅夫和戈尔巴乔夫先后进行了经济改革。阅读下列材料后,回答问题。

材料一 1953～1983 年苏联与世界实际 GDP 平均增长率对比(%)

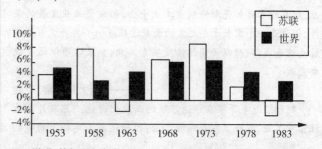

说明:赫鲁晓夫执政时间:1953～1964 年;勃列日涅夫:1964～1982 年。

中国历史上的七首国歌(五)

　　1916 年袁世凯下台。1920 年段祺瑞政府教育部征集国歌,北京大学音乐传习所的作曲家肖友梅将《尚书》中的《卿云歌》选作歌词并作曲,全歌仅四句 16 字,歌词是:"卿云灿兮,纤缦缦兮,日月光华,旦复旦兮。"并由教育部下令于 1921 年 7 月在全国传唱。

　　这首歌为军阀混战的旧中国歌功颂德,涂脂抹粉,遭到国民的唾弃。

材料二 "他是徘徊在新旧时代十字路口的一名代表人物,他的一只脚跨进了新时代,而另一只脚又由于历史的原因,仍然深陷在旧时代的泥潭之中而不能自拔。"

——苏联《文学报》评论

材料三 1986年在苏联流传的一则笑话。这则笑话把苏联比作一列因铁轨已到尽头,无法继续前进的火车。每个领导人都以自己的方式处理这场危机:斯大林下令把司机和列车员枪决;赫鲁晓夫则为他们平反;勃列日涅夫把窗帘拉上并命令左右摇动列车,造成列车正在运行的假象;戈尔巴乔夫则拉开窗帘,把身子探出窗外大声喊道:"前面没有铁轨了,前面没有铁轨了!"

请回答:

(1)从材料一看,赫鲁晓夫、勃列日涅夫的经济改革对苏联经济的作用如何?20世纪80年代初,苏联经济状况如何?

(2)结合史实说明,如何理解材料二中的评价?

(3)材料三1986年"苏联无法继续前进"的根本原因何在?戈尔巴乔夫是如何解决"铁轨"问题的?结果如何?

【变题2】 阅读下列材料:

材料一 斯大林在论述苏联的工业化时说:"在资本主义国家,工业化通常是从轻工业开始的。由于轻工业同重工业比较起来,需要的投资少,资本周转快,获得利润比较容易,所以在那里,轻工业成为工业化的头一个对象。只有经过一个长时期,轻工业积累了利润并把这些利润集中银行。这才轮到重工业,积累这才开始逐渐轮到重工业中去,形成重工业发展的条件,但这是一个需数十年之久的长期过程。……共产党当然不能走这条道路,所以必须赶快发展重工业,如果这事做迟了就要失败。"

——《斯大林选集》下卷

材料二 毛泽东在评论苏联的工业化时说:"苏联片面地注重重工业,忽视了农业和轻工业,因而造成了市场上的货物

不够,货币不稳定。"

——《毛泽东选集》

材料三 历史学家评论苏联的工业化时说:"斯大林在苏联社会主义工业化时,早就提出'工业是主导,农业是基础''要发展工业就必须从农业开始'的重要论断。他在理论上一再反对把农业作为工业的殖民地。但实际上是把农业作为殖民地了。苏联工业化一开始时,农民不但要交纳直接税和间接税,还要通过低价出售农产品和高价买进工业品。例如,1936年苏联政府从一个区收购小麦,每公斤付给农民13卢布,而政府出售面粉时,则作价93卢布。……国家售价比购价高出5~6倍。结果,使农业生产遭到严重的破坏。在苏联工业化短短的十几年内,曾发生两次较大的农业危机。……苏联全国大约饿死1000万人。"

——《斯大林时期苏联工业化的理论和实践》

请回答:

(1)依据材料一分析,通常工业化应按什么途径进行?为什么要按这种途径进行?

(2)斯大林认为,苏联工业化应按什么途径进行?为什么采取这样的途径?

(3)依据材料二、三分析,苏联采取的工业化途径造成了什么问题?

(4)苏联的工业化过程为我们的社会主义经济建设提供了什么经验教训?

第 8 单元 世界经济的全球化趋势

考纲解读导航

考试内容

1. 战后资本主义世界经济体系的形成
(1)布雷顿森林体系的建立
(2)关贸总协定
(3)战后资本主义世界经济体系的形成
2. 世界经济的区域集团化
(1)欧洲联盟
(2)北美自由贸易区
(3)亚太经济合作组织
3. 世界经济的全球化趋势
(1)经济向全球化发展
(2)世界贸易组织的建立

(3)中国加入世界贸易组织

能力要求

(1)以"布雷顿森林体系"建立为例,认识第二次世界大战后以美国为主导的资本主义世界经济体系的形成。

(2)以欧洲联盟、北美自由贸易区及亚太经济合作组织为例,认识当今世界经济区域集团化发展趋势。

(3)了解世界贸易组织(WTO)的由来和发展,认识它在世界经济全球化进程中的作用。了解中国参加世界贸易组织(WTO)的史实,认识其影响和作用。

(4)了解经济全球化的发展趋势,探讨经济全球化进程中的问题。

三年高考命题

1. (2009 年广东历史单科)20 世纪 60 年代后期,布雷顿森林体系出现危机,美国一度出动军用飞机紧急空运黄金供应伦敦黄金市场,美国的黄金储备因此遭受损失。美国这样做的目的是 （　）
A. 维持美元价格　　 B. 赚取更多英镑
C. 支持浮动汇率　　 D. 制造金融混乱

2. (2009 年广东文科基础)欧盟建立的背景是 （　）
A. 经济全球化的过程中各国之间的经济竞争日益加剧
B. 世界各国经济联系加强且相互间消除了贸易障碍
C. 中国加入世界贸易组织后使欧洲国家感受到竞争压力
D. 上海合作组织的建立使欧洲各国急欲联合自保

3. (2009 年海南历史单科)1950 年,法国外交部长舒曼对法、德即将开展的合作说,今后"在法、德之间发生的战争是不可想象的,而且在物质上不再可能。"舒曼在此所说的合作主要是指 （　）
A. 矿业资源互补　　 B. 人力资源共享
C. 科学技术交流　　 D. 消除贸易壁垒

4. (2009 年江苏历史单科)近年来,随着全球化的发展,一股反全球化的浪潮滚滚而来。这主要是因为全球化导致了 （　）

①全球环境的恶化　②南北差距的进一步拉大
③发达国家就业机会的减少　④发达国家对发展中国家的掠夺
A. ①③　　 B. ②④　　 C.①②④　　 D. ①②③④

5. (2009 年文综全国卷2)英国历史学家霍布斯鲍姆在总结20世纪的历史时说,最简单明了的一点,就是到了80 年代,保加利亚与厄瓜多尔之间相似之处,远比其各自与1939 年时的本国或对方更为接近,他强调的是 （　）
A. 走向现代化的国家经济上共同之处增多
B. 经济全球化使各国之间的联系日益密切
C. 不同国家之间的社会发展水平差距缩小
D. 各国经济发展速度加快

6. (2009 年上海历史单科)在亚洲新兴市场经济国家订购价不到十美元一双的耐克鞋,在美国等国家的市场上竟然平均要卖到四五十美元。这一现象表明 （　）
A. 国际分工体系的不平等
B. 亚太经合组织发挥了作用
C. 世贸组织受到美国控制
D. 亚洲商人的市场信息滞后

中国历史上的七首国歌(七)

1949 年 10 月 1 日新中国成立,才有了真正代表劳动人民心声和意志的国歌——《义勇军进行曲》它是电影《风云儿女》中的主题歌,由著名诗人、剧作家田汉 1935 年在上海监狱中挥笔疾书而成,人民音乐家聂耳饱蘸激情谱曲。每当唱起这首歌,就铭记国家、民族开创的艰辛,就想起卢沟桥、平型关、延河水、沂蒙山。

智趣素材

7. (2009 年四川文综)近年来大 生命力 量出现右图这样的公益广告。导致这类广告大量出现的原因包括　　　（　）
①世界人口增长速度过快
②可持续发展理念广泛传播
③世界政治格局多极化趋势加强　④工业化导致自然资源大量消耗
A.①②③　B.①③④　C.①②④　D.②③④

8. (2009 年天津文综)右图所示国际机构成立的初衷是　　　　　（　）
A. 实现"凯恩斯计划"
B. 致力于战后的欧洲经济复兴
C. 促进国际贸易自由化
D. 为成员国提供短期贷款和技术援助

9. (2009 年文综全国卷一)1990 年以来,中国与东盟的贸易额年均增长率保持在 20% 左右。2007 年中国与东盟双边贸易额为 2025.5 亿美元,提前三年实现了 2000 亿美元的目标。这表明　　　　　（　）
①中国与东盟的友好合作关系得到迅速发展　②中国与东盟的共同利益明显增加　③东盟上升为中国最主要的贸易伙伴　④东盟发展为世界政治力量的重要一极
A ①②　　B.①③　　C.②③　　D ②④

10. (2009 年海南历史单科)第二次世界大战结束初期,美国先后推出了援助希腊、土耳其计划(后称"杜鲁门主义")和欧洲复兴计划(即马歇尔计划)。这两个计划的相同之处是　　　　　（　）
A. 具有军事援助的性质
B. 具有意识形态的色彩
C. 促进欧洲经济的恢复
D. 缓和受援国社会矛盾

11. (2009 年辽宁文综)1991 年《欧洲联盟条约》、1992 年《马斯特里赫特条约》和 1993 年《哥本哈根协议》的签订表明,欧洲共同体将发展成为一个拥有共同的货币、外交和安全政策与防务的欧洲联盟。欧盟的建立有利于构建（　）
A. 区域统一的世界　B. 多元并存的世界
C. 欧洲协作的世界　D. 欧俄均衡的世界

12. (2008 年广东历史单科)关于布雷顿森林体系建立的背景,表述正确的是　　　　　（　）
A. 贸易保护主义的弊端已被革除
B. 各资本主义国家经济出现繁荣局面
C. 美国的经济实力受到严重削弱
D. 英美苏中等大国间的合作仍在维持

13. (2008 年广东文科基础)如果我们把经济全球化看作是一

个不同国家和地区之间经济联系加强的过程,那么下列论断正确的是　　　　　（　）
A. 经济全球化是自新航路开辟以来就存在的现象
B. 经济全球化给各国带来了同样的经济发展结果
C. 二战后两大阵营的建立大大加速了经济全球化
D. 各国之间人口迁移的增多不是经济全球化的标志

14. (2008 年江苏历史单科)1946 年,美国前总统发表声明:"目前,只有我们能够把自己的政策强加给世界。"1972 年,美国总统尼克松发明声明:"美国决心用一种新的彬彬有礼的态度来很好地倾听北约伙伴的意见。"美国态度变化的主要原因是　　　（　）
A. 美国实力衰弱,寻求欧洲支持
B. 古巴导弹危机爆发,美国寻求欧洲帮助
C. 美欧关系恶化,美国力图缓和
D. 欧洲共同体建立,美国重视欧洲地位

15. (2008 年海南历史单科)下列各项中,具有向相关国家提供贷款以稳定汇率的职能的国际组织是　　　（　）
A. 世界银行
B. 国际货币基金组织
C. 亚太经合组织
D. 世界贸易组织

16. (2010 年安徽卷)2001 年上海合作组织成立,坚持"互信、互利、平等、协作、尊重多样文明、谋求共同发展"的"上海精神"。它与欧盟的主要区别在于　　　（　）
A. 促进了地区经济政治一体化
B. 构建了一个地区国家安全共同体
C. 加强了区域性经济合作
D. 顺应了和平与发展的时代潮流

17. (2010 年北京卷)世界杯足球赛可谓全世界球迷的节日。1990 年第十四届世界杯在意大利举办时,一个英国球迷去意大利为自己喜欢的球队助威。他可以（　）
①持欧盟护照进入意大利　②在罗马街头观看比赛电视直播　③和苏联球迷交换纪念品　④收听北约轰炸南联盟的新闻
A.②③　　B.①②　　C.③④　　D.①④

18. (2010 年全国卷 1)德国学者乌尔里希贝克描述了一种现象:在经济全球化时代,任何大的民族企业,不论是"美国的"、"德国的"还是"法国的"大企业,都难以生存。这表明经济全球化时代　　　（　）
A 世界经济发展趋于合理平衡
B 推动世界经济发展的主要力量都出现变化
C 跨国大企业的民族属性消失
D 发达国家的资本开始扩张到全球范围

19. (2009 年江苏历史单科)

第二次世界大战期间,美国就积极谋求世界经济霸权。战后布雷顿森林体系的建立则是其具体表现之一。该体系虽然于20世纪70年代初崩溃,但美国凭借其实力在国际货币格局中仍占主导地位。

请回答:

(1)布雷顿森林体系建立的背景是什么?该体系是如何设定汇率机制的?这一机制对美国有何特殊意义?

(2)欧洲经济一体化将对世界货币格局产生什么影响?

复习攻略

一、整体感知

二战后,世界经济发展呈现出两大趋势:经济区域集团化与经济全球化。世界经济区域集团化是实现经济全球化的重要途径与步骤,经济全球化则是经济区域集团化的最终归属。对于发展中国家来说,经济全球化既是机遇又是挑战。

二、各个击破

1. 比较战后资本主义世界经济体系三大支柱——世界银行、国际货币基金组织与关贸总协定的异同

(1)相同点:都是二战后美国经济实力膨胀的产物;在三大组织中,美国都占有特殊地位,形成了以美国为主导的国际金融贸易体系;都在一定程度上稳定了世界经济秩序,促进了世界贸易的增长;反映了战后世界经济发展的体系化和制度化。

(2)不同点:世界银行、国际货币基金组织为金融货币组

织,主要作用是建立以美元为中心的国际金融体系;关贸总协定是建立在人们对贸易保护主义危害充分认识的基础上的,更侧重于贸易自由化。

2. 比较北美自由贸易区与欧盟的不同

(1)从成员看,北美自由贸易区是第一个由发达国家与发展中国家联合起来的贸易组织;而欧盟的成员国主要是西方发达国家。

(2)从性质看,北美自由贸易区的成员国之间只是一种贸易伙伴关系,是一个经济组织;而欧盟既是经济组织,又在朝政治一体化的方向发展。

(3)从组织上看,欧盟组织严密而北美自由贸易区则较为松散。

3. 欧洲走向联合的原因

(1)欧洲有着共同的文化遗产和心理认同感。

(2)近代欧洲各国的冲突和战争不断,给欧洲人民造成了无穷的灾难。

(3)战后欧洲传统的国际地位一落千丈,沦为二、三流国家,为提高国际地位和影响力。

(4)战后美苏在欧洲的"冷战"使欧洲各国认识到合作的必要性。

(5)法德的和解,为欧洲联合奠定了基础。

4. 加入亚太经合组织对我国有何影响?

(1)有利于推动中国经济走向世界。

(2)有利于加强我国对外融资和经济交往与合作,提高参与全球竞争的能力。

(3)进一步完善我国外贸管理体制,促进外贸事业的稳步发展。

(4)有利于加强反恐合作,为本地区的发展和繁荣创造和平与安全的环境。

5. 经济全球化与经济区域集团化的关系

(1)经济区域集团化是经济全球化在当前条件下的具体表现,是最终实现经济全球化的重要途径与步骤。

(2)经济全球化是经济区域集团化的扩大,是经济区域集团化的最终归属。

(3)经济区域集团化对经济全球化有促进与阻碍的双重作用。

知识结构梳理

一、战后资本主义世界经济体系的形成

(一)布雷顿森林体系

1. 背景:世界形势和原有的世界经济格局发生深刻变化。

(1)_____普遍衰落,美国经济实力空前膨胀,成为世

界最大的债权国。

(2)以_____为中心的资本主义世界货币体系难以维系。

(3)美国企图建立以自己为主导的资本主义_____体

智趣素材

系。

2. 过程

(1)《布雷顿森林协定》：

①内容：_____与_____直接挂钩；国际货币基金组织会员国的货币与美元挂钩。

②影响：美元获得了"等同黄金"的特殊地位，美元的霸主地位确立。

(2)国际货币基金组织成立：

①宗旨：稳定国际_____。

②主要任务：稳定国际汇率，消除妨碍_____的外汇管制；加强国际合作，对会员国提供_____。

(3)世界银行成立：成立初期的宗旨是致力于战后的____ ____复兴，后来则转向全球性的发展援助，为成员国提供_____和技术援助。

3. 评价：

(1)_____为世界货币关系提供了统一的标准和基础，有利于维持战后世界_____的正常运转，为世界经济的恢复和发展创造了条件。

(2)一定程度上稳定了世界经济秩序，扩大了世界贸易。

(3)适应了美国对外经济扩张的需要，有利于美国掌握资本主义世界的经济命脉，加强了美国在国际的特权和支配地位。

(二)关贸总协定

1. 背景：

(1)_____阻碍了国际贸易的发展，深刻教训使各国开始认识到国际贸易协调与合作的必要性。

(2)_____消除了阻碍国际贸易的外汇管制。

(3)_____为了让自己的产品能更畅通地进入世界市场，倡导建立国际贸易体系。

2. 建立：1947年，美、中、英等23国签署《_____ __》，简称关贸总协定。

3. 宗旨：缔约方通过_____和消除关税壁垒、取消____中的歧视待遇，以促进自由贸易。

4. 作用：客观上创造了一个自由贸易的环境，推动了世界经济的发展。

(三)战后资本主义世界经济体系的形成

1. 构成

(1)三大支柱：_____、_____和关贸总协定。

(2)两大体系：

①以美元为中心的国际货币金融体系——布雷顿森林体系。

②以美国为中心的国际贸易体系——关贸总协定。

2. 评价：确立了美国在战后初期的经济霸主地位，有利于

美国对外进行经济扩张，但顺应了经济全球化的趋势，反映了二战后世界经济向着_____、_____的方向发展。

二、世界经济的区域集团化

(一)欧洲联盟

1. 背景

(1)西欧国家有着相似的_____。

(2)_____和_____，激起欧洲人对欧洲统一的强烈愿望。

(3)第二次世界大战后，西欧国家普遍衰落。

(4)美苏_____的形成使欧洲人认识到联合自强的重要性。

(5)法德矛盾的和解。

2. 过程

(1)欧共体的成立(1967年)——经济一体化

①组成：欧洲_____、欧洲经济共同体和欧洲_____。

②作用：大大增强了西欧国家的经济实力。

(2)欧洲联盟的建立(1993年)——政治经济一体化

①1992年，欧共体成员国正式签署《_____》。

②1993年，欧洲联盟的成立。

③1999年，欧盟单一货币_____正式问世。

3. 意义

(1)对欧洲：符合欧洲各国和整个欧洲利益，有力地促进了欧洲经济政治的发展，提升了欧洲在国际上的政治和经济地位。

(2)对世界：对世界其他地区的经济联合起到了示范作用，推动了经济全球化和世界多极化的发展。

(二)北美自由贸易区

1. 背景

(1)欧洲一体化的加强和_____的崛起对美国的霸主地位提供挑战。

(2)美国认识到要保持世界经济的主导权就必须建立以自己为核心的经济_____。

2. 过程

(1)1987年，美国与墨西哥签署自由贸易协定。

(2)1988年，美国与加拿大签署自由贸易协定。

(3)1992年，美国与_____、_____签订了《北美自由贸易协定》。

(4)1994年，《_____》正式生效，北美自由贸易区诞生。

3. 影响

(1)加强了三国之间的经济合作和交往，促进了这一地区的经济增长，增强了区域集团的实力。

(2)美国积极推动把北美自由贸易区扩大到整个美洲，以便建立以美国为中心的美洲自由贸易区。

抗日将领的决死宣言(三)

陈怀民(1916—1938，江苏镇江人，时任第4航空大队第21中队飞行员)。"每次飞机起飞的时候，我都当做是最后的飞行。与日人作战，我从来没想着回来！"

背景：在1938年武汉"4.29空战"中，陈怀民的战机在击落一架敌机后受到5架敌机围攻，他的飞机油箱着火。当时他本可跳伞求生，但他猛拉操纵杆，战机拖着浓浓的黑烟，向上翻转了180度，撞向从后面扑来的敌机，与日吹嘘的所谓"红武士"高桥宪一同归于尽。

(三)亚太经济合作组织

1. 背景

(1)亚太地区经济的快速发展加深了各国经济联系的密切程度。

(2)世界经济_____发展的影响。

2. 经过

(1)1989年,_____等12国在澳大利亚首都堪培拉举行亚太经济合作会议首届部长级会议,亚太经济合作组织成立。

(2)1991年,亚太经合组织汉城会议,通过《汉城宣言》,正式确定该组织的宗旨和目标。

(3)1991年,_____正式加入,中国台北和中国香港以_____名义加入。

3. 宗旨:_____,_____,坚持开放的多边贸易体制和减少区域内贸易壁垒。

4. 性质与特点

(1)性质:是一个经济贸易合作论坛。

(2)特点:当今世界_____区域性经济合作组织。

5. 影响

(1)在贸易和投资_____、便利化以及经济技术合作三个方面取得了成就,有利于本地区经济合作与发展大计。

(2)成员之间存在着文化和历史的差异,对其_____的发展有一定的影响。

三、世界经济的全球化趋势

(一)经济向全球化发展

1. 进程

(1)_____开辟,世界经济联系日益增多。

(2)工业革命后,资本主义的发展,资本主义_____初步形成。

(3)19世纪末20世纪初,资本主义_____最终建立起来。

(4)20世纪90年代以来,世界经济真正进入全球化时代。

2. 原因

(1)第三次科技革命后,交通和_____的迅猛发展,世界联系更加紧密。

(2)_____和各种国际组织成为强有力的推动者。

(3)_____的瓦解为经济全球化扫清了障碍。

(4)绝大多数国家都实行了_____体制。

(5)国际金融的发展是全球化深入发展的催化剂;

(6)工业革命后世界市场的形成与发展为经济全球化提供了基础。

3. 评价

(1)经济全球化的实质是发达国家主导下的资本在全球

范围内的新一轮扩张。

(2)经济全球化是一把双刃剑,既加速了_____的发展和繁荣,也加剧了全球竞争中的_____。

(3)经济全球化过程中,_____成为最大的受益者,发展中国家既是机遇也是挑战。

(二)世界贸易组织的建立

1. 背景

(1)随着世界贸易自由化的深入发展,国际贸易在各国国民经济中的重要性迅速提高。

(2)关贸总协定缓解了国际贸易中的矛盾,促进了_____的发展,推动世界经济的增长。

(3)关贸总协定是一个_____的多边贸易协定,在解决争端时缺乏法律性的强制措施。

2. 成立

_____年,世界贸易组织取代关贸总协定。

3. 宗旨

促进各国_____,调解_____,实现世界贸易自由化的目标。

4. 意义

(1)标志着_____和_____的世界贸易体系建立起来,极大地促进了世界经济的发展。

(2)世界贸易组织的成立,表明经济_____的进程又取得了实质性的进展。

(三)中国加入世界贸易组织

1. 背景

_____的深入发展,世界需要中国,中国需要世界。

2. 过程

(1)1986年,中国正式提出复关申请。

(2)2001年,中国正式加入_____。

3. 影响

(1)机遇:促进了中国的经济发展,进一步完善了_____体制;中国加入世界贸易组织促进了世界经济的增长,有利于建立完整的_____。

(2)挑战:_____的进一步开放、_____的大幅度减让,使国内一些产品、企业和产业面临更强的竞争,有些产业会受到冲击。

4. 应对

(1)中国政府部门对经济管理从观念上、体制上都要做必要的调整。

(2)各产业部门对自己的管理方法、经济运营机制需要作相应的转变,不断提高自身的竞争能力,以适应新的国际经济形势。

二年模拟训练

1. (2010年吉林师大附中第三次摸底考试)雨果曾说过:"总有一天,到那时……所有的欧洲国家,无须丢掉你们各自的特点和闪光的个性,都将紧紧地融合在高一级的整体里;到那时,你们将构筑欧洲的友爱关系……"。以上雨果的预言有可能基于欧洲国家 ( )
①相同的文化基础 ②相近的宗教信仰 ③曾有近似于统一的历史 ④要摆脱美国的控制 ⑤长期争夺的恶果
A.①②③④ B.②③④⑤
C.①②③⑤ D.①②④⑤

2. (2010年南通第二次模拟考试)欧洲联盟、亚太经济合作组织和北美自由贸易区是当今世界三大著名区域集团,欧洲联盟与后两者相比,主要的不同点是 ( )
A.典型地反映了世界经济区域集团化趋势加强
B.合作程度最高,合作领域最广泛,合作成效最显著
C.典型地反映了世界经济的全球一体化趋势加强
D.发达国家与发展中国家组成的经济合作组织

3. (2010年皖南八校第三次联考)2010年1月10日,日本《读卖新闻》发表社论:随着全球化的推进,要想应对经济危机、气候变化、恐怖主义以及核扩散等全球课题,离不开发达国家和发展中国家的协调。它表明 ( )
A.经济全球化的发展离不开发展中国家的参与
B.日本欲以此树立大国形象,充当全球化的领导者
C.发达国家是经济全球化的主要受益者
D.发展中国家力量增强,是全球化的主要受益者

4. (2010年烟台第二次模拟考试)美国《基督教科学箴言报》曾经发表一篇题为"没有'中国制造'的一年"的文章,描述一个美国家庭抵制"中国制造"近一年后终于发现,"没有中国产品的生活一团糟"。并表示,以后10年都没有勇气再尝试这种日子。以上材料说明 ( )
A.中国产品因质量差异而引起美国家庭的抵制
B.中国产品已经成功进入美国市场
C.经济全球化是不可阻挡的潮流
D.经济全球化受到人们的抵制

5. (2010年浙江联考)在经济全球化进程中,影响全人类的根本利益,直接涉及人类生存与发展的是 ( )
A.债务沉重 B.环境污染
C.贸易条件恶化 D.科技水平落后

6. (2010年苏州四市模拟)全球化并非经济发展的"避风港"。能佐证这一观点的有 ( )
①经济危机的传染性空前增强 ②促使更多的国家实行市场经济体制 ③全球范围的贫富差距扩大 ④发展中国家面临挑战
A.①②③ B.①②④ C.②③④ D.①③④

7. (2010年广东四省模拟)2007年是欧盟诞生50周年。标志欧盟诞生纪念的是下列哪一事件 ( )
A.欧共体的成立 B.《罗马条约》的签署
C.欧洲原子能共同体的建立 D.煤钢共同体的建立

8. (2010年广东四省模拟)下表是关于捷克等四国对西方国家的贸易额占其对外贸易总额比重的数据表。造成1952年几国数据与1948年数据差距较大的直接原因是 ( )

国家 \ 年份	捷克	匈牙利	罗马尼亚	保加利亚
1948 年	68%	66%	29%	33%
1952 年	29%	29%	15%	11%

A.马歇尔计划的实施 B.杜鲁门主义的出台
C.经互会的成立 D.柏林危机的爆发

9. (2010年浙江六校联合模拟)二战后初期,构成世界经济贸易和金融的三大支柱不包括 ( )
A.关贸总协定 B.国际货币基金组织
C.世界银行 D.世界贸易组织

10. (2010年浙江六校联合模拟)苏联解体后,世界两极格局瓦解和多极化趋势加强。关于多极化趋势加强给世界带来的影响的说法中,错误的是 ( )
A.有利于国际关系的民主化
B.有利于充分发挥联合国的作用
C.有利于建立公正合理的世界政治经济新秩序
D.多极化趋势加强后,世界出现天下太平的大好形势

11. (2010年浙江六校联合模拟)在经济全球化形势下,世界经济的发展不会出现的是 ( )
A.生产国际化程度大大加深
B.金融国际化程度大大加强
C.世界各国都享有均等的发展机会
D.经济管理制度与经济习惯的国际化

12. (2010年苏北四市第二次调研考试)阅读下列材料:
材料一 1950年5月9日,法国外长舒曼提出了建立欧洲煤钢共同体的"舒曼计划"。根据该计划,引发法德百年冲突的两国边境的煤钢资源将被置于两国共同参与管理的联合机构之下,并向西欧所有国家开放。……作为具有战略眼光的领导人,戴高乐知道,要想使法国恢复大国地位,并使联合的欧洲成为独立于美苏的力量,必须取得德国的谅解和支持。而德国的战败国地位,使德国有求于法国的地方多于法国对德国的要求。

——《法德化解百年恩仇 独立的欧洲核心》
《环球时报》(2003年10月30日)

材料二 今天是欧洲历史性的一天。……在今天,我

们要欢迎欧盟大家庭里又多了 10 个新成员国(塞浦路斯、匈牙利、捷克、爱沙尼亚、拉脱维亚、立陶宛、马耳他、波兰、斯洛伐克和斯洛文尼亚)和 7500 万新的欧盟人民。在欧洲一体化进程启动了 50 年后,冷战造成的欧洲分裂已一去不复返了,如今我们生活在一个联合的欧洲。……多样性的联合,将会使我们变得更加强大,更好地解决彼此间的共同问题。多样性的联合,也会使我们更有效率地为整个欧洲的安全和繁荣而努力工作。

——欧盟委员会主席罗马诺·普罗迪
在欧盟扩大会议上的讲话(2004 年 5 月 1 日)

材料三 2009 年 12 月 1 日,《里斯本条约》正式生效。欧盟是一个拥有 5 亿人口、世界上最大的经济体,《里斯本条约》生效将为其实现"大欧洲"战略目标提供法律保障。根据条约进行的改革,将提高欧盟决策和机构运行的效率,保证推行政策的延续性,增强内部的协调能力,推动一体化深化发展。今后,欧盟在国际舞台上的声音将呈增大趋势。

——张征东《<里斯本条约>生效 大欧洲"航船"启程》

请回答:

(1)据材料一,为什么欧洲的联合从煤钢开始? 法德同意走向联合的目的有哪些? 据所学知识,指出实现煤钢联营后欧洲一体化进程中的标志性事件。

(2)据材料二,欧盟新成员国大多属于哪一政治集团? 指出它们加入欧盟的背景。说明欧洲实现"多样性的联合"的主要意义。

(3)据材料三,说明《里斯本条约》正式生效对世界政治、经济格局产生的影响。

一年冲刺母题

【母题】 有专家指出:"在 20 个世纪 70 年代中期经济全球化刚刚起步之时,中国开始改革开放;20 个世纪 90 年代初经济全球化潮流真正形成之时,中国深化改革、扩大开放;21 世纪初经济全球化加速扩张之时,中国入世全面融入经济全球化潮流。在近 30 年经济全球化发展过程中,中国踩着历史的节奏,每一步都没有落空。"

请回答下列问题:

(1)战后资本主义世界经济体系的形成促进了经济全球化的发展。请结合史实以加以说明。

(2)20 世纪 90 年代推动经济全球化加速发展的原因有哪些?

(3)近 30 年来,中国是怎样踩着这三个历史节奏,全面融入经济全球化潮流的? 从中可以总结出哪些成功的经验?

【解析】 本题采用世界的全球化趋势大背景与中国对外开放主题的有机结合,既考查了战后世界经济发展的总趋势,又反映了中国现实性主题,显现了命题者的精心构思。前两问结合所学知识回答即可,最后一问先找出中国融入世界的三个点:1978.1992.2001 年,然后回答其他设问。

【答案】 (1)二战后,召开了布雷顿森林会议,成立了国际货币基金组织和世界银行,稳定了世界金融秩序,促进了世界贸易,推动了经济全球化进程。1947 年《关贸总协定》签订,标志着资本主义世界贸易体系建立,促进了世界经济的交流与合作,从而推动了经济全球化进程。

(2)科技的加速发展(信息技术、新型交通技术和通信方式的革新);两极格局的结束为经济全球化的发展消除了障碍;市场经济体制的普遍采用。

(3)三个历史节奏:1978 年,十一届三中全会,作出改革开放的伟大决策;1992 年,中共十四大作出建立社会主义市场经济体制的决策;2001 年,中国正式加入贸易组织。

经验:坚定不移地坚持解放思想(解放思想,实事求是,一切从符合中国国情的实际出发);顺应世界潮流;抓住发展机遇;以经济建设为中心,坚持改革开放。

【变题 1】 新航路的开辟,开启了经济全球化的进程。阅读材料,回答问题。

材料一 哥伦布发现美洲以及接踵而来的葡萄牙人、英国人、法国人等,通过对新土地的殖民和占有,与土著居民的接触、交往和融合,给欧洲人送去了新世界的文明,还使新旧大陆的特产得以交换和传播……没有美洲贡献的大量金银与物质财富,没有北美的自由移民垦殖区,西方资本主义的发展将会缓慢得多,英国也不可能成为发动工业革命的国家……东西两半球的不同文化圈的大汇合,加速了人类从传统农耕文明向现代工业文明转变过程。

——黄邦和《通向现代世界的 500 年:
哥伦布以来东西两半球汇合的世界影响》

(1)依据材料一归纳新航路开辟的影响。

材料二 火车、轮船、电报等新式交通工具和电讯器材的出现,把各地的生产、流通和消费紧紧联结在一起。1869 年苏伊士运河通航,使欧洲到印度的航路缩短了 4000 英里,1914

年竣工的巴拿马运河则使旧金山到利物浦的航程近了 5666 英里。轮船的不断更新，使航速大大提高，欧美航程从 42 天缩短为 5 天，从伦敦到加尔各答也由 3 个月减为 18 天。此外，海底电缆的铺设、跨洲铁路的修建，加强了洲际联系；有线电报、电话和无线电报的普及，使世界通信网络得以形成。

——（美）斯塔夫里阿诺斯《全球通史》

（2）概括归纳材料二所反映的社会经济现象，并简要说明其形成的原因。

【变题2】 阅读下列材料：

材料一　在美国的策动下，联合国主持召开国际货币金融会议，通过了有利于美国的《布雷顿森林协定》，成立了"国际货币基金组织"，美元的地位大大提高，并大大有利于美国的商品输出和资本输出。英国极为不满，拒绝批准这个协定，但美国突然宣布"租借法案"停止执行，英国立即发生财政金融危机。1945 年 12 月，英国被迫同美国谈判，被迫批准了《布雷顿森林协定》。

材料二　1958 年 1 月，由法国、联邦德国、意大利等六国组成的西欧共同市场正式运作，并显示了巨大优势。1973 年英国加入欧共体。下表是 1958～1971 年美国和西欧共同市场的经济增长率（1958 年与 1971 年增长总和）

地区＼项目增长率	工业生产	出口	黄金储备（占资本主义世界）
美国	85.3%	140.9%	10.2%
欧共体	111.1%	372.8%	31.49%

材料三　1971 年 8 月 15 日，美国宣布了"新的经济政策"，其中包括增加 10% 的进口附加税，这项措施将使共同市场对出口货物交付平均税增加一倍。对此，西欧共同市场六国达成了一致协议，要求美国取消 10% 的进口附加税等措施，否则将"采取一切必要的措施"和"直接反击行动"。英国财政大臣立即通知美国，英国完全同意共同市场六国的建议。

请回答：

（1）根据材料二，指出美国与欧洲共同体的经济发展状况。

（2）材料一和材料三反映美国和英国、美国与欧洲共同体市场之间存在什么问题？这些问题的结局如何？为什么会有这样的结局？

（3）根据上述材料，谈谈你对资本主义国家之间关系本质的认识。

【变题3】 阅读下列材料：

材料一

材料二　"本协议缔约方，认识到在处理其贸易和经济领域的关系时，应当是为了提高生活水平，保证充分就业和大幅度稳步提高实际收入和有效需求，扩大商品和服务的生产和贸易，同时考虑根据持续发展的目标而有效地使用世界资源，寻求既保护和维持环境又以符合不同经济发展水平的各自需要和利益的方式加强这样的措施；进而认识到需要积极努力以确保发展中国家，特别是其中的最不发达国家，在国际贸易增长中享有一个与其经济发展需要相适应的份额；热切希望达成互惠和互利的安排，大量减少关税和其他贸易壁垒，消除国际贸易关系中歧视性待遇……

——《世界贸易组织协定》

请回答：

（1）请指出材料一中的三幅图片分别代表当今世界的哪三大区域经济集团？中国是其中哪一个组织的成员？这些组织的出现，反映了世界经济发展的哪种趋势？

（2）世界贸易组织的成立是旨在促进各国市场开放，实现全球范围内的贸易自由化。材料二中的哪句话能表明这一宗旨？中国于哪一年加入该组织？

（3）世界贸易组织的成立对推动当今世界经济发展的哪一趋势（进程）具有重要意义？这一趋势（进程）同时还存在哪些问题？你对解决这些问题有什么建议？

第3部分　文　化　史

第1单元　中国传统文化主流思想的演变

考纲解读导航

**考试内容**

1. "百家争鸣"和儒家思想的形成
(1)"百家争鸣"局面的出现
(2)孔子和早期儒学
(3)道家和法家
2. "罢黜百家,独尊儒术"
(1)从"无为"到"有为"
(2)"罢黜百家,独尊儒术"的提出
(3)儒学成为正统
3. 宋明理学
(1)三教合一
(2)程朱理学
(3)陆王心学
4. 明清之际活跃的儒家思想
(1)李贽的离经叛道
(2)黄宗羲对君主专制的抨击
(3)顾炎武倡导经世致用

(4)王夫之的唯物思想

**能力要求**

1. 掌握"百家争鸣"局面出现的社会背景,知道诸子百家的主要学派及其代表人物,认识百家争鸣局面对我国古代文化事业发展的促进意义。
2. 了解孔子、孟子、荀子的主要思想成就及主张,明确儒家思想从产生到发展的过程。
3. 知道董仲舒的思想主张和"罢黜百家,独尊儒术"局面形成的过程、原因。
4. 明确汉代儒学成为正统思想的步骤和表现。
5. 掌握魏晋隋唐时期儒学发展的特点。
6. 掌握二程、朱熹、王阳明等思想家的思想主张。
7. 明确宋明理学发展的过程及特点。
8. 列举李贽、黄宗羲、顾炎武、王夫之等思想家的思想主张及对传统儒学思想的批判继承。
9. 明确明清时期儒学发展的过程、表现及特征。

三年高考命题

1. (2009年高考广东理科基础)孔子、孟子、程颐、朱熹、王阳明等人思想的共同点是　　　　　(　　)
A. "仁"　　B. "心外无物"　C. "理"　　D. "格物致知"

2. (2009年高考江苏单科)某思想家强调孝、悌、慈等伦理道德均源于人之自然本性,这位思想家是　　　　(　　)
A. 孔子　　B. 董仲舒　　C. 朱熹　　D. 王阳明

3. (2009年高考山东基本能力测试)书博会开幕式的背景墙上有孔子泰山等形象,若为背景墙选配孔子的两句名言,下列最合适的是　　　　　　　　(　　)
①人无远虑,必有近忧　②学而时习之,不亦说乎　③己所不欲,勿施于人　④有朋自远方来,不亦乐乎
A. ①②　　B. ①④　　C. ②③　　D. ②④

4. (2009年高考山东基本能力测试)儒、道、墨、法四家是先秦

诸子学说的重要流派。下列语句中最符合道家思想的是
　　　　　　　　　　　　　　　　　　(　　)
A. 兼相爱,交相利
B. 仁者爱人
C. 抱法处势则治,背法去势则乱
D. 道生一,一生二,二生三,三生万物

5. (2009年福建文综高考)西方历史哲学家柯林伍德指出:"一切历史都是思想史。"在这里,柯林伍德强调的是
　　　　　　　　　　　　　　　　　　(　　)
A. 思想史构成了全部历史的主干
B. 一切历史都可以被置换为思想史
C. 思想史决定了整个历史的发展
D. 历史学离不开人的主观判断

6. (2009年高考上海单科)①春秋时期,郑国发生了火灾,掌管祭祀的官员建议子产焚烧玉石向上天祈祷,②子产说:"天道远,人道迩,非所及也。"③于是积极组织灭火。④这说明当时以祭祀为核心的宗教意识日益淡薄,而世俗理性逐渐占据上风。上述材料中属于历史评价的是 ( )

A. ①　　B. ②　　C. ③　　D. ④

7. (2009年高考海南单科)荀子是战国时期儒家思想的主要代表人物,其思想与法家共通的是 ( )

A. 天行有常　　　　　B. 人性本恶

C. 礼法并用　　　　　D. 民水君舟

8. (2009年高考海南单科)董仲舒融合先秦以来各家思想形成新儒学,其思想基础源于对一部儒家经典的新阐释,该经典是 ( )

A.《春秋》　B.《论语》　C.《孟子》　D.《易经》

9. (2008年海南单科)"奉法者强,则国强;奉法者弱,则国弱。"持这一观点的人应是 ( )

A. 墨翟　B. 孟轲　C. 荀况　D. 韩非子

10. (2008年重庆文综)"贤者举而上之,富而贵之,以为官长;不肖者抑而废之,贫而贱之,以为徒役"这句话主要反映了战国时期的 ( )

A. 墨家思想　　　　　B. 儒家思想

C. 道家思想　　　　　D. 法家思想

11. (2008年江苏单科)孔子和苏格拉底是公元前5世纪的东西方思想巨人,两者思想的不同之处是 ( )

A. 重视道德的意义　　B. 肯定人的价值

C. 强调知识的作用　　D. 推崇君主权威

12. (2010年广东卷)"人人自有定盘针,万化根源总在心。却笑从前颠倒见,枝枝叶叶外头寻。"这首诗反映了 ( )

A. 孟子的"仁政"　　　B. 董仲舒的"独尊儒术"

C. 王阳明的"心学"　　D. 顾炎武的"经世致用"

13. (2010年新课标卷)王安石提出"形者,有生之本"。与之相对立的观点是 ( )

A."心外无物"

B."天地为万物之本"

C."夫形于天地之间也,物也"

D."舍天地则无以为道"

14. (2009年福建文综高考)

1600年,意大利著名哲学家、天文学家布鲁诺被教会烧死在罗马鲜花广场。1602年,明末思想家李贽在狱中自尽身亡。

阅读下列材料,回答问题。

材料一　人之是非,初无定质。……咸以孔子之是非为是非,故未尝有是非耳。

——李贽《藏书》

夫童心者,绝假纯真,最初一念之本也。若失却童真,便失却真心;失却真心,便失却真人……

故谓人有男女则可,谓见(见:见识)有男女;岂可乎?谓见有长短则可,谓男子见尽长,女子见尽短,又岂可乎?

——李贽《焚书》

材料二　李贽虽在麻城,但有无数来自各地的追随者,几使麻城一境如狂,他的"异端"思想由此广泛传播。与此同时,麻城乃至京城的保守势力对李贽的迫害也逐渐升级,……最终经神宗御批,以"敢倡乱德,或世诬陷民"的罪名逮捕下狱,并焚毁其著作。不愿屈服的李贽在狱中赋诗:"志士不忘在沟壑,勇士不忘丧其元;我今不死更何待,愿早一命归黄泉。"随后自杀身亡。

——袁行霈《中华文明史》

材料三　布鲁诺指出宇宙是无限的,地球仅仅是无限宇宙中的一个微尘。地球绕太阳转,而太阳也不是静止不懂的。他认为宇宙是一个统一的物质世界,有它自己的客观规律,并不像教会所说的服从上帝的意志。这就彻底否定了教会的宇宙观。天主教会宣布他为"异教徒",开除教籍,布鲁诺被迫长期离开祖国。1592年,他一回到意大利,即陷入宗教裁判所的毒手,监禁达七年之久,但他始终不放弃自己的学说。当宣布要处死他时,他说:"你们宣布判决书时,要比我听到判决更感到害怕。"

——摘编自刘明翰主编《世界通史-中世纪卷》

(1)根据材料一概括李贽的基本主张,指出这些主张产生的时代背景。

(2)根据材料指出布鲁诺和李贽被视为"异端"的相同原因及他们临终表现的相似之处。

(3)有学者认为,李贽的著作尽管在当时影响很大,但并没能在历史上开拓出一条新路。结合明清之际中国社会的实际状况,从政治、经济和思想三方面予以说明。

(4)结合16世纪欧洲社会各方面的变化,谈谈你对材料三中布鲁诺"你们宣读判决书时,要比我听宣判更感到害怕"这句话的理解。

一、整体感知

本单元主要讲述中国古代思想的演变发展过程。中国传统文化的主流思想是儒家思想:春秋战国时期兴起,汉武帝时成为正统思想,宋明时期发展为理学,明清之际出现思想批判。

中华民族有着悠久的历史,拥有丰富而珍贵的思想文化遗产,为充实人类思想的宝库做出了卓越的贡献。春秋战国时期,曾经出现了百家争鸣的局面。在这一时期,中国古代许多思想流派的基础已经形成。儒家和道家是春秋战国时代的两座文化高峰。儒家思想经过孔子、孟子、荀子等思想家的创造和总结,较早进入了比较成熟的阶段。汉代以后,儒家被确立为思想的正宗,成为中国传统文化的主流思想。道家学说和道教文化在民间产生了深远的影响。佛教在西汉末年至东汉初年传入中国,在中国生根、发展,成为中国古代上层建筑的组成部分。儒学对道家思想和佛教思想有所吸收,形成宋明理学。当理学被官方利用、逐渐丧失自身活力之后,明清时期一些有文化个性的学者再一次开创了思想活跃的局面。

二、各个击破

1. 百家争鸣局面形成的原因及影响

(1)原因:

①从根本上说百家争鸣局面的出现是经济基础大变革在意识形态领域的必然反映。

②从历史条件来看:一是封建经济的发展为学术文化的繁荣提供了物质条件;二是社会的大变革促进了各种政治主张的产生和不同哲学派别的形成;三是私学的兴起造就了一批有知识的思想家;四是诸侯纷争为思想家们提供了发表不同主张的社会环境。

(2)影响:春秋战国时期的"百家争鸣",奠定了中国整个封建时代文化的基础,对中国古代文化有着非常深刻的影响。可以说,没有当时的"百家争鸣",中国后来的思想文化就不会五彩缤纷。在"百家争鸣"的过程中,各家学派相互取长补短,形成了中国的传统文化体系,也形成了中国思想文化兼容并包和宽容开放的特点。儒家思想就是在吸收融合各家之长的过程中逐步形成发展起来的,并在日后成为中国传统文化的主流思想。"百家争鸣"是中国历史上第一次思想解放运动,对当时和后来社会历史的发展,起了巨大的推动作用。

2. 辨析诸子百家思想的时代性和阶段性

(1)春秋时期,随着奴隶制的瓦解,代表没落的奴隶主贵族利益思想为挽回统治提出了各自的观点。如老子主张"无为",希望社会退回到"小国寡民"的状态,表现了其没落、消极的情绪;孔子思想核心是"仁",即缓和矛盾,维护奴隶主贵族统治等。

(2)随着封建经济的发展,小生产者的经济实力增强,希望社会安定,要求平等,反对战争。如以墨子为代表的墨家主张"兼爱""非攻""选贤任能"。

(3)随着地主阶级实力增强和封建制度的确立,代表新兴地主阶级利益的思想家对于如何改造社会也提出了各自的观点。如孟子继承孔子"仁"的学说发展为"仁政",荀子主张"仁义"和"王道",韩非子的"法治"思想等体现了新兴地主阶级主张改造旧制度,以利于封建统治的愿望。特别是韩非子的学说为当时地主阶级的变革提供了理论依据,因而法家思想在战国时最受统治者推崇。

特别提示:准确理解诸子百家的思想主张,辨析诸子百家观点的异同以及这些观点所产生的不同社会效应,往往是高考命题的主要方向,复习中力求全面理解、准确辨析。

3. 孔子、孟子和荀子思想观点的比较

(1)三者的思想都是时代发展的产物。从三位思想家所处的时代背景来看,春秋是奴隶社会的瓦解时期,战国是封建社会形成的时期。孔子以维护奴隶制统治为目的,孟子和荀子则为了缓和农民与地主阶级的矛盾,使儒家思想更能适应社会。

(2)三者都以"仁"为思想核心,孟子把孔子"仁"的思想发展成为更加系统的"仁政"思想。荀子主张施政用"仁义"和"王道","以德服人",都是对孔子思想的继承与发展。

(3)三者都提出民本思想,孔子主张"为政以德","节用而爱人"。孟子提出了"民贵君轻"的观点。荀子则看到了人民群众力量的巨大。

(4)三者都对人性进行了研究,提出了不同的见解。特别是孟子的"性本善"和荀子"性恶论"有明显的分歧。

特别提示:通过分析比较可以看出三位思想家在"仁"的观念和民本思想上是一脉相承的,但又各具特色。始终贯穿的一条思想主线是从个人的道德修养入手建设一个礼乐文明的社会。

4. 孔子的思想及现实意义

孔子思想包括其哲学思想、政治思想和教育思想。"仁"是孔子思想体系的核心,孔子对其有很多解释,但"仁爱"是其核心。从这一点出发,孔子主张以德治民,反对苛政。"仁"是孔子政治思想中最精华的部分,它对建立和谐的人际关系,对中华民族传统伦理道德的形成,产生了深远的影响。"礼"是孔子思想的另一重要组成部分,"礼"的实质是维护奴隶社会的等级秩序。孔子的社会历史观是发展的,他主张社会改良。

智趣素材

孔子"有教无类"的教育思想对我国古代文化教育的发展起到了积极作用。

（1）孔子强调"仁"、"礼"、"己所不欲,勿施于人"等思想,强调和谐人际关系的重要性,可以说是古代社会和谐思想的典范。在提倡和谐社会的今天,儒家思想对我们建设和谐社会仍然具有重大的意义,尤其是"己所不欲,勿施于人"与我们建设和谐社会有异曲同工之妙。

（2）孔子思想中"民无信不立"的诚信观念、"和而不同"的和谐思想、自强不息的进取精神、天下为公的政治信仰等思想精华,对于增强中华民族凝聚力,实现中华民族伟大复兴具有十分重要的现实意义和深远的历史意义。

（3）孔子的教育思想和教育方法,在今天也有着重要的借鉴意义。

5. 儒、法、道三家的主张及联系

（1）儒家提出德政、礼治和人治,强调道德感化。当国家稳定,步入正常轨道后,宜用儒家路线。儒家思想构成了传统文化中的人道主义精神。

法家提倡"一断手法",实行法治。在动荡年代宜用重典,实行全国大一统法家路线能收到奇效。法家思想成为历史进步思想家改革图强的理论武器。

道家提倡顺乎自然、"无为而治"。大动荡后,与民休息,恢复和发展生产,以道家路线为宜。道家思想,构成了封建传统思想中的哲学基础。

（2）儒、法、道三者有互补性,发展中表现出融合趋势。战国时荀子综合了法家和道家思想的积极合理成分,使儒家思想更能适应社会的需要。汉武帝时,董仲舒以儒学为基础,以法家为辅助,兼采道家的合理思想,奠定了中国封建统治思想的基本格局。

三者的综合,共同构建了中华民族传统文化的基本精神。

6. 董仲舒的新儒学

（1）含义:董仲舒以《公羊春秋》为基础,将阴阳家、黄老之学以及法家思想糅合到儒家思想中,并加以改造形成的具有时代特色的新的思想体系。

（2）背景:

①汉武帝时期,西汉国力强盛,汉初"无为"思想已不能适应汉武帝加强中央集权的需要。

②土地兼并、边境不宁、王国问题困扰着西汉统治者,西汉需要一种新的统治思想来维护封建统治。

（3）目的:给统治者披上神圣的外衣,以加强君权、维护专制统治。

（4）内容:

①提出了"天人合一"和"天人感应"学说,宣扬君权神授的政治思想。

②提出了"春秋大一统"和"罢黜百家,独尊儒术"的主张。

③还提出了"君为臣纲"、"父为子纲"、"夫为妻纲"和仁、义、礼、智、信五种为人处世的道德标准,被后人归纳为"三纲五常"。

（5）特点:新儒学以传统儒学为基础,以阴阳五行为框架,兼采诸子百家,具有神学色彩,其哲学思想的主流是唯心主义的。

（6）影响:

①"罢黜百家,独尊儒术"使儒学在政治上占据统治地位,有利于巩固中央集权和打击地方割据势力。

②从此儒学确立了在中国传统文化中的主流地位,不仅为封建统治者提供了意识形态上的理论支柱,而且对中国人的伦理观念及中国文化的发展具有深远影响。

7. 如何认识程朱理学是儒学的新发展

（1）程朱理学形成过程:自魏晋南北朝以来,儒学不断受到佛、道两教的冲击,在社会上的统治地位开始动摇。面对这种困境,唐宋一些儒学大师主张以儒学为本,吸收佛、道的有关思想,使儒学得到新发展。既继承孔孟治理国家的思想,又吸收利用佛、道对自然界和人生命运的解释,逐渐形成了一个以"理"或"天理"为核心的理论体系,因为宋朝的"二程"和朱熹对此贡献最大,因此被称为"程朱理学"。

（2）思想内容:

①从哲学上主张"理"是客观存在的,是世界的本原,是一种客观唯心主义观点;认为把握"理"的方法是"格物致知"。

②表现在社会伦理方面,"理"就是"三纲五常",是人们要遵守的社会规范。这是直接为统治者服务的。

③在人性与"天理"的关系上,主张"存天理,没人欲"。

（3）影响:在产生初期不为统治者重视,到了明朝开始确立了在思想界的统治地位,对社会发展产生了深远的影响,包括两方面:一方面对人的人格、气质、品行、立志、责任感等方面具有积极的影响,但另一方面它所规定的"三纲五常"等伦理道德规范是维护君主专制的工具,摧残、扼杀人性,压抑思想进步,消极影响是突出的。

8. 程朱理学与陆王心学的异同

（1）相同点:

①都是宋明理学的突出代表,都承认"理"的存在。

②实质都是以儒家的纲常伦理来约束社会,维护专制统治,遏制人的自然欲求。

（2）不同点:

①哲学类别不同:程朱理学认为"理是世界的本源","理"存在于客观事物中,是一种客观唯心主义思想。陆王心学认为心是天地万物的渊源。"心"即"理",是一种唯心主义思想。

②认识方法不同:程朱理学认为把握"理"要通过"格物致知"的方法。陆王心学提出"发明本心"以求理。

9. 明清进步思想的主要内容、特点及评价

清廷为何招回留美幼童

　　1872~1875年,大清政府每年遴选30名少年赴美留学,是为中国最早的官派留学生。不料进行到一半,留美幼童全部被政府强行召回。当时的导火索是美国一项不公道的外交政策。原来,留美幼童经十年刻苦学习,大多高中毕业,至少已有半数可升入大学。李鸿章希望这些留学生可进入美国陆海军学院学习西方军事,回国后成为大清国防的中坚人才。但美国政府允许日本留学生攻读美国军校,却不给中国学生同等待遇。李鸿章要求容闳与美方交涉。美国国务院回函,以极其轻蔑的口吻拒绝所请。其言辞是:美国大学没你们中国学生立足之地。加之当时清政府内部争论不断,"留美幼童",分三批"凄然回国"。

（1）主要内容：

①政治上：反对君主专制独裁，提倡"人民为主"。黄宗羲认为君主专制是天下之大害，提倡"法治"，强调衡量治理天下成功的标准应当是看广大百姓快乐与否。顾炎武也激烈反对君主专制，主张限制君权，提出亡国与亡天下的区别，认为"天下兴亡，匹夫有责"，鼓励人民关心国家大事。王夫之认为天下的土地不能为君主一人所有，而应当是从事农业的老百姓都有份。

②经济上：重视手工业、商业的发展，强调经世致用。黄宗羲驳斥轻视工商业的传统思想，指出工商业与农业一样，都是"民生之本"，应该受到保护。顾炎武、王夫之主张文人应多研究一些有关国计民生的现实问题，反对空谈。

③思想上：批判继承传统儒学，构筑具有时代特色的新思想体系。黄宗羲批判旧儒学的"君为臣纲"的思想，继承先秦儒学的民本思想，提出"天下为主，君为客"的新思想命题。顾炎武批判道学脱离实际的学风，提倡走出门户，到实践中求真知。王夫之批判理学先前宣扬的"天命论"和"生知论"，建立了超越前人的唯物主义体系。

（2）特点：

①反传统、反教条。

②反对君主专制制度。

③带有一定的民主色彩。

④反映了资本主义萌芽时代的要求。

（3）评价：

①积极影响：实事求是的治学方法开清代考证学术之风气，而立足现实、学以致用的观念开近代治学的良好风气；批判君主专制制度，提出种种限制君权的理论设想，对君主专制统治造成了强烈冲击，给后世民众以深刻启迪。

②局限性：并没有成为时代主流思想，对其所处时代产生的影响是有限的。作为地主阶级的儒家代表，仅仅反映了当时社会不公平不合理的现象，并没有解决实际问题。

特别提示：明清之际的反封建思想一定程度上反映了资本主义萌芽时代的要求，但这时期资本主义萌芽受到封建制度的阻碍，尚未产生新的阶级力量，并未突破封建思想的束缚，因而仅对封建专制有一定的冲击，所以不能等同于近代西方的启蒙思想。

10. 儒家思想的发展历程、地位及其原因

①春秋战国时期是儒家思想的创立和形成时期，儒家思想受到统治者的冷落。其原因在于"仁政"、"德治"，虽然有利于缓和社会矛盾，但在社会大变革、大动乱时代，其主张不能适应当时激烈的社会变革和争霸的需要。

②秦朝时，儒家思想受到压制。原因在于秦统一后，儒生站在了专制主义中央集权的对立面。

③汉代儒学的改造时期，儒学逐渐处于独尊地位。其原因在于董仲舒在继承先秦"仁""仁政"思想的基础上，增加了"大一统""天人感应"等新内容，对儒学思想进行了改造，适应了统治者加强专制主义中央集权的需要。

④宋明时期是儒学的转型和成熟时期，儒家思想的正统地位更加巩固。其原因在于经过朱熹、王阳明等人汲取佛、道的精神，儒家思想完成了理论化和思辨化的过程，从理学到心学，儒家思想更加适应统治者统治的需要。

⑤明清之际儒学地位受到挑战。其原因在于商品经济的发展，资本主义萌芽产生，工商业者阶层扩大，要求摆脱封建束缚，开始对儒学进行批判地继承。

11. 对儒家思想的综合认识

（1）对待儒家思想的正确态度：

第一，总的原则是既继承其中的精华，又要剔除其中的糟粕，批判和否定其中的消极因素。第二，要继承儒家传统文化中的宝贵遗产，如"齐家治国平天下"的历史责任感，"朝闻道，夕死可矣"的精神追求，安贫乐道的精神力量，它所宣扬的人道主义精神，坚毅的人格，积极的生活态度，爱民态度和仁爱意识，尊老、敬贤、敬师和见利思义的为人准则等。

（2）儒家思想的现代价值：

儒家思想所倡导的道德规范意识有利于培养现代公民意识；"大一统"思想有利于维护国家统一和安定团结；"以人为本"的治国思想有利于今天的政治建设；"和为贵"思想有利于和谐社会的构建；民本思想有利于"三农"问题的解决；"义利观"有利于社会主义市场经济的完善。

（3）儒家思想的世界影响：

儒家思想在世界上产生了广泛影响，成为中国文化的象征。儒家思想在日本、韩国、东南亚乃至欧洲影响巨大。

（4）儒家思想的消极方面：

作为维护封建专制的正统思想，它是封建文化的主体，它倡导的"三纲五常"的道德戒律，束缚了人们的意志和人格，导致保守、封闭的民族性格，不利于民主和科学精神的形成；它宣扬的封建礼教和束缚妇女的节律，其负面作用是明显的；它宣扬的等级制度，愚忠愚孝等更应抛弃，对这些落后的内容应该批判和否定。

知识结构梳理

一、"百家争鸣"局面的形成

1. 原因

（1）经济：井田制崩溃。

（2）政治：周王室衰微。

(3)社会观念：_____的社会地位提高,受到统治者的重视。

(4)文化教育:贵族垄断教育、学术的局面被打破,出现了私人讲学。

2. 流派代表

(1)道家学派:_____、庄子,主张"_____"。把世间万物都看作是相对的。

(2)儒家学派:孔子、_____和荀子。

(3)墨家学派:墨子,主张"兼爱""非攻""尚贤"。

(4)法家学派:_____,主张以法治国。

3. 意义

(1)形成了中国的传统文化体系。

(2)中国历史上第一次_____运动。

(3)奠定了中国思想文化发展的基础。

二、早期儒学

1. 孔子

(1)地位:春秋晚期,孔子创立_____学派,首创私人讲学。被后人尊称为"_____"。

(2)思想:①思想核心是"_____"。②政治上主张"德政",反对苛政。③主张"_____",使每个人的行为符合礼的要求。

(3)教育方面:主张"_____",打破了贵族垄断文化教育的局面,被后世尊称为"万世师表"。

2. 战国时期儒家代表

(1)孟子:①把孔子"仁"的思想发展为"_____",进一步提出"民贵君轻"的民本思想。②在伦理观上,主张"_____",通过实行仁政来扩充人的善性。

(2)荀子:①主张施政用"_____"和"_____",以德服人。②提出"君舟民水"论断,强调人民群众力量的巨大。③提出"_____",强调用礼乐来规范人的行为。

3. 影响:孔子创立儒家学派,孟子、荀子对儒家思想加以总结和改造,又吸收其他学派积极合理的成分,使儒学体系更加完整,更能适应社会的需要。战国后期,儒学发展成为诸子百家中的蔚然大宗。

三、"罢黜百家,独尊儒术"

1. 背景

(1)汉朝经过六十多年休养生息后,社会经济繁荣,国力强盛。

(2)社会潜伏着危机,诸侯国势力膨胀,土地兼并剧烈,匈奴为患等,为了加强中央集权的需要。

(3)_____曾三次参加汉武帝的"举贤良对策",受重用,改造儒学。

2. 董仲舒的新儒学主张

(1)针对加强中央集权的需要,提出"春秋大一统"和"罢

黜百家,_____"。

(2)针对加强君主专制的需要,宣扬"_____",提出"天人合一"和"天人感应"学说。

(3)为了巩固君权,维护统治秩序提出"_____"的为人处世的道德标准。

3. 汉武帝推行新儒学的举措

(1)全面肯定董仲舒的新儒学思想,起用儒学家参与国家大政,使儒学成为政府选拔人才、任官授爵的标准。

(2)儒家经典成为国家规定教科书,教育为儒家所垄断。

(3)兴办_____和建立地方教育系统,推广儒学,儒学在民间开始处于独尊的地位。

4. 影响

(1)儒家思想成为历代统治者推崇_____思想。

(2)儒家思想逐渐成为两千多年来中国传统文化的主流。

四、程朱理学

1. 背景

(1)魏晋南北朝时期,道教和佛教广为传播,儒学吸收__教、_____教的精神,有了新的发展。

(2)隋唐时期,儒学家提出了"_____"的主张,吸收了佛教、道教的理论,儒学有了进一步的发展。但佛教、道教开始挑战儒学的正统地位。

(3)北宋时,儒家学者展开了复兴儒学、抨击_____的活动,同时又融合佛道思想来解释儒家义理。

2. 内容

(1)二程的思想:①_____是宇宙万物的本原,万物只是一个_____。②把天理和_____直接联系起来,认为"人伦者,天理也","父子君臣,天下之定理"。③提出"_____"的认识论,认为"物皆有理"。

(2)朱熹的思想:①理之源在于_____,而天理就是作为道德规范的_____,人性本来与天理一致,强调"存天理,灭人欲"。②认为"物"指天理、人伦、圣言、世故。

3. 特征

(1)是儒、佛、道三家融合的产物。

(2)是更为理论化、思辨化的_____体系。

4. 评价

(1)适应了统治阶级的政治需要,成为南宋以后长期居于统治地位的官方哲学,有力地维护了封建专制统治。

(2)朱熹的学术思想还传及日本、朝鲜乃至欧洲;在日本和朝鲜,甚至形成"_____"学派。

五、陆王心学

1. 内容

(1)陆九渊的思想:①"_____"是宇宙万物的本原,"心"即"理"。②天地万物都在心中。③只需反省内心就可得到_____。

平遥古城墙下发现大型"防空洞",应为"文革"修筑

　　山西平遥县近日在对平遥古城墙进行日常维护时,发现一段城墙的墙体下藏有一个大型的"防空洞"。据当地文物部门初步勘察,"防空洞"位于古城下西门北部100米处,夯土墙体内侧有隐蔽洞口,距地面1米多高,沿洞口向下二三米后,"防空洞"依墙体呈南北方向,向南约有150多米,向北约有200多米,洞高2米左右,宽度不等,洞体均用砖砌。"防空洞"内还有多处侧洞,里面建有土炕等。"防空洞"是在特定历史条件下形成的用于军事防御的建筑,据初步推断,此次发现的"防空洞"修筑年代为20世纪60年代末至70年代初,应为"文革"修筑。

(2)王阳明的思想:①宣扬"心外无物""心外无理"的命题。②提出了"_____"和"_____"的学说。③特点:更多地吸取了佛教的"心外无佛,即心是否"的思想。

2. 影响:明朝中期以后,陆王心学得到广泛传播,对中国社会政治、文化教育及伦理道德都产生了深远影响。

六、明清之际活跃的儒家思想

1. 李贽的进步思想

(1)背景:①明朝后期,商品经济发展,资本主义萌芽开始出现,但统治者的重农抑商政策阻碍了商品经济的发展。②工商业者阶层队伍不断扩大,要求反对封建束缚,发展商品经济。③封建专制统治走向腐化,宋明理学日益僵化,扼杀人性,摧残人的思想。

(2)内容:①指出_____不是天生圣人,_____经典也不是神圣不可侵犯的理论,挑战封建正统思想地位。②抨击封建社会的传统观念,批判道学家的"存天理,灭人欲"的虚假说教。

(3)评价:李贽的思想具有鲜明的反封建色彩和战斗精神,推动了人们的思想解放,一定程度上反映了_____时期的要求。

2. 三大进步思想家

(1)黄宗羲:①对君主专制制度进行猛烈抨击,尖锐地揭露_____是天下之大害。②提出"天下为主,君为客"的民主思想,主张限制君权,保证人民的基本权利。

(2)顾炎武:①提倡_____的思想。②主张实践中求真知,力求解决国计民生的现实问题,写成《天下郡国利病书》。

(3)王夫之:①世界是_____的,一切事物都是客观存在的实体。②物质的发展变化有规律可循。③主观的认识是由客观对象引起的,一切事物通过考察研究都是可以认识的。④静止是相对的,运动是绝对的。

二年模拟训练

1. (2010年广州模拟)毛泽东说:"在阶级存在的条件之下,有多少阶级就有多少主义,甚至一个阶级的各集团中还各有各的主义。"该话揭示了春秋战国时期"百家争鸣"局面出现的主要因素是　　　　　　(　　)
   A. 周王室衰微,诸侯士大夫崛起
   B. "士"阶层受到各诸侯国统治者的重用
   C. 讲学风气盛行,私学兴起
   D. 井田制崩溃

2. (2010年南昌质检)孟子对孔子的思想主张加以继承和发展,以下说法正确的是　　　　　　(　　)
   ①把孔子"仁"的思想发展成为更系统的"仁政"思想 ②发展了孔子的"民本"思想,提出"民贵君轻"的思想 ③在孔子"性相近"观点基础上提出"性善论" ④发展了孔子"为政以德"的思想,提出施政用"仁义"和"王道","以德服人"
   A ①② 　　B ①②③ 　　C ①②④ 　　D ①②③④

3. (2010年临川模拟)从成语典故、日常生活用语"醍醐灌顶、修身养性、三纲五常"中能看出对中国传统文化有影响的是　　　　　　(　　)
   A. 佛教、道教、墨家
   B. 道教、墨家、儒家
   C. 佛教、儒家、墨家
   D. 佛教、道教、儒家

4. (2010年江苏)有人问程颐"寡妇贫苦无依,能不能再嫁"?他断然回答:"绝对不能。有些人怕冻死饿死,才用饥寒作为借口,要知道,饿死事小,失节事大"。下列哪位思想家的观点与其对立　　　　　　(　　)

　　　A. 李贽 　　　　　B. 顾炎武

　　　C. 黄宗羲 　　　　D. 王夫之

5. (2010年宁夏模拟)对明清之际思想界发展状况的认识正确的是　　　　　　(　　)
   A. 进步思想占据了主导地位
   B. 理学占据统治地位
   C. 进步思想在同落后思想的斗争中占据了上风
   D. 进步思想极大地推动了当时的社会变革

6. (温州市2010年高三第三次适应性测试)荀子曾提出"从道不从君"的观点,这表明荀子　　　　　　(　　)
   A. 认为天行有常,人道有为
   B. 把君臣关系置于"礼"这一最高原则下
   C. 反对君主实行专制统治
   D. 主张实行"仁政"和德治

7. (2010年泰兴市模拟)从春秋战国时期"百家争鸣"到西汉

时期"独尊儒术"的文化体制与思想局面的转变里,我们能够看到
①大一统局面的形成　②古代学术思想从合到分　③中国传统文化主流思想的确立　④中央集权的加强
A.①②③　　B.②③④　　C.①②④　　D.①③④

8.(2010年绍兴市高三教学质量调测12)"绝圣弃智,民利百倍;绝仁弃义,民复孝慈;绝巧弃利,盗贼无有。"又说:"甘其食,美其服,安其居,乐其俗。使民复结绳而用之。"这主要反映了先秦时期 　　(　)
A.孔子"仁"和"礼"的学说
B.庄子"齐物"的自由精神
C.老子"小国寡民"的思想
D.墨子"节用"、"兼爱"的主张

9.(宁波市2010年高三模拟考试卷14)"贤者举而上之,富而贵之,以为官长;不肖者抑而废之,贫而贱之,以为徒役"。这句话主要反映了中国古代时期的　　(　)
A.墨家思想　　　　　　B.儒家思想
C.道家思想　　　　　　D.法家思想

10.(2010年福建高考模拟)
北京师范大学于丹教授在2006年"十一"黄金假日央视百家讲坛连续七天解读《论语》心得,受到观众的热烈欢迎。这突出反映了当前人们对中国传统文化的关注。阅读下列材料,结合所学知识回答问题。

材料一　为政以德,譬如北辰,居其所而众星拱之,……子为政焉用杀?子欲善而民善也。夫仁者,己欲立而立人,己欲达而达人。己所不欲,勿施于人。
——引自《论语》
孔子说:"如果是面对着仁善,那么就是对老师也不要作谦让","善人治国一百年,可以消除残暴和杀戮了。""只要一心追求仁善,就不会有邪恶。"
——引自《何新论坛》

材料二　没有人因为知道了善而不向善的。唯有理智最为可贵。智慧意味着自知无知。无知即罪恶。德性即知识。
——苏格拉底
(1)孔子被后世称为"圣人",比他稍晚些的希腊思想家苏格拉底被马克思称为"哲学之父"。上述材料表明孔子与苏格拉底的思想主张有何不同?

材料三　"孔子这人,其实是自从死了以后,也总是当着'敲门砖'的差使的。自20世纪的开始以来,孔夫子的运气是很坏的,但到袁世凯时代,却又重新记得,不但恢

复了祭典,还做了古怪的祭服,使奉祀的人们穿起来。跟着这事而出现的便是帝制。然而那一道门终于没有敲开,袁氏在门外死掉了"。
——《鲁迅全集》
(2)你如何理解孔子死后,总是当着"敲门砖"的差使的?

(3)自20世纪开始以来,为什么"孔夫子的运气是很坏的"?

材料四　孔子学院在全球开设的速度,引发了世人包括中国人自己的惊奇。在不到两年的时间里,全球新增100多所孔子学院,覆盖了50多个国家和地区。到2010年,全球将建成500所孔子学院和孔子课堂。"现在已经不是我们要推广,而是各国的大学争着要办,挡都挡不住"。全世界孔子学院正以每4天诞生1所的速度增加。
——中国国家汉语国际推广领导小组办公室
(4)结合材料一和所学知识,说明孔子学院在全球广泛开设会对中国和世界的发展产生哪些积极影响?

11.(2011三明市五校联考)某中学历史兴趣小组以"传统文化的发展"为主题进行研究性学习,同学们搜集了很多相关材料。结合所学知识回答问题:
(1)"修身、齐家、治国、平天下"是儒家提倡的人生道路。请把与"修身"、"齐家"相对应的儒家名言的序号填在括号内。
修身:(　)　　　　齐家:(　)
①子曰:"今之孝者,是谓能养(供养、赡养)。至于犬马,皆能有养;不敬,何以别乎?"
②大道之行也,天下为公,选贤与能,讲信修睦。
③吾日三省吾身:为人谋而不忠乎?与朋友交而不信乎?
④道之以政,齐之以刑,民免而无耻;道之以德,齐之以礼,有耻且格。
⑤见贤思齐焉,见不贤而内自省也。
⑥大孝尊亲,其次弗辱,其下能养。

谚　语
立春之日雨淋淋,阴阴湿湿到清明。
晴雨看星光,满天星,明天晴。
春寒有雨夏寒晴,秋寒有雨冬寒晴。
春天有雨霜来早,春天无雨花落迟。
青蛙叫得响,必有大雨降。

材料一 "诸不在六艺之科孔子之术者,皆绝其道,勿使并进。邪辟之说灭息,然后统纪可一,而法度可明,民知所从矣。"

——《汉书·董仲舒传》

(2)据材料一,董仲舒提出了怎样的主张?这一主张对我国后世思想领域的影响是什么?

材料二 明清时期……面对理学的渐趋没落,一部分士大夫转而寻求新的思想理论,对程、朱理学提出了挑战,陆续出现了许多进步思想家,成为反理学的先驱。……他们倡扬民族气节,批判君主专制,反对空谈性理,向封建制度和宋明理学发起猛烈的攻击,提出了一系列具有启蒙思想的早期民主主义思想。

——《中国通史教程·古代卷》

(3)依据材料二,结合所学知识,概括进步思想家的主要主张。

材料三 至于三纲五常,为中国之大教,足下谓西夷无之矣,然考之则不然。东西律例,以法为宗。今按法国律例,民律第三百七十一条云:"凡一切子女,无论其人何等年岁,须于其父母有恭敬孝顺之心。"……第二百一十三条云:"凡为妇者,应为其夫者所管属。"

——康有为《与朱一新论学书》

(4)依据材料三和所学知识,分析资产阶级维新派对儒家思想的认识和目的。

(5)结合材料和所学知识谈谈儒家思想的历史地位和作用。

一年冲刺母题

【母题】 构建和谐社会是全国人民不懈追求的目标,而"以德治国"是我党反腐工作中强调的重要方针。阅读下列图片回答问题:

孔子　　　　　董仲舒

朱熹　　　　　顾炎武

(1)结合有关知识回答上述图片中的人物在治国方面的主张有哪些?他们的主张所反映的本质是否一致?为什么?

(2)图片中的人物思想主张有着继承与发展的特点,请简要说明之。

(3)今天我们所提倡的德治有何本质区别?

【解析】 儒家思想是中国封建社会的主流思想,某些思想内容如"仁者爱人"、"和谐人际关系"、"民本思想"等深深地影响着中华民族的价值取向,对于以德治国具有现实意义。本大题正是以此立意命题的。第(1)问主要考查学生对书本知识的掌握。第(2)问主要考查学生对所学知识的横向联系能力和归纳知识点的能力。第(3)问的设问把古今结合起来,很有时代新意。此问主要考查学生分析比较历史问题的能力,解答本题要注意从目的和时代背景方面进行分析。

【答案】 (1)孔子主张实行"仁"和"礼";董仲舒主张"大一统"、"天人感应";朱熹主张"存天理,灭人欲";顾炎武主张"经世致用"。

不一致。因为孔子主张维护奴隶制,董仲舒和朱熹主张维护封建统治,顾炎武抨击君主专制,反映了资本主义萌芽时代的要求。

(2)都继承了儒家的"仁政"和"民本"的思想。董仲舒增加了"大一统"、"天人感应"的思想,朱熹将儒学发展为理学,顾炎武着重对其弊端进行批判,提出"经世致用"、限制君主权力的种种主张。

(3)本质区别:①内容不同:儒家的德治是以"三纲五常"

为核心、以封建地主阶级道德为基本内容的;今天的德治是以社会主义道德和共产主义道德为基本内容的。

②代表利益不同:前者代表地主阶级利益,维护封建统治;后者代表广大人民的利益,维护社会主义的稳定与和谐。

【变题1】 阅读下列材料:

材料一 在董仲舒看来,天是百神大君,天具有仁义礼智信,皇帝是天的儿子。人间的一切都是天造就的。天按照自己的模样造就了人,人秉承天的意志长出了身体,这就是人符天数。天有三百六十六日,人有三百六十六节;天有十二个月,人骨有十二大节;天有五行,人有五脏;天有四季,人有四肢;天有昼夜,人有视暝。天地有上下之别,人间有尊卑之分。君为臣纲,父为子纲,夫为妻纲,这是合乎天道的伦理范畴。

材料二 朱子曰:“天人一物,内外一理,流通贯彻,初无间隔。若不得见,则虽生于天地间,而不知以为天地之理,虽有人之形貌,而亦不知所以为人之理矣。……天命之性,处处皆是,但只时守,先从自己身上寻起。” ——《续近思录》

材料三 “日变修德,月变省刑,星变结和。凡天变,过度乃占。国君强大,有德者昌;弱小,饰诈者亡。太上修德,其次修政,其次修救,其次修禳,正下无之。” ——《史记·天官书》

材料四 “大天而思之,孰与物畜而制之! 从天而颂之,孰与制天命而用之! 望时而待之,孰与应时而使之!”

——《荀子·天论》

请回答:

(1)材料一和材料二论述的共同思想是什么?

(2)请结合当时的时代背景,谈谈在材料一中董仲舒为什么要提出这种思想?

(3)材料二又是怎样论述这种思想的?

(4)结合材料三、四,你认为我们应该怎样看待这种学说?

【变题2】 研究性学习是新课程下所倡导的一种理念和有效的学习方式。阅读下列材料,试以研究性学习的方式来探究一下有关中国古代传统思想文化主流演变的问题。

李中华、张文定编著的《论中国传统文化》中指出:源远流长的传统思想文化是维系中华民族达几千年的重要精神支柱。中国传统文化作为一种文化遗传因素,深深融入中国现代生活的各个领域,发挥着积极或消极的双重作用。……中国传统文化在现代生活中的意义主要有:

第一,中国传统文化对中国社会思想文化具有整合价值。中国传统文化中蕴含的“文化中国”、“大一统”、“兼容天下”、“爱国主义”等观念,构成中华民族凝聚力和向心力的主要内容。正是民族凝聚力和向心力的形成和发展,增强了中国人的共识,形成了民族文化认同感,传统文化成为人们共同意识和自觉奉行的原则。

第二,传统文化是中国经济增长的潜在动力。以儒家文化为核心的中国传统道德文化是一种作为现代经济之树成长的土壤,蕴含着促进中国经济增长的潜在因素和动力。

第三,中国传统文化是塑造公民现代人格的精神资源。中国传统道德文化是一种大伦理观。其“天人合一”思想为建立现代的生态伦理、协调人与自然关系提供了丰富的思想资料。“天人合一”的思想是建立在深厚的伦理道德基础之上的。

请回答:

(1)若要研究“古代中国(公元前6～公元前1世纪)传统思想文化的形成发展历程”这个课题,你将选择哪些材料?请你说出选择的主要理由。

(2)有人认为“宋明理学强化了礼教,起到了束缚思想的不良作用”,他持这种观点的最主要依据是什么?

(3)“传统文化对现代生活观念的引导价值”、“现代中国年轻人的许多精神追求是继承和发扬了儒家传统文化中的宝贵遗产”,试结合自己的实际举一例予以说明。

(4)试依据材料和结合当前中国特色社会主义建设中热点问题谈谈儒家思想的现代价值。

第2单元 西方人文精神的起源及其发展

考纲解读导航

考试内容

1. 西方人文主义思想的起源
(1)"人是万物的尺度"
(2)"美德即知识"
(3)柏拉图和亚里士多德
2. 文艺复兴和宗教改革
(1)意大利的资本主义萌芽
(2)文艺复兴
(3)宗教改革
3. 启蒙运动
(1)理性时代的到来

(2)法国的启蒙思想家
(3)启蒙运动的扩展

能力要求

1. 了解古代希腊智者学派和苏格拉底等人对人的价值的阐述,理解人文精神的内涵。

2. 掌握意大利文艺复兴运动的社会根源、核心思想;了解薄伽丘等人的主要作品和马丁·路德等人的主要思想,认识文艺复兴和宗教改革时期人文主义的含义;掌握启蒙运动产生的社会背景,核心思想。

3. 简述孟德斯鸠、伏尔泰、卢梭、康德等启蒙思想家的观点,概括启蒙运动对人文主义思想的发展。

三年高考命题

1. (2009 年北京文综高考)文艺复兴和启蒙运动为近代欧洲的发展奠定了思想基础,对二者的共同点表述正确的是 ( )
   A. 反对宗教神学,强调三权分立
   B. 反对封建制度,倡导人民主权
   C. 反对蒙昧迷信,推崇人的理性
   D. 反对君主专制,主张君主立宪

2. (2009 年高考广东单科)古希腊人将神塑造为生动逼真的人的形象,这在一定程度上体现了古希腊的 ( )
   A. 民主思想   B. 无神论思想
   C. 科学思想   D. 人文主义思想

3. (2009 年高考广东单科)18 世纪北美殖民地的宗教大觉醒运动中有一种思想:上帝使人有理性,并希望人在追求真理中运用这一理性。这种思想 ( )
   A. 促成欧洲宗教改革运动的兴起
   B. 旨在消除教会在北美殖民地的影响
   C. 借上帝的神权压制人文主义思想
   D. 有助于激发北美人民反抗殖民统治

4. (2009 年高考广东文科基础)对美国人设计政府结构影响最大的思想家是 ( )

A. 康德   B. 伏尔泰   C. 卢梭   D. 孟德斯鸠

5. (2009 年高考江苏单科)文艺复兴、宗教改革和启蒙运动的相同点是 ( )
   A. 崇尚理性和科学的结合
   B. 批判罗马天主教的愚昧统治
   C. 坚持国家权力高于教会
   D. 设计了未来理想的社会制度

6. (2009 年福建文综高考)"我们全都是希腊人。我们的法律、我们的文学、我们的宗教,根源皆在希腊。"英国浪漫主义诗人雪莱这句话强调的是 ( )
   A. 英国人是古代希腊人的后裔
   B. 英国文化缺乏原创性
   C. 希腊文明对西方文明影响深远
   D. 近代西方法律、文学与宗教之间存在内在联系

7. (2009 年高考四川文综)哥白尼说虽被后来的科学发展所扬弃,但人们仍然视其为一场"革命"。这是因为它 ( )
   A. 撼动了中世纪神学基础,显示了挑战权威的态度
   B. 开创了近代实验科学,提出了研究自然的新方法
   C. 概括了宇宙运动规律,指引了人类认识自然的方向
   D. 开辟了天文学新领域,标志着近代自然科学的形成

8. (2009年高考上海文综)随着文明社会的发展,人类的联系日益紧密,彼此影响。根据所学知识,完成下列连线。

人类成果	历史源流
三权分立制度·	·工业革命
法国民法典·	·印度佛教
龙门石窟·	·罗马法
飞机·	·法国启蒙思想

9. (2009年高考海南单科)对英王查理一世的审判与处死是英国革命中的重大事件。布拉德肖法官曾在法庭上向查理一世宣示:"在国王和他的人民之间存在一个契约协定……这就好像一条纽带,纽带的一头是君主对国民应尽的保护义务,另一头是国民对君主应尽的义务。先生,一旦这条纽带被切断,那么只能说,别了,君主统治!"上述材料表明,布拉德肖比法国启蒙思想家更早提出了 (　　)
   A. 君主立宪的观点　　　　　B. 革命权利的学说
   C. 社会契约的理念　　　　　D. 天赋人权的思想

10. (2009年高考海南单科)19世纪的法国思想家托克维尔说:"世界上没有哪一个国家比美国更多地运用18世纪哲学家在政治问题上的种种最大胆的学说。"托克维尔此处所说的"最大胆学说"的提出者是 (　　)
   A. 孟德斯鸠　B. 狄德罗　C. 洛克　D. 伏尔泰

11. (2008年广东文科基础)下列有关16世纪宗教改革的说法中,正确的是 (　　)
   A. 宗教改革运动与文艺复兴运动没有关联
   B. 宗教改革运动受到所有世俗贵族的镇压
   C. 宗教改革家与启蒙思想家都抨击宗教愚昧
   D. 宗教改革家认为教徒自己可以通过信仰得救

12. (2008年全国文综二)马基雅维利提出:"确立某种秩序的唯一途径……就是建立一个君主制的政府;因为在那些人民已经彻底堕落、法律毫无约束力的地方,必须确立某种至高无上的权力。通过这种权力,以一双高贵的手,以充分的专断的力量,才有可能控制那些权势之人过分的野心和腐败。"这表明,马基雅维利认为 (　　)
   A. 君主制是摆脱无序状态的必然选择
   B. 君主制是有序状态下的最理想政权
   C. 君主的统治神圣而高贵
   D. 君主的统治必须合乎道德

13. (2008年广东单科)15世纪,意大利人开始用各种地方性通俗语言文字翻译拉丁文《圣经》,这一现象说明 (　　)
   A. 天主教会已经放松思想控制
   B. 宗教改革在意大利已经有了较大的影响
   C. 人文主义思想在意大利兴起
   D. 通俗语言文字取代拉丁文成为官方文字

14. (2008年海南单科)文艺复兴时期,有的人文主义者提出:精通古典即可成为上帝造物中的最优秀者。这表明他们强调对古典的学习和研究 (　　)
   A. 只是与人的世俗生活相关
   B. 只是与人的宗教生活相关
   C. 可以显著提升个人的素质
   D. 须符合对古典的传统阐释

15. (2008年海南单科)亚里士多德曾将城邦的政治机构划分为三部分:"其一为有关城邦一般公务的议事机能;其二为行政机能部分……其三为审判机能。"在这方面与他最相似的启蒙思想家是 (　　)
   A. 洛克　　B. 孟德斯鸠　　C. 伏尔泰　　D. 卢梭

16. (2008年上海综合)宗教改革前,关于教皇和皇帝的权力,有这样一种形象的比喻:教皇是太阳,皇帝是月亮;宗教改革发生,人们换了一种说法:上帝的归上帝,恺撒(泛指皇帝)的归恺撒。这种认识的改变反映了 (　　)
   A. 教皇和皇帝的权力一直是平等的
   B. 教皇的权力在上升,皇帝的权力在下降
   C. 教皇的权力始终大于皇帝的权力
   D. 皇帝的权力在上升,教皇的权力在下降

17. (2008年上海综合)伊拉克战争给美、伊人民都带来了深重灾难。不久前,美国著名的"反战母亲"强烈要求美国众议院议长启动法律程序弹劾总统。学生小明对此很感兴趣,想进一步了解西方三权分立模式的理论渊源,为此,你建议他阅读 (　　)
   A.《论法的精神》　　　　　B.《人权宣言》
   C.《权利法案》　　　　　　D.《独立宣言》

18. (2008年广东理科基础)卢梭、伏尔泰和孟德斯鸠都反对 (　　)
   A. 君主制　　　　　　　　　B. 君主专制
   C. 共和制　　　　　　　　　D. 君主立宪制

19. (2008年山东文综)文艺复兴时期,人文主义者从古典文化中汲取精神力量,铸成了反对神学桎梏的武器。以下最契合人文主义核心内涵的古希腊名言是 (　　)
   A. 求知是人类的本性
   B. 心灵美比形体美更珍贵
   C. 人的出类拔萃为城邦增加的荣耀可以超过神
   D. 健康和聪明是人生的两大幸福

20. 阅读下列材料:
   材料一　政治上的自由是公共自由,要保障公共自由,就应该避免把权力单独委托给一个人、几个人或少数人,因为一切有权力的人都容易滥用权力,这是万古不易的一条经验。为此,提出一条原则,要防止滥用权力,就必须用权力来约束权力,形成一种能联合各种权力的机制,其中各种权力既调节配

合，又相互制约，即权力要分开掌握和使用。
　　——孟德斯鸠《罗马盛衰原因论》
　　材料二　难道农民的儿子生来颈上带着圈，而贵族的儿子生来在腿上带着踢马刺吗？……一切享有各种天然能力的人，显然是平等的。……除了法律以外，不依赖任何别的东西，这就是自由人。　　——《伏尔泰语录》
　　材料三　人人享有自由平等的权利而不论其出身。人们应自由订立社会契约，组成国家。社会中应有"共同意志"，人人遵守。社会契约就是共同意志的体现，代表所有人的权利与自由。这是至高无上的人民主权，不可侵犯，不得转让，不受限制，不准分割。为维护这一主权，必须使人人在法律面前一律平等，……政府官员只是人民委派的工作人员，不享有主权。人们在行使自由权时，绝不允许损害他人的自由，否则他自身也就不自由了。这时，共同意志就要通过法律手段制裁他，"强迫他自由"。　　——卢梭《社会契约论》
　　请回答：
　　(1)归纳材料一所体现的思想，并指出这一思想的历史影响。

　　(2)材料二体现了什么思想？有何进步意义？

　　(3)根据材料三，卢梭在国家学说、人权学说、法治学说诸方面，各提出了什么主张？

　　(4)在"自由"这个问题上，材料二与材料一、三各侧重什么？

一、整体感知

　　学习本单元，首先要把握一条线索：从智者学派到启蒙思想所贯穿的人文主义光芒，人文精神的产生、复兴发展和成熟三个阶段及其所对应的三次思想解放运动。其次要突出四个重点：一是智者学派的形成、观点、意义与苏格拉底的思想、意义；二是文艺复兴兴起的背景、主要人物及其思想、实质与意义、影响；三是宗教改革的背景、过程、实质与意义；四是启蒙运

动产生的背景、主要人物及其思想、实质与意义。最后要明确一个观点：西方的人文精神是以往人类文明所创造的最为宝贵的精神财富，它是衡量社会文明程度的重要指标。

二、各个击破

　　1. 对智者学派的全面认识
　　(1)含义：公元前5世纪～公元前4世纪希腊的一批收徒取酬的职业教师的统称。由于智者能言善辩及晚期智者的堕于诡辩，因而智者在历史上又成为诡辩论者的同义语。
　　(2)原因：
　　①自然条件优越，对外交流频繁，文化多元化的特点，有利于思想活跃。
　　②古希腊工商业经济的发达，有利于古希腊人自由、独立的公民意识的形成。
　　③古希腊推行的民主政治制度，使公民可以充分独立自由地表达自己的思想。
　　④先哲们不懈追求、勇于思辨，且善于继承发展前人的思想成果。
　　(3)特点：
　　①专业性，他们多是知识渊博、才能出众的专业教师。
　　②能言善辩，智者经常使用各式各样狡辩的语言和方法。
　　③对雅典民众的思想启蒙和解放起了积极作用。
　　(4)认识：
　　①智者在许多知识领域都是大胆的探索者，他们的思想也非常深刻。他们将希腊人以往对自然界和宇宙的关注与探索转移到人类社会和人类主体上，开始了用人的眼光去观察世界的有益尝试，并从自己的新方法中得出与以往不同的结论。
　　②其启蒙作用在于使古代西方人对自然、社会、国家、政治、法律、道德、人类社会的形式和规则，以及人的价值和人在世界中的地位与作用的认识更加合理了。
　　(5)评价：
　　①积极：智者学派是希腊社会发展的产物，他们的思想对雅典民众的思想启蒙和解放起了积极的作用，是西方思想史上人文主义精神的最初体现；强调人作为认识客观事物的主体的意义，否定了神或命运等超自然的力量对社会、人生的作用，树立了人的尊严。
　　②消极：智者学派过分强调个人的主观感觉，忽视了人们认识的共同性，认为没有是非之别，这样的思想方法给主观随意性和极端个人主义打开了方便之门。
　　2. 对"人是万物的尺度"的理解
　　(1)这句名言以承认事物的客观存在与运动发展为基础，认为判断是非善恶的标准，只能是个人的感觉，把社会或国家理解为个人的选择。
　　(2)每个人各有自己的需求，都是万物的尺度，于是当人们意见出现分歧时，就没有可依据的客观真理来评判是非。

(3)"人是万物的尺度"蕴涵着丰富的人文主义精神,肯定了人的价值和作用,为雅典当时的民主制提供了理论根据;以"人"为研究中心,是对西方人文主义思想的最初体现,为近代人文主义的诞生奠定了基础。

3. 智者学派和苏格拉底思想的相同点和不同点

苏格拉底的思想与智者学派既有相同的地方,又有不同的方面。

(1)同:苏格拉底和智者学派都认为人类应当把探究的问题放在人生的幸福和伦理道德问题方面,以突出人类在社会生活中的地位。研究人类,反思人类自己,体现了人文主义思想。

(2)异:智者学派主张"人是万物的尺度""所有人都是平等的"。而苏格拉底则与此不同,他支持寡头政治,反对过激的民主政治,对伯利克里时期民主制的繁荣不以为然,这反映出其独特的社会观察角度;同时他提倡善良的道德,即道德就是知识(知德合一)的伦理思想。

4. 东西方两位哲人孔子与苏格拉底的比较

(1)相同点:

①从所处时代上看,孔子和苏格拉底都处于奴隶制时代。

②从探究主题上看,二者都把人类及人类生存的环境作为研究对象。

③从主张上看,二者都注重研究人,关心人的伦理道德,提倡教化人民,改善人的灵魂;都绽放出人文主义的光芒。

④从影响上看,二者在东西方思想文化发展史上占有重要地位,成为东西方思想文明的杰出代表。

(2)不同点:

①具体的背景不同:孔子处于奴隶社会的末期,分封制崩溃,奴隶社会走向瓦解时期;苏格拉底生活在雅典民主制盛行时期。

②具体主张、目的不同:孔子强调"仁",主张恢复"周礼",其目的是维护和挽救正在衰落的奴隶制度;苏格拉底倡导"有思想力的人是万物的尺度",希望重新建立人们的道德价值观念,以挽救衰颓中的城邦制度。

③具体影响不同:孔子提出"仁"的学说,创立了儒家学派,为儒家思想的形成发展奠定了基础;苏格拉底重点研究人,将人引入哲学领域,重视对人性本身的研究,使哲学真正成为一门研究"人"的学问。

5. 希腊先哲们的思想是西方人文精神的起源

(1)自然哲学家的研究。他们运用自己的智慧去探究自然的奥秘,打破传统的束缚,标志着古代西方人的觉醒。

(2)智者学派把讨论的重点从认识自然转移到认识社会上,提倡怀疑精神,强调人的价值,构成了古希腊人文精神的基本内涵。

(3)苏格拉底使哲学真正成为一门研究"人"的学问,对探索知识和自由的理性精神的崇尚与追求,对后世西方哲学产生了深远的影响。

(4)亚里士多德使哲学真正成为一门独立的学科,把古希腊哲学智慧与好学深思的理性精神发展到顶峰,给后人留下了一笔丰厚的文化遗产。

希腊先哲们的思想对西方人文精神的发展起了不可估量的作用,成为西方人文精神的起源。

6. 对人文主义的全面认识

(1)含义:认为人及人的价值具有首要意义,把人作为衡量一切事物的标准,重视人的自由意志和利益,强调个人的价值和人的优越性。人文主义是新兴资产阶级的思想体系,代表新兴资产阶级的思想家,称为人文主义者。

(2)基本思想:

①提倡以"人"为中心,反对以"神"为中心,以"人性"反对"神性",以"人权"反对"神权"。

②以理性和科学反对蒙昧主义和神秘主义。对社会和人进行理性思考,提倡个性自由和个性解放。

(3)特点:

①重视现世生活,藐视关于来世或天堂的虚无缥缈的神话,因而追求物质幸福,反对宗教禁欲主义。

②主张人的求知欲和追根究底的探求精神,发挥人们的聪明才智及创造潜能,反对消极的、无所作为的人生态度。

③文学艺术上表达人的真实感情,反对虚伪造作,欣赏新的文学艺术和新文化的表现形式。

④重视科学实验,反对经验论。

⑤强调发展个性,反对宗教禁锢人性。

⑥以人为中心,强调个人"才能"和自我奋斗,赞扬英雄史观,表现了乐观主义精神。

(4)评价:

①人文主义者一般都强烈要求国家统一,反对分裂,对于建立民族统一集权的国家,有过积极贡献。

②提倡以"人"为中心,反对以"神"为中心,对于解放人的思想、争取自由平等起了很大的促进作用。

③人文主义者是资产阶级思想家,他们虽然反对封建教会,却并不反对上帝。他们的思想、观点以及作品的题材和内容还受宗教的束缚。他们所争取的只是资产阶级的自由、平等和权利,追求的是确立资产阶级的生活方式。

特别提示:人文主义是一种思想态度,它认为人及人的价值具有首要意义。人文主义以人为衡量一切事物的标准,它重视人的自由意志和利益,强调个人的价值和人对自然界的优越性。

古代希腊智者学派的基本主张和苏格拉底的基本思想观点,体现古代希腊思想家对"人"的重视,是西方早期人文精神的萌芽。

7. 文艺复兴的实质和影响

175

（1）实质：

文艺复兴是 14 世纪至 17 世纪在欧洲发生的思想文化运动。从表面上看，文艺复兴是复兴希腊、罗马古典文化的运动。实际上，文艺复兴在很大程度上是一种创新，是新兴资产阶级反封建斗争在意识形态领域的反映。文艺复兴是欧洲新兴资产阶级在文学、艺术、哲学、自然科学以及政治学、法学、历史学等领域开展的一场新思想、新文化的革命运动。文艺复兴运动的兴起以资本主义经济的萌芽为前提，以反封建、反教会斗争为主要内容，反映了新兴资产阶级的要求。

（2）影响：

①思想方面，文艺复兴冲破了基督教神学的桎梏，唤醒了人的自我意识，高扬了为创造现世幸福而奋斗的精神，为后来启蒙思想的出现打下了基础。

②社会制度方面，为资本主义制度的胜利和发展开辟了道路。

③文学艺术方面，文艺复兴时期众多的精湛艺术成为人类艺术史上的绚烂篇章，永放光芒。

④自然科学方面，提倡科学实验、注重实践，催生了近代自然科学。

8. 宗教改革时期的人文精神

（1）信仰得救和"先定论"，彻底否定教皇和罗马教会的至上权威，肯定了个人在宗教信仰中的主体地位和作用，具有鲜明的个人自由和个性解放的人文主义色彩。

（2）《圣经》和个人内在信仰的权威否定教会特权和等级制度，确立了个人宗教信仰平等的权利。加尔文教更进一步否定专制王权，为近代资产阶级革命提供了意识形态依据。

（3）马丁·路德要求建立独立自主的德意志民族教会，主张世俗权利高于神权，实际上是把人文主义关于民族自由的理想进一步推向政治现实。

（4）宗教改革的最大影响在于，成功运用了人文主义的世俗精神创造出新教伦理，把人的心灵从罪的折磨、来世拯救和教廷束缚中解脱出来，使世俗生活与世俗人生焕发出勃勃生机。马丁·路德以"一切有用的职业都是侍奉神"，赋予世俗工作以神圣和宗教的意义；加尔文教积极进取和事业成功作为实现上帝所赋予的先定使命，成为近代资产阶级进取精神的源泉。

特别提示：宗教改革只是一次宗教形式的改革，实际上也是对人文主义精神的进一步发展。高考对这部分内容的考查重视对宗教改革主张、作用的命题，考查学生获取历史信息、分析判断历史问题的能力。

9. 文艺复兴和宗教改革的异同点

（1）相同点：

①产生的时代背景和社会条件相同，都是在西欧封建制度衰亡、资本主义萌芽和发展的历史年代。

②它们都具有反封建的性质，并把矛头对准了天主教会。

③两者都向古代寻求和吸取养料，人文主义者借助的是古典文化，马丁·路德借助了《圣经》中的原始教义。

④都波及西欧的广大地区。

⑤都促进了人们思想的解放和近代文化的繁荣。

（2）不同点：

①采取的斗争形式不同。文艺复兴借助复兴古典文化的形式进行；宗教改革借助宗教"异端"的形式进行，把斗争矛头直指罗马天主教会。

②兴起和开展的范围不同。文艺复兴首先从意大利开始，主要在思想文化领域里开展和进行；宗教改革首先从德国开始，它是一场社会各阶层都参加的社会运动。

③产生的作用不同。文艺复兴把人们从宗教的束缚中解放出来，促进了近代自然科学的产生；宗教改革在思想和社会领域里都扫荡了封建势力，在改革过程中产生的新教思想还为以后的资产阶级革命提供了思想武器。

10. 法国能够成为欧洲启蒙运动中心的原因

这是由法国特殊的历史条件所决定的，是法国社会矛盾和阶级矛盾特别尖锐的产物。

（1）法国是欧洲各国中封建统治最顽固、最反动的堡垒。法国社会中第三等级与特权等级之间的矛盾特别尖锐，封建制度的危机空前严重，这就为启蒙运动的出现提供了社会基础。

（2）随着法国资本主义经济的发展，新兴资产阶级力量日益强大，形成了一批既有经济实力，又有文化教养的新兴阶级代表，为启蒙运动的掀起提供了阶级基础。

（3）教权势力的顽固和疯狂迫使新兴阶级的思想家抛开宗教外衣，投向公开的理性宣传，而近代科学的兴起和英国资产阶级革命的成功，则为启蒙运动的兴起提供了科学依据和理论实践经验，从而使法国成为欧洲启蒙运动的中心。

11. 文艺复兴和启蒙运动的比较

（1）相同点：

①都注重了人的价值，都是资产阶级反封建的思想。

②都为资产阶级取得政治、经济上的统治地位作了思想准备。

③都推动了近代科学的发展。

（2）不同点：

①时间和时代背景不同：文艺复兴发生在 14 世纪~16 世纪，此时资本主义生产关系萌芽，新兴资产阶级形成，封建教会神学统治着人民；启蒙运动发生在 17 世纪~18 世纪，资本主义经济发展，工场手工业得到了较大发展，资产阶级壮大，欧洲各国封建君主的改革强化了专制主义。

②兴起和发展历程不同：文艺复兴兴起于意大利，后扩展到西欧，启蒙运动起源于英国，后以法国为中心，波及到了欧洲，并影响了全世界。

智趣素材

③方式不同:文艺复兴借助于古希腊罗马文化,借用宗教的外衣;启蒙运动则通过提出无神论思想,摆脱了宗教束缚,公开向宗教神学挑战。

④领域和核心不同:文艺复兴集中在文艺领域,其核心是人文主义;启蒙运动则主要在思想政治领域,其核心是理性主义。

⑤内容上的侧重点不同,文艺复兴的核心就是肯定人的价值和尊严,要求以"人"为中心而非以"神"为中心,重视现世生活,追求自由、幸福和物质享受,反对基督教的来世观念和禁欲主义。而启蒙运动呼唤理性的阳光,批判专制主义教权主义和封建特权;追求政治民主、权利平等和个人自由为资本主义社会确立了一套政治构想。

⑥影响不同:启蒙运动所起的思想解放作用更大,为资产阶级革命作的思想准备更直接、更深入。

12. 明清之际反封建思想与欧洲启蒙思想的不同

(1)从产生条件上看:欧洲的启蒙思想产生时,资本主义经济有了长足发展,资产阶级力量不断壮大,欧洲进入了早期资产阶级革命时代,封建统治受到极大地动摇;而中国虽然产生资本主义萌芽,但封建制度仍然具有生命力,压制着资本主义萌芽发展,尚未形成资产阶级力量,在中国占统治地位的仍然是自给自足的自然经济。

(2)从思想体系上看:欧洲启蒙思想以理性主义为核心,提倡政治上的民主,反对封建专制王权和封建神权,追求自由、平等的民主,并为资本主义设计了一套政治方案,形成了完整的理论体系。中国的反封建思想虽然反对专制王权,但尚未突破封建思想的束缚,对封建正统思想主张批判地继承,对未来社会的设计没有跳出中国古代理想化的明君加贤臣的统治模式。

(3)从思想产生的影响上看:欧洲启蒙思想彻底地批判王权和神学思想,为欧美的资产阶级革命作了充分的思想动员;中国的反封建思想仅对当时的封建专制有一定的冲击,未能动摇封建统治的理论基础。

13. 文艺复兴、宗教改革、启蒙运动对天主教的态度

文艺复兴、宗教改革、启蒙运动针对垄断西欧政治、经济、文化的天主教会,以人文主义精神为思想武器进行斗争,由于资本主义发展程度和人们的思想解放程度的阶段差异,在三次运动中,资产阶级对天主教的态度有所不同。

(1)文艺复兴时期:由于天主教神权统治欧洲已有千年之久,由于资本主义处于萌芽阶段,当时资产阶级还没有成熟的思想体系,只能借助于古希腊罗马的人文主义思想来表达自己的思想,通过宗教题材揭露教会的腐朽和黑暗。这时的思想家在一定程度上认识并揭露教会的腐朽和罪恶,但并未放弃宗教,而是要求宗教世俗化、人性化,简言之,文艺复兴时期的思想家反对的是天主教神学的蒙昧主义和禁欲主义,并没有放弃宗教信仰,他们对教会势力持和解的态度,不愿走上宗教改革的道路。

(2)宗教改革时期:由于文艺复兴对人文主义的弘扬,使人们的思想得到解放,动摇了天主教会的神学权威,宗教改革由文艺复兴时期的批判天主教神学转向直接与教会教皇进行斗争。这一时期的斗争主要是反对天主教会的宗教特权,提倡人的解放,宣扬王权高于教权。不仅使人们从罗马天主教会的精神枷锁中解放出来,而且许多国家也建立了不受天主教控制的本国教会,摧毁了天主教会的精神独裁。这一时期反对天主教的斗争采用披着宗教外衣的形式,但并没有抛弃宗教神学思想。

(3)启蒙运动时期:18世纪由于欧洲资本主义的发展,资产阶级的力量强大起来,由于自然科学领域取得了许多成就,教会的许多说教不攻自破,教会的权威越来越受质疑。这一时期的启蒙思想家抛开了宗教外衣,提出了无神论思想,公开向宗教神学宣战,引导人们由迷信上帝转向崇尚自然,实际上要打倒天主教会的世俗权威,否定教权,他们倡导建立一个符合理性、人性的社会,天主教会遭到了前所未有的打击。

14. 西方人文主义思想的发展历程

历程	标志事件	主 要 贡 献	地 位 和 作 用
起源	智者运动	从认识自然转移到重点认识社会,强调人的价值、人的决定作用	实际上是古代雅典民主制度发展的产物,是近代人文思想的起源
形成	文艺复兴	以人为中心,肯定人的价值与尊严,强调"人性",提倡人的解放和自由	促进了人们思想的解放与近代自然科学的产生和发展,标志着人文主义形成
发展	宗教改革	否定罗马教皇的权力,反对天主教的等级观念,提倡个人宗教信仰的自由	打击了西欧的封建势力,摧毁了天主教的精神统治,发展了人文主义思想
高峰	启蒙运动	高举理性主义的旗帜,反对专制和迷信;提倡科学、自由、平等,反对特权等级;主张实行法治;对未来社会进行了设想	把反封建斗争推进到反封建专制制度上来,使人文主义发展到高峰。为资产阶级革命的改革做了舆论准备,成为人类追求自由、平等的精神武器

要从全人类的高度来研究发展问题。我们欢迎发达国家继续发展,但是发达国家的继续发展不能建立在众多发展中国家继续贫困的基础上。

——邓小平

知识结构梳理

一、人文主义思想的起源

1. 智者学派

（1）背景：①古希腊奴隶制经济的繁荣为古希腊人文主义思想的兴起奠定了物质基础。②古希腊_____发展到顶峰，人在社会中的地位日益突出。③有些学者的研究越来越关注"人"本身。

（2）代表人物：普罗泰格拉。

（3）主要观点：①以人和_____为探索的主题，研究人类，反思人类自己。②特别强调人的价值，提出"人是万物的尺度"的论断。③反对迷信，强调_____，认为一切制度、法律和道德都是人为的产物。④在社会道德方面，主张每个人都应该有自己的判断标准，不应该强求一律。

（4）意义：①推动了雅典民众思想的启蒙和解放。②是西方近代人文主义思想的起源。

2. 苏格拉底等哲学家的思想

（1）苏格拉底：①主张：认为人应具备美德，美德来自于知识，提出"美德即知识"的思想。提出善是人的内在灵魂，指出_____的重要性。②评价：使哲学真正成为一门研究"人"的学问，对后世产生了深远影响。

（2）柏拉图：①主张：根据智慧品德，把每个人明确分工，各司其职，鼓励人们独立理性思考。②意义：为理性主义的发展奠定了基础。

（3）亚里士多德：①主张：关注自然界和人类生活，强调在整个自然界中，人类是最高级的。②在很多学术领域取得了卓越的成就，成为古希腊最博学的人。

二、文艺复兴

1. 背景

（1）经济：十四五世纪，意大利一些工商业城市出现了_____。

（2）政治：新兴资产阶级希望创造财富，追求现世的享乐。

（3）文化：意大利人接触到古代_____文化遗存和文化典籍。

2. 实质：一场资产阶级性质的思想解放运动。

3. 核心：_____，主张以人为中心而不是以神为中心，要求肯定人的_____和尊严。

4. 成就

（1）"文学三杰"：①薄伽丘的《_____》，抨击了封建道德和教会的禁欲思想，宣传人类平等，主张发展人的个性。②_____的长诗《神曲》对教会的丑恶现象表示了憎恶。③_____的代表作是《歌集》，他最早提出要以"人的学问"代替"_____的学问"，被称为"_____"。

（2）艺术：达·芬奇等艺术大师创作了许多杰出作品，一扫中世纪的呆板拘谨的宗教气息。

5. 影响

（1）16世纪以后，文艺复兴从意大利传播到_____其他国家，在许多方面取得突出成就。

（2）越来越多的人从封建愚昧中解放出来，开始更多地关注人及人生活的世界。

三、宗教改革

1. 背景

（1）在资本主义发展、_____的影响下，人们要求改革教会的愿望日趋强烈。

（2）天主教会在_____势力很大。

（3）罗马教皇以筹资修缮教堂为名，出售_____。

2. 开始：1517年，马丁·路德贴出"_____"，拉开了宗教改革的序幕。

3. 主要主张

（1）认为只要有虔诚的信仰，灵魂便可以获得拯救，无需购买_____。

（2）每个基督徒都有直接阅读和解释《_____》的权利。

4. 影响

（1）在欧洲形成了新教，除路德派外，还有_____和_____。新教主张简化宗教仪式，否定_____的权威，坚持国家权力高于教会。

（2）开始打破对_____的迷信，解放了思想。

四、启蒙运动

1. 背景

（1）在文艺复兴运动的推动下，_____取得很大进展，进一步挑战了罗马教皇的权威。

（2）随着资本主义的大发展，新兴资产阶级要求摆脱_____统治和_____压迫的愿望日益强烈。

（3）17世纪，英国出现了早期启蒙思想，为以_____为中心的启蒙运动发展奠定了基础。

2. 性质：欧洲资产阶级反封建的思想解放运动。

3. 核心："_____"，即指人自己思考，运用自己的智力去认识、判断和理解事物的能力。

4. 代表、主张及作品

（1）伏尔泰：①猛烈抨击_____，称教皇为"两足禽兽"。②反对君主专制，倡导_____制。③提倡"_____"，主张法律面前人人平等。④代表作有《哲学通信》《路易十四时代》等。

（2）孟德斯鸠：①反对君主专制，提出了"_____"学说。

詹天佑

詹天佑(1861—1919)，字眷诚，广东南海人，祖籍江西婺源，是中国首位铁路工程师，负责修建了京张铁路等工程，有"中国铁路之父"、"中国近代工程之父"之称。

詹天佑从事铁路事业三十多年，几乎和当时我国的每一条铁路都有不同程度的关系。到晚年，因积劳成疾，不幸于1919年病逝。周恩来同志曾高度评价詹天佑的功绩，说他是"中国人的光荣"。

智趣素材

②认为国家的法律不能违背人的理性,法律应当是_____的体现。③孟德斯鸠学说否定了封建专制制度的合理性。代表作是《_____》。

（3）卢梭:①提出"天赋人权"和"_____"思想。②提出"_____"学说。③认为人类不平等的根源是财产的私有。④代表作是《_____》。

（4）康德:①认为启蒙运动的核心就是人应该自己_____,理性判断。②强调人的重要性,相信主权属于人民。③主张自由和平等是人生来就有的权利,但自由和平等只能在_____范围之内。④代表作是《_____》。

5. 影响

（1）进一步解放了人们的思想,冲击着欧洲的_____统治。

（2）为法国_____作了充分的思想动员。

（3）启蒙运动的影响超出了_____范围,成为人们追求解放的精神武器。

二年模拟训练

1. (2010年泰兴市模拟)2010年是马丁·路德宗教改革493周年。当年马丁·路德在"九十五条论纲"中阐述了基督徒有权读《圣经》和理解《圣经》,人人都可以直接与上帝沟通,这种思想的社会效果是　　　　(　　)

A. 将人们从宗教迷信中解放出来

B. 从神学角度论证了人的自由和独立性

C. 动摇了上帝在人们心中的地位

D. 使基督徒实现了人人平等

2. (2010年安溪、德化联考)"既然已经认识上帝的意思,就不需要问别人"。这反映了马丁·路德的主要思想是　　　　　　　　　　　　　　(　　)

A. 极力反对教会神学　　B. 信仰即可得救

C. 主张简化宗教仪式　　D. 主张因行称义

3. (2010年泰兴市模拟)文艺复兴、宗教改革、启蒙运动是西欧向近代社会迈进时期发生的三次重大思想解放潮流。它们在历史作用上的一致性的主要表现不包括　(　　)

A. 发展了人文主义　　B. 冲击了天主教会的束缚

C. 抨击了封建制度　　D. 否定宗教作用

4. (2010年粤北九校模拟)古希腊一位哲人说:"在这个世界上,除了阳光、空气、水和笑容,我们还需要什么呢!"、"智慧意味着自知无知"、"知道得越多,才知道得越少"。这位哲人是　　　　　　　　　　　　　　(　　)

A. 普罗塔哥拉　　　B. 苏格拉底

C. 柏拉图　　　　　D. 亚里士多德

5. (2010年南京模拟)古希腊诗人西摩尼得斯的《德行》诗:"有个故事说,德行/住在难攀登的高山/由纯洁女神们掩护/凡人眼睛看不见/除非从心底流出血汗/求知,智慧,向善/才能登上这人性之巅。"下列人物的思想与诗人最为契合的是　　　　　　　　　　(　　)

A. 普罗塔格拉　　　B. 苏格拉底

C. 梭伦　　　　　　D. 彼特拉克

6. (2010年镇江模拟)马丁·路德在《致德意志贵族书》中说:"世俗权力是受上帝的委托来惩治奸邪,保护善良的。因

此,我们应当让世俗政权在整个基督教世界中执行它的职务,不要加以任何阻碍。无论什么人,不管他是教皇、主教、传教士,或是修士、修女,世俗权力都有权来管他。"这句话的含义是　　　　　　　　　　　　　　　(　　)

A. 教会权力应高于世俗权力

B. 世俗权力受教皇的委托

C. 教会权力只受上帝的制约

D. 世俗权力应高于教会的权力

7. (2010年江苏模拟)智者学派代表人物普罗泰格拉提出"人是万物的尺度"。据此判断:他认为国家治理好坏的标准应该是　　　　　　　　　　　　(　　)

A. 是否对人有利和符合人性

B. 是否民主和强盛

C. 是否人人都遵守习俗和法律

D. 是否由"哲学王"来做统治者

8. (2010年梅州、揭阳高三联考)苏格拉底坐牢时,听到有一犯人在唱一首歌,就向他求教。唱歌的犯人很吃惊:"您就要被处决了,为什么还要学唱新歌呢?"苏格拉底回答说:"这样我死的时候就会多一首新歌。"这体现了苏格拉底的什么思想　　　　　　　　　　　(　　)

A. 人是万物的尺度　　B. 认识你自己

C. 知识即美德　　　　D. 吾爱吾师,吾尤爱真理

9. (2010年黄埭中学高三自测)18世纪英国诗人雪莱曾写道:"我们的法律、文学、宗教和艺术都起源于希腊。如果没有希腊,我们现在还可能蒙昧、无知,与野人无异。"雪莱认为希腊文明与近代文明之间的关系是　　　　(　　)

A. 希腊人创造出的法学体系沿用至今

B. 近代西方文明复原了古希腊文化

C. 希腊文化完全涵盖了近代西方文明

D. 希腊文明是近代西方文明的源头

10. (2011年福建单科模拟)孟德斯鸠和卢梭是18世纪法国启蒙运动的代表人物,他们共同的政治主张是　　(　　)

A. 君主立宪　　　　　B. 民主自由

C.信仰得救　　　　　D.三权分立

11.(2010年惠州模拟)对文艺复兴中人文主义思想的准确理解是 （ ）

A.反对神权和神学世界观

B.强调人性至上,反对宗教信仰

C.肯定人的价值,强调个性发展

D.提倡个人奋斗,鼓励发展私有制

12.(2010年惠州模拟)将声乐与器乐结合,开创交响乐新形式的是 （ ）

A,海顿　　B.莫扎特　　C.贝多芬　　D.德彪西

13.(2010年金华模拟)罗素说:"几乎所有现代世界与古代世界之间的区别,都得归功于在17世纪取得最辉煌成就的科学。""17世纪取得最辉煌成就的科学"指的是 （ ）

A.经典力学　　　　B.生物进化论

C.量子理论　　　　D.相对论

14.(2010年广东四市模拟)从公元前490年到公元前322年,雅典大约有一半左右政治家(包括伯里克利)都不同程度地受到群众的惩罚,大部分控告的起因只是因为作战失利。为此,柏拉图提出了一个发人深省的问题:"如果你病了,你是召集民众为你治病呢?还是去找医术精湛的大夫呢?"材料表明 （ ）

A.伯里克利、柏拉图等代表精英贵族,仇视群众

B.公元前4世纪后雅典政治腐败,阶级矛盾激化

C.群体决策的感情用事可能影响民主政治的质量

D.雅典民主既体现了人民主权也保护了城邦利益

15.(2010年南通模拟)恩格斯曾经高度赞扬一部作品:"它汇集了法国社会的全部历史,我从这里,甚至在经济细节方面所学到的东西,也要比从当时所有职业的历史学家、经济学家和统计学家那里学到的东西还要多。"这部作品是 （ ）

A.《巴黎圣母院》　　B.《人间喜剧》

C.《红与黑》　　　　D.《约翰·克利斯朵夫》

16.万物的存在与否,事物的形态性质,全在于人的感觉;一阵风吹过,有人觉得冷,有人觉得凉爽,难受与惬意,全在于人的感觉。上述材料说明了 （ ）

A.人是万物的尺度　　B.知识即美德

C.认识你自己　　　　D.人人生而平等

17.(2010年苏州模拟)阅读下列材料:

材料一

图1帕特农神庙遗址　图2罗马大斗兽场遗址　图3万神殿

材料二 从罗马艺术发展的历程看,由于起步远逊于希腊艺术文化,所以,罗马的建筑艺术深受希腊文化的影响。罗马建筑艺术完全承袭了希腊建筑艺术,无论是建筑艺术的取材、题材、风格和哲学思想等。

——《历史材料与解析》

材料三 罗马艺术的成就在于既保存了希腊的艺术成就,又发扬光大、丰富充实了希腊文化形式,并形成自己的特点。

——《历史材料与解析》

请回答:

(1)指出材料一中图1和图2所示建筑物在建筑艺术中的地位。

(2)你如何看待材料二、三中的观点?并根据材料一和所学知识证实你的看法。

一年冲刺母题

【母题】 孔子、柏拉图、亚里士多德分别是屹立于东西方的思想文化巨人,其思想都对世界产生了巨大影响。阅读下列材料,结合所学知识回答下列问题:

材料一 齐景公问政于孔子,孔子对曰"君君、臣臣、父父、子子。"公曰:"善哉!"季康子问政于孔子曰:"如杀无道以就有道,何如?"孔子对曰"子为政,焉用杀?子欲善而民善矣。君子之德风,小人之德草,草上之风必偃。"

——《论语·为政》

材料二 除非哲学家变成了我们的国王……而把那些只搞政治而不研究哲学和只研究哲学而不搞政治的人排斥出去,否则我们的国家就永远不得安宁……正义就是占有自己的东西而干自己的事情。国家的正义在于三种人各做各的事情。

——柏拉图

材料三 最好先讨论普遍的善,看看争论到底在哪里。尽管这种讨论有点使人为难,因为理念的学说是我们尊敬的人提出来的。不过作为一个哲学家,较好的选择应该是维护真理而牺牲个人的友情,二者都是我们所珍爱的,但人的责任却要我们更尊重真理。

——亚里士多德《尼各马科论理学》

请回答:

(1)依据材料一,概括孔子的主要政治观点。

(2)依据材料二指出哲学家与政治家的关系,并结合所学知识指出柏拉图心中的政治目标是什么?

(3)材料二中的"三种人"分别是谁?试指出柏拉图心中国家和谐的前提是什么?

(4)材料三体现了亚里士多德对恩师的态度,你从中得到怎样的启示?

【解析】 本题重在考查学生对同时期的东西方思想家的思想的了解。第(1)问根据材料概括出孔子的核心思想;第(2)问从材料中可得出政治与哲学之间的关系是相互联系的,再通过所学知识回忆柏拉图的主张;第(3)问是书本知识,较容易;第(4)问学生应该首先对亚里士多德和柏拉图的关系有所了解。

【答案】 (1)观点:强调"礼",主张贵贱有序的等级观念;提倡"仁",主张以德治民。

(2)关系:政治家首先应是哲学家。(或:国家统治者应该由哲学家来承担;或:哲学家王)目标:建立理想国。

(3)三种人指护国者、卫国者、生产者。前提:三种人各安其位、各司其职。

(4)启示:既要把老师当成是良师益友,又要独立思考,善于创新。

【变题1】 阅读下列材料:

材料一 启蒙运动就是人类脱离自己所加之于自己的不成熟状态。不成熟状态就是不经别人的引导,就对运用自己的理智无能为力。……要有勇气运用你自己的理智!这就是启蒙运动的口号。

——康德

材料二 (启蒙思想家们)不承认任何外界的权威,不管这种权威是什么样的。宗教、自然观、社会、国家制度,一切都受到了最无情的批判;……从今以后,迷信、偏私、特权和压迫,必将为永恒的真理、为永恒的正义、为基于自然的平等和不可剥夺的人权所排挤。

——恩格斯

材料三 如果我仅仅考虑强力,以及强力所得出的效果,我就要说:当人民被迫服从而服从时,他们做得对;但是一旦人民可以摆脱自己身上的桎梏而摆脱它时,他们就做得更对。因为人民既是根据别人剥夺他的自由所根据的那种同样的权利来恢复自己的自由,所以人民有理由重新获得自由的,否则别人当初夺去他的自由就不毫无根据的了。社会秩序乃是为其他一切权利提供了基础的一项神圣权利。然而这项权利绝不是出诸自然的,而是建立在约定之上的。

——《社会契约论》

材料四 如果立法权与行政权掌握在一个机关手中的话,那么颁布法律的机关同时也执行法律,这样一来就不会严格遵守法律中的规定,就会破坏法律,国家就将落到暴政下面,而专制制度的弊害就在这里。如果在一个机构中同时集中司法权和行政权,那么也将同样流于专制。那时法官将成为压迫者,因为他既是法律监督者,又是法律执行者。同样的,如果司法权与立法权集中于一个机构,法官在判决案件时,将不会严格遵守法律,因为法律就是自己制定的,他可以改变法律的内容。

——刘祚昌、王觉非《世界史·近代史编》

材料五 参考书目

书 名	作 者	出版社
《中国近代思想史论》	李泽厚	人民出版社
《文艺复兴史纲》	陈小川	人民大学出版社
《法国革命史》	马迪厄	商务印书馆

请回答:

(1)结合以上材料概括启蒙运动时期人文精神的含义。

军阀绰号趣闻

孙传芳的绰号是"笑虎将军"。表面笑容可掬,实质心狠手辣。1925年,孙传芳与奉军作战时,俘虏了对方的前敌总指挥施从滨。施当时已70高龄,见到孙传芳时,还向他行了军礼。孙传芳满脸笑容地握着施从滨的手说:"施老,你好啊,你不是来当安徽督办的吗?那就马上上去上任吧。"谁知,施从滨还没到车站,就被枪杀了。山东军阀张宗昌的绰号是"狗肉将军"。张宗昌嗜赌,当地人称玩骨牌九叫"吃狗肉",张宗昌赌时常要无赖。参赌的多是他的下级,不敢得罪他,只好背后骂他"狗肉将军"。张宗昌还有一个绰号叫"三不将军"。一不知自己有多少兵,二不知自己有多少钱,三不知自己有多少老婆。

(2)材料三、四是否可以作为研究启蒙运动的史料？结合材料内容说明其理由。

(3)作为资料，你认为材料三和材料四哪个史学价值更大？为什么？

(4)如果要对上述历史事件作进一步的研究，在材料五所列书目中你倾向于选择哪一部？说明你的理由。

【变题2】　阅读下列材料：

材料一　彼特拉克在诗里控诉罗马教廷是"万端诡计的熔炉，阴暗的牢房；善良在那里凋谢，邪恶在那里滋长。"他倡导以"人的学问"来对抗"神的学问"。

材料二　一切权利属于人民，当人民的权利被篡夺并被应用来压迫和奴役人民时，人民完全有权利举行起义，有权利用暴力来消灭篡权者。

——卢梭《社会契约论》

材料三　孔子者，历代帝王专制之护符也。宪法者，现代国民自由证券也。……今以专制护符之孔子入于自由证券之宪法，则其宪法将为萌芽专制之宪法，非为润育自由之宪法也……此专制复活之先声也。

——1917年李大钊《孔子与宪法》

请回答：

(1)材料一和材料二各反映了什么思想？思想的本质特征是什么？

(2)材料三体现了作者什么思想主张？他是在什么样的背景下提出的？

(3)以上三则材料所反映的思想有什么联系？

(4)分别指出材料一、二、三的作者在思想领域里的地位。

第3单元　古代中国的科学技术与文学艺术

考纲解读导航

 考试内容

1. 古代中国的发明和发现。
(1) 四大发明
(2)《九章算术》和珠算
(3)《石氏星表》和浑仪
(4)《授时历》和四大农书
(5)《伤寒杂病论》和《本草纲目》
2. 辉煌灿烂的文学。
(1) 从《诗经》到唐诗
(2) 宋词和元曲
(3) 明清小说
3. 充满魅力的书画和戏曲艺术。

(1) 汉字与书法艺术
(2) 笔墨丹青中国画
(3) 京剧的出现
4. 中国传统文化的过去、现在与未来

能力要求

1. 概述古代中国的科技成就,认识中国科技发明对世界文明发展的贡献。
2. 概述汉字、绘画起源和演变的进程,了解中国书画的基本特征和发展脉络。
3. 知道《诗经》、楚辞、汉赋、唐诗、宋词、元曲、明清小说等文学成就,了解中国古代不同时期的文学特色。
4. 了解京剧等剧种产生和发展的历程,说明其艺术成就。

三年高考命题

1. (2009 年全国文综一) 南朝秀美灵动,北朝刚健雄浑,南北文化共同孕育了唐代文化的新气象。以下最能体现南方文化特征的是 　　　　　　　(　　)
A. 初唐书法
B. 秦王破阵曲
C. 飞天壁画
D. 唐三彩

2. (2009 年高考广东单科) 下列文献中,有较多反映西周时期平民社会生活内容的是 　　　　(　　)
A.《老子》
B.《甲骨卜辞》
C.《楚辞》
D.《诗经》

3. (2009 年高考广东文科基础) 下列"考"字,最有可能出现在秦朝官方文献中的是 　　　　(　　)

A　　　　B　　　　C　　　　D

4. (2009 年高考山东基本能力测试) 活字印刷术的发明大大促进了书籍的发展,下列左侧是繁体"书"字,其活字应该是 　　　　　　　(　　)

A　　　B　　　C　　　D

5. (2009 年高考浙江文综) 隶书是中国书法的五种主要字体之一,它 　　　　　　(　　)
A. 源于殷商时期的甲骨文和金文
B. 始于秦朝,李斯以此字体书写了《秦始皇廿六年诏铭》
C. 变化最为丰富,最能表现书法写意性
D. 常用于书写古代官方文书,故又称正书

6. (2009 年高考浙江文综) 中国古代生产和科技在不断进步中,中外交流也十分频繁。下列说法中错误的是 (　　)
A. 耕作技术大体经历了从"刀耕火种"到耦犁、一牛挽犁的发展过程
B. 纺织原料使用的先后顺序是麻和葛、家蚕丝、棉花
C. 指南针在明清时期经由海路传入阿拉伯
D. 印刷术经由波斯传到西方

7. (2009 年高考浙江文综) 随着计算机信息技术的进步,一些图书馆的纸质历史文献已经以电子文本的形式提供。历史地看待这一现象应该是 (　　)

智趣素材

冯玉祥给吴佩孚祝寿

1923 年春,吴佩孚 50 岁生辰,各方显要人物来祝寿者达六七百人之多。连前清廷摄政王载沣也来凑热闹,并送上"大内"珍玩为寿礼。吴佩孚看后十分喜爱,回赠万元致谢。还有因变法名噪一时的康有为,这时也想拉拢吴佩孚支持自己的主张,为吴佩孚祝寿时献上亲手撰写的寿联:"牧野鹰扬,百岁勋名才半纪;洛阳虎视,八方风雨会中州。"当时,第三军总司令冯玉祥秉性耿介,不随流俗,政治上有自己的见解,治军也自有方,因而不受吴佩孚喜欢,而冯玉祥对吴佩孚也不驯服,更不阿谀奉承。祝寿时,冯玉祥不满吴佩孚的铺张和一些人的攀附,竟送上清水一坛当作寿礼,还当众大讲:"君子之交淡如水",弄得吴佩孚哭笑不得,好不尴尬。

A. 现代发明比古代发明更为重要

B. 造纸术的发明已经失去历史意义

C. 历史文献不应该采用时髦的电子文本

D. 不论是纸质文本,还是电子文本,《论语》终究还是《论语》

8. (2009 年安徽文综高考)西方学者查尔斯·默里在《文明的解析》一书中以下图表示公元 600~1800 年中国绘画的发展状况,约每 200 年间出现一个高峰。处于该图第一个高峰期的著名画家是　　　　　　(　　)

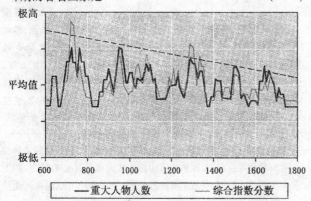

━━重大人物人数　　　━━综合指数分数

A. 顾恺之　　　　　　B. 吴道子

C. 张择端　　　　　　D. 郑板桥

9. (2009 年高考四川文综)下面两图是甘肃嘉峪关、酒泉一带魏晋古墓中发现的以庖厨为题材的彩绘墓砖。这两幅图　　　　　　(　　)

A. 反映了魏晋时期当地民族构成情况

B. 证实了魏晋时期男女劳动分工状况

C. 展现了魏晋时期当地动物养殖状况

D. 有助于了解魏晋时期饮食生活状况

10. (2009 年高考四川文综)明末文人袁宏道说,江南地区出版业繁荣,不少书籍"原板未行,翻刻踵布"与这一现象直接相关的因素是当时　　　　　　(　　)

① 商品经济繁荣　　② 市民文学兴盛　　③ 印刷工艺提高

④ 专制政治强化

A. ①②③　　　　　　B. ①②④

C. ①③④　　　　　　D. ②③④

11. (2009 年高考上海单科)史书有不同的体裁,不同的体裁又有不同的特征。纪传体史书的特征是　　　　(　　)

A. 以事件为中心

B. 以人物为中心

C. 以年代为中心

D. 以制度为中心

12. (2008 年海南单科)京剧是我国国粹,它主要是由　(　　)

A. 元杂剧发展而来的

B. 北京地方剧种演化而成的

C. 流行于北方的剧种融合而成的

D. 南方一些剧种传入北京后融合而成的

13. (2008 年上海)有一部断代体史书,首创"志"的体裁,经两代人合作完成。这部书是　　　　　　　　(　　)

A.《史记》　　　　　　B.《三国志》

C.《汉书》　　　　　　D.《资治通鉴》

14. (2008 年海南单科)下列各项中,最早记载番薯(甘薯)传入我国的文献是　　　　　　　　(　　)

A.《齐民要术》

B.《农书》

C.《农政全书》

D.《四洲志》

15. (2008 年广东理科基础)中国古代文学作品的主流表达形式从诗、词转变到散曲、小说。这反映了　　(　　)

A. 自然经济缓慢解体

B. 城市经济逐渐繁荣

C. 中央集权不断加强

D. 儒家地位逐步提高

16. (2010 年福建文综卷)下表中的日文写法主要仿自中国某种书法字体。唐代擅长这一书体的书法家是　(　　)

平假名	あ	い	う	え	お	か	き	く	け	こ

A. 王羲之　　　　　　B. 颜真卿

C. 柳公权　　　　　　D. 怀素

17. (2008 年江苏)平六国后,秦始皇"一法度、衡石、丈尺。车同轨,书同文字"。其中"书同文字"是指把以下哪种字体作为全国统一的官方书体　　　　　(　　)

　　A　　　　　B　　　　　C　　　　　D

18. (2009 年高考海南单科)根据材料与所学知识回答问题。

　　材料一　江南地广,或火耕水耨。民食鱼稻,以渔猎山伐为业……饮食还给,不忧冻饿,亦亡千金之家。信巫鬼,重淫祀。

　　　　　　　　　　　　　　　——《汉书·地理志下》

　　材料二　江南川泽沃衍,有海陆之饶,珍异所聚,故商贾并凑。前人君子尚礼,庸庶敦庞,故风俗澄清。而道教

（按:指儒家礼教)隆洽,亦其风气所尚也。

———《隋书·地理志下》

材料三　隋炀帝命编著全国各地风俗,编写者"以吴人为东夷"。隋炀帝加以怒责,并称:"昔汉末三方鼎立,大吴之国,以称人物……自平陈之后,硕学通儒,文人才子,莫非彼至。"　　　　———摘编自《太平御览》

(1)根据上述材料,概括指出汉代至隋代"江南"发生的变化。

	造纸术	印刷术	指南针	火药
中国	有利于中国古代文化事业的发展和古典文化的保存	有利于文化的传播和发展	早期有利于中国航海事业的发展,但后来却成为迷信活动的工具	我国是世界上最早发明火药、使用火药武器的国家,后来火药成为搞迷信、敬鬼神所使用的工具
西方	造纸术经阿拉伯人传到欧洲,纸张取代了羊皮纸和小牛皮纸,促进了欧洲文化的发展	推动了文艺复兴运动和宗教改革,促进了人们的思想解放和社会进步	指南针的使用,促进了远洋航行,迎来了地理大发现的时代	火药传播到欧洲,推动了欧洲火药武器的发展,帮助欧洲资产阶级战胜封建贵族
认识	四大发明是中国成为世界文明古国的重要标志,但后来却没有转化为生产力,这影响了中国古代向近代社会的转型;四大发明传入欧洲,促进了欧洲社会的进步,推动了欧洲从封建社会向近代社会的转型			

(2)列举两位魏晋南北朝时期南方有代表性的"文人才子"。

复习攻略

一、整体感知

古代中国的发明和发现长期领先世界,影响深远,对世界文明发展和进步贡献卓著;明清之际逐渐衰落,没有产生近代科学。中国古代科技应用性强,研究方法上缺少实验,注重传统经验的总结。

中国古代辉煌灿烂的文学体裁和形式多样,特色各具,流派纷呈。在世界文学宝库中占有重要地位。发展渐趋平民化。

中国汉字演变由繁到简,并成为一门艺术,书法艺术具有审美和实用功能。中国古代绘画艺术类型多样,各具特点,其艺术思想主要是"以形写神"的写意特点。中国古代"书画同源",具有鲜明的艺术特征。

中国戏曲历史悠久,剧种繁多。自元杂剧,中国戏曲开始走向成熟,京剧体现了戏曲南北交融、走向世界的趋势。

二、各个击破

1. 四大发明在中国和西方的作用和影响

2. 北宋时期活字印刷术、指南针和火药得以产生的社会条件和这些伟大发明未得以充分利用的根本原因

(1)条件:

①北宋时期封建经济在唐代的基础上获得进一步发展,推动了我国传统科技的发展,使伟大的发明在当时取得了突破性的进展。

②北宋文化的繁荣对印刷业提出了新要求,促进了毕昇发明活字印刷术。

③唐代以来海上贸易和造船业得到了很大的发展,这使得指南针在北宋时被用于航海。

④北宋时,民族政权并立,战争不断,这促进了火药的发展。

(2)未得以充分利用的原因:这是由腐朽的封建制度和落后的经济发展水平造成的。

3. 全面认识中国古代科技的发展

(1)特点:

①在科技思想上,注重实践,讲究天人合一,尊重自然。

②在科技内容上,应用性强,对事物发展规律探索不够。

③在研究方法上,主要采用传统的典籍管理与经验总结法。

④在科技使用上,主要服务于封建农业经济的发展,遏制了科技有效地转化为生产力。

(2)明代以前辉煌的原因:

①国家的统一和社会的稳定为科技的发展提供了社会条件。

②古代劳动人民的辛勤劳动、封建经济的发展,为科技的发展提供了物质条件。

③国家的支持、高度集中的中央集权制度对科技的发展起特别重要的作用。

④封建教育的发展,思想观念的进步,为科技的发展提供了人才。

⑤国家实行开放的政策,鼓励对外交往,国内各民族间的经济文化交流不断。

⑥为"农本"思想服务的科技,如天文历法、医学、数学等受到统治者的重视。

4.明清时期走向衰落的原因

(1)自给自足的封建经济占统治地位,限制了生产力的发展,使科技的发展缺乏足够的动力。

(2)封建统治者推行的"重农抑商"政策与后期的"闭关锁国"政策,阻碍了资本主义萌芽的发展,阻碍了中外经济文化的交流。

(3)中国古代君主专制的空前加强,以儒学为主的教育内容,文化专制统治的肆虐,使人们对中国古代科技缺乏足够的重视,同时也缺乏足够的人才。

(4)中国古代日益腐朽的封建制度导致了中国古代科技在16世纪以后走向衰落。

5.《诗经》在我国文学史上具有怎样的独特地位

(1)《诗经》开创了中国诗歌的现实主义优良传统,为后代现实主义的诗歌提供了范例。

(2)赋、比、兴三种艺术表现手法为历代诗人不断学习和发展,成为我国诗歌创作上所特有的民族艺术特色。

(3)《诗经》中民歌作品的巨大成就,确立了民间文学在文学史上的崇高地位,这就有力地启发和推动了后世作家重视劳动人民的创造,向民间文学作品学习。

6.唐朝时期,诗歌繁荣的原因

某一社会的观念形态是这一社会政治、经济的反映。唐朝诗歌的繁荣是唐代政治、经济发展的产物。

(1)诗是中国古代最早发展起来的一种文学体裁。它在唐朝以前的发展已有近两千多年的历史,积累了丰富的艺术经验。

(2)唐代社会经济高度繁荣,这是一切文学艺术发展的基础,为诗歌的发展准备了物质条件。

(3)唐朝前期的政治清明,也是唐诗繁荣的重要因素。

(4)科举制度的实施是唐诗繁荣的直接原因。以诗赋取士的科举制,打破了魏晋以来的九品中正制和士族垄断仕途的政治局面,在客观上起了导向作用,推动了诗歌的普及和提高,形成了重视诗歌、爱好诗歌的社会风尚。

(5)唐朝政府较为开明的文化政策,也有利于诗歌的发展。

(6)庶族地主阶层力量的不断增强为诗歌的繁荣奠定了阶级基础。各种文学艺术的发展,对诗歌的繁荣也产生了一定影响。

(7)唐诗的繁荣还有诗歌自身的不断发展和演变的原因。

(8)民族交往和融合、中外交往频繁,给唐诗带来了更多的新内容、新形式,极大地推动了唐诗的兴盛。

7.宋词繁荣的原因及特点

(1)原因:

①两宋商业的发展、城市的繁荣,是宋词兴盛的物质基础。

②市民阶层的扩大,生活水平的提高,要求有更丰富的文化娱乐生活。

③两宋社会矛盾尖锐,文学家用词更能表达自己的思想感情。

(2)特点:

①词是一种新的诗歌体裁,起源于民间,又称"长短句",可以灵活自如地表达情感,并可配乐演唱;但也并非随意,其格式也有讲究,有很多词牌是讲究格式的,如《水调歌头》、《永遇乐》、《卜算子》等。

②从风格上,宋词一般分为豪放派和婉约派。豪放派的代表人物主要是北宋的苏轼、南宋的辛弃疾,其词作气宇昂扬、声势宏伟、激人向上,特别是辛弃疾的词有一种远大的政治抱负和社会历史责任感;婉约派代表人物主要是两宋之际的李清照,其词作尽述悲欢离合,语言婉转、委婉、含蓄等。

8.明清小说繁荣的原因及特点

(1)原因:

① 素材来源:中国古代悠久的历史文化和明清时期腐朽的封建礼教、科举制等为明清小说的创作提供了丰富的文学素材。另外,一些神仙方术、迷信、佛教等思想以及各种历史人物的轶闻琐事也是小说素材的来源。

② 物质基础:城市经济的发展,市民阶层队伍的扩大。人们的社会生活日益丰富。

③ 社会基础:商品经济的发展,使市民阶层追逐物质利益和个性解放自由的观念增强,对文化作品的需求进一步通俗化。

④ 内在因素:小说在语言的使用、完整表述及故事性方面具有独到的优势。小说体例在经历了唐代传奇、宋元话本以后,已日趋成熟。

⑤ 客观因素:印刷术不断完善,书坊迅速发展。

⑥ 主观因素:作者丰富的生活阅历、知识水平,对社会生活的深刻观察也是明清小说繁荣的重要原因。

(2)特点:

①数量繁多。

②体裁多样,表现手法丰富。

③思想内容丰富多样,既有开始歌颂商人的作品,也有较多批判封建制度的力作。

④艺术水平高超,人物形象丰满。

9. 古代中国的文学艺术

文学艺术作品是一定时期社会政治、经济的反映,具有鲜明的时代特征。

(1)春秋战国时期,中国社会处于大变革时代,思想领域出现"百家争鸣"局面,出现了反映社会风貌的诗歌总集《诗经》,屈原创作《离骚》抒发爱国情怀。

(2)秦汉时期,大一统局面形成,汉赋以华丽的辞藻、夸张的手法,表现出大一统时代恢弘的文化气度。

(3)唐朝的繁盛,开放的气势以及科举制度重视诗赋等,促成了唐诗的繁荣,中国诗歌进入全盛时期。唐诗风格开朗奔放,刚健清新,反映了唐朝国力强盛、文明开化的社会背景;随着唐朝衰落,大量反映社会现实、针砭时弊的讽喻诗、感伤诗出现。

(4)唐朝以来,随着城市商品经济的发展与市民阶层的扩大,使宋元时期的词、戏剧等世俗文学艺术得到发展,便之更加适应了市民阶层生活的需要,促进了宋词、元曲的繁荣。

(5)明清时期,封建专制的强化、封建经济的繁荣,特别是城市经济的发展、市民阶层队伍的扩大,为小说的繁荣提供了社会基础。特定的社会环境决定了明清小说创作的各类多样,数量繁多,深刻反映社会生活,艺术水平高超。

10. 楷书、草书、行书等书法的特点

(1)楷书:始于东汉,通行至今;楷书笔画详备,结构严整,是规范化、标准化、楷模化的学体,具有实用价值。

(2)草书:草书起源于汉初,成熟于东晋;草书的特点是笔画简约,勾连不断;线条流畅,任情纵性;草书实用性不大,但却是书体中艺术性最强的一种。

(3)行书:兼具楷书的规矩和草书的放纵,是一种最活跃的书体。

11. 中国古代书法风格的演变

朝代	原 因	特 征	代表人物或作品
秦汉	秦统一六国,秦始皇推行"书同文字"。汉代社会生产进一步发展	小篆圆润纤细,布局均匀;汉隶雄放洒脱,深厚深沉	小篆《泰山刻石》
魏晋	魏晋时期在对汉末社会危机进行深刻反省的同时,一个独立独行的士人群体逐渐形成;笔墨纸张等文具的改进	汉字发展为自觉的书法艺术,晋人书法起笔之藏露、运笔之迅速、转折之方圆、收笔之锐钝,都能曲尽其妙	王羲之的《兰亭序》

(续)

朝代	原 因	特 征	代表人物或作品
隋唐	国家统一;社会经济空前繁荣	草书狂放不羁,楷书注重规范法度	张旭、怀素、欧阳询、颜真卿、柳公权
宋代	宋代统治者实际"重文轻武"的政策,知识分子队伍扩大;随着城市工商业的发展,市民阶层兴起,社会生活丰富多彩	追求个性而忽略法度,倡导有意无法	苏轼、黄庭坚、米芾、蔡襄
明代	城市工商业进一步发展,社会进一步平民化、世俗化	更加强调性化创造	祝枝山、文徵明

12. 中国画的起源、发展脉络及代表作品

(1)起源:原始社会的新石器时代。以壁画、陶画为主。代表作是彩陶画《鹳鱼石斧图》。

(2)夏商周时期:绘画以人物肖像为主,以壁画、帛画为主。代表作有帛画《人物龙凤露图》。

(3)秦汉时期:绘画艺术有了进一步发展,绘画门类丰富。代表作有马王堆汉墓的帛画。

(4)魏晋南北朝时期:真正意义上的中国画出现。东晋顾恺之"之形写神"的绘画理论为中国重意境气韵的特点和形成打下了基础。代表作有顾恺之的《女史箴图》和《洛神赋图》。

(5)隋唐五代时期:是中国绘画的一个新高峰。文人士大夫追求抒情的文人画从此兴起。代表作有阎立本的《步辇图》、"画圣"吴道子的《送子天王图》。

(6)两宋时期:随着商品经济的发展,画学兴起,宫廷画院活跃,绘画成为商品。山水画成为独立的画种,风俗画成为最大亮点。代表作有北宋画家张择端的《清明上河图》。

(7)元明清时期:士大夫的文人画成就最为突出。绘画作品中诗、书、画、印融为一体,这加强了中国画的文学趣味,体现了画家主观意兴和思想感情的抒发,更好地体现了中国画的民族特色。代表人物有朱耷、徐渭、郑板桥等。

13. 不同时期政治、经济思想对绘画艺术的影响

(1)魏晋时期:

①时代背景:魏晋以来的社会动荡和佛教、道教的发展引发人们对儒学的反省;一个以道德情操和理想人格为号召的士人群体形成。

②艺术特点:凸显个性的文人画开始出现,著名画家顾恺之开创了"以形写神"的绘画理论。

(2)唐代:

①时代背景:唐代政治的统一和经济的繁荣,推动了文化

的发展。

②艺术特点:画家们追求法度,表现了雍容华贵的盛唐气象。

(3)宋代:

①时代背景:南宋偏安于江南;宋代"重文轻武",文人阶层壮大,理学兴起,文人更注重内心修养;伴随着商业的兴盛、城市的发展和文化的普及,民间文化日益繁荣。

②艺术特点:山水画发展为独立的画种,画家从注重写实,变为更加注重意境,北宋文人山水画构图气势宏伟,画风阳刚豪放,南宋绘画构图不讲究对称,被称为"残山剩水";出现了许多描绘民间风情的作品。

(4)明清时期

①时代背景:政治思想上日趋专制,社会动荡不安,商品经济日益发展。

②艺术特点:出现了许多风格奇特、不拘成法的绘画作品和画家;出现了许多百姓创作的富有实用性、生活性的绘画艺术形式。

14. 中西绘画的差异

(1)中西绘画在艺术表现形式上的差异:

西方绘画沿着写实的、功利的方向发展;而中国在魏晋之后,便梅开两朵:一是注重写实的宫廷和民间绘画;一是与之对立的非功利、主写意的文人画。文人画以自娱为目的,以写意为原则,不受约束,我行我素,自魏晋开始,逐渐占据了中国画的主导地位。

(2)中西绘画在表现技巧上的差异:

①西方画家注意定点透视;中国山水画家却无视这一点。他们的视点或高或低,或近或远,因此,既在竖幅画中表现重峦叠嶂,又可以在横卷画中表现万里长江。

②西方画家重视物象,着意刻画,敷色多重,追求色彩的表现力;中国画家则不求形似,注重个人主观性情的表现,往往以墨代彩,随心而作。文人画家力图挣脱现实的束缚,借着灵活、自由的表现手法,以自娱、解脱为绘画目的,以"表现自我"为创作原则,它在启迪民族的自信心、自尊心、独立自主、不畏强暴等方面起了不可估量的作用。

15. 影响中国古代戏曲艺术产生、发展因素

(1)政治、宗教因素:

①原始时代戏曲的源——傩仪就带有巫术色彩。

②先秦至唐代,"傩"成为国家祭祀和礼仪制的重要组成部分,举行活动时载歌载舞。

③政治黑暗成为宋元南戏、杂剧的创作素材;元朝轻视知识分子的政策,使仕途无门的文人专注于戏剧创作。

④京剧产生的标志是徽班进京,是为乾隆皇帝祝寿。

(2)经济因素:在宋代以后,南戏、元杂剧发展的根本条件就是城市经济发展,市民阶层队伍壮大,对精神文化的需求增加。

(3)文化因素:

①知识群体队伍的壮大。无论是上层、中下层知识分子还是民间艺人,无论是古代戏曲的创造者,还是表演者,正是由于他们的贡献,戏曲艺术才发展成熟。

②其他文化形式的影响。南戏吸收了宋词的曲调和唐宋乐曲的成分,元杂剧将诗词、歌唱、对白、音乐、舞蹈等多种表演形式结合起来,有完整的故事情节和角色配合,标志着中国古代戏曲的成熟。

总之,影响中国古代戏曲发展的因素,前期是以政治因素为主,之后则是经济因素起了重要作用,而知识分子则自始至终起了重要作用。

16. 京剧形成的原因及特点

(1)原因:

① 北京的中心作用。清代的北京作为全国的政治经济中心,戏曲舞台十分活跃,这就为徽剧、汉剧等融合形式京剧提供了舞台。

② 封建政府的推动。乾隆年间,乾隆皇帝为庆祝八十寿辰,调三庆班进京,后又有三大徽班进京,这成为京剧形成的关键。

③ 广大艺人的努力。以高朗亭为首的广大艺人,博采众长,广泛吸收其他剧种的长处,逐渐形成了京剧。

④社会发展、人民大众娱乐的需要。

(2)特点:

①以表演历史故事为主。

②角色分生、旦、净、丑四大行当。

③将唱、念、做、打有机结合起来,形成一套独具特色的艺术体系。

④多采用虚拟动作,把生活中实有的事物通过抽象的表演,得到艺术的再现,取得虚实结合、形神兼备的效果。

⑤表演精致细腻,处处入戏;唱腔悠扬委婉,声情并茂。

知识结构梳理

一、古代中国的发明与发现

1. 四大发明

(1)成就:①造纸术:西汉前期,中国已有纸。105 年,东汉 _____ 改进造纸术。

②印刷术:隋唐之际,中国出现了雕版印刷术,北宋毕昇发明了胶泥活字印刷术,是印刷业的一大革新。③火药:古代炼

丹家发明了火药;唐末,火药开始用于_____。④指南针:战国时期发明的"_____",是世界上最早的指南仪器,后来制成指南针,_____时,指南针应用于航海。

(2)影响:①造纸术经_____传入欧洲,促进了欧洲文化的发展。②火药传入欧洲,推动了欧洲火药武器的发展,使_____阶层日益衰落。③指南针传入欧洲,促进了远洋航行,迎来地理大发现的时代。④印刷术推动了欧洲_____和宗教改革,促进了人们的思想解放和社会的进步。

2. 数学

(1)《九章算术》:①时间:约成书于东汉。②内容:采用_____记数法,汇集了许多算术命题。③意义:标志着中国古代以计算为中心的数学形成了完整的体系,在世界数学史上占有重要地位。

(2)中国古代的计算工具从_____演变成算盘。明朝时珠算法忆传播到朝鲜、日本、东南亚以至世界其他地区。

3. 天文历法

(1)中国是世界上最早进行_____的国家。

(2)《_____》是世界上现存最古老的星表。

(3)创制了先进的天文观测仪器:浑仪、"_____"等。

(4)郭守敬编订的《_____》,现行公历基本相同,比现行公历颁行早_____年。

4. 农学

(1)西汉氾胜之的《_____》、北魏贾思勰的《_____》、元朝王祯的《_____》和明朝徐光启的《农政全书》,是中国古代四大农书。

(2)《_____》是我国现存最早、最完整、最系统的古代农业科学著作,总结了北方农业生产技术和经验。

5. 医学方面

(1)《_____》:战国问世、西汉编定,是中医学的奠基之作。

(2)《_____》:东汉张仲景著,奠定了后世中医临床学的理论基础。明朝李时珍的《本草纲目》被誉为"_____"。

二、辉煌灿烂的文学

1. 从《诗经》到唐诗

(1)先秦诗歌:①《诗经》:汇集了从_____至春秋中期的诗歌,分为_____、_____、_____三部分。《诗经》是我国第一部诗歌总集,奠定了中国古典文学现实主义的基础,被后世奉为_____经典。②楚辞:战国时期屈原创造的一种诗歌体裁。其代表作是《_____》,具有浪漫主义风格。

(2)汉赋:①特点:在楚辞的基础上,创造出的半诗半文的综合文体。辞藻华丽,手法_____,内容丰富。②代表作:西汉司马相如的《_____》《上林赋》,东汉张衡的《二京赋》。

(3)唐诗:①繁荣原因:开放和繁荣的社会环境;科举考试中以诗赋为主。②代表诗人明讲特色:初唐诗人_____、陈子昂等。盛唐诗人高适、岑参的_____;孟浩然、王维的_____

_____;李白以浪漫眩义创作,被誉为"_____";杜甫以_____创作,被誉为"诗圣",其诗歌被称为"_____"。中唐诗人白居易,主张"文章合为时而著,歌诗合为事而作",诗歌平实浅近,针砭时弊。

2. 宋词和元曲

(1)宋词:①形成:出现于唐代,宋代成为文学主流形式和标志。②代表:婉约派的_____、李清照,豪放派的苏轼、_____等。

(2)元曲:①形式:宋代民间兴起一种新的诗歌形式,即_____到元代与_____一起,合称为元曲。②代表:关汉卿、马致远等。③特点:通俗生动,豪放飘逸。

3. 明清小说

(1)背景:①专制中央集权进入强化阶段。②城市经济发展,_____出现,市民阶层扩大。③适应市民阶层需要。

(2)特点:①数量繁多,体裁多样。②表现手法丰富。

(3)代表作:①四大名著《三国演义》《水浒传》《西游记》《_____》。②短篇小说:《聊斋志异》《儒林外史》。

三、汉字与书法艺术

1. 汉字

(1)起源:①六千多年前,大多是象形字,称为"文字图画"。②_____时,汉字已形成完整的体系。

(2)演变:①汉字经历了_____、大篆、_____、隶书、_____的演变发展。②趋势:由繁到简。

2. 书法艺术:魏晋以前处于自发阶段;魏晋时期开始进入_____阶段,书法成为一种艺术形式,兼具审美功能与实用功能。

(1)楷书:①完善于魏晋时期,唐代步入盛世。②特点:笔法详备,结构形体严整,_____价值高。③代表:魏晋时钟繇、_____,唐朝欧阳询、_____、柳公权等。

(2)草书:①魏晋以来,盛行不衰。②特点:笔画简约,勾连不断,线条流畅,任情纵性,具有极高的_____价值。③代表:东晋的王羲之、王献之,唐朝的_____、怀素等。

(3)行书:①特点:兼有_____的规矩和_____的放纵,既有审美价值,又有实用价值,雅俗共赏。②代表:东晋的_____、唐朝的颜真卿、北宋的苏轼、元朝的_____、明朝的文征明等。

四、笔墨丹青中国画

1. 起源:源于远古时代,代表作是彩陶画《_____》。

2. 演变

(1)战国时期:①中国绘画艺术从萌芽走向成熟。②特点:造型准确,线条流畅,色彩绚丽。③代表作:战国帛画《_____》《_____》。

(2)秦汉时期:①特点:门类丰富,风格各异。②类型:帛画、壁画、木刻画、木板画、_____、画像砖等。③代表作:东汉墓壁画《夫妇宴饮图》。

（3）魏晋时期:①特点:_____画家活跃,绘画理论有了很大发展。②成就:东晋顾恺之的《_____》《洛神赋图》等,且提出了"以形写神"。

（4）隋唐时期:①特点:吸取_____、波斯等外来美术风格。②成就:《游春图》《_____》和《送子天王图》等佳作,_____的壁画,更是盛极一时。

（5）两宋时期:①特点:_____进入最为活跃的阶段,画学兴起。_____是当时画坛最大亮点。②成就:张择端的《清明上河图》。

（6）元明清时期:①特点:士大夫的_____成就最为突出,强调表现个性,讲究借物抒情,追求神韵意趣。最能反映文人画风貌的是_____。②成就:元代王冕的《_____》、明代徐渭的《黄甲图》、清代郑板桥的《_____》,都是写意画中的精品。

五、京剧等戏剧的发展

1. 戏曲演变历程

（1）中国戏曲由原始的歌舞发展而来。

（2）春秋战国时期的艺人称为优伶。

（3）_____将中国的戏曲艺术推向成熟。

（4）明朝时江苏昆山一带形成的_____流传甚广。

（5）清朝形成新剧种——_____。

2. 京剧

（1）产生:①清朝前期北京戏曲舞台非常活跃。②乾隆末年,_____戏班进京演出,道光年间,湖北汉剧艺人进京,形成"_____"的局面,经过互相融合形成京剧。

（2）发展:①同治、光绪年间走向成熟,涌现出_____、谭鑫培等号称"_____"的著名艺人。②后来京剧成为广为流行的剧种,民国以来,逐步走向世界。

二年模拟训练

1.（2010年吉水模拟）"顺天时,量地利,则用力少而成功多。任情返道,劳而无获。"贾思勰这一观点的核心是（　　）

A. 人定胜天　　　　B. 因地制宜
C. 听天由命　　　　D. 勤劳致富

2.（2010年江苏调研）宋代史书记载"舟师识地理,夜则观星,昼则观日,阴晦则观指南针" 对此材料理解最准确的是（　　）

A. 指南针是我国古代水手最早发明的
B. 指南针在宋代用于航海事业,但只起辅助作用
C. 宋代航海完全依靠指南针来辨别方向
D. 我国劳动人民最早知道了磁针指南的作用

3.（2010年济阳模拟）阻碍近代科学在中国产生的最主要因素是（　　）

A. 封建自然经济和封建君主专制制度
B. 文化专制束缚了人们的思想
C. 重农抑商阻碍了商品经济发展
D. 闭关锁国政策阻碍了中西经济文化交流

4.（2010年合肥月考）下列几幅图片所显示的文字出现的先后顺序时是（　　）

①怀素作品　　②甲骨文

③秦半两钱　　④颜真卿手迹

A. ①②③④　　　　B. ②③④①
C ②①③④　　　　D. ②③①④

5.（2010年南京质检）被郭沫若盛赞道:"写鬼写妖高人一等,刺贪刺虐入骨三分"的一部作品是

A. 聊斋　　　　　　B. 水浒

C. 西游记　　　　　D. 红楼梦

海瑞的悲剧:以一人之力去反抗满朝的腐化

官场上,他以刚烈著称,不仅敢抓顶头上司的儿子,而且拒绝给巡访京官提供食宿,甚至把皇帝骂得狗血喷头,他提出过不少治国施政的意见和方案,其想法不可谓不好,但很少有能被采纳推广的。海瑞一生,历经正德、嘉靖、隆庆、万历四朝。但无论是隆庆年间的掌权者高拱、万历初年的主政者张居正,都无一例外地弃用海瑞。在民间,他却深得百姓爱戴,百姓亲切地称他为"海青天",在他去世时披麻戴孝,沿途百里相送。海瑞,数百年来一直受到人们的关注和景仰,这让后人反思封建时代的行政体制。在那种体制和社会里,海瑞以一人之力去反抗当时满朝的贪污腐化,命运因此而注定成为悲剧。

6. (2010年宁夏模拟)"奏陶唐氏之舞,听葛天氏之歌;千人唱,万人和;山陵为之震动,川谷为之荡波"。根据这段文字的特点,它应属于　　　　　　　( )
   A. 汉赋　　B. 唐诗　　C. 元曲　　D. 宋词

7. (2010年山东联考)清代著名画家郑板桥在《题画》中说:"其实胸中之竹,并不是眼中之竹也"。强调:"意在笔先"、"趣在法外"。这说明　　　　　　　　　　( )
   A. 绘画创作不遵循认识的一般规律
   B. 并非所有的意识都是由客观存在决定的
   C. 艺术创作只凭主观虚构
   D. 艺术创作有其特有的规律

8. (2011年重庆模拟)宋人称"柳郎中词:只好十七八女郎按执红牙拍,歌杨柳岸晓风残月;学士词须关西大汉执铁绰板,唱大江东去。"与"学士"词风一致的代表人物是　　　　　　　　　　　　　　　　( )
   A. 李煜　　B. 李清照　　C. 陆游　　D. 辛弃疾

9. (2011年重庆模拟)文献记载"钢铁是杂炼生(生铁)鍒(熟铁)为刀镰者。"此文献提到的金属冶炼技术发明于( )
   A. 春秋战国时期　　　　B. 两汉时期
   C. 魏晋南北朝时期　　　D. 隋唐时期

10. (2011年北京模拟)元代《富春山居图》残卷分藏于海峡两岸。2010年初,两岸均有意联合展出该作品。下列作品与《富春山居图》同属于一个朝代的是　　　　( )
    A. 顾恺之《洛神赋图》
    B. 吴道子《送子天王图》
    C. 王祯《农书》
    D. 李贽《焚书》

11. (2010年苏州模拟)"南阳太守(杜诗),善于计略,省爱民役,造成水排,铸为农器,用力少而建功多,百姓便之。"这里的"水排"是　　　　　　　　( )
    A. 耕作工具　　　　B. 灌溉工具
    C. 冶铁工具　　　　D. 运输工具

12. (2010年苏州模拟)下列四幅图片反映了不同时期的歌舞艺术或戏曲艺术,从表演艺术上判断,出现最晚的应该是　　　　　　　　　　　　　( )

A. 《升平宝筏·无底洞》　　B. 《乐舞》
C. 《浣纱记·蠡迎西施》　　D. 《砖雕俑像》

13. 南京某中学几位同学到博物馆参观中国古代陶瓷展,看到以下藏品后,分别发表了自己的看法,其中符合历史史实的是　　　　　　　　( )

图1(唐)秘色瓷　图2(宋)孩儿枕　图3(清)珐琅彩花卉瓷碗

A. 白瓷、青瓷、秘色瓷是唐朝极具代表性的三大瓷器系统
B. 宋朝的五大名窑均分布在黄河流域
C. 珐琅彩瓷是清朝吸收外国技法制造的瓷器
D. 瓷器在唐朝时大量输往国外,欧洲国家开始生产

14. (2010年安徽联考)合肥市某中学为了丰富校园文化,学校共青团举办了一次中外文化展览活动。
    展览一　人类文明的"轴心时代"
    德国哲学家雅斯贝尔斯在他的《历史的起源与目标》中说,公元前800年至公元前200年之间,是人类文明的"轴心时代"。这段时期是人类文明精神的重大突破时期。在轴心时代里,各个文明都出现了伟大的精神导师——古希腊有苏格拉底、柏拉图,……中国有孔子、老子……他们提出的思想原则塑造了不同的文化传统,也一直影响着人类的生活。
    (1)苏格拉底和孔子作为各自文化的代表人物,他们在重建社会秩序方面各有何主张?

    展览二　中外名画鉴赏

德拉克洛瓦《自由引导人民》　　清朝画家郑板桥的《墨竹》

    (2)如果你是解说员,请简介《自由引导人民》和《墨竹》的艺术风格特征。

    展览三　中外文学荟萃
    (3)下表是展览中体现当时中西文明重要成果的两部著作的介绍,请参考已填充的文字,完成空白部分。

1793年英国马戛尔尼勋爵眼中的清军
　　受到历代皇帝大加赞赏的天朝情报工作有如自动装置那样精确:"兹贡使船只于初二日渡江。凡人烟辏集之处,大小夷人并未登岸。该夷人等一路目睹田塍绣错,人物蕃熙,备仰太平景象,其悦服之情见于颜色。"在镇江,等待着他们的是声势浩大的军事操演。但是,马戛尔尼注意到城墙濒临坍塌,兵士的装备从远处看像金属那样闪闪发光,然而人们怀疑它们是用涂了漆的皮革,甚至是用经过烧煮的纸板制成的。五颜六色的制服、衣冠不整的形象丝毫没有一点尚武气派;软垫靴和短裙甚至给士兵们添上了女性的色彩。英国人非但没被吓倒,他们还认为获得了能在这里轻而易举地登陆的证明。

项 目＼书名	清朝《红楼梦》	意大利《十日谈》
时代特征		资本主义商业发展;宗教束缚
主要思想		描写了封建贵族大家庭的兴衰变化,对明清社会展开深入地揭露和批判

展览四 中西艺术巡礼

(4)填写下表:

	京剧脸谱	贝多芬像
地位	京剧是中国戏剧的杰出代表,受到中国和世界人民的喜爱	
启示		贝多芬一生命运多舛,但他与命运不屈地抗争,追求崇高理想,是一位伟人

展览五 "奇迹天工——中国古代发明创造文物展"

展览分为"锦绣华服""决决瓷国"两个专题。来自全国77家文博单位的271件(组)文物珍品,向中外观众集中展示我国在古代丝绸织荣术、青铜铸造术、造纸印刷术和瓷器制作术等方面的重大科技发明。

(5)明清时期,丝织业的发展进入鼎盛时期。请写出当时最著名的丝织业中心。其发展有何特点?

一年冲刺母题

【母题】 阅读下列材料:

材料一 据英国学者罗伯特·坦普尔《中国——发明和发现的国度》一书统计,现代世界赖以建立的基本的发明创造,几乎有一半以上源于中国,如下表:

年代	科技发明(件)	中国		世界其他国家	
		件	百分比	件	百分比
公元1~400年	45	28	62%	17	38%
公元401~1000年	45	32	71%	13	29%
公元1001~1500年	67	38	57%	29	43%
公元1501~1840年	472	19	4%	453	96%

材料二 英国著名科技史学家李约瑟博士在《中国科学技术史》中写道:"在公元3世纪到13世纪之间,中国曾保持令西方望尘莫及的科学技术水平,那时中国的发明和发现远远超过同时代的欧洲,这一点可以毫不费力地加以证明。……但16世纪以后,欧洲诞生了近代科学,中国的文明却没有能够产生与欧洲相似的近代科学。"科学史上把这个问题称为"李约瑟难题"。

材料三 马克思在《机器、自然力和科学的应用》中说:"火药、指南针、印刷术——这是预告资产阶级社会到来的三大发明。火药把骑士阶层炸得粉碎,指南针打开了世界市场并建立了殖民地,而印刷术则变成新教的工具,总的来说变成科学复兴的手段,成为对精神发展创造必要前提的最强大的杠杆。"

请回答:

(1)根据材料一、二说明中国古代科技在世界科技史上地位变化情况。

(2)依据材料三,分析三大发明对欧洲历史发展的贡献。

(3)你认为3至13世纪"中国的发明和发现远远超过同时代的欧洲"的主要原因有哪些?明清时期中国为什么不能产生与欧洲相似的近代科学?

【解析】 本题属于经典题型,主要考查学生阅读理解材料和提炼信息的能力。第(1)问学生需要根据表格中数据的变化得出结论;第(2)问需要学生回忆书本知识;第(3)问学生可以从同时代的中国和欧洲社会背景入手,可从政治、经济、思想文化等角度入手。

【答案】 (1)明清(或16世纪)以前,中国的科技成就处于世界领先地位,明清以后走向衰落。

(2)三大发明的外传,在欧洲从封建社会向资本主义社会转变中起了促进作用。火药摧毁了欧洲封建统治的军事基础;指南针为西欧人新航路的开辟和海外殖民征服创造了条件,加强各地的联系,从而推动了资本主义经济的发展;印刷术促进欧洲文化的发展和传播,推动了文艺复兴和宗教改革。

(3)发达原因:①农耕经济的高度繁荣;统一多民族国家的巩固和发展;中央集权国家政权的支持和组织;民族融合,多民族的共同努力;吸收外来先进科技成果;科技成果的继承与发展等等。

②不能产生近代科技的原因:自给自足的自然经济占统治地位;统治者推行重农抑商政策;实行文化专制;实行闭关锁国;重人伦、轻自然的文化传统;科举制度的束缚等等。

【变题1】 阅读有关材料,结合所学知识,回答下列问题。

材料一 《中国的世界纪录》收录的中国古代领先的科技成果统计:

类别	数学	天文历法气象	地学	化学	农学	机械	水利	轻工	兵器
项数	22	25	25	9	25	7	7	8	8

材料二 中国古代天文学主要成就:

《尚书》中的日食记录;《竹书纪年》记载的流星雨;《淮南子》中记载的太阳黑子

《春秋》中的哈雷彗星记录;《汉书》中的新星记录;僧一行对子午线的测量

材料三 欲致吾之知,在极物而穷理也。如今为此学而不穷天理、明人伦、讲圣言、通世故,乃兀然存心于一草木、一器用之间,此是何学问?

——(宋)朱熹

请回答:

(1)依据材料一回答,中国古代领先世界的科学技术主要分布在哪些领域?为什么会有这一特点?

(2)依据材料二,结合所学知识回答,中国古代天文学研究与西欧文艺复兴时期天文学相比有何差异?

(3)依据材料三,指出造成中国古代科技发展迟缓的原因?

(4)改革开放以来,中国政府十分重视发展科学技术事业,并取得了丰硕成果。试举两项突破性的科技成就和两位成就卓著的科学家。

【变题2】 中华民族的文化博大精深,辉煌灿烂,一直受到世人的瞩目,近年来更是受到世人的青睐,阅读下列材料,回答问题。

材料一

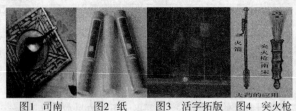

图1 司南　　图2 纸　　图3 活字拓版　　图4 突火枪

材料二

请回答:

(1)材料一的哪一幅图代表的古代科技对人类文明发展的影响最久远?图3所代表的古代科技对欧洲社会发展进程产生了怎样的影响?

(2)材料二中著名艺人是我国何时在哪一艺术领域中涌现出来的?

(3)如果用上述材料开展中国传统文化的研究活动,请你拟定一个研究课题的题目。

太平天国的大花钱

在太平天国历史博物馆里,存有太平天国大花钱实物。此件展品是残片,正面仅存"国"字,并有一段龙身花纹,背面是凤鱼花纹,制作十分精良,这说明太平天国的铸造技术水平很高。从残片推算,这枚钱币的直径约14.5厘米,周长45.5厘米,重量达900克。它是1955年江苏省博物馆作为废铜镜收购来的。太平天国的大花钱并不是流通货币。这类大花钱是用于赏赐或馈赠的,应当称之为"礼钱"。

第4单元　近代以来世界的科学发展历程

考纲解读导航

考试内容

1. 物理学的重大进展
(1)经典力学
(2)相对论的创立
(3)量子论的诞生于发展
2. 探索生命起源之谜
(1)教会的禁锢
(2)拉马克和早期生物进化论思想
(3)达尔文与进化论
3. 从蒸汽机到互联网
(1)"蒸汽时代"的到来
(2)电气革命的出现
(3)信息技术的发展

能力要求

1. 了解经典力学的主要内容,认识其在近代自然科学理论发展中的历史地位。
2. 简述进化论的主要观点,概括科学与宗教在人类起源问题上产生分歧的根源。
3. 以蒸汽机的发明和电气技术的应用等为例,说明科学技术进步对社会发展的作用。
4. 知道相对论、量子论的主要内容,认识其意义。
5. 以网络技术为例,理解现代信息技术对人类社会的影响。

三年高考命题

1. (2009年高考广东单科)普朗克曾这样评论爱因斯坦的科学成就:"这个原理在物理世界观上所引起的革命,只有哥白尼世界体系的引入才能与之相提并论。"文中的"这个原理"是　　　　　(　　)
A. 日心说　　　　　B. 相对论
C. 量子假说　　　　D. 万有引力定律

2. (2009年高考广东文科基础)从交通运输的角度看,代表第一次工业革命的成果是　　　　　(　　)
A. 蒸汽机车　B. 内燃机车　C. 电力机车　D. 汽车

3. (2009年高考广东理科基础)英国思想家斯宾塞认为,人类社会沿着由简单到复杂、由低级到高级的过程发展,他的思想最有可能借用了　　　　　(　　)
A. 相对论原理　　　　B. 万有引力定律
C. 进化论原理　　　　D. 主权在民思想

4. (2009年安徽高考文综)被西方教会势力指责为"意在扰乱对神的信仰,企图毁灭上帝",而中国启蒙思想家严复则认为"其彰人耳目,改易思理,甚于奈端(牛顿)氏之天算格致"的学说是　　　　　(　　)
A. 日心说　B. 进化论　C. 量子论　D. 相对论

5. (2009年高考上海文综)工业革命在极大地提高生产力,改变社会经济生活面貌的同时,也引发了许多社会矛盾。
(1)在工业时代,人类经历了以蒸汽机和电力及电磁学为代表的两次产业革命。对下列工业时代的物质和精神成果,判断对错。(正确的说法后打√,错误的说法后打×)
①机械化的大生产方式,使得社会生产力空前提高。
　　　　　　　　　　　　　　　　(　　)
②计算机使人类能够智能化地系统处理生产所需要的知识
　　　　　　　　　　　　　　　　(　　)
③电话和电报等便捷的通讯方式促进了各地区之间的交流。
　　　　　　　　　　　　　　　　(　　)
④工业生产和管理对生产者知识和技能的要求,推动了近代教育制度的建立。
　　　　　　　　　　　　　　　　(　　)
(2)工业革命浪潮使人类获得巨大进步的同时,也产生诸多新的社会矛盾。你认为,工业革命时期有哪些社会矛盾?(列举两点)

_____

_____

_____

智趣素材

战时的重庆

　　1937年11月,淞沪会战失利,日军迅速逼近国民政府首都南京。11月20日,国民政府发表宣言,正式宣布迁都重庆,以重庆为战时首都。此后,重庆与华盛顿、伦敦、莫斯科并称为世界反法西斯战争的四大名都。整个抗战期间,有苏、美、英、法等30多个国家在重庆设立大使馆。同时,随着国民政府迁都重庆,大批商业、金融、文教、科研机构迁入重庆,使重庆由一个地区性中等城市一跃成为中国大后方的政治、军事、经济、文化中心,成为反法西斯战争东方战场的军事指挥中枢、外交中枢和"抗战时期工业的生命线"。太平洋战争爆发后,世界反法西斯盟国中国战区建立,重庆又成为盟国在远东的指挥中心。

复习攻略

一、整体感知

19世纪,以牛顿力学为代表的经典物理学已经日趋完善,达到了高峰。但是一些新的研究发现对它提出了挑战,导致经典物理学的危机。这种情况下,相对论和量子理论出现了,它们掀起了物理学革命,构成了现代物理学的两大支柱,并对其他学科产生历史性影响。人类对自然世界的科学探索又跃上了一个新的高度。生物科学的发展使我们对自身有了进一步的认识,生命奥秘的大门被一层一层地打开,经历了由神创学说到生物进化论的认识过程。蒸汽机的改良和电力的应用,人类进入了"蒸汽时代"和"电气时代",推动了社会巨大的变革。互联网的诞生,促使了现代信息技术的发展,人类进入信息化时代,为人类的发展带来了机遇和挑战。

二、各个击破

1. 经典力学体系建立的意义

(1)理论的科学性和预见性:19世纪,有人应用牛顿万有引力定律发现了海王星,后来,人们又发现了冥王星。

(2)标志着近代科学的形成:经典力学的显著特征之一是注重实验。实验可以进一步揭示出客观现象和过程之间内在逻辑关系,并由此得出重要的结论。二是它的数学化。这种数学化的根源是自然内在的数学关系。

(3)牛顿三大运动定律和万有引力定律建立后,光学、电磁学等与力学的进一步统一,大大推进了物理学的发展。

2. 相对论提出的意义

相对论的提出是物理学领域最大的革命。

(1)它在很大程度上解决了19世纪末出现的经典物理学的危机,可以广泛地解释不同运动状态的物质,创立了一个全新的时空观、运动观和物质观,极大地扩展了物理学应用的领域。

(2)相对论打破了经典物理学绝对化的思维,为人们提供了辩证地看待世界的途径。

(3)它将牛顿力学体系概括在相对论力学之中,推动了物理学发展到一个新高度。

(4)它不仅对物理科学本身,对自然科学,而且对整个人类的思维都产生了不可估量的影响,是人类思想发展史上的一次重大变革。

3. 理解牛顿力学体系与爱因斯坦的相对论

(1)牛顿力学体系概括了物体机械运动的基本规律,这些定律有一个不容忽视的前提,即物体是在低速运动的情况下这些定律才适用。

(2)20世纪,爱因斯坦提出相对论,否定了牛顿的绝对时空观,指出时间和空间的辩证关系,即时间和空间不是绝对不变的,而是随着物质的运动而变化的,并提出质能转化原理,奠定了开发利用原子能的理论基础,加深了人们对物质和运动的认识,在哲学和科学上都具有重大意义。

(3)相对论发展了牛顿力学,牛顿力学只是相对论力学在低速运动状态下的一个特征。牛顿力学是整个力学的基础,牛顿所创造的力学概念至今仍是物理学的重要思想。

特别提示:牛顿经典力学体系与爱因斯坦相对论的关系是本考点的一个重要易错易混点。由于爱因斯坦的相对论认为时间和空间都是物质存在的形式,不是绝对不变的,而是相对的,且可以互相转化,所以容易造成学生错误地认为爱因斯坦的相对论完全否定了牛顿力学体系,这一点在复习中应注意分辨。

4. 15～20世纪自然科学发展的四个阶段

(1)近代自然科学的产生阶段(15～16世纪)

原因:资本主义工商业的产生和发展为近代自然科学的产生奠定了物质基础;人文主义思潮的影响使人们对自然界的认识产生了革命性的变化;中世纪生产经验的积累为技术能力的提高提供了条件。

标志:天文学领域的革命。

(2)近代自然科学形成和发展阶段(17～18世纪中期)

原因:新航路的开辟促进了西欧资本主义工商业的发展;手工工场的发展促进了技术的进步;早期资产阶级革命的成功。

标志:牛顿力学体系的创立。

(3)自然科学的迅速发展阶段(18世纪末～19世纪中期)

原因:随着该时期西方主要国家工业革命的进行,经济的发展对科学提出了更高的要求。

(4)自然科学的重大突破和系统化阶段(19世纪末20世纪初)

原因:第二次工业革命的进行和资本主义经济的迅速发展。

标志:电的发明与应用、门捷列夫元素周期表的制定,特别是爱因斯坦的相对论更是物理学思想的一次重大革命。

5. 达尔文生物进化论诞生的基础和意义

(1)基础:

①思想基础:经过文艺复兴、宗教改革和启蒙运动的洗礼,基督教神学遭受重创,面向现实世界、重视实践、崇尚理性的追求蔚然成风;资产阶级革命的进行、科学技术的进步,使人们的思想更加开放。

②物质基础:工业革命的进行使资本主义经济得到迅速发展。

孙中山给日本的警告

1924年11月27日,孙中山和宋庆龄曾到日本兵库县立神户高等女校(即现在的兵库县立神户高等学校)演讲。那天,时任校长的筱原辰次郎亲自出来迎接。在讲演中,孙中山说:"你们日本民族,既得了欧美霸道文化的真谛,又有亚洲王道文化的本质,从今以后,对于世界文化的前途,究竟是做西方霸道的鹰犬,还是做东方王道的干城,就由你们日本国民去详审慎择了。"讲演结束之后,听众掌声雷动,大家挥舞帽子,高呼"万岁",孙中山亦挥舞帽子回礼。这应该是孙中山对日本的最后警告。

智趣素材

③理论基础:19世纪前期,德意志人施莱登和施旺相继提出和确立了细胞和细胞学说,为进化论的创立奠定了基础;在此期间,法国的拉马克确立了早期的生物进化思想,这为进化论的确立奠定了重要的理论基础。

(2)意义:

①欧洲思想界:达尔文进化论的提出,是对封建神学创世说的有力挑战,它把发展变化的思想引入生命世界,使人们不再把动物和植物之间、动物和人之间的区别看作是绝对和神圣的。

②欧洲科学界和宗教界:它引起一场轩然大波和激烈争论。

③中国思想界:晚清中国先进知识分子对进化论进行积极宣传和介绍,他们著书翻译,宣传进化论,唤醒国人,以避免亡国灭种之灾。

6. 科学与宗教在人类起源问题上的分歧

(1)教会禁锢与进化论的内容:

①教会禁锢:基督教会是欧洲封建社会统治的精神支柱,它宣扬世界上的一切都是上帝创造的,即上帝创世说。

②进化论:a、自然选择:一切生物都经历了由低级到高级、由简单到复杂的发展过程。生物不是不变的,而是会发生有利变异的,生物界现存的物种具有共同的原始起源,不同物种的变异是"自然选择"的结果。b、生存竞争:生物为了生存和繁育后代,必须与其他种类的生物相互竞争。同时,生物个体之间还存在着本种类内部的竞争。c、适者生存:能够较好地适应环境和发生有利变异的个体,将获得较多生存和繁殖的机会,而那些发生了有害变异的个体则将遭到淘汰。

(2)分歧:根据达尔文及其拥护者的理论,人类是自然界演化的产物,是从猿猴进化而来的,而宗教神学则认为人是由神创造的。

(3)产生分歧的根源:从世界观方面说,宗教是建立在唯心主义世界观基础上的,而科学是从唯物主义立场出发的。从方法论方面说,宗教学说没有经过实践检验,科学是建立在实验和观察研究基础上的。从政治上来说,宗教实际上是统治阶级维护其特权的工具,科学是追求民主和平等的。

7. 蒸汽机和电气技术实现了资本主义工业化的两次飞跃

蒸汽机的发明和电气技术的广泛应用引起的最直接的变化是社会生产力的大幅度提高,使两次工业革命得以轰轰烈烈地展开,从而使发达的资本主义国家首先实现了工业化。

(1)瓦特蒸汽机出现以后,工业革命以更大的规模和更快的速度展开。以蒸汽机为代表的工业革命使大机器生产取代手工操作,工厂取代手工工场,改变了社会的经济结构,开始摆脱累世相传的古老农业社会,向工业社会迈进,这是资本主义各国工业化过程的第一次飞跃。1840年前后,英国成为世界上第一个工业国。

(2)发电机的发明和其他电气技术的应用,使第二次工业革命迅速展开。这次社会生产力的大幅度提高、社会经济结构的变化,超过了第一次工业革命的成果。这是工业化过程中的第二次飞跃。20世纪初,美、法、德等成为工业国。

8. 蒸汽机和电气技术引起的政治影响和世界形势的变化

以蒸汽机为代表的工业革命壮大了资产阶级的力量。资产阶级由于掌握了先进的生产力,实力日益壮大,一方面,使资产阶级在世界范围内确立了资本主义制度,即资本主义最终战胜了封建主义;另一方面,资本主义国家在世界范围内加紧进行以抢占原料产地、强占商品市场为目的的殖民扩张,使东方从属于西方。以上两点说明资产阶级开始确立对世界的统治。同时,随着信息交流和交通运输的便捷,世界各地的联系日益密切,世界日益成为一个整体。

以电气技术的广泛应用为主要特点的第二次工业革命更加壮大了资产阶级的力量,垄断资产阶级逐渐成为资本主义国家的代表,主要资本主义国家在19世纪末、20世纪初相继进入帝国主义阶段。同时,资本主义各国加紧进行以资本输出和瓜分世界为目的的殖民扩张。到20世纪初,帝国主义国家已经奴役和控制了世界上绝大部分的土地和人口,资本主义世界殖民体系最终形成,东方从属于西方的局面也最终形成。同时,世界成为密不可分的整体。

9. 关于"蒸汽革命"和"电气革命"的比较

内容项目		"蒸汽革命"	"电气革命"
相同点	原因		①自由竞争的资本主义制度为共提供了制度保障 ②市场需求与国际竞争的需要是其直接动力 ③科学理论的突破和技术、经验的积累 ④经济发展为其提供物质保障
	产生过程		都经历了较长时间的反复实践,通过科学实验得以产生,投入生产生活领域
	产生方式	蒸汽动力主要是生产实践经验的总结,不是科学与技术真正结合的产物;主要在英国完成	电力是科学家创造出来的,是建立在电磁学理论基础上的,是科学理论发展的产物;由多国的科学家共同创制出来

（续）

	内容项目	"蒸汽革命"	"电气革命"
不同点	生产力	大机器生产出现,人类进入蒸汽时代	生产力高度发展,人类进入电气时代
（影响）	社会关系	近代两大对立阶级形成	生产和资本高度集中,产生垄断组织
	国际格局	造成落后的东方从属于先进的西方的格局	使东西方经济联系更加密切,同时差距进一步拉大
	世界市场	资本主义世界市场初步形成	资本主义世界市场最终形成

10. 第三次科技革命的概念和突出特点

（1）概念：第三次科技革命兴起于20世纪四五十年代，即第二次世界大战以后，是以原子能的利用、电子计算机和航天技术的发展为主要标志的。这次科技革命不仅在理论上，而且在技术上同时发生飞跃，几乎所有的科学技术领域都发生了深刻的变化，是规模空前、影响深远的一次科学技术革命。战后的科技革命是从美国开始的，以后逐步扩大到西欧和日本，20世纪60年代达到高潮。20世纪70年代，特别是1973～1975年经济危机以后，科学技术又有了新的发展，进入新的发展阶段。科技革命是人们认识客观世界的飞跃。

（2）特点：第三次科技革命中，科学、技术、生产三者之间的联系大为加强，科学提供物化的可能，技术提供物化的现实，生产成为物化的具体过程。总之，三者之间相互渗透，相互影响，甚至互为因果，以致出现密不可分的趋势。

11. 现代信息技术产生的条件和原因

以互联网为核心的现代信息技术诞生于1969年，其诞生的条件和原因如下：

（1）20世纪中叶，以控制论、信息论、系统论与计算机科学为基础的理论成果促进了科学思维的变化。于是，科学家们将信息作为人类历史上物质与能量之后的第三个开发对象进行研究，信息科学技术革命就这样开始了。

（2）电子计算机的创制和通信技术的进步奠定了现代信息技术的基础：20世纪40年代，美国人发明了世界上第一台电子计算机，其不仅为自动化和控制论的建立奠定了基础，而且被广泛应用到各个领域，如数据处理、设计实验、自动控制、经营管理、通讯联络等方面。

（3）各国对高科技迫切的社会需要的结果：20世纪60年代末，处于冷战时期，美国担心苏联的人造卫星破坏其军事通信系统，加紧了对信息技术的研究和开发，结果导致了互联网的产生。

12. 互联网带来的影响

（1）积极方面：以互联网为核心的现代信息技术的发展把人类社会带入了信息时代，信息化社会开始出现，人类的生产、生活、工作以及学习和思维方式随之发生了深刻的变化，主要表现在：

①知识经济的产生和发展。知识经济不但成为国民经济中发展最快的门类，而且创造的财富占据了国民生产总值的相当大的部分；使知识产权的保护得到空前重视；对劳动者的知识水平和文化素质要求也逐渐提高；知识对社会经济的作用日益加强；促进了传统产业的更新改造。

②工作和生活方式的革命。人们的工作方式突破了空间限制，提高了工作效率，增加了乐趣；人们的生活方式更加丰富多彩，社会交往方式也发生了变化。

③教育和学习方式的革命。互联网不仅使传统的学校教育更加完善，而且使远程教育成为可能，从而引发了一场教育和学习的革命。

④思维方式的变化。现代信息技术的发展使人们对生产、生活、社会交往的形式等方面的认识发生变化，从而改变着人们的思维方式。

（2）消极方面

①在互联网时代，出现了许多新问题，如信息泛滥、垃圾信息、网络安全网络犯罪等，都对社会经济的发展产生了越来越大的影响。

②全球各国之间围绕互联网的竞争也日益加剧，造成世界更加动荡不安。

③有些人尤其是青少年沉溺于虚拟世界不能自拔，还有一些腐朽落后的文化和有害信息会腐蚀未成年人的心灵。

13. 三次科技革命的特点及引人注目的成就

（1）特点：

① 第一次工业革命：先从英国开始，然后向其他主要资本主义国家扩展。从发明和使用机器开始，发明的成果多为生产实践经验的总结。

② 第二次工业革命：几个主要资本主义国家几乎同时进行。自然科学的新发展同工业生产紧密结合，科学技术发挥了重要作用。一些落后的国家两次工业革命交叉进行（如日本）。

③ 第三次科技革命：科学技术转化为生产力的速度加快。科学技术带动经济形态转变——出现知识经济。科学技术和领域相互渗透，综合化和专业化趋向加强。

（2）引人注目的成就

①改良蒸汽机的发明和使用。

②发电机的发明和电力的广泛使用。

③以计算机和现代通讯技术为核心的现代信息科技的发展——互联网的出现。

14. 三次科技革命在发生的条件和对社会的影响方面的相同点

解放南京国民党"总统府"轶闻

1949年4月23日，解放军第三十五军一〇四师三一二团首先冲进了南京总统府。首批进入"总统府"的，有一个叫刘树德的战士发现总统府门楼的旗杆上还悬挂着国民党的国旗，他便和几个战友一起爬上楼顶，将那面国旗扯了下来。刘树德因工作需要，曾在蒋介石的办公室里办过几天公。蒋介石办公桌上的那盒印泥也引起刘树德的兴趣，他从中挖出拇指大小的一块印泥，装入自己的小牛角印盒中。后来，他一直把它当做珍贵的纪念品保藏着。后来，陈毅司令员来到总统府时，还坐到蒋介石当年坐的椅子上，用蒋介石的专用电话给毛泽东打了电话。

（1）条件：都是资本主义发展、科技知识进步和国内外市场扩大的结果。第一次是因17世纪资本主义统治在英国确立，工场手工业时期积累了丰富的生产技术、科学知识和18世纪中期英国海外市场扩大所致。第二次因19世纪60年代资本主义制度在世界的确立和发展，主要资本主义国家国内市场的开辟和世界市场的形成以及自然科学取得了迅速发展所致。第三次是二战后国家垄断资本主义进一步发展，科学理论有重大突破，科技发展具备了一定的物质和技术基础及社会的需要，特别是二战期间和战后各国对科技迫切要求的结果。

（2）影响：三次科技革命都大大加速了资本主义生产力的发展。第一次进入"蒸汽时代"，第二次使人类进入"电气时代"，第三次是以原子能的利用、电子计算机和航天技术的发展为主要标志，推动了社会关系的重大变革。第一次使社会日益分裂为两大对立阶级——工业资产阶级和工业无产阶级，第二次是在主要资本主义国家出现了垄断组织，第三次科技革命还没结束，但已促进了社会经济结构和社会生活结构的变化，也推动了国际经济格局的重大调整，经济格局的多极化和全球化趋势增强。

15. 三次科技革命对中国的影响

（1）第一次工业革命后，资本主义国家加紧对外侵略扩张，掠夺原料产地和商品市场，使中国在政治上沦为半殖民地，经济上开始成为西方资本主义经济的附庸，自然经济开始瓦解；直到19世纪60年代，在内忧外患的背景下，中国掀起了洋务运动，引进了西方的先进技术，但并没有使中国走向富强，而是在客观上促使中国产生了资本主义生产方式。

（2）第二次工业革命后，主要资本主义国家向帝国主义阶段过渡，中国逐渐沦为半殖民地半封建社会，列强在经济上对华进行资本输出，掀起了瓜分中国的狂潮。中国民族危机空前严重，丧失了一次追赶世界科技革命潮流的重要机遇，但客观上促进了民族资本主义的发展。

（3）20世纪四五十年代世界第三次科技革命出现时，中国正值内战时期，科技无从发展；建国后受"左"倾错误思想和"文化大革命"的影响，中国再次落后于世界科技革命的潮流；改革开放后，积极重视引进技术和资金，促进了中国经济的发展。

知识结构梳理

一、经典力学

1. 背景

（1）_____运动解放了人们的思想，对自然科学研究产生了重要影响。

（2）伽利略发现了_____定律等物理学定律，开创了以_____为根据并具有严密逻辑体系的近代科学，为经典力学的创立和发展奠定了基础。

2. 建立

（1）标志：1687年，牛顿出版了《_____》一书。

（2）内容：物体运动的三大定律和_____定律。

（3）特征：以实验为基础，以_____为表达形式。

3. 意义和作用：经典力学体系，对解释和预见物理现象，具有决定性意义。后来根据万有引力定律，人们发现了_____。

二、相对论和量子论

1. 相对论

（1）狭义相对论：物体运动时质量会随物体运动_____增大而增加；_____和_____也会随物体运动速度的变化而变化。

（2）广义相对论：空间和时间的性质不仅取决于物质的运动情况，也取决于物质本身的分布状态。

（3）意义：①相对论的提出是物理学领域的一次重大革命。②相对论否定了经典力学的_____时空观，深刻揭示了_____和_____的本质属性。③它发展了牛顿力学，将其

概括在相对论力学之中，推动物理学发展到一个新的高度。

2. 量子论

（1）提出：1900年，普朗克提出了_____假说，宣告了量子论诞生。

（2）发展：爱因斯坦利用量子理论成功地解释了光电效应，丹麦物理学家_____提出了有关_____的量子理论。

（3）意义：与_____一起，构成了现代物理学的基础，弥补了_____在认识宏观世界和微观世界方面的不足，改变了人们认识世界的角度和方式。

三、生物进化论

1. 背景

（1）中世纪的欧洲，基督教宣扬上帝创世说。教会禁令和神学教义致使生物学研究进展缓慢。

（2）文艺复兴后，_____受到极大的冲击。

（3）资产阶级革命、_____的相继发生，人们视野开阔，思想开放。

（4）18世纪下半期到19世纪，_____的确立，为生命科学的研究奠定了基础；此间拉马克的早期生物进化思想开始形成。

2. 提出：1859年，达尔文发表《_____》。

3. 内容

（1）一切生物都经历了由低级向_____、由简单到复杂的发展过程。

（2）生物现存的物种具有共同的原始起源，不同物种的变异是"自然选择"的结果。

(3)生物为了生存和繁育后代,要适应环境,要与其他种类的生物和同种个体进行竞争。

(4)较好地适应环境而发生变异的个体将获得较多生存和繁殖机会,反之则被淘汰;微小有利变异世代传递积累为显著变异,形成新物种。

4. 意义

(1)对欧洲思想界:是对封建神学创说的有力挑战。

(2)对欧洲科学界:在欧洲科学界和宗教界引起轩然大波。达尔文被称为"生物学领域的_____"。

四、蒸汽时代的到来

1. 条件

(1)17世纪末,_____资产阶级革命胜利,为经济发展扫清了障碍。

(2)18世纪,随着工场手工业的发展,应用机器进行生产成为可能。

(3)科学技术为生产的发展提供了许多发现和发明。

2. 进程

(1)18世纪60年代,_____改良蒸汽机。

(2)蒸汽机作为动力广泛应用于各工业部门。

(3)19世纪三四十年代,蒸汽机在_____、_____广泛采用。

3. 影响

(1)促成机器大工业工厂形成,真正意义上的社会化大生产逐渐形成

(2)形成了许多工业城市,英、法、美等国家成为工业国家。

(3)蒸汽动力在_____工具上的应用,使世界各地联系更加密切,日益成为一个整体。

五、电气革命的出现

1. 理论基础:1831年,英国科学家法拉第发现了_____现象,为发电机的研制奠定了理论基础。

2. 电力的应用

(1)发电机、电动机的发明和应用,电力成为新能源。

(2)_____技术日趋成熟,电力被广泛应用。

3. 影响

(1)机器的使用更加普遍,促使新的工业部门出现,促进了新技术的出现,促使新的_____浪潮产生,促进了生产力的迅猛发展。

(2)改变着社会结构和世界形势。资产阶级开始确立起对世界的统治;_____组织形成。

(3)促使城市面貌和人们生活发生巨大变化。

六、信息技术的发展

1. 历程

(1)1946年,_____研制成世界上第一台电子计算机,奠定了现代信息技术的基础。

(2)20世纪60年代末,美国出于_____的需要,加紧了对信息技术的研究和开发。

(3)1969年,美国国防部建立起四个站点的网络,促进了互联网的产生。

(4)20世纪90年代以后,_____发展为全球信息网。

2. 影响

(1)积极:①在社会各个领域发挥了巨大的作用,_____社会开始出现。②促使信息经济在世界各地全面发展,加快了_____的步伐。③互联网的发展,促进了_____的发展。④改变了人们的工作、生活方式。

(2)消极:给人们特别是青少年带来一定的负面影响。

二年模拟训练

1. (2010年广东模拟)2009年是达尔文的《物种起源》发表150周年,也是达尔文诞辰200周年。达尔文的《物种起源》发表后,引起了宗教势力的强烈反对,他们叫嚣"打倒进化论"和"粉碎达尔文",而支持者称达尔文是"生物学领域里的牛顿"。这说明了　　　　　　　　　（　　）

①达尔文的进化论实际上否定了上帝创世说

②达尔文的进化论促进了欧洲的思想解放潮流

③达尔文的进化论反映了早期资产阶级的要求

④达尔文的进化论成为欧洲宗教改革的指导思想

A.①② 　　B.②③ 　　C.②④ 　　D.①②③④

2. (2010年泰兴市模拟)19世纪初,英国兴起抵制教会的"新大学运动",出现了以自由、民主精神办学的伦敦大学等一大批高等院校。剑桥、牛津大学也进行改革,取消必须信奉

加尔文教的宗教宣誓,并增设许多自然科学课程。进入20世纪,甚至教会大学也大量增加了面向现实的世俗课程。这种现象出现的主要原因是　　　　　　（　　）

A. 民族国家的进一步巩固 　B. 近代科技和工业化的扩展

C. 教育世俗化的不断发展 　D. 宗教改革运动的深入发展

3. (2010年深圳模拟)伽利略被认为是真正具有近代科学精神的第一人,主要是因为他　　　　　　（　　）

A. 引发了近代自然科学的革命

B. 推翻了天主教会旧的宇宙观

C. 继承和发展了哥白尼的思想

D. 开创了从实验中认识自然的方法

4. (2010年江苏调研)达尔文生物进化论对人类社会发展的影响是　　　　　　（　　）

A. 使人类思想认识发生了飞跃
B. 提出了变异的概念
C. 摧毁了教会的神学体系
D. 揭示了人类社会的发展规律

5. (2010年合肥月考)马克思视蒸汽机为资本主义时代的标志,下列说法能证明这一点的有　　（　　）
①蒸汽机是工业革命时代的象征　②蒸汽机解决了当时工业发展的动力问题　③蒸汽机促进了汽船与蒸汽机车的发明　④以蒸汽机为标志的工业革命改变着整个世界
A. ①②③　　B. ①③④　　C. ②③④　　D. ①②③④

6. (2010年南昌模拟)20世纪90年代以来,信息经济的发展迅速,美国提出建立"全美信息高速公路计划",日本和西欧国家纷纷推出激励政策鼓励发展信息技术。这说明了　　（　　）

A. 大国争夺世界的斗争日益激烈
B. 信息经济是当今经济发展的一大趋势
C. 帝国主义国家之间矛盾不可调和
D. 大国间的竞争处于无序状态

7. (2011年天津模拟)20世纪初,提出光量子假说,解决经典物理学无法解释的光电效应问题的科学家是　　（　　）
A. 普朗克　　　　　　B. 麦克斯韦
C. 玻尔　　　　　　　D. 爱因斯坦

8. (2011年福建模拟)下图是一张历史研究性学习活动宣传海报的配图。据此判断,下列标题中最适合于这份海报的是　　（　　）

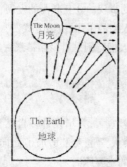

A. "超越时空的梦想"
B. "探索与发现:海王星"
C. "普朗克的假说与验证"
D. "比萨斜塔——亚里士多德力学学说的终结"

9. (2011年江苏模拟)"把能量的变化看成是跳跃式的进行,成功地解释了经典理论无法解释的某些现象,打破了经典物理学中一切过程都是连续变化的观念。"这一理论的诞生主要是由下列哪一问题引起的?　　（　　）
A. 研究热辐射　　　　B. 揭示时空本质属性
C. 解释光电效应　　　D. 预测未知行星方位

10. (2011年广东模拟)"对建立在理性基础上的工业社会表示怀疑,不屑于表面的客观真实,致力于探索离奇别致的形式技巧。"具有这一创作精神的作者是　　（　　）
A. 雪莱　　B. 毕加索　　C. 贝多芬　　D. 巴尔扎克

11. (2010年锦州第二次教学质量检测)西方历史学家指出:"当人们谈及最近几代人中被传入日本等东方国家的西方文明时,我们不是指希腊罗马哲学和人文主义思想,也不是指日本的基督教化,而是指在17世纪后半叶开始改变西方面貌的科学、思维模式和文明的所有工具。"这里的"开始改变西方面貌的科学、思维模式和文明的所有工具"是指　　（　　）
A. 牛顿创立经典力学
B. 瓦特改良蒸汽机
C. 达尔文生物进化论
D. 爱因斯坦相对论

12. (2010年北京市朝阳区第二学期第二次统一考试)德意志诗人诺瓦利斯(1772—1801)提出"哲学是全部科学之母,科学的发展又会推动哲学的进步",他所依据的应是　　（　　）
A. 牛顿及其《自然哲学的数学原理》
B. 达尔文及其《物种起源》
C. 赫胥黎及其《人类在自然界的位置》
D. 爱因斯坦及其"相对论"

13. (2010年安庆第二次模拟考试)1882年4月19日,达尔文因病逝世,人们为了表达对他的敬仰,把他葬在牛顿的墓旁。下面哪一句话可以最恰当地解释人们的这种做法　　（　　）
A. 牛顿把造物主从无生命的认知领域中驱逐出去,而达尔文把造物主从有生命的研究领域驱逐出去了
B. 他继承和发展了牛顿的经典力学,使牛顿的力学体系成为近代最具影响力的力学体系
C. 他和牛顿在同一兴趣领域有着惊人的洞察力和坚韧不拔的探究精神
D. 进化论对人类文明进程的影响要远远大于牛顿经典力学对人类文明进程的影响

14. (2010年皖南八校第二次联考)诺贝尔奖得主杨振宁教授近日在中山大学讲,20世纪20年代物理学"遍地黄金",爱因斯坦26岁时一年写出三篇震惊世界的文章,"因为物理学几大原则问题正在等待破解"。爱因斯坦破解的"黄金"及其作用是　　（　　）
A. 相对论、改变了人们认识世界的角度
B. 相对论、否定了经典力学的相对时空观
C. 经典力学体系、改变了人们的认识论
D. 量子论、对微观世界认识取得革命性变化

15. (2010年惠州模拟考试)扩大就业是全世界共同关注的一个社会问题。科技创新为人类提供了更多的就业机会,造就了许多新职业。下列职业出现的先后顺序是　　(　　)
①电影放映员　　　②空姐
③火车司机　　　　④网络管理员
A.①④②③　　　　B.③①②④
C.③②①④　　　　D.①④③②

16. (2010年烟台第二次模拟考试)一项对西方七大工业国就业结构演变的研究发现,这些国家近几十年来出现了一些共同的变化:农业就业人数大幅度下降;传统制造业就业人数持续下降;生产服务和社会服务兴起……管理、专业性和技术性的工作快速增加。上述变化产生的根本原因是　　(　　)
A.互联网的诞生　　　B.城市化进程加快
C.政府对经济的干预　　D.科学技术的发展

17. (2010年重庆卷)科学技术是国家综合实力的重要体现。阅读材料,回答问题。
　　材料一　郑和当时建造的超大型宝船长140多米,宽57米是史无前例的。(建造宝船的)巨型船坞,在中国历史上亘古未有,在当时世界上也无与伦比。它是中世纪中国造船业在全世界遥遥领先的明证。郑和船队的航海技术在当时世界上也是独领风骚的。15世纪初,是中国人称雄海上的时代,这是全世界公认的事实。
　　　　　　　　　　　——摘编自韩胜宝《郑和之路》
　　材料二　江南制造总局造船厂,1868年已着手建造螺轮蒸汽舰了。造螺轮蒸汽舰是1845~1850年间在欧洲推广使用的。1850年后被用于军事。
　　　　　　　　　　　——摘编自徐泰来《中国近代史记》
　　克服技术的落后是一个巨大的困难,尤其是当那些西洋顾问和教习自己就不很专业时,更是如此。自强规划所造出的枪炮舰船的性能及其低劣,这就导致需要不断从国外购置枪炮。
　　　　　　——徐中约,《中国近代史,1600~2000:中国的奋斗》
　　材料三　1958年起,由聂荣臻主持的国防科技研究已迈开步伐。党和政府克服苏联政府单方面撕毁协议、撤走专家、停止供应设备所造成的严重困难,自力更生发展国防科技工业,终于取得了国防极端技术的重大突破。中国

国防尖端技术的巨大发展,标志着中国国防现代化建设进入了一个新的阶段,大大加强了我国的国防力量,也集中代表了我国科学技术当时达到的新水平,提高了中国的国际地位。
　　　　　　　　　　　——摘自何沁《中华人民共和国史》
　　材料四　19世纪70年代,德国瞄准对重工业和新工业发展有决定影响的科技领域,设立许多科学研究机构。俾斯麦鼓励德国学子去学习和掌握德国还没掌握的高新科技。特拉瑙带回了爱迪生的电灯制造专利权。1883年创办德国爱迪生公司。电气工业的发展是造成德国90年代德国经济繁荣的基本因素。1851年至1900年,在重大科技革新和发明创造方面德国超过英法之总和,仅次于美国,居世界第二位。
　　　　　　　　　　　——摘编自丁建宏《德国通史》
　　(1)根据材料一说明造船、航海技术对郑和下西洋的作用。结合所学知识,追述唐宋时期造船、航海的主要科技成就。

　　(2)根据材料二,归纳洋务企业制造军舰的技术状况。结合所学知识说明洋务运动失败的外部原因。

　　(3)根据材料三,指出我国国防尖端技术大发展的作用。结合所学知识,回答"文化大革命"前我国"国防尖端技术重大突破"的表现。

　　(4)根据材料四,归纳德国发展高新科技的途径。结合所学知识,分析科技发展对当时德国经济的影响。

　　(5)你对发展我国科学技术有何建议?

一年冲刺母题

【母题】阅读下列材料:
　　材料一　早在19世纪50年代,马克思就曾预言"蒸汽大王在前一个世纪中翻转了整个世界,现在它的统治已到末日,另外一个更大无比的革命力量——电力的火花将取而代之"。

　　材料二　法国某家媒体在2002年初刊登了声称是19世纪法国著名文学家雨果遗稿的一个片段:"星期二,我站在窗前,看到5楼的姑娘出门到自动取款机上换取欧元,她肩上挎着包,身后跟着一条摇着尾巴的小狗。"

吉鸿昌慷慨就义
　　"恨不抗日死,留作今日羞。国破尚如此,我何惜此头?"这是抗日名将吉鸿昌临刑前写下的一首气壮山河的就义诗。吉鸿昌,河南扶沟县人。1913年入冯玉祥部当兵,因骁勇善战,从士兵升至军长。1930年9月接受蒋介石收编,但不愿替蒋打内战,态度消极,被蒋介石解除兵权,遂环游欧美,发表抗日演说,寻求国际声援。1932年4月,吉鸿昌在北平加入中国共产党,1933年5月,与冯玉祥、方振武在张家口建立察哈尔民众抗日同盟军,任第2军军长、北路前敌总指挥。1934年参与组织中国人民反法西斯大同盟,被推为主任委员,秘密印刷《民族战旗》报,宣传抗日,联络各方,准备重新组织抗日武装。11月9日,在天津法租界被捕,被杀害于北平陆军监狱,时年39岁。

材料三 全球超级计算机500强评选始于1993年,每半年评选一次。评选主要由美国劳伦斯·伯克利国家实验室、田纳西大学和德国曼海姆大学等相关机构根据世界范围内超级计算机的性能共同完成。最新的全球超级计算机500强于2007年7月4日揭晓,前10名均为美国公司所占据。冠军由美国的"蓝色基因/L"蝉联。它的速度达到每秒280.6万亿次浮点运算。上一届评选入围的标准是2.737万亿次每秒,本次的标准提高到4.005万亿次每秒。

——2007年7月5日人民网

请回答:

(1)根据相关知识说明"电力的火花"取代"蒸汽大王"的过程中,最关键的科学发现和发明有哪些?

(2)根据你所学的历史知识判断该片段是否出自雨果的遗稿?请说明理由。

(3)当今超级计算机领域的发展主要呈现出哪两大特点?

(4)20世纪中期以来,美国是怎样逐步进入信息化社会的?

【解析】解答第(1)问、第(4)问可以回忆所学有关知识回答即可;第(2)问要注意分析材料上和历史史实不符的表现;第(3)问要紧紧依靠材料分析归纳其特点。

【答案】 (1)1831年,法拉第发现电磁感应现象;长距离的输变电技术的发展。

(2)不是。理由:第一,自动取款机应是第三次科技革命的成果;第二,欧元正式流通是在2002年。

(3)美国在超级计算机领域具有绝对垄断地位;全球超级计算机的整体运算速度大幅提高。

(4)20世纪40年代,美国人发明了世界上第一台电子计算机,奠定了现代信息技术的基础;20世纪60年代,互联网在美国产生,信息化社会开始出现;20世纪90年代,知识经济首先在美国出现。

【变题1】 科学技术是第一生产力,对人类社会和世界面貌的变化有着巨大的影响。

材料一 在过去**200**多年里,人类发明了轮船、火车、电话、电报、电视、原子弹、电子计算机、人造卫星等。1969年问世,1993年才对公众开放的因特网迅速发展,计算机网络已经把全世界联成一个"地球村"。

材料二 从嫦娥奔月的古代神话,到明代万户尝试以火箭为动力飞行,翱翔太空一直是中国人的梦想。在众多科学家的努力下,我国自行研制的神舟六号双人多天载人航天飞船于2005年10月成功发射并安全返回。

请回答:

(1)从18世纪至今,人类已经经历了三次科技革命,请分别说明三次科技革命开始的时间以及把人类社会带入了什么时代?

(2)每次科技革命都会产生许多新兴工业部门,试各举一例说明。

(3)科技革命在日新月异改变世界面貌的同时,也使世界各民族各国家之间的联系日益紧密。请以前两次科技革命为例,说明资本主义世界体系是怎样形成的?

【变题2】 阅读下列材料:

恩格斯说:"科学是一种在历史上起推动作用的、革命的力量。"下图显示了社会生产力发展和工业发展之间的关系。

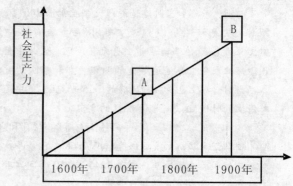

请回答:

(1)指出A、B两点对应的历史时期的科技革命的主要标志和新工业部门的变化。

(2)概括说明科学技术在上图A、B两点所对应的历史时期中所产生的作用和影响。

(3)A、B两点对应的两个时期的科技革命分别给中国带来了什么影响?

智趣素材

苏南敌后抗日根据地女英雄——孙晓梅

　　孙晓梅,1914年生,浙江富阳人。七七事变后,在浙江海宁仲路小学教书的孙晓梅联络爱国教师和进步青年,积极参加抗日活动。1940年夏,孙晓梅奉命随工作队奔赴苏南敌后抗日根据地,开展民运工作。同年9月加入中国共产党,并先后担任中共武进县委妇女部长、中共镇丹中心县委民运工作队长。1941年10月,孙晓梅奉调到中共长江工委,负责长江工委与路北特委间的政治交通工作。1943年,日伪军开始大规模"清乡",孙晓梅不幸被日军宪兵抓住。面对凶残的日本侵略者,孙晓梅宁死不屈,大义凛然,怒斥敌人:"你们这些侵略者,掠我国土,屠我同胞,无恶不作,妄想让我背叛祖国,做你们的帮凶,那真是白日做梦!"日军宪兵恼羞成怒,用极其残忍的手段杀害了她,孙晓梅壮烈殉国,年仅29岁。

第5单元　近代中国的思想解放潮流

考纲解读导航

考试内容

1. 从"师夷长技"到维新变法
(1)"开眼看世界"
(2)"中学为体,西学为用"
(3)维新变法思想
2. 新文化运动与马克思主义的传播
(1)《新青年》诞生
(2)新文化运动

(3)马克思主义传入中国

能力要求

1. 了解鸦片战争后中国人学习西方,寻求变革的思想历程,理解维新变法思想在近代中国社会发展进程中所起的作用。

2. 概述新文化运动的主要内容,探讨其对近代中国思想解放的影响。

3. 简述马克思主义在中国传播的史实,认识马克思主义对中国历史发展的重大意义。

三年高考命题

1. (2009年全国文综一)1917年,李大钊撰文指出:"孔子者,历代帝王专制之护符也;宪法者,现代国民自由之证券也;专制不能容于自由,即孔子不当存于宪法。今以专制护符之孔子,入于自由证券之宪法,则其宪法将为萌芽专制之宪法,非为孕育自由之宪法也。"李大钊在此强调的是（　　）
A. 批判封建皇权
B. 反对尊孔复古
C. 捍卫《临时约法》
D. 倡导科学精神

2. (2009年高考广东单科)梁启超说:"我国蚩蚩四亿之众,数千年受制于民贼政体之下,如盲鱼生长黑壑,不知天地间有□□二字。"省略的两字最可能是（　　）
A. 君主　　B. 民权　　C. 西学　　D. 科学

3. (2009年高考广东单科)1929年5月4日,国民党上海特别市执行委员会宣传部编辑的《五四特刊》认为,五四运动输入的西洋思想"不是陈腐便是过火"。"过火"的思想指的是（　　）
A. 马克思主义　　　　B. 自由恋爱观
C. 实业救国论　　　　D. 民主和科学思想

4. (2009年高考广东文科基础)近代某思想家说:"然则必欲予民权自由,何必定出于革命乎? 革命未成,而国大涂炭,则民权自由,且不可得也。"这位思想家主张（　　）
A. 民主共和　　B. 改良维新　　C. 暴力革命　　D. 君主专制

5. (2010年福建文综)下图为某名人陵墓护栏上镌刻的文字,其含义反映了该名人的社会发展观。据此判断他是（　　）

惟适之安

A. 顾炎武　　　　　　B. 林则徐
C. 洪秀全　　　　　　D. 严复

6. (2010北京文综)"君为主,则必尧舜之君在上,而后可久安长治;民为主,则法制多纷更,心志难专一。究其极,不为流弊。惟君民共治,上下相通,民隐得以上达,君惠亦得以下逮"。根据材料和所学知识,判断这段文字的作者是（　　）
A. 魏源　　B. 王韬　　C. 宋教仁　　D. 胡适

7. (2010湖南文综)19世纪中期,许多与西学相关的"日本新词"来自中国,而在20世纪初年,大量与西学相关的"日本新词",如劳动、方针、政策、理论等迅速传入中国。出现这一变化的决定性因素是（　　）
A. 中国留学日本人数增多
B. 中国在甲午战争中战败
C. 日本明治维新成效显著
D. 日本先于中国接触西学

8. (2010全国Ⅱ卷文综)革命党人陈天华说:"国家譬如一只船,皇帝是一个舵工,官府是船上的水手,百姓是出资本的东家……倘若舵工水手不能办事,东家一定要把这些舵工、

智趣素材

冈村宁次把章盖歪

1945年9月9日8时52分,悬挂在受降席和投降席上方的四个水银灯,突然大放光明,中国战区最高统帅蒋介石的受降代表何应钦进场。随后,日本投降代表冈村宁次一行七人进入会场。何应钦验毕签降代表证件后将投降书交冈村宁次。冈村宁次低头展阅,取笔蘸墨。这时他的手直抖,还揿了揿毛笔的毛,写的时候手抖得更厉害,在降书上艰难签下"冈村宁次"四个字。然后他掏出图章,抖着手盖上。当时冈村宁次把章盖歪了。冈村宁次脸色一沉,站起来又给何应钦鞠了一躬。这鞠躬,大概一是表示128万侵华日军向你们投降了;二是表示对不起,章盖歪了。9时15分,何应钦宣布受降仪式结束,并发表广播讲话。

水手换了，另用一班人，才是道理。"这一言论体现的观念是 （ ）

A. 天赋人权　　　B. 主权在民
C. 君民共主　　　D. 民贵君轻

9. (2009 年高考上海单科)下列晚清时期的言论符合这幅漫画主题的是 （ ）

A. "师夷长技以制夷"
B. "中学为体，西学为用"
C. "扶清灭洋"
D. "轮车、电邮、机械、百出夷人亦妖术也"

10. (2010 年江苏单科)近代史上，顽固派"其貌则孔也，其心则夷也"的指责主要针对下列哪位人物的思想主张？ （ ）

A. 魏源　　B. 李鸿章　　C. 康有为　　D. 孙中山

11. (2010 年福建文综)李大钊在《史学要论》中指出，"一时代有一时代比较进步的历史观，一时代有一时代比较进步的知识；史观与知识的不断进步，人们对历史事实的解喻自然要不断的变动。"他在这里强调历史研究要 （ ）

A. 与时代同行　　　B. 有历史观引导
C. 为现实服务　　　D. 充分掌握史实

12. (2009 年高考上海单科)郑观应主张："欲富华民，必兴商务，欲兴商务，必开会场。欲筹赛会之区．必自上海始。上海为中西总汇，江海要冲……"。在郑观应看来，上海首办"赛会"(世博会)的有利条件是 （ ）

A. 思想文化开放，是改良思想的实践地
B. 商贸较为发达，日益成为国际大都市
C. 物产丰富多样，是民族工业的发源地
D. 生活水准较高，有比较大的观众群体

13. (2010 年广东文综)"民众以为清室退位，即天下事大定，所谓'民国共和'则取得从来未有之名义而已。至其实质如何，都非所问。"这说明 （ ）

A. 辛亥革命具有坚实的群众基础
B. 新文化运动具有历史必要性
C. 国民革命结束了君主专制制度
D. 君主立宪得到民众的普遍支持

14. (2010 年北京文综)1903 年有人指出："选官之祈以神，断案之祈以神……以重要家国大事而轻付虚空无凭，泥塑木雕之一掷，迂愚如斯，固执如斯。"这反映作者 （ ）

A. 抨击迷信思想　　　B. 痛斥君主专制
C. 批判宗法制度　　　D. 回击复古逆流

15. (2010 年湖南文综)1902～1906 年，京师大学堂师范馆只有学生 512 人，其中举人 62 人、贡生 48 人、生员 232 人、监生 84 人等。这表明此时 （ ）

A. 传统教育制度稳定发展
B. 新式学堂教育得到普及
C. 学生以求取功名为目的
D. 教育制度处于转型时期

16. (2010 年江苏单科)"所谓立宪政体，所谓国民政治，果能实现与否，纯然以多数国民能否对于政治，自觉其居于主人的主动的地位为唯一根本之条件。"这反映陈独秀提倡新文化运动的根本出发点是 （ ）

A. 传播西方进化论与人性思想
B. 打击袁世凯尊孔复古行径
C. 抨击立宪道路，号召暴力革命
D. 批判封建思想，唤醒民众觉悟

17. (2009 年高考山东文综)书籍承载文化，传播知识，是人类的精神食粮和社会进步的阶梯。阅读材料，回答问题。

材料一　为学者，必有初。小学终，至四书。
论语者，二十篇。群弟子，记善言。
孟子者，七篇止。讲道德，说仁义。
作中庸，子思笔。中不偏，庸不易。
作大学，乃曾子。自修齐，至平治。
孝经通，四书熟。如六经，始可读。
诗书易，礼春秋。号六经，当讲求。
　　　　　　　　　　　　　　　——《三字经》

(1)材料涉及了儒家的哪些主要思想？承载这些思想的儒家经典在历史上发挥了怎样的积极作用？

材料二　若是我们要指定中世纪科学终结是哪一年，我们就推举 1543 年，那年根据实验方法而确立的两本基本的近代著作出世了，一本是维萨留斯所著《人体结构》，一本是哥白尼所著《天体运行之道路》。
　　　　　　　　　　　　　——桑戴克《世界文化史》

(2)上述两本著作对"人体"和"天体"的研究，反映出当时在思想和科学领域出现了哪些新的变化？

八路军第一个大胜利

智趣素材

新华社前线来电　我八路军(即红军)之一部于廿四日在晋东北地方与日军数千人接触，内有骑兵数百人，激战数小时之久。我军全体将士奋勇杀敌，结果把进犯日军全部击溃。是役我军大获胜利，缴获轻重机枪步枪三四百支，钢炮一门，汽车六十余辆，摩托车三辆，炮弹二千余发，其他军用品甚多。俘房日军四五百人，打死日军三百余人，一小部日军向北逃去，我军乘胜占领了敌人几个重要阵地。这是我八路军在抗战中的第一个胜利！

又电　我军于廿四日战斗胜利后，积极向前推进，廿五日又与故军在某地发生激战，我军士气非常旺盛，全部将敌击溃，消灭故军千余人，缴获步枪及其他军用品无数，我军乘胜追击一百廿余里。

(原载 1937 年 9 月 29 日《新中华报》)

材料三　梁启超《西学书目表》(1896 年)

上卷:"西学"诸书	算学、重学、电学、化学、声学、光学、地学、全体学、动植物学、医学、图学
中卷:"西政"	诸书史志、官制、学制、法律、农政、矿政、工政、商政、兵政、船政
下卷:杂类之书	游记、报章、格致

——黄爱平等《西学与清代文化》

(3)根据材料并结合所学知识,说明"上卷"诸书的传播对近代中国社会发展的积极影响。"中卷"诸书的翻译出版反映出当时"西学东渐"有何新的发展?

(4)关于人文知识和科技知识在社会发展中的作用,有人认为前者重要,有人认为后者重要,结合史实谈谈你的观点。

复习攻略

一、整体感知

本单元讲述了近现代中国的先进思想,以儒家思想为主流的中国传统思想在鸦片战争中遇到西学的挑战。在长达一百多年的探索过程中,人们每前进一步,都会经历新旧文化的激烈交锋。从学造器物、仿行制度到提倡思想解放,不断探求强国之路。这是近代中国人向西方学习的渐进过程,也是近代中国人思想不断解放的过程,最终在 19 世纪末 20 世纪初奠定了西学的主流地位。20 世纪初期的马克思主义代替西学,最终结束了近代主流思想的演变。

近代思想的最大特点是西方资产阶级观念的传入与渗透。"向西方学习"是近代前期进步思想的主流。

二、各个击破

1. 正确认识"师夷长技以制夷"的思想

(1)含义:利用外国先进科学技术武装自己,以抵御外国的侵略,使国家走上富强的道路。

(2)背景:它是在民族危机的严峻形势下提出的。鸦片战争中,中国连连失利,使一些爱国知识分子猛醒,开始抛弃旧观念,注目世界,关心时局。

(3)影响:这一主张集中了新思想的精髓,有力地激发了爱国知识分子向西方学习的热潮。

2. 对"中学为体,西学为用"的理解

"体"和"用"是一对古老的哲学范畴,"体"指事物的主体、本质;"用"指由主体派生,或为主体服务的表现形式。所谓中学,是指中国传统文化,特别是儒家的纲常名教;所谓西学,指西方文化,主要指近代科学技术。"中学为体"就是主张以中国的纲常名教作为决定国家社会命运的根本;"西学为用"就是主张采用西方资本主义国家的近代科学技术,来挽救江河日下的清王朝。"中体西用"是传统和现代观念的混合物,是洋务派及其洋务运动的指导思想和理论依据。其核心是中国的传统文化是立国之根本,西方的近代文化是巩固根本的手段;其实质是在不触动封建制度的前提下,学习西方先进的科学技术,维护清朝统治。它继承了林则徐、魏源的"师夷长技以制夷"的主张,并结合中国社会的实际使之更趋系统化、纲领化。但是,这一思想中的"中学"与"西学"、传统和现代之间的矛盾冲突并未消除,影响了其对西方文化的深入理解和运用,加之把西学的"用"嫁接到中学的"体"上,严重削弱了它与传统观念相抗衡的力量,也直接决定了此思想指导下进行的洋务运动"欲富而不强"的悲剧性结局。

(1)兴起的背景:第二次鸦片战争后,清政府面临内忧外患的严重危机,随着西学的传播,用什么来维护封建专制王朝统治被提上了议事日程。

(2)目的:为了维护清朝的统治。

(3)论战:洋务派与顽固派论战的焦点是采用什么方式来维护清朝的统治。洋务派主张用西方的科学技术来维护大清国体;顽固派则主张"以忠信为甲胄,礼义为干橹",抵御外侮。论战最终以洋务派占上风而告终。

(4)实践及影响:洋务派继承了"师夷长技以制夷"的思想,以"自强"、"求富"为名,在 19 世纪 60 ~ 90 年代掀起了一场"师夷长技以自强"的洋务运动。他们创办军事工业、民用工业、建立海军、兴办新式学堂、派遣留学生等,为中国近代工业的起步、国防近代和人才培养等方面发挥了积极的作用。虽然由于坚持"中体西用"未触动封建制度而失败,但在向西方学习方面,洋务运动迈出了实践的第一步,对中国的近代化影响很大。

3. 洋务思想与林则徐、魏源等人的思想的关系

洋务思想是对"师夷长技以制夷"的继承和发展,具体表现在:

(1)目的上,都主张利用西方先进技术抵御外国的侵略,根本目的都是维护清朝专制统治的纲常礼教。

(2)方法和步骤上,都主张从西方引进先进军事技术,不同之处是林则徐等人的主张没有完全实行,只停留在"知夷"的层面上,而"中体西用"思想则进行了长达 30 多年的实践。

(3)结果都冲击了传统的保守观念,为西学在中国的传播创造了良好的舆论环境,但最终都失败了。

智趣素材

抗战时东北人民在怎样生活着?

日寇对东北人民的压榨虐杀,自"九一八"事变以后固然没有停止过;但到 1943 年起了根本性的变化。敌人因为要准备世界战争,所以什么凶恶的手段都使出来了。在所谓"农业转移"和"商业转移"的怪口号下,日本强盗大规模地抢掠我国的大地主大资本家,许多巨富的同胞就在一些可笑的代价底下丧失了全部所有。中小地主的田地也被强迫廉价圈去,他们只好去垦荒过活。对于中小商人,规定每户资本要够多少才准营业,否则也不准倒闭,必须合并起来,而这种资本的定额不断提高,弄得大批商家永远失去了支配自己财产的自由。至于衣食日用,无论贫富老幼都由敌人"配给"粮食,不够量还掺杂,米粮麦子就算有钱也买不着。

4. 康梁维新思想产生的背景和条件

（1）甲午战争之后，中国民族资本主义有了进一步发展，民族资产阶级作为独立的政治力量登上历史舞台，这为资产阶级的活动提供了物质和阶级的基础。

（2）甲午战争之后，帝国主义强占"租借地"、划分"势力范围"，掀起瓜分中国的狂潮，中华民族面临严重的危机，为挽救民族危机和民族危亡，康有为、梁启超等人奋起探索。

（3）早期维新派的思想为康梁维新思想的产生提供了一定的思想基础。

（4）西方资产阶级思想的传入。

5. 关于维新思想

维新思想分为两个阶段：19 世纪 60 年代以后产生的早期的维新思想与 19 世纪 90 年代的康梁维新思想。

（1）早期维新思想的特点：

①在政治、经济、文化等方面都提出一些具体的改革主张。

②没有形成完整的理论，没有付诸实践。

（2）康梁维新思想的特点：

①把西方资本主义的政治学说同传统的儒家思想结合起来。康有为借助经学的外衣向封建传统思想大胆挑战，有力地冲击了顽固守旧势力，奠定了资产阶级维新变法的理论基础。

②把维新思想转变为维新变法运动，最终推动戊戌变法的实现。康有为和梁启超创办学堂、创办报纸，宣传维新变法思想，领导"公车上书"，创办政治团体，与顽固派展开论战等，使维新运动在全国开展起来。

（3）成因：

①封建顽固势力强大，资产阶级力量弱小，不敢也不能够与封建势力彻底决裂，表现在文化上，康有为借助古代文化形式来表达他的新思想，以减少变法的阻力。

②维新派对自己的理论认识肤浅。他们的思想是从西方引进来的，然后把外国的东西加以民族化，并非是社会实践的产物。

③康有为本人是一位今文经学大师，对儒学有很深的研究和深厚的感情，他深知儒学在中国人心中的地位和影响，采取"儒学"方式更有利于维新思想的传播。

（4）评价

①进步性

a. 康梁维新变法思想的进步性在于变法图存和发展资本主义的主张，反映了正在发展中的民族资产阶级的利益和政治要求，也代表了当时一些爱国者的心声。

b. 极大地冲击了传统封建主义思想，也动摇了封建顽固势力反对维新变法的理论基础。

c. 康梁的维新思想在社会上引起强烈的反响，有力地推动了维新变法运动的开展，也促进了人们的觉醒，为戊戌变法奠定了思想基础。

②局限性：康梁维新思想的局限性在于反对封建制度又从维护封建制度的传统思想中找根据，没有完全抛弃传统的儒家理论，体现了民族资产阶级的软弱性，而这必然导致维新变法运动的失败。

6. 对洋务派、早期维新派、维新派的认识

（1）联系：

①洋务派开展洋务运动，改革中国的教育，使一大批有志知识分子开阔了眼界，其中一部分人成为早期维新派。早期维新派宣传西学，为康梁维新思想的产生奠定了基础。

②他们都主张学习西方。洋务派主张"师夷长技以自强"；早期维新派主张学习西方，注重商战，还有人主张实行君主立宪；维新派力争在中国建立君主立宪制。

（2）行动和结果：①洋务派自 19 世纪 60 ～ 90 年代，在中国掀起一场洋务运动，甲午战争的失败宣告了它的破产；

②早期维新派没有将其主张进行实践；

③以康梁为代表的维新派领导戊戌变法运动，结果被以慈禧太后为首的顽固势力所镇压。

（3）原因：

①洋务派只主张学习西方的先进技术，而不主张改革中国腐朽的封建制度，这是其运动失败的根本原因；

②早期维新派的主张之所以没有实施，是因为当时中国资产阶级刚刚产生，力量弱小，还没有形成独立的政治力量；

③维新派所领导的戊戌变法之所以失败，根本原因在于民族资产阶级的软弱性和妥协性。

7. 19 世纪晚期中国的维新变法思想与 18 世纪法国启蒙思想的比较

（1）相同点：都反对封建专制统治，主张政治上兴民权。

（2）不同点：

①作用不同：法国启蒙思想为 18 世纪末法国资产阶级革命作出了充分的舆论准备，成为强大的思想武器，革命推翻了封建制度，建立起资本主义制度；中国的维新思想则促成了戊戌变法，并力图改变中国的现状，以实现独立、进步和富强，但变法却如昙花一现，很快夭折了。

②原因不同：19 世纪末中国资本主义经济发展的程度远不如 18 世纪的法国，中国民族资产阶级具有突出的软弱性和妥协性，因而维新思想缺乏坚实的社会基础，其革命性远逊色于法国；同时，法国启蒙思想经历了近一个世纪的发展历程，形成了完整的体系，而维新思想则是在中国社会封建传统十分顽固和民族危机加深的条件下仓促形成，缺乏比较成熟的理论基础。

8. 新文化运动前期各项内容之间的关系

（1）提倡民主与科学是新文化运动前期的指导思想。提倡民主，反对专制，提倡科学，反对愚昧和迷信，用民主与科学同封建主义进行斗争成为新文化运动的主要内容。

北大的报告

　　北大的报告有它自己的特色：第一，报告多，隔三差五，一个学期能听到好几次大报告；第二，报告人的身份高，很多是中央首长。据说，1952 年，马寅初上任北大校长时，毛泽东曾找他谈话，问有什么困难和要求。马老说：只有一个简单的要求，"以后我请谁到学校里去作报告，可要得到保证！"毛泽东笑着说："这条我保证！以后你想请谁，我就保证他随叫随到！"果然，后来马老陆续请来许多中央首长作报告。这大概就是北大报告的特色的由来。据说，马老到北大的当年 9 月，就请到周恩来总理讲知识分子的思想改造问题，从下午 2 时开讲，整整讲了五个小时，是名副其实的大报告。

(2)提倡新道德是提倡民主科学的前提。提倡民主就是反对封建专制,而封建专制是建立在儒学旧道德基础之上的,所以反对封建礼教、反对旧道德就是反对封建专制制度,就是摧毁专制制度的根基,让民主共和的思想更加深入人心。

(3)提倡新文学和白话文,是传播民主与科学的载体。文学革命扩大了民主与科学在社会上的影响,民主与科学正是凭借广大民众易于接受的白话文得到广泛传播的。

综上所述,民主与科学是新文化运动反对封建专制制度的武器,文学革命是宣传民主与科学的手段,提倡新道德是新文化运动的归宿。

9. 新文化运动的特点及局限性

(1)特点:

①它与当时关系到中华民族生存的群众性反帝爱国运动密切联系在一起,从而使自己获得了借以开拓前进的契机和力量。

②在文化选择上,敢于勇敢地面向世界。

③以科学和民主为旗帜,使当时那场异常复杂的文化运动有了统一的方向。

④抓住了要害,对当时作为阻碍中国社会向前发展的主要惰性精神力量——封建传统文化,进行了彻底的批判。

(2)局限性:

①五四运动以前的新文化运动带有明显的历史局限性,特别表现在局限于知识界,没有与工农群众的斗争相结合。

②新文化运动对东西方文化存在着绝对否定或绝对肯定的偏向。

10. 十月革命后新文化运动发展的趋向和性质变化

十月革命的胜利,给寻求救亡图存的中国先进分子带来重大影响,也决定了当时正在兴起的新文化运动的发展趋向。

初期的新文化运动属于资产阶级民主主义范畴。十月革命的胜利,使少数新文化运动的倡导者开始从激进的民主主义(资本主义)者转而成为接受马克思主义的人,从而使新文化运动增添了新的社会主义内容,这说明它已冲破资产阶级民主主义的范畴,出现了马克思主义的高潮。

11. 马克思主义在中国传播的原因

(1)根本原因是当时的中国已经具备了接受马克思主义的社会经济条件和政治条件。一战期间,中国民族资本主义的进一步发展,中国工人阶级的成长壮大和工人运动的深入发展,为马克思主义在中国的传播提供了阶级基础。

(2)从客观上说,中国是当时世界上民族矛盾和阶级矛盾最为尖锐的国家之一。中国的民主革命需要马克思主义这样一种先进思想的指导。

(3)新文化运动解放了人们的思想,为马克思主义在中国的传播创造了条件。同时五四运动又促进了马克思主义在中国的进一步传播。

12. 马克思主义思想与维新思想在中国传播的比较

(1)共同点:

①都撰写文章和翻译外国书籍。在维新宣传中,康有为写有《新学伪经考》、梁启超著有《变法通议》等文章宣传维新思想;在马克思主义的宣传中,李大钊先写了《布尔什维主义的胜利》《我的马克思主义观》等文章进行马克思主义的宣传。

②组建宣传的团体。在维新思想宣传中,维新派先后组织了强学会、保国会进行理论的宣传和政治上的活动,为维新变法运动扩大声势;而在宣传马克思主义的过程中,陈独秀、李大钊等先后建立了共产党的早期组织,促进了马克思主义的理论与工人运动相结合。

③同反对势力进行论战。维新派与顽固派围绕要不要变法、提倡西学、改革教育制度展开了激烈论战,这实际是资产阶级思想与封建思想的第一次正面交锋;新文化运动的后期在宣传马克思主义的过程中,胡适等人对马克思主义的宣传持反对意见,发表了《多研究些问题,少谈些"主义"》,实际上是反对马克思主义在中国的传播。李大钊发表《再论问题与主义》回击胡适的挑战,结果马克思主义以其先进性、科学性、革命性吸引了更多的先进分子。

④都与政治运动相结合。在维新思想的宣传中,康有为等人发起"公车上书",把政治思想的宣传定为社会运动的实践,1898 年进行了戊戌变法;马克思主义在传播过程中,新文化运动为马克思主义的传播奠定了思想基础,1919 年的五四运动使马克思主义的传播成为时代的主流。

(2)不同点:

①维新派在宣传的过程中利用传统儒学的权威,没有打出自己鲜明的旗号,体现了资产阶级的软弱性与妥协性,预示了维新变法运动的失败,并且维新思想的宣传严重脱离人民群众。

②马克思主义在宣传过程中,明确提出解决中国革命的问题就是需要马克思主义的指导,马克思主义也以其革命性、科学性吸引了广大人民群众,具有广泛的群众基础。

13. 新文化运动前后期的区别

(1)领导不同:前期是资产阶级民主主义者,后期是马克思主义者。

(2)指导思想不同:前期是民主和科学思想,后期是马克思主义。

(3)主要内容不同:前期以"民主""科学",反对专制迷信与封建道德、旧文学为主要内容,后期以传播马克思主义为主要内容。

(4)性质不同:前期属于资产阶级民主主义性质的思想文化运动,后期属于无产阶级的新文化运动。

(5)作用不同:前期动摇了封建思想的正统地位,促进了

八一五

有一巧合出现在 1945 年的 8 月 15 日。当年的 8 月 12 日,日本御前会议决定投降。8 月 14 日子夜,昭和天皇在宫内省进行"终战诏书"的录音。几乎同时,在首相官邸,官员向记者散发了"终战诏书"的抄件,并严格要求次日早报不能在中午"终战诏书"广播前投递和零售。8 月 15 日中午,电台开始播出昭和天皇宣读的"终战诏书"。据记载,从 8 月 15 日开始反复抄写"终战诏书"的海军大臣米内光政某日问秘书官:"谁知道诏书有多少字?"左右面面相觑,答曰不知。米内说道:算上印章上最后"御玺"二字,共计 815 字。"终战诏书"字数的"815"与发表时间"8·15"竟然巧合。

人们思想的解放,为马克思主义在中国传播创造了条件,后期揭开了新民主主义革命的序幕,为中国共产党的成立做了思想准备。

14. 近代前期中国思想界向西方学习的历程、特点

(1)第一阶段:从鸦片战争到甲午战争

主要内容:主要学习西方以坚船利炮为中心的物质文明,即"器物"观。

代表:林则徐、魏源:"师夷长技以制夷";洋务派:"中学为体,西学为用"。

特点:用西方先进的科学技术维护封建统治,挽救民族危机,停留在"器物"的表层阶段,对封建旧文化的根基并未有任何的触动。

(2)第二阶段:从甲午战争到辛亥革命

主要内容:主要学习西方政治制度,变革旧的封建体制。

代表:康、梁君主立宪政体方案;孙中山的民主共和方案。

特点:不仅学习西方的科学技术,还要学习西方的政治制度,通过发展资本主义挽救民族危机。这表明已发展到学习西方"制度"的深层阶段,但对封建文化也没有进行彻底的批判。

(3)第三阶段:新文化运动时期

主要内容:前期主要宣传民主和科学思想;后期宣传社会主义道路、马克思主义理论。

代表:陈独秀、李大钊、鲁迅等。

特点:彻底否定封建传统,清算封建制度的根基。后期宣传马克思主义,在向西方学习的道路上已经深入到"思想"的核心结构,在广度和深度上都超过以往任何一个时期,达到了高潮。但存在绝对否定的片面性,前期也没有同工农群众运动相结合。

知识结构梳理

一、开眼看世界

1. 背景:当英国鸦片走私船开始频繁出没于中国东南沿海时,清朝君臣对英国情况一无所知。

2. 代表人物:

①林则徐在禁烟期间,设立译馆,编译出_____、《各国律例》等资料。《四洲志》是中国近代第一部系统地_____林则徐成为中国_____的第一人。

②1842年,魏源编撰出《海国图志》阐述了_____的思想。《海国图志》是介绍西方历史地理最翔实的专著,引导着人们关注世界形势,对当时的_____有重要启迪作用。

二、中体西用

1. 背景:第二次鸦片战争结束后,面对内忧外患的形势,清政府内部的洋务派掀起了洋务运动。

2. 代表人物:曾国藩、_____、左宗棠等。

3. 主张:"中学为体,西学为用""师夷长技以自强"即肯定封建制度,强调以_____作为国家安身立命的根本,同时主张采用西方_____,拯救封建统治。

4. 意义:洋务派将魏源提出的"师夷长技"的思想付诸实践,创办了一批近代企业,开设了一批新式学堂,迈出了中国_____的第一步。

三、维新变法思想

1. 早期维新思想

(1)背景:①_____的开展。②中国_____的产生。

(2)代表及主张:①代表_____、_____等。②主张:a. 经济:发展_____,与外国进行_____。b. 文化:兴办学校,学习西方_____知识。c. 政治:主张革新,实行君主立宪制度。

(3)评价:没有形成完整的理论,但为康梁维新思想奠定了基础。

2. 康梁维新思想

(1)著书立说,宣传维新变法思想:①康有为撰写《_____》《_____》,借助_____的外衣,否定_____统治,宣传维新变法的必要性和合理性,其思想被称为"思想界之一大飓风"。②梁启超发表《_____》,抨击封建君主专制制度,宣传_____、设议院、变法图存的思想。③严复指出封建君主为"大盗窃国",主张国家属于人民,王侯将相是人民的公仆。

(2)发动"戊戌变法"运动:①_____年,光绪帝实行变法,结果失败。②性质:近代中国一次资产阶级改良运动。③影响:起到了_____的作用,促进了人民的觉醒,解放了思想。

四、新文化运动

1. 背景

(1)辛亥革命使西方的_____、自由、_____、博爱等思想得到进一步传播。

(2)一战期间,中国_____有了进一步发展,资产阶级强烈要求实行民主制度。

(3)袁世凯梦想恢复帝制,实行独裁统治,在思想文化领域掀起_____的逆流。

2. 概况

(1)代表人物:陈独秀、李大钊、胡适、鲁迅等。

(2)标志:1915年,陈独秀创办《_____》,倡导

智趣素材

延安为何吸引大批知识分子?

当年,抗日根据地、大后方和沦陷区,是三种完全不同的世界。若论生活和工作条件,根据地无疑是最艰苦的。知识分子来到这里,住的是窑洞,吃的是小米高粱,不但要学习和工作,还要参加生产劳动,甚至要拿起武器直接参加战斗。但是,这里没有专制而有民主,没有所谓书报检查而有自由研究的宽松环境。抗日根据地的民主氛围,不要说与沦陷区有天壤之别,就是与大后方也形成鲜明的对比。抗战中,各种政治力量都在争取知识分子,但结果是成千上万的知识分子不畏千难万险,奔赴延安和各抗日根据地,即使在大后方和沦陷区的知识分子,也逐渐将中华民族复兴的希望,寄托在共产党身上,原因就在这里。

与_____,揭开了新文化运动的序幕。

（3）阵地:《_____》。

（4）活动基地:_____。

3. 内容

（1）前期:①提倡_____与_____,反对专制和愚昧、迷信。②提倡_____,反对旧道德,提出了"_____"的口号。③提倡新文学,反对旧文学。胡适发表《_____》,陈独秀发表《文学革命论》,揭开文学革命的序幕,_____成为新文学的典范。

（2）后期:十月革命以后,以_____为代表的知识分子,竭力宣传马克思主义。

4. 前期的性质和作用

（1）是资产阶级反封建旧文化的斗争。

（2）冲击了_____的统治地位,使人们的思想得到了空前的解放。

（3）中国知识分子受到一次民主与科学的洗礼,也为_____在中国的传播创造了条件。

五、马克思主义传入中国

1. 过程

（1）1918年,李大钊发表《法俄革命之比较观》和《_____》《布尔什维克主义的胜利》等文章,第一次举起社会主义旗帜。

（2）1919年,五四运动的爆发,大大促进了马克思主义的传播,李大钊在《新青年》上发表《_____》,比较全面地介绍了马克思主义,促进了马克思主义的传播。

（3）通过创办报刊和成立研究马克思主义的社团来扩大马克思主义的传播。

（4）先进知识分子建立共产党早期组织,有计划地宣传马克思主义。

2. 意义

（1）一批先进知识分子包括陈独秀、毛泽东、邓中夏等人先后成为马克思主义者,并开始用马克思主义指导中国革命。

（2）1921年7月,_____诞生,以马克思主义为指导思想。

二年模拟训练

1. （2010年泰兴市模拟）"开眼看世界"的思想发展成一股社会思潮的原因不包括　　　　　　　　　（　　）

A. 鸦片战争前后,外国资本主义对中国的侵略加剧

B. 中西方之间的联系加强

C. 民族资本主义经济的发展

D. 以林则徐、魏源为代表的先进分子研究并介绍世界知识所致

2. （2010年北京西城抽样测试）近代一位历史人物认为:"盖自三权鼎立之说出,以国会立法,以法官司法,以政府行政,而人主总之——人主尊为神圣,不受责任,而政府代之。"这描述的是　　　　　　　　　　（　　）

A. 君主专制　　　　　B. 民主共和制

C. 君主立宪制　　　　D. 中体西用

3. （2010年泰兴市模拟）"自权利之祸于人心,破家族,削亲权,乱男女,蔑尊卑长幼,尽弃吾中国数千年之礼俗教治,而从事于其所谓平等自由之说。"材料反映的是对哪一历史事件后社会变迁的不满　　　　　（　　）

A. 鸦片战争　　　　　B. 维新变法

C. 义和团运动　　　　D. 新文化运动

4. 1920年,陈独秀在《谈政治》一文中指出:"我虽然承认不必从根本上废弃国家、政治、法律这个工具,却不承认现存的资产阶级（即掠夺阶级）的国家、政治、法律有扫除社会罪恶的可能性。"这一认识形成的主要原因是　（　　）

A. 新文化运动的兴起　　B. 国民革命运动的推动

C. 马克思主义的传播　　D. 中国共产党的成立

5. （2011年贵阳市高三四校联考）学者认为:"鸦片战争的军事失败还不是民族致命伤。失败后还不明了失败的理由,那才是民族致命伤。倘使同治、光绪年间的改革移到道光、咸丰年间,我们的近代化就要比日本早二十年。"这次发生在"同治、光绪年间的改革"对中国近代化的推动表现在　　　　　　　　　　（　　）

A. 实现了中国政治制度的根本性变革

B. 标志着中国近代工业的起步

C. 在中国发展资本主义

D. 促使西方民主自由思想的传播

6. （2011年北京市西城区高三期中考试）如果给下面三幅图片配上一个共同的主题,最合适的应是　（　　）

李鸿章　　　曾国藩　　　张謇

A. 抵御外国侵略的清朝官员

B. 推动近代工业发展的重要人物

C. 实业救国的倡议者

D. 追求立宪的代表

7. （2010年皖南八校第三次联考）康有为曾上书光绪帝:"臣读各国史,至法国革命之际,君民争祸之剧,未尝不掩卷而

流涕也。流血遍国中,巴黎百日而伏尸百二十九万,变革三次,君主再复,而绵祸八十年。"这说明康有为对革命的态度是 （ ）

A. 赞成革命,为革命流血是值得的
B. 赞成革命,法国的革命道路是正确的
C. 反对革命,革命会造成悲惨的后果
D. 反对革命,革命不利于实行民主共和

8.(2011年北京市西城区高三期中考试)史学家陈旭麓认为:"民族的反思,是在遭遇极大的困难中产生的。一百数十年来,中华民族的第一次反思是在鸦片战争后,渐知诸事不如人,只有学习西方。第二次则是反思何以学了西方仍然失败。"其中的"第二次反思"付诸政治实践开始于 （ ）

A. 第二次鸦片战争后
B. 甲午中日战争后
C. 八国联军侵华战争后
D. 抗日战争后

9.(2010年青岛模拟)有学者指出:"民国三四年的时候,复古主义披靡一时,什么忠孝节义,什么八德的建议案,连篇累牍地披露出来,到后来便有□□的结果。可见这种顽固的思想,与恶浊的政治,往往相因而至。"文中省略的两个字,最可能是 （ ）

A. 亡国   B. 革命   C. 帝制   D. 尊孔

10.(2010年南京市高三第三次模拟考试)陈独秀在《吾人最后之觉悟》中说:"自西洋文明输入吾国,最初促吾人之觉悟者为学术,相形见绌,举国所知矣;其次为政治,年来政象所证明,已有守缺抱残之势。继今以往,国人所怀疑莫决者,当为伦理问题。"对此材料理解正确的是 （ ）

A. 国人最先引进的是西方学术思想
B. 国人觉醒的主要障碍是传统伦理
C. 国人引进西方政治制度是成功的
D. 国人最后觉悟要引进马克思主义

11.(2010年广州综合测试)李大钊在《布尔什维克主义的胜利》中指出:1917年的俄国革命,是立于社会主义之上的革命。之所以能得出上述认识,主要是由于李大钊 （ ）

A. 最早举起社会主义大旗
B. 受马克思主义的影响
C. 受到民主与科学的洗礼
D. 站在中国共产党的立场

12.(2010年安徽蚌埠质检)风云激荡的百年中国,康有为把西方资本主义政治学说与儒家思想相结合,宣传维新变法思想;而新文化运动中激进民主主义者把矛头直指孔教,两者说明的共同问题是 （ ）

A. 儒家学说已不再适应时代的需求
B. 儒家学说已成为维新变法的有利工具

C. 儒家学说成为近代民主政治建设的阻碍
D. 儒家学说对中国社会的影响根深蒂固

13.(2009年宁波测试)1903年梁启超说,旧中国在家庭伦理方面发展了高度的个人道德观,但……在公共道德和公民操行方面……是不够的,他否定儒教中国的狭隘忠诚和以家庭为中心的自私观念,主张集体的民主和建立一个强大的国家。梁启超形成这样认识的原因有 （ ）

①民族资本主义的发展   ②西方民主思想的传播
③民族危机的空前加深   ④儒家思想被彻底否定

A.①②④   B.①③④
C.①②③   D.②③

14.(2011年广东省中山市实验高中高三期中试题)在中国史中会经常遇到"近代化"一词。百度词条对此解释:近代化就是指资本主义化。它包括:政治上的民主化、法制化,经济上的工业化、商品化,思想上的理性化、科学化。下列观点与近代化理念背道而驰的有 （ ）

①立国之道,尚礼义不尚权谋,根本之图在人心,不在技艺
②男练义和团,女练红灯照。砍倒电线杆,扒了火车道
③今为机器之世,多机器则强,少机器则弱
④立宪政体,取决公论;上下议院,实为行政之本
⑤我们现在认定只有这两位先生,可救治中国政治上、道德上、学术上的一切黑暗

A.②   B.①②   C.①③④   D.①②③⑤

15.(2009年山东模拟)阅读下列材料:

材料一 泰西近政论,皆言三权:有议政之官,有行政之官,有司法之官,三权立,然后事体备。以我朝论之,皇上则为元首,百体所从,军机号为政府,出纳王命……
——康有为《应诏统筹全局折》

材料二 自台湾事后(即1895年台湾人民反割台斗争),天下皆知朝廷之不可恃。人无固志,奸邪生心,陈涉辍耕于垄上……伏莽遍于山泽,教民遍于腹省……揭竿斩木,已可忧危。
——康有为《上清帝第五书》

材料三 大借洋教,以举庶政。
——康有为《上清帝第五书》

材料四 使戊戌变法不致被推翻,行二十年新政,或己致中国于富强矣。
——胡适《留学日记》

回答:

(1)材料一反映了康有为的什么政治主张?其理论根据是什么?

（2）依据所学知识回答,康有为为维新变法提供的合乎传统文化价值的理论依据是什么?

（3）材料二、三反映了维新派对农民和帝国主义的态度怎样?

（4）依据材料一、二、三指出维新变法运动的根本缺陷。

（5）材料四的观点是否正确?为什么?

16.（2009年广东六校联考）近代以来人类社会的面貌发生了巨大的变化。阅读材料,结合所学知识回答问题:

　　材料一　我们发觉自己处在这样一个世界里……充满了流线型汽车、有轨电车和飞机……这世界是有史以来唯一的一种经济统治——工业文明的统治的一部分;它不但为西欧诸民族所分享,也为俄国人、美国人和日本人所分享;甚至还在某种程度上为中国人和印度人所分享。

　　　　　　　　——斯塔夫里阿诺斯《全球通史》

　　材料二　李鸿章问:"阁下对贵国舍旧服而仿欧俗,抛弃本国独立精神而甘受欧洲支配,难道一点都不感到羞耻?"森有礼回答:"相反,我们对这些变革感到骄傲:这些变革绝对不是受外力强迫,完全是我国自己决定的,……只要发现长处就要取之用于我国。"

　　——1875年李鸿章与日本外交公使森有礼谈日本的服装

　　材料三　严复曾多次将中学与西学作比较:"中国最重三纲,而西人首言平等;……中国以孝治天下,而西人以公治天下"。　　——《侯官严氏丛刊》

　　材料四　"中国应该大量吸收外国的进步文化,作为自己文化食粮的原料……凡属我们今天用得着的东西,都应该吸收。"　　——毛泽东《新民主主义论》

　　问题:

　　（1）依据材料和所学知识,简要说明19世纪晚期西方工业生产发生了哪些根本性变化?请分析这些变化对人类生活的影响。

　　（2）对于材料二中李鸿章与森有礼的观点,你是如何认识的?

　　（3）材料三中严复认为中学和西学有何差异?结合时代背景分析其形成这种认识的原因。

　　（4）20世纪初,我国在引进和吸收"外国的进步文化"的过程中,取得的主要思想文化成果有哪些?

智趣素材

一年冲刺母题

【母题】 阅读下列材料：

一般认为，西学东渐是指西方学术思想和文明成果向中国传播的历史过程，在 1840 年鸦片战争之后，这种潮流不断加强，期间涌现了许多代表性人物，例如下表的几位人物：

人物	人物速写	人物	人物速写
①	号"饮冰室主人"，曾拜"南海先生"为师	⑤	著有《海国图志》一书
②	民族英雄，领导了"虎门销烟"	⑥	曾任北大图书馆主任，著有《庶民的胜利》一书
③	与日本签订《马关条约》，被指为"卖国贼"	⑦	《新青年》的创办者
④	广东南海人，著有《孔子改制考》一书	⑧	创建了"湘军"

请回答：

(1)请结合"人物速写"，写出①～⑧代表人物。并从对"西学东渐"的认识和实践的角度，将上述人物分为四类。

(2)概述这四个派别中的人物对于西方学习的态度和主张。

(3)结合上述人物的实践经验和教训，谈谈在今天我们应当如何对待外国文明尤其是西方文明？

【解析】 回答本题的关键是运用基础知识，凭借"人物速写"，判断出代表的人物是谁，这样第(1)问就能轻易回答了；回答第(2)问时，注意按照派别归类，分别回答他们对于"向西方学习"的态度和主张，不要回答所有主张；第(3)问具有一定的综合性，要联系中国的国情。

【答案】 (1)①梁启超 ②林则徐 ③李鸿章 ④康有为 ⑤魏源 ⑥李大钊 ⑦陈独秀 ⑧曾国藩

第一类②⑤ 第二类③⑧ 第三类①④ 第四类⑥⑦

(2)林则徐、魏源是地主阶级抵抗派，面对外国的侵略，主

张了解世界，学习西方，巩固封建统治；李鸿章、曾国藩代表地主阶级洋务派，主张向西方学习科技，引进先进军事科技器物，达到富国自强的目的；梁启超、康有为二人代表的是资产阶级维新派，主张学习西方的政治制度，改造中国政体；李大钊、陈独秀是新文化运动的代表，以"民主"和"科学"为大旗，主张以西方思想文化变革中国。

(3)结合中国国情，以开放心态并适当吸取世界各国文明中的优秀成分，使中国文化不断丰富创新、与时俱进。

【变题1】 阅读下列材料：

材料一 1875 年，洋务运动开始，传教士林乐知如是说："即如欲自强其国者，徒养多兵，广购兵船枪炮，自谓可以示威，而实与驴服狮皮，终为群兽觑破而丧其身者无异也。"

——《万国公报·中西关系略论·总结前论》

材料二 中国洋务运动期间，日本正进行明治维新，林乐知向中国人介绍："日本不泥乎于古法，变通西法，不特制造枪炮等是而已，即国政文学亦莫不考察也。"

——《万国公报·续环游地球略述》

材料三 中日甲午战争前，针对中国君与臣、官与民严重阻隔状态，林乐知又说："君与民分而国有不危者哉！""倘君处深宫，民居草野不相联络，以致国贫民弱，所中饱者惟居官人耳。官一中饱，上下交困……是君与民与臣当熟思上下相连之要法可也。"

——《万国公报·中西系论略》

请回答：

(1)根据材料一和材料二，分析指出林乐知对中国洋务运动和日本明治维新的评价。

(2)根据材料三，指出林乐知对君臣、官民严重阻隔要害的认识。

(3)林乐知对此提出了什么希望？实质是什么？

(4)结合鸦片战争后 60 年的历史，指出中国近代思想发展过程的几个条件和原因。

智趣素材

美苏核演习险些引爆世界范围核大战

让世界游走于核战争边缘的一次演习是著名的苏军"7 小时核战争"演习。1982 年 6 月 18 日，苏联出于备战的需要，组织了时间为 7 个小时的核战演习。演习完全从实战出发，苏军从海、陆、空、天发起了四位一体的"核战争"。在演习之前，北约方面看到苏联突然军备异常，当即保持警惕，接着又看到苏联方面导弹频频升空，同时还在太空中炸了一颗卫星，这意味着什么？战争！北约方面迅速作出反应，导弹完全开启，核潜艇迅速出港，战略轰炸机随时准备起飞轰炸苏联本土。在这千钧一发之际，一份情报挽救了世界。一名美国间谍，告知美国方面，只是一次核战争演习。一场世界核大战得以避免。

【变题2】　明末清初,黄宗羲等人提出了民主的思想。近代以来,追求民主、自由更是成为不可抗拒的历史潮流。阅读下列材料,回答问题:

　　材料一　明末清初思想家黄宗羲指出:君主专制是"天下之大害"。顾炎武提出:"以天下之权,寄天下之人",才能"天下治矣"。
　　　　　　　　　　　　　　　　　——《中国古代史》

　　材料二　窃闻东西各国之强,皆以立宪法开国会之故。国会者,君与民共议一国之政法也。盖自三权鼎立之说出,以国会立法,以法官司法,以政府行政,而人主总之……人主尊为神圣,不受责任,而政府代之,东西各国皆行此政体,故人君与千百万之国民合为一体,国安得不强?吾国行专制政体,一君与大臣数人共治其国,国安得不弱?……立行宪法,大开国会,以庶政与国民共之,行三权鼎立之制,则中国之强计日可待也。
　　　　　　　　　　——康有为《请定立宪开国会折》

　　材料三　戊戌变法期间颁布的变法法令:
　　(7月29日)……命各部院堂官督司员将该衙门则例删改,……
　　(8月2日)……命各省督抚整饬吏治,考核属员。……
　　(8月30日)……裁撤詹事府、通政司、光禄寺、鸿胪寺、太仆寺、大理寺等衙门,湖北、广东、云南三巡抚,河南总督,及京外大小冗员。　　——赵恒烈、徐锡祺《中国历史资料选》

　　材料四　今有南清志士某君,北来游学,此君尚未娶妇,意欲访求天下有志女子,聘定为室。其主义如下:一要天足,二要通晓中西学术门径,三要聘娶礼节悉照文明通例,尽除中国旧有之陋俗,如有能合以上诸格及自愿出嫁,又有完全自主权者,毋论满汉新旧、贫富贵贱、长幼妍媸均可。
　　　　　　　　　　——《大公报》1902年6月26日

请回答:
　　(1)指出黄宗羲、顾炎武民主思想产生的历史背景。

　　(2)根据材料二、三,指出戊戌变法期间颁布的变法法令和康有为的政治主张有什么差异?

　　(3)结合材料二、三和所学知识,指出资产阶级维新派谋求民主政治的实践效果。

　　(4)康有为和孙中山都反对封建君主专制,提出行民权的政治主张。结合所学知识指出产生这种思想的原因。他们在行民权的手段和政体上有什么不同?

　　(5)材料四反映了当时哪些新的婚姻观念?从思想的角度指出这种新观念产生的原因?

第 6 单元　20 世纪以来中国重大思想理论成果

考纲解读导航

考试内容

1. 三民主义的形成和发展
(1) 三民主义的提出
(2) 三民主义的实践
(3) 旧三民主义发展为新三民主义
2. 毛泽东思想
(1) 革命道路的探索
(2) 毛泽东思想的形成
(3) 毛泽东思想的发展
3. 新时期的理论探索
(1) 伟大的转折
(2) 邓小平理论的形成

(3) "三个代表"重要思想

能力要求

1. 了解孙中山三民主义的基本内容,认识其在推动中国资产阶级民主革命中的作用。
2. 概述毛泽东思想的形成过程及主要内容,认识其对近现代中国的深远影响。
3. 概述邓小平理论的主要内容,认识其对中国特色社会主义道路的指导意义。
4. 概述"三个代表"重要思想的基本内容,认识其对加强和改进党的建设、推进我国社会主义自我完善和发展的重要指导意义。

三年高考命题

1. (2009 年高考山东基本能力测试)改革开放以来我们取得一切成绩和进步的根本原因,归结起来就是:开辟了中国特色社会主义道路,形成了中国特色社会主义理论体系。这个理论体系就是包括_____,_____以及等重大战略思想在内的科学理论体系。将①"三个代表"重要思想②科学发展观③邓小平理论按照形成的先后顺序填入空格,正确的是　　　　　　　　　　　　　　（　　）
A. ①②③　　　　B ①③②　　　　C ②①③　　　　D ③①②

2. (2009 年上海历史)20 世纪以来,中华民族经历了伟大的三个三十年的探索与实践。在九十年的历史进程中,中国人民在 1919、1949、1979 和 2009 年谱写的历史乐章的主题分别是　　　　　　　　　　　　　　　　　　（　　）
A. 民族觉醒、民族独立、民族崛起、民族振兴
B. 民族觉醒、民族振兴、民族独立、民族崛起
C. 民族觉醒、民族独立、民族振兴、民族崛起
D. 民族振兴、民族独立、民族觉醒、民族崛起

3. (2009 年江苏历史)根据毛泽东同志的论述,对新民主主义革命理论理解不正确的是　　　　　　　　（　　）
A. 新民主主义革命是终结半殖民地半封建社会和建立社会主义社会之间的过渡阶段

B. 新民主主义革命属于资产阶级民主革命
C. 新民主主义革命禁止资本主义经济的发展
D. 新民主主义革命为社会主义创造前提

4. (2010 年浙江文综)下列是孙中山在革命进程中的言论,其先后顺序是　　　　　　　　　　　　　（　　）
①自今日始,吾等之非清朝人矣　②驱除鞑虏,恢复中华,创立合众政府　③使全国人民赞成我的政策,我十年之内必能为中国造二十万里铁道　④顾吾国之大患,莫大于武人之争雄。南与北如一丘之貉
A. ①②③④　　　　　　　　B. ①④③②
C. ②①③④　　　　　　　　D. ②③①④

5. (2010 年高考山东文综)1938 年 10 月,毛泽东在中共中央六届六中全会上所作的政治报告中指出:没有抽象的马克思主义,只有具体的马克思主义。他在这里强调的是
　　　　　　　　　　　　　　　　　　　　　　（　　）
A. 少谈些抽象的主义,多研究具体的问题
B. 马克思主义必须与中国具体的实践相结合
C. 必须研究马克思主义产生的具体历史条件
D. 马克思主义的立场和方法比基本原理更重要

6. (2010 年四川文综)中国革命成功的关键在于把马克思主

智趣素材

伊拉克首任总统靠政变上台五年后被战友处决

1958 年 7 月 14 日清晨,宁静的巴格达街头突然枪声大作,统治着伊拉克的哈希姆王朝一夜之间被推翻,随后一个消瘦的军人出现在国家电台,宣布伊拉克成为共和国,他也成为伊拉克历史上第一位总统——阿尔·卡里姆·卡塞姆。他用政变为伊拉克带来了共和国,而仅仅五年后,又是政变把他送上刑场。卡塞姆的战友、内务部长阿里夫因为政治原因被卡塞姆下令逮捕。阿里夫出狱后,积极联络各方势力秘密筹划推翻卡塞姆的政变。1963 年 2 月 8 日,在阿里夫领导下,阿拉伯复兴社会党发动了军事政变,组织一个"人民法庭"对卡塞姆进行秘密审判,以"叛国、杀人、强奸"等罪名判处卡塞姆死刑。第二天一早,卡塞姆在总统府外被一阵乱枪打成了"筛子"。

义普遍真理与中国社会具体情况相结合。下述毛泽东的革命斗争策略中,与此认识相吻合的有　　　　　(　　)

①重视农村根据地建设　②重视调动农民的积极性　③重视共产国际的指导　④重视工农运动有机结合

A.①②③　　　B.①②④　　　C.①③④　　　D.②③④

7.(2010年上海单科)毛泽东思想被确立为中国共产党的指导思想是在　　　　　　　　　　　　　　(　　)

A.中共七大　　　　　　　　B.遵义会议

C.中共十一届三中全会　　　D.中共十二大

8.(2010年上海单科)1978年真理标准问题的大讨论,直接推动了中国社会全面的　　　　　　　　　(　　)

A.体制改革　　　　　　　　B.拨乱反正

C.经济建设　　　　　　　　D.对外开放

9.(2008年广东单科)阅读材料,结合所学知识回答问题。

材料　1958年5月,毛泽东发表讲话说:"我们……是先生教出来的学生,应当高明些,后来者居上嘛!我看我们的共产主义,可能比苏联提前到来。"

——转引自沈志华等《战后中苏关系若干问题研究》

(1)在向"先生"学习的过程中,中国共产党探索了一条怎样的中国式革命道路? 1958年前,新中国取得了哪些建设成就?

(2)为了"后来者居上",毛泽东发动了哪些运动? 这些运动出现严重失误的主要原因是什么?

(3)建设中国特色社会主义理论的提出,对我国社会主义道路的探索有何历史意义?

一、整体感知

孙中山、毛泽东、邓小平根据各自所处时代的特点,以及当时革命、建设的需要,分别创立了三民主义、毛泽东思想、邓小平理论,领导中国人民在革命和建设中取得重大成就。

旧三民主义代表了资产阶级的政治、经济要求,反映了中

国人民民族独立和民主权利的共同愿望,指导辛亥革命推翻帝制,推动了资产阶级民主革命的发展。新三民主义不仅代表了中国民族资产阶级的利益,也与中国共产党的民主革命纲领有着基本相同的革命目标,成为国共两党合作的政治基础,国民党一大后,出现国共合作的局面,国民革命高潮迅速到来。

毛泽东思想是马克思主义与中国革命实际相结合的第一次历史性飞跃的理论成果,是中国共产党的指导思想,是中华民族的宝贵财富,是夺取中国革命胜利的理论武器,在马克思主义发展史上是一座光辉的里程碑。

邓小平理论是指导中国人民在改革开放中胜利实现社会主义现代化的伟大旗帜,是马克思主义同中国实际相结合的第二次历史性飞跃的理论成果,是当代中华民族的强大精神支柱。进一步发展了马克思主义。

"三个代表"重要思想是指导中国特色社会主义事业不断开创新局面的强大思想武器,是马克思主义中国化的又一重大理论成果,它着重解决了党的建设问题,使中国在世纪之交进入全面建设小康社会的新阶段。

二、各个击破

1. 三民主义的内在联系

三民主义中的民族、民权、民生三者相互联系,相互影响。第一,三民主义是孙中山对同盟会政治纲领的展开表述。第二,在三民主义中,民权主义是核心,目标是建立资产阶级共和国,它是民主革命的首要任务,民族主义是前提,民生主义是补充和发展。

2. 新三民主义与三大政策的关系及其具体情况

(1)关系

①新三民主义是新民主主义革命时期四大革命阶级的指导思想,三大政策是革命统一战线占主导地位时国民党的执政原则。

②三大政策是新三民主义的实质内容,是孙中山民主革命思想的升华,是符合中国革命的实际要求的,是中国资产阶级革命派继续革命的真实反映。

③新三民主义与三大政策相互依托,但不可混为一谈。新三民主义是革命纲领,三大政策是具体方针。没有三大政策,就无从体现资产阶级民主革命担负的新责任;没有新三民主义,三大政策就不可能形成思想体系,无法在民主革命实践中充分发挥其功能。

(2)具体表现

①就其具体内容而言,新三民主义中"民族主义"突出了反对帝国主义侵略、谋求中国独立富强的精神,"联俄""联共"是反帝的必然。

②新"民权主义"期盼的是中国国民的真正自由平等和人权,即"唤起民众"。"唤起民众"必然唤醒工农,"扶助农工"实际上是新"民生主义"的具体实施。

苏联解体最后两天的惊险一幕

1991年"8·19事件"后,各种分裂势力异常活跃,苏联大厦摇摇欲坠。俄罗斯前总统叶利钦和乌克兰总统决定与白俄罗斯最高苏维埃主席举行"维斯库利"秘密会晤,来商讨苏联的最终命运。晚餐结束后,喝得摇摇晃晃的叶利钦在回房间休息时,突然在楼梯上绊了一下,背朝后地倒了下来。由于他的身体笨重,如果倒下来,很可能发生悲剧。当时警卫也来不及上去扶他,就在这危急时刻,只见走在叶利钦后面的舒什凯维奇一把抓住了叶利钦,并把他扶上楼去。如果当时叶利钦倒了下来,那么"维斯库利"秘密会晤就会以另一种结果载入史册,也许苏联就不会解体了。

从以上两点看,新的"民族主义"突出了"联俄""联共";新的"民权主义"和"民生主义"分别在政治和经济上体现了"扶助农工"。

3. 新旧三民主义的联系和区别

	三民主义	新三民主义
内容	民族:强调推翻满洲贵族统治;(前提)推翻清政府这个列强统治中国的工具,客观上有反帝作用 民权:强调建立民主共和国(核心) 民生:平均地权	民族:发展为民族自求解放(反帝)和国内民族一律平等 民权:凡反帝之个人和团体享有民权,主张在反帝反封建的基础上实现各阶级联合专政 民生:提出"耕者有其田"的政策
实践	辛亥革命的指导思想;《中华民国临时约法》的理论基础成	为国共合作的政治基础,推动了国民大革命的开展
评价	进步性:比较完整的资产阶级民主革命纲领,旧民主主义革命时期的旗帜;推动了资产阶级民主革命的发展和中国的民主进程 局限性:没有明确的反帝口号,没有彻底的土地纲领;这决定了资产阶级革命派不能彻底完成反帝反封建的革命任务	进步性:和中国共产党的民主革命纲领的若干基本原则是一致的,是国共合作的基础;实际上确立了"联俄、联共、扶助农工"的三大政策(解决了革命的依靠力量问题)从而推动了大革命高涨 局限性:没有超出资产阶级民主主义范畴
联系	两者立足于民主革命不同阶段,有着不同的时代征,但资产阶级的阶级属性决定着两者都是资产阶级民主革命纲领。前者是后者的基础,后者是前者的扬弃和发展	

4. 全面认识毛泽东思想

(1)科学内涵

①以毛泽东为主要代表的中国共产党人,在领导中国革命和建设的实践中,努力推进马克思主义的中国化,形成了具有鲜明中国特色的科学指导思想,即毛泽东思想。

②毛泽东思想是马克思主义在中国的运用和发展,是被实践证明了的关于中国革命和建设的正确的理论原则和经验总结。

(2)历史条件

毛泽东思想是近代中国社会历史和革命运动发展的必然产物。

①思想基础:马克思主义的广泛传播。

②阶级基础:中国工人阶级队伍的壮大和工人运动的发展。

③实践基础:中国共产党领导的人民革命斗争。

④国际条件:十月革命的胜利,坚定了以毛泽东为首的共产党人把马克思主义作为指导思想的决心。

(3)毛泽东思想的形成

毛泽东思想的创立主要分三个时期:一是从中国共产党创建到国共合作的大革命时期,毛泽东运用马克思主义基本原理,深刻分析中国社会形态和阶级状况,提出坚持无产阶级对民主革命的领导权和依靠农民进行革命斗争的主张,批判了陈独秀的右倾机会主义错误。二是国共十年对峙时期,毛泽东以马克思主义基本原理为指导,提出符合中国国情的"农村包围城市,武装夺取政权"革命思想以及"星星之火,可以燎原"等理论,为中国革命指明了方向。三是抗日战争时期,毛泽东集中全党智慧,指出中国社会性质决定了中国革命必须分两个步骤:第一步是民主主义革命,第二步是社会主义革命。到抗日战争结束前后,毛泽东关于中国革命的论述已经形成比较完整的理论体系。在1945年召开的中共七大上,毛泽东思想被确立为党的指导思想。毛泽东思想是马克思主义同中国具体国情相结合的产物,是马克思主义的中国化。

(4)历史特点

①毛泽东思想是马克思列宁主义同中国实际相结合的产物。毛泽东思想形成和发展的过程就是马克思主义中国化的过程。

②毛泽东思想是中国共产党集体智慧的结晶。

③毛泽东思想的精髓是实事求是、群众路线和独立自主。

(5)历史地位

毛泽东思想是夺取中国革命胜利的理论武器;是社会主义中国立国建国的思想政治基础;是邓小平理论的思想渊源和理论先导;是中华民族团结和振兴的精神支柱;是对马克思列宁主义的丰富和发展,是马克思主义发展史上承上启下、继往开来的重要阶段。

5. 邓小平理论的主要内容和历史地位

(1)主要内容

① 在社会主义的发展道路问题上,强调走自己的路,以马克思主义为指导,以实践作为检验真理的唯一标准,解放思想,实事求是。

② 在社会主义发展阶段问题上,做出了我国还处在社会主义初级阶段的科学论断。

③ 在社会主义的根本任务问题上,指出社会主义的本质是解放生产力,发展生产力,消灭剥削,消除两极分化,最终达到共同富裕。

④ 在社会主义的发展动力问题上,强调改革也是一场革命,也是解放生产力,是中国实现现代化的必由之路。

⑤ 在社会建设的外部条件问题上,指出和平与发展是当今世界两大主题,必须坚持独立自主的和平外交政策,为我国

瓦西里大教堂为谁而建

瓦西里大教堂曾叫圣母大教堂,后因一位叫瓦西里的东正教修士曾在这座教堂苦修终生,于是改名为瓦西里·勃拉仁内大教堂。"勃拉仁内"在俄语中是仙逝升天的意思,所以有人就干脆称此教堂为"瓦西里升天大教堂"。其实这座以"瓦西里"命名的教堂纪念的对象并不是瓦西里修士,而是一次战争。据史料记载,1552年,在伊凡大帝的带领下,俄罗斯人打败了鞑靼人,吞并了喀山汗国。传说在战争中,俄罗斯军队由于8位圣人的帮助,战争进行得十分顺利,为纪念这8位圣人,伊凡大帝下令修建了瓦西里大教堂。

现代化建设争取有利的国际环境。

⑥ 在社会主义建设的政治保证问题上,强调坚持四项基本原则。

⑦ 在社会主义建设的战略步骤问题上,提出三步走战略。

⑧ 在社会主义的领导力量和依靠力量问题上,强调中国共产党是社会主义事业的领导核心。

⑨ 在祖国统一的问题上,提出"一个国家,两种制度"的创造性构想。

（2）历史地位

①邓小平理论抓住什么是社会主义,怎样建设社会主义这个根本问题,把对社会主义的认识提高到新的水平。

②邓小平理论继承并发展了毛泽东思想,是马克思主义同中国实际相结合的第二次历史性飞跃。

③邓小平理论是中国共产党人对科学社会主义理论的又一重大贡献。

6. 邓小平理论与毛泽东思想的关系

邓小平理论继承和发展了毛泽东思想,主要体现在三个方面:

（1）从思想路线上看,实事求是是毛泽东思想的精髓,毛泽东将马列主义与中国革命的实践结合起来,探索了一条正确的革命道路;邓小平继承了实事求是的思想路线,使中国走上了建设中国特色的社会主义道路。

（2）从道路选择看,正如中国革命走"农村包围城市,武装夺取政权"的道路一样,邓小平的改革首先从农村开始,在农村取得巨大成功后再进行城市经济体制的改革,这符合中国的国情。

（3）从统一战线的运用看,统一战线是中国革命取得胜利的三大法宝之一,同样,邓小平在改革实践中继承和发展了统一战线,如发展了政治协商制度,提出新时期的爱国统一战线,团结一切可以团结的力量建设社会主义。

7. "三个代表"重要思想的具体内容及相互关系

（1）"三个代表"的主要内容:我们党要始终代表中国先进生产力的发展要求,就是党的理论、路线、纲领、方针、政策和各项工作,必须努力符合生产力发展的规律,体现不断推动社会生产力的解放和发展的要求,尤其是体现推动先进生产力发展的要求,通过发展生产力不断提高人民群众的生活水平;我们党要始终代表中国先进文化的前进方向,就是党的理论、路线、纲领、方针、政策和各项工作,必须努力体现发展面向现代化、面向世界、面向未来的,民族的、科学的、大众的社会主义文化的要求,促进全民族思想道德素质和科学文化素质的不断提高,为我国经济发展和社会发展和社会进步提供精神动力和智力支持;我们党要始终代表中国最广大人民的根本利益,就是党的理论、路线、纲领、方针、政策和各项工作,必须坚持把人民的根本利益作为出发点和归宿,充分发挥人民群众的积极性、

主动性和创造性,在社会不断发展进步的基础上,使人民群众不断获得切实的经济、政治、文化利益。

（2）相互关系:代表中国先进生产力的发展要求,代表中国先进文化的前进方向,代表中国最广大人民的根本利益,是统一的整体,相互联系,相互促进。发展先进的生产力,是发展先进文化、实现最广大人民根本利益的基础条件。不断发展先进生产力和先进文化,归根到底是为了满足人民群众日益增长的物质文化生活需要,不断实现最广大人民的根本利益。

8. 正确把握"三个代表"重要思想的历史地位

（1）为马克思主义增添了新的时代内容。"三个代表"重要思想科学地回答了在新的历史条件下建设一个什么样的党,怎样建设党的问题,形成了充满时代气息的创新理论,成为加强和改进中国共产党建设、推进中国社会主义制度自我完善和发展的强大理论武器。

（2）推动了马克思主义与中国实际相结合的进程,形成了马克思主义中国化的重大成果。

（3）大大丰富了马克思主义文化观,加深了中国共产党对建设中国特色社会主义经济、政治、文化的规律性认识,并充实了执政党的先进性内涵。

（4）提出中国共产党的理论、路线、纲领、方针、政策和各项工作,必须坚持把人民的根本利益作为出发点和归宿,充分发挥人民群众的积极性、主动性、创造性,在社会不断发展进步的基础上,保持和加强与人民群众的血肉联系,极大地丰富了马克思主义唯物史观。

（5）第一次把解放和发展生产力、加强文化建设和人民的根本利益统一起来,思考和指导中国共产党的建设,突出了党的先进性与人类社会发展根本动力的一致性,揭示了中国共产党先进性的继承、灵魂和本质,形成了一个崭新的、系统的马克思主义建党学说。

9. 马克思主义中国化的三大理论成果及其侧重于解决的问题

（1）三大理论成果

①以毛泽东为主要代表的中国共产党人,把马克思列宁主义的基本原理同中国革命和建设的具体实践结合起来,创立了毛泽东思想,实现了马克思主义与中国实际结合的第一次历史性飞跃。毛泽东思想是马克思主义中国化的第一大理论成果。

②十一届三中全会以来,以邓小平为主要代表的中国共产党人,开辟了社会主义事业发展的新局面,形成了建设中国特色社会主义的路线、方针、政策,阐明了在中国建设社会主义、巩固和发展社会主义的基本问题,创立了邓小平理论,实现了马克思主义与中国实际相结合的第二次历史性飞跃。邓小平理论是马克思主义中国化的第二大理论成果。

③十三届四中全会以来,以江泽民为主要代表的中国共产党人,在建设中国特色社会主义在伟大实践中,创立了"三个

十月革命后列宁曾想求助孙中山

十月革命胜利后的一段时间,正是苏维埃政权最困难的时期。当时,日本政府诱迫北洋军阀段祺瑞签订了旨在干涉苏俄的《中日共同防敌军事协定》。孙中山在非常国会上,要求以国会的名义通电反对这一协定,并告知了苏俄政府。孙中山的通电使苏俄方面倍感温暖。为缓解来自远东方面的压力,列宁想到了联合孙中山的问题。列宁决定从参加过保卫苏维埃政权的中国工人中寻觅勇敢者,远赴中国南方联络孙中山。1918年12月,"旅俄华工联合会"在苏俄成立。刘泽荣向列宁建议,请苏俄政府派一个代表团去中国。由于种种原因,这个代表团最终没能成行,但"旅俄华工联合会"就此成了联系中、俄两国革命的一条重要渠道。

代表"重要思想。"三个代表"重要思想是马克思主义中国化的第三大理论成果。

(2)侧重于解决的问题

①毛泽东思想主要解决如何寻找中国特色的革命道路、实现民族独立的问题。毛泽东思想的最大贡献是引导中国人民寻找正确的革命道路,进行新民主主义革命,实现了民族独立,建立了社会主义新中国。

②邓小平理论的主要贡献是围绕"什么是社会主义,怎样建设社会主义",创立了中国特色主义建设理论,引导中国人民走上了强国之路。

③"三个代表"重要思想的主要贡献是在新的历史时期,进一步建设和巩固中国特色的社会主义,并创造性地回答了"建设什么样的党、怎样建设党"的时代课题,为实现中华民族的伟大复兴作出了独特的贡献。

10. 中国三种重要思想的比较

项目	毛泽东思想	邓小平理论	"三个代表"重要思想
产生的背景	1927年,民主革命遭遇了严重的挫折	20世纪80年代,和平与发展成为时代的主题	21世纪世界多极化和经济全球化趋势明显,综合国力竞争日趋激烈
解决的问题	民主主义革命道路及社会主义改造和建设	什么是社会主义,怎样建设社会主义	建设一个什么样的党,怎样建设党
思想精髓	实事求是、群众路线、独立自主	解放思想实事求是	实事求是与时俱进
重大作用	指导中国新民主主义革命取得胜利,建立了社会主义制度	指引社会主义改革开放和现代化建设不断前进	引领中国迈向小康社会

11. 中俄(苏)两国革命与建设道路的异同

(1)中俄(苏)两国社会主义革命道路

①相同:都是无产阶级领导的武装夺取政权的道路。

②不同:a. 国情不同:中国是半殖民地半封建社会的落后国家,农民阶级力量强大,而无产阶级力量弱小;俄国是资本主义国家,无产阶级力量强大。b. 道路方式不同:中国走的是"工农武装割据"的农村包围城市的革命道路;俄国走的是城市武装暴动的革命道路。

(2)中俄(苏)两国社会主义建设道路

①相同:新中国成立初期,我们学习苏联的社会主义建设的道路,重点发展重工业,形成高度集中的经济体制。

②不同:在建国后改革开放前,我们虽然走俄国人的道路,但在某些方面也有创新。如优先发展重工业中注重协调农业与工业的比例关系;正确处理人展内部矛盾问题。改革开放后,中国借鉴苏联等其他国家的经验教训,逐步建立起社会主义市场经济体制,走上了一条适合中国国情的社会主义建设道路,邓小平理论与"三个代表"重要思想就是中国特色社会主义道路在理论上的体现,而苏联虽然有改革,但始终未突破斯大林模式的束缚,最终导致了苏联的解体。

知识结构梳理

一、三民主义的提出和实践

1. 背景

(1)社会状况:鸦片战争以后民族危机不断加深,改良方案失败。

(2)阶级状况:19世纪末,以_____为代表的资产阶级革命派登上历史舞台。

(3)个人因素:孙中山受欧美资产阶级革命的影响,选择了暴力革命道路,广州起义失败后,学习西方的政治理论。

2. 提出

(1)标志:1905年,孙中山提出同盟会"十六字"纲领;后来,孙中山在《民报·发刊词》中阐发为"_____、_____、_____"三民主义。

(2)内容:①民族主义:即"驱除鞑房,_____",即用_____手段推翻帝国主义支持的清朝封建统治。②民权主义:

即"_____",即通过政治革命,推翻封建帝制,建立资产阶级民主共和国。③民生主义:即"_____",主张核定地价,现有地价归_____所有,革命后所涨地价归国家所有,由国民共享。

(3)评价:三民主义带有明显的时代局限和阶级局限,但仍有重要进步意义。①是比较完整的资产阶级民主革命纲领。②表达了资产阶级在_____上和_____上的利益和要求,反映了中国人民实现_____和_____的共同愿望。③三民主义是辛亥革命的重要理论指导。

3. 实践

(1)1911年,辛亥革命爆发,推翻了清朝的封建统治,建立了_____。

(2)1912年,孙中山根据_____思想原则,领导制定并颁布了《_____》,确认国家主权属于全体国民,国民在政治上一律平等。

（3）孙中山以三民主义为旗帜，先后领导发动了"_____""_____"和两次"护法运动"均告失败。

二、新三民主义

1. 背景

（1）一系列维护民主共和斗争的失败，使孙中山陷入苦闷和彷徨。

（2）十月革命后，_____和_____的影响和帮助。

（3）孙中山决定改组国民党。

2. 提出：1924 年 1 月，国民党"一大"上确定了_____、_____、_____三大政策，把旧三民主义发展为新三民主义。

3. 内容

（1）民族主义：一为中国民族自求解放，二为中国境内各民族一律平等。

（2）民权主义：民权为_____所共有，提倡普遍平等的民权。

（3）民生主义：平均地权，节制资本，实行"耕者有其田"的政策。

4. 作用

（1）新三民主义和中国共产党的民主革命纲领有着基本相同的革命目标，成为国共两党合作的_____。

（2）成为国民革命时期的旗帜，推动着_____的展开。

三、毛泽东思想

1. 产生背景

（1）思想基础：新文化运动兴起，马克思主义在中国传播。

（2）阶级基础：五四运动期间，先进知识分子逐渐接受马克思主义。

（3）个人因素：毛泽东在湖南创办《_____》，宣传马克思主义，逐渐成为马克思主义者；1921 年出席中共"一大"成为中共缔造者之一。

2. 形成与发展

（1）从中共创建到国民革命时期——萌芽时期：①毛泽东撰写《_____》《湖南农民运动考察报告》等文章。②提出了坚持_____对民主革命的领导权和依靠_____进行革命斗争的主张。

（2）初步形成时期：提出了符合中国国情的"农村包围城市、武装夺取政权"的革命思想，为中国革命指明了方向。

（3）成熟时期：①抗日战争时期，发表《论持久战》《_____》《论联合政府》等文章。②创造性地提出_____的科学概念，描绘了新民主主义社会的蓝图及前景。③1945 年中共七大上，毛泽东思想被确立为党的指导思想。

（4）发展时期：①1949 年中共七届二中全会上，指出_____必须由乡村转移到城市等内容。②1949 年毛泽东发表《_____》一文，丰富并发展了马克思主义的国家学说，为即将成立的新中国作了政治理论准备。③新中国成立后，发表了《论十大关系》《关于正确处理人民内部矛盾问题》等报告，创造性地提出_____学说和正确处理人民内部矛盾的理论，在社会主义理论建设方面发展了马克思主义学说。

3. 影响：毛泽东思想是马克思主义与中国革命实际相结合的第一次历史性飞跃的理论成果，是中国共产党取得中国革命胜利的理论武器，也是建设中国特色社会主义理论的思想根源。在马克思主义发展史上，毛泽东思想起到了承上启下的作用。

四、邓小平理论

1. 背景

（1）1978 年 5 月，关于_____的讨论，成为建国以来一次新的思想解放运动。

（2）1978 年底，在中共中央工作会议上，邓小平发表讲话，阐述毛泽东实事求是的观点，冲破"_____"的禁锢，成为建设中国特色社会主义的宣言书。

（3）1978 年底，党的十一届三中全会召开，揭开了_____的序幕，中国人民开始走上建设中国特色的社会主义道路。

2. 形成与发展

（1）初步形成时期——中共十二大至中共十三大：①1982 年，中共十二大上邓小平第一次明确提出建设中国特色的社会主义。②1987 年，中共十三大，系统提出了_____理论和"_____，_____"的基本路线，第一次对建设中国特色社会主义理论的主要内容作了系统概括。

（2）形成和发展：①_____年，邓小平的南方谈话指出了社会主义的本质就是解放、发展生产力；提出了判断各方面工作的是非标准是"三个有利于"。②1992 年，中共十四大确立了邓小平建设中国特色社会主义理论的地位，明确了中国经济体制改革的目标是建立社会主义_____体制。③1997 年，中共十五大决定把"邓小平理论"作为党的_____并写入党章。

3. 评价：邓小平理论把马克思主义基本原理同中国的具体实际结合，继承和发展了毛泽东思想，是引导中国人民进行改革开放和社会主义现代化建设的伟大旗帜。

五、"三个代表"重要思想

1. 背景

（1）20 世纪末、21 世纪初，_____形势发生了许多新变化。

（2）在新时期，中国共产党面临怎样完善自身、与时俱进的新问题。

2. 形成过程

特种战争

特种战争超级大国派出特种部队并操纵被侵略国家的傀儡军队，对付人民游击战争的一种战争形式。美国于 1952 年 6 月成立特种部队，它的主要任务是进行反游击战的特种作战。1961 年 J.F. 肯尼迪政府把特种作战作为推行"灵活反应战略"的一个重要措施，对越南南方发动了一场特种战争。在美国军事顾问团（后改为军事援助司令部）的指导下，以美国派驻越南南方的特种部队为骨干，组织并指挥南越军和各种反动组织，反对越南南方人民的革命游击战争，但在越南南方人民革命力量的打击下遭到失败。

智趣素材

(1)2001年,江泽民在中共成立80周年大会上阐述了"___"重要思想的内涵。

(2)2002年,中共十六大确立"三个代表"重要思想为全党的指导思想并写入党章。

3. 内容:中国共产党要始终代表中国先进_____的发

展要求;代表中国_____的前进方向,代表中国_____的根本利益。

4. 评价:"三个代表"重要思想涵盖了社会主义政治、经济、文化等各个方面,是一个完整的科学的思想体系,是指导中国特色社会主义事业不断开拓新局面的强大思想武器。

二年模拟训练

1.(2011年中山市实验高中高三考试)张岂之《中国历史十五讲》中说道:"辛亥革命时期的人文思潮……虽然有对人的价值的发现,但它的灵魂不是对个人理性的高扬,而是将个人价值的实现与国家和民族的独立解放紧密结合在一起。"这一特点形成的主要原因是　　　　(　　)

A. 民族资本主义经济的发展不够充分

B. 中国民族危机和社会危机深重

C. 三民主义思想存在严重缺陷

D. 中国传统文化压抑扼杀人性

2.(2010年浙江统练)孙中山先生从青年时代就关心植树造林,大力提倡"植树以收利,蓄木以为薪"。这一理想贯彻于他一生的言行中。在他逝世后,人们秉承他的遗志,拟订每年3月12日(孙中山逝世日)为植树节,一改过去以清明节为植树节的制度。孙中山关心植树造林主要体现了(　　)

A. 民本思想　　　　B. 民族主义思想

C. 民权主义思想　　D. 民生主义思想

3.(2010年浙江月考)"过去专制主义是正统,神圣不可侵犯……现在民主主义成了正统,同样取得了神圣不可侵犯的地位,侵犯了这种神圣……为人民所抛弃是毫无疑问的。"引发这种变化的历史事件是　　　　(　　)

A. 维新变法　　　　B. 辛亥革命

C. 新文化运动　　　D. 五四运动

4.(2010年江苏月考)中国共产党对马克思主义的创造性发展表现在　　　　(　　)

①实行无产阶级专政　②实行"工农武装割据"　③和平"赎买"政策　④建立社会主义市场经济体制

A.①②③　B.①②④　C.②③④　D.①③④

5.(2010年宁夏模拟)在中国共产党初创时期,集中体现我党把马列主义和中国实际相结合的最初成果是　　(　　)

①《论人民民主专政》　②《中国社会各阶级的分析》③《湖南农民运动考察报告》　④《星星之火,可以燎原》⑤《井冈山的斗争》

A.②③　　　　　　　B.①③④

C.①③⑤　　　　　　D.①③④⑤

6.(广东省信宜市2011年高三摸底考试)"改造中国、拯救人民之路到底在何方?"1923年前后,孙中山发出了这样的疑问,这种思考引发了孙中山　　(　　)

A. 创建黄埔军校

B. 改组国民党,推动国民革命

C. 领导北伐运动

D. 进行一系列捍卫反对专制的斗争

7.(江苏省九校联考2011年高三教学质量调研考试)有关三民主义的论文题目,下列正确的有　　(　　)

①《论孙中山的新三民主义与国共两党的关系》

②《从"三民主义"的形成和发展看孙中山的不断革命思想》

③《孙中山的三大政策与新三民主义的内在联系》

④《论毛泽东对孙中山先生三民主义的继承和发展》

A.②③④　B.①②③　C.①④　D.①②③④

8.(江西省赣州十一县2011年高三期中联考)胡绳在《从鸦片战争到五四运动》中写道"说明了同盟会的革命纲领之后,河南洛阳嵩县的绿林好汉们议论开了,有的人说:先杀洛阳知府,再杀河南巡抚,赶走北京皇帝,孙文坐了天下,我们都要当官,没有人敢说我们是土匪啦!"由此可见,基层同盟会员宣传三民主义的突出重点和弱点分别是　　(　　)

A. 民族主义,民权主义　B. 民权主义,民族主义

C. 民族主义,民生主义　D. 民权主义,民生主义

9.(华南师大附中2011年高三综合测试二)张鸣在《苏维埃乡村追求》中指出,"在南京国民政府统治的前十年,……苏维埃运动在中国农村的开展以及农民对这个运动的理解,暗示了中国革命的列宁主义趋向以及这种趋向的中国化命运"。其中"这种趋向的中国化命运"主要是指　　(　　)

A. 开展土地改革　　B. 进行万里长征

C. 工农武装割据　　D. 实施武装斗争

10.(2010年广东韶关模拟)外国记者到延安采访时,发出这样的感叹:"原来还有另一个中国啊!"称延安是"思想工

厂"。这里的"思想"主要是指中国共产党 （ ）
A．提出了"工农武装割据"理论
B．发表了《星星之火，可以燎原》
C．揭示了中国革命的前途问题
D．解决了新中国的国家性质等问题

11．(2010 年嘉兴市高三教学测试二)口号不仅是浓缩的历史，还是影响人们思想观念、引导人们行为取向的有效鼓动方式之一。在中华人民共和国历史上，下列口号按提出时间先后顺序排列，正确的是 （ ）
①造反有理 ②发展是硬道理 ③向科学进军 ④人有多大胆，地有多大产
A．①②③④　　　　　　B．④①③②
C．③④①②　　　　　　D．①④③②

12．(2010 年南京市高三第三次模拟)20 世纪八十年代初，邓小平指出："现在进一步考虑，和平共处的原则用之于解决一个国家内部的某些问题，恐怕也是一个好办法。"这里的"某些问题"应指 （ ）
A．国家统一　　　　　　B．所有制问题
C．民族关系　　　　　　D．中共与民主党派关系

13．(2010 年江苏苏州调研)从中国历史来看，20 世纪的重大成果包括两部分内容：一是孙中山的三民主义；二是以毛泽东、邓小平为代表的领导人的理论创新，即毛泽东思想、邓小平理论。这三大理论成果都 （ ）
①具有时代特征 ②是马克思主义传播的产物 ③使中国社会发生了巨变 ④具有科学性
A．①②③④　B．①③　C．①②④　D．①③④

14．(2009 年新余模拟)阅读下列材料：

材料一　1978 年 5 月《光明日报》发表《实践是检验真理的唯一标准》一文，从而掀起了一场关于真理标准问题的讨论。

材料二　1982 年 9 月，邓小平在中共十二大开幕词中谈道："我们的现代化建设，必须从中国的实际出发。无论革命还是建设，都要注意学习借鉴外国经验。但是照搬照抄别国经验和别国模式，从来不能得到成功。这方面我们有过不少教训。把马克思主义普遍真理和我国实际结合起来，走自己的路，建设中国特色的社会主义，这是我们总结长期历史经验得出的基本结论"。

请回答：

(1) 阐述材料一和中共十一届三中全会的关系。

(2) 结合辛亥革命，说明"照搬照抄别国经验和别国模式，从来不能得到成功"的教训。

(3) 大革命失败后，毛泽东是如何"把马克思主义普遍真理和我国实际结合起来，走自己的路"的？

(4) 结合所学历史知识，说明中共十三大、十四大、十五大在建设中国特色社会主义方面有哪些重大探索？

15．(2009 年宁波测试)阅读材料，回答问题：

材料一　毛泽东在同周世钊的谈话中，谈了中国革命在 1935 年遵义会议以前，因为没有把马克思列宁主义和中国革命运动结合起来，或者结合得不好，走了很多弯路，吃了很多的亏，遭受了很大的损失。……从 1935 年起，中国革命斗争的实践与马克思列宁主义比较好地结合起来，到 1945 年党的七大召开时，"马克思列宁主义与中国革命实践结合的正确思想体系，可说已经到了成熟的地步了。"于是，大家觉得很有必要给这种思想体系安个名称。"他说："党中央当时确定把这种正确思想体系叫做'毛泽东思想'，绝不是说'毛泽东思想'就完全是我一个人的思想。它是包括一班人的正确思想在内的。"……"当然，在这种正确思想体系里面，我的东西可能要多一点。"

——陈明新《毛泽东与周世钊》

材料二　1956 年，毛泽东在探究斯大林犯错误的原因和教训时说，最重要的是独立思考，把马克思列宁主义与实践相结合，"现在是社会主义革命和建设时期，我们要进行第二次结合，找出在中国进行社会主义革命和建设的正确道路"。

——梁柱《毛泽东倡导实行马克思列宁主义同中国实际的第二次结合》

材料三　毛泽东思想永远是我们全党、全军、全国各族人民的最宝贵的精神财富。我们要完整地准确地理解和掌握毛泽东思想的科学原理，并在新的历史条件下加以发展。

——邓小平《解放思想，实事求是，团结一致向前看》

材料四　邓小平审阅向十四大作的政治报告稿时，郑重指出："报告稿中讲我的功绩，一定要放在集体领导范围内。可以体现以我为主体，但绝不是一个人脑筋就可以钻

出什么新东西来。……这是群众的智慧,集体的智慧。我的功劳是把这些新事物概括起来,加以提倡。报告对我的作用不要讲得太过分,一个人、几个人,干不出这么大的事情。"
　　　　　　　——《<论党>与刘少奇的晚年悲剧》

请回答:

(1)根据材料一,请概括出什么是"毛泽东思想"?

(2)根据材料一结合所学知识分别列出毛泽东思想形成、成熟的时期及其该时期的最重大理论成果。

(3)材料二中标志中国共产党人把马克思列宁主义同中国实际进行"第二次结合",开始探索自己社会主义建设正确道路的文献是什么?

(4)根据材料三,结合所学知识说明毛泽东思想"在新的历史条件下加以发展"形成的理论成果分别解决了什么重大问题?

(5)根据材料一和材料四说明毛泽东和邓小平体现了怎样的个人品质?

一年冲刺母题

【母题】　社会的进步往往以思想解放与观念的进步为其先导。请观察下列几幅图片:

图1　严复与《天演论》

图2　陈独秀与《新青年》杂志

图3《实践是检验真理的唯一标准》的作者和邓小平支持的关于真理标准问题的讨论

请回答:

(1)这三幅图片分别反映的是什么历史现象? 共性是什么?

(2)图1和图2对于中国传统思想造成了怎样的冲击?

(3)图3所反映的事件是在什么特殊背景下发生的?

(4)列举史实说明邓小平在思想解放中的作用。

【解析】近几年高考不断将图片引入试题,既扩大了高考命题材料的来源,又拓宽了命题的空间。高三备考复习中,应特别关注这一命题视角。本题选取了有关思想解放的三组图片,从严复译著《天演论》、陈独秀创办《新青年》杂志到关于真理标准问题的讨论,都在当时起了思想解放的作用,在理解图片内容的基础上,再结合设问作答即可。

【答案】(1)维新变法运动、新文化运动和邓小平支持关于真理标准问题的讨论。

共性:都在当时起了思想解放的作用。

毛岸英(1992—1950)

男,汉族,湖南省韶山市人,中共党员。生前系中国人民志愿军司令部俄语翻译和秘书。

毛岸英是毛泽东的长子。1936年,他被安排到苏联学习,后来参加了苏联卫国战争,冒着枪林弹雨转战欧洲战场。1946年,毛岸英回到延安,同年加入中国共产党,在解放区搞过土改,做过宣传工作,当过秘书。解放初期,任过工厂的党委副书记。1950年,新婚不久的毛岸英主动请求参加抗美援朝战争,11月25日上午,美空军轰炸机突然飞临志愿军司令部上空,投下了几十枚凝固汽油弹。在作战室紧张工作的毛岸英壮烈牺牲,年仅28岁。

（2）图1介绍西学,传播维新思想,冲击传统思想,起了思想启蒙作用。图2是辛亥革命在思想文化领域的延伸,打击了专制主义和封建礼教思想,促进了人们的觉悟,是伟大的思想启蒙和文化革新运动,促进了马克思主义的传播,推动了五四运动的发生。

（3）长期"左"的思想、"文革"结束后的"两个凡是"的束缚,以及对毛泽东的个人崇拜思想。

（4）邓小平领导关于真理标准问题的讨论为十一届三中全会奠定了思想基础;倡导解放思想,开创了改革开放的新局面;南方谈话使人们的思想又一次得到了解放。

【变题1】 2005年4月26日,中国国民党主席连战访问大陆,开始了两岸的"和平之旅"。他首战抵达南京,并于4月27日即拜谒南京中山陵。请阅读下列材料:

材料一 连战先生在拜谒感言中说道:"……中山先生领导国民革命……他是一位革命家,更是一位政治家,他以民主、自由、均富的理念来全心全意地追求中华民族的复兴和昌盛……"

（1）请你简要阐释孙中山的"民主、自由、均富"理念。

材料二 中共中央总书记胡锦涛在欢迎连战率领的大陆访问团一行时表示:"中山先生为中华民族和中国人民留下了许多珍贵的精神遗产,值得我们永远地继承和发扬。"以下是孙中山先生提出的几句口号:"驱除鞑虏,恢复中华"、"天下为公"、"博爱"、"革命尚未成功,同志仍需努力"、"统一中国,振兴中华"等。

（2）你认为"中山精神"应包括哪些内涵?（列举不同的三个内涵即可）

材料三 学校要开展"纪念伟人（孙中山）,弘扬伟人精神"活动,已经搜集了孙中山1919年前的资料,但要继续搜集孙中山1919年以后的资料。

（3）请你给些建议,哪些历史资料必须搜集,并说明理由。

【变题2】 西方世界关注中国在历史变化过程中的走向,美国《时代》周刊(1923年创刊)是最典型的代表。毛泽东于1949年2月,邓小平于1979年1月和1985年9月成为《时代》周刊的封面人物,成为当时最为引人注目的焦点。

图1　　　　　　图2　　　　　　图3

注:图1标题写着:中国正迈步走向民主统一。

图2标题写着:邓小平,中国新时代的形象。

图3标题写着:中国正在远离马克思。画面对毛和邓两个不同时代的生活进行了对比。一边是革命的队伍高举着马克思的画像,农民在田里插秧;另一边是忙忙碌碌的上班族,高楼大厦,汉堡包,照相机等消费品。

请回答:

（1）结合所学知识,阐释图1、图2两期《时代》周刊的标题。

（2）毛泽东和邓小平将马克思主义中国化的理论成果各是什么? 各有什么重大历史意义?

（3）你如何看待图3中《时代》周刊标题的观点? 用改革开放三十年来的实践论证你的观点。

智趣素材

【变题3】 哲人们认为,思想是地球上最美丽的花朵。一个拥有伟大思想的民族,才能拥有不断前进的动力。阅读下列材料和图片,并回答问题:

材料一 孙中山手书

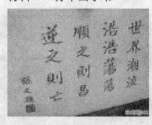 

　　图1　　　　　　　　　图2

材料二 全国都堆满了干柴,很快就会燃烧成烈火。……我所说的中国革命高潮快要到来,绝不是如有些人所谓"有到来之可能"那样完全没有行动意义的、可望而不可即的一种空的东西。它是站在海岸遥望海中已经看得见桅杆尖头的一只航船;它是立于高山之巅远看东方正是光芒四射、喷薄欲出的一轮朝日;它是躁动于母腹之中的快要成熟了的一个婴儿。

　　　　　　　　　　　　——《星星之火,可以燎原》

材料三

1982年,邓小平在中共十二大　　1992年初,邓小平南方谈话

材料四 胡锦涛在中共十七大报告中指出,科学发展观,是对党的三代中央领导集体关于发展的重要思想的继承和发展,是马克思主义中国化的重要表现,同马克思列宁主义、毛泽东思想、邓小平理论和"三个代表"重要思想一脉相承又与时俱进的科学理论,是发展中国特色社会主义必须坚持和贯彻的重大战略思想。

请回答:

(1)材料一图1孙中山所写的"世界潮流"指的是什么?依据材料以图2,20世纪初孙中山提出了什么重要思想?这一思想的提出和发展对中国革命运动有什么历史作用?

(2)材料二出现的历史背景是什么?毛泽东充满诗意的语言反映了他怎样的一种情怀?在井冈山时期、延安时期毛泽东先后提出了哪两大理论?

(3)中共十二大上,邓小平明确提出了什么重要理论?十年后,邓小平"南方谈话"的核心思想是什么?

(4)根据材料四和所学知识,写出"三个代表"重要思想的内涵。

(5)综合四则材料,概括20世纪以来中国重大理论成果的共同特点。

第7单元　现代中国的科技、教育与文学艺术

考纲解读导航

考试内容

1. 新中国成立以来的重大科技成就
(1)从"两弹一星"到载人航天
(2)袁隆平与杂交水稻
(3)计算机和生物技术的发展
2. "百花齐放""百家争鸣"
(1)"双百"方针的提出
(2)曲折的年代
(3)文艺的春天
3. 现代中国教育的发展

(1)人民教育的奠基
(2)动乱中的教育
(3)教育的复兴

能力要求

1. 列举新中国成立以来科技发展的主要成就,认识科技进步在现代化建设中的重大作用。
2. 知道我国"百花齐放,百家争鸣"的方针,讨论贯彻"双百"方针过程中取得的经验和教训。
3. 了解我国教育发展的史实,理解"国运兴衰,系于教育"的深刻含义。

三年高考命题

1. (2010年高考广东文综)下列说法体现了"双百"方针内涵的是　　　　　　　　　　　　　　　　　　(　　)
A. "要革命派,不要流派"
B. "争论会引起党内思想不一致"
C. "让样板戏占领革命舞台"
D. "不打棍子、不戴帽子、不抓辫子"

2. (2009年高考广东文科基础)《中华人民共和国义务教育法》颁布于　　　　　　　　　　　　　　(　　)
A. 20世纪70年代　　　B. 20世纪80年代
C. 20世纪90年代　　　D. 21世纪初

3. (2009年高考山东基本能力测试)新中国成立以来,我国社会主义建设取得了举世瞩目的伟大成绩。下列属于改革开放后所取得的是　　　　　　　　　　　　　(　　)
①"两弹一星" ②青藏铁路 ③大庆油田 ④三峡水利工程
A. ①② 　　B. ②③ 　　C. ②④ 　　D. ③④

4. (2009年高考浙江文综)电影《高考1977》反映了恢复高考后的第一次考试。如果让你来设计这场考试的场景,可能出现的是　　　　　　　　　　　　　　　　(　　)
A. 背景音乐:反映粉碎"四人帮"的歌曲
B. 外景:考场门口悬挂着"改革开放送春风"的横幅
C. 内景:考场中张贴有实施"科教兴国"战略的标语
D. 特写:作文题目评"关于真理标准问题的大讨论"

5. (2009年高考海南单科)1956年,毛泽东提出"百花齐放,百家争鸣"的方针,旨在　　　　　(　　)
A. 大力弘扬民族传统文化
B. 强调文艺必须为工农兵服务
C. 提高人民群众文化水平
D. 繁荣社会主义科学文化事业

6. (2008年广东文基)关于1956年"百花齐放,百家争鸣"方针的提出,不符合史实的是　　　　　(　　)
A. 确保了学术文化事业此后十多年的繁荣
B. 吸取了我国历史上学术、文化发展的经验
C. 纠正了科学文化领域存在的教条主义倾向
D. 总结了中国共产党领导科学文化事业的教训

7. (2008年广东单科)建国后各时期的教育方针具有不同的时代特点。属于"文化大革命"时期的教育方针是
　　　　　　　　　　　　　　　　　　　　　(　　)
A. "教育要面向现代化,面向世界,面向未来"
B. "紧密结合阶级斗争和路线斗争的实际组织教学"
C. "以培养工业建设人才和师资为重点,发展专门学院"
D. "肃清封建的、买办的、法西斯主义的思想,发展为人民服务的思想"

8. (2008年海南历史)从1952年秋开始,我国对高等院校进行大规模调整,新设了北京地质学院、北京钢铁工业学院、成

私掠许可证:海盗活动的合法化

随着新航路的开辟,航海贸易业热了起来。新大陆的发现,殖民地的扩张,令世界各地游弋着各种各样满载黄金和其他货物的船只,各国的利益竞争和对殖民地的野心提供了海盗活动最大的温床。随着私掠许可证的出现,海盗活动甚至开始"合法化"了。私掠许可证听起来有点强盗逻辑,例如:一个荷兰商人的货物在德国被偷,而他不但不能通过合法或外交手段来获得对于他损失的补偿,反而能得到一封荷兰政府授权的私掠许可证,这样的许可证允许他可以俘获德国商船来弥补损失。后来各国政府使用这些许可证作为国家工具来加强海军,可以使本国在不增加预算的情况下,凭空多出一支能够攻击敌国商船的海上力量。

智趣素材

都工学院,昆明工学院等学院,院校数量从 201 所减少到 181 所。这表明,当时调整的主要目的在于 ( )

A. 彻底改变原有的不合理区域布局

B. 有计划地开始整顿和改造旧教育

C. 实现教育为工农服务

D. 为大规模经济建设培养专门人才

一、整体感知

科学技术是中华民族实现伟大复兴的重要保证。新中国成立后,党和政府大力发展教育,发展科技事业,在原子弹、火箭领域取得重大突破,增强了我们国家的国防实力。改革开放后,杂交水稻、计算机和航天等高新技术迅速发展,跨入世界先进行列。以信息化带动工业化的战略,推动现代化建设事业取得跨越式发展。

"百花齐放,百家争鸣"的方针是中国共产党在社会主义改造完成后提出的繁荣文化学术事业的方针。这一方针调动了几百万知识分子的积极性,促进了文艺和科学研究事业的繁荣。但在实际贯彻中,由于"左"倾错误持续发展,过分强调阶级斗争,混淆了学术和政治的界限,造成很大的偏差,科学文化事业遭到了严重挫折。改革开放后,文学艺术和科学研究才真正迎来了发展的春天。

"国运兴衰,系于教育",中国的教育事业经历了一个曲折发展的历程,建国初期建立起较为完整的国民教育体系。"文革"期间,由于"左"倾错误,教育遭到严重破坏。改革开放后,实行"科教兴国"战略,邓小平提出教育"三个面向"方针,教育出现迅速发展的局面。

二、各个击破

1. 我国发展科技的侧重点的变化

20 世纪 80 年代前后,我们发展高科技的侧重点不同,战略决策的制定取决于当时的特定历史环境。

(1)20 世纪五六十年代,由于中苏关系恶化,美苏争霸造成国际局势紧张,我们发展高科技如原子弹、导弹、氢弹,人造地球卫星是为了巩固国防、维护国家的安全,为社会主义建设创造安定的环境。另一方面也提高了中国的国际地位。五六十年代许多亚、非国家与中国建交,包括 70 年代外交关系的突破就说明了这一点。

(2)20 世纪 80 年代以后,特别是美苏冷战局面结束后,和平与发展是时代的主题,国际上经济领域的竞争日益激烈。同时中国实行改革开放,发展生产力是社会主义建设的根本任务,科技为经济服务,促进经济发展就显得更为重要。一方面我国进行了科技体制改革,积极推进科技成果商品化,推进科技与经济的结合。另一方面,提出"科教兴国"战略,努力缩小与世界发达国家的差距,致力于提高综合国力。

2. 取得科技成就的原因

(1)社会主义制度的确立,为我国科技发展创造了必要的前提。

(2)党的坚强领导,中央的正确方针、政策的指导。

(3)第三次科技革命的推动。

(4)广大科技工作者的无私奉献。

(5)新中国教育事业的发展,提供了雄厚的人才储备。

3. 科技进步在现代化建设中的作用

(1)科技是第一生产力。科技事业的发展,促进了我国社会生产力的发展,促进了综合国力的提高,是我国繁荣昌盛的重要标志。

(2)新中国成立以来,由于党和政府的重视,再加上科技工作者的努力,我国在核技术、航天技术和杂交水稻技术等方面取得了令人瞩目的成就。

(3)"两弹一星"的成功,打破了美、苏两国对核技术和空间技术的垄断,打击了大国强权主义,粉碎了他们遏制中国的企图,提高了中国的国际地位,扩大了中国的国际影响。正如邓小平所说:"如果60年代以来中国没有原子弹、氢弹,没有发射卫星中国就不能叫有重大影响的大国,就没有现在的国际地位,这些东西反映一个民族的能力,也是一个民族、一个国家兴旺发达的标志。"同时,加强了中国的国防,为社会主义建设创造了安定的环境。袁隆平发明的杂交水稻不仅解决了中国众多人口吃饭的问题,而且促进了世界粮食问题的解决。航天技术是多学科的工程技术,带动了很多领域的发展。

4. 科技发展对社会进步的巨大影响

(1)推动社会生产力不断提高。

(2)推动社会产业结构加快调整。

(3)推动全球经济的发展。

(4)促进教育和文化的发展。

(5)推动当今社会组织结构和管理模式的变革。

5. 兴国、强国战略

(1)"科教兴国"战略:

①含义:就是全面落实"科学技术是第一生产力"的思想。坚持教育为本,把科技和教育摆在优先发展的战略地位,增强国家的科技实力和科学技术向现实生产力转化的能力,提高全民族的科学文化素质,把经济建设转移到依靠科技进步和提高劳动者的素质的轨道上来。

②提出及发展:党的十六大提出走新型工业化道路,必须大力实施"科教兴国"和可持续发展战略。科技进步和创新越来越成为经济社会发展的决定性因素,必须发挥科学技术作为第一生产力的重要作用,推动科技创新,促进科学技术向现实生产力的转化。

党的十六届三中全会《决定》提出要进一步深化科技、教育体制改革,为新时期实施"科教兴国"战略指明了方向。

智趣素材

拉丁美洲独立情况

1811 年,巴拉圭宣布独立。1816 年,拉普拉他联省宣布独立。1818 年,智利宣布独立。1819 年,玻利瓦尔在新格拉纳达成立大哥伦比亚共和国。1830 年前后,大哥伦比亚共和国解体,成立委内瑞拉、厄瓜多尔和新格拉纳达。1856 年,新格拉纳达改名为格拉纳达联邦,1886 年又改名为哥伦比亚共和国。1903 年,古巴脱离哥伦比亚。1821 年,危地马拉、尼加拉瓜、洪都拉斯、哥斯达黎加、萨尔瓦多宣布独立;1823 年,五国联合为中美洲共和国联邦;16 年后分立。1821 年,秘鲁宣布独立。1821 年,墨西哥宣布独立;1824 年,正式成立墨西哥共和国。1822 年,巴西独立。1825 年,秘鲁宣告独立,为了表示对玻利瓦尔的尊重,定国名为玻利瓦尔。1830 年,西属乌拉圭宣布独立。

党的十六届四中全会也提出,要大力实施"科教兴国"战略,加快国家创新体系建设,充分发挥科学技术是第一生产力的作用。

(2)人才强国战略:

①含义:就是依靠人才实现国家富强的战略。它包括两个方面的基本内涵:一是通过人才培养,造就一支结构合理、素质优良、规模宏大的人才队伍,将我国由人口大国发展成为人才强国;二是通过改进人才管理,挖掘人才潜力,激发人才活力,让人才的能力得以充分发挥,让人的价值得以充分体现。

②提出及发展:党的十六届三中全会审议通过的《中共中央关于完善社会主义时期经济体制若干问题的决定》指出营造实施人才强国战略的体制环境。创新人才工作机制,培养、吸收和用好各类人才。多层次、多渠道、大规模地开展人才培训,重点培养一批高层次和高技能人才。

党的十六届四中全会指出,实施人才强国战略,贯彻党管人才原则,坚持党政人才、企业经营管理人才和专业技术人才三支队伍一起抓,把各方面优秀人才集聚到党和国家的各项事业中来。

6. 现代中国科技的发展与世界科技潮流的关系及其原因

(1)建国后至改革开放前,中国虽然有些科技领域取得了巨大成就,但科技发展整体落后于世界。原因:

①建国初期,国民经济困难,西方国家对中国的经济封锁、军事包围等,阻碍中西科技文化的交流。

②建国后长期高度集中的政治经济体制阻碍科技的发展进步。

③国内"左"倾错误发展,特别是"文化大革命",使教育陷入一片混乱中,科技发展受到极大的影响。

(2)改革开放以来,中国科技追赶世界潮流,许多领域处于世界前列。原因:

①改革开放后,党和国家领导人认识到科技对社会生产的巨大推动作用,因此重视科技、教育的发展。

②实行改革开放,积极引进技术和资金,参与国际科技研发,中国的科技取得了巨大成就,特别是航天领域,电子计算机、生物技术等领域成就非凡。

7. 三次科技革命对中国的影响

(1)率先完成工业革命的英国凭借武力发动战争,强迫清政府签订一系列不平的条约,外国廉价商品涌入中国市场,使中国逐步被卷入了资本主义世界市场。思想领域涌现出向西方学习的新思潮,地主阶级企图用"中体西用"的思想挽救危机中的清政府。

(2)第二次工业革命推动了资本主义的进一步发展,帝国主义掀起了瓜分中国的狂潮,使中国面临严重的民族危机,中国完全被卷入了资本主义世界市场。民族资产阶级倡导维新变法,挽救民族危亡,发展资本主义。

(3)第三次科技革命发生时,新中国刚刚成立,新生政权抓住机遇,集中力量优先发展重工业,在高科技领域也取得了重大成就,如"两弹一星"等各项成果。

8. 建国以来影响科技文化发展的因素

(1)有利因素:

①新中国成立后,社会主义制度的建立,为我国科技发展创造了必要的前提。

②党的坚强领导,中央的正确方针、政策的指导。

③邓小平提出"科学技术是第一生产力"的精辟论断,使科学技术同生产力紧密结合起来,进一步推动了科技和经济的发展。

④广大科技工作者的无私奉献。

⑤经济的高速发展,为我国科技发展提供了可靠的保障。

⑥20世纪中期世界兴起的第三次科技革命,对社会生产力和经济的发展起了巨大的推动作用,也促进了中国现代科学技术的发展。

(2)不利因素:

①主要在于"左"倾错误思想对文化战线的长期干扰和破坏;党的知识分子政策出现了一些不应有的失误。

②历史上轻视文化对人们心理的影响。

③比较直接的是中国革命胜利后,大批工农干部走上领导岗位,他们有重实践、轻知识的倾向。

④相当一段时间闭关自守,缺乏对世界先进文化的学习和交流。

9. "双百"方针提出的背景及遭遇曲折的原因

(1)历史背景:

①1956年,我国社会主义改造基本完成,社会主义制度基本确立,毛泽东要求把全党和全国的工作重心转移到经济建设上来。

②1956年,为了打破核垄断,中共中央做出发展原子弹、导弹和在一些尖端技术上取得突破的战略决策。

③为调动党内党外、国内国外的一切积极因素,参加国内建设,党在领导文艺工作和科学研究的实践中逐步提出"双百"方针。

(2)遭遇曲折:

①表现:1957年后,反右派斗争扩大化及"文化大革命"否定了"双百"方针,文艺界出现"百花凋零"的局面,自然科学和社会科学领域的研究也几乎停止。只有"八个样板戏"轮番演出,在长达十年的时间里几乎独占戏剧舞台。

②原因:a. 政治上的"左"倾错误波及意识形态领域,以阶级斗争的观点看待学术问题、文艺问题。

b. 不能实事求是地分清学术问题和政治问题。

c. 从国际因素看,国际形势急剧变化产生了消极影响。

10. 正确认识"双百"方针

美国独立战争中的一次奇袭战

1776年12月,华盛顿决定对英军发动一次突然进攻。12月25日圣诞节下午6点,英军阵地遭到了袭击,英军指挥官带人赶到,袭击者已经离去,认为所谓的美军袭击不过如此,便放心大胆地准备好好地过一个圣诞节。26日早晨4点多钟,华盛顿率领的军队渡过了河,不等重武器全部卸完,便指挥军队猛扑英军军营。美军赶到特伦顿镇,许多英军士兵还在营帐里睡大觉。战斗打响后,美军上尉门罗率人夺取了英军的大炮,使英军失去了火力优势。这一战,美军大获全胜,美军以牺牲2人、伤5人的代价,击毙英军22名,停房948人,缴获武器弹药无数。那位门罗上尉就是后来的美国第五届总统门罗。

智趣素材

(1)"双百"方针是在承认社会主义社会仍然存在各种矛盾的基础上提出来的,是在国家迫切要求迅速发展经济和文化的时代背景下提出来的。

(2)该方针的基本精神是要在艺术和科学领域实行政治民主和艺术、学术民主。毛泽东提出的"双百"方针实际上规定了它的实施界线和范围;它是一条政治界线,是人民内部的自由,即是为人民服务的,是多数人的自由。而资产阶级民主主义所主张的自由是少数人的自由,是资产阶级的自由。

(3)"双百"方针在贯彻过程中遇到了挫折,不是"双百"方针本身的问题,而是受到了"左"倾错误的干扰。

(4)从"双百"方针贯彻的进程来看,以阶级斗争的观点看待学术问题、文艺问题,将学术问题、文艺问题上升为政治问题,就无法实现"百家争鸣";不能实事求是,就无法分清学术问题和政治问题;政治生活不民主,而学术界、文艺界就无法实行民主化,就无法实现"百花齐放"。

11. "双百"方针的实质和意义

"双百"方针的实质,就是承认社会主义科学文化的多层次性和多样化,不是一"花"一"家"的单调形态。只要是赞成社会主义制度的知识分子,便是社会主义文化的创造者和建设者。"双百"方针是团结知识分子和文化人的情感纽带,是允许和鼓励不同观点、不同流派的文化形态自由发展的政策依据。只要符合繁荣社会主义的经济文化这一民族的最根本利益,只要有利于促进体现社会的进步,就应该纳入先进文化的范围。

"双百"方针的提出,其意义是十分重大的,它充分体现了"实事求是""群众路线"。艺术上不同形式和风格,科学上不同学派之间的矛盾同属于人民内部矛盾问题,需要一条正确的道路去解决,而这条路线就是"实事求是""群众路线"。毛泽东认为,不管是香花还是毒草,"究竟它站得住脚站不住脚,还有多少观众",应该让实践来检验,任何主观的行政手段都是行不通的,因此要和群众一起在斗争实践中学会谨慎地、实事求是地辨别"香花"与"毒草",并用正确的方法与"毒草"作斗争。

12. 中国近现代教育发展历程

(1)洋务运动时期:洋务派开始创办新式学堂,促进了中国近代科技的发展。

(2)维新变法时期:维新派利用学堂积极宣传维新变法的主张,促进了中国人民的觉醒。

(3)20世纪初:清政府废除科举制,实行新学制,为教育的发展创造了条件。

(4)民国时期:设立教育部,教育内容不再以封建时代的忠君尊孔为主要内容,使近代教育得到发展。

(5)新中国成立后:先后完成扫盲教育和实现普及九年义务教育,人民教育得到迅猛发展。20世纪90年代,科教兴国战略的提出极大地推动了社会主义现代化建设的发展。

13. 科教兴国战略的作用

(1)通过教育培养大量人才,来提高社会经济发展的知识含量。社会发展需要劳动者成为各行各业懂得科学技术和管理现代化的专家学者、技术人员。而科学技术人员和高层次管理人才的培养,必须通过教育来获得。

(2)不断提高劳动力素质,发掘劳动力的巨大智力资源。生产力中最具活力的财富,是人的知识和智力,特别是在知识经济时代,人的智力开发及其作用的充分发挥,显得日益突出。人的智力开发速度快慢,最终将直接反映在社会发展的速度与质量上。

(3)培养民族的创新意识,增强以科技创新为核心的综合国力。创新是推动社会前进的动力,无论什么时代,社会都需要不断创新。创新是推动社会发展的巨大力量源泉,创新使民族的视野和民族文明得到了前所未有的拓展。

(4)教育依赖社会各方面整体水平的提高,反过来,教育也可以促进科学技术形成的社会规模,从而改善社会经济结构,促进经济效益的良性发展。

(5)教育的大力投入,有利于后发型国家摆脱贫穷落后的状态。知识经济不论是对发达国家,还是对处于实现工业化过渡中的贫穷落后国家,都是机遇和挑战并存。

14. 新中国的教育政策

教育政策是党或国家在一定历史时期,为了实现一定的教育目标和任务所确定的行动依据和基本准则。我国的教育政策是党和国家以马列主义、毛泽东思想、邓小平理论和"三个代表"重要思想为指导,根据教育发展的客观规律,适应我国政治、经济和社会发展的需要,在总结教育实践经验的基础上,针对教育工作的目标、途径和方法提出和制定的总体规划,是贯彻教育方针、实现教育目标的行为准则,是我国教育工作的出发点和归宿,对我国的教育工作起着极其重要的指导工作。

新中国成立后,国家对教育政策的认识经历了三个大的阶段:

第一阶段,新中国成立初到"文革"前,国家认识到教育政策的作用,这一时期党和政府确定了对社会主义教育事业具有普遍指导意义的教育方针和基本政策;第二阶段,"文革"时期,这一时期,正确的教育政策被严重扭曲,执行过程中出现很大的偏差,同时又出台了一些"左"的教育政策;第三阶段,社会主义建设新时期,这一时期,教育政策逐渐深化、科学化、系统化。

15. 教育、科技和经济之间的关系

教育是科技进步、经济发展的基础。科技和教育是决定社会主义现代化建设成败的关键。要把我国建设成社会主义现代化强国,必须大力发展科技和教育。教育的发展推动着科技的进步,科技的进步也推动着教育水平的进一步提高。国民经济的发展取决于科技的进步,而科技的发展又带动国民经济的提高。教育是培养人才、提高民族素质的基础,因此,国家把教育摆在优先发展的战略地位,提出了"科教兴国"的战略。

巴尔干问题的由来

巴尔干地区位于欧亚两洲的接壤处,是欧洲的下腹部,扼黑海、地中海的咽喉,战略位置十分重要。这里民族成分复杂,宗教多样。自古以来,这里就是欧洲的火药桶。巴尔干地区长期是各大国觊觎的对象,多次遭到大国的统治。在这些帝国的统治之下的巴尔干各国人民长期受到民族歧视和宗教压迫,巴尔干人民的解放事业往往与民族解放和宗教信仰联系在一起。各个民族都想建立单独的民族国家,扩大领土范围。一方面,由于政权的更替,许多少数民族的角色发生了变化,造成心态的极度变化,报复与仇视心态广泛存在。另一方面,长期的战争与动乱,更使巴尔干地区国家和人民之间的仇恨与不信任情绪进一步加深。

智趣素材

16. 如何认识我国的基础教育的重要性及现状

（1）基础教育即义务教育，当前国家的政策是九年制义务教育。"义务"的含义有两点：一是国家有制定法律强迫公民在学龄期受教育的义务；二是儿童及少年在学龄期有受教育的权利和义务。

（2）基础教育是提高生产力的关键。我国绝大多数人所得到的教育只是基础教育，因此基础教育水平的高低，决定着劳动力素质的高低，这是关系到劳动生产率能否提高的一个重要前提。基础教育又是发展高等教育的基础工程，没有坚实的基础，高等教育就没有可靠的根基。基础教育还关系到社会文明的程度。社会文明是由人来维持的，人的道德精神面貌、科学文化修养和身心素质，是社会文明的基本标志。而人的品德发展、知识学习等，都和接受基础教育的程度有关。中小学的素质教育水平，将直接影响到社会文明的水平。因此，基础教育的成败，关系到未来社会的发展、国家的形象和国际地位的提高，是至关重要的问题，必须把基础教育置于头等领先发展地位。

17. 理解"国运兴衰，系于教育"的含义及实施原因

（1）含义：

①通过教育培养大量人才，来提高社会经济发展的知识含量。社会发展需要劳动者成为各行业懂得科学技术和管理现代化的专家、学者、技术人员。而科学技术人员和高层管理人才的培养，必须通过教育来完成。

②不断提高劳动者的素质，发觉劳动者的巨大智力资源。生产力最具活力的财富，是人的知识和智力，特别是知识经济时代，人的智力的开发及其作用的充分发挥，显得日益突出。人的智力开发速度的快慢，最终将直接反映在社会发展的速度与质量上。

③培养民族的创新意识，增强以科技创新为核心的综合国力。创新是推动社会前进的动力，无论什么时代，社会都需要不断创新。创新是推动社会发展的巨大力量源泉，创新使民族的视野和民族文明得到了前所未有的拓展。

④教育的大力投入，有利于发展中国家摆脱贫穷落后的状态。知识经济不论是对发达国家，还是对处于实现工业化过渡中的贫穷落后国家，都既是机遇又是挑战。

（2）实施原因：由当前国际国内形势决定的。

①国际上：综合国力的竞争，越来越表现为经济实力，国防实力和民族凝聚力的竞争，无论就其中哪一方面实力的增强来说，教育具有基础性的地位。

②国内：我国的经济增长方式还没有根本转变，沉重的人口负担还没有转化为人力资源的优势。而劳动者的素质、知识创新和技术创新能力不强，已经成为制约我国经济发展和国际竞争能力增强的一个主要因素。而这一切都必须坚定不移地依靠教育来完成，只有这样，中华民族才能自立于世界民族之林。

特别提示：当今世界，科学技术突飞猛进，综合国力竞争日益激烈，综合国力的提高要靠科技的发展，科技的发展靠教育，教育是知识创新、传播和应用的主要基地，也是培育创新人才的摇篮，重视教育是发展经济的根本大计。教育的发展，是我国现代化不断发展的持续动力。

知识结构梳理

一、新中国成立以来的重大科技成就

1. 从"两弹一星"到载人航天

（1）"两弹一星"：①目的：打破美苏等国对＿＿＿＿＿＿和空间技术的垄断。②成就：1964年，中国第一颗＿＿＿＿＿＿爆炸成功；同年中国自行设计的中近程＿＿＿＿＿＿试验成功；1970年，我国第一颗人造地球卫星"＿＿＿＿＿＿"发射成功，中国成为世界第＿＿＿个发射卫星的国家。③意义：加强了中国的国防能力，中国开始进入航天时代。

（2）载人航天工程：①1992年，中国政府做出实施＿＿＿＿＿＿工程的战略决策。②2003年，"神舟五号"载着＿＿＿＿＿＿升入太空。中国成为世界上第＿＿＿＿＿＿个掌握载人航天技术的国家。

2. 袁隆平的杂交水稻

（1）研制：袁隆平在1973年成功地培育出杂交水稻新品种——＿＿＿＿＿＿。

（2）意义：大大提高了中国的水稻产量，也有助于解决未来世界性饥饿问题，是联合国粮农组织在全球推广的一项战略计划。袁隆平是世界上成功利用水稻杂交优势的第一人。

3. 计算机和生物技术的发展

（1）计算机技术：①成果：1983年，中国成功研制出第一台每秒运算速度上亿次的计算机"银河—Ⅰ号"。②意义：中国高性能巨型计算机研制已居于世界前列，加速了国家信息化发展。

（2）生物技术：①成就：1965年，中国首次实现人工合成＿＿＿＿＿＿＿＿＿＿；中国的＿＿＿＿＿＿技术达到国际先进水平。②意义：开辟了人工合成蛋白质的时代，提高了国民生活水平和健康素质。

二、"百花齐放""百家争鸣"

1. 背景

（1）新中国成立后，＿＿＿＿＿＿、生活方式、社会交往方式发生变化。

（2）党中央提出知识分子要在社会主义建设中发挥更大

作用。

2. 提出及含义

(1)_____春,毛泽东在中共中央政治局扩大会议上提出。

(2)含义:艺术问题上"_____",学术问题上"_____"。

3. 实施

(1)初期成就非凡。文学艺术界硕果累累,文艺期刊大量增加,大大丰富了社会主义时期人民的文化生活。

(2)曲折年代,百花凋零。由于政治运动扩大化和"_____"的到来,"双百"方针未能贯彻下去。

(3)新时期欣欣向荣。①"文革"结束后,清算极"左"路线,总结经验教训。②邓小平强调坚持贯彻"_____"方针。③20世纪80年代初,中共中央提出加强社会主义_____建设,以"_____""_____"为内容的精神文明建设开展起来。④21世纪,_____更加深入,中国文化走向世界。

三、现代中国教育的发展

1. 人民教育的奠基

(1)措施:①建国初期,建立起沿着_____方向前进的人民教育。②全面建设社会主义时期,制定了_____的教育方针,发展全日制学校教育,建立起_____的学校教育制度。

(2)成就:形成比较完整的国民教育体系,培养了大批德才兼备的建设人才。

2. 动乱中的教育

(1)表现:①大中小学一度停课,教育战线一片混乱。②1966年夏,废止_____。③20世纪70年代初,"工农兵学员"导致大学教育水平下降。

(2)危害:中国教育事业遭受极大破坏,人才缺乏,民族文化素质下降,与发达国家差距拉大。

3. 教育的复兴

(1)"文革"后,拨乱反正,恢复高考,倡导_____。

(2)改革开放初,邓小平提出优先发展教育的思想,实施"_____"战略。

(3)20世纪80年代初,邓小平提出"三个面向",制定《_____》;实行中等教育、高等教育及高校招生和分配制度改革。

(4)20世纪90年代,国家着手实施发展高等教育的"_____"计划。

(5)增大教育投资和社会办学力量的多元化,启动"_____"。

(6)重视边远和落后地区的教育,加大对西部地区教育发展的力度,推动少数民族地区教育的发展。

二年模拟训练

1. (2011年江苏省南通市调研测试)某学校举办《改革开放三十年回眸》成就展,下列图片可以入选的是 (　　)

A　　　　B　　　　C　　　　D

A. "东方红"一号卫星　　B. 载人航天飞船
C. 袁隆平的南优二号　　D. 重返联合国

2. (2011年河南许昌月考)在某省人大会议上,某副省长作了《深化科技体制改革,促进社会经济发展》的报告,他在报告中可能引用的国家政策计划不包括 (　　)
A. 863计划　　　　　　B. 星火计划
C. 两弹一星计划　　　　D. 火炬计划

3. (2010~2011年江西会昌中学月考试题)2007年10月24日,中国第一颗探月卫星嫦娥一号在西昌卫星中心成功升空。绕月探测工程是我国中长期科技发展的重大工程之一,这些重大科技工程的实施,说明当今世界 (　　)
A. 争夺世界的斗争日趋激烈

B. 科学技术是第一生产力
C. 为适应第三次科技革命的发展,各国加强了对科技的扶持和资金投入
D. 世界各国展开军备竞赛

4. (2011年河南许昌月考)下列哪些文学作品是在贯彻了"双百"方针的情况下出现的 (　　)
①《茶馆》　②《青春之歌》　③《北国江南》　④《蔡文姬》
A. ①②④　B. ①③④　C. ①②③　D. ①②④

5. (2011年河南许昌月考)进入新时期,我国教育蓬勃发展,主要表现在 (　　)
①进行了教育体制的改革和立法　②加强基础教育,发展高等教育　③确定了新时期的教育方针　④重视少数民族教育
A. ①②③④　B. ①②③　C. ①②④　D. ①③④

6. (2011年福建三明一中调研题)"×××,教授,1950年1月生。1968年中专毕业;1969年作为知识青年至黑龙江省上山下乡;1978年3月考进厦门大学经济学系;1982年2月大学毕业后分配到统计局工作;1985年进入江西财经大学任教;1996年到1997年在美国斯坦福大学亚太研究中心做高

级访问学者……"该段履历反映了 （　）
A. "教育大革命"对此人的成才起了积极的作用
B. 1977 年恢复统一高考招生制度为此人人生的转折提供
　　了机遇
C. 1972 年中美关系正常化对此人成为教授至关重要
D. 《义务教育法》保障了此人少年时期的受教育权利,为后
　　来此人的深造打下了基础

7. (2011 年福建三明一中调研题)1998 年对 300 名大学生的
　 问卷调查显示,他们心目中曾为中国的教育作出重大贡献
　 的人物中选择了邓小平的占 89%,究其原因有 （　）
　 ①"文革"后邓小平进行全面整顿,恢复高考 ②邓小平提
　 出确立教育优先发展的战略地位 ③邓小平提出"教育要
　 面向现代化,面向世界,面向未来" ④邓小平提出"教育大
　 革命"
　 A. ①②④　B. ①③④　C. ②③④　D. ①②③

8. (2011 年福建三阳一中调研题)"凡年满 6 周岁的儿童,不
　 分性别、民族、种族,应当接受规定年限的义务教育,条件不
　 具备的地区,可以推迟到七周岁入学——1986 年"对此段材
　 料分析不正确的是 （　）
　 A. 这段材料反映的是《中华人民共和国义务教育法》
　 B. 这段材料反映了我国对教育的重视
　 C. 这段材料体现了邓小平提出的教育"三个面向"方针指
　　　导下制定的法律文件
　 D. 这段材料是在"科技兴国"的战略指导下进行的

9. (2010 年山东潍坊一模,25)观察下图,对其反映的事件评
　 价不正确的是 （　）
　 A. 其主要作用是增强民族的凝聚力
　 B. 体现了"自力更生为主,争取外
　　　援为辅"的方针
　 C. 实践了重点突破国防尖端技术
　　　的战略决策
　 D. 加强了中国的现代化国防能力

10. (2010 年泰州模拟)二战期间,美国研制了原子弹并用于
　 实践;1946 年美国投入使用了第一台电子计算机,最初是
　 用来计算炮弹弹道的;德国人研制成功远程液体燃料火
　 箭,是用来空袭英国的。以上史实说明 （　）
　 A. 科技革命是战争爆发的根本原因
　 B. 科技是决定战争胜负的关键
　 C. 二战加速了科技革命的到来
　 D. 科技革命加速了二战的爆发

11. (2010 年宁夏模拟)我国 20 世纪 60 年代社会主义建设时
　 期,在尖端科学技术方面取得了重大成就是 （　）
　 ①第一颗原子弹爆炸成功　②籼型杂交水稻培育成功
　 ③人工合成结晶牛胰岛素　④第一颗人造地球卫星升空

A. ①②　　B. ①③　　C. ①④　　D. ③④

12. (2010 年北京崇文一模)美国著名太空学者迪安说:"美国
　 人必须清醒地意识到,我们在太空中面对的将不仅仅是白
　 蓝红旗帜(俄罗斯国旗),一条红色巨龙正在太空轨道中升
　 起!"这条"红色巨龙"最有可能是指 （　）
　 A. "东方红一号"卫星　　B. "神舟五号"载人飞船
　 C. "神舟七号"载人飞船　D. "嫦娥一号"绕月卫星

13. (2010 年山东日照期末)中国共产党提出"百花齐放,百家
　 争鸣",允许不同的学术思想和文化艺术自由发展,但是有
　 一个前提,那就是 （　）
　 A. 不能宣传唯心主义错误
　 B. 不能违背科学精神
　 C. 不能违背国家宪法的基本原则
　 D. 不能宣传资产阶级倾向观点

14. (2010 年安徽芜湖期中)"双百"方针提出以后,有人说:
　 "党提出'百家争鸣',我们解放以后几年学习唯物论不是
　 白学了吗?"你应该怎么回答…… （　）
　 ①与美与丑的对立和斗争,通过比较和斗争,辨别真善美
　 和假恶丑 ②没有唯心主义和形而上学作过斗争,唯物主义
　 和辩证法是不巩固的 ③贯彻"双百"方针的前提是坚持社
　 会主义道路和党的领导 ④"百家争鸣"就是彻底自由了,
　 想说什么就可以说什么,想怎么说就可以怎么说
　 A. ①②③④　B. ①②③　C. ①③④　D. ②③④

15. (2010 年辽宁质检)20 世纪 80 年代以来,我国高等教育迅
　 速发展,大学数量不断增加,资源配置、专业结构更加合
　 理。高等教育出现这一繁荣景象的根本原因是 （　）
　 A. 国家制定了正确的教育方针
　 B. 安定政治局面
　 C. 实行改革开放
　 D. 经济迅速发展

16. (2010 年广东茂名文综)邓小平提出:"教育要面向现代
　 化,面向世界,面向未来。"这"三个面向"的实质是（　）
　 A. 通过教育的发展提高国家和民族的竞争力
　 B. 教育的发展要适合本国国情
　 C. 教育发展需要加强国际交流
　 D. 教育发展需要超前性

17. (2010 年山东营期末)阅读下列材料:
　 材料一　科研是靠教育输送人才的,一定要把教育办好。
　　　　　　　　　　　　　　　　　　　　　　——邓小平
　 材料二　我知道科学、教育是难搞的,但是我自告奋勇来
　 抓。不抓科学、教育,四个现代化就没有希望,就成为一句空
　 话。
　　　　　　　　——邓小平《教育战线的拨乱反正问题》
　 材料三　"社会生产力有这样巨大的发展,劳动生产率有

这样大幅度的提高,靠的是什么?最主要的是科技的力量,技术的力量。""依我看,科学技术是第一生产力。……从长远看,要注意教育和科学技术……我们要千方百计,在别的方面忍耐一些,甚至牺牲点速度,把教育问题解决好。"

——邓小平

材料四 传统经济增长模式可用公式表述为:经济增长(100%)＝劳动增长(75%)＋资本增长(25%)。

美国依据1948～1984年经济实际增长数据核算,将传统的经济增长公式调整为:经济增长(100%)＝劳动增长＋资本增长(34%)＋科技和教育(66%)。

日本1952～1961年的经济增长模式为:经济增长(100%)＝劳动增长＋资本增长(33.4%)＋科技和教育)(66.6%)。

目前,发达国家技术和知识的增加占生产率增长总要素的60%～80%,我国占30%左右。

——岳麓版必修Ⅲ教材

请回答:

(1)根据材料一、二说明邓小平是如何看待教育、科技与现代化建设三者之间的关系的?

(2)材料三与材料一、二相比,邓小平对教育的认识有何发展?

(3)材料四说明什么问题?

18.(北京东城区示范校2010～2011学年度高三综合练习)教育培养新生一代准备从事社会生活的整个过程,也是人类社会生产经验得以继承发扬的关键环节。

孔子讲学图

> 智者学派是西方教育史上最早以教书为职业的一批人。他们周游希腊各个城邦,收费授徒,教授学生学习"三艺"(文法、修辞学、辩证法),同时把道德知识和政治知识作为主要教学内容。

(1)根据图和文字材料,指出以孔子为代表的春秋战国时期的私学教育和智者学派的教育产生的影响有哪些共同之处?

"科举不停,学校不广,士心既莫能坚定,民智复无由大开,求其进化日新也难矣。故欲补救时艰,必先推广学校始,而欲推广学校,必自先停科举始。"

——张之洞《张文襄公全集·奏稿》

(2)在张之洞等封疆大吏的推动下,1905年光绪帝下诏废除科举制度。根据材料并结合所学知识,指出清末废除科举制度的历史背景。

(3)新中国成立后,我国教育发展取得了举世瞩目的成就。结合所学知识,完成下列表格。

历史时期	发展教育的措施	对于教育发展的作用
过渡时期	扫盲运动	
全国建设时期		密切了教育与生产劳动和社会实践的关系
社会主义现代化建设时期		使科学和教育成为国家实际经济增长方式的根本性转变的重要手段
		普及义务教育,义务教育得到法律保障
	"希望工程"	

一年冲刺母题

【母题】 阅读下面一段材料,回答问题。

材料一 近50年来,人类所取得的科技成果,即科学发现和技术发明的数量,比过去两千年的总和还要多,90%的科学知识是二战后获得的,现代物理学中90%的知识是1950年以后取得的。由于科技知识激增,新学科不断出现,当今学科总数达6000多门。这些科技知识、科学成果被应用在社会生产上,对经济发展产生了巨大的推动作用。经济增长中,科技因素占的比重越来越大,50年代科技因素在经济增长中占份额20%,70年代占50%,90年代高达70%。

材料二 邓小平题词及语录:

教育要面向现代化,面向世界,而向未来.

邓小平 一九八三年国庆节
书赠 景山学校

"科学技术是生产力"、"知识分子是工人阶级的一部分"。"我们既然承认了这两个前提,那么,我们要在短短的二十多年中实现四个现代化,大大发展我们的生产力,当然就不能不大力发展科学研究事业和科学教育事业,大力发扬科学技术工作者和教育工作者的革命积极性。"

"特别是科学,它本身就是实事求是、老老实实的学问,是不允许弄虚作假的"。

"科技要发展,教育是基础"。"我们多次说过,我国的经济,到建国一百周年时,可能接近发达国家的水平。我们这样说,根据之一,就是在这段时间里,我们完全有能力把教育搞上去,提高我国的科学技术水平,培养出数以亿计的各级各类人才。"

请回答:

(1)依据材料一,分析当代科技发展的特点及其对经济的影响。

(2)综合上述材料,概括邓小平的科技思想。

【解析】 本大题所选材料较短,但包含的有效信息较多。材料一主要反映了当代科技发展的成果。材料二主要论述了邓小平对科教的思想。学生只要能提炼出题目中材料提供的信息,就能答好此题。

【答案】 (1)特点:发展迅速,呈现成就巨大,"知识爆炸"的局面。

影响:推动经济增长,并逐渐成为推动经济发展的主导力量。

(2)邓小平认为科学技术已经成为生产力诸要素的主导要素,成为决定生产力发展的第一要素(或高度肯定科学技术的价值及作用)。要发展科学技术首先要尊重知识,尊重人才,重视发挥知识分子在现代化建设中的作用(或千方百计地调动科学研究的主体——知识分子的积极性)。要有科学精神,不能弄虚作假(或强调了科学研究的实事求是原则)。邓小平把科学技术与教育紧密结合在一起,深刻阐述了科技与教育的关系;对我国社会主义教育提出了总体要求和总方向(或站在民族发展与世界潮流的高度提出教育发展的"三个面向")。是邓小平理论的重要组成部分,是中国及世界文明的珍贵精神遗产。

【变题】 北京时间 2008 年 9 月 25 日 9 时 10 分,中国第三艘载人飞船"神舟"七号搭乘翟志刚、刘伯明、景海鹏三名航天员在酒泉卫星发射中心中国载人航天发射场由神箭——长征二号 F 运载火箭成功发射升空。28 日 17 点 31 分圆满完成任务顺利返回。

图1　加加林　　　　图2　阿姆斯特朗月球漫步

图3　杨利伟　　　　图4　翟志刚、刘伯明、景海鹏

请回答:

(1)指出四幅图中所示人在世界航天史上所作出的杰出贡献。

(2)20 世纪 40 至 60 年代,苏联人和美国人先后进入太空,而中国人却在这方面相对滞后。结合中国的有关史实说明其原因。

(3)半个世纪以来,世界航天技术发展迅速,试简要分析其原因。

(4)航天技术的发展对人类社会的发展有何影响?

英国的义务教育法

　　1870 年英国颁布《初等教育法》。该法第 5 条规定,每个学区都应在公立学校为本学区的所有儿童提供教育;第 74 条授权学校委员会制定地方法规,强制 5 至 13 岁儿童入学。1880 年又颁布教育法令,规定 5 至 10 岁为义务教育年限。1918 年教育法将义务教育年龄延长到 14 岁。1944 年教育法规定,5 至 15 岁为义务教育年限,1972 年又延长至 16 岁。英国教育的发展和公民思想文化水平的提高,为普选权的实现提供了强大的动力和基本的保障。

 **第8单元 19世纪以来的世界文学艺术**

考纲解读导航

考试内容

1. 文学的繁荣
(1) 浪漫主义文学
(2) 现实主义文学
(3) 20世纪的世界文学
2. 美术的辉煌
(1) 从新古典主义美术到浪漫主义美术
(2) 现实主义美术和印象画派
(3) 现代主义美术
3. 音乐与影视艺术
(1) 19世纪的音乐流派与杰作

(2) 20世纪世界音乐的发展变化
(3) 影视艺术的产生和发展

能力要求

1. 了解19世纪以来文学的主要成就,认识其产生的时代背景及影响。
2. 欣赏19世纪以来有代表性的美术作品,了解这些美术作品产生的时代背景及其艺术价值。
3. 列举19世纪以来有代表性的音乐作品,理解这些音乐作品的时代性、多样性和民族性。
4. 了解影视艺术产生和发展的过程,认识其对社会生活的影响。

三年高考命题

1. (2010年高考广东文综)"对建立在合理性基础上的工业社会表示怀疑,不屑于表面的客观真实,致力于探索离奇别致的形式技巧。"具有这一创作精神的作者是　　　　( )
A. 雪莱　　B. 毕加索　　C. 贝多芬　　D. 巴尔扎克

2. (2009年高考江苏单科)某学者准备给中学生作有关欧美近代现实主义文学的报告,为此他去图书馆查阅了部分文学作品,其中与报告内容相关度较高的是　　　　( )

　　A　　　　　B　　　　　C　　　　　D

3. (2009年高考天津文综)俄国作家列夫·托尔斯泰的小说《安娜·卡列尼娜》,生动地描述了俄国贵族的生活。它所属的文学流派是　　　　( )
A. 古典主义　B. 现实主义　C. 浪漫主义　D. 现代主义

4. (2009年安徽文综高考)19世纪30年代以后,欧美文学的主流着力于表现社会生活、关注社会问题、揭示社会矛盾、

批判社会罪恶。属于这一文学主流的名著是　　( )
A.《大卫·科波菲尔》　　B.《老人与海》
C.《巴黎圣母院》　　　　D.《等待戈多》

5. (2009年高考上海文综)好莱坞是"美国电影"的代名词,人们易把好莱坞与电影划等号。然而,电影是由法国卢米埃尔兄弟发明的。卢米埃尔兄弟发明电影应在　　( )
A. 1500～1600年期间　　B. 1765～1830年期间
C. 1870～1900年期间　　D. 1945～1970年期间

6. (2009年高考上海文综)人类在对自然和自身的认识过程中,产生了丰富多彩的艺术风格。下列是大英博物馆和西安秦兵马俑博物馆收藏的作品,它们的风格是　　( )

古代亚述帝国的猎狮图

中国秦俑头像

A. 现实主义　B. 浪漫主义　C. 自然主义　D. 抽象主义

7. (2008 年江苏单科)右图是中国艺术家创作的一幅画,它最可能创作于　　　　　　（　）

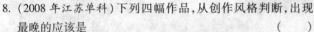

　A. 18 世纪末期
　B. 19 世纪中期
　C. 19 世纪后期
　D. 20 世纪初期

8. (2008 年江苏单科)下列四幅作品,从创作风格判断,出现最晚的应该是　　　　　　　　　（　）

A.《格尔尼卡》

B.《伏尔加河上的纤夫》

C.《自由引导人民》　　　D.《日出印象》

9. (2008 年广东单科)毕加索曾注意形容自己的艺术风格:"让优美绝灭吧!"这种艺术风格是（　）

　A. 古典主义　B. 现实主义　C. 现代主义　D. 浪漫主义

10. (2008 年山东基本能力)某些画家根据光色原理对绘画色彩进行了大胆革新,打破了传统绘画的褐色调子,并直接面对自然风景写生,将光色瞬间变幻的效果记录下来。这

一绘画流派是　　　　　　　　　　　（　）

　A. 古典主义　B. 浪漫主义　C. 印象主义　D. 现代主义

11. (2008 年海南单科)鲁迅在回忆 20 世纪初年的情形时说,"有人说 G·Byron(拜伦)的诗多为青年所爱读,我觉得这话很有几分真。就自己而论,也还记得怎样读了他的诗而心神俱旺。"当时爱国青年喜读拜伦作品,主要是因为它

　　　　　　　　　　　　　　　　　　（　）

　A. 与文学革命运动的方向一致
　B. 继承了欧洲古典文学的传统
　C. 具有批判现实主义的精神特质
　D. 充满追求自由和解放的浪漫主义精神

12. (2008 年海南单科)图 1、图 2 为某著名画家的两幅作品。作品反映出该画家力图　　　　　　（　）

图1(局部)　　　　　图2

　A. 以写实的方法表现客观世界
　B. 以夸张的形式表现主观内心感受
　C. 以严整和谐的画表现理性
　D. 以奔放的笔法和色彩表现感情

复习攻略

一、整体感知

　　本单元主要讲述 19 世纪以来世界文学艺术的发展历程。19 世纪,世界文学艺术的发展达到了一个高峰,小说、诗歌、散文、戏剧、绘画、雕塑、音乐等各个文学艺术门类欣欣向荣,流派纷呈,进入 20 世纪后,随着影视艺术为代表的现代艺术种类的兴起与发展,文学艺术愈益成为人们日常生活中不可或缺的精神产品,对社会的影响力越来越大。

　　(1)19 世纪以来文学空前繁荣,浪漫主义文学流行,拜伦和雪莱是著名的浪漫主义诗人;19 世纪 30 年代以后,现实主义成为文学的主流,代表人物有巴尔扎克、托尔斯泰等;到了 20 世纪五六十年代,现代主义文学代表派盛行,体现了人们面对社会现实的迷惘和无奈,开山之作是法国贝克特的《等待戈多》。

　　(2)19 世纪以来,世界艺术领域群星璀璨,名作纷呈,18 至 19 世纪之交,贝多芬架起古典主义音乐向浪漫主义音乐过渡的桥梁;19 世纪,印象派绘画和音乐分别以莫奈和德彪西为代表;20 世纪,现代艺术逐步形成,美术方面经历了印象派、新

王位继承法

　　现在世界上的国王几乎都是终身制,王位的继承也是世袭制。但王位继承法却因国而异。嫡长子孙继承法是很多国家采用的方法,这种继承法和中国古代皇家的继承法相类似。如果皇帝无子,则从皇室近亲过继,继承大统。现在日本、不丹、尼泊尔、西班牙的皇位继承大致是这样。英国实行的王位继承法是男女都有继承权,但规定先男后女,先长后幼的原则。现在英国女王伊丽莎白二世就是因为老王乔治只生下她们姐妹俩,她是姐姐,所以登上了国王的宝座。而王储必须等到现任国王驾崩才有资格登基。至于要等多长时间,那就很难预测了。如挪威国王奥拉夫五世今年已 80 多岁了,王储也逾花甲之年,但还得等下去。

印象派、后印象派等阶段,涌现出了塞尚、高更和梵高等著名画家。当现代派主宰画坛后,出现了毕加索等代表人物。

(3)随着科技的发展,影视艺术为人们的生活开辟了新天地。首先出现的是无声电影,格里菲斯因其突出贡献而被誉为"现代电影之父",卓别林则成为最耀眼的电影明星;后来有声电影把世界电影带入了全面繁荣的阶段。

二、各个击破

1. 浪漫主义思潮出现的背景及特征(18世纪后半叶至19世纪中叶)

(1)时代背景:这一时期资本主义经济在工业革命后的迅速发展,推动了资产阶级革命与改革时代的到来。如美国独立战争、法国大革命、德、意的统一运动,等等。但是成功后的欧洲各国并没有出现启蒙学者所描绘的自由、平等、博爱的美好景象,人们的失望与不满反映到文学领域,浪漫主义就兴起了。

(2)特征:浪漫主义追求新的理想,不再刻意突出人的理性,深入发掘人的感情世界,塑造鲜明的人物形象,在文学风格上表现为想象力丰富的构思和跌宕起伏的戏剧情节。其最本质的特征就是它的主观性,把理想当作现实来描写。诗歌成为主要创造形式之一。

2. 19世纪世界浪漫主义作家和现实主义作家所反映出的政治态度和美好品质

(1)政治态度:

①浪漫主义作家在政治上反对封建制度,批判现实的黑暗,将矛头指向封建贵族,反对新生的资本主义社会中残存的封建残余,同时也展现了资本主义社会的残酷现实。

②现实主义作家揭露资本主义社会的本质,对资本主义社会及法律、道德提出强烈控诉,同时,他们也深切地同情饱受辛酸苦痛的劳动人民。

(2)美好品质:著名作家热爱祖国、热爱人类、有强烈的正义感,都在用自己的笔来歌颂人类美好理想和高尚的道德情操,批判黑暗的社会现实和邪恶的东西。

3. 批判现实主义思潮出现的背景、特征、影响(19世纪中叶)

(1)时代背景:批判现实主义文学思潮是西欧资本主义制度确立和发展时期的产物,由于资本主义制度种种弊病的暴露,人们的浪漫热情和"理想王国"的幻想破灭了,于是形成了一种冷静务实的社会心理。批判现实主义文学就是这种尖锐复杂的阶级矛盾和社会心理在文学上的反映。在思想方面,辩证法、唯物主义哲学、空想社会主义学说以及自然科学的新成就,都对批判现实主义文学的兴起产生了不同的影响。批判现实主义文学继承了古希腊以来的文学优良传统,而18世纪的启蒙文学又为19世纪现实主义的蓬勃兴起做了直接的准备。

(2)特征:直面社会现实,冷静审视并客观剖析社会弊端,深刻揭露社会中的黑暗和丑恶现象,对现存的社会秩序进行无

情的揭露和强烈批判,热衷于塑造和赞扬英雄人物与正面人物。创作形式以小说为主,尤其是长篇小说的创作空前繁荣。

(3)影响:批判现实主义小说深刻揭露了资产阶级和封建贵族的腐朽和丑恶的本质,描绘出极为广阔的资本主义社会复杂丰富的生活图景,它的经典作品不仅是人们认识当时社会的百科全书,而且为人类文学艺术宝库增添了光彩夺目的瑰宝。但是由于历史的局限性,批判现实主义未能指出社会发展的必然趋势。因此,他们批判现实"却没有什么可以肯定的。"

4. 19世纪以来世界主要文学流派的比较

流派	背景	特点	影响
浪漫主义文学	①法国大革命失败后人们对确立的资本主义制度失望和不满。②人们追求新的精神寄托	①不再刻意突出人的理性,强调歌颂人的本能感情。②反对古典主义文学形式的束缚,创作中采用夸张手法,富于幻想和传奇色彩	①政治上反对封建制度,批判现实的黑暗,矛头直指封建贵族,反对封建残余。②展示了资本主义社会的残酷现实
现实主义文学	①工业革命的开展,使资本主义经济迅速发展,资本主义制度所固有的矛盾和弊端逐渐暴露。②人们想真实地反映现实生活,揭露、批判社会黑暗	①强调真实具体地描写现实生活。②着力再现典型环境中的典型人物	①揭露和批判了资本主义社会的罪恶,对法律、道德提出了强烈的控诉。②深切同情饱受辛酸苦难的劳动人民
现代主义文学	①两次世界大战对人类的影响。②频繁的经济危机和"冷战"环境下使人类处在一个动荡不安的社会环境中。③文明的发展与人本身相对立的状态,以理性主义为基础的西方价值观受到怀疑	①主观上表达对世界的看法和通过想象表现真理的真实。②在艺术手法上凌乱、不完整性。③语言无逻辑,晦涩难懂	现代主义文学反映了西方人心灵的迷惘和痛苦,对前途悲观绝望的情绪。体现了虚无主义的思想

北美殖民地的政治制度

北美13个殖民地都是单独的实体,有相对独立的政治体制。按照它们与英王的不同关系,可分为三种类型。第一种是特许(自治)殖民。自治殖民地由英王直接向殖民地颁发特许状,总督由当地议会选举产生,经英王批准,任期一年。第二种是业主殖民地。这些殖民地是英王封赏给他的大臣或大贵族(即业主)的,总督由业主挑选,经英王批准后任命。第三种是王室殖民地。由英王直接派遣总督治理,它们大多也采用两院制,上院由英王任命,同时充当总督的参事会,下院由自由人选举,一切法律需经英王批准,法官由总督任命。

智趣素材

5. 世界文学流派的演变

文学流派	时 间	特 点	代表人物
文艺复兴文学	14~16世纪	反对宗教对人和人性的束缚	但丁、薄伽丘、莎士比亚
古典主义文学	17、18世纪	崇尚理性和创作的规范性,追求形式完美	莫里哀、弥尔顿
启蒙文学	18世纪	强调理性	歌德、伏尔泰
浪漫主义文学	18世纪末至19世纪早期	较少注意理性而重视人的本能和感情,偏重于表现主观理想和个人感情,反映对社会现实的不满	拜伦、雪莱、雨果
现实主义文学	19世纪30年代成为文学的主流	按事实描写生活,对现存秩序进行强烈的批判,作品普遍采用长篇小说的形式	巴尔扎克、莫泊桑、普希金、列夫·托尔斯泰
现代主义文学	19世纪晚期兴起,20世纪30年代繁荣	集中表现自我,艺术手法上反传统	贝克特、海明威

6. 印象派作品的共同点及各自艺术价值

(1)共同点:淡漠题材,牺牲意念上的清晰,追求一种新颖、微妙、朦胧、瞬间的意境变化。

(2)艺术价值

①印象派绘画的艺术价值:印象派绘画把光和色彩视为认识对象的核心因素。印象派大胆使用色彩,真正体现出光与色的无穷魅力。印象派主张追求色彩绘画特点。

②印象派音乐的艺术价值:印象派音乐是客观的,强调捕捉人对外部世界的瞬间印象。它以柔克刚,抑制过分的激情;它重视标题,以有助于引起丰富的联想;它遵循暗示性的原则,以避免过于率直的表达。

7. 对印象派绘画的全面认识

(1)产生原因:19世纪后半期,一些画家随着科技手段的提高,特别是当时光学研究的发展,主张提升绘画的社会表现功能。他们对统治欧洲艺术的种种清规戒律表示不满,对光和色有着浓厚的兴趣,从室内走向大自然。

(2)基本特点:首先,注重时间性,强调是什么时候的景色。其次,注重主体的主观感受,忠于自己的眼睛。再次,大多用原色作画。

(3)后期发展:19世纪末20世纪初,产生了后期印象画派,他们反对印象画派对客观世界的描绘只是停留在表面现象

上,主张艺术应区别于照相,要揭示主观世界,重要的不在于写形而在于写意,重视自我的表现,强调变形和夸张。后期印象画派与印象画派名称相似,但应注意,后期印象派的画风开始向现代派演变。

(4)东西对比:在中国画里,与印象画派相仿的画派是写意画派。在表现手法上印象画派是油画,中国画是水墨画。

8. 全面认识现代派美术画派

(1)历史背景:现代派美术是第二次工业革命的伴生物。它反映了西方进入垄断资本主义时代以后在政治、经济和文化方面的重要变革,反映了这个时代人们极其复杂的思想感情和极为深刻的哲学思考。

(2)创作特征

①在创作宗旨上强调自我,抒发个人情感。

②在技巧上表现为否定视觉的真实性,向传统的写实主义和透视方法提出挑战。

(3)现代美术的立体派:立体派提出了认识物象的新方法,即把对象的上下左右等各方面的印象拼合在一个平面上,同时从几个不同的视点描绘对象,用平面表现一种空间感和实在感。立体派的创作以个人主观为中心,以个人"脑子里的理解"来代替客观世界本身。立体派的杰出代表是西班牙画家毕加索,其典型的作品有《坐在椅子上的女人》等。

9. 现实主义美术与现代主义美术的关系

二者只有一字之差,内涵却迥然不同,二者既有区别也有联系。

(1)区别:①从产生的社会背景来看,现实主义美术是人们对社会现实不满的结果。现代主义美术是社会现实给人们带来了巨大的精神危机的结果。②从表现内容来看,现实主义美术侧重于揭露和批判社会现实;现代主义美术侧重于表现个人主义和虚无主义。③从表现手法上看,现实主义美术继承传统;现代主义美术虽然也对传统有所继承,但更多的是强调反传统。④现代主义美术是反传统的各种流派的统称。

(2)联系:①二者都表现出对社会现实的不满。②二者的产生与发展都是由当时的社会现实决定的。

10. 关于现代主义艺术的认识

(1)背景

①严重的精神危机:残酷的世界大战和令人触目惊心的经济大危机,使人们对资本主义本来就已失望、不满的心理受到更大的打击,心灵遭到扭曲。现代主义作者感到人生荒诞、毫无意义,在现代生活中找不到精神归宿,于是通过自己的作品来体现这种精神危机。

②现代科技的发展,文学艺术的发展,特别是音乐美术的发展,都离不开发达的科学技术,它使现代主义的特色表达得更加充分、效果更加明显。

英国议会改革

1832年议会改革主要包括两项重要内容:(1)重新分配议席。(2)更改选举资格,扩大选民范围。1867年改革法案对议席分配再次作了调整,取消了46个"衰败选区",空出的52个议席分给大工业城市和较大的郡。法案还降低选民的财产资格。第二次议会改革基本取消了"衰败选区",小资产阶级和上层工人都获得选举权。但是下层工人和全部农业工人仍未获得选举权。1884年12月,议会通过两个新的改革法案,一个是《人民代表制法》,它把城市中的"房主选举权"原则扩大到各郡区,使部分农业工人也获得了选举权。另一个是1885年1月议会通过的《重新分配议席法》。成年公民普选权终于得以实现。

智趣素材

（2）表现

①文学领域：作品打破传统文学的表现手法，故事缺乏完整的情节，甚至缺少常规的开头和结尾，令人难以捉摸；注重人物的描写，但是人物动作无聊，出现一些乏味的对白。

②美术领域：由于心理压力的增加和科学技术的发展。画家不再满足于传统的艺术表现形式，出现了许多的美术流派，他们重视艺术家的主观感受，采用夸张、变形与抽象的表现手法，艺术上更趋向于极端化。

③音乐领域：既有通俗易懂、轻松活泼的流行音乐，又有震耳欲聋、节奏强烈、广泛运用声、光、电技术的爵士乐等。

（3）影响

①现代主义给人以耳目一新的感觉，让现代人受到心灵的震撼。

②使人们产生迷惘的心理，更加深入地思考一些问题，剖析社会的变化。

11.17 世纪初到 20 世纪初的文学和艺术（美术、音乐）发展的三个阶段

（1）17 世纪至 18 世纪中期，新航路的开辟促进了西欧工商业的发展，经济上的进步导致技术的进步；政治上大多数国家的资产阶级尚无力量推翻封建统治阶级，需要王权的庇护以发展自己，而国王要依靠资产阶级来削弱贵族势力，并推行重商主义，扶持资产阶级，这种王权与资产阶级的妥协造成了文学艺术的封建色彩。欧洲文学艺术流行的是古典主义潮流，它崇尚理性和创作的规律性，追求完美和谐的形式。

（2）18 世纪末至 19 世纪中期，该时期西方主要国家的工业革命正在加紧进行，工业资产阶级的力量也壮大起来；18 世纪末法国大革命时代的到来以及资本主义社会秩序确立后，人们对现实的不满，标志着古典主义时期的结束。与政治和社会领域的激进运动相对应的是文学艺术领域的浪漫主义运动发展起来。

（3）19 世纪下半期至 20 世纪初，工业革命完成后，资本主义制度的固有矛盾和弊病逐渐暴露，真实反映现实生活，揭露批判社会黑暗的现实主义开始取代浪漫主义，成为资本主义社会文化的主流。

12. 影响世界的交响乐

交响乐是声与乐的结合，由于能充分地反映重大社会政治主题而流行于世界，较好地满足了现代社会国家、民族和个人情感表达的需要。

（1）演变：交响曲是一种由管弦乐队演奏的大型器乐套曲，早期泛指一切多声乐曲。至 19 世纪末，交响乐已成为设计重大思想内容的大型器乐套曲。一般有四个乐章，各乐章采用的曲式虽不相同，但相互之间有内在联系。

（2）正式诞生：素有"音乐之都"的维也纳由于聚集了"交响乐之父"海顿、"音乐天才"莫扎特和"乐圣"贝多芬等人才，所以音乐史上把维也纳古典乐派作为交响乐正式诞生的标志。

（3）贝多芬的创新：他将声乐和器乐相结合，开创了交响曲的新形式。贝多芬又把交响乐用于反映重大社会题材，反映了贝多芬追求进步、乐观豁达、渴望和平的人生情感。

13. 浪漫主义音乐的特点

音乐中的浪漫主义源于维也纳古典主义音乐，它又与古典主义不同，浪漫主义强调艺术家的个性和独创性，偏重于色彩和情感。具体表现在：

（1）表现个人的感性和主观的意念，即突出个人的感受。古典乐派写人是群体的，是全体人民的共同愿望与心声，浪漫乐派则转向写自己，形成了自传式的音乐题材。

（2）音乐作品风格多样化。首先，音乐家自传式的音乐作品本身就是个性化的，音乐能表现手段是多种多样的。如小夜曲、交响曲、圆舞曲、歌剧等，采用自由的形式，表现浪漫主义精神。

（3）19 世纪中后期出现了民族乐派。作曲家重视本民族的音乐文化，表现出不同的风格。到 19 世纪，民族主义倾向在各国兴起，各国的音乐家们力图在作品中表现出他们本民族的特性。

14. 民族乐派音乐的形成

19 世纪中叶，资本主义在世界的扩张逐渐淡化了自然形成的地理界限，世界各国音乐在继承本国音乐文化传统的同时，也开始受外来音乐文化的影响，东欧和北欧各国民族、民主运动空前高涨，促进了这些国家人民民族、民主意识的觉醒。艺术家们强烈要求摆脱外国文化的控制，发扬和创建具有本民族特色的文化。他们以民族题材为主题创作了大量的歌曲和音乐，其作品的旋律、节奏等都带有民族特色，形成了民族乐派音乐。

知识结构梳理

一、文学的繁荣

1. 浪漫主义文学

（1）时间：18 世纪末至 19 世纪 30 年代。

（2）背景：①欧洲动荡不安，政治黑暗，社会不平等。②人们对于启蒙思想家设想的"_____"深感失望。

（3）特征：①内容上：政治上反对_____制度，深入发掘人类的_____世界，通过瑰丽的想象和夸张的手法塑造特点鲜明的人物形象。②创作风格上：以想象力丰富的_____和跌宕起伏的_____为主要特征。

（4）代表人物及作品：法国雨果《_____》。雪莱的《__

_____》。德意志诗人_____的长诗《德国，一个冬天的童话》。

2. 现实主义文学

(1)时间:19世纪30年代至20世纪早期。

(2)背景:_____资本主义国家的社会矛盾日益尖锐。

(3)特点:关注社会问题,典型地再现_____,深入剖析_____的本质,揭露和批判社会的罪恶。

(4)代表人物及作品:①法国巴尔扎克的《_____》和罗曼·罗兰《约翰·克里斯多夫》。②英国的_____的《大卫·科波菲尔》和萧伯纳的《_____》。③俄国普希金的诗体长篇小说《叶甫盖金·奥涅金》、托尔斯泰的《安娜·卡列尼娜》。④北欧丹麦的安徒生和挪威的_____。⑤美国马克·吐温。

3. 现实主义文学

(1)时间:20世纪二三十年代后。

(2)背景:两次世界大战、席卷资本主义世界的经济危机和严重的社会问题的影响。

(3)特点:①表现了西方社会的_____危机。②强调集中表现自我。③手法比较怪诞。④语言风格背离传统。

(4)代表人物及作品:①美国海明威的《_____》。②爱尔兰剧作家贝克特的《_____》是现实主义文学荒诞派的典型。

4. 20世纪苏联和亚非拉文学

(1)苏联文学:代表作品有高尔基的《_____》和奥斯特洛夫斯基的《_____》。

(2)亚非拉文学:①特征:反映了反帝反殖和_____精神。②代表人物:印度_____、中国_____、哥伦比亚的马尔克斯和尼日利亚的索卡因等。

二、美术的辉煌

1. 新古典主义美术

(1)时间:18世纪末19世纪初。

(2)背景:①法国处于大革命前后的剧烈动荡中。②资产阶级对古代希腊罗马_____精神的追求。

(3)特点:①题材上,以古代历史和现实重大事件为题材。②表现形式上,它突出_____,注重画面的严整与和谐。

(4)代表人物及作品:法国大卫的《_____》、《拿破仑加冕式》和安格尔的《_____》。

2. 浪漫主义美术

(1)背景:_____统治结束后,人们对资产阶级启蒙思想家推崇的"理性王国"感到失望。

(2)特点:①注重表现人的感情,运用鲜明色彩和奔放笔法,强调_____的完整与统一。②表现手法上强调_____的作用。

(3)代表人物及作品:法国德拉克洛瓦的代表作《_____

_____》。

3. 现实主义美术

(1)时间:19世纪中期。

(2)特点:注重表现社会现实。

(3)代表人物及作品:①法国米勒的代表作《_____》《拾穗者》等。②俄罗斯_____的代表作《伏尔加河上的纤夫》。

4. 印象画派

(1)背景:19世纪后半期,社会经济发展,科学技术进步。

(2)特点:①借助当时_____领域的新成就,强调捕捉光与色之下世界万物的"瞬间印象"。②作品线条粗犷,形式_____,色彩明快。

(3)代表人物及作品:①法国莫奈的《_____》和"现代绘画之父"_____。②荷兰梵·高的《_____》。

5. 现代主义美术

(1)背景:①两次世界大战,给人们的心灵造成巨大创伤。②_____带来的快节奏加剧了人们的紧张感,传统的艺术表现形式已无法满足人们的精神需求。③_____的发展拓宽了艺术家认识世界的视野,他们尝试用新的表现形式和艺术精神进行创作。

(2)特点:反传统和反理性,重视内心的"_____"和"自我表现"。

(3)成就:西班牙画家_____的作品《格尔尼卡》等。

三、音乐与影视艺术

1. 19世纪的音乐流派与杰作

(1)浪漫主义音乐:①时间:19世纪兴起、19世纪中叶走向鼎盛时期。②特点:注重抒情性、自传性和个人心理刻画的形式,以突出个人感受。③成就:德意志音乐家贝多芬的交响乐;奥地利的约翰·施特劳斯的《_____》。

(2)欧洲歌剧成就:①意大利音乐家威尔第的《_____》。②法国歌剧家比才的《卡门》。

(3)俄国的民族乐派:俄国柴可夫斯基的芭蕾舞剧《_____》。

2. 20世纪世界音乐的发展变化

(1)现代主义音乐兴起。

(2)一战后,美国_____受到空前欢迎。

(3)二战后,_____成为流行音乐的主流。20世纪60年代的《_____》等影响巨大的英国披头士乐队在西方也有很大影响。

(4)流行音乐随着传播技术的革命和交通的日益便捷在不断改变人类的娱乐和生活方式。

3. 影视艺术的产生与发展

(1)电影:①原因:科学技术的不断进步。②诞生:1895年底法国的_____兄弟首次公映自拍的电影短片。③发展:20

世纪初,美国人＿＿＿＿＿＿拍摄、导演电影《一个国家的诞生》,苏联拍摄影片《波将金号战舰》。1927年,美国首次拍摄有声电影。1935年,世界上第一部彩色电影《＿＿＿＿＿》拍摄成功。二战后,宽银幕和立体声电影问世。

(2)电视:①诞生:20世纪20年代中期。②发展:1929年,英国＿＿＿＿＿＿首次播送电视节目。20世纪30年代首播电视

剧和电视广播。20世纪40年代初,美国开始试播彩色电视节目。二战后,电视进入大规模的普及运用阶段。

(3)影视艺术的影响:①反映人类在科学技术方面的进步。②直接影响文明的发展和社会风尚的变化,满足人们不同层次的审美需要和精神追求。③深刻而广泛地影响着社会生活。

二年模拟训练

1. (2010～2011年江苏省苏北四中调研考试)斯达尔夫人猛烈抨击矫揉造作的沙龙文学和妨碍创作自由的法则,她提出"用我们自己的感情感动我们自己"。以下哪一作品体现了她的文学艺术思想? (　　)

　　A　　　　B　　　　C　　　　D

A. 对人性解放的歌颂　　B. 对资产阶级革命的歌颂
C. 对社会制度的不满　　D. 对现实生活的不满

2. (2010～2011年江苏省苏北四中调研考试)恩格斯曾经高度赞扬一部作品:"它汇集了法国社会的全部历史,我从这里,甚至在经济细节方面而所学到的东西,也要比从当时所有职业的历史学家、经济学家和统计学家那里学到的东西还要多。"这部作品是 (　　)
A.《巴黎圣母院》　　B.《人间喜剧》
C.《红与黑》　　D.《约翰·克利斯朵夫》

3. (2010～2011年江西省新余一中月考卷)法国批判现实主义作家巴尔扎克发誓,"拿破仑用剑没有办到的,我要用笔来完成。"他创作了"资本主义社会的百科全书"——《人间喜剧》,展示了19世纪前期整个法国的社会生活,这部作品反映出 (　　)
①法国社会的阶段变化　②金钱对人的灵魂的腐蚀　③封建贵族的日趋没落　④推翻资本主义制度的强烈要求
A. ①②③　　B. ②③④　　C. ①③④　　D. ①②④

4. (2010～2011年河南许昌月考)以下名言或描述,哪项体现了现实主义文学的内容 (　　)
①"如果冬天来了,春天还会远吗?"②被誉为资本主义"社会百科全书"③深刻提示了人性的光辉和阴暗面,具有非凡的艺术效果④"过去属于死神,未来属于你自己"
A. ①③　　B. ②③　　C. ③④　　D. ②④

5. (2010～2011年江苏省盐城市高三年级摸底考试)"我从来没有见过天使或女神,因此我没有什么兴趣去画她们。"据

此推断这位画家的绘画风格应该是 (　　)
A. 浪漫主义　　　B. 现实主义
C. 印象主义　　　D. 现代主义

6. (2010～2011年安徽省安庆教学质量检测)下列两副绘画作品的相似之处有 (　　)

图1　王冕

图2　(法)　莫奈(日出·印象)

A. 其画派名称都因其作品而得
B. 都注重对光和色彩的运用
C. 都比较讲究借物抒情,追求神韵意趣
D. 绘画材料中都主要使用墨

7. (2011年江西省赣州十一县(市)期中考试试题)《2012》是一部关于全球毁灭的灾难电影,它讲述在2012年世界世界末日到来时,主人公以及世界各国人民挣扎求生的经历。该片投资超过两亿美元,2009年在全球105个国家和地区上映,首发当天全球票房就已达到两亿美元。这说明电影艺术 (　　)
A. 渗透了大国的强权意识和价值观
B. 折射出艺术的永恒生命力
C. 纯粹是投机商人赢利性商业炒作
D. 能够唤起人类对自身命运的思考

革命改变了英国王权的由来
　　革命中君主专制政体受到冲击,议会与国王的关系发生变化。1649年国王被送上断头台。虽然出现斯图亚特王朝的复辟,但查理二世不是像以往国王那样自然继承王位,而是在议会决议和他发布"布列达宣言"的前提下有条件地登上王位的。1688年"光荣革命"后,国王是被议会"邀请"来的。国王权力的来源已不是上帝而是议会了。这些都说明君主神圣不可侵犯的原则不可能恢复了。王权的来源从王室转移到议会手中。议会通过一系列限制王权的法令,从根本上使议会主权得到确定,国王变成听从议会的立宪君主,国王服从议会,君主专制政体被君主立宪政体取代。

8. (2010～2011 年河南许昌月考题)电视具有覆盖广、时效性和现场感强的特点。下面情景不可能出现在电视上的是 (　　)
①直播贝多芬演奏英雄交响曲场面　②播放毕加索美术作品现场拍卖会新闻　③访问电影的发明人卢米埃尔兄弟　④放映改编自拜伦《唐璜》的电影作品
A. ①②　　B. ①③　　C. ②③　　D. ②④

9. (2010 年泰兴市模拟)18 世纪末、19 世纪初的 30 年,欧洲浪漫主义文学的盛行主要反映了 (　　)
A. 对人性解放的歌颂　　B. 对资产阶级革命的歌颂
C. 对社会制度的不满　　D. 对现实生活的不满

10. (2010 年安溪、德化联考)创作下列文学作品的共同背景是 (　　)

作者	创作时间	国别	作品
惠特曼	1855 年	美国	《草叶集》
拜伦	1818 年	英国	《唐璜》
雪莱	1819 年	英国	《西风颂》
雨果	1831 年	法国	《巴黎圣母院》

①欧美国家正开展资产阶级革命、改革　②欧美地区掀起了民族民主运动　③世界正经历着第一次工业革命　④欧洲启蒙思想的启迪
A. ①②③④　　B. ②③④　　C. ①③④　　D. ①②④

11. (2010 年宁夏模拟)俄国著名现实主义作品《战争与和平》中谈及的"战争"指的是 (　　)
A. 普法战争
B. 拿破仑入侵俄国的法俄战争
C. 克里米亚战争
D. 第一次世界大战

12. (2010 年湖南怀化二模)以下是中西文学史上两部著名的文学作品,与二者有关的表述,正确的是 (　　)

A. 都真实地再现了当时的社会风貌
B. 两部作品的创作风格相互交融
C. 都表达了作者对当时社会秩序的不满
D. 都描绘了新阶级变动引发的社会变化

13. (2010 年宁夏银川模拟)《人间喜剧》一开始在中国被译为《人间戏剧》,后来也有主张应该译为《人间闹剧》,认为作品的故事没有喜剧内容,相反,全部是悲剧。巴尔扎克描写的悲剧人物(以葛朗台为例)形成的原因是 (　　)
A. 深受封建压迫和剥削
B. 人性畸变、人欲泛滥
C. 革命失败、群众被杀
D. 精神空虚、陷入迷茫

14. (2010 年广东梅州文综)法国《读书》杂志推荐的理想藏书中包括以下三部著作。下表中关于这三部分著作的表述,完成正确的是 (　　)

项目\著作	体裁	作者	特点	评 价
《诗经》	诗歌	屈原	现实主义	中国第一部诗歌总集
《红楼梦》	小说	曹雪芹	古典主义	中国古代最伟大的长篇小说
《人间喜剧》	戏剧	巴尔扎克	浪漫主义	"资本主义社会的百科全书"

A. 体裁　　B. 作者　　C. 特点　　D. 评价

15. (2010 年广东茂名调研)荒诞派戏剧不用合乎逻辑的结构和明智的理性去阐明人的生存处境的不合理性、荒诞性,而是直接用形象表现对理性的怀疑和否定。代表作《等待戈多》属于现代荒诞戏剧,其主要依据是 (　　)
A. 作品体现了一种真正的乐观主义精神
B. 内容纯属虚构
C. 内容多与鬼神有关
D. 反映人们失望、迷惘、痛苦的精神危机

16. (2010 年山东滨州模拟)拜伦诗中的人物大都"高傲倔强,既不满现实,要求奋起反抗,具有叛逆的性格;但同时又显得忧郁、孤独、悲观、脱离群众、我行我素"。这些人物 (　　)
A. 是拜伦批判的对象
B. 是社会丑恶现象的制造者
C. 寄托了拜伦的理想和追求
D. 是广大人民群众的代表

17. (2010 年山东潍坊一模)"他是有史以来第一个活着亲眼看到自己的作品被收藏进卢浮宫的画家。他用变形、扭曲和夸张的笔触以及几何彩块堆积、造型抽象,表现了痛苦、受难和兽性,表达了多种复杂的情感。"文中的他是 (　　)
A. 达·芬奇　　　B. 莫奈
C. 塞尚　　　　D. 毕加索

18. (2010 年南昌二中模拟)阅读下列材料:

智趣素材

材料一　19世纪现实主义文学思潮是在特定的社会历史背景下产生的，它的形成是对文学的必然要求的结果。现实主义摒弃浪漫主义的主观想象和抒情性，通过对社会如实细致对到描绘，揭露社会的黑暗、倡导社会改良。

材料二　作为创作方法，现实主义早在古希腊文学中就已经存在，即使是与现实主义相对立的浪漫主义文学，也为现实主义的繁荣做了准备，它是现实的创造，也是历史的继承。

——以上材料均摘自《外国文学史》

请回答：

(1)根据材料一及所学知识，说明现实主义文学产生"特定的社会历史背景"及这一流派的特点。

(2)举出一位法国现实主义作家及其代表作。

(3)依据材料二，我们是否认为现实主义流派在古希腊就已经形成？为什么？

(4)综合两则材料，你可以得到哪些认识？

19.(2010年辽宁本溪期末)阅读下列材料：

材料一　以1930年为例，华纳公司当年赔本800万美元，福斯公司300万雷电华550万。……美国观众到电影院看电影的人次越来越低，从1929年的每周800万人次一下子落到1931年的每周500万人次以下。为了保持平衡，美国各大电影公司不得不裁减人员和少拍影片。

材料二　20世纪50年代中期，美国电影业出现危机。

……1956年，美国电影观众人次达到最低水平。

材料三　从20世纪80年代后期到90年代初期，美国的电影业日趋衰退，甚至有人认为进入了危机阶段。……在60年代到70年代间曾流行一时的汽车电影院，到80年代后期已经有85%关闭了，而仅剩下的南部、西南部和加州地区的这类电影院，也只有在节假日或周末偶尔开放。进入90年代后，美国电影观众的人数比80年代下降了48%左右。

材料四　1992年，斯皮尔伯格动手创作了一部直接用高科技进行创作的巨片《侏罗纪公园》……他邀请这些工程技术界的朋友们，首先动手设计了一个可以用电脑控制的机器恐龙。这个机器恐龙可以在电脑的控制下进行全方位的运动。……他还利用电脑图像合成技术，"拍摄"出一系列在电影摄影棚内根本无法拍摄的镜头，即后来被称为电脑实验室的镜头。

——以上材料摘自鲍玉珩《当代好莱坞》

请回答：

(1)根据材料一试分析美国电影出现危机的原因。

(2)根据材料二，美国电影业又产生危机的原因是什么？结合教材知识，谈谈电影业方面是如何改进的？

(3)材料三中再一次指出美国电影业日趋衰退，为什么出现这种情况？

(4)材料四中斯皮尔伯格创作的《侏罗纪公园》又说明了什么问题？

智趣素材

革命改变了英国王权的由来

革命中君主专制政体受到冲击，议会与国王的关系发生变化。1649年国王被送上断头台。虽然出现斯图亚特王朝的复辟，但查理二世不是像以往国王那样自然继承王位，而是在议会决议和他发布"布列达宣言"的前提下有条件地登上王位的。1688年"光荣革命"后，国王是被议会"邀请"来的。国王权力的来源已不是上帝而是议会了。这些都说明君主神圣不可侵犯的原则不可能恢复了。王权的来源从王室转移到议会手中。议会通过一系列限制王权的法令，从根本上使议会主权得到确定，国王变成听从议会的立宪君主，国王服从议会，君主专制政体被君主立宪政体取代。

一年冲刺母题

【母题】 胜利中学为活跃校园生活,举办了中外文化展览。

展览一 中外名画鉴赏

《日出·印象》　　　　《墨竹》

(1)如果你是解说员,请为名画《日出·印象》写一段解说词(包含绘画派别、特点、艺术价值,不超过100字)。

(2)仔细观察清代著名画家郑板桥的《墨竹》,指出其绘画特点。

展览二 中外文学荟萃

(3)下表是展览中体现的当时中西文明重要成果的两部著作的介绍,请参考已填充的文字,完成空白部分。

项目\书名	清朝《红楼梦》	法国《人间喜剧》
时代特征		法国大革命后,封建贵族没落,资本主义发展,贫富分化加剧
内容特点	描绘了封建贵族大家庭的兴衰变化,对明清社会展开深入的揭露和批判	
地位	将古典主义文学推向顶峰	

【解析】 本题通过校园文化展览形式考查学生对中外文明的了解度。本题展览一中的第一问需要学生根据题意写出《日出·印象》的解说词即可,另外在书面表达上要注意规范。第二问,学生只需根据所学的课本知识回答即可。本题中的展览二的第三问填表题应根据项目,注意对比有文字的部分写出各自的内容。

【答案】 (1)派别:印象派;特点:通过直接描绘阳光下的物像,追求强烈的个人感受,根据自己眼睛的观察和感受来表现微妙的色彩变化;艺术价值:这幅作品于1874年在巴黎展出,"印象画派"由此得名。

(2)郑板桥的墨竹,注意写意,创造性地发展了我国的文人画,融诗、书、画、印为一体。

(3)

项目\书名	清朝《红楼梦》	法国《人间喜剧》
时代特征	明清时期,封建制度渐趋衰落,政治黑暗;资本主义萌芽产生并缓慢发展;思想文化上专制	
内容特点		以资产阶级的发迹与封建贵族的没落为"中心画图",展示了19世纪前期法国的全部社会生活
地位		资本主义时代的"社会百科全书"

【变题1】 阅读下列材料:

材料一 郡主(琦思梦达)冲破封建门第观念,与仆人相恋,事情败露后,父亲暴跳如雷,将仆人关入地牢,痛骂女儿不顾身份,竟与下贱的奴仆相爱。琦思梦达却宁死不屈,并愤然驳斥父亲:"我们人类的骨肉都是用同样的物质造成的,我们的灵魂都是天主赐给的,具备着同样的机能和一样的效用。我们人类是天生一律平等的,只有品德才是区分人类的标准。"

——《十日谈》

材料二
请把我枯死的思想向世界吹落,
让它像枯叶一样促成新的生命!……
让预言的喇叭通过我的嘴唇
把昏睡的大地唤醒吧!西风啊,如果冬天已经来临,春天还会远吗?

——《西风颂》

材料三 葛朗台阴森森的老房子年久失修,楼梯踏级都被虫蛀坏了,女仆差点摔了跤,他还怪她不挑结实的地方落脚;每一顿饭的面包食物、每一天要点的蜡烛,他都亲自分发,一点儿不能多;女儿生日那天,有客人来,只不过多点了一支蜡烛;他限制妻子的零用钱,连别人送给她的一点,也要想方设法刮走;来了亲戚,他不让加菜,吩咐佃户打些乌鸦来煮汤;妻子卧床不起,他首先想到的是请医生得破钞。葛朗台的吝啬渗透到他的每一句话、每一个行动中。这种吝啬的可恶在于贪得无厌地赚钱。

——《欧也妮·葛朗台》

请回答:

(1)材料一体现了作者的什么主张? 这反映了什么时代

瓦特

瓦特在1765年制造了蒸汽机。后来,瓦特又不断改进他的机器,使它成为能够带动各种工作机的蒸汽动力机。这就是万能蒸汽机。万能蒸汽机就像巨灵之手一样,在工厂里推动着笨重的机器飞快地运转,把大批产品生产出来。它的效率远远超过了畜力和水力。蒸汽机的强大动力为机器大生产奠定了基础,推动了工业革命的深入发展,加快了资本主义国家工业化的步伐。它不仅使英国而且使整个世界的经济面貌发生了根本变化。蒸汽机也引起了交通运输的革命,它开辟了整整一个蒸汽时代。在这以后的一个多世纪里,蒸汽一直是主要的动力。直到今天,蒸汽机仍然在某些工业、交通运输部门继续发挥着作用。

精神?

　　(2)指出材料二、三作品的风格特点。

　　(3)"一切种类的文学艺术的源泉究竟是从何而来的呢?作为观念形态的文艺作品,都是一定的社会生活在人类头脑中反映的产物。"请结合材料二、三的时代背景,谈谈你对这一观点的认识。

【变题2】　阅读下列材料:

材料一　电视媒介的特点在于它消除了文字符号对大众的限制,使文化通过声像的形式得以传播,因为不管是谁,也无论其所受教育的高低,任何人都可以通过声音与图像与文化接触。……电视改变了我们对于世界的感觉方式。我们能够看到远在非洲刚刚发生的战争灾难,能够使全球几十亿人同时共享亚特兰大具有科幻神话特征的开幕式……电视的兴起,在人类文化史上是一次革命,它以强大的传播威力,高度的逼真性和即时性等方面,形成电视时代的一种文化情势和氛围。

材料二　美国电视事业的发达,使青少年一代沉迷于电视机前,日渐发福,变成了"沙发土豆"。影视的进步确实给人们的生活带来了很多方便,但看电影、看电视时间过长也有消极作用,如可能会导致肥胖症、视力障碍和诸如抑郁症等心理疾病,应该引起足够的重视。

请回答:

(1)根据材料一归纳概括电视作为传播媒体的优势。

(2)作为一名高中生,面对丰富多彩的电视节目,长时间观看是利大于弊,还是弊大于利? 谈谈你的理由。

牛顿

　　依撒克·牛顿(1642—1727)是17世纪最著名的科学家。1687年,牛顿发表了《自然哲学和数学原理》一书,提出了力学的三大运动定律(惯性定律、力和运动关系定律、作用与反作用定律),使他成为经典力学的最重要的奠基人,对当时与后代的科学发现产生了巨大的影响。牛顿不但在力学方面有突出贡献,在光学、天文、数学等方面,也有许多发现,是一位全面发展的伟大科学家。然而,他在临终前,却谦虚地说,在科学的海洋面前,他只是个在海边玩耍的孩子,拾到了几块美丽的石子和贝壳,而大海,仍然在面前,自己还没有进去呢!

智趣素材

第4部分　选修I 历史上重大改革回眸

第1单元　古代历史上的重大改革

考纲解读导航

考试内容

一、梭伦改革

1. 雅典城邦的兴起
(1)贵族政治与社会动荡
(2)工商业发展
(3)首席执政官梭伦

2. 除旧布新的梭伦改革
(1)颁布"解负令"
(2)确立财产等级制度
(3)建立"四百人会议"
(4)鼓励发展农工商业

3. 雅典民主政治的奠基石
(1)梭伦出走与僭主政治的建立
(2)雅典民主政治的奠基石
(3)梭伦改革的历史局限

二、商鞅变法

1. 改革变法风潮与秦国历史机遇
(1)社会变化的新气象
(2)风起云涌的改革和变法
(3)处在十字路口的秦国

2. "为秦开帝业"——商鞅变法
(1)秦国政坛唱主角的新人
(2)以农求富的经济改革
(3)奖励军功,加强集权

3. 富国强兵的秦国
(1)商鞅之死
(2)富国强兵的秦国
(3)变法的历史局限

三、北魏孝文帝改革

1. 改革迫在眉睫
(1)北魏的崛起与统一黄河流域
(2)冯太后和孝文帝

2. 北魏孝文帝的改革措施

(1)卓有成效的新制
(2)设巧计迁都洛阳
(3)移风易俗

3. 促进民族大融合
(1)经济的复苏和繁荣
(2)政权封建化的加速
(3)民族的交流与融合

四、王安石变法

1. 社会危机四伏和庆历新政
(1)社会矛盾的日益激化
(2)积贫积弱局面的形成
(3)昙花一现的庆历新政

2. 王安石变法的主要内容
(1)起用王安石
(2)富国之法
(3)强兵之法
(4)取士之法

3. 王安石变法的历史作用
(1)变法的命运
(2)积贫、积弱局面的改变

能力要求

(1)了解梭伦改革前雅典的社会状况,以及改革的必然性。

(2)简述梭伦改革的主要措施,指出改革的基本特点。

(3)分析梭伦改革对雅典民主政治建设的影响。

(4)知道春秋战国时期各国改革的基本史实,认识春秋战国时期的时代特征。

(5)了解商鞅变法的基本措施和内容,认识其特点。

(6)探讨商鞅变法的历史作用。

(7)了解北魏孝文帝改革的背景。

(8)归纳北魏孝文帝改革的主要内容。

(9)探讨北魏孝文帝改革的历史作用。

(10)了解王安石变法的历史背景。

(11)归纳王安石变法的主要内容,评价其历史作用。

三年高考真题

1.（2008 年天津文综）王安石变法解决"积贫"的指导思想是，"因天下之力，以生天下之财，取天下之财，以供天下之费"。为此他制定的新法是 （ ）

①青苗法 ②募役法 ③免役收庸法 ④方田均税法

A. ①②③ B. ②③④ C. ①③④ D. ①②④

2.（2008 年四川文综）有人反对王安石变法中的某项法令，认为它"将笼诸路杂货，买贱卖贵，渔夺商人毫末之利"，该法令是 （ ）

A. 青苗法 B. 均输法 C. 免役法 D. 市易法

3.（2009 年浙江文综）阅读下列材料：

材料一 秦孝公任商鞅。鞅以三晋地狭人贫，秦地广人寡，故草不尽垦，地利不尽出。于是诱三晋之人，利其田宅，复三代无知……（使其）务本于内，而使秦人应敌于外。故废井田，制阡陌，任其所耕，不限多少。数年之间，国富兵强，天下无敌。

——《通典食货》

材料二 齐之技击不可以遇魏氏之武卒，魏氏之武卒不可以遇秦之锐士。

——《荀子 议兵》

（1）根据材料一，并结合所学知识，分析商鞅为什么要"诱"三晋之人，三晋之人为什么会受商鞅之"诱"，结果如何？

（2）根据材料一，并结合所学知识，分析材料二说法的原因。

4.（2009 年辽宁文综）

材料一 北宋初年规定：租佃土地须"命地要契，举借粮种，及时种莳。俟收成，依契约分，无致争讼"。如有纠纷，"只凭契照为之定夺"。宋仁宗天圣五年（1027 年）诏："江淮、两浙、荆湖、福建、广南州军，旧条：私下分田客（佃户）非时不得起移，如主人发遣，给予凭由，方许别住。多被主人折勒，不放起移，更不取主人凭由，须每年收田日毕，商量去处，各取稳便。即不得非时衷私起移。如是主人非理拦占，许经县论详。"

——摘编自《续资治通鉴》

材料二 知大名府韩琦言："臣准散青苗诏书，务在惠小农，不使兼并乘急以要倍息，而公家无所利其入。今所立条约，乃自乡户一等而下皆立借钱贯陌，三等以上更许增借。"

——摘编自《宋史 食货志》

（1）根据材料一、二，分别概括其中制度规定的目的。

（2）根据材料一、二并结合所学知识，分析相关制度规定的历史背景。

5.（2009 年广东卷 B）阅读材料，结合所学知识回答问题。

材料一 王安石变法的经济措施，主要是通过限制大地主阶级的利益和通过政府利用商人专营某些商业行业，来获取财政收入，这对商品经济的发展有一定的推动作用……变法较多地反映中小地主和中小商人的要求，尤其是南方地主的商人的要求……总的来说，变法是代表地主阶级革新派的一种主张，其主流应该肯定。

——据《王安石变法与商品经济》

材料二 王安石不应算作是中小地主的政治代表，使用大、中、小地主代表以及革新派、守旧派等概念，都不能确切地反映当时的客观史实，应该分为官户、乡村上户和坊郭上户（北宋文献中的概念）三个阶层。从出身看，变法派与反变法派分子同属官户……客观上，王安石变法增加了农民负担，没有从根本上解决"三冗"问题，但从流通领域进行了利益分配，将权力收归中央，阻碍了商品经济的发展，应予基本否定。

——据《王安石变法简论》

请回答：

（1）王安石变法的经济措施主要有哪些？

（2）材料一、二研究王安石变法，采用的相同方法是什么？结论有何不同？

（3）综合上述材料，说明应当如何评价历史上的变法运动。

6.（2009 年江苏卷）阅读下列材料：

北宋年间，面对严峻的民族矛盾和阶级矛盾，以王安石为首的有识之士在范仲淹"精贡举"的基础上，为实现富国强兵的目的，就如何选拔、培养国家急需人才，展开了激烈的争论。

材料一 （范仲淹）国家专以辞赋取进士，……求有才有识者，十无一二。况天下危困乏人如此，固当教以经济之业,取以经济之才,庶可救其不逮。

　　——(南宋)李焘《续资治通鉴长编》卷一百四十三

　　材料二　(苏轼)自唐至今,以诗赋为名臣不可胜数,何负于天下,而必欲废之?

　　(王安石)今人才乏少,且其学术不一,……朝廷欲有所为,异论纷然,莫肯承听,此盖朝廷不能一道德故也。故一道德,则修学校,欲修学校,则贡举法不可不变。……今以少壮时正当讲求天下正理,乃闭门学作诗赋,及其入官,世事皆所不习,此科法败坏人才。

　　(司马光)神宗罢赋,诗及诸科,专用经、义、论、策,此乃复先王令典,百世不易之法。但安石以一家私学,欲盖掩先儒,令天下学官讲解。及科场程式,同者取,异者黜。

　　——(元)马端临《文献通考》卷三十一

　　请回答:

　　(1)根据材料并结合所学知识,指出范仲淹、苏轼、王安石、司马光对科举考试内容分别提出了怎样的主张?

　　(2)结合所学知识,材料二中司马光所说"以一家私学,欲盖掩先儒"指的是什么?它产生了什么样的影响?

　　(3)根据材料二并结合所学知识,指出王安石兴学校、变科举的主要目的是什么?

　　7. (2008年山东文综)阅读下列材料,回答问题。

　　公元前6世纪初,雅典城郊有个叫克里埃尼图斯的青年。他出身平民,家庭贫困,不具备担任官职的财产资格。后来,克里埃尼图斯开办工作坊,生产葡萄酒并销往市场。5年后,他的年总收入达到了280麦斗,跻身于第三等级。

　　(1)按梭伦立法,跻身第三等级的克里埃尼图斯能享受什么政治权利? 如果生活在秦国,依据商鞅之法,他可以通过哪些途径提高自己的社会政治地位?

　　(2)梭伦改革和商鞅变法都在不同程度上剥夺了贵族特权,在此过程中,两者采取的策略有何不同?

　　8. (2008年江苏单科)阅读下列材料:

　　材料一　(陆)睿(原姓步六孤)始十余岁,袭爵抚军大将军、平原王。……娶东徐州刺史博陵崔鉴女,鉴谓所亲云:"平原王才度不恶,但恨其姓殊为重复。"时高祖(即孝

文帝)未改其姓。

　　——《魏书》卷四十

　　材料二　(迁都洛阳后)高祖曰:"今恂(即太子)欲违父背尊,跨据恒朔(今山西大同,内蒙古河套一带)。……此小儿今日不灭,乃是国家之大祸……"乃废为庶人。

　　——《魏书》卷二十二

　　材料三　李唐一族之所以崛兴,盖取塞外野蛮精悍之血,注入中原文化颓废之躯,旧染既除,新机重启,扩大恢张,遂能别创空前之世局。

　　——陈寅恪《李唐氏族推测之后记》

　　请回答:

　　(1)材料一中,崔鉴对陆睿的不满反映出当时民族关系存在什么问题? 为此,孝文帝采取了哪些改革措施?

　　(2)材料二中孝文帝对太子恂的处理说明了什么?

　　(3)依据材料三,分析孝文帝改革产生的影响。

　　9. (2008年江苏单科)阅读下列材料,结合所学知识回答问题

　　材料一　北魏建国后明显保留了鲜卑的历史传统,继续沿用村社土地分配原则。永兴五年(413),"徙二万余家于大宁,计口授田。"

　　——据《魏书》卷三和唐长孺《魏晋南北朝隋唐史三论》

　　材料二　太和九年(485),"下诏均给天下田:诸男夫十五以上,受露田四十亩,妇人二十亩……"。

　　——《魏书》卷一百一十

　　请回答:

　　(1)材料一和材料二中的土地分配方式有何相同之处。

　　(2)材料二中的土地分配制度经北魏孝文帝推行后,一直沿用到唐代中期。除此之外,北魏孝文帝还推行了那些改革措施?

　　(3)概括说明北魏孝文帝改革措施的溯源,以及这一改革对后世的影响。

　　10. (2010年江苏卷)

　　材料一　早在战争开始之前,朕难以忘怀的先皇便曾

向我国所有忠实臣民以及世界各强国庄严地发表过声明，消除对我们东方教友的迫害和保卫他们的权利是他唯一的目的和愿望。……俄罗斯人！你们的劳动及牺牲不是白费的。伟大的事业已经实现了，虽然这是通过另外一种不能预见的道路来实现的，现在朕可以问心无愧地结束流血牺牲，将宝贵的和平归还朕可爱的祖国。

——《结束克里米亚战争的宣言(1856 年 3 月 19 日)》

材料二 然而到了 19 世纪 60 年代，它的弱点暴露无遗，内部很不稳定，对外则比想象中虚弱许多。其关键弱点既是政治的，又是经济的。亚历山大二世所推行的改革与其说是振衰起敝的灵丹妙药，不如说是暴露疾病的症状。

——(英)艾瑞克·霍布斯鲍姆《资本的年代》

请回答：

(1)就战争目的、结果和影响批驳材料一中亚历山大二世的观点。

(2)为克服材料二中的"关键弱点"，俄国统治者采取了哪一重大举措？它产生了哪些积极作用？并指出这一举措的局限性。

11.(2010 年山东文综卷)阅读材料，回答问题。

材料一 以诗赋记诵求天下之士，而无学校养成之法；以科名资历叙朝廷之位，而无官司课试之方。

——王安石《本朝百年无事札子》

材料二 苟不可以为天下国家之用，则不教也，苟可以为天下国家之用者，则无不在于学。

——王安石《上仁宗皇帝言事书》

(1)根据材料一，概括说明当时北宋在人才选用上存在哪些弊端。

(2)材料二体现了王安石怎样的教育思想？在这一思想指导下，王安石是如何改革科举考试的？

复习攻略

一、整体感知

1. 梭伦改革

(1)历史特征：早期的城邦奴隶制国家充满着矛盾与斗争，梭伦为缓和社会矛盾而进行社会变革。

(2)主要表现：梭伦在经济领域、政治、司法等领域进行了社会变革，大大促进了雅典社会繁荣。

2. 商鞅变法

(1)历史特征：面对社会大变革，商鞅进行了废除奴隶主贵族特权，建立地主阶级统治的富国强兵的改革。

(2)主要表现：商鞅从政治、经济、军事、文化等方面进行了全面的改革，促使秦国强大起来。

3. 北魏孝文帝改革

(1)历史特征：面对民族大融合的趋势，为巩固对黄河流域的统治而进行了改革。

(2)主要表现：北魏孝文帝从经济、政治、文化等方面进行了改革，促进了少数民族封建化的进程。

4. 王安石变法

(1)历史特征：面对北宋严重的社会危机，王安石主持以"富国强兵"为中心内容的变法。

(2)主要表现：变法涉及政治、经济、军事、文化等各个领域，初期成效显著，基本达到了改革的目的。

二、各个击破

1. 希腊文明发展史

(1)爱琴文明：公元前 20～前 12 世纪，先是克里特文明，后是迈锡尼文明。

(2)"荷马时代"：公元前 12 世纪后的 3 世纪，对希腊历史的了解主要是根据盲诗人荷马的史诗。当时阿提卡地区的部落或氏族间长期纷争。又有人称为"黑暗时期"。

(3)希腊奴隶制城邦国家形成时期(公元前 8 世纪～公元前 6 世纪)氏族社会—城邦国家。

(4)希腊奴隶制民主政治时代。(公元前 6 世纪初梭伦改革奠基；公元前 6 世纪末克里斯梯尼改革确立；公元前 5 世纪伯利克里改革顶峰)

(5)公元前 4 世纪(公元前 338 年)被马其顿所灭，亚历山大征服了希腊。

2. 雅典改革的必然性

(1)改革是雅典社会矛盾发展的必然产物。在雅典，由于贵族占据了首席执政官等重要职位，还把持着长老会议，使为最高权力机关的公民大会形同虚设，再加上贵族对平民的种种盘剥，许多平民自身甚至其全家都有沦为债务奴隶的危险。平民与贵族的斗争日趋尖锐，被称为"山地派"的平民主张实行激进的民主政治，进行彻底的社会变革。随着雅典工商业的发展，雅典形成了工商业奴隶主阶层，他们对旧贵族的政治专权越来越不满，展开了要求分享政治权利的斗争，他们要求打破"平原派"的政治专权，分享政治权利。反对贵族专权成为雅典"海岸派"和"山地派"的共同目标，改革呼声日益强烈。

(2)改革是雅典经济发展的必然要求。尖锐的社会矛盾，导致了雅典社会的动荡，这严重阻碍了雅典社会经济的发展。雅典社会经济的发展，客观上要求平息矛盾，结束动荡，这就需要进行深刻的社会变革。

英国评选全球最伟大的哲学家

英国广播公司第四电台举办全球最伟大哲学家选举，经过一个月的评选，共产主义奠基人马克思在最后入选的全由男性组成的二十强中独占鳌头，以 27.93% 的得票率把第二名的苏格兰哲学家大卫·休谟远远地甩开。能够打入"十大"的全部都是西方哲学家。生于 20 世纪的"十大哲学家"，只有哲学家兼数理逻辑学家维特根施坦，以及提出可否定原理的英国自然科学和社会科学的哲学家波普尔。马克思的共产主义曾在数个国家引起革命浪潮，直到现在，他的思想仍然得到很多人的拥护，甚至以大比数的得票率甩开其他哲学家。有学者认为，马克思以哲学的方式讲解资本这个概念，令人对这个世界有了更透彻的了解。

(3)雅典所面临的外部环境也使雅典意识到改革的重要性。由于雅典的社会动荡、经济发展迟缓,雅典附近的梅加腊等城邦的经济和军事实力已经赶上并超过雅典,梅加腊甚至占领了雅典的出海门户萨拉米斯岛,沉重地打击了雅典的海上贸易。通过改革,加快平息雅典的动荡,加快雅典经济的发展,成为雅典有识之士特别是工商业奴隶主的强烈要求。

3. 雅典工商业奴隶主的开成及其在早期雅典社会的作用

(1)形成:

①公元前8世纪以后,随着生产力的发展,雅典的农业、手工业、造船业都取得较大进步,木器加工、纺织和制革等行业都有不同程度的发展。与之相适应,商业贸易日趋繁荣。

②随着工商业的发展,沿海地区一些平民通过经营工商业发财致富,有些贵族也开始经营工商业。雅典的工商业者在经营活动中经常使用奴隶劳动,形成工商业奴隶主阶层。

(2)作用:

①促进了雅典奴隶制经济的发展。雅典工商业奴隶主在地中海、黑海沿岸经商,不仅出口雅典农产品和手工业品,还经营其他地方的产品,赚取了丰厚的利润,促进了雅典奴隶制经济的发展。

②成为梭伦改革的主要社会基础。随着经济实力的日益壮大,工商业奴隶主对旧贵族的政治专权越来越不满,展开要求分享政治权利的斗争。

4. 认识希腊地理环境对希腊工商业发展和民主政治的影响

(1)地理环境对希腊工商业发展的影响。独特的自然地理环境在一定程度上影响了古希腊的历史和文化。一般来说,耕地缺乏和土地贫瘠限制了粮食的生产,而冬季多、夏季干热的季风气候有利于葡萄和橄榄的生长。为了维持生计,希腊人通过海外贸易出口葡萄酒、橄榄油、陶器等物品以换回粮食。另外为了解决人口不断增长与土地资源相对短缺的矛盾,希腊人还进行大规模的海外殖民活动。优越的航海条件为这些海外活动提供了极大便利。海洋是希腊人联系外部世界的大通道,是维系古希腊文明发展的生命线。海外贸易活动促进了希腊商品生产和社会经济的发展。

(2)地理环境对希腊民主政治的影响。希腊山多地少、湾多岛多的地理位置使希腊形成众多的城邦国家,城邦国家的小国寡民、长期独立自治,广泛的海外贸易、殖民及其他经济和文化交往活动,使古希腊形成宽松自由的社会环境,并较早地接受平等互利的观念。这一切都有助于古希腊民主政治的建立。

5. 梭伦改革的基本特点

(1)改革始终遵循一条"中间路线"(即中庸原则)。

(2)改革把雅典引上了奴隶主民主政治和奴隶制商品经济的发展道路。

(3)改革的基本特点是站在富裕工商业奴隶主利益的立场上,为雅典城邦国家的长远利益,毫不动摇地向阻碍社会发展的保守势力——氏族贵族开刀。

(4)梭伦改革不彻底,氏族残余没有完全消灭,氏族贵族仍保有一些特权,尤其是下层平民重分土地的要求未能满足。

6. 梭伦改革有关知识简表

措施	具体内容	意义影响	地位	局限性
颁布"解负令"	废除债务奴隶制和"六一汉"制度	维护平民的平等地位,削弱贵族的实力	奠定了雅典民主政治的基础	①富有的第一、第二等级在国家政权中占据着绝对的优势②下层公民没有享有充分的参政议政的权利③贵族势力依旧存在
确立财产等级制	财产越多,等级越高,享受的权利越多	打破了贵族依据血缘门第的世袭特权垄断政权的局面,为非贵族出身的工商业奴隶主开辟了参政议政的途径		
建立"四百人会议"	恢复公民大会作为最高权力机关的地位,增设"四百人会议"和公民陪审法庭	提高了广大公民参政议政的积极性,赢得了公民的广泛支持		
鼓励发展农工商业	改革币制与度量衡制,确立私有制	推动了雅典社会的发展		

7. 用图表法比较梭伦改革和克里斯提尼改革

比较项目		改革内容	
		梭伦改革	克里斯提尼改革
不同点	打破血缘关系	财产等级制	以地域部落以代血缘部落
	国家政权机构	公民大会、四百人会议、公民法庭	公民大会、五百人议事会、公民法庭
	议员资格和产生	有财产资格限制	无财产资格限制;按比例选举,用抽签方式
	地位	为政治民主化开辟道路	民主体制形式
相同点	目的	缓和贵族与平民的矛盾,维护奴隶主阶级统治	
	实质	奴隶主阶级专政	
	作用	都对国家政权机构进行改革,有利于打破血缘关系和贵族特权,促使雅典民主政治发展和经济、文化繁荣	
	联系	克里斯提尼改革是对梭伦改革的继承、发展与完善	

8. 雅典民主政治的发展历程

古希腊政治文明的突出成就是建立起奴隶制民主政治,但是进入阶级社会后期却是君主制。随着社会发展,在经历了平民长期的斗争后才最终确立民主制度。通过一系列改革,民主制度逐步确立和发展起来。

(1)贵族政治为国家权利的进一步下移提供了可能性。公元前7世纪,希腊各邦君主制解体,贵族集体统治确立,当时雅典执政官是最高行政长官,由选举产生,实行集体决策、少数服从多数的原则,废除了个人独裁、世袭制、终身任职制,与君主制相比,有民主的倾向,但毕竟是少数贵族的统治,普通民众无权参与国家管理。

(2)梭伦改革为民主化开辟道路。贵族统治虽然比君主专制进步,但少数贵族剥夺普通民众的政治权利,侵吞平民财产,使贵族与平民矛盾激化,贵族政治面临危机。梭伦临危受命当选执政官,进行改革。他颁布"解负令",废除债务奴隶制,平民的人身自由得到法律保障。发展工商业的政策,奠定了雅典民主制的基础。以财产划分社会等级的改革,打破了贵族对国家权力的垄断,大多数公民获得了直接或间接管理国家的权利,为民主化开辟了道路。但是梭伦的中庸原则既没有完全满足平民对权利的需求又引起了贵族的不满。

(3)民主制度的形成。克里斯梯尼当选为首席执政官,继续进行民主改革。以地域组织代替氏族组织,削弱了氏族贵族对地方政权的控制;创立五百人议事会代替四百人议事会,创立了最早的比例代表制选举法。议员的当选没有财产资格限制,并实行抽签制,体现了机会均等、任期制的民主原则。实行"陶片放逐法",对破坏民主制度的人实行惩罚,从而使雅典的民主制得以形成。

(4)确立民主制度。伯利克里当选执政官后,对雅典民主政治进一步完善,保障中下层平民参与政治的权利,如政府发放津贴;高级职官的财产资格被取消,职官选举多采用抽签或举手表决的方式,保证了平民的参与和选举结果的公正性。雅典民主政治最终确立。

不过雅典民主制度即使发展到最完善的时候,仍然只是男性公民的权利,妇女、奴隶则不能行使民主权利,它与现代的民主制度有很大的不同。

注意问题:正确认识雅典的民主政治。古代雅典人创立了选举制、任期制、会议制、比例代表制等民主动作方式,是古代政治的一大创举。但它和现代民主本质区别,它只是公民集体的民主,而不是全社会的民主。同时它主要是男性公民的民主。它在促进雅典社会政治、经济文化繁荣的同时,也在限制着另一部分社会成员的自身发展。

9. 全面认识雅典民主政治

(1)形成条件

①雅典民主政治是特定历史条件下的产物。雅典实行民主政治的根本目的,是把城邦的公民最大限度地凝聚起来,以在城邦间的激烈竞争中保持独立;对外则是夺取异邦的财富和奴隶。

②雅典的民主政治,是小国寡民体制的产物。公民集体中的大多数是小农和小作坊主,他们同时也是军队的支柱,出身高等级的官吏必须重视他们的情绪和呼声。

(2)内容:

①雅典城邦国家的最高权力机关是公民大会,公民大会的根本在于它体现了主权在民的原则,是雅典城邦民意普遍表达和集中的最高形式。

②官吏产生的途径,公民从全体公民中选举产生官职,这种选举可通过抽签方式进行;任职资格无财产的限制,一切职位个人不得连任,任期短。

③监督官吏制度。"陶片放逐法"是全体雅典公民对高级官吏进行控制和监督的最重要手段。

(3)主要特征:

①重视和强调公民的民主权利和责任感。

②体现小国寡民的特色。

③否定血缘关系,以财产和地域等取代血缘作为实施民主政治的基础。

④真正享有民主的只是少数人。

(4)缺陷:雅典民主是少数人的民主。据记载,公元前431年,雅典自由民近17万人,其中只有约四五万成年男性享有参政的权利。妇女无政治权利可言,广大奴隶受到压迫,公民权对于居住在雅典的外邦人来说遥不可及。此外,下层公民为生活奔波劳碌,常常无暇顾及城邦的政治生活。

(5)实质:雅典民主共和国的实质是奴隶主阶级专政,因此雅典民主实际上奴隶主阶级的民主政治,不是全社会所有成年人的民主。

10. 全面认识春秋战国时期的改革变法

(1)出现原因:

①生产力的发展是春秋战国时期变法风潮出现的根本原因。春秋战国时期,铁农具和牛耕的出现并推广是生产力发展的显著标志。社会生产力的发展促进了土地私有制的确立,进一步削弱了人身依附关系,引起了社会阶级关系的变化。经济基础的,必然带来上层建筑的改革,新兴地主和自耕农要求打破束缚,进一步解放生产力,各国的变法、改革就是这种要求的体现。

②战争的频繁也对各国提出变法革新的要求。为了在战争中占据主动地位,各国都致力于富国强兵。为了达到富国强兵的目的,很多国家都进行了改革变法。

③法家思想的推动。在春秋战国时期的百家争鸣中,法家

提倡顺应形势进行变革,主张以法治国,符合当时社会发展的需求,为各国推行变法改革提供了思想理论武器。

(2)主要目的:改革旧的上层建筑,以适应经济基础变化的需要,达到富国强兵和巩固统治的目的。

(3)作用和效果:不同程度地打击了旧制度、旧贵族势力,解放了社会生产力,推动了社会的发展,加快社会转型。

(4)对春秋战国时期变法运动的评价。

从背景来看:春秋战国时期各诸侯国的变法运动是生产力发展的结果,顺应了历史发展的趋势。

从改革的内容说:政治上,改善了吏治,大大削弱了旧贵族的特权;经济上,破坏了井田制,得到了进一步发展,《法经》维护了社会秩序,稳定了政局;军事上,奖励军功,提高军队战斗力。

从改革的作用和效果来看:因为各国政治经济发展的不平衡和内部阶级力量的差异,其效果是不同的。魏国的变法效果较为显著,迅速崛起,成为战国前期最强大的国家。总体来看:这些改革都不同程度地打击了奴隶主贵族,废除了奴隶制政治经济制度,使新兴地主阶级的地位得到强化,为日后秦帝国的建立、中央集权制度的确立奠定了基础。

11. 多角度认识春秋时期的大国争霸战争

(1)目的:争夺土地、人口和对其他诸侯国的支配权。

(2)实质:是奴隶主阶级之间的掠夺战争。

(3)影响:

①长期的争霸战争,影响社会秩序的安定和经济的发展,给广大劳动人民带来严重的灾难。

②战争在客观上起了进步作用,表现在:一是争霸战争加速了奴隶制衰亡,为社会的发展、阶级关系的变化和新制度的产生创造了条件。二是在争霸战争中,大国兼并小国,实现了局部统一。三是在争霸战争中,华夏族和周边少数民族的交往和联系加强,客观上有利于民族融合,为华夏族的形成奠定了基础。四是在争霸过程中,各国统治者为了战胜对方,壮大自身实力而进行改革,注重发展经济,从这个角度讲,争霸战争推动了社会经济的发展。

(4)注意问题:对春秋时期争霸战争应一分为二地分析,它既有破坏性、掠夺性,同时在客观上也具有进步作用。"春秋无义战"是就其掠夺性而言,但如果用这句话来全面评价春秋时期的战争,则有失偏颇。

12. 春秋战国时期变法的异同

比较	时期	春秋	战国
相同点	背景	处于社会转型时期,即旧的社会制度(宗法分封制、井田制)遭到破坏;新兴地主阶级发展壮大;诸侯争霸激烈	
	目的	富国强兵,争夺霸主	
	内容	注重经济和军事改革	
	影响	一定程度上实现了富国强兵的目的,推动了旧制度的瓦解	
不同点	历史条件	社会转型刚开始,旧的社会制度刚开始遭到破坏,新兴地主经济和地主阶级力量发展刚起步	社会转型加快,新兴地主阶级力量发展壮大
	性质	奴隶制改革	封建性质改革
	内容	主要改革赋税制度	既有对经济基础的改革,更有废除旧贵族特权的上层建筑的改革,并从法律上保障新兴地主阶级利益
	影响	对生产关系的变革,对社会变革的推动作用收效不大	比春秋改革更彻底,涉及领域广,并成为不可阻挡的潮流,极大地推动了社会转型的实现
不同的原因		生产力发展水平不同。春秋时期,奴隶制仅仅开始瓦解;战国时期,奴隶制的土地国有制已经大部分被封建土地私有制所代替,地主阶级力量增强	

13. 战国各国变法的相同点

背景	都是封建土地私有制代替奴隶主土地国有制的基础上进行的,在争霸战争的推动下产生的。根本原因是社会生产力的发展
目的	发展封建经济,实现富强兵,对内巩固统治,对外争取兼并战争胜利
代表利益	新兴地主阶级
指导思想	法家思想学说
措施	一是变革旧的经济基础;二是改革旧的上层建筑,建立适应新兴地主阶级和巩固统治需要的新制度
影响	取得不同的成效,促进了政治经济的发展和军事力量的壮大,加快了封建化进程

智趣素材

14. 商鞅变法与战国其他变法的异同

比较项目		具 体 内 容
相同点	背景	战国时期土地私有制逐渐确立,新兴地主阶级的政治经济势力逐渐壮大
	目的	新兴地主阶级要求在政治上废除奴隶主贵族特权,发展封建经济,建立地主阶级统治
	措施	以法律形式废除奴隶主贵族的政治经济特权;实行发展封建经济、提高政府收入、富国强兵、建立地主统治措施
	性质	封建化运动
	结果和影响	一定程度上打击了旧的奴隶主贵族,巩固新兴地主阶级的统治,使封建制度在各国得以最终确立;促进了社会发展
不同点	内容深度	商鞅变法更加深刻地以法律形式废除了奴隶主贵族特权,发展封建经济,建立地主阶级统治
	影响深远程度	商鞅变法中的重农抑商、统一度量衡、废分封、建立县制等制度不仅对整个战国时期,而且对整个中国历史都产生了深远影响

15. 商鞅变法的特点和辩证地评价商鞅变法

(1)特点:

①变法核心内容为"农战"和"法治"。

②变法地位:战国时期最彻底,对旧贵族打击最严重,变法措施最全面,为期最长,影响最深远的改革。

③手段:变法以法律形式废除奴隶主贵族的特权,发展封建经济,增加政府收入,富国强兵,建立新型地主阶级的统治。

④影响:变法的许多措施,不仅为秦国完成统一奠定了雄厚的经济基础和国家政治基础,对日后中国历史的发展也有重大影响。

(2)评价:

①积极方面:a、变法以法律形式确认了土地私有制,废除井田制、奴隶主贵族世袭特权等旧制度,实行新兴地主阶级政治需要的中央集权制度,还采取一些有利于封建统治秩序形成,有利于封建社会发展,有利于增强秦国经济实力和军事实力的措施,是地主阶级实行的较为彻底的封建性质的改革。b、变法使秦国成为战国七雄中最富强的国家,为后来秦国实现统一奠定了坚实的基础。

②消极方面:变法措施中也包括加强对人民的镇压和思想控制的内容,其实行的严刑峻法和高压政策也有消极影响。

16. 商鞅变法与梭伦改革的异同

(1)相同:①两次改革都有富国强兵的目的。②两次改革都涉及了对权贵利益的限制。商鞅变法主张废除世卿世禄制度;梭伦改革主张按财产划分等级,打击旧贵族的特权。③都促进了社会经济的发展,使国力强盛。

(2)不同:①两者所处的时代背景不同。梭伦改革处于奴隶制度的上升时期,其改革加强了奴隶主贵族的统治;商鞅变法处于奴隶制崩溃、封建制建立时期,改革废除了奴隶主贵族的特权,确立封建制度。②两者的性质不同。梭伦改革是一次奴隶主阶级的缓和社会矛盾的变革;商鞅变法是一场新兴地主阶级为发展封建经济而进行的除旧布新的社会改革。③两次改革的特点不同。梭伦改革为平衡各阶级、阶层利益,有着调和、折中的特点;商鞅变法坚决打击奴隶主旧贵族势力,改革较为彻底,是一次促使奴隶制向封建制转型的变革。④两次改革的结果和影响不同。梭伦改革不但没有缓和社会矛盾,反而激起了旧贵族的强烈反对,但却为雅典走上民主政治道路奠定了基础。商鞅变法成功了,确立中央集权的封建专制制度,为秦国灭掉东方六国,实现统一奠定了基础。

17. 利用归纳法总结孝文帝改革特点、迁都原因和历史作用

(1)改革特点:

①是少数民族进入中原后,被汉族先进制度和文化所吸引,为加速本民族封建化过程而进行的一场社会改革。

②改革分两个阶段,前期主要是冯太后的主持下进行的,改革的重点是创建新制度,取代不适应统治的旧制度;后期是孝文帝领导的,主要是加强于汉族地主合作,迁都洛阳移风易俗等。

③北方各民族间的融合,加快了孝文帝改革的进程;孝文帝改革又进一步促进了各民族大融合。

(2)迁都原因和历史作用:

①原因:孝文帝迁都一是为了镇压中原地区日益频繁的武装暴动;二是为了解决都城粮食供应的严重匮乏问题;三是为了避开来自北方柔然族的侵犯;四是为了摆脱平城地区鲜卑贵族盘根错节的势力网,削弱他们对政治的影响力。与此同时,也是为了加强对中原地区的控制,改革鲜卑旧俗,深化改革,使北魏王朝以华夏正统姿态雄踞中原,达到长治久安的目的。

②历史作用:一方面为孝文帝深化改革创造了条件,有利于中原地区对社会经济的恢复和政治统治秩序的稳定,为民族融合注入了新的活力,是北魏政权进一步封建化的有力保障。另一方面迁都败坏了社会风气,使得鲜卑贵族染上魏晋门阀士族的恶习,政治日益腐败,迁都耗费了大量的财力物力,同时也造成了统治集团的分裂,丧失了拓跋部的强有力的支持,导致了国家分崩离析的后果。

18. 孝文帝改革与民族融合

(1)北魏孝文帝的改革是在民族融合潮流的推动下出现的。北魏统一黄河流域时,那里已经出现了民族融合的趋势。鲜卑族拓跋部原先的经济文化水平和政治制度都较为落后,他们靠武力统一黄河流域,又把鲜卑的政治、经济和文化习俗传播到中原,用落后的制度统治黄河流域,这导致了民族矛盾的

改写一战历史的"齐默曼密电"

美国在第一次世界大战前几年一直置身事外。然而在1917年,一封密码电报在被英国人截获并破译后,战争风云突变——美国参战了。这也成为"情报史上最伟大的密码破译事件"。1917年1月17日。当时英国海军情报机构截获了一份以德国最高外交加密的电报,密电来自德国外交部长亚瑟·齐默曼,传送给德国驻华盛顿大使约翰·冯·贝伦朵尔夫,并将继续转发给德国驻墨西哥大使亨利希·冯·艾克哈尔特,最后交给墨西哥总统瓦律斯提阿诺·加汉扎。而当时英军早已破译了德国旧密码系统。3月1日,时任美国总统的威尔逊对外公布了上述消息,美国人被激怒了。4月6日美国正式参战。之后,战争呈现一边倒的局势。

尖锐,要平息尖锐复杂的民族矛盾,稳固北魏的统治,就必须进行社会改革,顺应民族融合的潮流。

(2)孝文帝在改革中采取了许多推动民族融合的措施。颁布均田令,采用汉族先进的封建生产方式;整顿吏治,采用封建的俸禄制;迁都洛阳,更好地学习汉族的先进文化;改革社会习俗,接受中原先进的文化和生活方式。

(3)孝文帝改革使民族融合形成了高潮。在孝文帝改革的推动下,北方少数民族封建化的速度加快,他们的生产方式、文化习俗、政治制度日益封建化;同时,北方游牧民族也把他们的优秀成果带到中原,与中原文化融合,成为中原地区文明的重要组成部分。

19. 孝文帝改革成功的基本原因

(1)改革顺应了历史发展的潮流,这是成功的根本原因。

(2)从整顿吏治入手,使改革有一个良好的前提环境。他严格执法惩治贪污,即使亲戚也不讲情面,致使官吏们人人小心谨慎,改革得以较为顺利的进行。

(3)内容全面,措施得力。不仅进行经济改革,而且还重视文化习俗的改革,使改革全面推进。

(4)民族融合趋势的推动。

(5)冯太后的支持和孝文帝本人以身作则,信心坚定。

(6)关键的原因在于改革能从实际出发,切实可行。最明显的就是均田制的实行。均田制使土地与劳动力相结合,推动了社会经济的发展,因而取得成效。

20. 北宋初期加强中央集权的措施、特点及影响

(1)措施:

①集中军权。解除禁军将领军权,调为地方节度使,削减节度使实权,使其徒有虚名;禁军统领权一分为三,都直接对皇帝负责;设立枢密院,使其与将帅互相牵制;实行更戍法,防止武将专权;禁军半数拱卫京师,半数驻守各地,以达到"强干弱枝""内外相制"的目的。

②集中行政权。在中央,设参知政事、枢密院和三司使等分割丞相的行政权、军权和财政权,便于皇帝总揽大权。在地方,设知州与通判。派文臣做知州,派通判监督知州。知州公文须经知州与通判联合签名才有效,使其互相牵制,加强中央对地方的控制。

③集中财权和司法权。北宋在各路设转运使,消除地方割据的物质基础。中央派文臣担任地方司法官员,死刑需报中央复审核准,收回了地方的司法权。

④完善科举制度。在解决集权和统一问题的同时,注意争取地主阶级知识分子的支持,开科取士,广泛吸收知识分子参政,使北宋的政权基础进一步扩大,也起到了加强中央集权的作用。

(2)特点:

①重文轻武,文人治国。这有利于巩固统一,但其不利在于造成军事战斗力低下,因为文官不懂军事。

②分割地方权力,高度集权于中央。这一方面有利于巩固统一,防止分裂,但另一方面却导致地方行政机构办事效率下降,中央机构臃肿,人浮于事,造成冗官。

③弱枝强干,守内虚外。这虽有利于加强中央集权,但边防空虚,成为北宋在民族斗争中屡败的重要原因。

(3)影响:

①积极意义:铲除了藩镇割据的基础,维护了国家的统一与安定,有利于社会经济的发展。

②严重恶果:政府机构重叠、官员冗滥,军队战斗力下降,地方财政困难,这些因素给北宋种下了积贫积弱的祸根。

21. 王安石变法为何从理财入手？作用如何？

王安石变法主要是为解决北宋的财政危机而进行的,其核心是富国强兵。而理财措施是整个变法中的核心措施,王安石在变法之初就提出"理财为方今先急",而"理财以农事为先"。依据这样的方针,王安石制定了一系列整顿财政、增加政府收入的经济措施,主要内容有青苗法、募役法、农田水利法、均输法、方田均税法、市易法等。

王安石特别注意发展农业生产,他推行的理财新法在抑制兼并、保障农业生产、增加政府收入等方面都取得了一定的成效。其中,农田水利法颁行后,原来废弃的一些水利工程得以修复,还新建了不少水利设施,许多荒地辟成良田。青苗法和市易法都以政府借贷的方式收取一定利息,免役法使农户以钱代役,这就增加了国家财政收入。

22. 王安石变法内容及作用

措 施		内 容	作 用
理财措施	青苗法	每年青黄不接时,政府贷款或借谷物给农民,收获以后偿还,加收20%的利息	使农民免受高利贷盘剥,增加政府借贷收入
	募役法	政府向应服役而不愿服役的人户,收取免役钱,雇人服役。不服役的官僚地主也要交免役钱	减轻了农民的差役负担,保证了生产时间。限制了官僚地主的特权,增加政府的差役收入
	农田水利法	政府鼓励兴修水利,开垦荒地	促进了农业生产的发展
	方田均税法	政府重新丈量土地,按照土地多少和肥瘠收取赋税,官僚、地主不得例外	增加了国家的田赋收入
	市易法	政府设立市易务,出钱收购滞销货物,市场短缺时再卖出	限制了大商人对市场的控制,有利于稳定物价和商品活动,国家商业收入增加
	均输法	东南六路转运使要熟悉东南六路生产情况和京师所需,按"徙贵就贱,用近易远"原则,供应京师	方便运输,节省费用,一定程度上减轻农民劳役负担,利于保证京师物资供应,限制商人对市场的操纵

(续)

措施		内容	作用
军事措施	保甲法	政府把农村住户组织起来,十家编为一保。保丁平时种田,闲时练兵,战时编入军队作战	既加强了对人民的控制,又增强了抵御辽和西夏进攻的军事力量,减少了军费开支
	将兵法	禁军固定辖区,由固定将领训练	加强了军队训练,充实了边防力量
	保马法	百姓自愿申请养马,可减免部分赋税,马病死要赔偿	节省政府开支,提高了马的质量和数量
	设军器监	监督制造兵器,严格管理,提高武器质量	保证了武器的质量,增加了数量
教育措施	改革科举制度	废除明经诸科,进士科不再考诗赋,专考经义和实务策。设明法科,专考律令、断案等	选拔了大量能够从事实际事务的有用人才
	整顿太学	重新编纂教科书,内容为儒家经典。考试成绩优秀者,可直接授官,以资鼓励。	使学校变成为变法造舆论、育人才的地方
	惟才用人	有志改革官员,委以重任	打破按资升迁的成规,许多低级官员和下层士大夫得到发挥才干的机会

23. 王安石变法的评价,失败原因及教训

(1)王安石变法的评价

①进步性:a、变法措施的推行,增加了政府的财政收入,加强了国家的军事力量,在一定程度上改变北宋积贫积弱的局面。b、王安石变法促进了经济发展,客观上有利于社会进步。c、王安石能够针对北宋统治的积弊大刀阔斧地进行改革,这种勇于改革和敢于斗争的精神,值得肯定。

②局限性:a、王安石变法是封建地主阶级内部改革派针对北宋统治危机进行的旨在富国强兵的改革,没有触及导致社会危机加深的封建社会经济结构,对土地兼并的问题只能加以调节、限制,不可能彻底解决,因而不可能从根本上摆脱封建统治危机。b、变法以维护地主阶级的统治为出发点。农民的处境没有根本改变,负担仍很沉重。

(2)王安石变法的失败原因及教训

①原因:a、保守势力强大,王安石变法触犯了大地主、大官僚等保守势力的利益,遭到他们的激烈反对。b、变法派内部缺少凝聚力,不能团结一致地推行新法。c、宋神宗在关键时刻常常举棋不定,不能始终如一地支持变法。d、王安石变法仅仅是封建社会内部当政的地主阶级代表主持的主旨在"富国强兵"的改革,没有触及导致社会危机的根本原因。e、在新法实际推行中由于用人不当、执行不善等,不断出现违背新法原意的事件,引起农民的不满。

②教训:a、改革必然涉及利益调整,充满阻力,这就要求改革者必须有坚定的信念,毫不动摇,才能成功。b、改革过程中

要用人得当,善于执行具体改革措施。c、改革领导集团要大公无私、团结一致、协调行动才能促使改革走向成功。

24. 庆历新政和王安石变法的比较

(1)相同点:

①背景相同,即社会危机;土地兼并严重;冗官、冗兵、冗费,财政困难;农民反抗斗争不断发生,来自辽和西夏的威胁。

②目的相同:巩固统治,挽救危机。

③作用相同:都触动了旧势力的利益。

④结果相同:旧势力强烈反对,失败。

⑤性质相同:是对封建社会内部矛盾进行局部调整的改革。

(2)不同点:中心内容不同:

①庆历新政的中心是整顿吏治,王安石变法的中心是理财。措施不同:庆历新政主要在政治上,如严格官吏升迁考核制度,严肃中央政令,取信于民;王安石变法包括理财、军事、取士等措施。

②失败原因不同:王安石变法由于用人不当,出现了一些危害百姓的现象,宋神宗死后,新法被废除;庆历新政触犯了大官僚大地主的利益,因而失败。

③影响不同:王安石变法在一定程度上扭转了积贫积弱局面;庆历新政对缓和社会矛盾起了一定作用,但由于时间太短作用不大。

(3)认识:改革必然会遭到旧势力的阻挠,不可能一帆风顺,要充分考虑到改革的复杂性的艰巨性。改革措施要行之有效,要关注老百姓的利益。推行改革过程中要用人得当。

25. 商鞅变法与王安石变法的比较

(1)相同点:

①直接目的都是为了富国强兵。

②变法都得到了最高统治者的支持。

③变法内容触动了旧势力的利益,遭到他们的激烈反对。

④变法者的个人命运基本相同。

⑤变法都对生产关系做出了调整。

(2)不同点:

①背景不同:商鞅变法发生在新旧交替的社会大变革时期;王安石变法则发生在北宋中期统治危机四伏时。

②根本目的不同,商鞅变法要从根本上废除旧制度,建立新制度;王安石变法则是为了挽救北宋统治危机,部分调整生产关系。

③性质不同:商鞅变法是一场封建化的运动。王安石变法则是对封建社会内部矛盾进行局部调整的改革。

④结果不同:商鞅变法成功;王安石变法最终失败。

(3)认识:

①改革必然会遭到旧势力的阻挠,不可能一帆风顺,要充分考虑到改革性和艰巨性。

②改革的成败关键要看其积极成果能否得能保留和维持,不以改革者个人命运为转移。

③改革措施要针对实际情况,行之有效,推行改革过程中要用人得当。

④改革要有远见卓识和坚定的政治魄力。

知识结构梳理

一、梭伦改革

1. 社会背景

(1)必要性:①贵族政治是少数贵族集体的政治,普通民众没有参与政治的权利。②贵族的专横与压榨,激起了_____的反抗,准备以暴力推翻贵族政府。③新兴的_____奴隶主阶层对旧贵族的政治专权日益不满,改革呼声高涨。④社会经济的发展客观上要求平息矛盾,结束动荡,改革是必然选择。⑤周围城邦的实力增强,沉重打击了雅典的_____。

(2)可能性:①雅典工商业发达,海上贸易兴盛,工商业奴隶主阶层("海岸派")的崛起,为改革提供了经济条件。②下层平民("山地派")深受债务奴役之苦,主张进行彻底的社会变革。③梭伦凭借崇高的个人威望和折中的政治原则,出任首席执政官,为其进行社会改革提供了可能性。

2. 主要措施

(1)经济领域:①颁布"_____",规定占地最高限制,制定"遗嘱法"。②鼓励发展_____扩大下层平民的就业机会。

(2)政治领域:①确立财产等级制度,公民按_____多寡来享受权利和履行义务。②进行政权机构改革,恢复_____作为国家最高权力机关,又创办"_____会议"和公民陪审法庭。

3. 影响

(1)意义:①为雅典城邦的振兴和富强开辟了道路。②改革动摇了贵族专制的统治,奠定了城邦民主政治的基础。

(2)局限性:梭伦改革带有明显的"折中"色彩,没有解决_____与_____的根本矛盾;开创的民主政治仅是奴隶制国家内部少数公民的民主。

二、商鞅变法

1. 背景:春秋战国时期的时代大变革。

(1)经济上:铁农具和牛耕的推广,农业发展促进手工业、商业发展,井田制瓦解,土地私有制逐步确立。

(2)政治上:周王室衰微,分封制逐渐崩溃,争霸和兼并战争频繁,富国强兵成为各国改革的内在动力。

(3)阶级关系上:新兴地主势力增强,要求废除奴隶主贵族的特权,发展地主经济,各国纷纷实行变法,变法成为风起云涌的时代潮流。

(4)思想文化上:出现"_____"的繁荣局面,_____成为各诸侯国变法改革的理论依据。

(5)秦国的经济、政治、文化落后中原各国,秦孝公决心发愤图强,实现富国强兵。

2. 具体措施

(1)经济上:①"为田开阡陌封疆",废除井田制度,承认土地私有,允许土地买卖。②重农抑商,奖励_____;③统一度量衡。

(2)政治上:①废除"_____",奖励_____,实行二十等爵制。②建立严密的户籍制度,制定_____。③普遍推行_____,由国君直接委派县令进行管理,加强中央集权。④制订了秦律。

(3)思想文化上:"燔诗书而明法令",加强思想文化统治。

(4)社会习俗上:强制推行一夫一妻小家庭制。

3. 影响

(1)历史作用:①政治上,打击并瓦解了旧的_____,中央集权制度的建设从此开始。②经济上,废井田,开阡陌,确立了_____,促进了秦国的农业生产。③军事上,奖励军功,极大地提高了军队战斗力。

(2)局限性:①轻视教化,鼓吹轻罪重罚。②一定程度上加重了人民所受的剥削与压迫,给人民带来巨大痛苦。③未与旧制度、文化、习俗彻底划清界限。

三、北魏孝文帝改革

1. 背景

(1)社会矛盾:①阶级矛盾:由于_____制的实行和赋税制度的混乱导致国家、豪强地主、农民之间矛盾重重。②民族矛盾:北魏统治者实行民族压迫和民族歧视政策,导致民族矛盾激化。③统治危机:北魏社会动荡不安,人民起义不断,北魏统治面临严重危机。

(2)有利条件:北魏统一黄河流域后,社会环境较为安定,社会生产发展,_____趋势加强。

2. 主要内容:

(1)实行均田制。①主观目的:保证政府的财政收入。②前提:政府掌握大批无主荒地。③内容:把国家控制的荒地分配给农民,农民向政府交纳租税,承担一定的徭役和兵役。④影响:抑制了_____,有利于国家征收_____和_____。

智趣素材

(2)改宗主督护制为三长制——北魏基层行政组织。

①原因:配合_____推行,强化对地方的控制。②内容:废除旧的基层统治机构宗主督护制,改行三长制。设邻长、里长和党长。它的职责是检查户口,征收赋税,征发兵役和徭役。③作用:保证了国家对人民有效地控制;有利于国家征收赋税和徭役;有利于推行均田制。

(3)制定官吏俸禄制、整顿吏治。①原因:吏治混乱、贪污现象严重,因而影响了北魏政府的财政收入,也激化了统治者和人民之间的矛盾。②内容:官吏的俸禄由国家筹集,不许官吏自筹。凡贪污帛满一匹及枉法者,一律处死。俸禄制度与严惩贪赃紧密地联系起来。③意义:吏治得到改善,农民安心从事生产,北方农业生产得到迅速发展。

(4)推行新的租调制。①目的:适应均田制,改变_____征收上的混乱现象,增加财政收入。②内容:规定每年向政府交纳一定数量的租调。③意义:改变了赋税征收上的混乱现象,减轻了农民负担,增强了国家的租调收入。

(5)迁都洛阳。①原因:政治上平城故地保守势力十分强大;经济上地处偏僻,交通不便,经济比较落后;军事上强敌柔然时常骚扰很不安全;地理上难以有效控制中原地区。②影响:使得洛阳再次成为北方的政治、经济中心;保证了改革的深入展开;有利于胡汉民族文化融合,促进中华文明的发展。

(6)移风易俗。行汉制,易服装,改汉姓,通婚姻,讲汉话,改籍贯,促进了民族融合。

3. 历史作用

(1)促进了北魏的社会发展,加快了政治的封建化和农耕定居化进程。

(2)促进了北方经济的恢复,农业、手工业、商业和外贸逐步发展繁荣。

(3)促进了民族交流融合和中国各民族的共同发展。

(4)为隋朝统一全国奠定了基础。

四、王安石变法

1. 背景

(1)社会危机:①北宋统治者集中军权、财权和行政权,导致冗官、冗兵、冗费现象,形成_____局面。②土地兼并严重,农民负担加重,阶级矛盾尖锐。③辽和_____威胁着北宋的安全,民族矛盾尖锐。

(2)有利条件:①_____的失败为王安石变法奠定了基础。②宋神宗坚持变法,重用王安石。

2. 措施、内容及作用

目的		措施	内容	作用
经济上富国之法	改变积贫局面	(1)	青黄不接时,贷款或谷物给农民,收获后本利息	限制了高利贷对农民的剥削,增加了政府收入
		农田水利法	政府鼓励垦地和兴修水利工程	保证灌溉;防洪抗灾
		免役法(募役法)	纳钱代役	有利于经济发展,增加了政府收入
		市易法	政府在东京设置市易务,调节市场	打破大商人的垄断,增加了政府收入
		方田均税法	政府重新丈量土地,按土地多少和肥瘠收税	清丈出大量隐瞒的土地,增加了政府收入;农民得到实惠
		均输法	采购物资依据"徙贵就贱,用近易远"的原则	打破大商人的垄断,增加了政府收入
军事上强兵之法	改变积弱局面	(2)	政府把农民编为保甲,实行连坐法	维护秩序,兵农合一
		保马法	政府鼓励百姓养马	节省开支,提高了马匹质量和数量
		将兵法	在各路设"将"	提高了军队战斗力
		设军器监	监督制造兵器	武器产量、质量提高
政治上取士之法	巩固统治	改革科举制度	规定进士科不考诗赋;设明法科	有利于选拔和培养人才;有利于推动改革;有利于扩大统治基础
		整顿太学	重新编纂教科书,太学生成绩优异者可直接授官	
		唯才用人	重改革、破成规	

3. 结果:取得一定成效,但遭到大官僚、_____强烈反对,变法失败。

4. 作用:①_____局面得到改变,促进了社会经济的发展;增加了政府财政收入;一定程度上减轻了农民负担。②积弱局面的改善,节省了军费开支,提高了军队战斗力。

5. 教训:①改革必然会遭到旧势力的阻挠,不可能一帆风顺,要充分考虑到改革的复杂性和艰巨性。②改革的成败关键要看其积极效果能否得以保留和维持,不以改革者个人命运为转移。③改革措施要针对实际情况,行之有效,推行过程中要用人得当。④改革家要有远见卓识和坚定的政治魄力。

智趣素材

美国挑战者号

美国航天飞机"挑战者"号于1983年4月4日至4月9日进行了首次飞行,绕地球80圈,航程达330万公里,整个发射和着陆过程都很顺利。轨道飞行期间,宇航员充分试验这架航天飞机的各个系统,还发射了一颗大型跟踪与数据中继卫星,进行了9年来的第一次舱外空间行走,试验了新型宇宙服。此外,还做了一系列空间医学和科学试验。除了"挑战者"号发射的那颗巨大的通信卫星由于卫星本身火箭的原因未能达到预定的同步轨道之外,整个飞行获得成功。不幸的是,"挑战者"号1986年1月28日,在进行第10次飞行时,在升空70多秒钟后爆炸,造成了世界航天史上最大的惨剧。

二年模拟训练

1. (2010年江苏苏州模拟)梭伦颁布"解负令"的目的在于　（　）
   A. 废除债务奴隶制　　B. 促进雅典城邦发展
   C. 打破贵族世袭特权　D. 实现公民真正平等

2. (2010年宁夏模拟)梭伦改革为雅典民主的形成打下牢固阶级基础的是　（　）
   A. 颁布"解负令"
   B. 鼓励发展工商业,提倡节俭,反对奢侈
   C. 按照财产多寡将全体雅典公民划分为四个等级
   D. 创立了四百人会议

3. (2010年江苏模拟)秦国成为战国七雄中实力最强的国家,主要原因是　（　）
   A. 实行商鞅变法　　B. 更多地使用铁农具
   C. 牛耕得到推广　　D. 重视水利工程建设

4. (2011年安徽模拟)列宁说:"如果总的看一看1861年俄国国家全部结构的改变,那么就必然会承认这种改变是封建君主制向资产阶级君主制转变道路上的一步。这不仅从经济观点来看是正确的,而且从政治观点来看也是正确的。"这表明农奴制改革　（　）
   A. 为资本主义发展扫清了障碍
   B. 确立了资产阶级代议制
   C. 促进了俄国的近代化
   D. 阻止了革命在俄国的发生

5. (2010年嘉兴第二次教学测试)下列改革措施中,不是梭伦改革内容的是　（　）
   A. 让债务奴隶重获自由
   B. 为担任公职的公民发放津贴
   C. 组建陪审法庭
   D. 限制第四等级公民的部分政治权利

6. (2010年广东四校联考)从公元前490年到公元前322年,雅典大约有一半左右政治家(包括伯里克利)都不同程度地受到群众的惩罚,大部分控告的起因只是因为作战失利。为此,柏拉图提出了一个发人深省的问题:"如果你病了,你是召集民众为你治病呢?还是去找医术精湛的大夫呢?"材料表明　（　）
   A. 伯利克利、柏拉图等代表精英贵族,仇视群众
   B. 公元前4世纪后雅典政治腐败,阶级矛盾激化
   C. 群体决策的感情用事可能影响民主政治的质量
   D. 雅典民主既体现了人民主权也保护了城邦利益

7. (2010年广州高考模拟)狄摩西尼指出:"植根于每个人(雅典公民)心底的原则是:人生来不仅属于父母,而且属于国家……倘若他视自己为国家的儿女,便会志愿赴死,而不愿看到国家沦为附庸。如国家处于被奴役的地位,他会感到蒙受的耻辱比死亡更可怕。"上述现象出现的主要原因是雅典　（　）
   A. 人文主义盛行
   B. 民主政治激发了公民的爱国热情
   C. 具有反抗精神
   D. 对公民长期进行爱国主义教育

8. (2010年高三联考)大约在公元前6~4世纪,雅典的梭伦、克里斯提尼和伯利克里进行了一系列改革,而这时,中国历史正处于春秋战国时期,也兴起了一个改革变法的高潮。试以雅典梭伦改革和中国商鞅变法为例,回答下列问题。
   (1)梭伦和商鞅都把政治改革作为重要内容,他们是如何改革政治的?

   (2)"改革是社会进步的重要推动力。"试从这两次改革论证以上观点的正确性。

9. (2010年江西南昌模拟)梭伦改革和商鞅变法是古代西方和东方比较典型的改革。阅读下列材料:
   材料一　不再以出身而是以财产的数量来划分公民的等级。……不同等级的人则待遇有所不同。……公民大会选举或罢免一切公职人员,决定宣战、媾和、制定法律等一切国家大事。奖励外国技工迁居雅典,对携眷移民给予公民权;雅典公民必须让儿子学会一门手艺,否则儿子可拒绝赡养其父;鼓励橄榄油出口。

   材料二　设立20个等级的军功爵制度……没有军功的国君亲属不再拥有世袭的爵位。立有军功的平民,按其功劳的大小授予官爵。……全国划为31县,所有的县级官吏通由国君任免,领取国家的俸禄,可以随时任免调职。……凡从事"本业"而使粮食布帛增多者,免除本身的徭役;而追逐"末利"者,以及虽从事"本业"而因懒惰破产者,全家没入官府为奴。

   请回答:
   (1)依据材料,概括两次改革内容所涉及的共同之处。分别说明实行这些措施的目的是什么?

(2)两次改革分别对本国经济和政治体制造成什么影响?

10.(2010年江西新余模拟)阅读下列材料:

材料一 孝公用商鞅之法,移风易俗,民以殷盛,国以富强,百姓乐用,诸侯亲服,获楚魏之师,举地千里,至今治强。

——李斯《谏逐客令》

材料二 秦孝公用商君,坏井田,开阡陌,急耕战之赏,虽非古道,犹以务本之故,倾邻国而雄诸侯。然王制遂灭,僭差亡度;庶人之富者累巨万,而贫者糟糠;有国强者兼州城,而弱者丧社稷。

材料三 太史公曰:商君,其天资刻薄之人也,迹其欲干孝公以帝王术,挟持浮说,非其质也。且所因其嬖臣,及得用,刑公子虔,欺魏将卬,不师赵良之言,亦足发明商君之少恩矣。余尝读商君开塞耕战书,与其人行事相类。卒受恶名名于秦,有以也夫!

——《史记·商君列传》

材料四 商君之法,行之十年,秦民大悦,道不拾遗,山无盗贼,家给人足。民勇于公战,怯于私斗,乡邑大治。

——司马迁《史记·商君列传》

请回答:

(1)材料一对商鞅变法持何态度?你如何看待"民以殷盛"的说法?

(2)材料二对商鞅变法持什么态度?其依据是什么?

(3)材料三对商鞅有何看法?

(4)材料三和材料四是否矛盾,并简要说明。

11.阅读下列材料:

材料一 时民饥困,豪右多有占夺,(李)安世乃上书……高祖深纳之,后均田之制起于此矣。……初,百姓咸以为不若循常,豪富并兼者尤弗愿也。事施行后,计省昔十有余倍。于是海内安之。

——《魏书·食货志》

材料二 高祖曰:"夫名不正,言不顺,则礼乐不兴。

今欲断北语,一从正音。年三十以上,习性已久,容或不可卒革;三十以下,见在朝廷之人,语音不听仍旧。若有故为,当降爵黜官,各宜深戒,如此渐习,风化可新。"

——《魏书·献文六王传·咸阳王禧传》

材料三 就在孝文帝要求本族改穿汉服的同时,胡服却在汉人中流传开来。以致汉族年轻女子"褰裙逐马如卷蓬,左射右射必叠双"。

——《飘逝的岁月——中国社会史》

请回答:

(1)材料一中北魏孝文帝改革的主要措施是什么?援引材料说明孝文帝采取这一措施的原因和影响。你对这一措施的影响还有哪些补充阐述?

(2)材料二中提到的孝文帝改革的措施名称叫什么?指出孝文帝推行这一措施的目的是什么?

(3)材料三反映了什么现象?据此分析北魏孝文帝改革对北方社会的影响和对中国历史发展的影响。

12.阅读下列材料:

材料一 王安石,字介甫,临川人,北宋著名政治家、思想家和文学家。读书非常广博,儒家经书、佛经、诸子百家、医书、小说无所不读。早年随父辗转南北,到过很多地方,了解了社会现状,很早就立下了"矫世变俗"的雄心壮志。

担任地方官多年,每到一地,来不及休息,便立即考察当地农业生产情况,并着手推行了一系列改革。

调到中央任职以后,以"天变不足畏,人言不足恤,祖宗之法不足守"的"三不足"精神推行新法,曾先后两次被罢免相位,但从未动摇过变法的决心,人称"拗相公"。

——《历史上的重大改革与回眸》(岳麓版)

材料二

类别	目的	措　　施
理财	富国	青苗法、募役法、农田水利法、方田均税法、均输法、市易法
整军	强兵	保甲法、保马法、将兵法、设军器监
取士	选才	改革科举制、改革官制、整顿太学

材料三 介甫文章节义过人处甚多,然性不晓事而喜遂非,致忠直疏远,谗佞辐辏,败坏百度,以至于此。

——司马光《司马温公集》

请回答:

(1)根据材料一结合所学知识概括指出,王安石为什么能够成为"中国世纪的改革家"?

(2)王安石变法的许多措施既有成功之处,又埋伏着失败的隐患。从材料二中选择两项符合上述结论的措施,并说明理由。

(3)如果通过历史隧道与王安石对话,请你结合对材料三的理解,提出合理化建议,助其变法成功。

一年冲刺母题

【母题】 阅读下列材料

材料一 其一:你们这些财物山积、丰衣足食而且有余的人,应当抑制你们贪婪的心情,压制它,使它平衡。其二:我手执一个有力的盾牌,站在两个阶级的前面,不许它们任何一方不公平地占着优势。其三:我制定法律,无分贵贱,一视同仁。按照正义,人人各得其所。

——梭伦

材料二 治世不一道,便国不必法古。故汤、武不循古而王,夏、殷不易礼而亡,反古者不可非,而巡礼者不足多。

——商鞅

材料三 (康有为说)泰西讲求三百年而治,日本施行三十年而强,吾中国国土之大,人民之众,变法三年可以自立,此后则蒸蒸日上,富强可驾万国。

——《戊戌变法》

材料四 戊戌变法,首在裁官。京师闲散衙门被裁者不下十余处,连带关系,因之失职失业者将及万人,朝野震骇……

——《梦蕉亭杂记》

请回答:

(1)依据材料一和所学知识,分析梭伦改革的出发点是什么?

(2)根据材料二、三,分别指出商鞅、康有为为什么能取得最高统治者支持?

(3)梭伦改革和商鞅变法的性质分别是什么?两场改革对社会发展的主要作用分别是什么?

(4)根据材料一、四分别指出两场改革一成一败的主要原因。从中你得出什么启示?

【解析】 本题跨越古今中外的改革,跨度较大,但难度不大。学生只需运用自己所学的知识并根据材料提示回答各项问题即可。第(1)问应首先读懂材料,根据梭伦改革的目的及梭伦的阶级立场回答;第(2)问根据材料中的提示信息可得出结论,商鞅是在结合历朝的史实并阐述了法家思想,而康有为

则是列举日本及西方的事实来论证变法的合理性;第(3)问则应该首先把握梭伦和商鞅所处的时代和阶级立场;第(4)问对比梭伦改革和戊戌变法成败的原因,并从中得出启示和教训。

【答案】 (1)出发点:缓和贵族与平民的矛盾,维护奴隶制统治;振兴雅典城邦。

(2)原因:商鞅阐述法家理论;列举历朝兴亡史实。康有为认为:以西方、日本变法取得成功为例证。

(3)性质:梭伦改革是奴隶主阶级的改革运动;商鞅变法是地主阶级的改革运动。作用:梭伦改革奠定了雅典民主政治的基础;商鞅变法推动了封建制的确立。

(4)原因:梭伦:中庸,缓和矛盾,取得广泛支持;康有为:过于激进,激化矛盾。启示:注意改革的策略。

【变题1】 古今中外历史上的改革尽管形式多样,特点各异,但也有一些共同的特征。阅读下列材料,回答问题:

材料一

图1 商鞅舌战　　图2 梭伦改革前的激烈辩论

材料二 设立20个等级的军功爵制度……没有军功的国君亲属不再拥有世袭的爵位。立有军功的平民,按其功劳的大小授予官爵。……全国划为41县,县级官吏通由国君任免,领取国家的俸禄,可以随时任免调职。……凡从事"本业"者……免除本身的徭役;而追逐"末业"者……入官府为奴。

材料三 不再以出身而是以财产的数量来划分公民的等级。……不同等级的人则待遇有所不同。……公民大会选举或罢免一切公职人员,决定宣战等一切国家大事。奖励外国技工迁居雅典,以携眷移民给予公民权;……鼓励橄榄油出口。

智趣素材

材料四

　　图3　北魏文官俑　　　　　图4　汉人胡食

　　材料五　孝公用商鞅之法,移风易俗,民以殷富,国以富强,百姓乐用,诸侯亲服,获魏楚之师,举地千里,至今治强。
　　　　　　　　　　　　　　　　　　　——李斯《谏逐客书》

　　请回答:

　　(1)根据材料一,指出图1商鞅"舌战"的是哪部分人?假设当时雅典的主要政治派别都参加了图2的激烈辩论,你认为可能有哪些派别?他们各自有何主张?图1、图2的现象共同说明了什么问题?

　　(2)概括材料二、三两次改革内容所涉及的共同之处。两次改革分别对本国经济发展和政治体制造成什么影响?

　　(3)根据材料四你能获得什么重要的历史信息?反映了什么历史趋势?结合材料四、五,概括指出孝文帝改革、商鞅变法的主要相似之处?

　　【**变题2**】　某中学历史兴趣小组以"中国历史上的重大改革"为主题进行研究性学习,同学们搜集了很多相关的材料。请你共同探究:

　　(秦)孝公既用卫(商)鞅、鞅欲变法、恐天下议己。卫鞅曰:"疑行无名,疑事无功,,且夫有高人之行者,固见非于世;①有独知之虑者,必见敖于民。愚者闇于成事,知者见于未萌。民②不可与虑始而可与乐成。论至德者不和于俗,成大功者不谋于众。③是以圣人苟可以强国,不法其故;苟可以利民,不循其礼。"④
　　　　　　　　　　　　　　　　　　　——《史记·商君列传》

　　(1)材料中最能反映商鞅变法理论基础的是_____(填入序号)

　　(2)分析比较填写下列表格:

	措　施	实施此项措施的原因	实施此项措施的影响
北魏孝文帝改革	受田农民,一夫一妇每年纳粟2石、调帛或布1匹。丁男还要负担一定的徭役		改变财税征收上的混乱现象,减轻农民负担,增加国家财政收入
王安石变法	每年九月由县官丈量土地,检验土地肥瘠,分为五等,规定税额		

　　战斗号令
　　1917年4月6日,美国正式参战。就在伍德罗·威尔逊总统本周在国会通过的宣战决定上签字使它成为法律之后几分钟,这个消息立刻传遍了全世界。美国对德宣战的确切时间是4月6日下午1点18分,当时总统坐在白宫入口门廊旁边的一个小房间里,签署了参战文件。威尔逊总统在4月2日一次两院的联席会上发表了一篇雄辩的演说,号召美国加入欧洲战争。他说,"为了民主,世界必须安全"。参战决定是参议院在两天前争论13小时后以90:6的选票通过的,而众议院是在今天凌晨经过长达17小时激烈争论后以373:50的选票通过的。在议会西院,边座上拥挤的人们听到宣布选票结果,无不热烈地欢呼。

第2单元 近代历史上的重大改革

考纲解读导航

考试内容

一、欧洲的宗教改革

1. 宗教改革的历史背景
(1)天主教的神权统治
(2)宗教"异端"
(3)向近代过度的西欧

2. 马丁·路德的宗教改革
(1)"九十五条论纲"
(2)马丁·路德宗教改革的主要内容
(3)马丁·路德改革对天主教会统治的冲击

3. 宗教改革运动的扩展
(1)加尔文宗教改革
(2)亨利八世宗教改革
(3)宗教改革与社会变革

二、穆罕默德·阿里改革

1. 18世纪末19世纪初的埃及
(1)奥斯曼帝国统治下的埃及
(2)法国和英国的殖民入侵
(3)穆罕默德·阿里的崛起

2. 穆罕默德·阿里改革的主要内容
(1)改革土地制度
(2)促进经济发展
(3)政治、文化和军事改革

3. 改革的后果
(1)穆罕默德·阿里的对外扩张
(2)穆罕默德·阿里改革的失败
(3)改革的意义

三、1861年俄国农奴制改革

1. 19世纪中叶的俄国
(1)俄国的农奴制
(2)步履维艰的俄国工业发展
(3)新思潮的涌动
(4)克里米亚战争

2. 农奴制改革的主要内容
(1)改革的酝酿

(2)"二一九法令"
(3)进步与局限

3. 农奴制改革与俄国的近代化
(1)资本主义经济的迅速发展
(2)政治的缓慢变革
(3)亚利山大二世遇刺

四、日本明治维新

1. 从锁国走向开国的日本
(1)德川幕府的统治
(2)黑船事件
(3)日本社会危机加剧

2. 倒幕运动和明治政府的成立
(1)"尊王攘夷"
(2)倒幕运动的兴起
(3)戊辰战争

3. 明治维新
(1)废除旧体制
(2)发展新经济
(3)倡导"文明开化"
(4)建立新军队

4. 走向世界的日本
(1)1889年日本宪法
(2)崛起为东方强国
(3)踏上对外扩张之路

五、戊戌变法

1. 甲午战争后民族危机的加深
(1)《马关条约》的签订于民族危机的加深
(2)清政府的统治危机
(3)中国民族资本主义的初步发展

2. 维新运动的兴起
(1)早起改良思潮
(2)康有为及其变法思想
(3)公车上书和强学会
(4)梁启超与《时务报》

3. 百日维新
(1)救亡与变法的呼声再起

凿壁偷光

西汉时,有个叫匡衡的人从小聪明好学。他家没钱买照明的灯油,他就把墙凿个洞,让隔壁家的灯光从洞门射过来,他就借这洞口的灯光看书。他没钱买书,看见邻家藏书很多,他就不要工钱白给那家干活,只要允许他看书就可以。就这样日积月累,他读了很多的书。后来,他终于成了一位有名的学者。

这一成语比喻刻苦勤学的精神。

智趣素材

(2)百日维新
4. 戊戌变法
(1)新旧势力的交锋
(2)百日维新的失败
(3)变法失败的原因与变法的历史意义

能力要求

(1)了解中世纪天主教的地位,认识欧洲宗教改革的必要性。

(2)知道马丁·路德的宗教改革主张,理解欧洲宗教改革的实质。

(3)简述欧洲宗教改革的主要内容,分析欧洲宗教改革的历史作用。

(4)了解穆罕默德·阿里改革的历史背景。

(5)简述穆罕默德·阿里改革的主要内容,认识其在埃及历史上的作用。

(6)简述1861年俄国农奴制改革的历史背景。

(7)概述"二一九法令"的主要内容,认识其历史进步性和局限性。

(8)探讨1861年俄国农奴制改革对俄国近代化进程的影响。

(9)知道明治维新的历史条件。

(10)概述明治维新的主要过程和基本内容,理解近代化道路的多样性。

(11)分析明治维新在日本近代化过程中的历史作用。

(12)了解戊戌变法产生的历史根源。

(13)简述康有为、梁启超等维新派人物的政治主张和百日维新的主要内容,分析其特点。

(14)知道戊戌变法失败的基本事实,探讨中国近代化道路的曲折性。

三年高考真题

1. (2009年上海卷)有一位君主在西方考察时,时而扮作水手,时而扮作木匠,总是在不停地做工。这位君主是( )
A. 彼得一世　　　　B. 康熙大帝
C. 路易十四　　　　D. 明治天皇

2. (2008年全国文综Ⅰ)在1878年的日本,儿童玩拍球游戏时,用10种最值得采用的新事物的名称来代替数字,它们分别是汽灯、蒸汽机、马车、照相机、电报、避雷针、报纸、学校、信箱和轮船。这主要反映了日本( )
A. 殖产兴业的经济政策
B. 富国强兵的奋斗目标
C. 全盘西化的生活方式
D. 文明开化的文化政策

3. (2010年天津文综卷)1933年罗斯福实行新政后,美国商品获得了更大的海外市场,国内商品价格也有一定提高,债务人特别是农民的债务负担减轻了将近一半。对这些变化起直接作用的新政措施是( )
A. 整顿财政金融　　　B. 调整农业结构
C. 复兴工业生产　　　D. 实行社会救济

4. (2010年上海卷)1945年英国工党上台执政后,大力推行社会福利等政策,目的是为了( )
A. 强化自由放任主义　　B. 加强政府对经济的干预
C. 减轻政府财政负担　　D. 改变资本主义性质

5. (2010年上海卷)历史上大凡激烈变革和动荡的时代,总不免出现两种倾向:一种是要砸烂一切旧传统的革命倾向,一种是要维护旧传统的保守倾向。中国历史上符合这种现象

的时期有( )
①公元前8世纪到公元前3世纪
②7世纪初期
③20世纪初期
A. ①②③　　B. ②③　　C. ①②　　D. ①③

6. (2010年全国文综卷Ⅰ)19世纪上半叶,法国农村盛行一种"家庭加工系统",即工厂本身或通过承包商把产品原料分给一些家庭加工,然后收回成品。这一现象说明在当时的法国( )
A. 工业基于经济的多元结构
B. 工业革命尚未开始
C. 工业化带动农业经济转型
D. 农村的劳动力过剩

7. (2010年海南文综卷)材料　第二次世界大战后,美国主导的盟国军事占领当局推动日本进行改革,其主要指令和内容如下:

人权指令	释放政治犯;废除治安维持会;修改宪法
社会改革指令	解放妇女;支持工人运动;教育自由化、民主化;废除压制性制度;经济机构民主化
经济改革指令	将财阀企业分割;限制地主对土地的占有
神道指令	国家与神道分离
开出公职指令	禁止旧议员参与选举

——摘编自《东亚三国的近现代史》

(1)根据材料并结合所学知识,概括指出战后日本改革的背景。

(2)根据材料并结合所学知识,说明美国推动日本改革的目的。

8.(2009年山东卷)维新派的目标正是我们的目标,他们的计划好倒是好,就是有些不切实际和操之过急。然而,距今大约三十年以前,绝大多数局外人不也是这样评论日本的明治维新,而明治维新不是扫除了日本的旧秩序吗?不打破鸡蛋就不可能做成煎鸡蛋卷
　　　　　——《泰晤士报》主编姬乐尔致该报驻
　　　　　　北京记者莫理循的信(1898年11月25日)
(1)材料中"不打破鸡蛋就不可能做成煎鸡蛋卷"的含义是什么?戊戌变法未能"打破鸡蛋"的根本原因是什么?

(2)为了"打破鸡蛋",明清政府在政治方面采取了哪些改革措施?

9.(2009年福建卷)阅读下列材料,回答问题。
　　材料一　若夫美、法民政,英、德宪法,地远俗殊,变久迹绝,臣故请皇上以俄大彼得之心为心法,以日本明治之敢为政法也。然求其时地不远,教俗略同,成效已彰,推移即时,若名书佳画,墨迹尚存,而易于临摹,如宫室衣裳,裁量恰符,而立可铺设,则莫如取鉴于日本之维新矣。
　　……考其维新之始,百度甚多,惟要义有三:一曰大誓群臣以定国是,二曰立对策所以征贤才,三曰开制度局而定宪法。……日本之强,效缘于此。
　　　　　　　　　　　——康有为《应诏统筹全局折》

材料二　在制定宪法的过程中发挥了很大作用的并上书说,英国的政治制度只符合英国的需要,普鲁士的政治制度却比较接近日本的国情,……日本在制宪法工作中定下的基调是:"按普鲁士方式组成一个不向国会负责的内阁。"
　　　　　　　　——摘编自钱乘旦《论明治维新的失误》
请回答:
(1)根据材料一说明康有为建议光绪帝"取鉴于日本之维新"的理由(不得照抄原文),指出这份奏折在戊戌变法中的地位。

(2)结合材料及所学知识,指出康有为主张效法日本"开制度局而定宪法"的实质及其局限性。

10.(2008年宁夏文综)
　　材料一　昔彼得为欧洲所擯,易装游法,变政而遂霸大地。日本为俄、美所迫,步武泰西,改弦而雄视东方。此二国者,其始遭削弱与我同,其后的强盛与我异。闻日本地势近我,政俗同我,成效最速,条理尤详,取而用之,尤易措手。
　　　　　　　　　　——汤志钧编《康有为政论集》
　　材料二　1682～1725年在位的彼得一世,采纳西欧模式,对俄国进行彻底改革。1697～1698年,他率团往德、荷、英考察,学习其政府管理模式和军事技术,大量招募外国专家为俄国服务,对军事、行政体制和生活方式等进行大刀阔斧的改革。期中,强制剪须割袍即是其改革的戏剧性一幕。在当时的俄国,大多数贵族饱食终日,往往懒洋洋地拖着长袍,留着被视为"上帝赐予的装饰品"的大胡须,无所事事。彼得下令:除神职人员外,一律禁止留须,他甚至亲自将贵族的胡子剪掉,还在宴会上亲自剪短贵族的旧式长袍,规定只穿西欧式的短袍。改革引起包括其子阿历克基在内的一些人的反对,几经犹豫后,彼得将儿子处死。……他通过各种方法急切地把一种新的文化强加于俄罗斯,从而为他的帝国确定了未来性质……由于他的努力,俄国显然摆脱了孤立的状态……此后,俄国的历史成为欧洲史的一部分,并愈益成为世界史的一部分。
　　　　　　——摘编自(美)帕尔默等《近现代世界史》

金本位制的取消
　　1933年4月19日,美国取消金本位制,罗斯福的这一行动旨在禁止除属于外国的一切黄金的出口,使美国与世界上绝大多数国家保持平等的货币基础。联邦政府官员说这一行动只是出于国内和世界的状况而定的"权宜之计",但他拒绝说这将实行多长时间。放弃金本位制使华尔街的股票价格上升,华尔街的股票交易异常活跃,一天所进行交割的股票总额达500万股,是过去6个多月来最活跃的一天。

请回答:

(1)根据材料一,概括指出康有为的主要观点。

(2)根据材料一、二并结合所学知识,说明彼得改革和明治维新的共同之处。

复习攻略

一、整体感知

1. 欧洲的宗教改革

(1)历史特征:披着宗教外衣进行的反封建神学斗争。

(2)主要体现:德意志的马丁·路德宗教改革、瑞士加尔文的宗教改革、英国国王亨利八世的宗教改革。

2. 穆罕默德·阿里改革

(1)历史特征:为加强统治,抵御外国侵略而进行的富国强兵的改革。

(2)主要表现:穆罕默德·阿里从政治、经济、军事、文化教育等方面进行全方位的改革。

3. 1861 年俄国农奴制改革

(1)历史特征:自上而下的维护沙皇专制统治的资产阶级性质的改革。

(2)主要表现:沙皇亚历山大二世颁布"二一九"法令,废除农奴制,并在政治、军事等方面进行了改革。

4. 日本明治维新

(1)历史特征:明治天皇为挽救民族危机,实现富国强兵,而进行的一场自上而下的资产阶级性质的改革运动。

(2)主要表现:日本中下级武士推翻幕府统治,在明治天皇政府的支持下,从政治、经济、军事、教育文化等方面进行了"除旧布新"的社会改革,成为日本历史的转折点。

5. 戊戌变法

(1)历史特征:中国的民族资产阶级维新派掀起的一场以救亡图存为目标的维新变法运动。

(2)主要表现:19 世纪末,中国民族资产阶级的维新派向西方学习宣传维新思想,依靠光绪帝发动了一场旨在救亡图存、发展资本主义的改良运动。

二、各个击破

1. 多角度认识欧洲宗教改革的社会历史背景

(1)历史渊源:中世纪的欧洲,封建割据严重,王权衰弱,天主教利用各种手段,包括组织"十字军东征",发展势力空前强大,占据支配地位。天主教罗马教皇最终确立了对西欧的大一统神权统治,在社会上影响无处不在。

(2)现实社会根源:14 ~ 16 世纪,西欧社会从中世纪向近代过渡。当时西欧所发生的社会变动主要表现在三方面:第一,经济上,随着生产力的发展与技术的进步,新兴的资本主义萌芽破土成长,封建生产方式开始瓦解。第二,政治上,资产阶级与新贵族开始形成,反对封建贵族的特权与分裂割据。英法两国的封建君主在与资产阶级、新贵族联盟的基础上建立了政治集权的"新君主制"。他们加强中央集权,推行重商主义,奖励文化创造,有力地促进了民族国家的发展。但在意大利、德意志还存在着分裂割据,迫切需要政治统一。第三,思想文化领域出现了新兴资产阶级反封建、反神权的文艺复兴运动。人文主义者批判中世纪教会的蒙昧、禁欲说教与封建的等级特权制度,宣传个人的自由、平等与欲望,提倡竞争进取精神与科学求知的理念,极大地推动了人民的思想解放与观念更新,构成了对天主教神权的巨大冲击。在这样的社会背景下,16 世纪西欧的宗教改革都把矛头对准罗马教会,对欧洲大一统神权统治,要求通过改革,建立适应民族国家发展的"民族教会"或适应资产阶级兴起需要的"廉价教会"。

(3)思想渊源:宗教改革固然是社会现实变革的产物,但其思想源头可以追溯到中世纪的市民的宗教"异端"思想之中。中世纪的城市在 11、12 世纪兴起后,为了抵制封建贵族与教会的掠夺与控制,城市从经济、政治上支持王权,王权则赐给城市以自由贸易乃至自治的特权。随着城市的发展,市民阶层也逐渐兴起,对教会的大一统神权与正统神学的统治极其不满,于是酝酿出反教会的市民"异端"思想。市民的"异端"思想有力的冲击了对天主教会神权的合法权威,反映了市民阶层建立"民族教会"或"廉价教会"的愿望,为 16 世纪西欧的宗教改革提供了可资借鉴的历史遗产。

2. 为什么在中世纪的西欧,天主教会会拥有特殊的社会地位?

(1)在中世纪时西欧缺乏强有力的中央集权国家存在,大多数国家处于分裂状态,没有形成强大的王权抗衡天主教会,有利于天主教会地位的形成。

(2)当时社会生产力水平较低,人们的思想还不开放,只能信仰天主教会,广大人民群众把精神寄托在天主教会身上。这些因素共同促进了天主教会的特殊地位。

3. 宗教"异端"运动出现的原因

（1）从经济上看，欧洲城市手工业和商业的发展；从阶级上看，随着经济的发展，市民阶层力量壮大，特别是14～15世纪，资产阶级兴起。

（2）从天主教方面看，天主教垄断欧洲的统治，教会奢侈、腐败，教会制度等级森严，这一切表明天主教神权统治阻碍了欧洲政治、经济、文化的发展。

（3）一大批"异端"思想杰出代表人物的宣传和鼓动。

4. 全面认识宗教改革首先发生在德国的原因

宗教改革为什么会首先在德国爆发，这与当时德国国内的特殊的政治经济状况密切相关。

（1）经济因素。从15世纪后半期起，德国经济有了明显的发展，虽然封建经济仍占统治地位，但在纺织、采矿、冶金等工业生产部门中已经出现了资本主义生产关系的萌芽，并且市民阶层开始实现向资产阶级的转化。但是德国进一步发展的主要障碍在于它的经济分散性，当时德国境内仅仅形成一些地区性的经济中心，而各地区之间缺乏联系，所以无法形成全国性的统一市场，再加上罗马天主教会轻商思想的影响，使德国资本主义经济发展速度减慢。在这种情况下，德国新兴资产阶级对天主教会的积怨日益加深，迫切要求打破天主教会的统治局面，自由发展资本主义。

（2）政治因素。经济上的分散性影响了德国在政治上的发展。德国自中世纪以来形成的分裂割据局面就一直存在。因此造成了地方政治、经济势力强大，而王权衰微这样的局面。由于缺乏强大的国家作为后盾，德国资本主义的发展受阻，为了实现国家的统一，首先便要摆脱天主教会对德国的控制。

（3）德国特殊的政治、经济状况使其成为天主教世界受罗马天主教会压榨最重的地区。16世纪初整个德国三分之一的土地和许多重要的城市都在天主教会的控制之下，德国人民要向罗马教廷交纳大量的苛捐杂税，德国成为"罗马教皇的奶牛"，从而引起德国社会各阶层对罗马天主教会的普遍反对与愤怒。

（4）"赎罪券"的兜售成为宗教改革运动在德国爆发的导火线。罗马教会在德国的搜刮不仅表现在名目繁多的苛捐杂税上，而且采用各种欺骗手段敲诈勒索。1515年，教皇以重建圣彼得堡大教堂为名，派人在德国滥发赎罪券，坑害群众，骗取钱财。

5. 正确分析路德教迅速传播的原因和路德宗教改革对德国社会的影响

（1）路德派新教迅速传播的原因。路德派新教之所以得到迅速传播，有以下几个原因：第一，它得到农民、工人和市民（中等阶层）的全面支持，因为这些阶级对天主教会恨之入骨。第二，它得到一心一意想夺天主教会财产的世俗君主（大诸侯）的有力支持。第三，它也得到德国爱国主义者的同情，这些爱国主义者反对罗马教廷对德国的掠夺和干预。第四，神圣罗马帝国皇帝虽然想扑灭新教运动，但是力不从心：对外战争及内政的棘手问题把他弄得焦头烂额，使得他无暇过问德国的宗教问题。第五，路德个人的主观条件也有助于新教的胜利。他学识渊博，既有雄辩的口才，又能写典雅的文章，他很敏感而又有坚强的毅力、非凡的胆识和气魄。

（2）马丁·路德宗教改革给德国带来的社会影响：

①宗教改革掀起了反对罗马教廷的风潮，推动了下层民众的反封建斗争，出现了1524～1526年闵采尔领导的农民起义。

②路德将《圣经》翻译成德文，促进了德意志民族语言的发展。

③引发了新、旧教诸侯之间的多次战争，最终确立了"教随国定"原则，路德教派取得了合法地位。

④确立了与罗马教廷说教完全不同的基督教派——新教，冲击了罗马教会在德国的神权统治。

6. 运用比较掌握路德宗教改革与加尔文宗教改革的异同

（1）相同点：

①都否定罗马天主教皇的权威，主张信仰得救的原则，认为《圣经》是基督教徒信仰的唯一根据和权威，人人都可以通过《圣经》直接与上帝交流，不需要教会的中介。

②都主张简化宗教仪式。

③都打击了天主教会的势力，促成新的教派的形成。

（2）不同点：

①马丁·路德主张"因信称义"，加尔文则提出"先定论"，认为人的得救与否，都是上帝预先决定的，每个人均可在生前所从事的事业的成败中体会到自己是不是上帝的选民。"先定论"以宗教学说的形式反映资本主义原始积累时期的资产阶级意识形态，鼓舞新兴资产阶级的进取精神。

②路德新教在德国被定为异端，路德也被德皇限期捉拿，加尔文则在日内瓦建立起了政教合一的神权共和国。

③加尔文教主张国家的民主化和共和化，更适应新兴资产阶级激进派的要求，成为后来资产阶级进行革命、反封建的旗帜。

7. 英国宗教运动的特点

（1）采取了自上而下的方式进行。随着15世纪英国专制主义的初步胜利，天主教会成为其唯一障碍，新兴市民阶层和贵族都寄希望于英国实行宗教改革，想夺取天主教会的财产，促进工商的发展。1534年亨利八世在位时，议会通过"至尊法案"，宣布国王是"英国国教"（安立甘教）唯一的、至高无上的首脑。这反映了新兴的民族国家的王权与天主教会之间的矛盾，并说明王权占据上风。

（2）虽然不再从属于罗马教廷，但改革没有废除天主教的教义和仪式，保留了大量天主教的残余。在英国断绝与罗马教廷的联系后，1539年亨利八世的宗教立场后退，声称天主教的任何信条都是金科玉律，不能变更，怂恿议会通过"取缔分歧意见六条款"，肯定了天主教教义实践中的主要部分，还宣布以恐怖手段惩罚宗教中持不同意见者，前后有数千人被处以极刑。

（3）清教属于新教派，实际上是加尔文教派，后成为英国资产阶级革命的旗帜。由于英国教保留了大量天主教残余，新兴资产阶级要求清除这些残余，因而掀起了清教运动，开始了与英国专制王权的斗争，并逐渐发展为资产阶级革命。

8. 为什么说宗教改革是对天主教的继承、批判和发展

宗教改革的巨大成果之一，就是永久性地摧毁了天主教内部的统一，永久性的结束了罗马教廷对西欧各国至高无上的统治。

基督教产生于古罗马帝国时代，历经千年的古封建社会，至今又成为资本主义社会意识形态，不仅在于它能以自己的变化来适应社会的变化，而且在于它总是以一种广为人们接受的传统形态进行着种种改革，为广大的人们所接受和利用。当宗教改革发生之际，新教能迅速征服人心，就是因为宗教改革和新教既批判地继承了过去的历史渊源，又赋予其新的发展内容。因此，宗教改革及新教并非是对过去的完全否定，而是对天主教的继承、批判和发展。甚至可以这样认为：正是宗教改革挽救了天主教会和教皇政府。西方著名文化史学者布哈特曾说："如果不是宗教改革运动挽救了教皇政府，谁能说出教皇政府本身是什么样的命运？"这一结论显然有助于对宗教改革运动时行全面而准确的认识。

由此可见，任何一种文化要使得自己的历史存在，不仅要有与之相适应的社会基础，而且要有自己产生的渊源和发展的未来。

9. 资本主义与欧洲宗教改革的关系

14、15 世纪，资本主义萌芽出现，随着新航路的开辟和殖民扩张，资本主义发展，封建社会日趋瓦解，随着资产阶级的兴起，他们要求冲破封建神权束缚，发展资本主义。代表资产阶级利益的文艺复兴运动的兴起，进一步抨击了天主教会腐朽统治，解放了人们的思想，这一切推动了宗教改革运动的到来。而各国宗教改革的主张体现了新兴资产阶级的利益和要求，特别是加尔文教的主张体现了新兴资产阶级披上了合法的宗教外衣。因此在宗教改革活动的扩展及影响下，资产阶级以加尔文教（英国称清教）为旗帜掀起了资产阶级革命，最终建立了资产阶级政权。另外，宗教改革思想否定了罗马天主教会的权威，进一步解放了人们的思想。对天主教会财产的没收，很大一部分落入资产阶级和新贵族手中。这一切都推动了资本主义的发展。

10. 文艺复兴与宗教改革的异同点

项目 事件		文艺复兴	宗教改革
不同点	核心内容	宣扬资产阶级人文主义世界观，肯定人性，反对神权，最终目的是把人从神的桎梏中解放出来	主张信仰得救和简化宗教仪式，要求建立适应时代的新教，但最终承认神的存在
	形式	在复兴古典文化的形式下，宣扬资产阶级世界观	资产阶级披着宗教外衣的反封建的社会运动
	实质和影响	新兴资产阶级在意识形态领域里的革命，是一次思想解放运动，促进文化、科学事业的发展	不仅是思想领域内的反封建斗争，更是宗教外衣下的新兴资产阶级反对以天主教会为代表的封建统治阶级的政治运动，为资产阶级夺取政权开辟了道路
相同点	背景	发生于西欧封建制度解体和资本主义兴起的时代	
	目的	是成长中资产阶级为发展资本主义而进行的反封建斗争	
	斗争矛头	指向封建教会	
	影响	有力地打击了封建制度和教会，起到了思想解放的作用，对后来的资产阶级斗争产生了重大影响	

11. 全面认识埃及的"马木路克"

（1）来源："马木路克"原意是"奴隶侍卫队"他们原是埃及统治者从中亚和高加索等地买来的奴隶，编入军队充当侍卫。

（2）发展：

①13 世纪中叶，即阿尤布王朝时期，出身军事奴隶的马木路克阶层夺取了王朝的权力，在埃及建立了自己的王朝。

②埃及被奥斯曼帝国征服后，马木路克仍然保持了相当的实力。他们生性强悍，习于骑射，为了各自帮派和家族的利益，经常进行仇杀、凶斗活动，恣意屠戮百姓、劫掠民财，是埃及社会动乱的祸源之一。

③后被阿里在政治改革中设法消灭。

（3）势力：

①政治上，由担任各地的地方长官，发展到 18 世纪末可以架空甚至废黜奥斯曼帝国派遣的帕夏。

②经济上，掌握包税权，控制埃及的土地，随意向农民征收租税。

③军事上，单独组建近卫军，争权夺利，互相攻伐。作为一个特殊集团，马木路克控制了埃及的地方政权，与奥驻埃及总督系统形成两套平行的统治体系，在世界各国中罕见。

归还冲绳

1945 年 6 月，美国军队攻占冲绳岛。1952 年《旧金山和约》生效后美军仍占领该地，并在岛上修建机场、导弹基地和兵营。冲绳人民从 20 世纪 50 年代初开始到 60 年代展开回归祖国运动。在日本人民斗争的压力下，日美两国政府开始商讨冲绳归还问题。1965 年 11 月，日本总理大臣佐藤荣作访美，与美国总统约翰逊讨论冲绳归还问题。1971 年 6 月，日美签订《冲绳归还协定》，规定美国放弃对冲绳的施政权；自协定生效日起的 5 年内，日本向美国支付 3.2 亿美元，作为接受美国设施、基地工人退职金和拆除特种武器等的费用。1972 年 5 月 15 日协定生效，冲绳归还日本。

智趣素材

总之,马木路克军事封建集团在奥斯曼帝国统治埃及时代有相当的实力,他们控制地方政权,聚敛赋税,控制土地,屠戮百姓,其对埃及社会的危害甚于奥斯曼帝国,是埃及最反动落后的势力。

12. 正确理解埃及的"包税制"

(1)背景:奥斯曼帝国征服埃及后,奥斯曼素丹只注重在埃及的统治和征缴的赋税,对埃及的社会发展漠不关心,他在埃及主要是通过包税制的形式征税。

(2)实质:包税制实际上是奥斯曼帝国对埃及进行掠夺的一种经济手段。

(3)基本内容:

①凡是能够向政府预付一年土地税的,都可以获得包税权。

②包税人在包税区内享有绝对的权力,他可以随意在包税区内向农民收取地租和各种捐税,税收余额归自己所有。

③包税权可以世袭,也能转让或出卖。

(4)影响:

①包税人实际上成为土地所有者,他不仅控制了土地也控制了人民。

②马木路克获得包税权后,在其包税区内肆意剥削和压迫农民,农民在经济和人身上都依附于包税人,境遇极其悲惨。

③农民地位的沉沦,严重破坏了埃及农业的进步,并影响到整个社会经济的发展。

④马木路克通过包税制奠定了自己的统治基础,他们成为埃及的实际统治者。

⑤这一军事封建主集团竭力维护其封建统治,并由于内部矛盾而争战不休,成为阻碍社会进步的最反动的因素。

13. 法英两国对埃及的侵略特点和影响有何不同

(1)法国:拿破仑军队侵占埃及,对埃及实行殖民统治,这种统治客观上一定程度地打击了埃及的封建势力,传播了西方资产阶级思想和科学文化,对穆罕默德·阿里改革有一定的诱导作用。

(2)英国:往往联合奥斯曼帝国或扶植马木路克势力进行侵略,英国的侵略最终导致穆罕默德·阿里改革走向失败。

14. 运用辩证法对拿破仑统治埃及进行正确评价

(1)拿破仑在埃及的殖民统治,其侵略性是主要的。第一,拿破仑出于与英国殖民争霸的目的,出兵侵占埃及;第二,拿破仑对埃及人民的反抗斗争进行了残酷镇压;第三,废除包税制后,由法国人负责征税,在经济上掠夺埃及人民;第四,拿破仑掠夺了埃及大量的文物与国宝,将其运送回法国,体现了西方国家赤裸裸的掠夺本性。因此,埃及人民多次进行反抗斗争,并在斗争中逐渐形成了独立的民族意识。

(2)拿破仑在埃及的统治为埃及的历史进步打开了近代化的大门。拿破仑在政治上打击军事封建主集团——马木路克势力,经济上废除封建的包税制,注意改进农业生产技术,促进农业生产,在科学文化上加大对古埃及文化的研究和保护。这一系列措施客观上猛烈地冲击了埃及的封建社会结构,结束了它与世隔绝的状态,从而揭开了埃及社会大变革的序幕。

15. 全面认识穆罕默德·阿里对马木路克的打击

(1)目的:解除马木路克对其政权的威胁,巩固统治。

(2)措施:

①颁布法令,没收了一些不向政府纳税的包税人的土地,取消了包税人的免税地,规定包税人必须将包税余额的一半上缴政府。

②镇压马木路克的叛乱,歼灭马木路克的残余势力,没收马木路克的土地。

③废除包税制,将全部包税地收归国有,将其中一半土地分配给王公贵族、政府官吏和地方豪绅,另一半土地作为官田租给农民耕种。

(3)结果:消除了马木路克的势力,巩固了统治基础,为进一步改革创造了条件。

16. 阿里加快埃及近代化的措施

(1)工业方面:从西欧国家引进技术、设备、人才和资金,提高工业的技术水平和发展速度。

(2)政治方面:仿效欧美国家,在中央设立国务会议,相当于内阁,下设若干政府部门,还建立了咨议会。

(3)文化教育方面:实行开放政策,学习西方的先进经验;在聘请外国专家来埃及讲学和传授技术的同时,还选派了大批埃及青年去欧洲留学,其中不少人学成回国在军事和政府部门担任要职;组织翻译了大量欧美国家的著作。

(4)医疗方面:按照西欧模式建立医院。

(5)军事方面:按照西欧国家特别是法国军队的模式,组织和训练新式军队;他不但请法国军官作自己的军事顾问,还建立了各类军事学校,从法国等西欧国家请来军事教官。

17. 从内外因角度正确分析阿里失败的原因

(1)内因:

①随着改革的进行和国家的富强,阿里不断对外扩张,掠夺新的领土,奴役其他弱小民族。为了壮大军事力量和对外进地战争,阿里向人民征收重税,并强制人民参军,激化了阶级矛盾,使改革失去广大人民的支持,激起人民的反抗。

②经济改革的困难。一是资金匮乏,他开办的工厂,产品大多用于对外战争,没有带来多少利润,使工厂得不到扩大再生产的资金;二是管理不善,阿里实行中央集权制,工厂的原料、机器和燃料的供给、人力的配备、计划的制订等均由政府负责。工厂的厂长多是现役或退役的军官,营私舞弊,常常克扣工人工资和编造假账等,这是腐败的封建管理体制的必然产物。

③阿里改革建立王朝的专制性和扩张性,始终对阿里改

的积极潮流具有负面影响,对缓慢成长的埃及资本主义因素起着抵制作用,这是阿里改革遭到失败的内因所在。

(2)外因:

①外商挟技居奇。外商利用埃及人不懂技术的弱点,将老式的、残余不全的甚至完全报废的机器高价卖给埃及政府;外国技师消极怠工,故意不向埃及人传授技术,处心积虑破坏生产。

②阿里帝国的建立引起欧洲一些列强的不满,他们不希望地处要冲、物产丰富的埃及成为一个独立的强国。

列强插手埃及和穆罕默德·阿里改革的最终失败说明,西方列强并不希望在欧亚非三大洲的要冲出现一个大帝国取代衰落的奥斯曼帝国,而成为列强对中东进行殖民扩张的新障碍。这正是阿里改革难以取得成功、埃及不可能真正振兴的外部根源所在。

18. 运用历史唯物主义观点正确评价阿里改革

(1)进步性:阿里的改革,使埃及发生了数百年来未有的变化。

①政治上,他用极端的手段消灭了中世纪最反动的、在埃及肆虐数百年的马木路克势力,结束了埃及长期动乱、分裂、割据的局面,建立起封建的中央集权制,实现了国家的统一和安宁。

②经济上,由于引起先进的科学技术,兴办起第一批近代机器工业,发展了棉花等商品经济,培养和造就了第一批新型知识分子,因而长期停滞发展的生产力得到解放,工农业生产迅速发展,人口有所增加。这些都为埃及的经济独立、制止西方资本的大规模渗透奠定了较坚实的基础,也为后来资本主义的发展创造了有利条件。

③军事上,阿里依靠本国的人力和物力,建立了一支强大的军队,这支军队在维护国家主权、争取民族独立方面起了重大作用,它使西方殖民者不敢轻举妄动,使它的宗主国土耳其望而生畏,接连败退,所有这些都是顺应历史发展的趋势,在客观上是符合埃及人民利益的,因而是进步的。

(2)局限性:阿里为建立一个庞大的帝国,不断对外扩张,几十年的战争耗尽了全国的人力和物力,封建政权的专制和残暴连同数年的对外战争,把广大人民推向苦难的深渊。

19. 埃及阿里改革与中国洋务运动之比较

(1)改革性质的一致性,都是封建性质的改革。

(2)两者在创办近代企业、兴办新式学校、派遣留学生和创建军队等方面相似。

(3)原因和目的方面相似:中国和埃及面临着共同的使命,即富国强兵,都希望通过改革"师夷长技以自强"。

(4)两国都重点发展军事工业,后又发展民用工业。基于两国都面临欧美国家侵略的威胁和国内各种矛盾激化的背景,必须首先壮大军事力量,才能巩固统治。而在军事工业发展过程中又遇到资金、燃料、运输等方面的困难,发展民用工业才会有出路。

(5)两者在改革的过程中都不同程度地受到阻力:穆罕默德·阿里改革由最高统治者推行,而中国的洋务运动主要由地方实力派推动进行,这就决定了中国的洋务运动遇到的阻力更大,改革也更不彻底。

20. 正确认识俄国的农奴制

(1)含义:俄国农奴制是15世纪下半叶至19世纪上半叶,俄国以劳役制为主要剥削形式的地主庄园经济基础上建立的经济、法律制度。农民被束缚在地主的土地上,在土地、人身、司法上依附于地主,处于社会的最底层,实际上是农奴。

(2)确立和发展:15~16世纪,莫斯科公国的封建土地所有制度发展起来,越来越多的农民陷于被奴役的地位;17世纪中叶,《法律大全》的颁布标志着农奴制度的最后确立;18世纪,农奴制进一步推广到乌克兰、波兰等地;后来将农奴确立为地主的私有财产,农奴制进一步发展。

(3)对农奴制的评价:

①农奴制度为俄国集中了巨大的人力、物力、财力,为俄国提供了经济基础。在前工业化时期的俄国,如果没有农奴制这样的方式来集中全国的人力、物力,就没有彼得一世强力实行的西化改革,也不会有俄国长期的对外扩张,更不会在1812年的卫国战争中打败拿破仑帝国。

②农奴制对俄国社会的发展也有很大的负面影响:a、农奴遭受严重剥削,生活困苦,无力购买商品,因而国内市场狭小,商品经济发展缓慢。b、农奴被紧紧束缚在土地上,造成俄国手工工场缺少自由劳动力,其水平远远落后于西欧。c、农奴制的实行,加强了贵族地主的势力,增大了资本主义发展的政治障碍。也正是由于保存了农奴制这样野蛮和没有效率的社会制度,才使俄国在19世纪中期的克里米亚战争中遭到惨败,加速了俄国废除农奴制的步伐。

21. 全面认识克里米亚战争

(1)背景:克里米亚战争是西欧资本主义列强与沙皇俄国之间在土耳其问题上的矛盾尖锐化的结果。这个矛盾之所以产生,首先是由于这些强盗国家都想利用土耳其国力衰弱而占有它或奴役它;而且土耳其地处欧亚非三大洲的交界处,地理位置较重要;土耳其的首都君士坦丁堡及附近的达达尼尔海峡及博斯普鲁斯海峡有经济及战略上的价值;君士坦丁堡是东西方贸易往来的必经之处,也是控制黑海与东地中海的咽喉。因此,欧洲列强都想控制海峡和君士坦丁堡。俄国为了扩大势力范围,攫取更多的土地和转移国内矛盾,一直企图鲸吞奥斯帝国的土地,控制海峡。

(2)性质:对俄国和英法双方来讲都是侵略性的、非正义的战争;对土耳其来说则是自卫性质的反侵略战争。这是先进的资本主义制度与落后的农奴制度之间的一场较量。

智趣素材

"太空实验室"升空

1973年5月14日,美国第一个空间站"太空试验室1号"在肯尼迪角发射进入轨道。太空实验室将在轨道中运行8个月,在这段时间中,一艘阿波罗飞船将会载送三名太空人与空间站会合。这个长达36米的太空站为3名太空人准备了一间工作室和起居室。但它在起飞后不久,一块太阳能防护板就损坏了。令人惊讶的是大约10天后,阿波罗飞船上的查尔斯·康拉德、约瑟夫·科尔文和保罗·维兹用他们携带的替换零件在太空中修复了空间站。他们计划于6月22日重返地球。

(3)影响：

①对俄国：a、俄国国际地位一落千丈，丧失了欧洲大陆霸主地位；南下扩张的计划受挫，被迫转而向东侵略中国。b、加剧了俄国国内阶级矛盾和农奴制危机，爆发了席卷全国的农民运动。c、促使亚历山大二世维护贵族地主利益而进行废除农奴制的改革。

②对土耳其：a、战争结束后，交战双方签订《巴黎和约》，使土耳其帝国的独立与领土完整得到欧洲的集体保证。b、英法势力在土耳其的半殖民地化程度加深。

③对中国：a、沙俄南下扩张受挫，开始把大规模军事扩张的重点放在相对贫弱的亚洲地区。在1858年到1864年间，沙俄从中国割去近150多万平方公里的土地。b、英法在战争结束后联合发动了对中国的第二鸦片战争，中国半殖民地半封建化程度进一步加深。

④对欧洲格局：克里米亚战争打破了欧洲国际力量的平衡，建立起法国拥有欧洲大陆优势的格局。这种新的格局一直持续到1870年普法战争。

22. 俄国选择改革方式社会的原因

1861年俄国废除农奴制度是在受到内外挑战的情形下进行的，是一场由以沙皇为首的农奴主为阻止自下而上的人民革命运动的发生，在尽量维护贵族和地主利益的前提下进行的资产阶级性质的改革。

应该说当时的俄国所遇到的挑战是危险与机遇并存。改革无疑是利益的再分配。如何协调好各阶级、阶层的利益是改革成败的关键。亚历山大二世很清楚，若不弃小利，则大利难保。因而他不顾"部分保守贵族大臣的反对"，宣布废除农奴制度。但他也承认"为了保护地主的利益，凡是能做的一切他都做到了"。按其内容来说是资产阶级性质的改革。由于俄国经济发展落后和资产阶级的软弱，资产阶级力量还比较弱小，对沙皇政府有较大的依赖性，变革由贵族地主阶级自己进行，通过沙皇政府自上而下的改革来实现。

俄国之所以能够采取这种方式，主要由于国内农奴制的严重危机已使沙皇无法照旧统治下去了，克里米亚战争的失败，国际局势的发展，使沙皇政府看到农奴制必须废除。另外，受俄国经济发展滞后的影响，俄国无产阶级力量比较弱小，还没形成独立的政治力量，更难以担当大任，因此沙俄选择了变革社会、挽救危机的改革方式。

23. 对俄国1861年改革的评价

(1)进步性：

①性质：具有明显的资产阶级性质。它在经济基础和上层建筑方面实行的改革，为资本主义的发展提供了必需的劳动力、市场和资金。改革后，俄国工业资本主义有了迅速发展，工厂和铁路工人增加一倍多。政治方面，沙皇专制政权逐步变成地主阶级和资产阶级的联合专政，因此它是一场资产阶级性质

的改良运动，加速了俄国资本主义经济的发展。农奴制的废除是俄国现代化进程中的重大里程碑，它直接影响到俄国历史的发展。

②地位：俄国历史的重大转折点。改革使俄国的生产关系在一定程度上适应了生产力的发展，实现了生产方式由封建性向资本主义方式的过渡，此后，俄国的资本主义有了较快的发展。

③作用：改革使广大农奴获得人身自由，提高了农民的生产积极性，促进了俄国农业经济的发展，有利于工业革命的扩展。

(2)局限性：

①"二一九法令"是妥协的产物。这次改革没有改变沙皇专制主义的本质，沙皇只是在形势所逼下作了一些"让步"。一方面，在专制统治下，任何胆敢对沙皇权力出言不逊者，都将遭到逮捕，随后将被处决或流放到西伯利亚监禁，民众生活依旧困苦；另一方面，各地地主都竭力要在改革方案中反映自己的最大利益，而农民革命斗争越来越高涨，用革命方式摧毁农奴制的可能性越来越大，形势逼迫亚历山大二世拟定一个能较全面代表统治者根本利益的方案。

②从农奴获得"解放"的实际情况看，改革具有残暴的掠夺性和欺骗性。改革远远没有满足农民的要求，而且农民大量的土地和金钱被地主夺去，改革后农民土地比原来还少，无法维持生计，只得重新租种地主土地，受到更大的盘剥与奴役。

③不彻底性。改革后，俄国在政治、经济、文化等方面仍保留大量的封建残余，这使俄国历史日后具有军事封建帝国主义的特点。农奴制的大量残余，使劳动人民受到资本主义和封建残余的双重剥削和压迫，所以彻底肃清封建残余仍是俄国民主革命的重要任务。

24. 关于1861年农奴制改革的两面性出现的原因、表现及其影响

(1)呈现两面性的根本原因：1861年农奴制改革仅仅是一场改良，是封建统治者在工业化潮流冲击下进行的改良，始终代表着封建地主阶级的利益。

(2)表现：

①从改革本身来看，改革的内容具有资产阶级性质，对封建生产关系进行了革新。农奴变为自由劳动力，地主与农民之间关系的改变，自然经济向商品经济的转变，生产方式也由个体独立经营向合作经营转变，新生产关系和生产方式都带有资本主义经济的特点。

②从改革对封建制度的改变程度上看，改革是不彻底的。改革没有结束沙皇政府的专制制度；没有彻底解放农奴，没有完全变封建生产关系为资本主义生产关系，农奴制残余还大量保留；社会中农民阶级和地主阶级仍然是对立的两大阶级，地主的土地占有制依旧存在。

智趣素材

(3)改革两面性对俄国社会的影响：

①改革没有按照农民的愿望和革命民主主义者的主张进行，也没有按照资产阶级自由派的方案进行，而是更多地按照贵族地主的利益要求进行。改革保留了大量的封建残余，农民仍然没有获得自由，生产力的发展继续受到遏制。改革没有完成的任务，只能由革命来完成。

②改革为俄国结束传统农业、走向近代化农业开辟了道路，俄国由此开始了新的资本主义时代。

25. 全面看待亚历山大二世政治上的变革

亚历山大二世政治变革的目的是使沙皇专制制度适应资本主义发展需要，以维护其统治。从变革的内容来看既有进步性，又有很大的局限性。在政治制度方面参照西方的代议制模式，建立了地方和城市的自治机构。自治机构由选举产生，但有严格的财产限制。同时，地方和城市实权仍掌握在沙皇任命的行政官僚手中。在司法制度方面，参照西方的司法制度，进行了改革。废除了原来按照等级进行审理的制度，建立了陪审制度和律师制度，实行公开审判。但在广大的农村地区，仍按旧制度审理案件，农民受到不公正待遇。

尽管改革后沙皇照样拥有至高无上的权力，但是改革让西方的资产阶级思想和统治方式开始传入俄国，推动了俄国由封建君主制向资产阶级君主制的转变，加快了俄国资本主义发展的步伐，是俄国历史的一大进步。

26. 正确分析俄国农奴制对俄国近代化的影响

近代化是指以近代工业和科学技术为推动力，实现由传统的农业社会向近代工业社会的大转变，包括经济、政治、文化和思想等各个方面。俄国的近代化是指俄国由封建农奴制向资本主义工业社会的大转变。俄国的近代化进程启动于 1861 年的农奴制改革。1861～1917 年是资本主义近代化阶段。尽管 1861 年俄国废除农奴制改革不如革命彻底迅速，但它是历史发展进步的产物和表现。客观上为俄国资本主义发展提供了必要的条件，具体影响表现如下：

经济近代化：农奴制的废除为资本主义发展提供了必要劳动力、资金和市场，俄国走上了迅速发展资本主义的道路。随着工业革命的推进，俄国工业生产大幅度增长，农村中资本主义的成分也得到增长。

政治近代化：在政治体制方面作了比较深层的改革，建立了地方和城市的自治机构。在司法制度方面，参照西方的司法制度，进行了改革。改革使政治上一向专制独裁的俄国也出现了一些民主化的气息。

军事近代化：实行普遍义务兵役制，建立西方式的军事管理体系。

教育近代化：鼓励社会和个人办学，扩大大学的自主权，允许引进西方书籍。

思想近代化：西方资产阶级的思想和统治方式开始传入俄

国，越来越多的俄国人看到了差距，变革的愿望日益强烈。

27. 正确认识俄国资本主义经济发展中存在的问题

(1)总体而言，俄国资本主义经济较西欧、美国仍然落后。俄国不具备成熟的市场经济体制的条件，主要通过政府部门推行的不均衡发展战略而使某些部门获得有限发展，于是，工业经济的资源配置处于人为的扭曲状态，数量扩大和速度提高的背后是经济效益的低下，所以，俄国的工业发展存在严重的弊端。

(2)对外国资本尤其是法国资本依赖严重。长期内部积累的缺乏，使俄国经济对外国资本的依赖十分明显。从 19 世纪 70 年代起，法国就向俄国大量投资，20 世纪初，外国资本大量涌入俄国，沙俄政府为弥补资金亏空而大借外债。"一战"前，俄国外债总额达 40 亿卢布。

(3)资本主义经济发展非常不平衡，表现在：一是工业发展布局的不平衡；二是工业部门发展的不平衡；俄国工业经济总体发展只能说是处于相当落后的状态，但到 20 世纪初，俄国工业经济的某一生产领域甚至进入了当时世界的先进水平；三是企业发展水平的不平衡。在政府主导型工业经济政策下，俄国工业的发展较早出现最新的垄断资本，到 20 世纪初，5% 的大企业仍然控制着俄国 50% 以上的工业经济生产，十几家大银行控制着全国约 80% 的资本。

28. 幕府统治危机的主要体现

17 世纪初，德川幕府开始统治日本，采取了一系列措施和政策，表明其统治开始出现危机，社会现实的存在，标志其封建统治开始动摇，具体体现在：

(1)严格的等级制度虽然维护了封建统治，但也激化了社会矛盾。

(2)长期的闭关锁国政策，造成了近代日本的落后。

(3)资本主义萌芽的产生和发展，冲击了封建自然经济。德川幕府统治建立后，全国形成了统一的市场，农业生产迅速发展，使农村手工业也迅速发展，并逐步同农业分离，商业性农业和手工业也迅速发展。19 世纪初，资本主义的萌芽产生，新的生产方式出现，从根本上动摇了幕府统治基础。第四，社会矛盾日益尖锐。封建主变本加厉地剥削农民，大幅度提高地租，工商业者也不满严格的限制和掠夺；19 世纪中叶，中下级武士阶层地位的恶化，使武士的特权和利益受到挑战，逐渐滋生出反抗幕府统治的思想。1837 年大盐平八郎起义表明日本封建社会的统治基础已开始动摇。总之，商品经济的发展，从根本上引起了日本社会阶级结构和封建等级秩序的变化，商人地位开始举足轻重，中下级武士穷困潦倒，从幕府统治的基础转变成为反幕府统治的力量，日本封建社会统治的基础已开始动摇。

29. 中下级武士成为倒幕运动领导者的原因

(1)由日本特殊的历史条件决定的。日本资产阶级力量薄弱,没有形成独立的政治力量。外国资本主义的入侵,造成日本的民族危机。这就使得国内能量最大的一个集团——中下级武士仓促之间担任了革命领导者的角色,先领导倒幕力量推翻了幕府统治,然后又推动明治政府进行了资产阶级性质的改革。

(2)中下级武士大多数资产阶级化了,他们最关心日本的资本主义前途和国家的命运。随着资本主义生产关系的发展,武士等级内部的分化日益加剧,随着武士等级的贫困和衰落,封建的等级制度遭到了严重破坏,大批中下级武士的实际阶级地位发生了变化,部分中下级武士的社会经济地位和世界观逐渐向资产阶级方面转化,成为尚未成熟的资产阶级在政治上的代言人,他们关心国家的命运,更关心日本的资本主义前途。

(3)日本武士从来就是一个垄断文化的阶层,他们中间的大多数人接受了西方资产阶级思想。腐朽的幕府统治,迫在眉睫的民族危机,特别是中国人民在鸦片战争后遭受的悲惨命运,使日本的一些先进人士担忧祖国的前途,考虑国家的出路。他们认识到,为了挽救日本的民族危机,必须推翻腐朽的幕府统治,必须效仿西方国家,实行开国进取政策,以实现富国强兵。

(4)中下级武士中很多人有丰富的政治斗争经验和政治才干。

总之,由于日本资本主义经济相对薄弱,资产阶级没有足够力量领导倒幕运动,而下级武士虽然是封建统治阶级中的一部分,却由于其特殊的历史地位和资本主义经济发展而成为革新的领导力量,但是下级武士虽然担负民主革命任务,却并未转化为资产阶级。

30. 倒幕运动和"尊王攘夷"运动的相同点和不同点

(1)相同点:

①背景相同:都是在民族危机加剧和幕府统治腐朽专制的情况下出现的。

②领导者相同:都是由中下级武士领导的。

③从口号和具体行动来看,都带有浓厚的尊王思想。

④斗争对象相同:矛头都指向外国侵略者和封建幕府。

(2)不同点:

①倒幕运动比"尊王攘夷"运动斗争目标更为直接,斗争矛头直指封建幕府统治,而"尊王攘夷"运动是借尊王之名,行倒幕之实。

②结果不同:"尊王攘夷"运动在国内外反动势力联合绞杀下失败,而倒幕运动最终推翻了封建幕府统治,取得了胜利。

31. 倒幕运动取胜的原因

(1)国内:

①幕府腐朽的封建统治,引起了经济危机,其统治基础发生了动摇,失去了民心。

②新政府军士气高昂,装备有从英国进口的先进武器,又经过新式训练,战斗力较强,更重要的是得到广大人民群众的支持。

③三井等大商人开始向新政府提供更多的财政支持。

④天皇发布亲征诏书,组织大军讨伐幕府,颁布文告,宣布废除幕府苛政、减半当年租税等。人民对新政府抱有很大希望,许多地方农民都自发武装起来,支持新政府军,袭击幕府军队。

(2)国际:西方列强见幕府垮台在即,宣布保持中立,英国支持帮助倒幕派,英国商人把武器卖给倒幕派,形势越来越有利于倒幕派。

32. 明治政府发展资本主义的措施及其特点

(1)措施:明治维新期间,政治上以适应资本主义经济发展为出发点,对国家旧体制进行改造,确立新体制;经济上动用政府力量大力推进资本主义经济的发展;文化上用西方资本主义文化改造旧文化,并同时实行教育改革。

(2)特点:政治方面,"废藩置县"结束了日本封建割据局面,真正形成了统一的中央集权政府。这样,一方面有利于明治政府各项措施顺利实行,另一方面也有利于形成统一的国内市场;废除旧的等级制度,取消武士特权,宣布"四民平等"。这样,平民可以自由择业和迁徙,一种与资本主义经济发展相适应的社会体制开始建立起来。经济方面,政府推行殖产兴业政策,其主要精神在于充分利用政府的力量发展经济,以促进资本主义的发展。明治政府在推广殖产兴业政策时特别注意从西方引进先进技术和设备,以提高日本的生产力水平。但只引进先进技术设备是不够的,还必须学会和掌握这些技术,因此明治政府大力倡导学习西方资本主义文明,即在思想文化领域推行所谓的"文明开化"。

明治维新使日本一个封建落后国家逐渐变成一个封建色彩浓厚的近代资本主义国家,基本实现了富国强兵的目的。这一切来自于明治政府大刀阔斧、行之有效的改革。

33. 日本明治维新成功的原因和局限性

(1)成功的原因:

①外在因素:第一,良好的时代和国际环境:a、明治维新时,世界处在自由竞争资本主义时期,争夺殖民地的高潮尚未到来,西方列强侵略矛头主要指向印度、中国等。b、亚洲各国人民反殖反封建的民族解放运动的兴起,特别是中国的太平天国运动,牵制和削弱了西方列强对日本的侵略势力。c、国际上,美国忙于国内南北战争,德、意处于统一的高潮,俄国已在进行农奴制改革,他们对日本的政策各怀鬼胎,没有达成一致。d、西方列强同日本封建势力的勾结尚浅。第二,西方科技文化的影响,加快了日本明治维新成功的步伐。早在幕府统治末期,日本西南地区就通过长崎港同荷兰人保持贸易关系,一些知识分子通过荷兰人的介绍,学习西方科技,了解世界的政治局势,研究西方资产阶级的政治经济思想,并提出要求模仿荷

智趣素材

兰制度在日本实行社会改革的政治主张,这些思想家的改革主张对后来的明治维新运动起了很大影响。

②内部因素:第一,国内条件因素:a、政治体制:日本的封建领主制潜伏着很大的离心力,维新派的尊王倒幕号召客观上符合建立民族国家和统一国内市场的要求,以大阪为中心的国内统一市场逐步形成,为资本主义发展创造了有利条件。b、思想文化传统:日本知识分子易于吸收外国的新思想、新文化,西方资产阶级的政治学说和科学技术在日本传播快、普及早;并与自身民族文化融合,对维新运动起了很大的推动作用。第二,改革的主观因素:a、领袖人物:改革派骨干多为资产阶级化的知识分子,具有斗争经验和政治才干。b、国家政权:明治政权掌握在改革派手中,改革成为基本国策和政府的一致行动,保证了改革的顺利进行。c、人民群众:明治维新重视利用人民的力量,终于推翻了幕府统治。第三,执行符合国情的政策:殖产兴业,充分发挥国家干预经济的作用,使日本在短期内实现了近代化;文明开化政策,是改革成功和经济发展较快的重要条件;富国强兵,是明治维新的总目标。由于这些政策的实施,顺应了当时的历史潮流,从而促成了改革的成功。

(2)明治维新的局限性:

①政治上:虽然宣布废除封建特权,实行"四民平等",但本质上是把幕藩体制下的封建等级身份制转化为具有强烈封建性的近代资本主义制度下的阶级结构,这意味着新的不平等。

②经济上:保留了大量的封建残余,在引进西方模式过程中较为盲目,出现了新的经济问题。

③体制上:明治维新在家族制度、官僚体制和政治体制等方面留下了大量的封建残余,最终为日本向近代天皇制的过渡和形成创造了条件。

④意识形态上:既有所谓"全盘西化"的极端倾向,又有大量封建因素被保留或发展下来,它保留和发展"武士道"的军国主义教育,埋下了日本走向法西斯道路的罪恶之种。

34. 导致明治维新不彻底的原因

(1)明治维新是在日本资本主义发展不成熟的条件下发生的,是一次早产的资产阶级改革。

(2)幕府统治末期日本的资产阶级同新兴地主在经济上有密切联系,常常是地主与资产阶级一身二任的,这就说明日本的资产阶级尚未完全从其他阶级中分离出来,尚未形成一个具有特殊利益的独立阶级。因此,它无论在经济上还是在政治上都还比较软弱,还没有能力来发动和领导资产阶级革命。代替资产阶级来完成这一历史使命的是中下级武士,虽然他们在向资产阶级转化,但毕竟脱胎于封建武士阶层,在他们身上不可避免地留下了深深的封建烙印。

(3)掌握日本国家政权的中下级武士继承武士道的军国主义精神,具有较浓厚的封建军事性。

35. 明治维新前后日本社会的变化

项目	明治维新前	明治维新后
国家政体	幕藩体制	先建立中央集权的政治体制,后确立近代天皇制度(君主立宪政体)
中央与地方关系	地方藩国相对独立	废藩置县,将地方置于中央直接管辖之下
居民身份制度	士、农、工、商等级制度	四民,取消等级身份制度和武士特权
土地制度	封建领主土地所有制	新兴地主私有制
工业生产方式	手工工场	近代机器生产
经济政策	重农抑商	大力发展工业(或殖产兴业)
对外政策	从闭关锁国到被迫开国	积极学习西方,访问欧美,废除不平等条约,疯狂对外扩张

36. 正确评价明治维新

(1)明治维新的历史作用:

①明治维新是日本历史的转折点,经过明治维新,日本走上了近代化的道路。

②经过殖产兴业,日本掀起了工业革命热潮,仅用30年左右的时间,到第一次世界大战前,日本已经建立起比较完整的工业体系,从落后的农业国转变为先进的工业国。

③倒幕运动结束了封建割据状态,建立起中央集权的统一民族国家,有力地推动了各项改革措施的颁布和实施。在自由民权运动推动下,日本成为亚洲第一个君主立宪国家。

④不适应时代发展需要的传统文化和习俗被打破,西方近代思想文化得到传播,社会面貌发生深刻变化。

⑤明治维新使日本摆脱了沦为西方殖民地的民族危机,走上了独立富强的道路。随着国力的不断增强,日本跻身于世界强国行列,1911年废除了全部不平等条约。

⑥日本是东方国家中,受到西方冲击后经过改革成功启动近代化的典型,为其他落后国家提供了重要的启迪和经验。亚洲一些邻国纷纷效仿日本,进行变革。

(2)明治维新的消极影响:

①在政治、经济和意识形态中保留了大量的封建残余,如天皇制、半封建的地主土地所有制等。

②日本较顺利地摆脱了沦为半殖民地危机的同时,却随着经济军事实力的增长,迅速地走上了侵略和压迫其他民族的道路,在帝国主义国家重新瓜分世界的筵席上占有一席位置,这不仅给侵略国家的人民,也给日本人民带来了灾难。

总之,19世纪中期的日本明治维新是日本历史上具有划时代意义的事件。它是日本从封建社会转变到资本主义社会

智趣素材

美国二战抢了数千名德国科学家

第二次世界大战后期,盟军在法国登陆后,美军以一个伞兵师、两个装甲师加上整个第六集团军的兵力,组成了一支战斗力极强的作战部队。这支部队斜插法军战线,任务只有一个,那就是掩护一支被称为"阿尔索斯"的谍报队。这支谍报队的主要目的是抢夺德国和意大利的大批科学家、工程师,并将他们安全地带回美国。到第二次世界大战结束时,"阿尔索斯"谍报队通过各种手段,把德国、意大利的几千名科学家、工程师带到了美国本土。1945年10月,"阿尔索斯"正式解散。那些被"阿尔索斯""抢"过来的科学家对美国原子物理学、核物理学、化学和数学等学科的发展起到了不可估量的作用。

的极为重要的里程碑,是日本由封建弱小的国家转变为资本主义强国的转折点。明治维新虽然成功了,但由于这是一次不彻底的资产阶级革命,日本的封建势力仍然很强大。随着其经济军事实力的增长,日本很快跻身于世界帝国主义列强行列,给日本乃至亚洲历史投下了阴影。

37. 日本工业化与英国工业化的不同

(1)工业化的原因:英国工业化是本国生产力发展的结果。日本工业化则是外敌当前,变革图强的结果。

(2)工业化进程:英国在19世纪40年代随着第一次工业革命的完成,逐渐实现了工业化。19世纪60年代以后,英国开始了第二次工业革命。而日本则在19世纪60年代明治维新开始后,在进行第一次工业革命的同时,吸取第二次工业革命的先进成果,到20世纪初,在短期内实现工业化。

(3)工业化的技术来源:英国工业化主要技术都是自己研究发明的;日本则主要引进国外先进技术设备创办工厂,建设交通通讯事业。

(4)政府在工业化进程中的作用:

①英国在工业化的起步阶段政府作用不大,实行自由主义经济政策,主要依靠私人投资;日本在工业化起步时政府发挥重要作用,对私人资本主义的发展大力扶植和保护。

②英国主要利用私人殖民公司的力量开拓海外殖民地和市场;日本则主要利用政府力量开拓海外市场。

38. 列强对华经济侵略的阶段性特点及其比较

(1)特点:列强对中国的大规模侵略,是从鸦片战争开始的,并以《马关条约》为界,分为以商品输出为主的自由资本主义阶段和以资本输出为主的帝国主义阶段。

甲午战争以前,列强对华经济侵略以商品输出为主——向中国倾销商品和掠夺原料。他们通过战争迫使清政府签订一系列不平等条约的主要目的是:如何确保其商品倾销中国市场,如何便利掠夺中国廉价原料。为此,列强通过增开通商口岸、控制中国海关、免收内地税、保证其人员在华活动自由、安全和允许鸦片贸易合法化等方式来实现这一目的。这是这一时期列强发动战争的动因和确定不平等条约内容的主要依据。

甲午战争以后,列强凭借其雄厚的资本和科技优势,经济侵略由以商品输出为主变为以资本输出为主,其表现形式多种多样,如强迫贷款、开设银行、修筑铁路、开设工厂、开采矿山等。因此,确保其在华资本的安全,便成为列强在这一时期进行政治、军事和文化侵略的主要任务。

(2)比较:

①相同点:商品输出和资本输出的本质相同,都是为实现其掠夺中国财富的目的。

②不同点:商品输出主要是通过签订不平等条约,取得各

种特权,向中国倾销工业品和掠夺原料。一些国家的商人还在通商口岸开设工厂,利用中国廉价劳动力和原料,剥削中国人民;《马关条约》签订后,列强除继续向中国进行商品输出外,还通过奴役性的贷款、在华开矿修路、投资建厂,进行大规模的资本输出。

39. 康梁新思想的特点、评价及原因

(1)特点:康有为把西方资本主义学说同中国传统的儒家思想相结合,作为变法的理论基础,这是其维新思想的主要特点。

(2)评价:《新学伪经考》动摇了封建统治者恪守祖训、反对变法的理论基础;《孔子改制考》利用孔子的权威论证变法的合理性。康有为是中国上层民族资产阶级的代表,他的思想是封建社会急剧崩溃和民族危机极端严重的现实反映,表达了这个阶层救亡图存、发展资本主义的强烈愿望,同时也反映出其软弱、妥协的一面。

(3)原因:

①中国传统思想深厚、影响深刻,如果完全背离传统,必将一事无成。

②资产阶级的软弱与保守性,使其在当时没有打出自己的鲜明旗帜。

③康有为对中国国情了解。为减少变革的阻力,这不失为一个好的策略。

④康有为的出身、经历、地位,尤其是他所处的时代,决定了他在向西方寻求真理、进而构筑自己的思想体系时,必将植根于中华民族文化的深厚土壤之中。

40. 分析戊戌变法的历史条件

(1)社会背景:甲午战争后,中国的民族危机空前严重。

(2)物质基础:民族资本主义的初步发展:其一,帝国主义的经济侵略进一步破坏了中国的自然经济,客观上为民族资本主义的发展提供了条件;其二,清政府放宽了对民间设厂的限制;其三,民间出现了兴办工业的浪潮。

(3)阶级基础:随着民族工业的初步发展,民族资产阶级有所壮大,他们作为一股新的政治力量开始登上历史舞台。

(4)思想基础:维新思想的产生及传播。早在19世纪60年代,中国早期的维新思想有了进一步发展,并以创办报纸、杂志,设立学会、学堂等方式进行广泛传播。

(5)舆论准备:维新派与顽固派的论战是资本主义思想与封建思想的一次正面交锋,推动了维新变法运动的高涨。

(6)爱国官员的推动:面对列强瓜分中国的严峻形势,除了康有为等先进知识分子以外,许多有见识、有爱国心的官员,甚至像张之洞这样的封疆大吏,也急切希望通过变法,实现富国强兵,摆脱民族危亡的命运。

越狱

法国的夏尔·戴高乐将军(1890—1970)是西方杰出的领导人、反法西斯的斗士。1916年3月2日,戴高乐在对德战役中受伤被俘,被囚在德国南部地区战俘营中两年零八个月。戴高乐不愿听凭命运摆布,他全身心地沉迷于策划和实施越狱计划,先后六次逃脱,又六次被抓回,仍不愿放弃。因为几次试图逃跑,戴高乐被罚关在所谓的"黑屋子"里长达四个月之久。那里又黑又冷,不能通信,没有书看,没有纸笔,没有灯光,没有暖气,吃的喝的也仅够维持生命。整个一战后期,戴高乐就没有放弃过越狱的念头。倔强的他一直坚持与德国人作斗争,一直到第二次世界大战。

智趣素材

(7)光绪皇帝为了维护统治,不甘做"亡国之君",决定变法。

41. 全面认识戊戌变法

(1)关于戊戌变法的目的、性质及评价:

①目的:戊戌变法发生在19世纪末民族危机的时代背景下,它的首要目的是挽救民族危亡;戊戌变法是民族资产阶级领导的一场运动,这就决定了它还具有发展资本主义的目的。

②性质:戊戌变法是一场资产阶级的改良运动,是一次爱国救亡的政治运动,还是一次思想解放的潮流。

③评价·a、进步性:在帝国主义侵略日益加深,瓜分危机迫在眉睫的紧要关头,资产阶级维新派为挽救民族危机、发展资本主义而奔走呼号,并指出变法的首要目的是救亡图存,这对于激发人民的爱国思想和民族意识,起到了重要作用。资产阶级维新派要求实行有利于发展资本主义的政策,逐步变封建专制制度为资本主义君主立宪制度,在当时符合中国历史发展的趋势,具有进步意义。资产阶级维新派提倡西学,主张兴民权,对封建的思想文化进行抨击,在社会上起了思想启蒙的作用,促进了中国人民的觉醒。b、局限性:资产阶级维新派具有其自身无法克服的软弱性和妥协性,他们只采取改良的办法,并且脱离了人民群众,其变法活动最终以失败告终。这充分说明,在半殖民地半封建的中国,资产阶级改良的道路是行不通的。

(2)戊戌变法失败的原因及启示:

①原因a、根本原因:资产阶级维新派势力过于弱小,封建顽固势力过于强大,双方力量悬殊。b、维新派采取的方式和手段存在缺陷;缺乏坚强的组织领导;对封建主义和帝国主义抱有幻想;企图用"和平""合法"手段,进行自上而下的有限改革。

②启示:说明在当时的中国,改良主义道路是走不通的,中国的近代化路程是漫长的。

(3)戊戌变法的历史意义:

①变法具有鲜明的爱国性质,是一场试图通过改革来救亡图存的爱国运动,极大地激发了中国人民的爱国热情。

②是一场自上而下的资产阶级政治改革运动,其基本主张是要求发展资本主义,符合历史发展趋势。

③是中国近代一次思想解放的潮流,为近代思想启蒙运动的蓬勃兴起开辟了道路,促进了中国人民的觉醒。

42. 地主阶级洋务派、地主阶级顽固派和资产阶级维新派基本主张的异同点

(1)在保留君主问题上主张相同。但前两者维护君主专制,后者主张实行资产阶级性质的君主立宪制。这主要是由于前两派都是清朝统治阶级,必然站在地主阶级立场上维护君主专制的封建统治,而后者虽然采用改良的方法,依靠的是没有

实权的皇帝,但其主张在本质上是资产阶级民主政治的一种形式。

(2)在各西方学习问题上,洋务派与维新派是一致的。但洋务派把学习西方科技作为维护封建统治的手段,以达到"师夷长技以自强"的目的。维新派则以西学来挽救民族危亡,发展资本主义顺应历史发展趋势。至于顽固派则仇视一切外洋事物,反对向西方学习。

(3)在是否兴民权问题上,洋务派与顽固派立场一致,反对维新派兴民权的主张。这主要是双方阶级立场不同。顽固派、洋务派站在封建地主阶级立场上维护君权,反对兴民权。维新派则站在资产阶级立场上主张君主立宪,兴民权,设议院。

(4)在变法问题上,顽固派和洋务派统称为顽固势力,顽固派主张不变,洋务派主张在科技方面局部应变,维新派则主张在政治、经济、文化、科技等方面进行全局性改良。

43. 光绪帝在变法中的作用

光绪帝是在以康、梁为代表的维新派提出的变法图强,挽救民族危亡的主张感动下支持变法的,其支持变法的目的,在于巩固清朝统治,希望自己有所作为而不当"亡国之君",利用变法从慈禧手中夺回最高统治权。从光绪在百日维新期间颁布的维新诏书看,他虽然采纳了维新派提出的官民上书言事、保护农工商业的发展、学习西方、改革教育制度等主张,对旧制度进行了不少改革,但在根本上没有涉及设议院、开国会、定宪法等君主立宪的政治主张,只字不提变革官制这一要害问题。因此可以说光绪帝的变法并不是一场民族资产阶级性质的改革。光绪帝也并非维新派的皇帝。他虽然借助维新派同慈禧对抗,但毕竟是一个封建帝王,阶级本质决定了他不可能代表民族资产阶级的利益实行资本主义政治制度。

44. 日本明治维新与中国戊戌变法的相同点和成败原因的不同

(1)相同点:

①从背景看:两国都是闭关锁国的落后封建国家;商品经济都有了一定程度的发展,资本主义生产关系逐渐形成并得到发展;社会矛盾十分尖锐,都出现了大规模的人民反封建斗争,都面临着极其严重的民族危机。

②从方式和性质看:都通过最高统治者颁布诏书加以实施,都是自上而下的资产阶级改革。

③从内容看:都注重学习西方,发展教育,振兴工业。

④从作用看:都在不同程度上促进了资本主义的发展。

⑤从动因看:都为挽救民族危机,实现富国强兵。

⑥都做了一定的舆论宣传和理论准备。日本是对洋学的学习和传播;中国则是维新思想和传播。

⑦领导力量都是从封建营垒中分化出来的,具有一定保守性。

(2)成败原因的不同:

《马赛曲》

《马赛曲》得名于法国南部港口城市马赛。1789年7月14日,巴黎人民攻占巴士底狱,轰轰烈烈的法国大革命开始了。1792年,普奥封建君主组织联军进行武装干涉。在此紧急关头,战斗在前沿的斯特拉斯堡市长,号召人们为了抵抗强暴写作战歌。莱茵营的工兵中尉克洛德·德莱尔一夜间就写了一首歌,原名《莱茵河军团战歌》,演唱后迅速在义勇军中传开,马赛市的义勇军唱着这首战歌进军巴黎,从此改称《马赛曲》。

智趣素材

①社会基础:19世纪末中国资本主义发展的程度远不如19世纪中期的日本。资本主义发展的不充分,使中国的资产阶级具有突出的妥协性和软弱性。尽管日本的资本主义发展也不够成熟,但日本商业性的农业有了很大的发展,自然经济日益解体,产生了大批的新兴地主,手工工场也有较大的发展。随着资本主义生产关系的发展,统治阶级内部发生分化,一部分大名、武士在经济利益上同资产阶级接近,要求改革现状。因而,日本明治维新比中国戊戌变法有更深厚的社会基础。中国的封建地主土地所有制比日本的封建领主土地所有制更稳固,因此中国封建统治基础较牢固,且与帝国主义相勾结。

②领导力量:日本向资产阶级转化的中下级武士充当了倒幕维新的领导者。他们掌握较大的实权,懂得斗争策略,有独立的武装力量和一定的经济实力,并借助人民的力量,能够推翻幕府统治,使改革顺利进行。而中国维新派力量脆弱,把希望完全寄托在一个没有实权的皇帝身上。

③改革的阻力:明治维新前,经过大规模的倒幕运动,日本推翻了幕府统治,组成以天皇为首的新政权,改革的阻力相对较小。而中国戊戌变法前,顽固势力未受任何触动,以慈禧为首的顽固势力,实际操纵着中央到地方的权力,改革的阻力很大。

④改革的内容:明治维新中,明治政府采取的改革措施涉及到政治、经济、军事、文化等方面,特别注重改革旧的封建政治体制和发展资本主义的经营措施紧密结合起来,使日本走上发展资本主义的道路。戊戌变法虽然也涉及到上述各方面内容,但未能切实执行,甚至在政治措施中都未敢提及最初要求的设议院、开议会等重要内容。

⑤改革的国际背景:19世纪60年代,资本主义处在自由竞争阶段,正在上升时期,资产阶级革命和改革浪潮波及世界,日本搭上了时代列车,而且明治维新时,西方列强集中力量侵略中国,这在一定程度上减轻了日本所受的外部压力。而中国的戊戌变法发生在帝国主义时期,帝国主义瓜分世界的高潮已经掀起,帝国主义各国纷纷干涉中国内政,妄图变中国为原料产地、商品市场和投资场所,中国的改革受外部干涉较多。

45. 戊戌变法和辛亥革命的异同点

(1)相同点:

①产生背景:民族资本主义的发展,民族危机的加深。

②主张:在中国发展资本主义,挽救民族危机。

③影响:都促进了资本主义的发展,符合历史发展的潮流,具有爱国和进步的意义。

④实践结果:都失败了,没有改变中国的社会性质,中国的民族危机依然严重。

⑤失败原因:客观原因是反动势力的破坏,主观原因是本阶级局限性和时代的局限性。

⑥二者都属于资产阶级民主革命,都没有彻底的反帝反封建纲领。

(2)不同点:

①代表阶层:戊戌变法代表的是中国民族资产阶级上层的利益,辛亥革命代表民族资产阶级中下层的利益。

②变革的手段和目的:戊戌变法是通过自上而下的方式建立君主立宪制的政体,辛亥革命用暴力手段推翻清政府的统治,建立资产阶级共和国。

③性质:戊戌变法是资产阶级的改良运动,辛亥革命是资产阶级民主革命。

④戊戌变法没有触及封建土地制度,辛亥革命主张用资本主义土地所制取代封建土地所有制。

⑤实际影响:戊戌变法的法令基本被废除,其主要在社会上起了思想启蒙的作用,辛亥革命推翻了两千多年的封建君主专制制度,打击了帝国主义侵略势力,使民主共和的观念深入人心。

知识结构梳理

一、欧洲的宗教改革

1. 背景

(1)必要性:中世纪天主教会的神权统治阻碍了西欧资本主义发展和社会进步。①经济:天主教会拥有天主教世界全部耕地的三分之一,征收_____、兜售_____,以搜括钱财。②政治:神权大于王权,罗马教廷经常干涉各国内政。③思想文化:天主教垄断学校教育,掌握了《圣经》的解释权;宗教"异端"思想对天主教会的神权统治提出了有力的挑战。④社会生活:每个人的终生都受到天主教会的影响。

(2)条件:西欧资本主义的发展。①新航路开辟后,随着海外贸易和殖民扩张,西欧的资本主义经济进一步发展壮大。

②文艺复兴促进了思想的解放和自然科学的诞生。③崛起的资产阶级、新贵族和各国君主都迫切地想摆脱天主教会的统治,宗教改革应运而生。

2. 过程

(1)开端——德意志马丁·路德的宗教改革:①1517年马丁·路德在教会压迫最重的德意志发表《关于赎罪券的九十五条论纲》等系列文章,揭开宗教改革的序幕。②主张:因信称义,信仰即可得救。宗教信仰的最高权威是《_____》,不是教会。简化宗教仪式,上帝与人们的沟通不需要教会与神教人员作中介。世俗王权应大于教权等。

(2)瑞士加尔文的宗教改革:①加尔文在流亡期间发表

《_____》,1541年开始宗教改革。②和路德一样,坚持《圣经》是最高权威、简化宗教仪式。③宗教改革的思想核心是"_____",主张选民奋斗精神取得成功。

(3)英国宗教改革:英国借助王权建立起附属于王权的民族教会。①原因:英国较早形成统一的_____国家。亨利八世与_____决裂。资本主义经济发展,资产阶级和新贵族崛起,他们力图摆脱罗马教廷的桎梏。文艺复兴和宗教改革思想的影响。②形成:亨利八世时和伊丽莎白一世时。③主张:"_____"规定英王为教会首脑;神职人员须效忠英王;保留原基本教义和仪式,解散修道院。

3. 历史作用

(1)宗教改革沉重打击了天主教会,瓦解了罗马教廷在欧洲的封建大一统神权统治。

(2)宗教改革确立起适应民族国家和资本主义发展的基督教新教派。

(3)宗教改革从更广泛的社会层面和更深刻的心灵角度解放了人们的思想。

(4)宗教改革促进了欧洲_____的高涨和民族国家的发展。

(5)宗教改革促进了欧洲资本主义的发展,推动了欧洲从封建主义向资本主义过渡的历史进程。

二、穆罕默德·阿里改革

1. 背景

(1)政局动荡:属于_____行省的埃及,各种政治集团(马木路克、帕夏)争权夺利,战乱频频。

(2)经济落后:埃及盛行_____,沉重的剥削导致农业和手工业遭到严重破坏,阶级矛盾激化。

(3)外部危机:18世纪末19世纪初,已进行工业革命的英法先后侵略埃及,埃及面临着严峻的外部挑战。

(4)条件具备:1805年,穆罕默德·阿里王朝建立。

2. 主要内容

(1)经济方面:①改革土地制度,废除包税制,确立____制度。②促进经济发展:农业方面:兴建水利,推广改良农具,引种农作物新品种。工业方面,大力发展官办工厂:初步建立_____。

(2)政治方面:确立了高度的中央集权。建立了国务会议的咨议会,建立了省、县、乡、村各级行政机构。

(3)文化教育方面:实行_____政策,学习西方的先进经验。

(4)军事方面:改造旧军队,建立新式军队。

3. 影响

(1)积极影响:拉开了埃及近代化的序幕,使_____成为亚非最早开始近代化的国家。①政治:加强了中央集权,结束了长期的_____状态,实现了国家统一,奠定了近代埃

民族国家的基础。②经济上:发展了农业和商业,建立了近代工业,提高了生产力。③军事上:增强了实力,成为地中海东部最强大的国家,实际上摆脱了_____殖民统治。④文教:引进了西方资本主义的科学技术和思想文化,客观上促进了资本主义的发展。

(2)局限性:改革给人民带来灾难,激化了阶级矛盾,引起了人民的反抗。

三、1861年俄国农奴制改革

1. 背景

(1)19世纪中期,农奴制成为俄国社会进步和资本主义发展的障碍,成为社会矛盾的焦点。

(2)接受西欧资本主义启蒙的青年军官不满沙皇专制和农奴制,1825年发动武装起义,称为"_____"。

(3)_____、车尔尼雪夫斯基等文学家和思想家激烈抨击沙皇专制和农奴制,促进思想解放。

(4)俄在与英法争夺奥斯曼帝国的_____战争中惨败,暴露了农奴制的腐朽落后,激化了社会矛盾。

(5)全国的农民起义风起云涌,加剧了农奴制危机。

(6)为了挽救封建统治,维护沙皇专制,增强国力,亚历山大二世被迫改革。

2. 内容

(1)"二·一九法令":宣布废除_____制,从法律上规定了农民的人身自由;农民可以赎买一块份地,农民还受到村社制度的严格控制。

(2)在政治、司法、军事、教育等方面采取了一些改革措施,但政治变革缓慢。

3. 影响

(1)农奴制改革是一场资产阶级性质的改革,使俄国逐步过渡到了资本主义社会,促进了资本主义的迅速发展,成为俄国历史的一个重要转折点。

(2)政治上俄国废除了农奴制,农奴从法律上获得了人身自由,司法体系的建立促进了法制化过程,地方自治机构的建立促进了民主化。

(3)经济上俄国获得了工业化发展所需的_____、资本和国内市场,资本主义经济迅速崛起;提高了农民的生产积极性,促进了农业的发展。

(4)局限:改革是封建地主实行的一次_____的改革,其根本目的是为了维护沙皇和封建地主阶级的利益,改革保留了大量的封建残余,阻碍了资本主义的进一步发展,俄国的社会矛盾仍然尖锐,整体实力仍然落后于其他欧美国家。

四、日本明治维新

1. 背景

(1)幕府统治危机:①政治:19世纪以后,社会各阶层对幕府统治强烈不满,尤其是中下级武士,迫切希望改变现状。

②经济:幕府重农抑商、闭关锁国的政策,阻碍了资本主义因素充分发展。③外交:黑船事件之后,日本陷入了半殖民地的危机之中。

(2)条件:武装倒幕和_____的建立,改革条件的成熟。

2. 内容

(1)废除旧体制:①废藩置县。②废除_____制度,宣布"四民平等"。③实行政治体制改革,指定《日本帝国宪法》,规定日本的政体形式是_____。

(2)发展新经济:①币制改革,以金本位的纸币日圆作为全国唯一的货币。②实行土地改革,废除封建领主土地所有制,确认土地私有,允许土地买卖。③推行"_____"政策,发展资本主义新经济:a. 建立近代企业;b. 扶植和保护私人资本主义的发展。

(3)倡导"文明开化":①派遣留学生,翻译西方著作。②进行教育改革,建立近代教育体制。③大力推进生活习俗西化。

(4)军事:实行义务兵役制,建立常备军,进行武士道教育,创办军事院校。

3. 结果

使日本由一个封建落后国家逐渐变成一个封建色彩浓厚的近代资本主义国家;基本实行_____的目的。

4. 影响

(1)积极影响:明治维新是日本的历史转折点,日本由此走上了近代化道路。①政治上结束了封建割据状态,加强了中央集权,实现了国家统一,成为亚洲第一个立宪国家。②经济上通过殖产兴业,从农业国转变为工业国。③社会风俗逐渐文明开化,社会面貌发生深刻变化。④摆脱了民族危机,建立了现代化军队,成为亚洲强国。⑤明治维新的成功经验为其他落后国家提供了历史借鉴。

(2)消极影响:明治维新保留了大量封建残余。

五、戊戌变法

1. 背景

(1)必要性:①甲午战争后,列强进一步加强了对中国的侵略,中国_____空前加深,处于生死存亡的危急关头。②财政危机、统治腐朽,使阶级矛盾和社会矛盾空前减退,清政府危机加剧。

(2)可能性:①经济基础:中国民族资本主义初步发展。

②阶级基础:中国工人阶级逐步发展壮大,维新派怀着强烈的社会责任感,把深入变法作为救亡的途径。③思想基础:王韬、郑观应等早期维新派提出君主立宪、发展资本主义工商业、兴办学校等主张。

2. 变法的准备和主张

(1)准备:①宣传变法思想。康有为:著《_____》和《孔子改制考》,系统地阐发了变法理论,宣传资产阶级改良思想。梁启超:代表作《_____》,任上海《时务报》主笔;其思想核心是提倡民权,主张实行君主立宪制度。谭嗣同发表《_____》,提出"冲决君主之网罗",以资产阶级平等思想,批判封建纲常礼教和专制君权。严复翻译《天演论》,创立《_____》、借达尔文的_____,宣传维新变法思想。②政治活动:维新派上书皇帝,请求变法;1898年,康有为在北京组织_____,进一步推动维新变法的高涨。

(2)主张:①变法维新,富国强兵、救亡图存。②学习西方资本主义制度,兴民权,设议院、开国会、实行资本主义的君主立宪制;发展资本主义经济。

3. 百日维新

(1)变法内容:①政治:广开言论,允许官绅士民上书言事;精简机构等。②经济:鼓励发展农工商业等。③军事:改革军制,编练新军。④文教:提倡西学,废_____,普遍设立中小学堂,京师设立大学堂,培养人才等。

(2)失败原因:①维新派势力弱小,守旧派势力过于强大。②维新派采取的方式和手段的缺陷。③根本原因在于资产阶级的软弱性和妥协性。

4. 评价

(1)进步性:①戊戌变法是一场资产阶级性质的_____运动,体现了变法图强、救亡图存的爱国精神。②维新派要求实行君主立宪制,为民族资本主义的发展创造有利条件,符合历史发展的趋势。③戊戌变法是近代中国一次思想解放潮流,开创了新的时代风气、社会舆论和思想观念,成为中华文明发展史上的宝贵财富。

(2)局限性:资产阶级维新派具有其自身无法克服的软弱性和妥协性,他们只采取改良的办法,并且脱离了人民群众,其变法活动最终以失败告终。这充分说明,在半殖民地半封建的中国,资产阶级改良的道路是行不通的。

智趣素材

二年模拟训练

1. (2010年江苏苏州模拟)西欧民族国家的形成和发展过程体现的矛盾有（　　）
①资产阶级、新贵族与教权的矛盾　②王权与教权的矛盾　③地方割据势力与中央集权的矛盾
A. ①　　B. ①②③　　C. ①②　　D. ②③

2. (2010年广东模拟)下列有关16世纪宗教改革的说法中,正确的是（　　）
A. 宗教改革运动与文艺复兴运动没有关联
B. 宗教改革运动受到所有世俗贵族的镇压
C. 宗教改革家与启蒙思想家都抨击宗教愚昧
D. 宗教改革家认为教徒自己可以通过信仰得救

3. (2010年江苏苏州模拟)19世纪初,一位俄国贵族说:"(废除农奴制)农业就不会有什么问题了吗? 一些田地难道不休耕,一些谷仓难道不会空吗? 毕竟,我们市面上的面包大部分不是由自由农民生产出来的而是出自贵族……离开了主人的管束,农民只会贪杯、干坏事。"上述材料反映的基本主张是（　　）
A. 维护农奴制度
B. 废除农奴制度
C. 推翻沙皇专制
D. 对农奴制进行改革

4. (2010年浙江联考)"谁不加入集体农庄,谁就是苏维埃政权的敌人"口号的出现,所反映的本质问题是（　　）
A. 在农业集体化运动中,出现过激现象
B. 苏联生产关系与生产力水平还有距离
C. 农民加入集体农庄的积极性空前提高
D. 苏联搞农业集体化运动时机还不成熟

5. (2010年泰兴市模拟)阅读下列材料:
材料一

1895～1898年清政府向俄、法、英、德的借款			
借款时间	借款对象	借款额(白银)	借款附带条件
1895.7	俄、法	9896.8万余两	同意以海关税款为抵押;允许俄法参与海关管理;
1896.3	英、德	9762.2万余两	不准改变由英国人控制中国海关管理权的现状
1898.2	英、德	1.1277亿余两	以海关关税为担保;以内地的税收(厘金)每年五百万两作抵押;由外国人控制海关征收

材料二　《时局图》是近代爱国者谢缵泰所作,在我国香港发表,图中"不言而喻,一目了然"的对联,生动形象地揭露了清政府的腐败和帝国主义列强对中国的侵略。

材料三　据统计,自1989年至2001年,中国累计批准外商投资企业37万多家,利用外资金额3814亿美元。引进技术和成套设备、关键设备42 000项,总金额1 283亿美元。目前,世界著名的500强大型跨国公司已有约400家在华投资。2002年,我国成为全球最大的招商引资国家。

——高中历史教材

请回答:
(1)依据材料一并结合所学知识分析清政府大借外债的危害。

(2)谢缵泰是在怎样的历史背景下创作出这幅时局图的? 这幅图反映了列强侵华在政治上采取什么方式? 结合材料一概括帝国主义侵华方式的变化。

(3)依据材料三和所学知识分析改革开放后"招商引资"对我国有何影响?

(4)甲午战争以后,清政府向列强大借外债,同今天资本主义国家贷款给我们,这二者有何不同?

6. (2010年济宁模拟)阅读下列材料:
材料一　比较一般的带有宗教的色彩,甚至在基督教传播的范围内,具有真正普遍意义的革命也只有在资产阶级以往的解放斗争的最初阶段的历史,即从13世纪才带有这种宗教色彩;而且,这种色彩……要用以往的整个中世纪

的历史来解释,中世纪的历史只知道一种形式的意识形态,即宗教和神学。

——恩格斯

材料二 路德的宗教改革运动在德国蜕化了,把该国引向灭亡,而加尔文的宗教改革运动却成了日内瓦、荷兰和苏格兰等地共和党的旗帜,把荷兰从西班牙和德意志帝国的统治下解放出来,并为英国发生的资产阶级革命的第二幕提供了思想体系的外衣。

——恩格斯《费尔巴哈与德国的古典哲学的终结》

材料三 加尔文教的信条正适合当时资产阶级中最果敢大胆分子的要求。……加尔文教的教会体制是完全民主的、共和的;既然上帝的王国已经共和化了,人民的王国难道还能仍然听命于君主、主教和领主吗?……加尔文教却在荷兰创立了共和国。

——恩格斯

请回答:

(1)根据材料一指出西欧资产阶级的反封建斗争的最初阶段带有宗教色彩的原因。

(2)材料二的论述是针对当时_____情况而提出的;马丁·路德提出的宗教原则是_____。

(3)根据材料回答马丁·路德和加尔文的宗教信条对上帝的共同态度是什么?加尔文教比马丁·路德教有何进步?其进步性的表现是什么?

7.(2010年杭州联考)阅读下列材料:

材料一 1851年,俄国城市人口占总人口的5.7%,农村人口占94.3%,其中90%是农奴。工厂规模很小,大型企业平均不过40~50个劳动力。

——吴清修、王玲《俄国废除农奴原因的再思考》

材料二 据统计,1860~1890年,俄国企业数增长18.3%,工人数增长66.6%,生产总额增加100%。生铁产量增加了2倍,钢产量和棉纺织业的产值都增加了3倍,而煤炭产量的增加则超过了19倍,石油产量猛增了200多倍。在此期间,俄国的整个工业产量增加了6倍,铁路线增加了35倍多。

——张广翔《德国学者关于俄国1861年改革研究述评》

材料三 农民在庄园里听贵族宣读"二一九法令"

材料四 欧洲三国人均GDP （单位:元)

年份 国家	1870年	1913年
法国	1876	3485
英国	3191	4921
俄国	943	1488

——安格斯·麦迪森(英)《世界经济千年史》

材料五 沙皇政府不关心农业的发展,农产品出口挣回的外汇,大部分用于军费、政府和工业部门的支出,只有小部分投入农业发展。因此,俄国农业落后,农民负担沉重,购买力低下……

——杨甘霖《大国崛起专题学习与研究》

请回答:

(1)根据材料一,概括19世纪50年代俄国工业发展的特点。

(2)据材料二与材料一相比,19世纪60~90年代俄国工业发展有何新变化?结合材料三,指出产生上述变化的主要原因。

(3)根据材料四概括指出改革后俄国经济发展的状况。根据材料五,并结合所学知识,从改革后俄国农民的处境分析其原因。

(4)综合上述材料,谈谈俄国工业化进程的启示。

8.(2010年深圳模拟)1923年,梁启超发表了《五十年中国进化概论》。

阅读材料,结合所学知识,回答下列问题。

材料一 "这五十年来中国具体的政治,诚然可以说只有退化并无进化,但从国民自觉的方面看来,那意识确是一日比一日鲜明,而且一日比一日扩大、自觉。觉得些甚么呢? 第一,觉得凡不是中国人都没有权来管中国的事。第二,觉得凡是中国人都有权来管中国的事。"

(1)依据材料一,概括指出国民意识有了怎样的觉醒。

材料二 "在最近三十年间我们国民所做的事业:第一件,是将五胡乱华以来一千多年外族统治的政治根本铲除;第二件,是将秦始皇以来二千多年君主专制的政治永远消灭。而且这两宗事业,并非无意识的偶然凑会,的确是由人民一种根本觉悟,经了很大的努力,方才做成。"

(2)这一时期有哪些斗争推动了"这两宗事业"的完成。试分析评论梁启超的上述观点。

材料三 "我觉得这五十年来的中国,正像蚕变蛾、蛇蜕壳的时代。变蛾蜕壳,自然是一件极艰难、极痛苦的事,哪里能够轻轻松松地做到。只要他生理上有必变必蜕的机能,心理上还有必变必蜕的觉悟,那么,把那不可逃避的艰难苦痛经过了,前途便别是一个世界。"

(3)上述言论反映了梁启超怎样的历史观? 你认为五十年里推动中国"变蛾蜕壳"的根本因素是什么?

9.(2010年江西新余)阅读下列材料:
材料一 (日本明治维新时)改革的动力是西化……英国模式自然作为铁路、电信、公共建筑和市政工程、纺织工业以及许多商业方法方面的模范;法国模式用来改革法制,

改革军事(后来采用普鲁士模式),海军当然还是学习英国;大学则归功于美国。日本聘请的外国专家——在日本人的监督下——从1875～1876年的五六百人,上升到1890年的3000人左右。然而政治和意识形态方面的选择就困难了……于是,不到20年便出现了一股反对极端西化、极端自由化的势力……(他们)实际上是想制造一个新的以崇拜天皇为核心的国教,即神道崇拜。
——(英)艾瑞克·霍布斯鲍姆《资本的时代》
材料二 康有为等人想以日本明治维新的要义为蓝图,在中国推行变法。但是没有认识到日本与中国的国情不同,所处的国际环境不同等许多特点,而是机械地照搬日本的经验,只是从形式上学习,并没有掌握明治维新的真正"要义"。
——《成败得失——戊戌维新与明治维新的比较》
请回答:
(1)日本能够顺利向西方学习的前提条件是什么?

(2)日本是怎样学习西方的? 有什么突出特点?

(3)材料二对戊戌维新做出了深刻的评析,你是怎样理解的?

一年冲刺母题

【母题】 综合探究
主题一:中外近代史上改革的作用:第一,它是思想解放的重要形式;第二,它是富国强兵的重要手段;第三,它是封建社会向资本主义社会过渡的重要途径;第四,它是落后国家自强御侮的必然选择。
(1)请根据以上四个方面,各举一例并进行简要说明。
主题二:梭伦改革和商鞅变法是古代东西方历史上比较典型的社会改革。
(2)概括两次改革内容所涉及的共同之处。它们分别对本国经济发展和政治体制造成什么影响?
主题三:改革是统治者对既定制度进行的调整,它否定现存制度,对现存制度加以改良,使之适应不断变化,是渐进的方

式。
(3)按下列表格中代号顺序,填写相关内容。

改革人物	改革任务	历史地位	证据理由
亚历山大二世	①	俄国历史的转折点	③
明治天皇	②	日本历史的转折点	
光绪皇帝		二十世纪中国历史开宗明义第一章	④

(4)假如你是近代中国的一个改革家,按西方改革的模式,请设计工业文明冲击下的主要改革内容。
(5)在中外历史上的改革中,你认为改革成功的条件有哪

些?

【解析】 本题对整个历史上改革的回眸进行全面考查。范围较广,但难度并不是很大。第(1)问举例子,但要注意从影响这个角度对所举的例子进行说明;第(2)问从梭伦改革和商鞅变法的内容上比较,找到共同点,可以从等级制度、国家组织形式、农业发展、经济措施、社会习俗等角度考虑。另外要站在梭伦和商鞅的阶级立场上看待他们改革的影响;第(3)问学生需要回忆所学知识,按类别填空即可;第(4)问学生要抓住题意,一是改革,二是学习西方,三是工业文明冲击下,可从政治、经济、军事、文化教育、思想等方面展开;第(5)问学生可从时代潮流、改革者的决心、改革是否符合国情、改革是否发动群众、改革是否措施全面有效等角度考虑。

【答案】 (1)第一:欧洲宗教改革,否定了罗马天主教会的权威,解放了人们的思想,为资本主义的兴起和发展奠定了基础。(戊戌变法是一场思想解放潮流,促进了人们的思想觉醒)

第二:日本明治维新,使日本走上资本主义发展道路,初步实现了资本主义工业化,成为亚洲强国;摆脱了民族危机,成为帝国主义列强的一员。(阿里改革)

第三:俄国1861年改革使俄国走是了资本主义道路,促进了资本主义经济的发展。

第四:埃及穆罕默德国·阿里改革消灭了马木路克势力,结束了长期的混乱状态,确立了中央集权国家体制;建立了近代工业,提高了社会生产力;增强了经济和军事实力;客观促进了资本主义发展,推动了历史进步。(日本明治维新、中国戊戌变法等)

(2)共同之处:①等级制度(财产等级制度——连做法,二十等爵制);

②健全国家机器(400人会议、陪审法庭、公民大会——县制、燔诗书而明法令等);

③重视发展农业(发展农业生产——重农抑商,奖励耕织);

④币值和度量衡改革(改革币值和度量衡制——统一度量衡);

⑤社会习俗改革;

⑥废除旧制度(废除债务奴隶制——废除分封制)等等官吏的任免;对工商业的态度等(任意2条即可)。

不同影响:梭伦改革促进了工商业的发展,为雅典民主政治奠定了社会基础;

商鞅变法促进了封建经济发展,有利于中央集权制度的形成。

(3)①废除农奴制,改变落后现状。②摆脱民族危机,实现富国强兵,发展资本主义,推进民族近代化。③走上发展资本主义道路。④是一次思想解放潮流,促进了人们的思想觉

醒。

(4)传播近代民主思想;改革落后的封建制度,建立近代资本主义政体;采用西方先进的技术,建立近代企业。

(5)顺应历史潮流;符合民意,得到人民支持;举措得当;具有坚韧的改革毅力;勇于与旧势力斗争(言之成理即可)。

【变题1】 阅读下列材料:

材料一 中世纪的欧洲,封建割据严重,王权衰微,天主教势力空前强大,占据了支配地位,罗马教皇终于确立了西欧的大一统神权统治。14—16世纪,在西欧随着商品生产与交换的繁荣,封建生产方式开始瓦解,资本主义萌芽开始产生和发展,同时资产阶级开始兴起,他们反对教会和贵族的特权,强烈要求分享政治权利。文艺复兴的思想家们批判了中世纪教会的蒙昧、禁欲说教与封建的等级特权制度,宣传了个人自由、平等与欲望,提倡竞争进取精神与科学的求知的理念。西欧资本主义进入原始积累时期以后,无论是国内发展还是海外掠夺,都需要有强大的国家作支撑。英国、法国等逐渐形成统一的民族国家,天主教会成为西欧各国强化王权道路上的一大障碍。

材料二 马丁·路德贴出《九十五条论纲》。(见下图)

材料三 我日夜思索这句话,(神的裁判表现在神身,正如……所写的:"义人等信仰生活")神终于怜悯我,让我明白:神的裁判就是义人蒙受神恩所经历的裁判,就是信仰,而那段话的意思就是:《福音书》表现了神的裁判,慈悲为怀的神通过它让信仰使我们成为义人。

——马丁·路德

人的得救与否,不是靠斋戒、忏悔、赎罪,而是完全由上帝预订,人的意志无法改变。人在现世的成功与失败,就是得救与否的标志,就是"选民"与"弃民"的标志。

——加尔文

材料四 1529年,都铎王朝的亨利八世开始与罗马教廷走向决裂;1533年,亨利八世宣布禁止英国教会向罗马教廷缴纳贡金;1534年,英国国会通过了《至尊法案》,宣布英国国王是"英国教会在地上之惟一最高首脑",从此,英国完全脱离了

武士道血腥的切腹

切腹,为以刀切开腹部的自杀仪式,一般认为源自日本。切腹自杀者日语称为"切腹人",而切腹人如为了追随师父死亡而自杀,过程称为"追腹"。切腹后由于未必会即时死亡,切腹自杀者为了减轻激烈的痛楚,可能会于切腹后进行介错,即找来助手在最痛苦一刻替其斩首。

介错是和日本武士切腹自杀有关的词语。由于切腹的过程太过痛苦,故很多时切腹者也会找来介错,就是把切腹者的头斩下来以减轻切腹所带来的长久痛苦,而到了后期很多时只是象征性把刀碰到腹部而不需要造成致命伤口就被斩首了。

罗马教廷的控制,成为一个新教国家。

请回答:

(1)依据材料一,归纳欧洲宗教改革运动出现的主要因素。

(2)材料二的行动是针对当时的什么事件? 这一行动有何重要意义?

(3)依据材料三,分别指出两人的基本主张是什么? 其共同点是什么?

(4)亨利八世与罗马教廷决裂的导火线是什么事件? 结合材料四和所学知识分析,这次宗教改革有何显著特点?

(5)结合上述材料和所学知识,说明欧洲宗教改革运动的实质和历史作用。

【变题2】 阅读下列材料:

材料一 农民革命的威胁迫使政府开始准备农村改革。甚至沙皇及其赖以存在的支柱农奴地主也意识到必须破除农奴制。……中等地产的贵族希望农业沿着资本主义方向发展,这些地主占有大部分农奴。……农奴主也好,自由派也好,他们所关心的都是防止农民革命,想用和平的方法,以让步和妥协为代价使俄国农村转入资产阶级的逐渐改革,从而把权利和土地留在地主手中。

——《苏联通史》第二卷

(1)材料一中俄国社会各阶层(或阶级)对农奴制的基本态度如何? 他们持这一态度的主要原因是什么?

材料二 1861《解放农奴宣言》载:"农民这样地获得一定数量的土地为私产后,因为赎买了土地,他们就有了摆脱了地主的义务,而成为拥有私产的完全自由的农民……"

(2)材料二表明农奴解放后获得了哪些权益?

材料三 1863 年沙皇政府报告书:"农民抱怨……负担的义务过重,特别是在原来利用的附属地。面积超过了现有份地的那些地方;他们不肯缴代役金;他们拒绝服役或希望保留原来三天的劳役的办法。"

(3)材料三中"农民抱怨……负担的义务过重"的原因是什么?

材料四 读图片回答:

亚历山大二世给俄国带来的"文明",这幅漫画形象地说明了改革的局限性,在"文明"的口号下,沙皇把大批的反对者流放西伯利亚。

(4)材料四反映了俄国历史上哪一历史现象? 这一事件涉及到哪些领域?

(5)结合上述材料,概要指出亚历山大二世的上述改革有什么积极意义?

诺曼底登陆作战与天气预报

智趣素材

1944 年 6 月 4 日,是盟军最高统帅部历史上最不平凡的一天。盟军集中 45 个师,1 万架飞机,几千艘舰船,即将开始诺曼底登陆作战。这时,传来了令人沮丧的消息:今后三天英吉利海峡将在低压槽的控制下,舰船出航十分危险。盟军统帅艾森豪威尔将军不得不把进攻的时间推迟。盟军司令部里的空气显得异常压抑,正在大家愁眉紧锁的时候,气象学家斯塔格提出一份预报:有一个冷峰正在向英吉利海峡移动,6 月 6 日可能适合作战。当晚气象组对 6 日的天气作了更详细的预报,天气虽不理想,但起码满足了登陆的基本条件。盟军统帅当即拍板定案:6 月 6 日为登陆作战的发起日。正是这一果断的选择,使这次登陆战役大获全胜。

第5部分　近代社会的民主思想与实践

第1单元　民主与专制的思想渊源

考纲解读导航

考试内容

1. 欧洲君主专制理论的构建
(1)阿奎那的"君权神圣"
(2)詹姆士一世与"君权神授"
2. 近代西方民主理论的形成
(1)斯宾诺莎的"天赋人权"思想
(2)洛克的权力分立思想
(3)卢梭的"主权在民"思想
3. 近代中国对民主的理论探索
(1)"中体西用"——洋务派主张
(2)民权思想的启蒙——维新派主张
(3)孙中山的民权思想

能力要求

(1)了解托马斯·阿奎那"君权神圣"和英国国王詹姆士一世"君权神授"等君主专制思想的主要内容,认识君主专制统治产生的理论基础和历史背景。

(2)知道斯宾诺莎、洛克和卢梭民主思想的基本内容,理解民主思想与专制理论的根本区别,树立支持民主、倡导进步的历史意识。

(3)了解19世纪后半叶"中学为体、西学为用"的基本主张,认识当时中国社会各阶层对西方民主政治制度的反应。

(4)简述康有为、梁启超和孙中山关于民主的主要论述,比较其观点的异同。

三年高考命题

1. (2009年天津文综)胡适评价19世纪末的梁启超为"革命第一大功臣,其功在革新开国之思想界"。这主要是因为梁启超宣传了　　　　　　　　　　　　(　　)
A. 民主科学,自由平等　　B. 民主共和,主权在民
C. 托古改制,变革维新　　D. 开设议院,变法图存

2. (2009年江苏历史单科)文艺复兴、宗教改革和启蒙运动的相同点是　　　　　　　　　　　　　　(　　)
A. 崇尚理性和科学的结合
B. 批判罗马天主教的愚昧统治
C. 坚持国家权力高于教会
D. 设计了未来理想的社会制度

3. (2009年江苏历史单科)20世纪30年代蒋廷黻的《中国近代史大纲》称:近百年的中华民族根本只有一个问题,即追求近代化。如果这一观点成立,是基于它　　(　　)
A. 全面揭示了近代中国历史的基本线索
B. 根据人类文明发展的一般规律得出的结论
C. 考虑到近代中国特殊的社会性质
D. 重视中国近代化建设的政治前提

4. (2009年广东理科基础)英国思想家斯宾塞认为,人类社会沿着由简单到复杂、由低级到高级的过程发展,他的思想最有可能借用了　　　　　　　　　　　　(　　)
A. 相对论原理　　　　　B. 万有引力定律
C. 进化论原理　　　　　D. 主权在民思想

5. (2009年广东历史单科)梁启超说:"我国蚩蚩四亿之众,数千年受制于民贼政体之下,如盲鱼生长黑窟,不知天地间有□□二字。"省略的两字最可能是　　　　　　　　(　　)
A. 君主　　B. 民权　　C. 西学　　D. 科学

6. (2009年广东文科基础)近代某思想家说:"然则必欲予民权自由,何必定出于革命乎?革命未成,而国大涂炭,则民权自由,且不可得也。"这位思想家主张　　(　　)
A. 民主共和　B. 改良维新　C. 暴力革命　D. 君主专制

7. (2009年上海历史单科)当历史学家谈起《中华民国临时约法》、反法西斯主义、黑人民权运动等史实时,人们会不由自主地想到下列哪一概念　　　　　　　(　　)
A. 共和　　B. 社会保障　C. 人权　　D. 君主立宪

8. (2008年广东历史单科)某思想家说:"我之出而仕也,为天

下，……为万民，非为一姓也……"他所反对的是（　　）
　　A. 民主共和制　　　　B. 中央集权制
　　C. 专制主义制度　　　D. 君主立宪制

9. (2008 年广东历史单科)某思想家在 1925 年提到世人对他的评价："自戊戌以来，旧则攻吾太新；新则攻吾太旧……"该思想家是（　　）
　　A. 康有为　B. 梁启超　C. 严复　D. 胡适

10. (2008 年广东理科基础)"各班会党日昌明，……男子共和争促进"。该情形出现于（　　）
　　A. 辛亥革命时期　　　B. 义和团运动时期
　　C. 抗日战争时期　　　D. 太平天国运动时期

11. (2008 年宁夏文综)《四库全书总目提要》称某人的著述"狂悖乖谬，非圣无法"，"排击孔子，别立褒贬"。这里的"某人"是指（　　）
　　A. 李贽　B. 黄宗羲　C. 顾炎武　D. 王夫之

12. (2008 年上海文综)宗教改革前，关于教皇和皇帝的权力，有这样一种形象的比喻：教皇是太阳，皇帝是月亮；宗教改革生，人们换了一种说法：上帝的归上帝，恺撒(泛指皇帝)的归恺撒。这种认识的改变反映了
　　A. 教皇和皇帝的权力一直是平等的
　　B. 教皇的权力在上升，皇帝的权力在下降
　　C. 教皇的权力始终大于皇帝的权力
　　D. 皇帝的权力在上升，教皇的权力在下降

13. (2010 年北京文综卷)有人认为，中国古代君主专制理论由先秦法家奠定，经汉朝儒生发展而成。这两个阶段的代表人物分别是（　　）
　　A. 荀子、董仲舒　　　B. 荀子、孟子
　　C. 商鞅、孟子　　　　D. 韩非子、董仲舒

14. (2010 年安徽卷)柳宗元认为，秦末农民起义"咎在人怨，非郡邑之制失也"；西汉七国之乱"有叛国而无叛郡"，"秦制之得亦明矣"。下列哪种说法最符合材料原意（　　）
　　A. 郡县制与秦末农民战争没有关系
　　B. 七国之乱因汉初分封而爆发
　　C. 郡县制有利于中央集权统治
　　D. 郡县制取代分封制是历史的必然

15. (2009 年福建文综)阅读下列材料，回答问题。
　　材料一　立法权委托给由人民自由选出的……国民议会。行政权委托给国王。司法权委托给人民按时选出的审判官行使之。
　　每年缴纳直接税达三天工资以上者，被编入居住地国民自卫军的男子，享有选举权，称"积极公民"；而处于奴仆地位的、被提起公诉的、破产和不能清偿债务的以及其他不具备积极公民条件的人，则属于消极公民，无选举权。
　　材料二　凡出生于法国并在法国有住所的男子而年满二

十一者……均有行使法国公民权利的资格。立法权由普选产生的国民议会掌握。行政权由 24 人组成的执行会议行使。大理院为最高审判机关。
　　(1)在国家政治体制的设置上，材料一、二体现了什么共同原则？该原则源于法国启蒙思想家的哪部著作？

　　(2)指出两则材料在国家政体与公民权利规定上的差异。结合所学知识，评价材料二的相关规定。

复习攻略

一、整体感知
本单元主要探讨民主与专制的思想渊源，分三课进行叙述。第一课论述欧洲君主专制的产生、形成过程以及典型代表(英国)。第二课主要对斯宾诺莎的"天赋人权"理论、洛克的"法律面前人人平等"思想和卢梭的"人民主权论"逐一概述，这三者的思想为近代社会民主理论发展做出了重大贡献。第三课论述中国民众对民主理念的探索，中国的"民本思想"源头久远，黄宗羲、顾炎武等人对君主专制的批判，流露出对民主思想的朦胧追求。

二、各个击破
1. 阿奎那与詹姆士一世"君权神授"理论比较
(1)同：
①都主张君主权力来自于上帝，是神圣的；
②都是维护西方专制制度的工具。
(2)异：
①目的不同，阿奎那维护神学权威；詹姆士一世维护国王的专制统治。
②内容不同，阿奎那侧重于教皇高于国王，教会高于国家；詹姆士一世强调君权来自上帝，议会权力来自国王。
③影响不同，阿奎那维护了教会的神权统治，巩固了封建统治；詹姆士一世激化了社会矛盾，导致资产阶级革命爆发。
2. 斯宾诺莎、洛克、卢梭民主思想的主要共同点
(1)背景：①资本主义发展，资产阶级力量壮大，与封建统治者之间矛盾尖锐；②反君主专制制度和个人独裁，维护资产阶级利益成为时代发展的必然要求。

智趣素材

水门事件
　　在 1972 年的总统大选中，为了取得民主党内部竞选策略的情报，1972 年 6 月 17 日，以美国共和党尼克松竞选班子的首席安全顾问詹姆斯·麦科德为首的 5 人闯入位于华盛顿水门大厦的民主党全国委员会办公室，在安装窃听器并偷拍有关文件时，当场被捕。事件发生后，尼克松曾一度为他们竭力掩盖开脱，但在随后对这一案件的继续调查中，直接涉及到尼克松本人，引发了严重的宪法危机。尼克松迫于各方面的压力，于 1973 年 8 月 8 日宣布将于次日辞职，从而成为美国历史上首位辞职的总统。该事件称为水门事件。

(2)内容:①天赋人权;②社会契约。

(3)影响:①是近代西方民主理论的主要内容,为近代社会民主理论发展作出重大贡献;

②沉重打击封建君主专制制度及其思想体系,成为资产阶级民主革命斗争的思想武器;

③成为西方近代民主政治的核心内容和资产阶级民主制度的根本原则,为民主政治的出现提供可供操作的政治蓝图。

3. 孙中山的三民主义的内容及评价

(1)内容:

民族主义——民族革命:前提

民权主义——政治革命:核心

民生主义——社会革命:补充发展

(2)评价:

进步性:

①是比较完整的资产阶级民主革命纲领;

②反映资产阶级对民主政治的追求和在中国发展资本主义的要求,反映中国人民争取民族独立和国家富强的愿望,代表时代前进的方向;

③是辛亥革命的理论旗帜,推动了革命的发展。

局限性:

①没有明确提出反帝的要求——对帝国主义抱有幻想。

②没有彻底的土地革命纲领——革命缺乏群众基础。

4. 比较维新派与革命派思想的异同:

(1)同:

①从来源看,都来源于西方,是向西方学习的结果;

②从目的看,都为挽救民族危亡,发展资本主义;

③从影响看,都推动中国社会的近代化,都在社会上起了思想启蒙作用;

④从根源看,都是资本主义经济的发展在思想文化领域的反映。

(2)异:

①从方式看,前者主张改良,后者主张革命;

②从政体看,前者主张资产阶级君主立宪制,后者主张资产阶级民主共和制。

5. 明末清初进步思想与西方民主理论的不同及原因

(1)不同:前者没有形成完整的思想体系,后者有比较完整的思想体系;前者没有提出资本主义性质的新政权方案,后者为资产阶级政体的建立提供了一系列基本蓝图;前者对中国近代资产阶级民主思想和民主革命产生的影响有限,后者直接指导和影响了资产阶级革命进程。

(2)主要原因:中国当时资本主义萌芽发展缓慢,使早期民主思想缺乏强有力的物质基础;高度强化的君主专制中央集权制度给它巨大压力;中国传统文化的严重束缚。

知识结构梳理

一、欧洲君主专制理论的构建

(一)阿奎那的"君权神圣"

1. 背景

(1)在中世纪,_____是整个西欧世界的精神和政治主宰,长期凌驾于世俗权力之上。

(2)_____不甘心屈尊于教权之下,同教权进行了长期斗争。

(3)13世纪的意大利,基督教的神学权威受到严峻挑战。

2. 代表作:《反异教大全》《论君主政治》《神学大全》

3. 内容

(1)国家观:君权神圣,教权高于王权,_____是上帝通过教皇授予的,君主应当服从教会和教皇。

(2)政体观:_____的政府或君主政体是最好的政府形式,国家最好让一个君主进行统治,以保证社会的和谐与统一,避免因多数人的统治造成社会的分裂和战争。

4. 评价

(1)目的:调和封建统治内部教权和王权的矛盾,维护教会的神权统治。

(2)作用:

①对教会:维护了_____与至高无上的地位。

②提高了_____的政治地位,成为君主专制的理论基础。

(二)詹姆士一世与"君权神授"

1. 背景

(1)_____后,王权已合并教权以国王的名义之下。

(2)由于_____萌芽的产生和发展,城市力量和民族主义增强,王权也由此增强,社会矛盾日益尖锐。

(3)新兴资产阶级和包括教会的封建势力旗鼓相当,双方谁也无法彻底战胜谁。

(4)都铎王朝时期,英国建立君主专制制度,封建统治阶级与资产阶级和新贵族的矛盾日益加深。

2. 内容

(1)_____的权力来自于上帝,因而拥有至高无上的绝对权威。

(2)除_____外,国王无须对任何人负责。

3. 推行:采取一系列专制措施

(1)压制议会,反对_____对王权的任何限制。

---

(2)对人民横征暴敛。

(3)对_____实行宗教迫害。

4. 评价

(1)目的:稳固君主专制统治。

(2)影响:

①触犯了资产阶级和新贵族的利益,引起议会与国王之间的尖锐对立。

②激化了阶级矛盾,最终导致资产阶级革命的爆发。

二、近代民主理论的形成

(一)斯宾诺莎的"天赋人权"理论

1. 背景

(1)16世纪80年代初,独立后的荷兰_____迅速发展。

(2)荷兰面临来自_____的外部威胁,内部也存在着各种社会矛盾。

(3)_____仍然统治着人们的头脑。

2. 目的:为荷兰资产阶级争取_____和_____。

3. 内容

(1)天赋人权理论:明确提出_____学说,认为天赋人权就是自然权利。

(2)社会契约论:_____来源于人们所签订的一种社会契约,国家的目的是保障人的自然权利。

(3)民主政体最优论:认为只有民主政体才能保证思想和言论自由。

(4)思想自由原则:政治的目的是自由。

(二)洛克的权力分立思想

1. 背景:1688年的"_____",资本主义政权建立。

2. 目的:捍卫_____的成果。

3. 著作及思想

(1)著作:《_____》

(2)思想:

①法治观:法律至上,法律面前,人人平等,任何人都不能凭借特权逃避_____的制裁。

②天赋人权论:生命权、自由权、财产权等神圣不可侵犯。

③最佳政体:君主立宪制。

④分权制衡:立法权属议会,行政权和对外权属国王。

⑤社会契约论:_____是人民赋予的,而不是来自上帝。

(三)卢梭的"人民主权论"

1. 背景

(1)18世纪的法国社会正处于危机四伏、矛盾重重之中。

(2)_____的社会制度带来社会不平等,使法国人民与封建势力之间的矛盾十分尖锐。

(3)法国_____的兴起。

2. 思想

(1)天赋人权说:人生来就是_____的,这是自然赋予

每个人的权利。

(2)社会契约论:国家与法律是人类通过订立_____而建立的。

(3)人民主权说:国家的主权源于人民,因此最好的政体是_____。

(4)革命权利说:_____若不履行契约,不顺从民意,享有主权的人民就有权推翻专制统治。

3. 影响

(1)为资产阶级_____提供了理论依据。

(2)美国《_____》和法国《_____》都体现和继承了卢梭的思想,为美国独立战争和法国大革命提供了理论武器。

三、近代中国对民主的理论探索

(一)"中体西用"(19世纪60年代)

1. 背景

(1)鸦片战争后西方文化对中国的强劲冲击。

(2)魏源为代表的一批有识之士主张学习西方的"长技"以"制夷"。

(3)第二次鸦片战争后,中西暂时处于"和好"局面。

2. 概念:"中体西用"就是指在坚持以中国传统的政治制度和儒家的"纲常名教"为治国之本的前提下,学习利用西方近代在科技文教等领域先进的东西。

3. 地位与作用:"中体西用"成为洋务运动的思想纲领,对于冲破封建顽固派的阻挠,引进西方自然科学,促进中国工业、军事的近代化和新式教育的产生发挥过积极作用。

(二)民权思想的启蒙

1. 康有为的民权思想

(1)其民主思想的核心是_____。

(2)人人有"_____"和"_____"。

(3)主张"人人平等"。

2. 梁启超的民权思想

(1)人人有自主之权的原则同专制君主集中权力是完全对立的。

(2)开放_____,抨击君主专制。

3. 谭嗣同的民权思想

(1)宣传资产阶级平等、自由和民主的思想。

(2)_____制度是万恶之源,严厉抨击为君主专制辩护的传统观念。

(3)天赋人权,_____。

(4)主张"_____,倡民权,变不平等为平等"。

4. 严复的思想

(1)吸收了卢梭的_____和_____,传播天赋人权。

(2)人民在_____面前一律平等。

(3)君民关系实际上是一种社会契约的关系。

贝多芬

贝多芬(1770—1827)出生于波恩,自幼学习弹琴,1787年曾到维也纳向海顿学习作曲,并结识莫扎特。贝多芬生活在法国大革命、拿破仑战争和维也纳体系的时代,欧洲的民主和民族意识此时正日益兴起。他的作品正反映了这些时代的特征,或歌颂英雄,或反对封建、争取民主自由和美好未来。其主要作品有《悲怆》奏鸣曲、《月光》奏鸣曲、《命运交响曲》(即第五交响曲)、《合唱交响曲》(即第九交响曲)等。贝多芬的晚年十分凄凉,在贫病交加中死去。但是,人民铭记着他,1827年3月29日,贝多芬的葬礼举行时,有2000多人参加护灵。贝多芬对音乐的最重要贡献是交响曲,因此他被誉为"交响乐之王"。

（三）孙中山的民权思想

1. 民权主义是孙中山民主思想的主要内容

（1）_____是三民主义的核心。

（2）民权主义是孙中山建立理想资产阶级共和国的重要原则。

（3）通过_____建立资产阶级民主共和国是孙中山民权思想的充分体现。

2. "五权宪法"原则是孙中山民权思想的基本内容

（1）"五权宪法"是借鉴西方_____学说基础上发展起来的。

（2）"五权宪法"的基本原则是在三权分立的基础上，加上考试权和监察权，实行五权分立。

（3）五权分立宪法保证的政体，能够达到权力的_____，彻底实现三民主义。

二年模拟训练

1.（2010 年深圳模拟）三民主义是辛亥革命的指导思想。对三民主义的评述，不正确的是　　　　（　　）

A. 民族主义反映了中国人民实现民族独立的愿望

B. 民权主义是要建立资产阶级共和国

C. 民生主义是要变地主土地所有为农民土地所有

D. 三民主义是西方政治思想与中国民主革命实践相结合的产物

2.（2010 年福建单科）辛亥革命期间，南京临时政府颁布了一系列法令法规。其中能体现孙中山民族主义思想的是　　　　（　　）

A.《大总统令禁烟文》

B.《大总统令内务部晓示人民一律剪辫文》

C.《慎重农事令》

D.《大总统令内务部禁止买卖人口文》

3.（2010 年厦门模拟）1912 年 2 月 15 日，即清帝宣布退位三天后，孙中山率临时政府文武官员赴明孝陵，祭奠明太祖朱元璋。这一事件反映了当时孙中山革命思想中的　（　　）

A. 民族主义思想　　　B. 民权主义思想

C. 民生主义思想　　　D. 实业救国思想

4. 阅读下列材料：

　　材料一　法律的目的不是废除或限制自由，而是保护和扩大自由……哪里没有法律，哪里就没有自由。

　　　　　　　　　　　　　　　——洛克

　　材料二　一切有权力的人都容易滥用权力，这是万古不易的一条经验……

　　　　　　　　　　　　　　　——孟德斯鸠

　　材料三　人生而自由，但无处不在枷锁之中。

　　　　　　　　　　　　　　　——《社会契约论》

请回答：

（1）材料一中洛克的思想主张是什么？

（2）为了防止"一切有权力的人都容易滥用权力"，孟

德斯鸠提出了怎样的解决方案？

（3）卢梭《社会契约论》的主要内容是什么？

5.（2010 年安徽名校一轮复习联考）近代以来，西方文明的发展引领世界文明不断进步。阅读下列材料，回答问题：

　　材料一　明清之际思想家的主要观点

思想家	主要思想
黄宗羲（1610 － 1695）	批判君主专制，提出"君臣平等"和"工商皆本"的思想
顾炎武（1613— 1682）	提出"以天下之权寄天下之人"的"众治"主张
王夫之（1619— 1692）	揭露历代帝王把天下作为私产的做法主张"循天下之公"

　　　　　　　　　——摘自人教版高中历史必修 3

　　材料二　启蒙运动时期法国思想家的主要观点

思想家	主要思想
伏尔泰（1694— 1778）	反对君主专制和封建神权，认为自然赋予人类以思想自由、出版自由、信仰自由以及法律面前人人平等
孟德斯鸠（1689— 1755）	反对君主专制，倡导天赋人权，认为政权属于全体人民，提出三权分立的原则
卢梭（1712— 1778）	反对封建王权，倡导"社会契约论"和"人民主权"说，论述了私有制是人类不平等的起源

　　　　　　　　　——摘自人教版高中历史必修 3

（1）根据材料一和材料二，概括其思想的共同点。与明清时期相比，法国启蒙思想家思想的侧重点是什么？

华盛顿故事一则

　　一次，华盛顿出去看士兵在干什么的时候，他看见了一个下士在命令他的手下把一个巨大的水泥块移到碉堡旁来巩固碉堡，可是下士都快喊破喉咙了士兵还是没有把水泥块移到位置上，突然水泥块滑了下来，幸好华盛顿用他那强壮的手臂把水泥块顶住，然后其他士兵上前来帮忙，终于把水泥块移到位置上了。士兵们拥抱华盛顿表示感谢，然后华盛顿用教训的口气对下士说："为什么你只让你的手下干活而你又把你的手放在衣袋里呢？"下士说："难道你看不出我是下士吗？"华盛顿说："哦！是的！你是下士。"说着华盛顿解开大衣的扣子，然后说："按军衔和衣服看我是上将，但是下次有东西要抬的时候就叫我！"

智趣素材

(2)概述中西两种思想在历史进程中各自产生的作用。

材料三 "大约在1660-1789年,西欧专制主义盛行,欧洲智力和文化的历史也经历了中世纪以来最重大的变化。" ——《西方文明史》

(3)依据材料三和所学知识,指出推动"欧洲智力和文化的历史"发生重大变化的科技因素,并分析这种变化对欧洲文明发展的影响。

材料四 "没有任何事件比法国思想革命和工业革命更深刻地改变了西方文明的面貌了。……19世纪和20世纪早期所发生的重大事件——中产阶级自由主义的传播和经济上的成功,古老的土地贵族的没落,城市工人中的阶级

意识的增长——所有这一切都植根于这两次革命。"

(4)结合工业革命的影响,谈谈你对上述观点的理解。

材料五 "1920年代和1930年代的欧洲历史使人们越来越难以像以往那样对进步深信不疑……。这是令人幻想破灭和感到绝望的年代"。 ——《西方文明史》

材料六 二战结束后,"在人类积极向上的精神鼓舞下,在良好的经济发展趋势影响下,欧洲产生了一种轻快的、充满生机的和富有创造性的文明,在1945年,即使是一位最乐观的预言家,也无法想象到这种文明所具有的广泛程度和它的特征。" ——《西方文明史》

(5)结合所学知识,概括指出二战后欧洲的发展为人类文明建设提供了哪些经验?

一年冲刺母题

【母题】 阅读下列材料:

材料一 "凡是不能促进我们达到目标的一切东西,我们应一概斥为无用。" ——斯宾诺莎

材料二 当立法者们图谋夺取和破坏人民的财产或贬低他们的地位使其处于专断权力下的奴役状态时,立法者们就使自己与人民处于战争状态,人民因此就无须再予服从……人民享有恢复他们原来的自由的权利,并通过建立他们认为合适的新立法机关以谋求他们的安全和保证。当人民发现立法行为与他们委托相抵触时,人民仍然享有最高权力来罢免或更换立法机关。 ——洛克《政府论》

材料三 卢梭相信,一个理想的社会建立于人与人之间而非人与政府之间的契约关系。与约翰·洛克一样,卢梭认为政府的权力来自被统治者的认可。卢梭声称,一个完美的社会是为人民的"公共意志"(公意)所控制的,虽然他没有定义如何达成这个目标,但他建议由公民团体组成的代议机构作为立法者,通过讨论来产生公共意志……在社会契约中,每个人都放弃天然自由,而获取契约自由;在参与政治的过程中,只有每个人同等地放弃全部天然自由,转让给整个集体,人类才能得到平等的契约自由。

请回答:

(1)材料一中,斯宾诺莎所说的目标是什么?"一切无用的东西"又指什么?

(2)材料二中,立法者与人民的关系是什么?

(3)材料三反映了作者怎样的思想观点?实质是什么?

(4)总结上述材料中三大思想家思想的共同之处。

【解析】 本题考查了近代民主理论的形成。第(1)问结合课文知识可知。第(2)问只需从材料中概括即可。第(3)问结合课文关于卢梭思想的介绍,可知材料中卢梭主张社会契约论,他实质是主张建立资产阶级法制社会。

【答案】 (1)目标:伸张和捍卫资产阶级的自由与民主权利。

"一切无用的东西":封建君主专制和个人独裁及基督教神学。

(2)关系:如果立法者违背了人民意愿,人民就没有必要再服从他,有权使用武力推翻其统治,重新建立新的立法机构。

(3)观点:社会契约论。

实质:建立资本主义法制社会。

(4)天赋人权和社会契约的思想。

【变题1】 阅读下列材料,回答问题。

材料一 一个由个体组成的多样体就会需要统一作为约束,才能开始以任何方式实行统治。……所以,与其让那必须首先达成协议的许多人实行统治,还不如由一个人来统治的好。……克服暴政弊害的办法应以公众的意见为准,而不能以若干个人的私见为断。特别是在一个社会有权为自身推选统治者的情况下,如果那个社会废黜它所选出的国王,或因他滥

用权力行使暴政而限制他的权力,那就不能算是违反正义。

——《阿奎那政治著作选》

(1)请概括材料一中的阿奎那的主要观点,结合材料及所学知识,指出阿奎那"君权神圣"理论的进步作用。

材料二 国王只有在行仁政的时候才是国王,如果施行暴政蹂躏子民,就成了暴君。……在执行法律时任何人的权力都不能大于国王,但国王如果犯法就应当像最微贱的平民一样受到法律的制裁。

——13世纪英国法学家亨利·布莱克顿《英国的法律与惯例》

(2)材料二的主要精神是什么?

材料三 "国王在世上可以行使一种神圣的权力"……可以"任意处理他的臣民:或加以提升,或加以贬斥;或生,或杀;在任何情况下都可以对他们进行审利,除上帝之外,国王不对任何人负责"……

——詹姆士一世

(3)材料三表明了詹姆士一世怎样的思想?它的理论来源是什么?

【变题2】 阅读下列材料,回答问题:

材料一 从19世纪60年代到甲午战争爆发前,中国人对西方民主有了进一步的认识,并开始使用"民主"一词。这一时期介绍西方民主比较多的是早期改良思想家和一些比较有眼光的官员,他们认识的民主主体部分仍是民主制度,但已经注意到民主思想层面的内容,内涵有所扩展……从甲午战争失败到新文化运动前夕,这是中国人开始逐渐认清西方民主的本质性内容、真正接受西方民主的时期,也是中国近代民主思想产生并获得重要发展的时期。

材料二 欲自强,必先致富;欲致富,必首在振工商;欲振工商,必先讲求学校,速立宪法,尊重道德,改良政治。

——郑观应《盛世危言》

(1)根据材料二,说明材料一中早期维新思想家对西方民主认识有何变化。

(2)请用事实证明,材料一中"从甲午战争失败到新文化运动前夕,这是中国人开始逐渐认清西方民主的本质性内容、真正接受西方民主的时期,也是中国近代民主思想产生并获得重要发展的时期"这一观点。

材料三

人物	人物速写	人物	人物速写
①	对孟德斯鸠的民主政治学说有选择地接受和推崇	⑤	民族英雄,领导了"虎门销烟"
②	著《劝学篇》,阐述"中学为体,西学为用"	⑥	广东南海人,著有《孔子改制考》一书
③	著有《海国图志》一书	⑦	特别关注和欣赏西方的议会政治
④	提出三民主义	⑧	创建了"湘军"

(3)从对"西学东渐"的认识到实践的角度,将材料三中的人物分为四类(每一类两人)。概述这四个派别的人物对于向西方学习的态度和主张。

(4)结合材料三中人物的实践和教训,谈谈在今天我们应当如何对待外国文明尤其是西方文明。

第 2 单元　民主力量与专制势力的较量

考纲解读导航

考试内容

1. 英国革命前的民主"火山"
(1)"火山口"上的"君权神授"
(2)尴尬的税收问题
(3)斗争的檄文——《权利请愿书》
2. 英国议会与王权的决战
(1)民主派的纲领——《大抗议书》
(2)革命的巅峰——共和国的成立
(3)反复的较量
3. 法国人民的民主追求
(1)照进巴士底狱的阳光
(2)违约者的末日
(3)雅各宾派的"恐怖统治"
(4)影响深远的革命
4. 拿破仑时代的欧洲民主
(1)拿破仑上台
(2)拿破仑帝国的内外政策
(3)帝国的末日
5. 曲折的民主之路

(1)动荡中的法国
(2)为自由和民主而战
(3)围绕政体的角逐

能力要求

(1)知道《权利请愿书》的主要内容,认识英国革命前国会与国王围绕税收问题展开斗争的实质。
(2)了解《大抗议书》的基本内容,理解国会通过该文献前后国会与国王冲突的主要原因。
(3)简述国会处死国王查理一世、建立"护国政体"和斯图亚特王朝复辟的史实,认识民主与专制斗争的残酷性、复杂性和反复性。
(4)以法国大革命中波旁王朝被推翻、共和国建立的基本史实为例,认识民主力量与专制势力斗争的深刻性和艰巨性。
(5)知道拿破仑帝国建立和波旁王朝复辟的基本经过,体会民主力量反对封建专制势力斗争的长期性、曲折性。
(6)说出法兰西第二帝国建立和法兰西第三共和国确立共和制度等基本史实,认识民主制度的建立是进步力量进行殊死斗争的结果,而不是专制势力恩赐的产物。

三年高考命题

1. (2009 年重庆文综)色当战役的重大影响是　（　）
①促成了法国与撒丁王国结盟　②导致了法兰西第二帝国垮台　③推动了普鲁士与奥地利联合　④增加了德国工业发展的资源
A. ①③　　　B. ①④　　　C. ②③　　　D. ②④
2. (2009 年北京文综)在向近代转型的过程中,各国实行不同的土地政策,其中属于法国的是　（　）
　A. 通过立法确立小农土地所有制
　B. 允许农奴通过赎买获得份地
　C. 圈占土地建立资本主义农牧场
　D. 承认土地私有,实行地税改革
3. (2009 年广东历史单科)1830 年 7 月 27～29 日,法国议会将路易·菲利浦推上最高权力宝座,史称"光荣三日"。"光

荣"的含义源自英国"光荣革命"据此可以推断"光荣三日"
　　　　　　　　　　　　　　　　　　　　　（　）
　A. 推翻了拿破仑帝国
　B. 在法国建立共和国
　C. 没有发生大规模流血冲突
　D. 第一次建立了君主立宪制
4. (2009 年海南历史单科)英国革命和法国大革命"不仅反映了它们本身发生的地区即英法两国的要求,而且在更大得多的程度上反映了当时整个世界的要求"。这表明,英法资产阶级革命的成功标志着　（　）
　A. 工业生产方式确立　　B. 工业资产阶级胜利
　C. 新社会制度的胜利　　D. 君主制度的衰亡
5. (2009 年文综全国卷 1)法国人达尔让松在 18 世纪中期写

智趣素材

奇妙的气球之旅
莫斯科保卫战期间,为了干扰德国法西斯的轰炸机,红军在莫斯科上空放置了数百个气球。12 月 6 日,一个哨位的气球绳索突然断裂,负责守护的中士德米特里·维古拉反应迅速,一把抓住了绳索的断裂处,几分钟后,便随气球一起上升至 1500 米的高空。当时夜间的气温达到了零下 38℃,但是维里古拉中士凭借顽强的毅力,沿绳索攀至气囊处,拧开专门的气阀,放气后气球开始坠落,最终在离原哨位 110 公里处的地方顺利着陆。为表彰维里古拉誓死捍卫军队贵重财产的可贵精神,上级授予他红旗勋章。

道:"委托给大臣们的事务漫无边际。没有他们,什么事也办不了,只有通过他们,事情才能办成;如果他们的知识与他们庞大的权力有距离,他们便被迫将一切交给办事员办理。"上述材料说明,当时的法国 （　　）
A. 专制王权强化　　　B. 办事人员权力上升
C. 国王权力旁落　　　D. 社会等级壁垒森严

6. (2009年上海历史单科)路易十六在日记中写道:"14日,星期二,无事。"然而,这一天却成为改写法国历史的日子。因为在那天 （　　）
A. 第三等级召开了国民会议
B. 制宪会议通过了《人权宣言》
C. 巴黎人民攻占了巴士底狱
D. 拿破仑颁布了《法国民法典》

7. (2009年四川文综)"法治"取代"人治"是近代社会区别于古代社会的重要特征之一。在确定近代社会具体法律规范方面发挥了重要作用的是 （　　）
A.《人权宣言》的发表　　B.《社会契约论》的出版
C.《拿破仑法典》的颁布　D.《论法的精神》的出版

8. (2009年广东理科基础)历史学家汤因比认为,英国是近代代议制民主的先驱。这是英国"光荣革命"后产生了对后世影响巨大的 （　　）
A. 第一部成文宪法　　　B. 多党制的议会
C. 总统制　　　　　　　D. 君主立宪政体

9. (2008年广东历史单科19)从路易十六召开三级会议的目的看,三级会议在当时拥有的权力是 （　　）
A. 审判重大案件　　　B. 行政管理
C. 批准征收新税　　　D. 制定法律

10. (2008年文综全国卷二19)热月政变后,巴黎街头已听不见"公民"与"女公民"的称呼,彼此称"先生"、"夫人"或"小姐",人们不再吃"平等面包","革命广场"改称"协和广场",这些变化说明当时的法国 （　　）
A. 社会秩序趋于常态
B. 经济生活恢复正常
C. 王党势力重新抬头
D. 男女社会地位平等

11. (2010年天津文综卷)古代雅典城邦平民能在反对贵族的斗争中取得胜利,最重要的社会因素是 （　　）
A. 平民开展暴力斗争
B. 代表平民利益的领袖不断改革
C. 平民中不再有债奴
D. 平民中新兴工商业者力量壮大

12. (2009年辽宁文综)
材料一　组成国民会议的法国人民的代表们,认为不知人权、忽视人权或轻蔑人权是公众不幸和政府腐败的唯一原因,

所以决定把自然的、不可剥夺的神圣的人权阐明于庄严的宣言之中……
第六条　法律是公共意志的表现。全国公民都有权亲身或经由其代表去参与法律的制定。　　——《人权和公民权宣言》
材料二
第三篇　国家权力
第一章　国民立法议会
第二节　初级会议 选举人的选任
第一条　为了组成国民立法议会,积极公民们应每年一次在城市和在区集合为初级会议。
第二条　凡属积极公民,必须:
……在一国内任何一地至少已经缴纳了相当三个工作日价值的直接税,并须提出纳税的收据。
　　　　　　　　　——摘编自《1791年宪法》(法国)
(1)根据材料一、二,指出《人权和公民权宣言》和《1791年宪法》关于公民权利的规定有何区别。

(2)根据材料一、二并结合所学知识,分别指出《人权和公民权宣言》与《1791年宪法》作出有关公民权利的规定的原因。

一、整体感知
近代民主制度的建立和完善,经历了一个长期而反复的过程。近代英国的民主政体,从中世纪国会与王权的斗争开始,到《权利请愿书》的提出,历经长达半个世纪的资产阶级革命,到18世纪后半期才得以确立。法国的共和政体,从攻占巴士底狱到1875年宪法的通过,历时80多年才逐渐形成。英国资产阶级革命中,共和国的夭折、斯图亚特王朝的复辟;法国大革命后,拿破仑帝国的建立、波旁王朝复辟等,都说明了民主政治不是一蹴而就的。
二、各个击破
1. 分析比较《权利请愿书》和《大抗议书》的不同点及其共同思想。
(1)不同:
①从历史背景看,后者是在国王与议会矛盾进一步激化的条件下通过的。

智趣素材

②从内容看,前者还只是从一般的权力角度对国王加以限制,后者则提出废除各种封建特权,进行政治改革,特别是提出议会的相关权力,反映了资产阶级掌握政权的政治要求。

③从结果看,后者通过后,国王坚决不予接受,并挑起内战。

(2)共同思想:国王不能随意征税、国王不能漠视议会存在、国王不能违反法律、国王不能随意逮捕居民等,其核心是限制国王的权力、提高议会的地位。

2. 英国资产阶级革命的原因

(1)经济基础:资本主义经济迅速发展。

(2)阶级基础:资产阶级与新贵族力量壮大。

(3)根本原因:斯图亚特王朝专制统治阻碍资本主义发展。

(4)直接原因:议会与王权矛盾长期存在并激化,最终演变为武装冲突。

(5)导火线:苏格兰人民起义。

(6)宗教因素:清教思想的影响。

3. 英国资产阶级革命的特点与成因

(1)特点:资产阶级与新贵族联合领导;渐进性、曲折性、复杂性;利用宗教进行革命。

(2)成因:资本主义经济发展水平有限,资产阶级力量相对还比较弱;封建王权实力强大;天主教在欧洲影响远远大于英国国教;渐进性、保守性等英国民族传统。

4. 欧洲各国为什么组织反法同盟干涉法国革命?

(1)欧洲大陆各国君主看到革命中法国波旁王朝被推翻,害怕法国革命引起本国革命,从而危及自身统治,因此仇视法国革命,于是联合进行干涉。

(2)英国虽然是一个资本主义国家,但它担心法国强大会与其争夺欧洲和海上霸权,于是积极联合欧洲各国君主,武力干涉法国革命,以削弱法国在欧洲大陆的影响。

5. 评价拿破仑

拿破仑是一位卓越的政治家和军事家,是法国大资产阶级的代表,是对法国和欧洲历史甚至世界历史都产生过重大影响的历史人物,其活动既有促进社会发展的积极方面,也有侵略、掠夺其他各国人民的消极一面。

(1)其活动对历史的积极作用:①对内夺取政权后,采取措施稳定政局,建立资产阶级的正常统治秩序;进行财政改革,创办法兰西银行,鼓励资本主义工商业发展;颁布《民法典》等,确立资本主义社会的立法规范;建立中学、大学,培养人才,鼓励科学研究和技术教育。②对外,他的早期战争捍卫了法国大革命的成果,又把大革命的思想和精神等带到法军所到之处,动摇了欧洲大陆的封建统治。

(2)其活动对历史发展的消极作用是①对外进行长期的战争,造成法国经济的严重困难,阻碍了法国资本主义的发展;②后期对外所进行的战争,侵犯了欧洲许多独立的国家,给当地人民带来灾难。

6. 从法国二月革命到六月起义,资产阶级对工人阶级的态度发生的变化及主要原因。

(1)变化:由联合工人结成反封建革命联盟到镇压工人阶级。

(2)联合的原因:旧势力比较强大;资产阶级要实现扩大政治权利和进行社会经济改革,单凭自己的力量不能完成;面临共同反对大资产阶级统治的目标。

(3)镇压的原因:共同的革命目标——推翻七月王朝已实现;革命中工人阶级的政治活动引起资产阶级不安;工人阶级的斗争越来越威胁到资产阶级的统治,即工人阶级与资产阶级的矛盾上升为主要矛盾;资产阶级为维护二月革命的既得利益。

知识结构梳理

一、英国革命前的民主"火山"

(一)"火山口"上的"君权神授"

1. 资本主义发展,工商业_____和_____的迅速成长。

2. 工商业资产阶级和新贵族在议会中占有重要地位,他们力图获得更大的权力。

3. 王权的扩大,_____实行专制统治。

(1)詹姆士一世

①宣扬"_____"。

②采取许多加强君权的措施:推行商品专卖制度,强化国教,迫害非国教教徒。

(2)查理一世

①坚持"君权神授"观念,并把"君权神授"的理论肆意运用到现实政治生活中。

②1629年,查理一世_____,开始无议会专制统治。

(二)尴尬的税收问题

1. 英国传统的议会制度

(1)发展历程:

①1295年,爱德华一世为征税召开议会,史称"_____"。

②1343年,议会分为上下两院,上院称_____,下院称平民院或众议院。

③14~15世纪是议会发展的重要时期,议会的职能基本确定下来。

(2)议会主要职能:_____请愿、决定征税、制定_____和监督、弹劾行政官员。

2. 税收问题:围绕_____问题,王权与议会进一步交恶。

(三)斗争的檄文——《权利请愿书》

1. 起因:斯图亚特王朝国王詹姆士一世和查理一世信奉"君权神授",推行专制统治。

(1)多次解散_____。

(2)推行强行_____政策。

(3)逮捕、监禁拒购公债的骑士。

2. 目的:抗议和约束_____的胡作非为。

3. 内容:

(1)谴责_____侵犯民权,违反国家法度。

(2)未经_____同意,不得强行征税。

(3)非依据国家法律或法庭判决,不得逮捕任何人或剥夺其财产。

(4)和平时期不能随意实行军事法,_____不得驻扎民房。

4. 结果:

(1)查理一世勉强同意,后又_____,强行征税。

(2)国王下令解散议会,实行无议会的专制统治,最终把_____推向了国王的对立面。

二、英国议会与王权的决战

(一)民主派的纲领——《大抗议书》

1. 苏格兰人民起义

(1)原因:查理一世要求苏格兰采用_____的祈祷书。

(2)影响:苏格兰人民起义成为英国革命爆发的_____。

2. "长期议会"的召开(1640年)

(1)原因:解决_____,筹集军费。

(2)影响:标志着英国_____革命的开始。

3. 斗争的檄文——《_____》

(1)原因:

①查理一世肆意破坏《权利请愿书》,实行_____。

②推行反动政策,迫害人民和清教徒,在征税问题上肆无忌惮。

(2)内容:

①列举了查理一世的过失和_____的行为。

②再次重申了_____拥有决定征税、拨款等权力。

③反对封建专制,要求废除各种_____。

④提出_____和新贵族的要求,如工商业活动的自由,政府对议会负责等。

(4)影响:

①文献集中体现了议会中各种反王权力量的政治经济要

求,成为革命初期的_____。

②查理一世坚决拒绝了《大抗议书》并决定对议会进行镇压,向议会宣战,内战开始。

(二)革命的巅峰——共和国的成立

1. 两次内战及其结果

(1)第一次内战:

①内战初期,议会方面对_____仍存有幻想,议会军节节败退。

②_____率领"铁军"在马斯顿荒原大败王军,战局开始有利于议会军。

③议会授权克伦威尔按"铁军"的模式改组_____,加强了议会军的战斗力。

④议会军在_____中歼灭王军主力,查理一世成为阶下囚。

(2)第二次内战:

①查理一世逃跑,并再次挑起内战。

②议会在克伦威尔的领导下团结对敌,再次俘获国王。

③1649年_____作为暴君、叛徒、杀人犯和国家敌人被推上断头台。

2. 共和国的建立

(1)议会决定废除_____和上院,由下院行使国家主权。

(2)1649年议会以法律的形成宣布英国为_____。

(三)反复的较量

1. 克伦威尔的"_____"统治

(1)建立:1653年,克伦威尔武力_____,改共和政体为护国政体,就任"护国主"。

(2)实质:资产阶级性质的军事独裁。

(3)评价:

①集权政治在稳定政局,巩固_____方面起到了积极作用。

②依靠他个人威信建立的_____非常脆弱。

2. 斯图亚特王朝复辟

(1)原因:

①1658年_____去世,英国政局陷入混乱。

②_____和_____为了维护刚刚建立起来的统治秩序,需要迅速稳定政局。

③查理二世发表《布列达宣言》。

(2)政策:

①查理二世:屠杀迫害革命的参与者,恢复国教教会,实行宗教歧视和迫害政策,严重损害了英国_____资产阶级的利益。

②詹姆士二世:准备在英国恢复_____,极大地损害了资产阶级、新贵族、英国国教徒的利益。

沙漠之狐:隆美尔

埃尔温·隆美尔无疑是最有名的纳粹将领,被认为是第二次世界大战中德国陆军中最优秀的将领,对他的褒奖著述甚多,战后,联邦德国用他的名字给战舰街道和兵营命名,美国还拍摄了吹捧他的影片《沙漠之狐》。一位美国历史学家认为,构成出入隆美尔传奇色彩的因素,首先是他矮小的身材、狐狸般的狡诈和诡秘的微笑,而主要是他在北非沙漠中指挥装甲部队时高超的军事指挥艺术,声东击西、神出鬼没,常使对手措手不及。他被塑造成超脱政治的军事天才人物,几乎忘记他纳粹将领的本质。

智趣素材

(3)覆亡:1688年,光荣革命推翻复辟王朝,通过《_____》,确立了新的政治制度_____制。

三、法国人民的民主追求

(一)照进巴士底狱的阳光

1. 法国大革命爆发的原因

(1)深刻的经济矛盾:日益发展的资本主义_____受到旧的封建制度的严重阻碍。

(2)森严的等级制度:_____与第三等级的矛盾日益激化。

(3)启蒙思想的引导:_____猛烈抨击封建君主制,为大革命做了充分的思想、舆论准备。

(4)政府的财政危机:由于宫廷的肆意挥霍及连续战争,致使政府面临_____,加速了革命的爆发。

2. 法国大革命的爆发

(1)革命的导火线:_____的召开。

①目的:国王要求征税,解决危机;资产阶级要求限制王权,实行改革。

②会议进程:三级会议——国民议会——制宪会议

(2)革命的爆发:攻占_____。

(二)违约者的末日

1. 君主立宪派的统治

(1)代表阶层利益:大资产阶级和_____。

(2)主要成就:

①废除封建特权:通过"_____",反对封建土地制度和特权。

②《_____》出炉:反对封建等级制度。

③《1791年宪法》规定:法国是_____,实行三权分立原则,反对封建政体。

(3)统治危机:

①奥地利、普鲁士、俄国等国封建君主扬言武力干涉法国革命。

②普奥联军攻入法国境内。

③王室里通外国,法军节节败退。

(4)结果:1792年8月,巴黎人民再次发动起义,逮捕国王,把吉伦特派推上统治舞台。

2. 吉伦特派的统治

(1)代表阶层利益:工商业资产阶级利益。

(2)主要成就:

①组织军事力量,在_____打败普鲁士军队,扭转法军的被动局面。

②国民公会通过废除王政的议案,宣布法国为共和国即_____。

③处死国王_____。

(3)统治危机:

①物价高涨、物资短缺,人民群众掀起了全国性的_____运动。

②王党分子在外国势力的资助下不断制造叛乱。

③第一次反法同盟从四面八方逼近法国,企图扼杀革命。

(4)结果:_____拒绝敌视限价运动和消极对待外敌的入侵,巴黎人民举行第三次武装起义,推翻吉伦特派统治。

(三)雅各宾派的"恐怖统治"

1. 代表阶层利益:_____利益。

2. 革命措施:

(1)连续发布三道_____,以摧毁农村中的封建残余和解决农民的土地问题。

(2)实行"恐怖统治"

①措施:经济上颁布《_____》,对经济进行强力统治;政治上建立专制政府,通过《惩治嫌疑犯法》。

②评价:恐怖政策是在革命政权遭到国内外反动势力严重威胁时采取的一种统治政策,一定程度上限制和损害了_____的整体利益,在稳定物价,平息国内外反革命叛乱发挥了重要作用;但国内外威胁解除后,将恐怖政策变成维护个人统治、排除异己的工具,引起资产阶级的恐慌和内部了分裂。

3. 统治结束:_____推翻雅各宾派专政,标志_____的结束。

(四)影响深远的革命

1. 法国大革命是_____的实践和验证,并对其有所发展和升华,其基本思想、原则和价值观逐渐占据西方社会的主流。

2. 法国大革命使法国的封建生产关系被彻底摧毁,为_____支配地位的确立和资本主义经济的进一步发展开辟了道路。

3. 法国大革命提出的一系列政治原则,对欧美以及世界各地后来的民主运动和民族解放运动都具有十分重大的影响。

四、拿破仑时代的欧洲民主

(一)拿破仑上台

1. 原因

(1)"热月政变"后上台的_____,内不能安邦,外不能御敌,使法国人民大失所望。

(2)法国_____为了保住在革命中获得的既得利益,急需一位铁腕人物来稳定政局。

(3)_____果断、坚忍和绝对自信的品格及军事才能赢得资产阶级的支持。

2. 法兰西第一帝国的建立

(1)夺权:1799年11月,拿破仑发动_____。

(2)建立:1804年12月,拿破仑在巴黎圣母院加冕称帝,建立资产阶级_____统治。

(二)拿破仑帝国的内外政策

意大利为何没能率先确立资本主义制度

意大利在生产领域最早出现了资本主义萌芽,意识形态领域又掀起了资产阶级的文艺复兴运动,但它为何没能率先在世界上建立起资本主义制度呢?究其原因,主要有以下几个方面:从经济上讲,各地发展极不平衡,国内市场尚未形成。从政治上讲,意大利的封建势力仍很强大,许多地区都存在着封建割据势力,外族统治者,如日耳曼皇帝正是依靠他们将意大利变成了任其掠夺榨取的肥肉。意大利的新经济和新政治还很幼稚,发展到一定程度后又出现停滞甚至衰微的现象。直到19世纪后期,它才借助于王朝战争完成了资产阶级革命,实现了国家的统一与民族的独立,走上了近代化的道路。

1. 对内政策：巩固政权，发展资本主义。

(1)政治上：建立_____的政治体制。

(2)经济上：进行_____，大力发展资本主义工商业。

(3)文化教育上：建立公立中学和_____大学，建立较完整的教育体系。

(4)法律上：颁布《_____》

2. 对外政策：粉碎_____，维护大革命成果。

(三)帝国的末日

1. 拿破仑失败的原因

(1)无休止的战争使法国人民不堪重负，开始滋生_____。

(2)_____政策使拿破仑政权遭受巨大的经济损失。

(3)军事扩张践踏了被征服地区的_____和_____，遭到欧洲各国人民的顽强抵抗。

(4)反法同盟的进攻。

2. 帝国灭亡的过程

(1)1812年6月，拿破仑远征_____，结果兵败莫斯科。

(2)1813年10月，_____战役，拿破仑失败，帝国随之瓦解。

(3)1814年4月，拿破仑退位，_____复辟。

(4)1815年6月，_____决战，法军失败，拿破仑再次退位，帝国彻底覆灭。

五、曲折的民主之路

(一)波旁王朝的复辟

1. 原因：

(1)_____帝国的失败。

(2)欧洲_____的支持。

(3)旧贵族与上层资产阶级的妥协。

2. 经过：

(1)1814年，_____登上王位，波旁王朝复辟。

(2)1815年，滑铁卢战役彻底击败_____，路易十八再次复辟。

3. 统治政策：

(1)表现：

①钦赐《_____》：表示对大革命成果的承认。

②政体：君权极为强大的_____。

③议会制：实行两院制议会制度，对选民和议员资格的规定十分苛刻。

④恐怖统治：实行白色恐怖和黑色恐怖。

(2)影响：

①绝大多数法国人都被排斥在_____权利之外，促进了法国民主运动继续进行。

②统治政策不仅没有稳定政局，反而进一步激化了_____。

(二)为自由和民主而战

1. 七月革命

(1)原因：

①查理十世大力加强_____势力，极力恢复旧贵族的特权和君主专制。

②查理十世发布敕令，_____。

(2)经过：1830年7月，巴黎人民高呼"打倒波旁！自由万岁！"的口号，升起三色旗，举行武装起义，攻占王宫。

(3)结果：推翻波旁王朝，革命成果为大资产阶级所篡夺，建立_____。

(4)意义：

①阻止了封建制度的复辟，重新确立了法国资产阶级的统治。

②极大地冲击了欧洲的_____，促进了欧洲大陆国家反封建的民主革命运动。

2. 二月革命(1848年2月)

(1)原因：

①_____的统治下，阶级矛盾尖锐。

②农业歉收和_____的打击。

(2)结果：推翻七月王朝，革命果实被_____抢夺，成立临时政府，宣布建立共和国，即_____。

3. 六月起义

(1)原因：

①资产阶级在统治巩固后，便把枪口对准工人阶级，激化矛盾。

②资产阶级政府下令解散_____，把工人逼上绝路。

(2)结果：起义工人与政府军队展开激战，由于力量对比极为悬殊，最终被残酷镇压。

(3)表明：

①资产阶级联合无产阶级反抗封建势力、争取民主的时代已经过去。

②无产阶级要继续进行民主斗争，只能依靠自己的力量。

(三)围绕政体的角逐

1. 法国政治力量的分野

(1)保守派：企图在法国恢复_____。

(2)共和派：主张在法国实行_____。

2. 梯也尔的"保守共和国"

(1)表现：政体形式_____，政策_____。

(2)结果：遭到极端保守派的反对，1873年议会弹劾了梯也尔。

3. 麦克马洪的倒行逆施

(1)表现：实行一系列庇护_____、迫害共和派的反动措施，复辟活动走向公开。

(2)结果：遭到_____和广大人民群众的反对。

---

4. 共和制的最终确立
(1)原因:
①法兰西_____的成立。
②共和派与保守派的反复斗争,共和派力量加强。

(2)标志:_____的颁布。
(3)意义:使_____获得了法律上的确认,标志着法国人民反封建斗争任务的完成,为法国资本主义的发展创造了有利条件。

二年模拟训练

1. (2010 年安庆模拟)法国近代民主道路的显著特征是
( )
A. 共和派与封建势力、君主立宪派斗争异常激烈,过程曲折
B. 颁布了《人权宣言》,为欧美国家民主政治发展提供范本
C. 资产阶级比较软弱,未能彻底完成革命任务
D. 无产阶级积极参与,推动了民主政治的发展

2. 英国资产阶级革命过程中,资产阶级经常以与封建势力妥协来维护统治秩序,主要表现在
( )
①处死查理一世 ②成立共和国 ③斯图亚特王朝的复辟 ④光荣革命
A. ①②③   B. ③④   C. ②③   D. ①④

3. 下列关于英国圈地运动与法国雅各宾派土地法的评述,正确的是
( )
①都程度不同地触及了封建地主土地所有制 ②都不可能解决农民阶级的土地问题 ③两者对资本主义经济发展所起的作用相反 ④两者都是适合本国国情的产物
A. ①②③④   B. ①②③   C. ①③④   D. ①②④

4. 法国大革命期间,吉伦特派、雅各宾派、热月党人之间斗争激烈,这表明
( )
A. 他们代表的阶级根本利益不同
B. 资产阶级内部不可能实现联合
C. 他们在是否建立资本主义制度方面尖锐对立
D. 资产阶级的不同阶层存在着一定的利益冲突

5. 一位意大利爱国者在 1814 年写道:"我这样说是痛苦的,因为没有人比我更意识到我们应该向拿破仑表示感谢,没有人比我更懂得湿润意大利土壤并使之恢复生气的每一滴慷慨的法国人鲜血的价值。但是,我必须说这样一句真实的话,看到法国人离开是一种巨大的,说不出的欢乐。"这段话反映出
( )
①拿破仑的对外战争在客观上具有进步作用 ②拿破仑的对外战争具有侵略性的一面 ③拿破仑战争促进了意大利民族意识的觉醒 ④拿破仑战争防止了波旁王朝的复辟
A. ①②③④   B. ①②③   C. ②③④   D. ①②④

6. 拿破仑曾说:"我真正的光荣并非打了 40 多场胜仗,滑铁卢之战抹去了关于这一切的记忆。但是有一样东西是不会被人忘记的,那就是我的《民法典》。"你认为他这样说的道理在于
( )

A. 40 多场胜仗徒有虚名,微不足道
B. 滑铁卢之战使拿破仑前功尽弃
C. 《民法典》代表了法国人民的利益,受到社会各个阶层的拥护
D. 《民法典》成为资本主义社会的立法规范

7. (2010 年深圳模拟)法兰西第一帝国时期,欧洲各国之所以组成反法联军反抗拿破仑,是因为拿破仑
( )
①废除封建贵族特权
②推行《拿破仑法典》
③压榨、掠夺被征服地区
④损害资产阶级利益
A. ①③   B. ②④   C. ①②③   D. ①②③④

8. 英、法、美早期资产阶级革命爆发的相似原因是
( )
A. 封建专制与民主要求相矛盾
B. 殖民压迫激起民族意识和反抗
C. 农民阶级迫切希望得到土地
D. 旧的生产关系严重阻碍生产力发展

9. 阅读下列材料:
法国前总统希拉克访华时,新华社评论说:"法兰西民族和中华民族都是历史文化悠久的伟大民族,虽然分处欧亚大陆两端,相距万里之遥,但两国人民的交往源远流长……19 世纪以来,西学东渐,法兰西文明被大量介绍到中国……法国大革命为近代中国人民推翻封建专制统治的斗争带来了重要启迪。"

请回答:
(1)18 世纪,法国社会发展曾处于欧洲大陆领先地位,在思想方面的具体表现是什么? 18 世纪法国思想家的政治主张在法国产生了怎样的影响?

(2)19 世纪末,中国思想界出现过类似的思潮,但却没有给中国带来根本性的变革,其主要原因是什么?

二战后日本为何保留了天皇制

裕仁天皇作为发动第二次世界大战的策划者和指挥者,对战争负有最大的责任,却没有受到审判,天皇制并被保留了下来。这是为什么呢?

这与当时日本普通国民的心理精神有着密切的关系。战后,日本由于经济萧条,社会矛盾激化,美国担心废除天皇制不仅会引起普通国民对美国和其占领军的仇视,而且客观上会鼓励、纵容日本进步势力的发展,尤其是日本共产党力量的壮大,这是美国绝对不愿看到的。美国为了实现制止社会主义和共产主义的战略意图,最终决定保留天皇制。

10. (2010年杭州联考)阅读下列材料:

材料一 古者以天下为主,君为客,凡君之所毕世经营者,为天下也。今也以君为主,天下为客,凡天下之无地而得安宁者,为君也。……然则为天下之大害者,君而已矣。向使无君,人各得自利也。呜呼,岂设君之道固如是乎!

——黄宗羲《明夷待访录·原君》

材料二 以下便是英国法制所达到的程度:给予每个人以天赋的权利……人身和财产的全部自由;用笔向国家提意见的自由;只能在一个由自由人所组成的陪审委员会面前才可受刑事审问的自由;不管什么案件,只能按照条文和明确规定才裁定的自由……

——伏尔泰《哲学通信》

材料三 东西各国之强,皆以立宪法开国会之故。国会者,君与国民共议一国之政法也。……人君与千百万之国民合为一体,国安得不强?吾国行专制政体,一君与大臣数人共治其国,国安得不弱?今变行新法,固为治国之强计。

——康有为《请定立宪开国会折》

材料四 第一条 中华民国由中华人民组织之。
第二条 "中华民国"之主权属于国民全体。
第四条 "中华民国"以参议院、临时大总统、国务员、法院行使其统治权。
第五条 "中华民国"人民一律平等,无种族、阶级、宗族之区别。

——《中华民国临时约法》

请回答:
(1)概括材料一的主要观点。

(2)伏尔泰赞赏的"英国法制"开始确立的标志是什么?根据材料二概括"英国法制"的特点。

(3)根据材料三概括康有为的主张,并指出其与材料一、二的关系。

(4)材料四确立了什么政体?比较上述材料,概述材料四颁布的重大意义。

11. (2009年广东韶关市高三一模)阅读材料,结合所学知识回答问题。

材料一 同经济革命一样,政治革命也是分为几个阶段发展起来的。17世纪的英国革命标志着其开端,随后的美国革命和法国革命标志着其进一步发展,接着它在19世纪影响了整个欧洲,最后它则在20世纪席卷了整个世界。

经济革命和政治革命的并行发展并不是偶然的,实际上这两次革命息息相关。而且在很大程度可以说是经济革命决定着政治革命,因为它产生了一个有新利益、有使其利益合理化的新意识形态的新阶级。

——(美)斯塔夫里阿诺斯《全球通史》

材料二 "……世界上有2000多个民族,200多个国家和地区,他们的社会历史发展不同,他们的发展水平不同,民主的形式和途径也是不相同的。"

材料三 "……民主、法制、自由、人权、平等、博爱,这不是资本主义所特有的,这是整个世界在漫长的历史过程中共同形成的文明成果,也是人类共同追求的价值观。"

——新华网:温家宝在2007年3月16日答记者问

(1)从古今中外中列举4种不同的民主形式。

(2)分别概括指出近代史上英美走上民主制的形式和途径。

(3)英美民主政体孰优孰劣,试作简要评价。

(4)从材料三观点的角度,分析法国《人权宣言》所产生的影响。

一年冲刺母题

【母题】 阅读下列材料,回答问题。

材料一 王权像是一株根枝蔓延的大树,如果只砍去树枝,而任其主干和树根不动,它还是会再生而恢复新的力量。……当这种王权由一名查理者掌握时,各界人民同声怨其压迫。……于是你们这些缙绅,在你们集议于国会时,号召穷苦老百姓援助你们。暴政的树梢被砍掉了,寄在这一个人身上的王权被推倒了。但是天哪,压迫的大树依然存在,自由的阳光仍然照不到穷苦的老百姓身上。

——《世界通史资料选辑》

材料二 尤为重要的是1646年关于废除骑士领地制的法令。据此,彻底废除了一切土地所有者因领有土地而对国王担负的封建义务,首先是骑士捐。这就使他们的地产从封建性的有条件的等级所有制转变成了资本主义性质的无条件的绝对私有制。这是生产资料所有制性质上的根本变革,摧毁了整个封建制度的根基。新的所有制为圈地活动提供了自由的条件,使新型资本主义农场制经济得到了不受限制的发展环境。

以废除骑士领地制的政策来解决土地问题,对农民是不利的。农民不仅没有得到土地,而且面临着即将到来的圈地高潮。

——刘宗绪《世界近代史》

材料三 内战期间,作为封建主力军的农民,为了资产阶级革命的胜利流血牺牲,但在共和国建立后,他们的封建世袭领有农和公有簿持有农的地位没有改变。无地农民依旧贫穷,政治上没有获得任何权利;相反,一些农户在租税的重压下和圈地运动的劫掠下继续破产。

——《英国政治制度史》

(1)材料一中的"查理"、"缙绅"分别指什么?"暴政的树梢被砍掉了"与"压迫的大树依然存在"各指什么事件?

(2)综合材料一、二、三,分析"自由的阳光仍然照不到穷苦的老百姓身上"的原因。

(3)内战后英国农民的遭遇反映了什么本质问题?

【解析】 本题考查了英国资产阶级革命过程中民主的发展。第(1)问结合英国资产阶级革命爆发背景即可回答。第(2)问从材料中可得,材料一说明专制并没有被完全废除;材料二说明资本主义土地私有仍然发展;材料三反映农民的经济政治状况并没有发生变化。第(3)问可从资本主义社会资产阶级本性角度着手回答。

【答案】 (1)指查理一世;资产阶级和新贵族。

处死查理一世;克伦威尔建立的军事独裁统治。

(2)克伦威尔破坏共和制,建立护国主政体,实行军事独裁统治;资本主义土地私有制的确立促进了圈地运动的开展,

而圈地运动又使大量农民破产;农民没有得到土地,仍受到沉重的剥削,经济地位没有得到提高。

(3)近代民主是资产阶级的民主,资产阶级的利益是建立在对无产阶级和广大人民进行剥削的基础之上的,因此,资产阶级民主的最终确立必然包含对无产阶级和人民的镇压。

【变题1】 阅读下列材料:

材料一 "拿破仑在其所有征服地区贯彻法国革命的一些基本原则……法国的统治是进步的,但事实仍然是,它乃是一种外来统治,在必要的地方,是凭武力强加的。"

——(美)斯塔夫里阿诺斯《全球通史》

材料二 在宫廷里,拿破仑重建传统王朝那种繁缛的朝仪,从1811年起又为廷臣安排席次,等级森严……他所封的贵族头衔多达一千数百个。这种家天下、贵族化的封建倾向正是大革命所摧毁的。

——吴于廑、齐世荣《世界史》近代上卷

请回答:

(1)从以上材料你可读出关于拿破仑统治的信息?从而得出什么结论?

(2)拿破仑与路易·波拿巴在血缘上是什么关系?在政体建设上有何相同点?

(3)两者对法国经济的发展有何共同的贡献?两者统治的结果有何相似之处?

【变题2】 阅读下列材料:

材料一 英国的"国王靠自己生活",平时王室和政府的财政开支很大程度上由国王自己的经济收入维持,除非发生对外战争,国王一般不得向臣民征税。

材料二 查理一世登基后发现王室已是债台高筑,于是他要求人民"自愿"向王室交纳"恩税"。不料此举引起全国的抗议浪潮,各地的口号是"议会! 议会! 除了议会不纳税!""只要我们有两头牛,我愿意出售一头牛来资助陛下,但须通过议会!""自愿"办法失败后,查理一世便使出"强制性借款"手法,同时还监禁了76个拒绝公债的骑士,但仍未能解决财政危机。

材料三 "比一切东西更有力的莫如挖掉这些罪恶的根源,那就是不经议会同意,而妄以国王陛下的名义,向人民征税或征收其财产税的专断权力;如今,已由两院断定并以国会的一项法案,宣布这权力是违反法律的。"

——《大抗议书》(1641年12月1日送呈国王)

请回答:

(1)材料一反映了英国长期以来形成的一种怎样的政治体制?

(2)为了解决材料二中的问题,查理一世采取了什么行动? 查理一世的行动实质是什么?

(3)从材料三看,议会对什么行为提出了抗议? 这种议会抗议国王的行为说明了什么?

《蒙娜丽莎》的原型是谁呢?

　　最典型的说法说,蒙娜丽莎的原型是意大利佛罗伦萨人乔康多的夫人,蒙丹娜是夫人的意思,蒙丹娜的缩称就是蒙娜,在法国和意大利,人们又根据画中人物丈夫的名字,称这幅画为乔康多。画中人物出生于1479年,达·芬奇给她作画的时间是1503-1506年,当时她的年龄为24~27岁。据说,当时,她整日沉浸在痛失爱女的悲伤之中,郁郁寡欢。达·芬奇作画时,为了让她高兴,曾经请人为她弹琴唱歌,还请一些滑稽演员给她表演节目。因此,我们看到的画中人物嘴角挂着一丝微笑,但从她的眼中仍不难看出她的不安。就是这种微笑,五百年来,像谜一样引起人们的许多猜测。

 **第3单元 走向民主的历史步伐**

考纲解读导航

考试内容

1. 写进法律文献的民主
(1)英国《权利法案》
(2)美国《独立宣言》
(3)法国《人权宣言》
(4)《中华民国临时约法》
2. 实现民主的政治构建
(1)让王权不再神圣
(2)只对议会负责
(3)政党政治的鼻祖
3. 美国式的资产阶级民主
(1)独立之初的美国民主建设
(2)美国政治生活的利益集团
4. 近代中国创建民主制度的斗争
(1)"公车上书"
(2)百日维新
(3)推翻帝制
(4)捍卫共和

能力要求

（1）说出《独立宣言》中体现民主思想的主要内容,认识民主化进程要有一个从思想理论到制订法律的准备阶段。

（2）概述《人权宣言》中有关"自然权利"和"最高权力属于人民"的基本思想,理解它对法国和世界民主化进程的意义。

（3）简述《中华民国临时约法》的基本内容,说明其对中国社会民主化进程的影响。

（4）概述《权利法案》的主要内容、理解"限制王权、国会权力至上"是英国君主立宪制的基本原则。

（5）简述英国责任制内阁建立的基本史实,认识英国资产阶级代议制的主要特点及其对其他国家政治制度的影响。

（6）知道美国1787年宪法中关于国家政治体制的基本规定,比较美国资产阶级共和制与英国资产阶级君主立宪制的异同,认识民主制度因国情各异而必然呈现多样化的基本特点。

（7）说出辛亥革命前后反对专制斗争的史实,认识中国近代史上民主力量与专制势力斗争的历史进步性和艰巨性。

三年高考命题

1.(2009年安徽文综)美国独立战争期间,托马斯·潘恩在《常识》中告诫民众:"君主政体意味着我们自身的堕落和失势,同样的,被人当作权利来争夺的世袭,则是对我们子孙的侮辱和欺骗。"这一观点的理论依据是 （ ）
A. 人文主义　　　　　B. 民族主义
C. 天赋人权说　　　　D. 三权分立学说

2.(2009年广东理科基础)历史学家汤因比认为,英国是近代代议制民主的先驱。这是英国"光荣革命"后产生了对后世影响巨大的 （ ）
A. 第一部成文宪法　　B. 多党制的议会
C. 总统制　　　　　　D. 君主立宪政体

3.(2009年广东历史单科)《中华民国临时约法》确立了 （ ）
A. 总统制　　　　　　B. 联邦制

C. 君主立宪制　　　　D. 责任内阁制

4.(2009年广东文科基础)对美国人设计政府结构影响最大的思想家是 （ ）
A. 康德　B. 伏尔泰　C. 卢梭　D. 孟德斯鸠

5.(2009年海南历史单科)《独立宣言》曾被马克思称为世界历史上"第一个人权宣言"。与法国《人权宣言》不同,《独立宣言》还提出了 （ ）
A. 生命权　　　　　　B. 自由权
C. 财产权　　　　　　D. 反抗压迫权

6.(2009年海南历史单科)19世纪的法国思想家托克维尔说:"世界上没有哪一个国家比美国更多地运用18世纪哲学家在政治问题上的种种最大胆的学说。"托克维尔此处所说的"最大胆学说"的提出者是 （ ）
A. 孟德斯鸠　B. 狄德罗　C. 洛克　D. 伏尔泰

智趣素材

《人权宣言》
　　《人权宣言》全名为《人权和公民权宣言》,法国大革命中的重要文献。1789年7月9日,根据穆尼埃的建议,制宪会议着手起草《人权宣言》,8月26日通过。宣言以美国《独立宣言》为范本,从18世纪启蒙学说出发,宣布:"人生来而且始终是自由的,在权利上是平等的","这些权利就是自由、财产、安全和反抗压迫","所有公民都有权亲自或经过代表参与制订法律","在法律面前人人平等","财产是神圣不可侵犯的权利",并宣布代议制和三权分立。宣言是反对封建专制制度和等级制度的旗帜,对法国革命具有伟大的推动作用,对封建专制制度尚占统治地位的欧洲,产生了巨大的影响。

7. (2009 年文综全国卷 1)1787 年费城会议制定的《美利坚合众国宪法》规定:合众国不得授予贵族爵位。这反映了美国宪法的主要原则是　　　　　　　　(　　)
　　A. 民主主义　　　　　B. 平等主义
　　C. 自由主义　　　　　D. 共和主义

8. (2009 年文综全国卷 2)美国历史学家弗格森在《美国革命是(1763—1790)》中写道:"1776 年革命派认为自由是保护个人权利,反对政府暴政的侵犯。1787 年联邦派所要保持的自由,按他们的理解,则是反对群众暴政的侵犯。"根据他的看法,创立美国联邦政府　　　　　　　(　　)
　　A. 背离了革命的原则
　　B. 强化了全国性政府的权力
　　C. 忽视了对个人自由的保护
　　D. 维护了商人和农场主的利益

9. (2009 年上海历史单科)"1895 年,适逢甲午惨败,日本逼签条约,在北京应试的康有为等人联络各省官员上书光绪帝,要求拒签条约,变法图强,史称公车上书。"文中错误的表述是　　　　　　　　　　　　(　　)
　　A. 领导人　　B. 时间　　C. 参加者　　D. 地点

10. (2009 年重庆文综)1901 年 1 月,清廷发布上谕:"世有万古不易之常经,无一成不变之治法。……盖不易者三纲五常,昭然如日星之照世。而可变者令甲令乙,不妨如琴瑟之改弦。"这里的"改弦"指的是　　　　(　　)
　　A. 洋务运动　　　　　B. 百日维新
　　C. 清末新政　　　　　D. 预备立宪

11. (2010 年江苏卷)"所谓立宪政体,所谓国民政治,果能实现与否,纯然以多数国民能否对于政治,自觉其居于主人的主动的地位为唯一根本之条件。"这反映陈独秀提倡新文化运动的根本出发点是　　　　　　(　　)
　　A. 传播西方进化论与人性思想
　　B. 打击袁世凯尊孔复古行径
　　C. 抨击立宪道路,号召暴力革命
　　D. 批判封建思想,唤醒民众觉悟

12. (2010 年广东卷)"民众以为清室退位,即天下事大定,所谓'民国共和'则取得从来未有之名义而已。至其实质如何,都非所问。"这说明　　　　　　　　　(　　)
　　A. 辛亥革命具有坚实的群众基础
　　B. 新文化运动具有历史必要性
　　C. 国民革命结束了君主专制制度
　　D. 君主立宪制得到民众的普遍支持

13. (2009 年山东文综)
　　现在几乎达到国家蒙受耻辱的最后阶段了。……我们所经历的祸患并非来自局部的或细小的缺点,而是来自这个建筑物结构上的基本错误,除了改变建筑物的首要原

则和更换栋梁以外,是无法修理的。
　　——汉密尔顿《联邦党人文集 当前的邦联不足以维持联邦》
　　(1)结合美国建国初期的史实,说明材料中的"建筑物"是指什么,"结构上的基本错误"又是指什么。

　　(2)美国是如何纠正"结构上的基本错误"的? 在政治上有何重大意义?

一、整体感知
　　近代社会实现了政治制度的历史性变革,而思想变革是政治变革的先导。民主与法制是民主政治所包含的基本内容和标志,民主的发展必须以法制水平的提高为保障。《权利法案》、《独立宣言》和《人权宣言》是体现民主思想的重要法律文献,它们在很大程度上规范了各国民主政治发展的走向。在实现民主的政治构建过程中,英国的议会制与两党制、法国的共和制、美国的联邦制和总统制无疑都是近代民主进程中的丰碑。近代中国的民主步伐在西方的冲击下艰难起步,从"中体西用"的提出到康梁维新思想的形成,再到孙中山的三民主义,中国人对民主的认识经历了一次次脱胎换骨的艰辛,最终使中国的民主政治由蛮荒走向了开化,融入了世界的进步潮流。

二、各个击破
　　1.《独立宣言》中天赋人权与洛克天赋人权的异同点
　　(1)同:都阐述了天赋人权、人人生而自由平等。
　　(2)异:洛克把人权概括为自由权、生命权、财产权,适应英国资产阶级和新贵族反对专制统治,实行法治的民主要求;《独立宣言》把人权概括为自由权、生命权、追求幸福的权利,适应北美人民摆脱殖民统治、争取民族独立的要求。
　　2. 英国责任内阁制的特点
　　(1)内阁由议会下院的多数党组成,多数党的领袖担任首相。
　　(2)内阁对议会负责,不对国王负责。
　　(3)内阁失去下院信任时,应全体辞职或通过国王解散下院,重新大选,由新选的下院决定内阁的去留。

最早的咖啡
　　传说世界上最早的咖啡树,出现在 10 世纪前后的衣索匹亚的高熟山区。在干旱季节远离家乡的流浪牧羊人卡尔迪,突然发现羊群在吃了一种野生灌木果实后,变得比平日活跃喧闹,他好奇的摘下一些果品尝,竟也欢喜的想在草原上手舞足蹈。他将自己采摘的果实,分送给修道院的僧侣,常助他们在漫长的晚祷中保持清醒。关于神奇果实的故事,很快随着游牧民族流浪的脚步,渐传渐远。从此,将碾碎咖啡果实,与动物油脂混合成硬块,作为提高能量的点心,成为他们一程又一程、寂寞颠簸的游牧生涯中,一种戒不掉的瘾。甚至,也有人说,有着咖啡一般肤色的衣索匹亚女人,已经懂得用发酵的咖啡果实酿酒。

(4)内阁实行集体负责制,对外必须全体一致,并与首相在政治上共进退。

(5)内阁是英国政府的核心机构。

3. 法国共和政体确立艰难的原因

(1)由于封建制度的强大和几乎所有欧洲强国的武装干涉,法国大革命只有采用暴力革命的方式才能打败国内外封建势力,才有可能取得胜利。人民群众举行了两次武装起义,才推翻了君主专制,建立起共和国,而共和国的建立是在特殊条件下实现的。

(2)法国封建专制主义传统异常强大,又是传统的天主教国家,君主主义的观念根深蒂固,人们一时还不可能脱离古老的传统,民主共和制的做法一时难以深入人心。加之雅各宾派专政的负面影响,所以法兰西第一、第二帝国都得到了一定程度的拥护。

4. 美国 1787 年宪法中权力的分配与制约关系

(1)总统、国会与最高法院三者间互相制约,维持相对平衡。

(2)总统可否决国会通过的法律,但国会可以三分之二的多数通过总统所否决的法律;总统可任命最高法院大法官,但最高法院可宣布总统法令违宪;总统任命的最高法院大法官必须经参议院批准,但最高法院可宣布参议院立法不合宪法。

5. 评价维新变法

(1)维新派提出的挽救民族危亡、发展资本主义的主张具有爱国和进步意义。

(2)在社会上起了思想启蒙作用,有利于资产阶级思想文化的传播。

(3)是一次自上而下的资产阶级性质的改良运动;缺乏反帝反封建的勇气,只采用改良的办法。

知识结构梳理

一、写进法律文献的民主

(一)英国《权利法案》

1. 目的:限制_____、提高_____权力。

2. 内容:

(1)重申英国议会所具有的传统权力,其中包括_____和立法权力。

(2)规定国王不能停止和_____并削弱国王的军权。

(3)规定臣民有向国王请愿的权力,议会议员_____和在议会自由演说的权利。

3. 作用:

(1)极大地限制了国王的权力,提高了议会的作用,强调"_____"的原则。

(2)标志着英国_____制的基本框架形成。

(二)美国《独立宣言》

1. 背景:

(1)美国_____的爆发。

(2)欧洲_____思想在北美的传播。

2. 发表:1776 年 7 月 4 日,_____通过《独立宣言》。

3. 主要内容及作用:

(1)阐述_____和_____的思想:为美利坚民族推翻英国的殖民统治提供了强大的思想武器。

(2)列举了_____的暴行:为美利坚民族摆脱英国的殖民统治、_____提供了现实理由。

(3)宣告北美 13 个殖民地脱离英国:标志_____的独立。

4. 评价:

(1)发展资产阶级民主主义思想,集中表达了美国资产阶级和人民群众的革命要求。

(2)在历史上第一次用简明的语言、以_____的名义把天赋人权载入法律,使之获得法律效力。

(3)开辟了美国民主化道路,而且对_____产生了积极影响。

(三)法国《人权宣言》

1. 背景:

(1)_____爆发,君主立宪派掌权。

(2)美国独立战争和《_____》的推动。

(3)启蒙思想的影响。

2. 颁布:1789 年 8 月,《人权宣言》由_____通过。

3. 内容:其核心是人权与法治,涵盖了自然权利、天赋人权、人民主权、社会契约、法治原则和平等学说。

4. 影响:

(1)《人权宣言》体现了资产阶级要求改变法国_____和社会不平等状况的强烈政治愿望。

(2)《人权宣言》的发表,受到人民群众的热烈拥护,并且成为人民积极参加革命的推动力量。

(3)《人权宣言》所高扬的民主与自由思想,对其他国家的宪法产生巨大影响。

(四)《中华民国临时约法》

1. 背景:

(1)_____爆发,辛亥革命埋葬了清王朝的统治。

(2)中华民国_____成立。

(3)袁世凯就任中华民国临时大总统。

2. 颁布:_____年 3 月,孙中山颁布由参议院制定的《中华民国临时约法》。

智趣素材

好莱坞之狮——迈耶

十八九岁时背井离乡,抓住新兴电影发行业的蓬勃机遇,一夜暴富。于 1920 年在洛杉矶市中心租下简陋的制片厂,开始了自己的事业。他把合同制升华到一种艺术的境界,笼络的影星"多于天上的群星"。他更把自己的制片厂从无声时代导入有声时代。作为保守的道德卫士和意识形态狂,他尊重家庭价值观、母权、星条旗和上帝。不只满足于佳品制作,他还热衷于利用新媒体对美国公众施加道德影响。他训诫行为不当的演员:"你是 Andy Hardy!你就是美国!是象征!注意你的行为举止!"尽管自我膨胀、冷酷无情,他毕竟统治着好莱坞中最成功的制片厂,留下的电影遗产精致典雅、难以模仿、洋溢着美国的精神和追求。

3. 内容:

(1)国家主权属于_____。

(2)采用立法、行政、司法_____制和_____制。

(3)国民一律平等,人民享有人身、言论等基本权利。

4. 性质:中国历史上第一部_____民主宪法。

5. 影响:以根本大法的形式否定了封建_____制度和提出_____的思想,确立了资产阶级民主共和国的国体和政体,使_____观念深入人心,成为资产阶级革命派反对专制和捍卫民主共和的思想武器和法律依据。

二、实现民主的政治构建

(一)让王权不再神圣

1. 英国议会制的初步形成

(1)议会制:西方民主政治的象征,英国是世界上最早建立_____机构的国家,是议会制的发源地。

(2)《权利法案》和《王位继承法》:使国王的很多权力逐渐被转移到了_____,议会逐步成为国家最高权力机关。

2. 英国议会的特点

(1)议会组成:英国议会由上下两院组成,下院议员由选民按选区_____产生,上院议员由_____组成。

(2)议会改革:使拥有_____的选民人数大增,议会下院趁机增强了本身的权力,议会权力的重心转向下院。

(二)只对议会负责

1. 内阁的起源:英国内阁由_____发展出来。

2. 内阁制的形成

(1)1718年后,英王_____不再参加内阁会议,而是指定下院多数党领袖沃波尔主持。

(2)国王不参加内阁会议,而是由下院多数党领袖主持内阁逐渐成为惯例,议会的权力超过国王,国王逐渐处于"_____"的地位。

3. 内阁的职权

(1)对提交_____的政策做出最后决定。

(2)按照议会规定的政策行使最高_____。

(3)协调和确定政府各部的职权。

4. 英国内阁制的特点

(1)内阁由议会下院的_____组成,多数党领袖担任首相。

(2)内阁对_____负责,不对国王负责。

(3)内阁如果失去了下院的支持,_____必须辞职。

(4)_____是英国政府的核心机构。

5. 内阁制形成的意义:完善了英国_____制,对其他资本主义国家产生了巨大影响。

(三)政党政治的鼻祖

1. 英国两党的由来

(1)时间:斯图亚特王朝复辟时期,在议会内部形成了代表不同_____的政治派别。

(2)表现:

①辉格党:代表新兴_____和新贵族利益,反对_____。

②托利党:代表_____利益,坚决拥护君主制。

2. 英国政党政治的形成

(1)光荣革命后,辉格党成为执政党。

(2)18世纪后半期,托利党上台执政。

(3)随着_____制的发展,两党开始轮流执政。

3. 英国政党政治的积极意义

(1)反对党对现行政府进行_____和制衡,有力地防止了执政党的专横和对权力的滥用。

(2)使政府权力_____有序地交接成为可能,避免了暴力和社会动荡。

(3)维持了英国政局的长期稳定。

(4)遵循的方式和原则,为后来大多数资本主义国家所效法。

三、美国式的资产阶级民主

(一)独立之初的美国民主建设

1. 邦联政府的建立

(1)依据:1781年《_____》组成邦联政府。

(2)评价:

①邦联政府的建立,为_____的胜利做出了贡献。

②邦联只是一个松散的_____,对内不能解决经济、社会问题,对外不能应付外来严重威胁。

2. 联邦政府的建立

(1)原因:邦联政府的软弱和1786年爆发的_____。

(2)依据:《_____》

3.《1787年宪法》

(1)内容:确立代议制_____、联邦制和三权分立的原则。

(2)体现的思想和原则:天赋人权、人民主权、三权分立、联邦制和法治原则。

(3)作用和影响:

①它确立的联邦制、共和制、三权分立制开世界先河,有利于维护美国独立和统一,有利于美国经济的发展。

②它所确立的资产阶级民主原则和政体,为欧洲的反封建斗争树立了一面旗帜。

③它为资产阶级政治统治的巩固与完善奠定了重要的法律基础。

(4)宪法局限性

①1787宪法的制定并不是建立在严格的_____基础之上。

②1787宪法承认_____的存在。

美国银行家——贾尼尼

　　意大利移民后代、农夫之子。而立之年投身银行业,从业座右铭是:一旦有钱,先借给小人物。1904年在旧金山开设意大利银行,大地震将其夷为平地。从废墟中敛出价值200万的黄金、硬币和有价证券,他立即向急需用钱的小企业和个人贷款,帮他们重建生活。1928年,他买下纽约最老的借贷机构之一约美国银行。30年代大萧条时,他寻求工人阶级股东的支持,愿作他们的代言人。完全可以成为十亿富翁的他,去世时遗产不足50万美元。他憎恨财富,生怕因此疏远客户。他的贡献是巨大的:美国银行是全美最大的;住房抵押、购车贷款、各类分期付款,甚至是银行本身,特别是面向劳动人民的银行,都是他的开创。

③宪法没有提及任何有关人民的_____的内容。

(5)宪法修正案:1790 年通过了宪法的前十条修正案即《权利法案》。

(二)美国政治生活的利益集团

1. 利益集团和政党的区别

(1)政党:以寻求_____为目的。

(2)利益集团:通过活动影响_____的政策,来维护本集团的利益。

2. 利益集团产生的法律依据:宪法修正案规定人民有向_____、_____和出版自由的权利。

四、近代中国创建民主制度的斗争

(一)"公车上书"

1. 背景

(1)列强瓜分中国,_____加深。

(2)民族资本主义发展,民族资产阶级登上政治舞台。

(3)先进知识分子主张学习西方资本主义_____。

(4)_____失败证明只学改变技术不改变封建制度的变革不能救中国。

2. 内容:_____、迁都、练兵和_____。

3. 意义:使资产阶级维新运动由_____传播发展为_____,拉开了维新变法运动的序幕。

(二)百日维新

1. 背景

(1)维新派把_____逐渐推向高潮。

(2)德国强占_____,民族危机加重。

(3)康有为上《_____》,为维新变法提供施政纲领。

2. 标志:《_____》的颁布。

3. 维新内容

(1)政治方面:许天下士民_____议事,精简机构。

(2)经济方面:鼓励发展资本主义工商业。

(3)文教方面:废_____取士,提倡西学,兴办新学堂,培养人才。

(4)军事方面:精练_____,增设_____,改革军制。

4. 评价

(1)积极:有利于资产阶级_____参政议政,有利于民族_____经济的发展,有利于资产阶级_____的传播。

(2)消极:没有触动_____,没有触及帝国主义在华的特权,也没有实行维新派所倡导的定宪法、设_____和实行_____制等主张。

(三)推翻帝制

1. 孙中山的早期革命活动

(1)1894 年建立_____。

(2)1905 年建立_____。

(3)1905 年提出三民主义。

2. 民主革命思想的传播

(1)代表人物:章炳麟、陈天华和邹容。

(2)主张:推翻清政府,建立民主共和国。

3. 武昌起义及清王朝的灭亡

(1)武昌起义:1911 年 10 月_____爆发,清王朝土崩瓦解。

(2)中华民国的成立:1912 年元旦,_____就任临时大总统,中华民国成立。

(3)清王朝灭亡:1912 年 2 月,_____皇帝退位。

(四)捍卫共和

1. 二次革命

(1)原因:_____专权和"宋教仁案"。

(2)结果:很快被袁世凯镇压,袁世凯的势力更加巩固。

2. 护国运动

(1)原因:袁世凯复辟_____。

(2)结局:袁世凯被迫取消帝制,不久在忧惧中死去。

3. 护法运动

(1)原因:段祺瑞实行独裁与卖国的内外政策,拒绝恢复《_____》

(2)手段:依靠南方军阀打击北方军阀。

(3)结果:南北军阀相勾结,在_____的破坏下失败。

二年模拟训练

1. (2010 年 5 月山东省泰安市高三二模)2009 年 1 月 20 日,美国当选总统奥巴马手按《圣经》宣誓就职。根据美国《宪法》第 2 条第 1 款规定。总统宣誓就职的誓词如下:"我谨庄严宣誓,我必忠实执行合众国总统职务,竭尽全力。恪守、维护和捍卫合众国宪法。"这说明美国总统 ( )

A. 对《圣经》负责   B. 对宪法负责

C. 对各州负责   D. 对国会负责

2. (2010 年 3 月南京市二模)肖德甫在《大国法则》中认为:

"光荣革命在英国的历史上是一个划时代的事件。它不仅将英国 1640 年以来的革命成果以温和和妥协的方式巩固下来,并且以此为出发点,奠定了现代英国的基础,开启了现代英国之路。"对材料中"光荣革命"意义理解错误的是 ( )

A. 极大地提高了英国议会权威

B. 使英国确立了责任内阁制政体

C. 开辟了和平与渐进的政治变革道路

D. 为英国现代化进程提供了适宜的环境

3. 当美国南部11州公开推出联邦发动叛乱时,时任总统提出了"为联邦同意而战"的口号。他以战争维护国家统一的法律依据是 （　　）

A. 1787年宪法:"国家主权属于联邦,联邦权力高于各州权力,联邦法律是全国最高法律,联邦政府有权强制各州实施联邦法律。"

B. 1787年宪法:"行政权赋予总统,总统是行政首脑、国家元首、武装部队总司令。"

C. 宪法1865年修正案:"在合众国境内受合众国管辖的任何地方,奴隶制和强制劳役都不得存在。"

D. 宪法1868年修正案:"任何一州,都不得制定或实施限制合众国公民的特权或豁免权的任何法律。"

4. (2010年嘉兴教学测试)辛亥革命10周年之际,梁启超撰文写道,"辛亥革命有甚么意义呢？简单说……第一,觉得凡不是中国人都没有权来管中国人的事;第二,觉得凡是中国人都有权来管中国人的事"。这反映出他认为辛亥革命 （　　）

A. 增强了国民的民族民主意识

B. 使民主共和观念深入人心

C. 打击了帝国主义的侵略势力

D. 扩大了人民的民主自由权利

5. (2010年温州适应性测试)19世纪、末20世纪初,中国社会出现了一系列重大变革。以下变革按时序排列正确的是 （　　）

①清政府完全成为帝国主义统治中国的工具　②学习西方制度,变法郁虽成为一股强大的利:会思潮　③青年学生的民族觉悟和爱国热情空前高涨　④政治制度出现里程碑式的变化

A.①②③④　B.①③②④　C.②①③④　D.②①④③

6. 下列哪一部纲领性文件,宣布废除封建制度,又树立资本主义原则,基本上实现了革命的目的 （　　）

A.《独立宣言》　　　　B.《权利法案》

C.《拿破仑法典》　　　D.《人权宣言》

7. 有的历史学家称《人权宣言》是"新社会的出生证",主要是因为《人权宣言》 （　　）

A. 为法国大革命作了充分的思想准备

B. 为法国大革命迈出了胜利的第一步

C. 推翻了法国的封建君主专制制度

D. 阐明了资产阶级民主与法制的基本原则

8. 下列有关近代资产阶级议会的表述,正确的是 （　　）

A. 英国《权利法案》确立了议会权威并形成两党制

B. 1787年美国宪法规定国会由参议院和众议院组成并执掌立法权

C. 孟德斯鸠主张议会和君主共同享有立法权

D.《中华民国临时约法》规定议会可罢免总统

9. (2010年绍兴质量调测)阅读下列对五四运动(注:这里指广义上使用的"五四运动",所涉及的时期大致是1917年到1921年。)的各种阐释和评价,回答相关问题。

材料一　他们(自由主义者)强调五四运动促进了"以大众活语言的新文学取代文言文的旧文学";它是一场"理性反对传统、自由反对权威、对人生及人的价值的颂扬反对对它们贬抑的运动",是一场"由那些了解他们的文化遗产,并试图用现代历史批判和研究的新方法论对之加以研究的人所领导的"一场人文主义运动。……(他们)把欧洲文艺复兴看作是在中世纪旧秩序桎梏中挣扎的新生资本主义社会所要求的一场运动。古希腊和罗马的文明适应了现代资本主义需要,因而在欧洲得以复兴。而在"五四"时期,中国的经济也从中世纪状况发展到资本主义状况,并提出了类似的文化上的要求。

——(美)周策纵《五四运动》

材料二　二十年前的五四运动,表现中国反帝反封建的资产阶级民主革命已经发展到了一个新阶段。五四运动成为文化革新运动,不过是中国反帝反封建的资产阶级民主革命的一种表现形式。由于那个时期新的社会力量的生长和发展,使中国反帝反封建的资产阶级民主革命出现一个壮大了的阵营,这就是中国的工人阶级、学生群众和新兴的民族资产阶级所组成的阵营。而在"五四"时期,英勇地出现于运动先头的则有数十万的学生……

——毛泽东《五四运动》1939年

五四运动是在当时世界革命号召之下,是在俄国革命号召之下,是在列宁号召之下发生的,五四运动是当时无产阶级世界革命的一部分。

——毛泽东《新民主主义论》

材料三　是不是推翻礼教否定本国 历史就是新文化运动！是不是打破一切纪律,扩张个人自由就是新文化运动！是不是盲目崇拜外国,毫无抉择的介绍和接受外来文化,就是新文化运动！如果是那样,那我们所要的新文化,实在是太幼稚、太便宜,而且是太危险了。

——蒋介石《哲学与教育对于青年的关系》1941年

这些国耻(二十一条)违背我国民的希望,有损我国民的自信,激起我国民强烈的革命要求。五四运动就是这种要求的最鲜明的表现。在国民强烈的革命要求之下,军阀官僚的政治,只有没落的一途。

——蒋介石《中国之命运》1943年

(1)材料一中的"自由主义者"称"五四运动"是一场"中国的文艺复兴运动"的主要理由是什么？试从思想背景和内容两方面比较中国和西方这两场思想解放运动的差

智趣素材

异。

（2）根据材料二，归纳毛泽东关于五四运动的基本观点。此处毛泽东分析问题的最基本方法是什么？

（3）根据材料三，简述蒋介石对五四时期历史的基本态度，结合当时形势分析其原因。你对蒋介石的态度有何看法？

（4）结合上述材料，请你谈谈五四时期的历史为何被后人反复解释。

10. （2010年江苏扬州中学第一次教学调查）阅读材料，回答问题。

材料一 1781年通过的《邦联条例》建立了一个州的联盟，定名为"美利坚合众国"，条例规定：各州保留它们的主权、自由和独立，邦联无权向各州征税和管理各州的贸易；邦联只设国会作为中央机构。邦联未设行政首脑和司法长官，也没有以违抗邦联的行为实行制裁的任何规定。

（1）根据材料一概括当时美国政治体制的主要特点。它给美国带来了什么问题？

材料二 1787年美国宪法规定：联邦权力高于各州权力。联邦政府拥有政治、经济、军事和外交大权……各州可以在不违背宪法的前提下，制定地方法规，有一定的自主权，以发挥地方的积极性，避免高度集权的弊端。

材料三

美国联邦政府

国 会	总 统	最高法院
参议员由各州议会选出，每州两名，任期六年，每两年改选三分之一。众议员由各州按人口比例选出，任期两年	总统为国家元首和政府首脑，由选民间接选举产生，每届任期四年，连任不超过两届。总统无权解散国会，国会可依法弹劾总统	最高法院大法官共九名，由总统提名，参议院批准，除非犯罪，任职终身

——据《1787年宪法》

（2）根据材料二、三，指出美国联邦政府的权力构成体现了哪些原则？国会参众两院议员的任职各有什么特点？这些特点分别产生了什么影响？

材料四 英国首相为政府首脑，由议会多数派领袖担任，议会可罢免首相，二者互相牵制，只要能保住议会多数党的地位，首相可连任。

（3）据材料三、四，概括美国的总统制和英国君主立宪制在哪些方面存在差异？产生这种差异的主要原因是什么？

智趣素材

草木皆兵

东晋时，北方有个前秦国王叫苻坚，他率领80万大军南下。晋朝派谢石和谢玄领8万兵迎战。苻坚觉得消灭晋军不费吹灰之力，就命大军攻破寿阳，又派前锋与谢玄的军队交战。谢玄率精兵打败了苻坚派的兵并杀死了前锋将领。苻坚站在寿阳城头向各州谢玄的军队不但队形整齐，而且武器精良，他开始害怕了。再看看，远处八公山上的草木也像是晋兵，越看越心慌。后来淝水一战，苻坚的弟弟被打死，他本人也中了箭。苻坚率领的大军死伤不计其数，死尸都挡住了河水。苻坚只好率领残部北逃。

这一成语形容由于惊慌害怕而疑神疑鬼。

一年冲刺母题

【母题】 阅读下列材料,回答问题:

材料一 人是生而自由的,但却无处不在枷锁中。自以为是其他主人的人,反而比其他一切更是奴隶。这种变化是怎样形成的? 我不清楚。是什么才能使这种变化成为合法的? 人自信能够解答这个问题。

如果我仅仅考虑强力,以及强力所得出的效果,我就要说:当人民被迫服从,从而服从时,他们做得对;但一旦人民可以摆脱自己身上的桎梏而摆脱它时,他们就做得更对。……所以人民有理由重新获得自由,否则别人当初夺去他的自由就是毫无根据的了。社会秩序乃是为其他一切权利提供了基础的一项神圣权利。然而这项权利绝不是出诸自然的,而是建立在约束之上的……

——法国某启蒙思想家的名著

材料二 所有正确的或合理的事情都为分离作辩护,被杀死的人的鲜血和造化的啜泣声在喊着:现在是分手的时候了……在这个时候,人们即使竭尽智慧,要不谈独立而保证这个大陆苟安一年,也是办不到的。和解现今是个荒谬的梦想……

——潘恩《常识》

(1)材料一的核心思想是什么? 源于哪位启蒙思想家的什么思想?

(2)材料二的核心思想是什么? 其依据何在?

材料三 1. 在权利方面,人们生来是而且始终是自由平等的。

2. 任何政治结合的目的都在于保存人的自然的和不可动摇的权利。这些权利就是自由、财产、安全和反抗压迫。

3. 整个主权的本原主要寄托于国民。任何团体、任何个人都不得行使主权所未明白授予的权力。

4. 每个公民均拥有言论、信仰、写作和思考的自由。

——《人权宣言》

(3)结合材料三和所学知识分析,《人权宣言》的内容体现了启蒙思想的哪些内容? 这些对法国革命有何现实的指导意义?

材料四 美国革命在当时具有深远的影响。一个独立的共和国在美国的建立,在欧洲广泛地解释为:它意味着启蒙运动的思想切实可行——一个民族有可能建立一个国家,有可能制定一种建立在个人权利基础上的切实可行的政体。

材料五 我们看,《人权宣言》的发表形成了法国大革命的高潮,这并非偶然,起草宣言的委员会承认,“这一崇高的思想”产生于美洲。

(4)依据材料四、五,分析美国革命和法国革命之间的关系。

【解析】 本题将美国革命和法国革命联系起来。第(1)(2)(3)问结合材料可知材料的核心思想,再结合所学知识可知,是哪位思想家的思想、理论来源和对法国革命的现实指导意义。第(4)问从材料四中得美国革命是受当时法国启蒙思想的影响而发生的;而材料五中又可知法国革命思想又源于美国。

【答案】 (1)核心思想:摆脱枷锁,按社会契约建立合理的社会秩序,是人民的自由和权利。

源于卢梭的社会契约思想。

(2)核心思想:抛弃和解,追求独立。

依据欧洲启蒙思想。

(3)内容:自由、平等、天赋人权和主权在民的思想。

意义:《人权宣言》体现的这些原则是法国资产阶级夺取政权和巩固政权的思想武器;作为革命的纲领性文件,它将启蒙思想以法律的形式固定下来,实际上是以法律的形式宣告旧封建王权的灭亡和资产阶级政治制度的诞生。

(4)美国的独立战争受法国启蒙思想的影响,美国的建立证明启蒙思想的可行性。

法国大革命的兴起又受到美国独立战争的影响。

【变题1】 阅读下列材料,回答问题:

材料一 威廉以他自己和妻子的名义宣读了议会修改过的誓词:“我们衷心地接受你们向我们提出的议案,并保证以英国法律作为自己行为的准则”、保证“根据议会同意的法规”进行统治。

(1)英国议会要求威廉和玛丽接受《权利法案》的政治前提是什么?

(2)材料一中表明国家权力是掌握在国王还是议会的手中? 为什么?

材料二 1604年英国议会对国王的抗辩书称:“无论就尊严或权威而论,国内并没有最高的常设法院足以和本国会的法院分庭抗礼,本国会的法院得到陛下的圣裁,给其他法院颁布法律,但不接受来自其他法院的法律或命令。”

——《世界通史资料选辑》

材料三 (英国国王的)权力虽然很充分,却受到三大宪政原则的限制:其一,不经议会同意国王不得立法。其二,不经议会同意国王不得征税。其三,他必须按国家法律来管理财政。如果他违背法律,其谋臣及代办官员应负责任。

——爱尔默

(3)材料二、三中的议会对待王权有何明显不同? 材料三比材料二相比有何进步性?

【变题2】 政治文明是人类文明的重要组成部分,宪政制度的建设则是政治文明的重要体现和保障。阅读下列材料:

材料一 1787 年宪法签署时的场景

注:右上方站立在书桌帝的即为担任主席的华盛顿,中部持杖者是本杰明·富兰克林,其右边与他讲话的人为亚历山大·汉密尔顿,坐在富兰克林左边桌旁的是被誉为“美国宪法之父”的詹姆斯·麦迪逊。

材料二 每当人们谈到美国 1787 年宪法的制定时,都会记起他:华盛顿。他领导了美国独立战争,创立了一个共和国;他主持了制宪会议,为美利坚合众国宪政体制奠定了基本结构和框架。

材料三 在 1787 年的制宪会议上,富兰克林一直在琢磨刻在华盛顿座椅上的太阳是日出还是日落。当他含着激动的眼泪在宪法文本上签字后,他说:“现在,我很高兴地知道,那是日出,而不是日落。”

请回答:

(1)材料一的场景发生的地点在哪里? 除了材料中介绍的人物外,主要还有哪些人参加了这一次隆重的签署仪式?

(2)结合所学知识,指出美国 1787 年宪法规定的宪政体制及其突出特点。

(3)试从 1787 年宪法确立的宪政体制的角度谈谈你对“日出”一词的理解。

【变题3】 阅读下列材料,回答问题。

材料一 每逢“五一”和“十一”这样的重大节日,孙中山先生的巨幅画像总会摆在天安门广场,与天安门城楼正中的毛泽东主席的巨幅画像遥遥相对。

(1)请说出孙中山能够享有如此崇高地位的主要原因。

材料二 未庄的人心日见安静了。据传来的消息,知道革命党虽然进了城,倒还没有什么大异样。知县老爷还是原官,不过改称了什么,而且举人老爷也做了什么——这些名目,未庄人都说不明白——官,带兵的也还是先前的老把总。

——《阿Q正传》

材料三 1961 年 9 月,毛泽东会见了英国元帅蒙哥马利。当蒙哥马利与毛泽东探讨孙中山领导的革命为什么没有成功时,毛泽东说:辛亥革命时,“孙中山没有提反帝、反封建的口号。人民受帝国主义、封建主义的压迫,不提这两个口号,人民怎么会跟他走呢?”

(2)材料二反映了什么历史事件? 与孙中山什么关系? 材料二、三共同揭示了什么问题?

(3)依据材料三,指出为什么孙中山没有提出反帝反封建的口号?

第4单元 人民群众争取民主的斗争

考纲解读导航

考试内容

1. 英国无产阶级的斗争
(1)争取经济权益的斗争——卢德运动
(2)为争取政治权利而战——宪章运动
2. 全世界无产者,联合起来
(1)建立国际工人协会
(2)"从来就没有什么救世主"
(3)世界规模的斗争
3. 反对国民党独裁统治的斗争
(1)"莫谈国事"——国民政府的独裁统治
(2)"解放区的天是明朗的天"

(3)要求民主的呐喊——国统区的民主运动

能力要求

(1)简述宪章运动要求普选权斗争的基本史实,认识欧洲早期无产阶级争取民主权利的斗争对欧洲民主化进程的影响。

(2)说出第一国际推动各国工人参加民主运动、巴黎公社建设无产阶级民主制度的尝试和第二国际争取工人民主权利的斗争史实,认识近代以来人类在民主化领域的进步,也是广大人民群众进行不懈斗争的结果。

(3)了解抗日战争胜利前后人民群众反对国民党独裁统治、争取民主斗争的史实,认识其在中国政治民主化进程中的意义。

三年高考命题

1. (2009年浙江文综)下列关于国际共产主义运动的说法正确的是 ( )
A. 马克思和恩格斯第一次合作的作品《德意志意识形态》,批判了青年黑格尔派的唯心主义
B. 《共产党宣言》用剩余价值学说,论证资产阶级的灭亡和无产阶级的胜利同样不可避免
C. 十月革命的胜利推翻了统治俄国300多年的罗曼诺夫王朝,建立了无产阶级专政
D. 马克思和恩格斯发出了"全世界无产者,联合起来"的伟大号召

2. (2009年广东历史单科)下列关于巴黎公社的表述,正确的是 ( )
A. 公社实行直接民主的政治制度
B. 公社标志着马克思主义的诞生
C. 人民有权罢免公社公职人员
D. 公社是世界上第一个社会主义国家

3. (2009年广东文科基础)马克思指出:"资产阶级不仅锻造了置自身于死地的武器,它还产生了将要运用这一武器的人——现代的工人,即无产者。"这里的武器是指 ( )
A. 暴力革命　　　　B. 代议制民主

C. 先进的生产力　　　D. 科学社会主义

4. (2009年江苏历史单科)根据毛泽东同志的论述,对新民主主义革命理论理解不正确的是 ( )
A. 新民主主义革命是终结半殖民地半封建社会和建立社会主义社会之间的过渡阶段
B. 新民主主义革命属于资产阶级民主革命
C. 新民主主义革命禁止资本主义经济的发展
D. 新民主主义革命为社会主义创造前提

5. (2009年山东基本能力测试)60年前中国人民在中国共产党的领导下,经过艰苦卓绝的斗争,终于取得了革命的胜利,油画《开国大典》再现了开国盛典这一历史时刻。下列说法正确的是 ( )

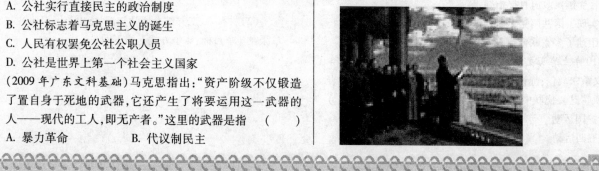

魔术王国的统治者——迪斯尼

他的米老鼠是大萧条时期不可征服的欢快的美国精神的象征。《白雪公主》则体现了美国平民主义的真实性——天真烂漫、感情奔放、勇敢无畏、热爱生命。艺术上,他追求现实主义;思想上,他歌颂传统,眷恋伊甸园式小城生活朴实的甜美;商业上,他令人愉悦的聪颖可爱吸引了无数的大人和孩子。迪斯尼乐园是他最自豪的杰作。他亲自参与乐园设计,为现代城市规划提供了精美的楷模,刺激着人们的想象力。它赋予人们一个优于现实生活的环境,在这个彻底排除肮脏、残酷和不幸的氛围中,人们体味着瞬间的兴奋。迪斯尼的发明深刻影响了世界和人类对世界的体验,尤其塑造了美国人的生活、思考和实现梦想的方式。

智趣素材

①该作品属于革命历史 ②画家吸取了传统山水画的特点 ③开国大典举行时中国内地已经全部解放 ④毛泽东在盛典上宣布了中华人民共和国中央人民政府的成立
A.①②   B.①④   C.②③   D.③④

6. (2009年山东基本能力测试)下列对历史事件发生背景的描述准确的是 ( )
A. 圆月高悬的夜晚,伟大文学家屈原投汨罗江而亡
B. 张骞出使西域时,友人弹奏《阳关三叠》以表达惜别之情
C. 金田起义发生时,中国已经完全沦为半殖民地半封建社会
D. 南昌起义发生时,江淮大地已过了梅雨期

7. (2009年上海历史单科)在20世纪上半叶的革命实践中,中国共产党人走出了一条属于自己的独特道路,这条道路是 ( )
A. 采取暴力革命   B. 领导工人运动
C. 农村包围城市   D. 国共两党合作

8. (2009年辽宁文综)1942年3月30日,毛泽东在《如何学习中共党史》讲话中说:"陈独秀是五四运动的总司令。"这一评价应主要基于陈独秀 ( )
A. 引领思想启蒙运动   B. 创办《青年杂志》
C. 发动学生运动   D. 建立共产党早期组织

9. (2008年广东文科基础)毛泽东曾在一篇文章中宣告:"中国人民的革命战争,现在已经达到了一个转折点。""这是蒋介石的二十年反革命统治由发展到消灭的转折点。"这个转折点的主要标志是 ( )
A. 抗日战争的胜利   B. 渡江作战与解放南京
C. 三大战役的胜利   D. 刘邓大军挺进大别山

10. (2008年重庆文综)农村革命根据地经济建设的内容主要包括 ( )
①打土豪,分田地 ②兴修水利 ③开展大生产运动 ④兴办工厂
A.①②   B.①③   C.②④   D.③④

11. (2008年文综全国卷一)抗日战争时期,陕甘宁边区"不禁止地主、富农、国民党员参选议员"。这说明陕甘宁边区 ( )
A. 实行民主选举制度
B. 接受国民政府直接指导
C. 实现了国共两党党内合作
D. 组建了多党联合政府

12. (2010年上海历史卷)"前年杀吴禄贞,去年杀张振武,今年又杀宋教仁;你说是应桂馨,他说是洪述祖,我说确是袁世凯。"这幅挽联中提及的事件最终引发了 ( )
A. 护国运动   B. 武昌起义
C. 五四运动   D. 二次革命

13. (2010年天津卷)《大公报》载文说:"几千年来,中国人所怀抱的观念是'天下',是'家族',近代西方的民族意识和国家观念,始终没有打入我们老百姓的骨髓里……(今天)我们从亡国灭种的危机中,开始觉悟了中国民族的整体性和不可分性。这是民族自觉史的开端,是真正的新中国国家的序幕"。该文发表的历史背景是 ( )
A. 甲午战争爆发   B. "中华民国"建立
C. 抗日战争爆发   D. 中华人民共和国成立

14. (2009年海南历史单科)

材料一 人口的集中固然对有产阶级起了鼓舞和促进发展的作用,但是它更促进了工人的发展。工人们开始感觉到自己是一个整体,是一个阶级;他们已经意识到,他们分散时虽然是软弱的,但联合在一起就是一种力量。这促进了他们和资产阶级的分离,促进了工人所特有的,也是在他们的生活条件下所应该有的那些见解和思想的形成,他们意识到了自己受压迫的地位,他们开始在社会上和政治上发生影响和作用。大城市是工人运动的发源地:在这里,工人第一次开始考虑到自己的状况并为改变这种状况而斗争;在这里,第一次出现了无产阶级和资产阶级利益的对立;在这里,产生了工会、宪章主义和社会主义。

——恩格斯《英国工人阶级状况》(1845年)

材料二 1884年,英国费边社的基本纲领提出:"费边社的目的是以下列方式来改革社会:从个人和阶级所有制下解放土地和工业资本,把它们交给社会所有,以谋公众的福利。只有通过这个方式,全国各种自然的和既得的利益才能公平地为全国人民所分享……为了这些目的,费边社应注意传播社会主义思想,鼓吹以社会主义为根据的社会和政治改革,包括确立男女平等的公民权利,同时推广有关个人与社会在经济、伦理和政治方面的关系的知识,以便实现这些目标。"

——摘自蒋相泽主编《世界通史资料选辑》(近代部分)

(1)材料一,概括指出恩格斯写作《英国工人阶级状况》的历史背景。

(2)材料一、二并结合所学知识,指出英国费边社与宪章派在斗争目标、斗争方式上的不同。

巴尔扎克

巴尔扎克(1799—1850)是一位批判现实主义作家,生活的逼迫,使他对社会的腐败现象,特别是上层社会追求金钱的丑态,看得很清楚,也充满了憎恶;对于受剥削受压迫的善良人民,则满腔同情。巴尔扎克最杰出的成就,是创作了一部《人间喜剧》丛书。他曾经计划写137部小说,实际完成了96部。看一看计划中的《人间喜剧》的规模,就可以知道巴尔扎克的气魄多么宏大了。在96部长篇、中篇、短篇小说中,巴尔扎克塑造了2000多个人物,有形形色色的资产者和个人野心家,有没落的封建贵族,也有普通的百姓……正像他自己说的,他要"写一部史学家忘记写的历史,即风俗史"。

智趣素材

复习攻略

一、整体感知

近代民主的发展不是统治者的恩赐，而是广大人民群众不断斗争的结果。英国工人阶级积极参加资产阶级议会改革运动，极大地推动了英国民主化的进程；同时，工人阶级掀起宪章运动，要求普选权。无产阶级在争取民主权利的斗争中不断走向成熟，他们建立工人阶级的政党，参加议会竞选，扩大了英国的议会民主。在斗争中，欧洲无产阶级组织了第一国际和第二国际，加强了各国工人阶级之间的联合，推动了各国工人的民主运动；巴黎的无产阶级还建立了巴黎公社，尝试建立无产阶级民主制度，实现自身的解放。

在中国，抗日战争胜利前后，国民党加强独裁统治。中国共产党在解放区实行一系列的民主改革，积极推动重庆谈判的展开和政治协商会议的召开，领导中国人民为争取民主权利进行了不懈的斗争。

二、各个击破

1. 英国卢德运动的特点

（1）以经济斗争为主要目标，主要是为了改变工人阶级的生活贫困状况，没有提出明确的政治斗争要求，局限于"求得温饱"的斗争阶段。

（2）采用秘密斗争的方式，没有公开打出反抗斗争的旗号，难以得到广大人民的拥护和支持；

（3）属于自发的反抗斗争，既没有明确的斗争纲领，又缺乏统一的组织和领导，整体上处于分散活动的状态。

（4）斗争过程存在很大的局限性，缺乏斗争的自觉性和经验，没有认识到导致自身生活贫困的真正根源，仅仅局限于争取工作权力的层面。

2. 1832年英国议会改革的背景与影响

（1）背景：

①工业革命迅速发展，工业资产阶级的实力大为增强，纷纷要求参加对国家的统治与管理；议会选举依然沿袭中世纪的选举制度，在选区划分和议席分配等方面没有任何改变，限制了工业资产阶级的参政权利。

②选民和被选举人的高额财产资格限制，剥夺了广大工人群众乃至中小资产阶级的选举权，促使工人阶级要求改革政治，实现普选；此外，19世纪二三十年代欧洲大陆革命潮流的冲击，对1832年英国议会改革产生了重要影响。

（2）影响：

①打击了旧贵族、地主及旧南部城市商人的势力，增加了因工业革命而兴起的中北部城市商人的参政机会。

②郡代表的增加有助于平衡不同地方势力对选举的影响，促使群众对下议院的影响力明显上升。

③工业资产阶级获得了更多的参政权和选举权，但工人、

贫民的政治权利仍然受到种种限制。

④促使议会制度朝着民主化的方向迈进了一大步，开创了日后各议会改革法案的先河，为后来各种企图实现社会改革的力量提供了合法的手段和渠道。

3. 英国宪章运动的原因与意义

（1）原因：

①1832年英国议会选举改革赋予了工业资产阶级选举权，人民群众却依然被排斥于议会之外。

②随着资本主义的发展，工人阶级队伍壮大。

③生活的悲惨和政治上的无权促使工人阶级为争取改善生活条件和争取自身自由与平等的权利而抗争，掀起了轰轰烈烈的宪章运动。

（2）意义：

①极大地促进了英国政治民主化进程。

②统治阶级被迫接受了宪章派的一些民主要求，在以后的议会改革中实现了许多民主权利，促进议会民主。

③是无产阶级作为独立政治力量登上历史舞台的主要标志之一，是世界上第一次广泛的、群众性的、政治性的无产阶级革命运动。

④推动欧洲各国无产阶级争取民主权利的斗争。

4. 法国巴黎公社革命所体现的主要特征

（1）19世纪上半期国际工人运动是最高峰。巴黎公社是唯一夺取全市政权、建立起新型工人政权并持续了两个多月的无产阶级革命斗争。

（2）本质上是工人阶级政权，以工人阶级的利益为出发点制定一切政策。当然，这些政策虽然是无产阶级性质的，但它既不包含社会主义公有制的内容，又没有批判和否定资本主义私有制，不具有社会主义革命的性质。

（3）以武装起义的方式夺取政权，通过选举组建新型政权，体现出明显的自发性、暴力性和政治性，是对以往工人运动的继续与发展。

（4）打碎旧的资产阶级的国家机器，建立无产阶级政权的雏形，是巴黎公社最重要的创造与贡献。

5. 第一国际和第二国际的不同点及其原因

（1）不同：

①第一国际由各国工人团体组成，第二国际主要由各国社会主义政党组成。

②第一国际活动范围主要是欧洲地区，第二国际的活动范围扩大到整个欧洲和北美。

③第一国际以宣传和鼓动工人阶级的斗争为主，第二国际已经同各国工人的斗争紧密结合在一起。

④第一国际是各国工人团体的上级组织，第二国际不是各国政党的上级组织。

⑤第一国际中的各国工人团体以总委员会为领导机关，第

被穷困囚禁在家的马克思

1848年的革命失败后，欧洲各国又处于专制统治之下。统治者对工人运动严厉镇压，逮捕了许多共产主义者同盟的委员。马克思一家迁居到英国伦敦，这时他们几乎一无所有。1851年夏天，马克思开始为《纽约每日论坛报》写稿，可是所得的稿酬仍不够一家人的开销。马克思曾经在给恩格斯的信上说："我不能再出门，因为衣服都在当铺里；我不能再吃肉，因为没有人肯赊给我了。"1852年，马克思在完成《揭露科伦共产党人案件》这部著作以后，连寄书稿的邮费都没有。他曾十分幽默地说："小册子的作者因没有裤子和鞋子而被囚禁在家里，他的一家人过去现在和每分钟都受到极端贫困的威胁。"

二国际中各国工人政党是独立自主的。

(2)主要原因:

①第一国际的目的在于建立一个摆脱各种机会主义宗派控制的真正的工人阶级战斗组织,第二国际的目的在于为将来推翻资本主义的斗争而组织教育工人阶级,建立集中统一的领导机构的需求并不迫切。

②此外,第二国际建立前后,欧美工人运动广泛兴起,各国社会民主党普遍建立,各国的国情和面临的革命任务存在相当大的差别,难以实现统一集中的领导方式。

6.“三三制”原则的实施目的及其影响

(1)目的:在中华民族与日本帝国主义的矛盾成为中国社会主要矛盾的背景下,动员和争取一切抗日力量争取抗争胜利是其根本目的;巩固和发展抗日民族统一战线,在抗日根据地建立抗日民主的统一战线性质的政权,是其直接目的。

(2)影响:团结了广大人民群众,争取了民族资产阶级、开明绅士和其他中间力量,孤立了反共顽固势力,加强了根据地内部各阶层的抗日团结性,进一步巩固和发展了抗日民族统一战线,为抗日战争胜利创造了有利的条件;保证了中国共产党的领导地位,提高了中国共产党的威信和感召力,培养了人民群众的民主意识和参政热情;是共产党在政权建设中同党外人士合作共事的开端,也是人民民主专政的雏形,是中国近代史上推动民主进程的杰作。

知识结构梳理

一、英国无产阶级的斗争

(一)争取经济权益的斗争——卢德运动

1. 原因:

(1)_____导致大批英国手工业者失业破产,生活困苦。

(2)工人把_____视为贫困的根源。

2. 方式:破坏_____。

3. 结果:在_____的镇压下,卢德运动逐渐停止。

4. 认识:

(1)斗争反映了_____和_____的对立和矛盾。

(2)卢德运动是_____的一种手段,是一场争取_____的斗争。

(3)由于觉悟和经济的限制,工人阶级还没有认识到造成其苦难的根源所在。

(二)争取政治权益的斗争——英国宪章运动

1. 原因:

(1)工业革命扩展,_____队伍壮大。

(2)工人阶级创造巨大社会财富,而自己的生活、工作状况极为悲惨。

(3)在 1832 年改革斗争中起过巨大作用的人民群众仍处于_____。

(4)无产阶级意识的_____。

2. 斗争目标:争取_____。

3. 斗争纲领:《_____》

4. 斗争方式:请愿、集会、游行和罢工。

5. 意义:

(1)无产阶级作为独立的_____登上历史舞台的重要标志之一。

(2)世界上第一次广泛的、群众性的、政治性的_____运动。

(3)推动英国资产阶级_____的发展。

(4)推动了欧洲无产阶级争取民主权利的斗争,推进了资产阶级民主政治的进程。

二、全世界无产者,联合起来

(一)建立国际工人协会

1. 背景

(1)工业革命的发展,工人阶级队伍的壮大,_____高涨。

(2)在斗争实践中,各国工人阶级日益认识到_____共同斗争的重要性。

(3)_____、恩格斯总结各国工人运动经验并进行深入的理论研究。

2. 成立:1864 年 9 月,“国际工人协会”在_____成立。

3. 意义:推动欧洲各国工人运动的发展,使_____深入人心。

(二)“从来就没有什么救世主”——巴黎公社

1. 原因

(1)欧洲工人运动日益高涨。

(2)_____失败,激化矛盾,引发革命。

2. 过程

(1)1871 年 3 月 18 日,_____起义,占领市政厅。

(2)1871 年 3 月 26 日,巴黎人民进行选举,产生_____。

(3)1871 年 3 月 28 日,_____正式成立。

(4)1871 年 5 月 28 日,敌人占领_____,公社失败。

3. 措施

(1)实行人民普选制:治安委员会、司法委员会和_____的主要工作人员必须经选举产生。

(2)实行民主监督:实行人民对权力机关及公职人员的_____和罢免权。

(3)加强教育:保证_____受教育权利。

(4)加强法制:将民主制度建设渗透到实际生活中。

4. 历史意义

(1)巴黎公社是世界历史上实行_____的第一次尝试。

(2)丰富和发展了_____关于无产阶级革命和无产阶级专政学说。

(三)世界规模的斗争

1. 成立背景

(1)_____解散,需要新的国际指导国际工人运动。

(2)工人阶级队伍壮大,各国_____成立,工人运动重新高涨。

2. 成立:1889年在_____召开第二国际成立大会,通过"_____"的决议。

3. 活动方式:通过_____、方针政策指导推动各国工人运动发展。

4. 影响:

(1)欧美工人运动的规模更大、组织性进一步增强,斗争形式也更加灵活多样。

(2)以工人阶级为主体的广大人民争取_____的斗争,有力地推动了近代社会的民主化进程。

三、反对国民党独裁统治的斗争

(一)"莫谈国事"——国民政府的独裁统治

1. 独裁统治的建立

(1)1927年4月18日,_____在南京建立国民政府。

(2)1927年秋,以汪精卫为首的_____国民政府迁往南京,与以蒋介石为首的南京国民政府合并,建立了代表_____利益的南京国民政府。

2. 独裁统治的巩固及表现

(1)颁布"训政纲领":国家一切权力归_____。

(2)打出"以党治国"的旗号:蒋介石以"_____""_____"为旗号,大肆集权,建立起个人的独裁统治。

(3)发展_____:特务活动深入各个领域,人民的言论受到极大的限制。

(4)制定反动法令,加强_____,进行"文化围剿"。

(5)1936年,国民政府用宪法形式确立了国民党的独裁统治。

(二)"解放区的天是明朗的天"——中共的民主政治建设

1. 土地革命时期:建立中央工农民主政府

(1)实行_____代表大会。

(2)建立人民_____制度。

2. 抗日战争时期:

(1)政权:建立_____民主政权

(2)原则:"_____"原则

①目的:把抗日根据地政权建成抗日民族统一战线的政权,团结各阶层力量抗战。

②意义:加强了各阶层人民的团结,巩固了抗日民族统一战线;对巩固抗日根据地,克服根据地困难起了重要作用;为中共领导的_____制度的形成和发展提供了宝贵的经验。

3. 解放战争时期

(1)建立_____政府。

(2)实行人民代表大会会议。

(3)实行民族_____的政策。

(三)要求民主的呐喊——国统区的民主运动

1. 原因:国民党的独裁统治

(1)国民党发动全面_____,加强对_____的控制和压迫。

(2)制造"_____"等一系列惨案,镇压民主运动。

2. 表现

(1)抵制"国民大会":中共和各民主党派拒绝参加"_____",《_____》遭到了全国人民的谴责。

(2)示威游行:

①反对美军暴行,反对美国干涉中国内政。

②"_____、反内战、反迫害"运动。

(3)配合解放战争

①护校、护厂运动,配合解放军解放_____的斗争。

②响应中共召开新_____会议的号召。

二年模拟训练

1. 1945年12月,美国总统杜鲁门发表对华政策的声明:"美国深知目前中国国民政府是'一党政府',并且相信如果这个政府的基础加以扩大,容纳国内其他政治党派的话,即将推进中国的和平、团结和民主的改革。……自治性的军队例如共产党军队……应有效地结合成为中国国民军。"上述声明反映的美国对华政策的实质是　　　　　(　　)

A. 支持蒋介石强化独裁统治

B. 推进中国和平进程,避免内战

C. 建立民主协商的联合政府

D. 消除中共领导的人民民主力量

2. (2010年湖南岳阳一中第二次质检)恩格斯说:"我们绝不想把新的科学成就写成厚厚的书,只向'学术界'透露。正相反,我们两人已经深入到运动中去了。"恩格斯和马克思"已经深入到运动中去"是在　　　　(　　)

日本陆军史上最大的失败

1939年5月4日,蒙古军第24国境警备队由西岸涉冰到哈拉哈河以东地区放牧,伪满兴安北警备军骑兵哨所的士兵立即开枪阻截,将蒙军赶回西岸。于是,双方不断在这一地区展开争夺战,战争不断升级。这场战争最后以苏军的胜利而宣告结束,整个战争历时135天,双方投入战场兵员20余万人,大炮500余门,飞机900余架,坦克装甲车上千辆,死伤6万余人。无论空战或坦克战,在当时的世界军事史上都是空前的。自日俄战争以来,日军第一次遭受如此惨重的失败。诺门罕战争遗迹再一次证明,日本侵略者在二战中所犯下的侵略罪行罄竹难书,一些别有用心的日本人想抹杀这段历史也是办不到的。

智趣素材

A.《共产党宣言》发表之前

B.《共产党宣言》发表之后

C. 第一国际成立之前

D. 巴黎公社成立之后

3.（2010年海淀模拟）下列各项反映十年对峙时期中国共产党政策发生重大变化的是　　（　　）

A."打土豪,分田地"

B."停止内战,一致抗日"

C."一切服从统一战线"

D."打倒蒋介石,解放全中国"

4.列宁在《纪念公社》一文中指出:"胜利的社会革命至少要有两个条件——生产力高度发展和无产阶级准备成熟,但是在1871年这两个条件却不具备。"这说明　（　　）

A. 巴黎公社是由于生产关系阻碍生产力的发展而发生的

B. 当时法国资本主义发展水平极其低下

C. 假如当时有成熟的无产阶级政党领导,巴黎公社就会成功

D. 正确揭示出了巴黎公社失败的根本原因

5.西方学者评价1832年英国议会制度改革是具有革命意义的变革——"Britain is probably closer to the revolution than any other countries in Europe"。这是因为　（　　）

A. 无产阶级赢得了选举权

B. 推翻了斯图亚特王朝的统治

C. 工业资本家逐渐进入政权中心

D. 垄断资本家控制了国家政权

6.以下对"三三制"民主政策的表述,不正确的是　（　　）

A. 是由共产党发起和领导的

B. 是国共两党合作的重要形式

C. 对于实现中国政治民主化有着全国性的普遍意义

D. 是争取抗战胜利的重要措施之一

7.相对于重庆政治协商会议而言,1949年中国人民政治协商会议的突出特点不包括　（　　）

A. 具有广泛的代表性

B. 为新中国的成立作了组织上的准备

C. 采取多党协商的方式

D. 形成了中共领导下的多党合作和民主协商的政治制度

8.19世纪末、20世纪初,欧美民主政治扩大的根本原因是　（　　）

A. 第二次工业革命的进行,资本主义经济的迅速发展

B. 出现了一系列的社会改革,民主运动和社会立法

C. 广大劳动阶级的斗争

D. 垄断资产阶级为巩固统治而不断调整统治策略

9.阅读下列材料:

材料一　1832年,英国议会改革法中有关选区调整的

规定:剥夺若干微不足道的选区产生议员之权力,将该项权力授予人口稠密、资源富饶之大城市。

（引者注:原来利物浦、曼彻斯特等地不设选区）

材料二　同一改革法中有关选举的部分规定:土地或产业之产权者或任何土地或产业之租赁人或代理人有选举权,曾接受教区赈灾款或其他救济金,依照目前议会之规定,他丧失了选取议会代表的资格。

材料三　本会宗旨为达到下议院的彻底改革,每一个而是一周岁、精神健全的男子都有选举议会议员的权利。王国分为若干选区,每一选区按选民人数比例规定代表人数。为达到前述目的,只宜采取和平与合法的手段。

——《世界历史资料选辑·近代部分》

请回答:

（1）根据材料一,选区的调整说明了什么? 阐述做出调整的根本原因。

（2）根据材料二,选举权的基本条件是什么? 联系材料一指出,这项改革法实际上满足了谁的要求? 说明了什么?

（3）材料三基本上反映了那个阶级的要求? 他们"彻底改革"的要求与1832年改革法的有关规定的本质区别是什么?

10.　材料一　近代中国历史的主要问题及其解决的道路,取决于近代中国社会性质。近代中国没有按照正常的规律从封建社会发展到资本主义社会,而是走上了属于资本主义体系的半殖民地半封建社会道路。这是资本主义和封建主义相结合的结果。压迫和阻止近代中国社会向前发展的主要东西是资本主义国家的资产阶级和中国的地主阶级,因此,摆在中国人民面前的历史主题,是……

——苑书义《论近代中国的进步潮流》

材料二　"中国数千年来都是君主专制政体,这种政体,不是平等自由的国民所堪受的,要去这政体,不是专靠民族革命可以成功……我们推倒满洲政府,从驱除满人那一面说是民族革命,从颠覆君主政体那一面说是政治革命……那政治革命的结果,是建立民主立宪政体。照现在这样的政治论起来,就算汉人为君主,也不能不革命。"

——孙中山《在东京＜民报＞创刊周年庆祝大会的演

说》

材料三 人民的国家是保护人民利益的政权形式,只有人民当家作主才能体现真正的民主。
——毛泽东《论人民民主专政》

材料四 1941年《陕甘宁边区政府为改选及选举各级参议会的指示信》指出:民主政治选举第一……如果有人轻视选举,或者说不要选举,那就是等于不要民主。不要民主,就等于不要革命。《陕甘宁边区各级参议会选举条例》指出:边区各级选举,采取普遍、直接、平等、无记名投票选举制。

请回答:

(1)依据材料一,指出中国近代民主革命的主题是什么? 提出这一主题的依据是什么?

(2)依据材料二、三,概括二者对民主政治的不同认识,并指出各自的理论来源。

(3)联系所学知识,指出材料四中,中国共产党发布这两个文件的意义。

一年冲刺母题

【母题】 阅读下列材料:

材料一 同一天下午他们打进了一家在桑尔附近的大工厂……工人捣毁了价值一万镑的成套机器……他们只要捣毁这地方的机器,还准备去捣毁全英国的机器。
——《兰开厦事件》

材料二 我们要竭尽自由人的义务,应当享受自由人的权利。

我们要求普遍选举。

为了避免富者利诱、有权有势者威胁等弊端,应当实行秘密投票……我们要求国会每年改选……

普遍选举必能、也唯有它才能给国家带来真正的持久的和平,我们坚信它会带来繁荣。 ——1843年《全国请愿书》

材料三 所以夺取政权已成为工人阶级的伟大义务。工人们似乎已经了解到这一点,因为运动已在英、法、意、德等八国都同时活跃起来,并且同时采取了从政治上改组工人正常的步骤。 ——《国际工人协会成立宣言》

请回答:

(1)材料一反映出当时英国工人斗争处于什么阶段? 他们为什么采取这种斗争方式?

(2)材料二反映出欧洲无产阶级的斗争方式有什么新变

化?

(3)材料三反映出欧洲无产阶级对资产阶级的斗争方式又有什么变化? 为什么会发生这种变化?

【解析】 本题考查了近代工人运动的发展。第(1)问反映最早的工人运动,所以可知他们处于"卢德运动"时期,采取这种方式的原因,可结合课文知识回答。第(2)问反映的是早期工人运动,已经从自发斗争到自觉斗争,提出了一些政治要求。第(3)问说明此时欧洲无产阶级已经团结起来,原因可从这个时代的背景入手。

【答案】 (1)自发斗争阶段的"卢德运动"。

他们没有认识到贫困的根源是资产阶级的剥削制度,错认为贫困的根源是机器。

(2)从自发斗争到自觉斗争,无产阶级已作为独立的政治力量登上历史舞台,提出了要求取得普选权的政治斗争目标。

(3)有组织地进行政治斗争。

马克思主义的诞生并与工人运动相结合,使国际工人运动发展到新阶段。

【变题1】 阅读下列材料:

材料一 自1938年8月,到1943年,陕甘宁辖区政府先后制定了《惩治贪污暂行条例》《惩治贪污条例》等有关廉政建

食盐进军

1930年3月12日,甘地率领79位门徒,大家面对着海的方向一起宣誓:"除非盐法修改和印度得到自治,否则决不再回修道院。"然后他们向海边走去。甘地赤足草鞋,手里拿着竹杖,脸上露着慈祥和善的微笑,迈开"进军"的第一步。一路上,群众闻风而来。有的站立几个小时,等着甘地的行列走过,有的直接参加到这个队伍中来。他们一共走了24天,到达了坦地海边。当天晚上,他们绝食祈祷。第二天一早,所有参加进军的人都到海边沐浴,甘地弯下了腰,捡起了海边的一些盐。当时,英国殖民者禁止印度人民在海边自由采盐,甘地用这个举动,象征性地"破坏"了这个盐法,标志着一场反对英国殖民统治的斗争开始了。

智趣素材

设的法规,在1943年2月召开的西北局高干会议上,边区政府对王震等22名克己奉公、功绩卓著的干部以隆重的表彰和奖励,毛泽东逐一为每份奖状题字,使受奖者感到莫大的光荣。同一次会议上,王华亭等6人因违法乱纪受到开除党籍或严重警告处分。

材料二 1939年边区参议会成立,这既是一个有广泛代表性的民意机关,又是一个最高权力机关,人民通过参议会行使选举权,参议会的选举以直接的无记名投票的方式进行,凡赞成民主抗日的不分民族、阶级、党派、性别都享有选举权和被选举权。参议会对政府官员行使监督权、罢免权。边区政府还设置了审计处行使行政监督和经济监督的职权。边区政府对违法乱纪者依法严惩,边区高等法院曾处死了逼婚不遂而杀人的黄克功和利用职权侵吞公款3035元的肖玉壁等。

材料三 毛泽东在李鼎铭先生"精兵简政"的提案上的批语:"这个办法很好,恰恰是改造我们的机关主义、官僚主义、形式主义的对症药。"

材料四 边区政府加强廉政教育,要求干部树立全心全意为人民服务的宗旨,抗战时期毛泽东发表了著名的《为人民服务》。边区政府进行了艰苦奋斗、勤俭节约的教育。

请回答:

根据以上材料并结合时代背景,评述陕甘宁边区廉政建设的措施及其历史意义和现实意义。

【变题2】

毛泽东在《别了,司徒雷登》一文中有这样的话:对于美国怀着幻想的善忘的自由主义或所谓"民主个人主义"者们,请你们看一看艾奇逊的话:"和平来到的时候,美国在中国碰到了三种可能的选择:(一)它可以一干二净地撤退;(二)它可以实行大规模的军事干涉,帮助国民党毁灭共产党;(三)它可以帮助国民党把他们的权力在中国最大可能的地区里面建立起来,同时却努力促成双方的妥协来避免内战。"……

请回答:

(1)抗战胜利后,美国对华政策最终选择了三种可能中的哪一种?其他两种为何不选?美国这种选择的实质是什么?

(2)抗战以来,中国共产党为了争取民主和实现民主,领导中国人在政治、经济、军事上进行了哪些斗争?